宗教文化译丛

犹太教系列　主编　傅有德

简明犹太民族史

〔英〕塞西尔·罗斯　著

黄福武　王丽丽　译

商务印书馆
The Commercial Press
创于1897

Cecil Roth

A Short History of the Jewish People

Revised and Enlarged illustrated edition published

in 1969 by THE EAST AND WEST LIBRARY

根据东方和西方图书馆 1969 年版译出

"宗教文化译丛"总序

　　遥想远古，文明伊始。散居在世界各地的初民，碍于山高水险，路途遥远，彼此很难了解。然而，天各一方的群落却各自发明了语言文字，发现了火的用途，使用了工具。他们在大自然留下了印记，逐渐建立了相对稳定的家庭、部落和族群。人们的劳作和交往所留下的符号，经过大浪淘沙般的筛选和积淀后，便形成了文化。

　　在纷纭复杂的文化形态中，有一种形态叫"宗教"。如果说哲学源于人的好奇心和疑问，那么宗教则以相信超自然力量的存在为前提。如果说哲学的功用是教人如何思维，训练的是人的理性认知能力，那么宗教则是教人怎样行为。即把从信仰而来的价值与礼法落实于生活，教人做"君子"，让社会有规范。信而后行，是宗教的一大特点。

　　宗教现象，极为普遍。亚非拉美，天涯海角，凡有人群的地方，大都离不开宗教生活。自远古及今，宗教虽有兴衰嬗变，但从未止息。宗教本身形式多样，如拜物图腾、万物有灵、通神巫术、多神信仰、主神膜拜、唯一神教，林林总总，构成了纷纭复杂、光怪陆离的宗教光谱。宗教有大有小，信众多者为大，信众寡者为小。宗教有区域性的，也有跨区域性的或世界性的。世界性宗教包括基督教、伊斯兰教、佛教等大教。还有的宗教，因为信众为单一民族，被视为民族性宗教，如犹太教、印度教、祆教、神道教等。宗教犹如一面硕大无朋的神圣之网，笼罩着全世界大大小小的民族和亿万信众，其影响既广泛又久远。

宗教的功能是满足人的宗教生活需要。阶级社会，人有差等，但无人不需精神安顿。而宗教之于酋长与族人、君主与臣民、贵族与平民、总统与公民，皆不分贵贱，一视同仁地慰藉其精神。有时，人不满足于生活的平淡无奇，需要一种仪式感，这时，宗教便当仁不让。个人需要内在的道德，家庭、社会、国家需要伦理和秩序，宗教虽然不能"包打天下"，却可以成为不可多得的选项。人心需要温暖，贫民需要救济，宗教常常能够雪中送炭，带给需要者慈爱、关怀、衣食或资金。人是社会的动物，宗教恰巧有团体生活，方便社交，有利于人们建立互信和友谊。

"太阳照好人，也照歹人。"宗教劝人积德行善，远离邪恶，但并非所有的"善男信女"都是仁人君子，歹徒恶人也不乏其例。宗教也不总是和平的使者。小到个人权斗、"人肉炸弹"，大到"9·11"空难，更大的还有"十字军东征""三十年战争""纳粹大屠杀"。凡此种种大小纷争、冲突、战争和屠戮，都有宗教如影随形。美国学者亨廷顿早在1993年就曾预言：未来的冲突将发生在几大宗教文明之间。姑且不说"文明"之间是否"应该"发生冲突，宗教冲突或与之相关的各种"事件"时有发生，却是一个不争的事实。

既然宗教极其既深且广的影响是事实存在，那么介绍和诠释宗教经典，阐释教义学说，研究宗教历史，宗教与政治经济，以及宗教间的关系等理论和现实问题，就有了"充足的理由"和"必要"。

1873年，马克斯·缪勒出版了《宗教学导论》，其中首次使用了"宗教学"概念。从此，宗教研究成了一门学科，与文学、历史学、哲学、社会学、心理学、民族学等并驾齐驱。在宗教学内部，宗教哲学、宗教人类学、宗教社会学、宗教心理学等分支也随之出现，成就了泰勒、韦伯、蒂利希、詹姆斯、布伯、巴特、莫尔特曼、尼布尔、汉斯·昆等一大批宗教思想家。1964 年，根据毛泽东主席批示的精神，中国科学院哲学社会科学学部组建了世界宗教研究所。从此以后，宗教学和更广意义的宗教研究也渐次在社会主义中国生根、开花、结果，在学术界独树一帜，为世人所瞩目。

宗教经典的翻译、诠释与研究，自古有之，时盛时衰，绵延不绝。中国唐代的玄奘、义净，历经千辛万苦西行取经，而后毕生翻译佛典，成为佛教界的佳话；葛洪、寇谦之、陶弘景承续、改革道教，各成一时之盛；早期的犹太贤哲研讨《托拉》、编纂《塔木德》，开启了《圣经》之后的拉比犹太教；奥利金、德尔图良、奥古斯丁等教父，解经释经，对于厘定基督教教义，功莫大焉；斐洛、迈蒙尼德等犹太哲人诠释《圣经》，调和理性与信仰，增益了犹太教；托马斯·阿奎那、邓斯·司各脱、威廉·奥康等神学大师，建立并发展了宏大深邃的经院哲学，把基督教神学推到了顶峰。还须指出，传教士们，包括基督教教士和佛教高僧大德，致力于各自宗教的本土化，著书立说，融通异教，铺设了跨宗教和多元文化对话的桥梁。

学生的学习，学者的研究，都离不开书。而在某个特定的历史时期，外著移译，显得尤为必要和重要。试想，假如没有严复译的《天演论》《法意》，没有陈望道译的《共产党宣言》、傅雷译的法国小说、朱生豪译的莎士比亚诗歌与戏剧，等等，中国的思想文化界乃至政治、经济、社会等各个领域，是一个什么景象？假如没有贺麟、蓝公武、王太庆、苗力田、陈修斋、梁志学、何兆武等前辈学者翻译的西方哲学名著，中国的哲学界将是什么状态？假如没有宗教学以及犹太教、基督教、伊斯兰教、佛教等宗教经典或研究性著作的翻译出版，我们的宗教学研究会是何等模样？虽说"试想"，但实际上根本"无法设想"。无疑，中国自古以来不乏学问和智慧，但是古代中国向来缺少严格意义上的学科和学术方法论。近现代以来中国分门别类的学科和学术研究是"西学东渐"的结果，而"西学东渐"是与外籍汉译分不开的。没有外籍的汉译，就没有现代中国的思想文化和学术。此论一点也不夸张。

众所周知，在出版界商务印书馆以出版学术著作著称，尤其以出版汉译名著闻名于世。远的不说，"文革"后上大学的文科学子，以及众多的人文社科爱好者，无不受益于商务印书馆的"汉译世界学术名著丛书"，我本人就是在这套丛书的滋养熏陶下走上学术之路的。

为了满足众多宗教研究者和爱好者的需要，商务印书馆对以前出版过的"宗教文化译丛"进行了改版，并扩大了选题范围。此次出版的译丛涵盖了宗教研究的诸多领域，所选原作皆为各教经典或学术力作，译者多为行家里手，译作质量堪属上乘。

宗教文化，树大根深，名篇巨制，浩如烟海，非几十本译作可以穷尽。因此，我们在为商务印书馆刊行"宗教文化译丛"而欢欣鼓舞的同时，也期待该丛书秉持开放原则，逐渐将各大宗教和宗教学研究的经典、权威性论著尽收囊中，一者泽被学林，繁荣学术；二者惠及普通读者，引导大众正确认识宗教。能否如愿以偿？是所望焉。谨序。

傅有德

2019 年 9 月 22 日

心中的圣殿

（代译序）

1

人们或许都知道，世界上有一个虽然非常不幸但却十分奇异的民族，她的人口遍布世界的每一个角落，而故乡就在地中海的东岸；那里是一块圣地，有一座圣城，曾经矗立着一座圣殿。但又有多少人知道，她的所有不幸与奇异都是产生于那座早已不复存在的圣殿呢。

有一则笑话，说一个犹太人落水后，大呼救命，而两个沙皇的士兵根本听而不闻；犹太人灵机一动高喊：打倒沙皇！士兵们把他迅速救起，送到长官那里邀功去了。命贱如草——犹太人命运的真实写照。

有一部电影，片名译为《误杀》。片中讲述了犹太人在二战后不惜一切代价追捕纳粹余孽，尽管由于那位纳粹头子狡猾万分而造成了误杀，但最终还是死在了那些犹太追猎者的手中。执着不移——犹太人性格的典型表现。

可以说，我们时常都能听到这样的故事。也许是听得太多了，我们反而并不觉得可笑、可怕或震惊。但是，当你读一下手中的这本书时，你就不会再有这样的感觉了。你就会感到，在这个世界上，还没有一个民族能够像犹太人那样，孕育出如此灿烂的文明，经历过如此深重的灾难，同时创造了如此令人难以置信的奇迹。灾难的历程如此漫长，恐怕在人类的历史上可谓旷古绝今了。在近四千年的历史长河中，犹太人的命运可以概括为"悲壮"二字，而这其中的"悲"的成分，就是由一长串悲惨、悲伤、悲哀、悲愤、悲苦、悲凉、悲痛、悲酸的音符写成的一曲悲歌。

公元 70 年，犹太人的第二圣殿被罗马士兵焚毁之后，他们被迫流散到欧洲，进而流散到世界各地。但是，随着他们流散的足迹越来越远，区域越来越广，他们对那块圣地的情感非但没有减弱，反而由于近两千年的流离失所、无家可归而益趋强烈。犹太人之所以被称为犹太人，在经历了千辛万苦、百般磨难之后仍然没有销声匿迹，傲然屹立于世界各民族之林，其中的重要原因就是他们一直在翘望着地中海岸边的那座心灵上的"圣殿"。

2

在犹太人的心中，始终有一座圣殿。

传说，自耶路撒冷圣殿第二次陷落之后，在圣殿的废墟里，一直栖息着一群鸽子，在每年的阿布月初九，鸽群就纷纷把橄榄枝衔回来，撒缀在圣殿的四周，然后在废墟的上空盘旋悲鸣。也许，这群鸽子就代表了每一位犹太人的终生希冀——重建那座曾两度被毁的圣殿。

圣殿曾是古以色列人崇拜上帝的中心场所，是古以色列王国的政治、宗教和文化中心，是犹太文明的结晶，也是犹太民族的象征。在犹太人的历史上，先后曾建造过两座圣殿。公元前957年，以色列统一王国的国王大卫的儿子所罗门王在耶路撒冷的摩利亚山上建立了雄伟而辉煌的第一圣殿。据《圣经》中记载，圣殿长约30米，宽约10米，高达15米，殿前的长廊有10米。殿墙用山上凿下的巨石砌成，并用香柏木板遮掩。殿右的耳房内建有螺旋形的楼梯，可直达殿顶。殿梁采用粗大的香柏木，地面则用松木板铺成，且贴有金子。整个圣殿分为内殿和外殿，门厅是举行礼拜仪式的主要场所，外殿称为圣所，而内殿称为至圣所，用以安放耶和华的约柜，并设有中央祭坛。公元前604年和前597年，巴比伦人两次劫掠圣殿中的物器，并于公元前596年犹太历的阿布月初九将圣殿彻底摧毁，造成犹太人的第一次大流散，第一圣殿时期随之结束。

波斯第一代皇帝居鲁士二世灭亡巴比伦后，于公元前538年允许被掳到巴比伦的犹太人返回耶路撒冷重建圣殿，并将巴比伦人从圣殿掠走的5000多件物器归还给了犹太人。第二圣殿的初期，建设工程并不十分顺利，主要是受到北方的撒玛利亚人和其他族人的多方阻挠，一度被迫停工达十多年之久。公元前520年，所罗巴伯和约书亚再次领导群众动手建殿，并最终于公元前516年完工，是为第二圣殿。第二圣殿基本仿照第一圣殿的形式，但较为简陋。后来，犹太人又多次对圣殿进行修葺，并在希腊统治时期发生了犹大·玛喀比起义，对圣殿重新清洁，还专门为此设立了修殿节。后在希律一世统治下，曾于公元前37年至前4年对圣殿按照传统的格式予以重建，整个建筑比原来更加高大，极为富丽堂皇，装饰琳琅满目，几乎可与罗马的神庙相媲美。公元 70 年，同样是在阿布月初九，圣殿再次被罗马人洗劫一空后彻底摧毁。至今第二圣殿院落西墙的一段，被称为"哭墙"。这面用犹太人的泪水、汗水和血水浇铸的墙壁作为历史的见证，一直孤零零地竖立在耶路撒冷。

3

如今，每逢犹太史上的重大节日，各地的犹太人就会集聚到这面墙壁下，用他们特有的方式进行祈祷。多少年来，它已经成为犹太人寄托哀思、憧憬未来、诉说心灵的"神龛"。其实，这面墙壁的重要意义远远不止于此。在犹太人大流散的日子里，它一直是他们心中的圣殿，代表了耶路撒冷，象征着巴勒斯坦。它是回归家园的动力之源，是复国再生的星星之火，是一代代犹太人心中永远的圣殿。

所以，建立"第三圣殿"成为犹太人的一个千年梦想，耶路撒冷就是他们心中的太阳，而那面西墙就是太阳升起之前的"曙光"。自从公元 1 世纪犹太人被罗马帝国征服开始流散生活以来，饱受种种迫害的犹太人始终把耶路撒冷看成是民族统一的象征和精神文化的中心。他们不管在世界的哪一个角落，这群上帝的"特选子民"从来也没有忘记重建"圣殿"，回归到上帝赐给他们的那片"应许之地"。他们不管是身处中世纪的"隔都"之中，还是拥挤在纳粹时期的死亡集中营里，不管是跋涉在逃亡的路上，还是在旧货店里或叫卖的途中，不管是在被推上火刑柱之前，还是在银行家的宝座上，他们都念念不忘自己心中的"圣殿"。他们每天都面向耶路撒冷的方向祈祷三次，表达自己"回家"的心声；他们在建造房屋时，总要留出一部分不加装饰，以便用来纪念尚未建设好的耶路撒冷；他们在举行婚礼时，都要打碎一只杯子，借以提醒人们在圣殿未修复之前不宜寻欢作乐；犹太人死后，总是要设法从圣地装一小袋泥土安放在墓穴里作为象征，以表示他最后安息在圣洁的土地上；他们在每一次祈祷时，总忘不了这样的祝福："来年返回耶路撒冷"（这是犹太人逾越节晚宴前祈祷词的最后一句）。在漫长的流散岁月里，他们无时无刻不在深切怀念着圣地巴勒斯坦，梦想着圣城耶路撒冷，渴望着重新建立起自己的圣殿。

这个用血和泪染成的千年梦想终于实现了。犹太复国主义，这种在第一圣殿被毁后就已经萌发，在失国流亡他乡的过程中逐渐强化的朴素的回乡情感，在 19 世纪中叶发展成为一种系统的政治理论之后，终于在 20 世纪的中叶结出了硕果。1948 年 5 月 15 日，一个新的国家诞生了。以色列在历史上消亡了两千多年之后，在巴勒斯坦的土地上重新崛起，成为犹太民族历史上一座最为庄严的"第三圣殿"，屹立在地中海的东岸。

4

本书的作者塞西尔·罗斯（Cecil Roth, 1899~1970 年）是一位著名的英籍犹太史学家，出生于英国的一个犹太家庭，在伦敦长大，1964 年移居以色列。罗斯一生著述甚多，研究领域极为广泛，其重要史学著作包括：《简明犹太民族史》（1936 年第 1 版），《犹太人对文明的贡献》（*The Jewish Contribution to Civilization*, 1938 年）、《英国犹太人的历史》（*History of the Jews in England*, 1941 年）、《意大利犹太人的历史》（*History of the Jews in Italy*, 1946 年）、《马兰诺人的历史》（*A History of the Marranos*, 第 3 版, 1966 年）、《文艺复兴时期的犹太人》（*The Jews in the Renaissance*, 1959 年）、《犹太艺术》（*Jewish Art*, 1961 年）等。1965 年发表的专著《死海古卷》（*The Dead Sea Scrolls*）曾引起学术界的争议，他通过对大量历史资料的分析，提出了与当时的史学界相左的观点，认为库姆兰社团不应被当作艾赛尼派看待，而应划为奋锐党人。1965 年起，他开始担任《犹太大百科全书》（*Encyclopedia Judaica*）主编一职，在他逝世之前，该书已出版 16 卷。

　　《简明犹太民族史》是一部综合性的犹太史巨著，在犹太文化研究中占有极其重要的地位，在西方一直有着非常广泛的影响，曾被誉为“是一部极具学术水平的扛鼎之作”，“是关于一个曾对世界文明产生过巨大而深远影响的伟大民族的一篇生动记述”。该书自 1936 年首次出版以来，在他生前已先后六次修订再版，并被翻译成德、法、希伯来等多种文字，在西方各国广泛流传。在第二次世界大战期间，该书甚至被分发到各作战部队，作为鼓舞士气的教育范本。

　　在该书中，作者以其独特的方式和迷人的手法，讲述了犹太民族在社会和文化的宏大背景下的发展历史，内容之丰富，风格之优美，知识之广博，语言之简练，在各种历史文献中都是不多见的。它在时间上跨越了近 4000 年（公元前 1900 至今），在空间上覆盖了整个世界，从而将如此庞杂的内容浓缩为一个约 45 万字的一卷本，以名副其实的"简明"形式叙述了犹太民族的历史。全书共分六卷，按照犹太民族的起源、兴盛、流散、衰败、解放与复兴等各个特定的历史时期依次进行编排，脉络清晰，重点突出，事件描写生动鲜明，并注重对历史进行理性的分析。尤为可贵的是，作者在叙述历史的同时，充分展示了犹太民族的哲学思想、宗教观念、文学艺术和民间习俗以及与其他各种文明的相互依存关系；而在表现犹太人所遭受的种种宗教迫害、种族歧视、人格污辱和人身侵害的同时，充分地展示了这个民族特有的顽强生命力和强大凝聚力、坚定的民族意识和对人类进步做出的创造性贡献。

也许正是由于作者是一个欧洲人，所以我们就不难发现作者在阐述近现代犹太历史时并没有能够跳出地中海世界这个圈子，而对其他大陆上的一些重要的犹太社区相对介绍较少，这当然同作者那个时代的信息不发达的状况有关，但也难免沾上了一点儿欧洲中心论的嫌疑。另外，正如作者在第 3 版序言中所称，虽然犹太民族的历史基本上是一部苦难史，但该书从头至尾却充溢着乐观主义和向善论者的情调，这与作者本人的犹太人身份有关。作者的这种乐观主义精神充分体现了犹太人的性格：身处逆境，百折不挠，对未来充满信心。后来，作者既目睹了二战期间对犹太人的残酷迫害，又眼看着现代以色列国的崛起，所以在故世之前，产生了一种矛盾的心理，乐观主义的精神有所动摇，对犹太人的未来表现出某种程度的迷茫与担忧。其实，不管人们的态度是乐观还是悲观，历史总会还人类以公正：前进的车轮是不可阻挡的！

5

我们希望通过该书的译介，使国内的读者能够全面而真实地了解犹太民族的历史，以及其中蕴涵的哲学、宗教、法律、道德、文化和管理制度等方面的思想，借鉴这种古老文明的精华，以期对我国的精神文明和物质文明建设事业有所助益。该书的出版不仅具有填补国内空白的意义，而且由于该书兼具学术性与知识性的特点，故而对犹太文化的研究与普及将会产生积极的影响作用。

该书的翻译工作历时年余，首先由王丽丽（第1~21章）、韩明莲（第22~24章）和黄福武（第25~34章）译出初稿，然后由黄福武进行整体修改和补遗，并增加了部分译注。在本书的翻译过程中，我们尽量注意使人名和地名的翻译与通例取得一致，远古时期主要参考《圣经》中的用法，近现代则基本采用了通用的译文。由于译者的水平所限，背景知识和参考资料不足，译文中难免存在一些不尽规范、失之偏颇之处，敬祈读者见谅，并请同行指正。

山东神学院院长王神荫主教在百忙之中审阅了本书，并提出了许多宝贵的意见，在此特表示真挚的谢意。

黄福武

1997年6月于济南

怀念我的父亲约瑟·罗斯

（Joseph Roth，1866—1924）

1.西奈山上的摩西。一部14世纪西班牙手稿中的插图（萨拉热窝《哈加达》）。

目　录

插图目录

第6版序

    感谢上帝！我能有幸目睹并忠实记录了犹太民族最后的幸运归宿。尽管本书这一次刚刚增补的内容并不全面，但对整个犹太历史来说却无疑是一个有益的补全与延续。

塞西尔·罗斯

1967年6月，纽约/耶路撒冷

第 5 版序

对于作者来说，一本书的再版毫无疑问是一件可喜之事。然而，本书的重新出版却有一个特别的原因。该书首次出版于 1936 年，在当时，惨绝人寰的纳粹迫害已经开始了，而犹太人解放事业的辉煌成果正在遭到极为严重的破坏。第二版（1943 年）则分发到了各国的作战部队之中，那时，反动浪潮已经以一种无法描述的恐怖席卷了几乎整个的欧洲大陆，而附在增补内容之后的乐观推测只能通过信念的力量来证实。第三版（1948 年）便不得不在增补的内容中真实记述了欧洲犹太民族事实上的湮灭。但是，第四版（1953 年）却有幸讲述了犹太民族的复兴和以色列国的创建期间发生的那些令人惊异的故事，而在眼下的这个版本（1958 年）里，显然已经能够对这个奇异的国家在第一个十年中产生的史诗般的成就进行一番简要的概述了。

只要本书能够超越灾难的深渊，能够展示出犹太民族乐观主义基本原则的千古永恒，从而在目前这种纷扰不断的年代里，最终对人类的进步具有些许价值，那么作者本人将深感荣幸。

塞西尔·罗斯

1958 年，牛津

第3版（插图本第1版）序

　　本书首次出版以来虽然仅仅过了十年，但就十年前而言，却与今天这个世界是完全不同的。在当时，人们或许仅仅只把纳粹党人的执政看作是一个国家历史上的一个特别令人讨厌的小插曲而已，然而，任谁也不会预见到，它的结果却是一场对整个欧洲犹太民族的彻底摧毁，甚至几乎是完全的灭绝。在目前这一新版本中，作者不得不又续写了一部分内容，集中描写了过去几年的不幸历史。（其中包括在第2版时所补充的1935年至1939年间所发生的一些重要历史事件的简要概述。）根据十年来的读书心得和研究成果，作者重新对整个原文进行了修改与订正。因此，本书出现了某些风格上的改变，另外附加了一些内容，并搜集了一个全新的文献目录。当然，即使是纯粹的修改也是一项艰苦的工作。在本书的成书之初，完全是用一种乐观主义的精神写成的，原"后记"（现已删去）的内容就充分反映了这一点。但就目前来讲，原来那篇得意的"后记"却似乎成了一个面目怪诞的老古董了。因为在作者的心目中曾一直深信，种族和宗教迫害早已经成为历史；东方犹太人的解放应当是最后的一幕；尽管还有局部的愚昧与落后，但整个世界毕竟已经脱离了野蛮状态而大大地进步了；从远古时代保留下来的"纪念碑"（除了偶然的事件之外）理应不再会受到破坏和玷污；在"现代"社会里，大屠杀应当是不可能发生的；庞大的犹太民族已经在欧洲的土地上永久地安居下来，大不了也就是通过移民和同化慢慢地融化掉而已。

　　因此，这一向善论者的观点在本书从头至尾（并不仅仅是最后的几章）清晰可见。对于作者本人来说，当看到在中世纪发生的那些他曾经认为在历史上前所未有的对犹太人的屠杀与最近几年的恐怖暴行相比（超过了上百倍，甚至上千倍）无异于小巫见大巫时，心中是怎样的一种痛苦。曾在一个又一个的国家中陆续出现的所谓千年太平盛世被证明只不过是我们这个时代发生的在程度上毫不逊色的大灾难的一个序幕而已。如果同纳粹统治下的那个难以形容的恐怖年代相比，犹太人在"隔都"时期的巨大牺牲简直可以说是一种天堂般的生活。

　　如果真要以描写遥远年代的那些类似历史事件的方式深入地研究过去十年中所发生的悲剧的每一个细节的话，那么无疑需要比目前这部书稿大若干倍的篇幅。1939 年至 1945 年间在德国占领的土地上发生的事件并不是一个小插曲，而是（至少是）在过去长达 19 个世纪的整个犹太历史上最为重要的一幕。当本人于十年之前述及欧洲犹太民族时，我所面对的曾经是一个健康而充满生命力的肌体；然而今天，欧洲却已经变成了一个堆积尸骨的场所。因此，十分不幸的是，从此之后的犹太历史恐怕只能用一种完全不同的眼光来看待了。然而，或许作者本人应当为本书在某些方面的内容缺乏而感到庆幸，因为当代犹太人的整个历史实在是过于痛苦了，的确让人心悸得无从落笔。

塞西尔·罗斯

1947 年，牛津

初版序

　　眼下这部《简明犹太民族史》与前面所出版的大部分著作有着根本的不同。本书中所叙述的内容并不仅仅是某种有关迫害、苦难以及学术成就的记载；而屠杀的血腥与文学的优美也并非像迄今为止的所有作品那样，机械地交替流溢于书页之间。它更像是一部社会的历史。我尽力去展现普通犹太人的本来面目——他们如何开始那种与众不同的经历，取得了一些什么样的成就，他们都从事什么职业以及缘何会从事那些职业，是什么原因造成了他们目前的分布状态和活动方式，以及同他们普遍相联系的形形色色的特点又是如何发生演变的，等等。当然，文学与精神生活也没有忽视，因为就犹太人而言，这样一种遗漏实在要比在其他的历史领域中的同样的情况之下更加不可原谅。但是，本人尽力而为地用他们自己的特有的视角去展示他们所经历的包括悲剧性迫害在内的一切——并不是仅仅作为一种民族实体的存在，而是作为这种存在的各个方面。

　　一般来讲，读者们可以发现，本人在论述过程中已经对书中的内容进行了重新编排，侧重点也有所不同。在文学史上，还不曾有过像犹太史编工作如此保守的先例，甚至直到今天，它仍然一直以极度的忠诚遵循着由一个世纪以前的那些名声卓著但却并非总是无懈可击的先驱所划定的老框框。当然，我已经尽了最大的努力去打破这种传统规矩。所以，在本书中，在传统的悲哀故事中过于渲染的千奇百怪的种种闪光之点、重要之处和独特之论已经一体地融入了整个宏大背景之下。在本人看来，在犹太人的生活中作用更为显著的其他一些内容，则尽量地予以展现。但是，我也尽可能地避免反客为主、以偏概全，并且首先注意把重点放在历史性研究的恢宏气势，以及那种使得犹太历史更为深刻动人但却又不是无足轻重的一系列事件的连续性方面。

在此，请允许我对家兄、耶路撒冷希伯来大学的列昂·罗斯（Leon Roth）教授和我在伦敦的挚友科恩（J. L. Cohen）先生表示衷心的感谢，他们曾在本书的成书过程中提出了许多宝贵的建议；我要真诚地感谢列昂·西门（C. B. Leon Simon）先生，如果没有他的有益指点，本书的最后一章无疑将难以尽如人意；我还要以崇敬的心情感谢我的舅父雅各布斯（J. M. Jacobs）先生，他曾以远远超出本书所需要的那种孜孜不倦和严谨的态度审阅并核查了各项有关的证据。

另外，我还要说明一点，即在本书的内容中，我曾不止一次地在没有指明出处的情况下从我本人论述类似题目的出版物中照抄过一些有关的词句，因为我一直无法理解，为什么当一个人自己曾经把某一件事情解释得清楚又明白时，在以后的类似场合，他应当有任何道德义务来变更措辞。

塞西尔·罗斯

1935 年 12 月，伦敦

致　谢

　　本版选用的大多数插图取材于作者本人或出版商的手头资料。其余插图的原件则分别由如下人士或机构慷慨提供：伦纳德·伍利爵士（Sir Leonard Woolley，图 14），承蒙伦敦 Faber & Faber 出版社同意，复制于其著作《迦勒底的乌尔城》；维辛尼茨尔－伯恩斯坦夫人（R. Wischnitzer-Bernstein），纽约（图 106）；爱德华先生（L. Edwards），伦敦（图 137）；鲁本斯先生（A. Rubens），伦敦（图 117）；克罗福特先生（J. Crowfoot，图 20、21、50）；阿里娜利酒店（Fratelli Alinari），佛罗伦萨（图 42—43）；安德森有限公司（D. Anderson Ltd.），罗马（图 59、102）；雷芬伯格先生（A. Reifenberg）及希伯来大学考古系，耶路撒冷（图 12、20、21）；耶鲁大学美术馆，纽黑文，康涅狄格（图 52—54）；大不列颠博物馆（图 10、16、19、25、27、28）；美森（Matson）影像中心，耶路撒冷（图 30）；巴塞尔博物馆印刷室（图 142）；希伯来大学兄弟会（图 154）；托罗（Touro）会堂，纽波特，罗得岛（图 132）；伦敦博物馆（图 130）；犹太博物馆，伦敦（图 4）；以色列大使馆，伦敦（图 162、169）；国家图书馆，巴黎（图 97）；犹太神学院，纽约（图 96、101）；科雷尔美术馆，威尼斯（图 98）；维纳（Wiener）图书馆，伦敦（图 156—

160）；犹太史志博物馆，伦敦（图 161；K. 梅耶洛维茨摄，耶路撒冷，图 164；W. 布劳恩摄，耶路撒冷，图 165）；国际联合通讯社，伦敦（图 166、168）；图片新闻社，伦敦（图 167）。第 14、137、230 页的三幅区域地图系经纽约犹太教育委员会的同意修复绘制。

2. 以利亚敬·哈里茨印刷所的标志。克拉科夫，1534年。

3.《圣经》读本中的历史画面（《摩西五经》首页装饰画）。法－德学校，约1300年。耶路撒冷肖肯图书馆。

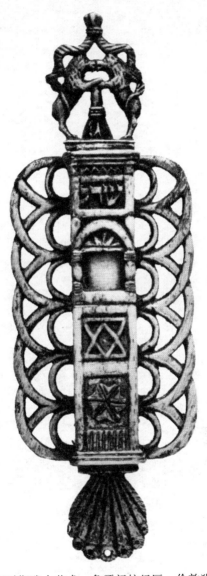

4. 文艺复兴时期犹太艺术。象牙门柱经匣。伦敦犹太博物馆。

第一卷

以色列：
公元前 1900~前 586 年

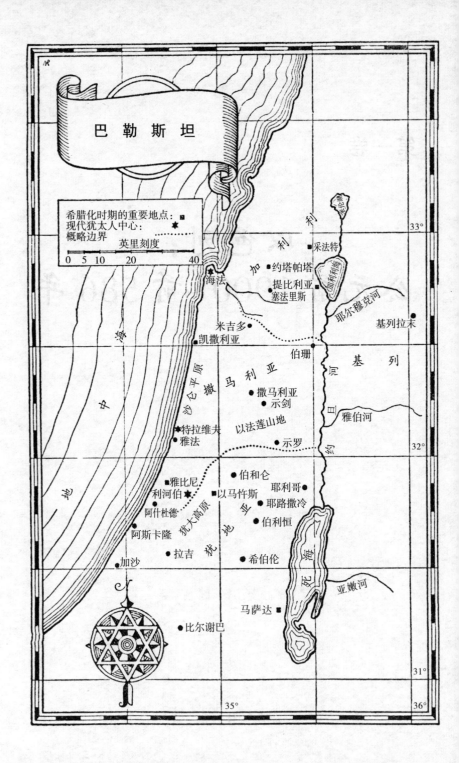

第1章 希伯来民族的诞生

1

在阿拉伯半岛和地中海海岸之间的荒漠之中，有一条狭长而肥沃的地带。这是一块有山脉和峡谷，有茂盛的植被和一览无余的旷野，有广袤的平原和美丽景色的土地，能够激起人们无尽的遐想。她的北面同叙利亚相接，南面毗邻埃及沙漠。约旦河［它发源于白雪皑皑的黑门山（Mount Hermon）脚，穿过太巴列湖（Lake of Tiberias），流入了死海那远远低于地中海海平面的苦涩的咸水之中］把这块介于两地之间的狭长地带分成了两个部分。靠沙漠一边，是以前被称为基列（Gilead）山地和巴珊（Bashan）平原的绵延起伏的草场，而巴勒斯坦（我们现在便这样称呼这个国家）的主要部分就位于两边相距并不甚远的约旦河和地中海之间。

即使这样一块小小的土地也根本不是一色的平川。一条地势低洼的陆缘沿着海岸从埃及沙漠一直延伸到迦密山（Mount Carmel）的岬角。秀丽的锚地海法（Haifa）——令人不解的是，竟然被古人遗弃了——就依偎在它的怀抱中。南端与之相连的丘陵地带被称为"shephelah"即"低地"，每当麦收时节，这里就变成了一片麦浪滚滚的田野。继续向下延伸，就到了南部的石灰岩高地，每到春天，

一团团绿色的草地零星地点缀其间，最终，那白色的石灰岩渐渐地
消失在黄沙之中，恰好同北边肥沃的中部高原形成了鲜明的对照。
而耶斯列（Jezreel，即 Esdraelon）那条生长着茂盛植物的峡谷，又
把它同绿树覆盖的加利利（Galilee）山岭区分隔开来。有史以来，
商人和士兵就穿过这个地区以及纵深地带的沿岸平原，一方面通过
埃及到达非洲，一方面则通过叙利亚去了更远的亚洲或直接进入欧
洲。那些商队在尼罗河三角洲同幼发拉底河峡谷之间的小道上通过
的时候，新的思想也同时在传播着。无论从文明的角度还是从战略
的角度来看，这里的地理位置都是非常重要的。

4

　　在笼罩人类活动的迷雾开始缓缓升起，历史记载终于不再间
断的那段时期（也就是在公元前第二个千年开始后），这片土地
上就居住着许多不同的种族。在那里，似乎仍残留着一些原始人，
他们的祖先属于穴居及新石器时代。他们巨大的身材是众所周知
的①，而被称作亚摩利人（Amorites）的闪米特族人却没有这些特
点。他们在不久以前刚刚从贫瘠的阿拉伯荒原迁移过来，放弃了
他们的游牧生活而定居在这块土地上。在北方地区——特别是迦
密山后面的腓尼基海岸一带——是一群经商的迦南人（Canaanite），
他们当时就用自己的名字称呼这个国家（通常被称为"迦南之乡"）。
此时，神秘的赫梯人（Hittites）不仅作为征服者，而且作为殖民
者已经出现了。当时，最强大的埃及帝国不时地试图把它的影响向

---

① 无论如何，他们也不可能是巴勒斯坦最早的居民。不久前在太巴列湖附近的一
个洞穴里发现的"加利利头盖骨"是目前尚存的原始人类最早的遗迹之一。具有重要意
义的是，通过这一发现，这个国家同已知的人类的最早出现联系了起来。

北扩展，因而驻军和军事哨所遍布全国各地。亚述统治者们在抵御埃及人和镇压当地族长们的战争中时而向前推进，时而后退防守。在他们之后，许多移民从拥挤的美索不达米亚平原上拥了进来，希望在这块令人羡慕的土地上开始新的生活。他们被叫作"Ibrim"即希伯来人——或是因为他们是传说中伊伯尔人（Eber）的后裔，抑或是由于他们是从"大河"即幼发拉底河的"那边"迁移过来的这个事实。

　　这些阿拉米人（Aramean）的移民中，有一个人非常地与众不同。他叫亚伯兰（Abram）或是亚伯拉罕（Abraham），出生在迦勒底的吾珥城（Ur）。最近的挖掘显示，他出生的这个城市在当时就已经是一个古老的、极为发达的文化中心了。然而，在宗教方面，却崇尚泛神论，宗教生活是围绕着庄严的圣殿而进行的。在圣殿内部，由祭司们构成的等级制度实施着一套繁琐的礼仪。据说，亚伯拉罕是因为看到了某种更崇高的事物，并希望能够达到一种更为完美的精神境界才离开他自己的国家的。从这个意义上来说，他当之无愧地被认为是犹太民族的创始人，并且即使在今天，人们仍把皈依犹太教的人称为"我们的祖先亚伯拉罕的子孙"，可见其影响之深。①

　　我们可以想象这样一幅画面：一个高贵的、族长式的人物，赶着他的牛羊、背着他的帐篷、领着他的妻子和一大群侍妾，正在从北向南穿过巴勒斯坦。饥荒曾一度迫使他到埃及避难，但"迦南之乡"却深深地吸引着他，所以他又及早地借机折返回来。然

① 关于此处所持的观点，请参阅本章之后的"附注"。

而, 他又认为, 同这个国家的居民相比, 他应当属于一个更高的文明社会, 所以他在其本土美索不达米亚的亲友中替他的儿子以撒(Isaac)找了一个妻子。

以撒成了这群人的第二任领袖。他并不像威严的亚伯拉罕那样与众不同, 那样高不可攀。在他的晚年, 他的两个儿子以扫(Esau)和雅各(Jacob)总是激烈地互相争吵。直到下一代, 这个家族才发展成了一个部落。雅各, 即以色列(Israel), 有十二个高大健壮、生育力强的儿子; 而到了他的暮年时, 他的子孙的人数已有大约 70 人之多。他的一生历尽了风险和磨难。由于他孪生兄弟的嫉妒, 他在年轻时就被迫离开了家门, 回到他母亲在美索不达米亚的亲戚处。许多年以后, 他带着一大家人回到了巴勒斯坦, 就像他的父亲和祖父那样, 在那里过着一种流浪的族长式生活。饥荒再一次迫使整个家庭(后来被称为以色列人)远下埃及。当时, 家族中有一位成员已经先期到达。这是一个群雄并起的时代, 那些骑马的牧羊人, 即喜克索斯人(Hykosos)的首领可能都是闪米特人的后裔。或许正是由于这个原因, 约瑟才能够为自己在宫廷中谋得了一个职位。结果, 他的父亲和兄弟们受到了热烈欢迎, 并被允许在歌珊省(Goshen)居住了下来。

不久, 喜克索斯王朝就衰亡了(公元前 1583 年)。这是一个必将对以色列人的地位产生不利影响的事件。在以后的统治者即法老们的统治下, 他们的境况愈来愈糟, 直到最后完全沦为农奴。他们的个性得以保留下来, 这不仅仅是由于他们属于同一祖先, 而且也由于在他们之间保留了祖先的那种宗教理想。他们的宗教可能并不怎么纯洁, 但同他们主子们的那种荒谬的多神论相比却更为可取。具有深远意义的是，在一位既是政治改革者又是宗教的命运改革者的领袖人物鼓舞下，他们举行了起义，因而也拯救了自己的命运。

2

正是一位在王宫里长大成人、名字叫作摩西（Moses）的以色列人，领导了一场使他的人民获得真正的新生和解放的运动。经过许多变迁（在他的人民中间流传的歌谣里有着详尽的描述）之后，他成功地率领自己的同胞离开了这个国家，朝着他们那块祖祖辈辈定居的土地进发（大约公元前 1445 年左右）。① 我们从书中得知，奉命追击的埃及军队为大潮所阻而遇难，几乎在红海② 全军覆没。为了纪念他们的获救，逃亡者们设立了"逾越节"。直到今天，他们的后人每年都在庆祝这个节日。同以色列人一道逃出来的还有许多其他的种族——十之八九是"喜克索斯人"和其他受难的人种。他们后来分别掺进了十二个家族，或称部落，而这些部落正是雅各的十二个儿子的后裔当时已经划分成的十二个支派。

由于埃及在巴勒斯坦的势力仍然十分强大，他们不可能立刻进入巴勒斯坦。有很长一段时间（传说中认为是 40 年），以色列人都逗留在这两个国家之间的西奈（Sinai）旷野中。这是一段严

---

① 　一说是大约公元前的 1226 年。这一观点曾得到了广泛的认可，但是，不管是根据考古发现，还是按照传统说法，均证实这一事件发生于公元前 1445 年左右。

② 　此"红海"并非今日的红海。《圣经》中所提到的红海亦名"芦苇海"，即埃及盛产纸莎草的浅滩，地点大约是在今埃及的东北部边境地区。——译者

酷的考验时期。摩西，这位了不起的人物，把互相嫉妒的家族结合成了一个民族。他灌输了一种更为纯洁的一神论的思想；他奠定了一个先进的道德与伦理制度的基础；他颁布了一系列的律法，从而成为今天犹太人的行为和法律制度以及现代大部分人道主义思想体系的基础。这件事本身就具有划时代的意义。就目前所知，宗教崇拜在此之前还从来没有同道德产生过联系。为控制人与人之间的关系而制定的规则还从来没有被表述为或被认为是一种神授的法令。

某些评论家认为，根本没有证据表明摩西的历史真实性。我们要是觉得陶瓷碎片比一个民族的记忆或远古的文字记载更有意义、更为可靠的话，那么这样说可能是对的。但是，这位伟大的律法制定人对希伯来人精神上的影响（这种影响可以追溯到很早的岁月）是如此巨大，以至于到头来我们只能把它归因于一个给现代人留下不可磨灭印象的人物。即使没有关于摩西的记述流传下来，也有必要假设一个像摩西一样的人物，用他的行为来解释希伯来民族及其独特的文学、律法、伦理以及宗教法规的存在。

3

如前所述，希伯来人故事中的主要脉络同传统的记载相吻合，并收录在《旧约》这部伟大的历史文献之中。其实，这一切早已深深地融进了犹太人的生命里。如果从现代《圣经》考据的角度——当然不是从那些几乎对传统叙述的每一个细节的真实性都提出质疑的激进分子的角度，而是从那些至少相信其梗概的比较保守的学派的角度——对这些同样的历史事件专门做一番总结性的表述无疑是十分必要的。

据他们认为，在定居巴勒斯坦以前，所谓的"以色列人"并不是源于同一血统，历史背景也不一样。他们是由一些不同的成分组成的，只是由于语言相同，并且可能是源于同一个阿拉米人的祖先而联合在一起的。其中的每一部分人都有自己的历史和民间传统。只是在一个相对较晚的时期，各种不同的传说才汇集成为今天妇孺皆知的记述。

如果亚伯拉罕存在的话（有人可能对此存有疑问），那么他只是一个传说中在巴勒斯坦建造了许多神殿的杰出人物；他在任何意义上都不会是希伯来人的祖先。以撒和雅各被看作是半象征性的人物，或许只不过是为了表现部落的色彩。的确，后者（据信是为了纪念某个被遗忘的巴勒斯坦神祇）被拟人化的目的是为了给"十二个部落"——事实上，不是根据他们的祖先，而是在很大程度上根据他们各自的图腾命名的——提供一个共同的祖先。并不是所有的这些部落（也许只有孕育出玛拿西和以法莲（Ephraim）部落的"约瑟"氏族）都曾在埃及待过；而如果约瑟本人是一位历史人物的话，他很可能只是一个杰出的部落领袖而已。

根据这种观点，摩西本人是一个同埃及有亲属关系的希伯来人或以色列人，很可能属于以法莲氏族，而不是传统说法所认定的利未（Levi）氏族。在一次流亡或是旅行期间，他接触到了以前只是基尼特人（Kenites）才知道的"YHWH"① （雅赫

---

① 兹将这个"四个字母组成的词"准确抄录于此，现时的各种引申解释只不过是猜测罢了。

维）①，并劝使各个不同的希伯来人的部落接受这个神作为他们
崇拜的偶像。只是从这个时候起，以色列人（或只是一部分以
色列人）才被一种共同的宗教信仰的契约联系在一起。然而，
虽然这种新的崇拜是唯一神崇拜，并意味着放弃多神崇拜，虽
然摩西坚持一种比平常更为严厉、更为纯洁的道德准则，但是，
"雅赫维神"实际上只不过是和别的神一样的一个神——有时
确实是由具体的象征物来代表的。只是到了很久以后，在希伯
来君主的统治下，这种"一神崇拜"才被改革、净化、脱俗，
进而发展成实际意义上的"一神教"。

　　最初进入巴勒斯坦的是几支独特的游牧群落，其中最重要的

---

　　① 根据《出埃及记》记载，以色列人原先并不知道上帝叫什么名字，当上帝选召
摩西让他带领以色列人出埃及时，上帝才晓谕给摩西的。于是，"摩西对上帝说，我到
以色列人那里，对他们说，你们祖先的上帝打发我到你们这里来，他们若问我说，他叫
什么名字，我要对他们说什么呢？上帝对摩西说，我是自有永有的……耶和华是我的名，
直到永远，这也是我的纪念，直到万代"。所以在《圣经》中，上帝的名字叫"耶和华"，
也就是当今这个名字汉译的出处。但《圣经》学者已经发现，"耶和华"这个上帝的名
字是后世基督教错误的译法，而犹太教上帝的名字应读作"雅赫维"（汉译亦作"亚卫"）。
原来在希伯来文的《托拉》中，上帝的名字是以四个希伯来文辅音符号代表的，这四个
字母相当于英文字母"YHWH"，正确的发音应为"雅赫维"或"亚卫"，而英译为"Jahveh"。
由于犹太人不敢妄称上帝的名字，所以当遇到"YHWH"这四个代表上帝名字的字母时，
他们不读"雅赫维"，而改读"阿东乃"（Adonai），意为"吾主"（My Lord）。
长期以来，经文中的"YHWH"不读"雅赫维"而读为"阿东乃"。公元 6~7 世纪时，
本无元音符号的犹太教《圣经》一律加注了《马所拉文本》的元音符号。此时，为表
明"YHWH"这个神的名字应读"阿东乃"，所以就把"阿东乃"的三个元音符号 e，o，
a 标注在"YHWH"四个辅音之间，而这三个元音本来属于"阿东乃"，而不属于"雅
赫维"。到基督教继承犹太教的《圣经》作为《旧约》时，误将代表上帝名字的四个
辅音字母"YHWH"和"阿东乃"的三个元音字母拼读在一起，于是出现了"耶和华"
（Jehovah）这个名字。根据本书作者的看法，这种解释也不过是一种猜测，只是听起
来更为合理一些罢了。所以，"雅赫维"是上帝名字的最原始的用法。——译者

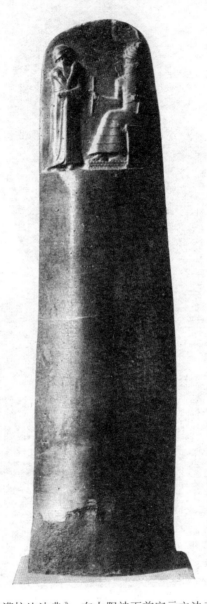

5.《汉谟拉比法典》。在太阳神面前宣示立法者。约公元前1950年,巴黎卢浮宫。

6. 强权的法老? 拉美西斯大帝，巴勒斯坦的征服者（公元前1292—前1225年）。花岗岩浮雕。都灵埃及博物馆。

7. 埃及统治下的闪族（以色列人）奴隶。卢克索遗迹的浮雕，公元前13世纪。

8. 埃及统治下的"希伯来人"。被缚的闪族奴隶。哈伦海布陵墓的石灰岩浮雕，约公元前1350年。莱顿荷兰国立博物馆。

9. "以色列是孤寂的，但她的后人却并非如此"：当代文献中首次提及以色列人。法老梅伦普塔赫陵墓的石碑，公元前1223年。开罗埃及博物馆。

10.出访埃及的迦南信使。壁画，大不列颠博物馆。

11. 跪在法老示撒面前的犹地亚俘虏。卡纳克阿蒙神庙中的浮雕，约公元前931年。柏林博物馆。

12. 国王耶罗波安的朝臣示玛的"狮子"印封。
发现于美吉多，后藏于君士坦丁堡考古博物馆。

13. "阿斯塔特，西顿人的女神。"希布伦附近一
座陵墓中出土的泥塑。

就是从南边过来的所谓的"约瑟"氏族。然而，有些部落既没有受到过埃及的奴役，也没有参加过"出埃及"——特别是犹大部落，显然他们是属于一个早已定居在迦南的氏族，而并非是一群移居过来的阿拉米人。这个部落是在相对较晚的时候才进入了以色列人的国家组织并吸收了它的民族观点。只是在随着希伯来人进入巴勒斯坦以后，在长期的战争和劳作过程中，这些有着不同祖先、不同传统的形形色色的分支才获得了一种初步的统一感，并进而发展了一种共同的宗教信仰。

因而，对早期以色列的这种新的看法便把一直是作为犹太人历史基础的一神论原则描述成一种缓慢的和循序渐进的发展过程，而不是一种突然的出现。同传统的故事一样，这是一种充分体现民族创造精神的理论，虽然它可能已经失掉了许多传统故事里的个性的乐趣和纯朴的魅力。它所记载的不是一种无从预见的神对凡人的启示，而是人类逐渐对神的参悟。

4

甚至在摩西去世之前，他所领导的部落就已经开始在约旦河东岸，即约旦河和阿拉伯沙漠之间那块肥沃的狭长地带定居下来。这位"谒见过上帝"的伟大领袖还没来得及直接领导着他的人民做更多的事情就去世了。真正进入巴勒斯坦是在强大的以法莲部落中的一位叫约书亚（同摩西不同的是，他是一个军事指挥家，而不是一种完全的精神力量的化身）的领导下开始的。他们在死海北边大约25英里的雅布河口附近的一个地方渡过了约旦河，然后，迅速袭击了耶利哥（Jericho）这座似乎一直忠诚于埃及宗主权的强大城市。后又在历史上著名的贝特霍伦（Bet Horon）隘口打败了"小城邦联盟"。当时，以色列人已经控制了巴勒斯坦中部的山区地带。从这里开始，他们缓慢地向北扩展，直到他们前进的步伐被防护耶斯列平原（Esdraelon）的强大阵地群所阻遏。这样，以色列人就开始定居在这块土地上。在此后的整个历史进程中，他们的命运几乎一直同这片土地紧密地联系在了一起。

征服是一个缓慢而艰难的过程，入侵者们直到经过许多代人的努力之后才到达了海岸边。一些主要城市继续效忠于法老，或者继续由埃及军队驻防。在周围的乡村都已经陷落之后，最初的那些居民还长期坚守着许多山区要塞。在边界地区，那些几乎是同时定居下来的语言同源、种族同宗的人们总是处于不安分的状态，有时甚至非常好战——南边有以东人（Edomites）和亚玛力人（Amalekites），东边有摩押人（Moabites）和亚扪人（Ammonites）。反过来说，侵略者们也常常发现他们自己的形势非常严峻，以至于已经威胁到他们自己的生存。许多不同的氏族分支都被敌人占领的一条条狭长的领土互相隔离开来——最南端有犹大（Judah）、西缅（Simeon）和流便（Reuben）；北面有拿弗他利（Naphtali）和希布伦（Zebulun），全部都被从贝桑（Beth Shean）一直延伸到美吉多（Megiddo）的迦南人的一个个要塞同中心区分割开来。势力强大的玛拿西和以法莲部落位于中部的山区，却有一个分支在约旦河对岸。在这样的形势下，他们互相之间出现了强烈的区域性嫉妒。因此，这就给外部入侵提供了机会，有时甚至是应邀而入。据古书记载，在约书亚死后的几代人中，就至少有六次外国势力统治过全部或者部分的希伯来种族。只是在很少的几次危急关头，希伯来人才能够摒弃他们内部的嫉恨而共同对敌。但是，尽管存在这么多的障碍，扩张工作还是在缓慢地继续着。

截至公元前 12 世纪末，在历史上形成的巴勒斯坦边界内的人口还是比较同一的。虽然出现了许多的异教，有时甚至还有一些野蛮时期的残余，但是人们即使不遵守，却也没有忘记古老的以色列一神论的理想。过去那些流浪的牧羊人已经放弃了他们那种游牧式的田园生活，安安稳稳地定居下来耕种土地。在乡野间的每一个高地上，零星地点缀着一个个小城镇和村庄。梯田制（今天我们仍能看到它的痕迹）甚至使崇山峻岭变成了肥沃的良田。在另一方面，商业仍然不发达，主要是仍然受到那些迦南商人的控制。在我们所论述的这个时期，人口总数大约有 100 万多一点儿。

政治制度还只是初级的。某种模糊的民族感往往通过共同的宗教信仰而表达出来并得到不断加强，每当危险来临的时候，部落之间可能会互相帮助，甚至约旦河对岸的那个分支也被认为是这个国家的一部分，尽管它的位置偏僻，并有自己特定的背景。部落组织本身是不堪一击的。事实上，每个城镇以及每个村庄都是一个独立的团体，由年长的人来进行管理和裁判。偶尔，某个杰出人物可能会得到较为广泛的尊敬——一般来说是由于抵抗民族敌人的军事业绩。但凭借这一点，他就可以在一段时间内对他的人民或一部分人民实施"裁判权"。

我们曾从书中看到，在约书亚死后接下来的那些黑暗的日子里，就出现过几位这样的"裁判者"，即士师——一位叫底波拉（Deborah）的妇女，她曾在夏琐王（King of Hazor）和他那位实力强大的将军（抑或是同盟者）西西拉（Sisera）庇护下，实现了几乎所有部落的短暂联盟，共同对付北面迦南人的威胁（约公元前 1150 年）；以笏（Ehud）暗杀了摩押人的那位野蛮的国王，从而为以色列人赢得一段时间的和平；基甸（Gideon），他曾带领一支精选部队，通过巧施计谋打败了米甸人（Midiarites）的入侵（约公元前 1100 年）；耶弗他（Jephtha），曾经是基列的一个著名的逃犯，以色列人在他的帮助下打垮了亚扪人；此外，还有其他一些不太知名的人物。除了提到的第一个例子之外，敌人大多不是迦南人。一般来说，他们是从约旦河对岸过来的入侵者，试图用以色列人用过的老办法把这块土地上所有的人口融合成一个统一体。咄咄逼人的埃及仍然在名义上对整个国家拥有宗主权。虽然它的强大足以能够施加影响而平息骚乱，但在这段不可多得的短暂日子里，这个国家"总算平静了下来"（《圣经》用语）。

　　有时，各部落之间也会发生互相残杀的战事。例如有一次，由于部落内部发生的一个违法的事件，使得便雅悯（Benjamin）部落几乎被全部消灭。至少曾经有一次，前面提到的那位基甸的儿子亚比米勒（Abimelech）还试图建立一个君主国，首都就设在示剑（Shechem）。但是从感情上来讲，当时这个国家的中心仍然是在示罗（Shiloh），那里是民族的智慧之神，即"上帝的约柜"（传说是在旷野中流浪的 40 年里建造的）的故乡，也是全体人民的宗教崇拜的中心。就这样，希伯来人民度过了有生以来最关键的三个世纪。对于我们今天的人来说，当时的情形大部分都是非常模糊的。

附注

在讨论《圣经》时代时，作者只是尽量给出传统历史记述的一个总体的轮廓，这种处理方式在今天必然被认为是一种革新。也就是说，尽可能地采用一种紧凑的方式来表述，略去那些不可思议而又可有可无的内容，并且使用人们在描述其他的历史时期时通常所用的那种词汇。这并不能归诸作者本人天生的愚昧，或者对所谓"科学考据"所得出的结论的无知，因为本人曾经尽最大的努力去熟悉这种批评的方法。然而，这种"考据式"的批评态度（恰恰与公众的印象相反）却决非在每一个细节上一概都是无懈可击的。不仅如此，据此所得出的结论也一直在一代代地不断变化，甚至是一年年地时常变化。尽管这种毁灭式的批评一般都颇为深刻，但它却根本无法提供任何能够为人们普遍接受的观点。因此，就事实而言，绝大部分的"现代"历史本身便陷入了一种有关其本源的极为平淡无味的争论不休之中。

在另一方面，也就出现了一种显然是针对上个世纪各种激进学派的反动。在如上的批评分析中，可以发现一些缺陷；关于埃及及其相关的研究表明，《圣经》中的叙述至少同古代的情形相吻合；而考古学方面的观点基本上可以证明历史故事的真实性，至少在大体轮廓上是如此。具有讽刺意味的是，恰如以往的情形一样，这些观念在通俗化方面是大大地滞后了，因而可以想象，一些所谓的"站街者"恰好能够有机会拾到了那些在不久之前刚刚被受过良好教育的科学界所丢弃的在当时也许还算是先进的观点。

因此，不可能形成一个关于犹太民族起源的标准化记述，并且它也就不可能既得到普遍的认可（甚至仅仅在今天的所谓"科学考据派"中间获得认可），又能在 10 年或 20 年的时间长度内经得起检验。而就传统故事本身而言，却似乎能够始终或多或少地保持着一种千古不变的可信性。

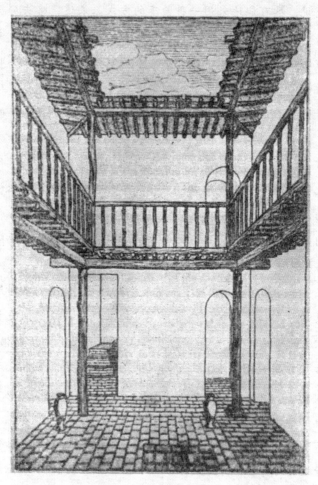

14. 亚伯拉罕时代迦勒底的乌尔城的房屋制式。伦纳德·伍利爵士绘制。

　　我们可以再进一步地考虑，或许也是更基本的一种考虑，那就是客观性同时也是主观性的历史真实问题。一个民族在成员们的心灵深处经过 20 多个世纪而孕育出来的那种个性，不管如今这个民族本身存在与否，无疑已经在感情的真实性方面为自己赢得了一种重要地位。各种传说中同这个民族相联系的那些历史情节体现出民族行为的理想。人们都相信它们曾经发生过，这一事实本身就可以对事件的来龙去脉产生一种深刻的影响。因此，犹太族长们的生活及其随之发生的种种事件，不管是纯属于故事传说，还是确属于历史真实，都应该是犹太民族历史背景的一个基本的和重要的组成部分，想要把它们抛在一边是根本不可能的。

第 2 章　君主制的建立

1

在被称为"士师时代"的末期，巴勒斯坦土地上的希伯来人的境况，在各个方面都同两千年以后英国的盎格鲁-撒克逊时代非常相似。首先，这两个国家都曾被几代人之前的入侵者的后裔所占领。他们定居了下来，同当地的土著人通婚，并逐渐同化了那里的居民（同时，他们在这个过程中也失去了自己的一些好战的特性），后来便被分割成为许许多多各自独立的单位。其次，在这两个国家中，共同的血缘关系和共同的宗教信仰培育了一种原始的凝聚感，因此，一种对整体的危险所带来的刺激和痛苦是十分必要的，以便把那些分散的部落融合成一个民族。但是，所不同的是，后者的危险是来自丹麦人的入侵，而前者的危险则是来自于同丹麦人惊人地相似的沿海民族——非利士人（Philistines）的入侵。

在公元前 12 世纪初，某种区域性的灾变，或不妨说是掠夺的欲望引起了一场从克里特岛（Crete）以及小亚细亚的沿海地带向南方地区的大规模的迁移运动。外邦人——一些常年得到他们北方同胞的增援，并同那些窜上陆地横行无忌的小股匪帮联合行动的海盗——曾试图进入埃及。在公元前的 1194 年，他们被拉美西斯三世（Rameses Ⅲ）彻底击垮。因此，他们转回头来扑向了富饶的巴勒斯坦沿海平原。当时，他们不费吹灰之力就占领了那里并安居下来。他们先进的文化以及铁制武器的使用（他们用这种武器取代了当时一直在西南亚地区普遍使用的铜制武器）使他们几乎是不可战胜的。他们的"城邦联盟"——每个城邦都由各自的"西伦"（Seren）即僭主统治着——控制了连接亚洲和非洲的交通要道。他们给古代世界留下了极为深刻的印象，以至于最后这个国家的 14 整片领土就按他们的名字起名叫巴勒斯坦（非利士提那），并一直沿用至今。

这些不安分的入侵者一旦在平原上站稳了脚跟，就开始朝内陆推进。自此，低地区的以色列人开始常年生活在由于他们的劫掠而产生的恐怖之中。与之相邻的但（Dan）部落首当其冲。有个叫参孙（Samson）的人（他是一个力大无比、机敏过人的人，在很久以后，一直是许多希伯来传奇中的英雄）单枪匹马地采取了行动，并曾一度遏制住了他们的进攻。他最终被捉住，并被弄瞎了眼睛，虽然（故事中就是这样说的）他临死的时候所杀的非利士人比他一生中所杀的还要多，但是非利士人的进攻反而更加猛烈。最后，但部落（当时已减少到不足 600 名士兵）被迫撤离故土，到最北端去寻找另一个安身之处。后来在那边，他们也同样地赶走了原先的居民。从此以后，"从但到比尔谢巴（Beersheba）"便被认为是以色列人的最大领土范围了。

到当时为止，非利士人的进攻一直带有一种有组织的征服战争的特点。面对共同的危险，部落之间被迫消除内部分歧，形成了统一战线。在阿费卡（Aphek）附近一次遭遇战中遭到惨败之后，在极度恐慌之中，他们认为，也许只有在上天的帮助下才能战胜这个不可战胜的敌人，取得最后胜利。当第二次投入战斗时，他们把早就安放在示罗（Shiloh）至圣所里的约柜携带在身边，从而增强了自己的信心。然而，即便如此，也没有给他们带来胜利。他们再一次被彻底打垮，就连珍贵的约柜也被抢走了。

在以后的许多年中，以色列一直处于非利士人的铁蹄之下。考古发掘表明，贝桑是从埃及驻军的手中夺过来的。一个敌军长官带领着一支强大的部队驻扎在便雅悯部落的基比亚（Gibeah）。这个国家被完全解除了武装，甚至连铁匠也被驱逐出境。如果最简单的农具变钝了，也必须把它拿到沿海地区花一大笔钱磨快。入侵者们希望通过这种方式，以维持住他们由于武器先进而得到的最初的优势。

2

阿费卡之战的惨败导致这个民族的内部发生了一个重要的变化。两个守护约柜去参战的祭司都牺牲了，他们的父亲以利（Eli）一听到这个消息后也死了。这一事件，加上当时他们盛大的宗教仪式赖以为中心的圣物被掳走，大大地削弱了腐败的祭司阶层的势力，而在过去的几代人中，他们曾一直是民族生活中的主要的维系力量。有一位叫撒母耳（Sameul）的人，他尽管是在示罗的圣所中长大的，但并不是祭司。从那时起，由于他的领导才能，他得到了以前本来只有祭司才能得到的那种尊重；而他在以法莲山区拉玛（Ramah）的家也在某种意义上成了民族的中心。

　　这位新领袖意识到，国家要想在抵抗威胁其独立的敌人的战斗中取得进展，就必须要有一个强大的团结的政府。只有找一位国王，才能使全体人民服从，然后才能抵御危险。虽然建立一个君主国的确是同古老的传统，甚至可能同个人的利益背道而驰，但当时似乎没有别的解决办法。另一方面，这一选择也提出了一个棘手的问题。以牺牲大多数的部落为代价而支持其中一个比较强大的部落必然会导致内战。刚刚发生的战争已经极大地削弱了傲慢的以法莲的势力，长期以来，他的至高无上的地位一直是无可争议的，而对于其余部落的人来说，别的任何一个贵族家庭的任何一位成员很显然又是不能接受的。

　　就在这时，碰巧亚扪人时断时续地又向跨约旦河地区的部落发起了进攻，这些部落只得向他们在其他部落的亲友求援。但由于全体人民已经完全丧失了信心，没有人对此作出响应。然而，在便雅悯部落却有一个叫扫罗（Saul）的农民勇敢地承担起了领导责任，他率领人们跨过约旦河进行突然反击，敌人很快被击退了。这一事件对希伯来人产生了神奇的影响。扫罗似乎正是上天派来的那位民族领袖。经过撒母耳的批准，他被人民拥立为国王。

　　过了不久，"解放战争"①就以国王的儿子约拿单（Jonathan）暗杀一个非利士军官为信号而开始了。这完全是一场游击战争。

---

　　①　按照通常理解和习惯用法，"解放战争"是指抵御外侮，反抗侵略，"解放"祖国领土和人民的"正义"战争，譬如这里所提到的"战争"以及 20 世纪中叶以色列争取独立的"战争"。但是，后文提到的"解放"或"解放运动"却有着完全不同的含义，这种"解放"主要是指犹太人在散居世界各国之后，在各自的国家中为争取政治地位、公民权利、人身平等，消除"无资格性"，摆脱民族压迫和宗教限制而开展的斗争。——译者

扫罗和他的部下由于熟悉这里的每一个沟沟坎坎，总是能够出其不意地袭击敌人的小股部队。战争的形势时好时坏。有时，爱国力量的人数甚至减少到只有几百人。但是，在密抹（Michmash）的一次辉煌胜利把敌人从这个国家的中部山区和南部的部分地区中，包括犹大和便雅悯的领土上赶了出去。对邻近的几个部落——对东部和东南部的摩押部落、亚扪部落和阿拉米人，并较大规模地对南面的亚玛力部落，进行了惩罚性或者说是报复性的袭击。在这一系列胜利的激励下，在遭受共同压迫的磨砺中，以色列人逐渐获得了一种民族凝聚力。最后，非利士人的军队几乎被完全赶出了这个国家。然而，这种侵略的危险在以后的整整一代人中仍然是国家事务中一个主要的因素。

随着时间的推移，显而易见，国家选择君主制是不明智的。扫罗的确是一个天才的、无畏的军事领袖，但仅仅如此而已。他只不过是一个华莱士（Wallace）——只有资格在解放战争中当领头兵，而不是一个既能在战场上指挥战斗又能在和平时期左右他的人民命运的华盛顿（Washington）[①]。扫罗的宫廷就是一个兵营。他会爆发出突然的、不负责任的野蛮行为，甚至置国家利益于不顾；他还会毫无道理地发作忧郁症，这往往会在一时之间使他丧失工作能力。不仅如此，虽然中部和北部的部落（可能是由于它们远

---

① 原文如此。此处的华莱士似指威廉·华莱士（1272？~1305 年），作为苏格兰爱国者和起义军首领，曾领导过反抗英格兰统治的民族斗争，后被英格兰人捕获并以谋反罪处死。而华盛顿则指的是乔治·华盛顿（1732~1799），他在领导美国独立战争胜利之后，成为美利坚合众国的第一任总统。这种比较意在说明扫罗仅仅擅长冲锋陷阵，而不懂得和平统治。——译者

离权力中心的缘故）倾向于支持或至少是容忍他的统治，但是，势力强大的犹大部落却觉得，在便雅悯部落的光辉照耀下的阴影里生存是难以忍受的。

耶西（Jesse）的儿子大卫（David）是犹地亚的一个农民，在扫罗那个粗野的军队大家庭中享有很高的威望。当他还是个小孩子的时候，便因为单枪匹马打败了一个高大健壮的非利士兵士而声名鹊起。从那时起，他就一直是个很受大众喜爱的宠儿。他娶了国王的女儿，成了国王的儿子约拿单的密友。他勇敢攻打敌人的事迹成了流行民谣歌颂的主题。终于，这激起了国王的嫉妒。当发现自己有生命危险的时候，大卫逃到了他的出生地——犹地亚的山区。在以后的几年中，他一直率领着一帮忠诚的部下过着逃亡的生活。扫罗一直不停地多次试图捕获他，而且对他的同情者一律格杀。最后，这个叛逃的首领被迫去曾与之交过战并为他赢得声名的非利士人中间寻求避难。当扫罗（与约拿单以及他另外的两个儿子一起）徒劳地试图抵御非利士人对国家腹地的入侵，而在基利波（Gilboa）山坡上的一次战役中阵亡时（公元前1013年），大卫正在迦特（Gath）国王的保护下住在洗革拉城（Ziklag）。　17

3

去世的国王由他幸存下来的一个儿子以示拔（Ishbaal）接任继位［多亏了他忠心耿耿的叔叔押尼珥（Abner）］。由于刚刚发生的灾难，这个国家又一次沦入非利士人的铁蹄之下。因此，王室官邸同执政中心只好一起迁到了约旦河对岸的玛哈念（Mahanaim）。

在后来的许多年里，那里的人们仍然强烈地怀念着扫罗的英雄业绩。

虽然大卫用文学作品中最为动人的一首挽歌哀悼扫罗的去世，但他仍不失时机地利用了这次事件所带给他的机遇。他立即带着他那些久经沙场的老兵返回了自己的国家，并占领了希布伦（Hebron）——极有可能得到了非利士人的允许，甚至帮助。那些非利士人当然很乐意看到他们的敌人的势力由于内部分裂而被削弱。犹太族人本来已经推崇大卫为他们的领袖了，所以不需要什么说服工作，他们就接受了他为国王（公元前 1013 年）。

大卫的野心实在是太大了，他并不满足于只有最南端那么一小块地方承认他的最高权力。他那贪婪的眼睛注视着北方。在以示拔软弱无能的统治下，当时那里很不安定。所以，此后这两股势力间的摩擦事件不断发生，虽然这种冲突只局限在这两个对手的部下之间，对国家整体的影响还不是太大。最后，大卫成功地离间了实力强大的押尼珥对扫罗家族的忠诚。押尼珥同大卫最宠信的一个部下约押（Joab）结有血仇。约押便利用他的敌人驻扎在希布伦的机会刺杀了他。押尼珥属下的几名军官一听到这个消息，也不管这是不是他们已故领袖生前的意图，马上就暗杀了他们那位傀儡国王。当时，北方的那些部落拖拖拉拉而且有点儿不情愿地转而忠诚于大卫。就这样，大卫成了整个以色列的国王（公元前 1006 年）。

在政治领域，他统治期间的头等大事就是摧毁非利士人的势力。此后，非利士人再次入侵，竟有吞没整个国家之势，大卫也被赶出了首都。但是同扫罗不一样，他没有完全依赖武装力量，或者光靠他个人的党羽。他通过建立联盟进行反击，征召雇佣军与训练有素的敌军作战。经过拉法伊（Rephaim）谷的两次胜利之后，他们把侵略者赶出了国土，并长驱直入敌人的领土。对迦特城的占领（它是上个世纪威慑以色列的五个城邦之一）结束了这次战役。从此之后，非利士人的威胁成为历史。然而，它对希伯来历史的影响却是不可估量的，这是因为，正是由于这把锤子的不断敲击，才使原本的一盘散沙凝结成了一个坚实的整体。

继这次胜利之后，又发生了一系列的对外战争。大卫充分利用南边埃及和北边亚述国暂时的衰落建立起了一个强大的边界王国。他那些久经沙场的士兵所向披靡。他发动了对邻近国家的一系列战争来稳固他的边界。他以派驻亚扪的使者遭到侮辱性对待为借口进行讨伐，并取得了决定性的胜利。由北边远至幼发拉底河的几个小侯国组成的阿拉米国家联盟试图解救被包围的亚扪人的首都拉巴（Rabbah），但也遭到了失败。大马士革被派驻了希伯来驻军。摩押国和亚玛力（Amalek）也被征服（对后者的征服是完全彻底的）。在约押领导下的一次简短的战斗之后，以东的国土被兼并。从上一世纪就一直困扰着国家民族统一的由非以色列人定居的少数外邦领地也被占领，这样，最后一块把犹大同北边部落隔开的由耶布斯人（Jebusite）占据的狭长地带也被兼并了。他还同像哈马（Hamath）和推罗（Tyre）这样的强大邻国建立了联盟。从南边的埃及边界地区以及亚喀巴湾（Gulf of Akabah），直到北边的幼发拉底河两岸所有的土地都确认了大卫的领导权力。

在这个国家的历史上形成的疆域之内，国家的行政管理发生了一场革命。那个曾经被扫罗当作政府驻地的军营被一股脑儿改成了宫殿。那一长串政府官员的名册即使不能说明新型政体的效率，但起码显示了其分工精细的程度。兵役制度也围绕外国雇佣常备军这个核心问题作了修改。文职人员重新进行了改编和组合，甚至对祭司制度也进行了严格的重新组织。松散的氏族联盟逐渐转变成了一个高度集权的王国。

　　然而，大卫所建立的君主制仍然保留了某种我们在今天称之为"立宪思想"的成分。作为希伯来种族的祖先的阿拉米游牧部落的民主意识非常之强。国王的权力受到公众舆论的限制，而这种舆论又往往是毫无顾忌的。人们有个基本的观念，认为在国王和他的臣民之间有个"契约"，由一个憎恨压迫、不容忍非正义的"神"来监督执行。我们找不到传统上同东方的统治者相联系的那种极端的专制主义的影子。国王可能会对他的一个臣民的妻子垂涎三尺，但决不会强行把她从丈夫身边夺走，他只能找借口先把她的丈夫除掉。这本身就表明，他已经意识到了加在自己权力上的限制。当一个受人民欢迎的代表指责他的行为时，他虽然无言以对，但却不敢流露出自己的不满。从这些小事以及其他类似的事件中可以看出，显然他明白自己的特权是受到严格限制的。在他之后的继任者身上，我们也可以发现类似的情形。这种对最终基于统治者与其臣民之间的一种协定的君主制度并使统治者的权力受到公众舆论和道德约束的观念，无疑是人类思想史上极为重要的观念之一。因为正是 17 和 18 世纪对这种观念的研究、复兴和仿效，才导致了现代欧美立宪思想的产生，并因此在人类命运的发展进程中起到了不可估量的重要作用。①

----

　　① 根据某种理论，当时还有一个公众大会"大地之子"，它曾间或地在国家事务中占有决定性的地位。

　　这个新生的国家仍然缺少一个中心，因为当时的圣殿所在地里亚耶里（Rirjath-Jearim）从来也没有获得在阿费卡战役之前的示罗所拥有的那种地位，而远在南方的希布伦同犹大部落的关系又太紧密而无法被大多数希伯来人所普遍接受。在全国自然边界内被大卫占领的城市中，有一个地方叫耶路撒冷，当时对这个城市却提不出类似的反对的理由。它正好位于国家的中心，在历史上也没有单独同任何一个部落发生过特殊的联系。由于它三面都是悬崖峭壁（今天，这里已经几乎填满了历代以来的废墟），所以几乎是坚不可摧的。它靠近那些重要的通信和通商大道。最为重要的是，它是大卫自己的一片征服地——几乎可以说是一件创造物。他把自己全部的心血都倾注到这个新首都上了。他把防御工事扩大到了锡安山（Zion）之外，把城墙内围起来的那一部分称作"大卫城"。他建造了一个豪华的王宫。他把以色列人心中的上帝那个古老的约柜也抬到了城内，并准备建造一个富丽堂皇的圣殿来安放它。从大卫统治时期开始，对于大多数活着的希伯来人来说，耶路撒冷和锡安山尽管有时并不总是政治忠诚的中心，但却一直是感情忠诚的中心。 20

　　到大卫统治的后期，国内麻烦不断，局势动荡不安。国王按照东方传统，同时也是为了满足他自己感官上享受的本性所设立的后宫，终于结出了通常所见的那种残暴、嫉妒和内宫不和的果实。大卫本人，由于连年的战争和劳顿的生活已经疲惫不堪，过早地衰老了。他的王后和众嫔妃所生的那些儿子互相之间开始发生激烈的争吵，从而使王宫本身充满了血腥气。最后，他自己的儿子押沙龙（Absalom）公开发动了政变。刚刚迈出的改革步伐对于大多数人来说都太快了，因而整个国家的人几乎全部蜂拥到了他的麾下。新首都被占领了。大卫本人也被赶到了约旦河对岸寻求避难，只是由于他的卫兵的忠诚才幸免于难。在接下来的战斗中，押沙龙的死使得这场胜利黯然失色。

不久以后，大卫便死了。自从他结束流亡生活当上犹大国王以来，40 年已经过去了；而他的权力被其他的以色列部落所承认，也已经有 33 年。对于古代历史上的人物，我们能够了解得比他更为详细的，恐怕没有几位。我们看到了一个无畏的年轻人，怎样发展成了一个热情的成年人，直至成为一个冷酷而工于心计的老年人。我们看到了一个赢得"以色列金嗓子"称号的、才华横溢的抒情诗人怎样坠入了堕落的深渊。但是，在所有这一切中，有一种吸引人的诚实，一种宽容的才能，一种对道德标准的最终认同，这就使他即使是最无耻的错误行为也显得无足轻重了。而且不仅如此，大卫的政治才能是罕见的，他的人民把他奉为心中的神明而又特别爱戴他，不单是因为他是王室血脉的创始人，也不是因为他是许多抒情诗的著名作者。如果在他之前的希伯来历史是一个迷宫的话，那么，正是由于有了他，历史才有了连贯性和方向性，其原因最主要的还在于他的能量和天才。他开始发现以色列的时候，它只是一堆互相交战的部落；而他离去时，以色列已经变成了一个强大的并且是（起码在当时是这样）团结的民族。

4

临终之际，大卫命令尚未成年的最小的儿子所罗门（Solomon）

"受膏"为他的继承人。亲政伊始，这位新的统治者曾面临着一种可怕的不满情绪，但很快就被他用强硬手段镇压了下去。从此之后，他的统治基本上是风平浪静的。传说中记载所罗门是人类智慧的典范，这可能是因为他主要靠管理手段来提高本国的地位，而他父亲运用的是武力这一事实。这是一个歌舞升平的时期。因此，人们比以往任何时候都更加强烈地意识到，巴勒斯坦作为亚非大陆交通要道的位置的重要。大卫在战争过程中早已成功地占领了亚喀巴湾（红海的入口）边的以旬迦别（Ezion-Geber）。所罗门完全明白占有它的价值。那时还没有苏伊士运河来连接地中海和印度洋。而以旬迦别或邻近的以拉他（Elath）港无疑是通向印度和远东地区的始发站。只要占有了这个始发站和巴勒斯坦，也就意味着控制了连接三块大陆的桥梁。

以色列国王首先通过同南边的埃及结盟来巩固自己的地位。在埃及帮助下，他把迦南族的最后一座堡垒、近东地区最大的商贸中心之一的基色城（Gezer）并入了自己的领土。这样，希伯来王国终于在地中海东岸获得了一个立足点。他加强了对控制着从其领地穿过的贸易大通道（一条是从埃及到巴比伦，另一条是从地中海到印度）的沿线各据点的防御。从埃及进口亚麻纱和训练有素的战车用马，然后用来交换黎巴嫩珍贵的木材和阿拉伯半岛的香料。他继续保持着过去大卫同腓尼基人（Phonician）所确立的亲密关系。后者因为被允许在去远东的探险中使用位于亚喀巴湾的港口而欣喜万分，所以他们允许希伯来水手一同前往，并在各方面事务中大力帮助以色列国王。因为从北到南、从东到西的贸易活动都经过巴勒斯坦，所罗门便开始向商队收取贡金，作为保障他们安全的一种交换条件。他本人也欣然参加过各种商贸远征。他的国库变得屯满金流，东方的各种稀有动物和商品在耶路撒冷随处可见，这是以前所不曾有过的。

宫廷里法规谨严，井然有序，文臣武将辅弼君主，各司其职，呈现一片辉煌景象。后宫的规模名噪一时，远方的王子们纷纷来拜谒这位最聪慧的君主。首都得以扩大并加以改造。由腓尼基人提供建筑材料和技术娴熟的工匠，而强迫征募当地人服劳役。推罗来的劳工帮助建造了一系列壮丽雄伟的王室宫殿。为了便于财政和管理，国家打破了旧的部落界限，而重新划分成了十二个行政区；虽然以后的发展表明，离心倾向依然过于强烈，根本无法完全消除。通过几个边境城镇的筑防，王国的防务得到了进一步的加强，同时各地都建立了设有庞大马厩的战车军队。这已经由最近的考古发掘所证实。

正如历史上类似情况下普遍产生的后果一样，这种国家边界的突然扩大以及财富的快速增长必然引起一种文学上的复兴。国王本人的名字同大量优美的警句联系起来，其风格往往同《圣经》①中的《箴言》——传说他即是该篇的作者——十分相近。国家及王室内部发生的别具特色的变化同他父亲那种自发流露的感情迸发形成了鲜明的对照。

统治的巅峰期是在锡安山上建立起了一座宏伟壮丽的圣殿，用来安放由大卫搬回来的约柜。大约在公元前953年的结茅节这一天，

---

①　除特别说明或需要，作者所说的《圣经》均指《旧约》，即所谓希伯来《圣经》。——译者

为此举行了盛大的落成仪式。自此，耶路撒冷就不仅是国家的政治上的首都，同时也是一个宗教上的首都。在三个朝圣节期间（特别是逾越节期间），每一位男性都应在他们共同的神祇面前膜拜，从而为这个城市增添了新的色彩，使它成了真正意义上的国家生活的中心。为了突出圣殿的重要性，王国越来越倾向于禁止在任何别的地方用动物献祭。① 起初，这很可能是一种政治行为，目的是为了提高这个最大的圣所和在其中任职的祭司们的重要地位。但是从长远来看，却无疑潜移默化地增强了希伯来一神教的精神力量，从而向信徒们表明，宗教可以没有献祭，并使他们即使在没有圣殿的时候仍然能够保持自己的信仰。

如果不是借助于繁重的苛捐杂税，所罗门的统治可能永远也不会达到如此的辉煌。但在当时，犹大支派似乎被免除了一部分税赋。即便不是如此，国家的南部不仅同王朝有着血缘上的关系，而且尤为特殊的是，由于王朝的政策以及它本身是新首都所在地所带来的经济上的繁荣而同王朝紧密相连。从这些事实来看，它得到了足够的补偿。但是在北方，不满情绪却十分普遍。甚至在犹太人的这位"roi soleil"（太阳国王）逝世之前，他父亲所建立的庞大帝国就已经出现了分裂的迹象。位于东北部的阿拉米族早已恢复了他们的独立，并建立了一个以大马士革为中心的新的国家。以东人也造反了，北部的部落中出现了动荡不安的状况。在公元前 933 年，当所

① 持反对意见的人将颁行这一禁令的时间推后了几百年。但是，即使这些尚存争议的文件能够证明晚几百年的推定是正确的，但在正式颁布这项禁令之前，禁止的意向必定已经存在了很长的一段时间。

罗门那个少不更事的小儿子罗波安（Rehoboam）继位之后，一封要求修改税制的请愿书递了上来。在遭到拒绝后，随之爆发了大规模的叛乱，整个北方揭竿而起，一个曾在前朝时期领导过类似阴谋活动的叫耶罗波安（Jeroboam ben Nebat）的人被拥立为王。

便雅悯部落过去曾一直是大卫王朝的强硬对手，此时却把自己的命运同孤立的犹大部落（除了孤零零地位于最南端的那个几乎已经丧失了独立地位的西缅残部之外）连在了一起。这从一个方面充分说明了大卫和他儿子所具有的政治家般的才能。然而，大卫帝国连同它所有的辉煌前景一起破碎了，那些边沿的属地也随之分崩离析。从此，在长达两个世纪的时间里，希伯来历史不得不分别面对两个相邻的、血缘相近但却全面敌对的，并不时进行战争的国家。一个是犹大王国，首都是耶路撒冷；而另一个是以色列王国，以示剑为中心。

值得注意的是，同一个祖先、同一种语言和同一种民族传统的联系常常能够使政治上的分裂起不到任何作用。这一时期的文学作品，尽管存在政治分歧，却一直是把人民作为一个整体来描写的。南北王国之间的往来一直到最后阶段依然十分亲密。在频繁进行的战争中，双方被俘的士兵都能够得到比陌生人更为人道的对待。然而，国家的力量在自相残杀的战争中被消耗殆尽。把巴勒斯坦发展成为一个庞大帝国的中心——至少其优越的地理位置以及大卫的业绩可能会使同时代的人期望如此——从此已不可能。巴勒斯坦的力量所在注定不能属于政治的范畴。

第 3 章　撒玛利亚王国

1

　　正是在南部王国，即犹大王国中，希伯来人的传统永久地保
存下来，并因此能够流传至今。只是由于希伯来《圣经》中收录
了较为详细的关于北方部落的历史（因而成为以后史编工作模仿
的样板），这一历史事实似乎变得模糊不清了。为了清楚起见，
在继续沿着主要的发展脉络叙述之前，最好先让我们深入研究一
下所谓的"以色列王国"及其消亡的历史记载。

　　由于大卫的王朝早已在犹大部落中建立起了一种对大众思想
的强有力的控制体系，所以刚刚建立的犹大王国相对较为平静。
但与此相对照，以色列王国却一直处于动荡不安的状态之中。部
落与部落之间互相嫉妒，一直难以消除；任何一个成功的军事领
袖都会对王位的稳定性构成威胁。在存在的两个世纪中，北部这
个君主国出现了同它的邻国在 300 多年中同等数量的执政者（都
是 19 位）。许多君主只统治了一两年，有些甚至只有几个月；其
中至少有一半被残酷杀害——大多数是死于他们的继任者之手。
由自己的儿子继位的统治者实在是极少数，而只有两个朝代世袭

15. 摩押石碑。约公元前847年。巴黎卢浮宫。

16.亚述国王撒缦以色三世的"黑色方尖碑"。公元前841年。
出土于卡拉,现藏于大不列颠博物馆。

17—19. 以色列王耶户宣誓向撒缦以色三世效忠（黑色方尖碑细部）。

20—21. 亚哈的"象牙屋"残片：部分装饰物出土于撒玛利亚古王宫遗址。
公元前9世纪。

了两代以上。[①]

　　耶罗波安早就已经不安地注意到了耶路撒冷在过去两个朝代中所发挥的主导作用——这不仅是因为它作为首都的尊贵地位，而且也因为它是全民族的约柜所在地这一事实。他以非凡的远见开始着手削弱它由于这两个原因而在人们心中所拥有的神圣地位。他在王国的南北两端——但和伯特利（Bethel）——建起了与之相抗衡的崇拜中心，以便使以前赶往耶路撒冷的朝圣者产生分流，并使一部分人对国家首都的信仰有所动摇。他开始使用修改过的宗教日历，从而进一步加剧了这种分裂。从此，希伯来民族的这两部分人在不同的日子里庆祝各自的重要的宗教节日。与此同时，耶罗波安还迎合大众的趣味，并使之成为一种传统。他在这两个圣所里铸造了两只金牛犊，以便用具体的形象来代表以色列人的上帝——"这就是你们的上帝，噢，以色列人，是他把你们从埃及拯救出来"。这样做的结果不可避免地削弱了一神教概念的严肃性，同时也篡改了这个民族的独特性质。这种影响在以后的岁月里变得愈加明显。

2

　　在耶罗波安之后（他在位 21 年，卒于公元前 912 年），只出现了一两个杰出的统治者。于内战后的公元前 887 年登上王位的暗利（Omri，公元前 887~前 876 年在位）是一个十分活跃且卓有

---

①　关于这两个王国的朝代史，详见本卷末所附"希伯来君王谱系"。

远见的君主。他的个性对当代人的影响是如此之大，以至于他所统治的国家一直在外国的文字记载中被称为"暗利家族"，直到两个世纪后这个国家最终已不复存在之后依然如此。有一段时间，他曾是一大群纳贡国和联盟国所组成的强大集团的首脑人物。他恢复了以前对摩押人的宗主权。王国的物质文化得到了发展，财富也增加了。首都还设立了一个外国人贸易区。这位暗利把没能给他的前三任带来好处的首都——古老的示剑迁移到了位于西北六英里处的叫撒玛利亚（Samaria）的新址。从此以后，他的王国作为一个整体也常常被称为撒玛利亚王国。为了发展王国的商业，同时也为了在日益强大的大马士革王国面前保护自己，他同腓尼基人结成了联盟。由于他儿子亚哈（Ahab）同推罗国王的女儿耶洗别（Jezebel）的联姻，这一联盟得到了进一步的加强。

正是在他儿子的统治期内（公元前 876~前 853 年在位），暗利所奉行的政策结出了硕果。这种广泛同外国联姻的政策导致了严重的外来影响，这种影响在从推罗国引入了以最粗俗的形式对巴力神（Baal）的崇拜，并同时以人作为燔祭时达到了顶峰。[①] 耶洗别王后引入了同传统的希伯来君主国思想背道而驰的专制主义观念，正义被亵渎了。当时，关于国王那位倒霉的邻居拿伯（Naboth）是　26

[①]　"巴力"一词的含义是"主人"，它不是某个固定神祇的名称，古代近东许多民族都把本地区或本部落的神称为"巴力"，一般把它视为生生化育之神。但各民族略有不同，如迦南巴力神崇拜与生殖观念息息相关。巴力崇拜的一个重要特征就是以人作为燔祭，如《创世记》所载上帝在迦南地的摩利亚山试验亚伯拉罕的故事，当上帝命令亚伯拉罕奉献其子以撒作为燔祭时，亚伯拉罕毫不迟疑，后来耶和华制止了亚伯拉罕，并指示用羊羔代替。由于巴力崇拜主张以人作为燔祭，又具有典型的偶像崇拜特征，所以与希伯来人的耶和华一神论产生了根本的对立。——译者

怎样被霸占了葡萄园，同时又被夺去了生命的生动传闻给百姓们留下了不可磨灭的印象。

从政治和军事观点来看，亚哈的统治一直到最后基本上是成功的。尽管亚述人势力不断增强［在公元前 853 年，他曾被迫同大马士革实现了短暂的联盟；当时，亚哈在"嘎嘎（Karkar）大战"中向他的盟军捐赠了最大数量的战车以及他的第三大军团来抵抗亚述人］，但同大马士革的争吵仍在继续，并互不服气。在此期间，边界袭击事件长年不断；有时，叙利亚匪帮甚至深入到了国家的内部地区。最后，公开战争终于爆发了。在经过两次惨败之后，便哈达（Benhadad）国王请求讲和，但后来又恢复了战事。在公元前 853 年，亚哈在试图收复拉摩基列（Ramoth Gilead）的战斗中阵亡。他的两个儿子亚哈谢（Ahaziah，公元前 853~ 前 852 年在位）和约兰（Jehoram，公元前 852~ 前 843 年在位）先后继位。与此同时，耶洗别王太后仍然在撒玛利亚拥有至高无上的权力，无孔不入的外国影响以及法庭的明显不公一直在制约着进步的因素。最后，他们共同煽动约兰身边那位最勇敢的将军耶户（Jehu）去篡夺王位（公元前 843 年）。这既是一次政治革命，同时也是一次宗教革命。暗利王朝被彻底推翻了，那些崇拜巴力神的信徒在一场大屠杀中被残忍地屠杀一空。这场大屠杀曾给逃亡的人们留下了久远而恐怖的记忆。

3

耶户王朝持续了整整一个世纪（公元前 843~ 前 744 年）。五

代王朝全部都是子承父位——这在北方君主国的历史上是一次史
无前例的记载。新的王朝（由于刚刚发生的革命，自然已经失去
了同腓尼基人的联盟，正面临着来自与之接壤的各邻邦的敌意）
放弃了继续维持同叙利亚边界各国组成的反对亚述日益强大势力
的"大联盟"的想法，而同亚述那位伟大的国王建立了友好关系。
这种关系只能以损害当时也刚刚在叙利亚执政的新王朝为前提，
因而它的敌意也是不言而喻的。当时，大马士革的哈扎尔（Hazael）
充分利用亚述人这种暂时的兴趣转移，把他的愤怒转向了他的南
邻。耶户的军队节节败退，约旦河两岸的领土遭到入侵，并且大
部分被夺走。国家被解除了武装，它的军事力量受到了极大的限制。 27
这一点倒非常具有现代味儿。那些接壤国家也开始侵占以色列的
国土。最后，在耶户的儿子约哈斯（Jehoahaz）统治时期（公元前
816~ 前800年在位），撒玛利亚城本身也被封锁了，只是由于敌
人营地内突然发生的一次恐慌才免遭占领。当便哈达三世领导下
的亚述人大军使大马士革暂时失势时，撒玛利亚才得到了短暂的
喘息机会。以色列同其他的巴勒斯坦国家一起，从此承认了亚述
的宗主国地位；但是，它当时仍然可以独立自主地处理同各邻国
的关系。

　　在耶罗波安二世（Jeroboam Ⅱ），即耶户的曾孙统治下（公
元前785~ 前745年在位），有一段时间曾暂时恢复了前一时期那
种平静的日子。由于内部空虚，亚述的进军暂时停止了。大马士
革也已不再是一个需要认真对付的对手。以色列成了那些小叙利
亚国家中最强大的一个国家。同大卫和所罗门统治时期一样，它
的势力范围扩展到了邻近的国土上，从奥伦梯河（Orontes）往下

直到红海地区。约旦河两岸的通商大路再一次置于以色列控制之
下，贸易和工业得到复兴，大量的财富源源不断地流入了这个国家，
同时伴随着奢侈之风的盛行。我们在书中看到，那里有冬夏别墅，
有乌檀木盖成的房子，有的房子还饰有象牙——在最近的考古发
掘中，的确发现了这类建筑的遗迹。撒玛利亚城里那些简陋的茅
屋也已经改换成了宏伟的宫殿。然而，这只是一种表面上的平静，
仅仅建立在那些"伟大的国王"沉寂一时的基础之上而已，因为
暴风雨马上就要来临了。

4

耶户王朝是以谋杀赢得的，也只能以流血而告终。当耶罗波
安的儿子撒迦利亚（Zachariah）于公元前744年被暗杀后，全国
陷入了一种半无政府状态。在以后的十年中，相继有五位统治者
登基，而其中只有一个是属于自然死亡。南边的埃及和北边的亚
述在这个国家中都有自己的党羽，并开始酝酿宫廷叛乱。公元前
738年，在一次对地中海沿岸发动突然袭击的途中，亚述王国最伟
大的君主提革拉毗列色三世（Tiglath Pilezer Ⅲ）向以色列的米拿
现（Menahem）强索一大笔贡金。为此，米拿现向每个殷实的户
主收取了人头税50个金币——这有力地证明了在过去的一代人中
所积累起来的巨大财富。

28　　　在比加（Pekah ben Remaliah，在亲埃及派所策划的一次造反
中，他于公元前735年登上了王位）的统治下，大马士革和以色
列，同一些非利士及腓尼基人的城市一起组成了反对亚述的联盟。

在一次闪电般的战斗中，联盟方一败涂地。以色列失去了基列及其以北的所有行省，这些地方的居民也被驱逐出境。比加本人则被废黜并被反对派所谋杀（公元前 730 年），杀人的刺客何细亚（Hoshea）被推上王位，成了这个附庸国的统治者。虽然过去长达一个世纪的强大对手终于被打败，但这并不能使亚述王满足；在两年的围困之后（公元前 732 年），大马士革也被侵略者占领了；因而，在以色列和北方的动乱区之间，当时已经不存在任何的障碍了。

亚述统治者的更换以及它兴趣的暂时北移足以使何细亚（就像所有的小君主一样，他仍然希望获得完全的独立）胆大妄为起来，继而听从了埃及提出的诱人建议。他同当时执政的法老达成了一致意见，因而每年由亚述王强征的贡金便被挑衅性地取消了。惩罚随之接踵而至，并且十分恐怖。撒缪以色五世（Shalmanezer V）挥军南下。正如以往常常发生的那样，埃及所承诺的帮助并没有兑现。何细亚被俘后遭到囚禁，最终毫无疑问地被判处了死刑。撒玛利亚城本身也遭到了围困。这座城市想尽办法一连坚守了数月——这充分表明了它阵地的坚实以及防御工事的牢固。在被围困了三年之后，这座城市失陷了，但不是被撒缪以色所占领，而是被他的继任者撒珥根（Sargon）攻陷的。后来，整座城池被夷为平地（公元前 721 年）。根据亚述人残酷而一贯的政策，城里那些较有身份的市民，包括贵族和富人，很快被放逐到了帝国的边远地区。这些人由于远离故土，并混杂在其他的种族之间，他们不得不在表面上对新政府表示效忠。

几年以后（公元前 715 年），由于又发生了一些地方叛乱，相同的情景继续重演，只是规模更大一些而已。前撒玛利亚王国被重新划分成亚述的行省，每一个行省都有各自的总督管辖。当时，从远方国度来的定居者也加入到驻扎的军事驻军的行列，他们在巴勒斯坦所发挥的作用同巴勒斯坦那些流亡者在别的地方正在发挥着的作用是完全一样的。最后，这些人同当地人通婚并部分地吸收了他们的传统文化。这样，一个新的种族诞生了（以后就按他们首都的名字被称作撒玛利亚人）。虽然他们在血缘及文化上同他们的犹大邻邦非常接近，但政治利益却使他们形同陌路，而且不论在宗教还是在伦理上都同他们所取代的希伯来人不尽相同。那些被放逐的人——寓言中所说的"失踪的十个部落"——最终失去了自己原来的身份，或者是融入了他们定居地的那些种族之中，或者是同他们刚刚联系上的那些犹大部族的姻亲生活在一起。

22. 所罗门圣殿中的净手盆。H. 格莱斯曼绘制。

的确，在以后的数代人之中，有些人的祖先可以一直追溯到这一个或那一个古老的以色列部落。但是，那个北方公国的政治独立性和宗教同一性却已经成为历史。从此之后，民族意识中真正具有特点和富有生命力的一切东西便只有寄望于犹大王国这片土地了。

第4章 犹大王国

1

有关其姊妹王国犹大的记载和以色列王国是完全不同的。总的看来，犹大王国十分平静，未受外侵，一般来说，也没有受到内部不和的纷扰。大卫家族从来也不缺乏承继其伟大祖先王位的人，并且一直到最后的日子里，因继任王位而引起的争议（这在北方王国中是司空见惯的）都很罕见。因此，即使当独立已经成为一个遥远的梦想时，这个王朝还是能够控制住自己的人民所具有的那种永远不能根除的激情，并一直延续下去。

在另一方面，南部王国的历史在政治方面来看是平凡无奇的。它的大小无论从人口方面，还是从领土方面来说都不及其竞争对手的五分之一。与撒玛利亚不同的是，它既没有通商大路横穿其中，也没有控制着任何军事要道。只要它保持平静，那些在北边和南边为了争夺古代世界的霸权而互相残杀的强大帝国是不会注意到它的。

因此，犹大在国际事务中所起的作用是微不足道的。它几乎完全被笼罩在北部王国的阴影之下，并在很长一段时期内从属于北国的统治。然而，它在人类历史上却是至关重要的，远远超过了它在政治上所表现的那种无足轻重。整个巴勒斯坦的面积同威尔士相差无几；犹大的面积则只有它几个郡县的大小，而人口在历史上可能从未超过 50 万（北部王国可能三倍于此数）。但就在这片很小的国土上——犹太民族和犹太宗教的发源地——却同雅典和罗马这两个智慧库一起，共同产生了对人类文明的形成具有重大影响的思想观念。尽管有些记载这些思想观念的文献起源于 31 撒玛利亚王国，但是，却是由于犹大王国的存在，这些思想才得以保存下来并得到了发展，从而成为人类的共同遗产。

2

犹大的罗波安（Rehoboam，公元前 933~ 前 917 年在位）以及他之后的继任者们在统治期间主要忙于对付那些脱离主义分子的斗争——斗争的胜负将决定着这是一场征服战还是一次争取独立的战争。在一开头，北方部落的起义看起来似乎不大可能成功。耶罗波安被迫把首都迁到了约旦河对岸，并向埃及求援。由于他作为一名流亡者曾一度客居埃及，所以在那里非常知名。示撒（Shishak）即法老谢寿恩克（Sheshonk）——第二十二王朝也就是利比亚（Lybian）王朝的第一任法老，率领大部队攻到了耶路撒冷的大门前，国王不得不用巨额贿赂收买他，使他撤走。书中曾沉痛地记载着所罗门安放在圣殿装饰墙上的金盾是怎样被从圣殿里拆下来，然后又用一模一样的铜铸盾牌替换上去，而皇家卫队照样用这个假盾举行庄严的仪式。这类事件表明，君主国中正在发生着的巨大的变化。

在罗波安的继任者统治下，斗争仍在继续。为了确保国家的军事地位，他的儿子亚比央（Abijam，公元前 917~ 前 915 年在位）同大马士革王国结成了联盟，从而开始了这个强国对巴勒斯坦的不断蚕食。这是一个先由国内不和引起，最后造成致命后果的外国侵略的古老故事。在当时，这个政策曾一度获得了成功。在亚比央的儿子，即他的继位者亚撒（Asa，公元前 915~ 前 875 年在位）漫长的统治期间，犹大王国终于实现了独立。

在亚撒的儿子约沙法（Jehoshaphat，公元前 875~ 前 851 年在位）的统治下，两个兄弟国家之间的关系变得更为融洽，尽管南部政权很明显地还是从属于北部政权。当时，北国指定的继承人约兰（Jehoram，公元前 851~ 前 844 年在位）已经娶了亚哈和耶洗别所生的女儿亚他利雅（Athaliah）为妻。正是由于同他女婿的联盟，亚哈才发动了征讨大马士革的战争，而他也正是在这次战争中丧了命。几年以后，两家同样又联合发动了对摩押国的讨伐，但却没有成功。对于此战，摩押国王曾特意在著名的"摩押石碑"（Moabite Stone）上撰文以志此事（这是迄今为止所发现的几乎最古老的同《圣经》有直接关系的文字记载）。这次讨伐的失败导致了以东人和一些非利士城市的叛乱。自此，王国的势力被大大地削弱了，以致几乎成了撒玛利亚的附庸。

在当时的这种情况下，耶户所领导的政治和宗教革命也波及了犹大是毫不令人感到惊奇的。当时，约兰的儿子即继承人亚哈谢（Ahaziah，公元前 844~ 前 843 年在位）曾亲率部队协助进一步攻打拉摩特（Ramoth）。这位犹大国王仓皇出逃，但在路上被那位反叛将军捕获，并受重伤毙命。这是记载中大卫家族的第一个身遭横死的国王。与此形成对照的是，在同一时期，至少有五个以色列王国的统治者死于刀剑之下。

当这一消息传到耶路撒冷时，王国的统治权已经落入了太后亚他利雅的手中。她证明自己真正是耶洗别的女儿——精力充沛、肆无忌惮，并且完全忠诚于她外国亲属的利益。为了保住她个人的地位，她杀死了所有王室血统的成员，甚至包括她自己的孙子——这是一种异乎寻常的手段，只能推测性地解释为她计划在耶路撒冷建立一个新的推罗王朝。然而，六年的统治之后，又发生了一场叛乱。由于婚姻关系同王室非常密切的大祭司耶何耶大（Jehojada）策划了这次叛乱。亚他利雅被处死，年轻的约阿施（Jehoash，即Joash），这位在王室大屠杀中幸免于难的亚哈谢七岁的儿子被拥立为王。

这是一种无可避免的结果：在这位新国王（公元前 387~ 前793 年在位）漫长的统治时期内（至少在早期），祭司的影响占了上风，而传统的宗教价值观得以复兴。亚他利雅引入的"巴力神"崇拜被严令禁止，并恢复了通过公众赞助修建圣殿的活动（关于这一点，在文献中可以看到，他们用一个由大祭司设计的原始的钱盒来收集虔诚者的献金）。在对外事务中，国家由于它所依赖的北部王国的暂时衰落而遭受了重大损失。在巴勒斯坦的政治活动中拥有至高无上权力的大马士革的哈薛（Hazaal）在一次讨伐中占领了迦特，并准备向耶路撒冷进军，并且坚持只有在对方偿付巨额赔款后才会撤军。这次不幸事件或许正是不久之后发生的暗杀约阿施事件的起因。他的儿子亚玛谢（Amaziah，公元前 798~前780 年在位）企图推行一种更为有力的政策，再次讨伐以东人

33　的成功使他有足够的胆量脱离了撒玛利亚的控制。然而，他却遭
到了惨败，首都被占领并被劫掠一空。因而，原来一直推测的犹
大对撒玛利亚政治上的从属关系从此时起便成了不容置疑的事实。
毫无疑问，亚玛谢的统治由于宫廷革命而宣告结束，因为这次革
命真正地革了他自己的命。

　　亚玛谢的继承人乌西雅（Uzziah），即亚撒利雅（Azariah，
公元前 780~ 前 740 年在位）有很长的一段时间正好和以色列的耶
罗波安二世同时执政。整个这一时期，犹大对邻国的依赖关系仍
然存在——暴风雨最终到来之前的最后一段和平和繁荣时期。我
们从文献中了解到，军队得到了重新的组建，并建立了一支专门
的远征军"突袭队"；军队重新配置了新的装备；同时还大大补
充和加强了耶路撒冷的防御力量。乡村里一片安详昌盛的景象。
国王对农业的大力关注为他赢得了"爱好耕作"的美名。虽然以
色列的边界线早就延伸到了奥伦梯河，但是，在成功地打败了以
东人之后，犹大国的边界一下子扩展到了亚喀巴湾。在统治末期，
由于这位国王坚持不懈地进行改革，并试图剥夺祭司们的职权，因
而同祭司阶层发生了激烈的争吵。除此之外，乌西雅的所有政策
都由他那位精力充沛的儿子即继承人约坦（Jotham，公元前 740~
前 735 年在位）以摄政王的身份在他临死之前忠实地执行了。

　　当耶罗波安于公元前 745 年去世，以及在第二年耶户王朝被
暴力推翻之后，犹大似乎脱离了对它邻邦的从属关系。这个国家
不再追随同撒玛利亚和大马士革组成的反亚述"集团"，因而导
致了致命的后果。为了惩罚新统治者亚哈斯（Ahaz，公元前 735~
前 720 年在位），这两个北部君主国发动了对耶路撒冷的讨伐，

以图在那里扶持起一个他们自己信任的傀儡国王。在南方，以东人收复了埃拉特港。尽管一些最有智慧的军师们镇定而有信心，亚哈斯却吓坏了，便向亚述请求援助。实际上，它要进行干涉本来也是不需要什么借口的。在北部，援兵的进攻迫使侵略军撤退了。正如我们所看到的，大马士革遭到攻击，并最终被占领；撒玛利亚也失去了它北方的各行省。从此之后，犹大国本身（少数几个保留着名义上独立的地方小公国之一）被认为成了一个附庸国。在被占领的大马士革，亚哈斯向提革拉毗列色公开表示效忠。他还利用这次机会复制了他在那里看到的祭坛，并送回了耶路撒冷，然后把它竖立在圣殿里（这使那些宗教保守派惊得目瞪口呆）。 34 与此同时，他还把为纪念太阳神而造的圣马像安放在圣殿的围地上——这是对亚述人崇拜的全能神祇，同时也是对那位"王中之王"本人的忠诚的一种具体体现。

3

亚哈斯在有生之年目睹了撒玛利亚的灭亡（公元前 721 年）。两年之后，他也死去了。然而，他并没有那种因敌对王国的垮台而感到的狂喜，因为从此之后，犹大必须要单独地面对亚述这个强国，因而便成了这个强国和一直在虎视眈眈地盯着自己的埃及之间的唯一的缓冲国。连接这两个强国的大道横穿巴勒斯坦，从而使犹大成为接踵而来的冲突的主战场。

那些势力强大的亚述军阀连年蹂躏着这个国家。正是在亚哈斯的儿子、犹大统治者希西家（Hezekiah，公元前 720~前 692 年在位）那段纷扰迭起但却名声颇佳的统治时期，斗争的主要特点初现端倪。在一开始，他曾想方设法保持一种危险的中立政策，而同时却又向首都提供新的水源［1890 年发现的纪念这一事件的所谓的"西罗安碑文"（Siloam Inscription）是此类铭文中最古老的希伯来文字］，以应付紧急情况。有很长一段时间，他一直都在坚定地抵制加入由埃及支持的南部国家组织联盟的诱惑。但在公元前 705 年，随着西拿基立（Sennacherib）的登基，从巴比伦几乎直到尼罗河的整个亚述帝国爆发了全面性的起义，因而终于使他为之胆壮并改变了原先的政策，成为巴勒斯坦各诸侯国组成的新联盟的主要成员之一。①

　　改变政策的后果很快就显露出来。这是一个著名的事件：当时，亚述人"如狼扑羊群般"席卷而来。他们一个接一个地征服了沿海的各个腓尼基城市，在以利提基（Eltekeh）重创了一支埃及部队，并接受了许多小统治者的归顺，然后直扑犹大。一个接一个的城堡打开了城门，在耶路撒冷西南 25 英里处的腊切什（Lachish）遭围困后被洗劫一空（公元前 701 年）。在 2600 年以后，曾在这里发现了当时从一个墓穴顶上的洞口扔进去的多达 1500 具尸体的遗骸。国王派遣自己的重要将领罗沙基（Rabshakeh）率领一支部队去围攻首都。西拿基立曾扬言，城中的希西家已经像"被关在笼子里的鸟"一样无路可逃了。全体国民都惊慌失措，而被派往

---

　　①　在当时，唯一对亚述忠贞不贰的西部诸侯便是以革伦（Ekron）的国王帕迪（Padi）。他（就我们从著名的"西拿基立碑文"所知）在被自己的臣民废黜后，曾被送往耶路撒冷实施安全监护。

城中劝降的亚述公使公开地用希伯来语不断威逼国王的代表，从而进一步加剧了这种恐慌。长期的围困开始了，耶路撒冷似乎马上就要重蹈撒玛利亚的覆辙。但不知是出于什么原因，亚述却在此时改变了策略。它匆匆忙忙地同埃及讲和，围困耶路撒冷的那些战壕里的军队被撤走了。首都和国家终于保住了。尽管在后来的一次战役中，西拿基立征服了南巴勒斯坦，甚至掠夺了希西家的一些领土，但耶路撒冷却再也没有受到过威胁。后人只能把这次得救完全归于上天的垂顾，看作是一个仅次于那次把以色列人从埃及的奴役下解救出来的重大历史事件。

在希西家的儿子玛拿西（Menasseh，公元前 692~前 638 在位）漫长的执政时期，亚述一直保持着其宗主国的地位。在此期间，埃及终于被亚述王以撒哈顿（Esarhaddon）占领。贡金必须按时如数上交，不容讨价还价；希伯来人的小股部队加入了北部军队，并同他们一起参加了各次战役。当亚述要在首都尼尼微（Nineve）扩建新的城郊时，犹大国王同那些小君主国一起奉召去帮助建造，并通过公开表示效忠以壮声势。有好多年，他曾被当作一名国家囚犯对待（虽然后来他被遣送回国）。政治上的依赖还反映在文化领域。保守的民间组织所深恶痛绝的各种外来的社会和宗教影响越来越严密地控制了人们的思想。当地原来的那些圣所被恢复了，用人做燔祭的习俗也开始流行，时髦的异邦迷信崇拜甚至还传入了耶路撒冷的圣殿。

此时，国家内部的党派与路线斗争变得日趋激烈。玛拿西的继承人亚们（Amon，公元前 638~前 637 年在位）在执政的第二年就被他的仆人所暗杀。而这些革命者不久就被"大地之子"党人所镇压，他们把那位死去的国王年仅八岁的小儿子约西亚（Josiah）拥上了王位（公元前 637~ 前 608 在位）。在摄政时期，一切都维持着"原来的状态"。然而，当这位国王成年之后，一场爱国复兴运动开始了。圣殿得到了修复，同时清除了在前任统治期间非法侵入圣殿宗教仪式中的外国影响。根据一份据称是在本书形成期间发现的手稿，早已废弃多年的《摩西法典》（Mosaic code）在当时又重新颁布执行。[①] 在王国中的其他地方，各地置于"高处"的地方圣物柜一概被查禁。王室的权力范围似乎已经扩展到至少以前隶属于撒玛利亚王国的那些行省，因为在那里马上要进行一次同样的复兴活动。在伯特利的至圣所——从耶罗波安一世时期以来曾一直是耶路撒冷的大敌——被摧毁。人们以前所未有的爱国热情来庆祝为纪念从埃及获得拯救的逾越节。

接下来的另一项任务就是坚定地重新维护国家的独立。这个话题在前面四任的统治期内已很少被人提及了。当时的政治条件十分有利。亚述帝国由于时常受到北方斯基泰人（Scythian）和西玛利人（Cimmerian）游牧部落的劫掠而一蹶不振。当时，一个巴比伦王子那布帕拉撒（Nabopolassar）同米堤亚人联合起来，举起了起义的大旗。在公元前 614 年，亚苏尔（Ashur）陷落；公元前 612 年，尼尼微本身也在希伯来预言家们近于疯狂的欢呼声中崩溃了。约西亚把自己的唯一希望寄托在对权力的重新分配上，而当公元前 608 年埃及人在尼哥（Necho）的领导下派出远征军帮助亚

---

① 　参见下文第 46 页。（指原书页码，即本书边码，以下作者注中均是如此，不另再说明。——译者）

述平息叛乱时（此时，叛军早已同犹大国建立了外交关系），他便竭力阻止他们前进。在美吉多（Megiddo）的一次战役中，他被打败并受了致命伤。从此，形势变得更为严峻。

4

约西亚的家人被迫为他们的家长的政策付出昂贵的代价。公众舆论一致拥戴他的次子约哈斯（Jehoahaz）登上了王位（这一点鲜明地体现了希伯来君主国基本的民主特点）。由于他试图继续推行相同的政策，几个月之后就被亚述－埃及联盟废黜，并被押解到埃及，后在那里死去。取代他的正是他那位无耻的哥哥约雅敬（Jehoiakime，公元前 608~ 前 598 年在位）。他的所谓同情心赢得了大家的信赖，因而被推上了王位。他推行了一条反民族主义的政策，从而使那些抨击国家政权腐败的爱国人士发言人终日都在为自己的生命胆战心惊。

要挽救他的联盟，仅靠尼哥的帮助显然是不够的。在试图跨过幼发拉底河时，埃及军队终于在卡尔赫米什（Carhemish）被起义者们所击垮（公元前 605 年）。几个月之后，亚述帝国就灭亡了，而原来的法定继承人尼布甲尼撒（Nebuchadnezzar）不久就成了新巴比伦帝国的国王，俨然以控制整个中东地区的军事巨人而傲视群雄。

迫于形势，约雅敬背离了自己的初衷而承认了这个新列强的宗主权。三年之后，他又背弃了对巴比伦的效忠。尼布甲尼撒的军队由杂牌军开路，兵临城下。在一片混乱声中，这位国王暴毙而亡：十有八九是被亲巴比伦派的人处死的，他们或许希望通过这种方式便可以使自己的城市免遭蹂躏。他的儿子约雅斤（Jehoiachin，公元前 598~ 前 597 年在位），这个只有 18 岁的年轻人取代他而成了统治者。由于看到抵抗已没有什么用处，他决定任由敌人处置。他同太后以及所有王室成员一起走出了被包围的城市，然后朝尼布甲尼撒的指挥部走去。据传，他在投降时提出过一项条件，那就是不得动首都的一砖一瓦。他被胜利者遣送回了巴比伦，同他一起的还有成千上万的贵族、祭司、中产阶级居民，以及圣殿和王宫中的所有财富。①

巴比伦统治者恩威兼施。有一段时间，他尽力把犹大作为一个半独立的从属君主国维持它的存在。约雅斤的王位由他叔叔约西亚的小儿子西底家（Zedekiah，即 Mattaniah，公元前 596~ 前 586 年在位）——一个本性良善的低能儿——接替。他的背叛甚至根本就没有一线成功的希望。像他的众多前任一样，他开始玩弄同埃及联盟的游戏，最后孤注一掷，重新组织了一个对抗巴比伦统治的南部联盟。

在公元前 588 年至前 587 年的冬天，尼布甲尼撒又一次出现在耶路撒冷的城墙面前。埃及军队的进攻使得围困暂时缓和下来，主战派的希望立即被提高到了令人眩晕的高度。但是，那些训练有素的巴比伦老兵几乎没费什么力气就打败了这支新军。在公元前 587 年至前 586 年冬天的提别月（Tebeth）② 初十，全面的封锁

---

① 最近，已经发现了有关他被囚的官方文件。

② 按照犹太历，全年划分为十二个月，均有其希伯来文名称。提别月即四月，相当于现公历的 12 月至次年 1 月间。下文中出现的犹太月以此类推。——译者

重新开始了。六个月之后，搭模斯月（Tammuz）的十七日（从此
以后，这两天都被作为公众遵守的斋戒日），城墙被打开了一个
缺口。西底家看到再抵抗下去显然已毫无用处，便试图逃走。他 38
在耶利哥被抓获，并被迫目睹了他的全部家人和朝臣被杀害；之
后他的眼睛被挖出来，被铜链锁着押解到了巴比伦。在第二个月，
一个叫尼布扎拉丹（Nebuzaradan）的巴比伦将军被派去执行摧毁
耶路撒冷的任务。整个城市遭到洗劫，主要的建筑物被大火焚毁，
所有的防御工事被全部拆除。根据这个新帝国从亚述的前身继承
下来的周密政策，大部分居民被作为俘虏囚往巴比伦，只允许那
些乡村人口（可能只有一部分人口）留了下来。很显然，迦勒底
人（Chaldean）的意图就是使犹大国和它的首都彻底瘫痪，永远不
能再作为起义的中心。①

即使在此时（同一般的观点恰恰相反），这个国家依然存在。
政府所在地被迁移到离耶路撒冷大约 5 英里的米西帕哈（Mizpah），
管理权委托给了一个叫基大利（Gedaliah）的人。他是一个保守的
贵族，属于沙番（Shaphon）家族，并且是约西亚的司法官的孙子。
他被授权作为一名巴比伦官员行使职权。在很短的一段时间里，他
曾尽自己所能把国家恢复到正常状态，致力于修复战争的创伤。然
而，即使在这个阶段，旧的宗派矛盾也并没有平息。一个叫以实玛
利（Ishmael ben Nethaneah）的前王室成员，在亚扪人的支持下，
杀死了这位由巴比伦任命的省长，屠杀了守卫队，但他并没有想建

---

① 帖班伯特多威（Tel Duweir，即《圣经》中的腊切什）考古发掘出土了一系列
具有特别重要意义的希伯来文字，生动地描述了当时犹大王国毁火时的情形。

立另一个政府。那些幸存的领导人和贵族，由于害怕巴比伦人马上会来报复，便带着一些愿意跟随他们的人逃到了埃及。除了潜藏在坍塌的城墙和山坡石洞里的一小股难民之外，犹大国的土地上已经没有什么固定的政府机构了，完全被它以前的子孙所遗弃。按照犹太教义，为了永久地记住这个日子，便把它规定为每年一次的斋戒日，从而将基大利的死看作是一场重大的民族灾难，这也许是不无道理的。

第5章 以色列先知

1

就历史记载来看，到此时为止，有关希伯来王国的传说同与它相邻的六个国家的传说并没有本质上的不同。连续不断的侵略战争和保卫战争，一个君主接着一个君主登上王位——有些比较能干，有些则差一些；有些使人们永远感激他们，而还有一些则令人毛骨悚然。我们所看到的，有时是狂热和血腥的行为，有时则是宫廷革命和大众起义。最终，一个实力更为强大的国家结束了这场角斗。其实，在所有这一切之中，没有任何东西在间隔3000年之后还值得人们去研究，也没有任何东西在那些伟大的帝国早已被遗忘之后仍能使一个民族永留史册。

但是，在那个遥远的时代，在所有的亚洲世界的小国中，只有犹大和撒玛利亚的命运是有所不同的。追索缘何如此的原因，其实重要的因素只有一个：希伯来的先知。因为，不管我们是按照传统的观点，认为希伯来宗教是在西奈的旷野上产生并成熟起来，然后在那个英雄的时代中不断更新与加强的也好，还是我们持批评态度，认为《摩西法典》及其伦理观念是逐渐发展，然后才达到现在的顶峰的也好，都无法否认如下的事实。这个事实就是：

那些先知们代表了君主制时期的特点，他们的言论无疑是使民族
意识得以形成和展现出来，并在一代一代的后人中不时得以恢复
的号角。

在现代人看来，《圣经》中关于服从神的旨意总能带来繁荣，
而极度的偶像崇拜的罪恶必会导致灾难的记载无疑是过于天真的。
然而，把这些思想同当时的情形联系起来就会发现，它决不是无
的而发。在公元前 7~8 世纪，巴勒斯坦的宗教状况反映了当时的
40 政治形势。对异邦神灵的崇拜是外来影响渗透的必然结果。执政
君王同一个邻国国王的女儿的外交婚姻自然而然会导致在他的首
都中建造一个新的圣祠，以便她及其随行人员可以朝拜。一种外
国势力在政治上的优势往往伴随着把它的神祇引进另一个国家的
祠堂——部分是出于表示恭维，部分是由于时髦的模仿，部分则
是因为坚信，能够把自己的"信徒"（protégé）提高到这么荣耀
的顶峰的神一定是无所不能的。当巴比伦和埃及在为争得犹大的
支持而争斗的时候，耶路撒冷城中两派的追随者们都有各自的圣
祠，他们举行的祈祷仪式也是分属不同国家的宗教。

一个真正爱国的统治者，如极力想要摆脱外国支配的约西亚
和希西家，总是试图清除掉外来的不断增强的宗教势力，从而恢
复他的祖先所遵循的那种更为纯洁的崇拜方式。而一个想追赶外
国时髦并屈从于每一种外来影响的软弱的国王，则无疑会允许甚
至会鼓励采纳那些怪异的东西。因此，眼下那些关于"在上帝眼
中做了善事"的国王打破异教的圣物柜并基本上成功地实施了统
治的记载，总的来说是真实的，因为正是那些敢于这样做的统治者，
才有能力根据自己人民的精神和利益去管理国家。犹大国的民族

23—24. 上图：一座城市遭到围攻。下图：犹地亚被占领。浮雕残片出土于位于尼禄的亚述国王亚述巴尼拔（公元前883—前859年）王宫遗迹。

25. 撒玛利亚的占领者：亚述国王萨尔贡（公元前722—前705年）。

26. 一位亚述国王（萨尔贡）正在与某军事统帅会谈。浮雕现藏于大不列颠博物馆。

27—28.拉吉城被亚述国王西拿基立率军围困（公元前701年）。
上图：亚述士兵押送犹地亚俘虏。下图：西拿基立端坐在城墙边的王
座上。浮雕出土于位于尼尼微的王宫遗址，现藏于大不列颠博物馆。

力量（以永不放弃祖传的一神教为例）比以色列国更为强大这一
事实的确是使前者安然渡过困难而使后者短命倾覆的主要因素。
再往前看，人们可能会怀疑，犹大国这种更为强烈的忠诚或许正
是因为它在政治上的微不足道所造成的。试想，由于自己孤零零
地远在深山之中，她就能够静静地观看发生在身边的那些帝国中
的潮涨潮落；外国列强懒得同她建立关系；异国商人对她不屑一顾；
而不管是政治上还是宗教上的外来影响，只是偶尔才有机会渗透
进她的边界。

2

在整个这一时期中，是那些"nebi'im"（先知）守卫着民族
的良心。一个"nabi"（先知）就是一个代表，或是喉舌，或是发　41
言人。叫他们占卜者也好，还是未来的预言家也好，这都是次要的。
因为希伯来的先知在本质上并不是预言未来事件的人，而是监查
现在的人。如果他认为，他的人民的拯救者将出身低微，骑着毛驴，
他并不是想要对旅行的方法做一番精确的预言。他只不过是表示，
他心中所构想的那个人很可能地位低贱或心境卑微而已。

"nabi"作为人民道德意识的代言人自古有之，摩西本人便被
认为是最初的原型。先知对性别没有限制，因为在士师时代，女
先知底波拉（Deborah）被公认为是最重要的一位民族英雄人物。
完全靠道德的力量，他或她就可以得到当地的或普遍的认可（就
像撒母耳一样）。从君主制时期开始以后，"先知的孩子们"这
种行会组织就成了民族生活中的一个人人熟悉的特征。那些年轻

人尽可能逼真地仿效那些知名的领袖人物，并像他们一样努力奋斗，从而在危机时刻唤起他们邻人的激情。有些人，至少有些人通过使自己耽于心醉神迷的狂热（有时甚至是通过音乐）激发起"预言"的力量，此时上帝就能够通过他们之口把自己的意念充分表达出来。以色列人的第一个国王，即扫罗本人似乎也曾属于这样的一类人。

每当危机时刻来临，就会有一位"先知"挺身而出，责骂民族的倒退，激发人民起来抗击敌人，指责国王本人的一些错误行为，或是告诉人们怎样才能阻止即将到来的危险。也不是所有的先知都一定是纯洁而真诚的，许多人很显然是追求私利的伪君子，但是却有相当一部分人，他们的品行和真诚是不容置疑的。在这些先知中总有一部分人，不管是暗地里还是公开地，都拒绝向巴力神下跪。他们在表面上代表了上帝反对其竞争对手的事业，但在同时，他们在实际上也代表了希伯来人民反对自己的敌人，穷人反对自己的压迫者的事业。他们的作用确实是宗教意义上的，但是，在宗教包含了生活的全部这个意义上来说，却并不仅仅局限于神学问题。

那些老师和布道者可能来自从最高到最低的社会的各个阶层，他们中有朝臣、祭司、牧羊人和庄稼汉。然而，正是一位先知，他以自己的上帝的名义酝酿了罗波安执政初期的北方部落起义；也正是一位先知，他预言了（并且通过预言的方式煽动了）北部王国一连串的朝代更换。在亚哈执政时期，当撒玛利亚达到了它奢侈、腐败、偶像崇拜和邪恶的巅峰时，提斯比人（Tishbite）以利亚（Elijah）领头进行了抗议。当时，一个粗鲁的乡下人，衣不蔽体，赤裸裸地来到这个世界上，直面斥责了国王和王后，然后又赤裸裸地回到了他该去的地方。他的个性给劳苦大众留下了不可磨灭的想象余地。人们还讲述着许多关于他的业绩的奇妙的故事，而且直到今天，希伯来人一直在幻想他仍然活跃在他为之献身的人民中间。取代他的人是以利沙（Elisha）——一个无论在外面，还是在家庭里、宫廷中都更为引人注目的人物，并同上层社会的成员时有往来。他在大马士革同在撒玛利亚的影响一样大，他还曾隐蔽在幕后煽动了那场由耶户取代暗利王朝的革命。

这两位顶天立地的巨人都没有留下能够使后人了解其精确教义的文字记录。从耶罗波安二世的统治时期开始，才有人把先知们的言论用书面形式保存下来。许许多多这种早期沉醉于上帝的改革家的名字无疑早已失传，或许只有很少一部分知道名字的那些人的"预言"得以留传下来。然而，仅仅这些就足以对人类的生活，特别是对希伯来人民的生活产生永久性的影响。他们充分体现了他们之前的各个民族，各个国家的梦想家、改革家从古到今一直都抱有的那种正义的理想。（要不是一些希伯来作家——他们的狂言戏语保留在《圣经》正典的所谓《先知书》里——那些残缺不全的作品的影响，英国历史，特别是美国历史很可能会是另一种模样。）他们这些言论之所以具有如此威力，在很大程度上不仅是由于字里行间所燃烧着的道德的义愤，而且也是因为他们在创作时所用的独一无二的文体——既是散文又是诗歌，图解暗喻使之生动而鲜明，还不时地插入一些抒情诗、挽诗、讽刺诗和寓言。即使在今天，它们仍然被认为是世界文学中的精品。

3

43　　正是由于这些文字记载和与之对应的历史著作，我们对那些名副其实的先知的社会背景才有了极为清楚的了解。伴随着巴勒斯坦的政治发展，同时还发生了一场社会结构的革命。当一个流浪汉在有组织的社区中作为土地的耕种者而定居下来时，他的严厉的道德准则（像最早的希伯来文记载中所描述的那些）总是有可能改变的。这种变化开始是在公元前 12 世纪的希伯来人中间发生的，但却是在四五百年以后，随着君主制时期"文明"程度的不断提高而达到了它的高峰的。

　　暗利王朝的定居式统治孕育了一个注重个人舒适的奢侈标准而无视他人基本权利的资产阶级。虽然在君主制时期，全部人口（或许全国从来也没有超过 180 万）似乎减少了，但城市人口的比例却既是相对地，也是绝对地增加了。以前曾是国家重要支柱的小地主和农场主慢慢地被消除了。因为一旦收成不好，就会使他们不得不求助于富有的邻居，从而置于他们的控制之下。由于实行冷酷无情的债务律法，无视希伯来传统的剥夺过程加快了。巨大的财产靠奴隶的辛勤劳动积累了起来。官方宗教越来越拘泥于形式，已经把注意力集中到举行仪式上，而摒弃了一切精神上的东西。司法机构常常是腐败的，再好也不过是呆板的。这就是当时的情形。正因为如此，才激起了先知的抗议运动，从而为以色列和全人类建立了一种新的道德理想和社会正义的准则。

4

大约在公元前的 765 年，一个叫阿摩司（Amos）的纯朴的犹大牧羊人出席了当时正处于权力顶峰的撒玛利亚王国伯特利圣祠的一个节日庆典。他对聚集的人群毫不留情地进行了谴责，谴责他们的贪婪，他们的不诚实，他们对穷人的剥削。他以一种全新的理论打破了他们的自满情绪，这种理论即：成为他们引以为自豪的上帝的选民，将意味着一种更大的责任，而不是解脱这种责任。44 他警告说，他们这种浅薄、虚伪的宗教信仰并不能在已临近的惩罚日拯救他们。真正的宗教的本质特征就是生活清白、公义和正直，而不是机械地恪守一种表面上的虔诚。整篇激昂的演说内容广博、丰富多彩、表达精练、论证严谨，极具说服力和表现力，因而被人们奉为文学上的奇迹之一。

比阿摩司稍后的是何西阿（Hosea），他是一个拙于言词，不善于表达（根据他作品中的复杂生硬的文体来判定）自己内心深处汹涌激情的乡巴佬。同他的那位前辈一样，他对日益迫近的亚述的入侵以及由此所引起的问题忧虑重重。在他看来，入侵者的暂时的胜利是不可避免的。虽然上帝在过去曾深深地爱着他的子民，但是，他们就像那种不顾及婚誓的放纵女人一样，已经背叛了他。因此，他们的失败是必然的结局。如果他们的上帝对他们特别眷顾的话，他也不会以过分的宠爱来表达，而是通过他将给予的严厉惩罚表达出来。而他这种无限的爱无疑会使他的子民更加纯洁，并最终让他们带着完满的忏悔之心回到他的身边。

几乎是在同时，实质上是人民的代言人的弥迦（Micah）预言，由于他们所犯下的种种罪孽，特别是他们对穷人的一贯盘剥，整个社区——不光是以色列，还有犹大——将会有灾祸降临。"主向你们所要求的是什么呢？"他在一首著名的充分体现了先知教义精髓的诗中喊道，"不就是要你行公正、好怜悯、存谦卑的心，与你的上帝同行吗！"① 希伯来先知们从没有忘记强调社会正义这个基本点。

5

此时，北部王国已经摇摇欲坠，希伯来人生活的中枢以及关注的中心也已迁移到了犹大。在希西家及其前任的宫廷中，既是政治家又是贵族的亚摩斯（Isaiah ben Amoz，据传他是一位王室成员）无疑是一位领袖人物。他以无与伦比的雄辩辞令，痛斥了弥漫全国的奢靡和轻浮风气，并预言会很快得到报应。"亚述，"他怒喝道，"便是清除人们罪恶的工具！"

当然，他的预言自有其更为令人欣慰的一面。外国势力的胜利不会是最后的结果，希伯来国家也不会彻底被推翻。国家只是由于世俗的利益而暂时地玷污了自己的称号，所以，它只有马上得到一个深刻的教训。然而，只要人们坚持他们祖先的宗教理想，回复到更纯洁、更简朴的生活方式上来，并且使自己不卷入同外国的联盟，就完全可以乐观地面对自己的最后命运。当以赛亚（Isaiah）以敏

---

① 《弥迦书》6：8。——译者

锐的政治远见和对更为光明未来的巨大信心痛斥道德败坏时，他无疑代表了希伯来先知的最高水平和最典型的特征。犹大之所以安然度过了那场就要降临的暴风雨，主要还应当归功于他的政治家式的忠告，以及他所描绘的，尽管不是他促成的那个人类从古到今不断地为之奋斗的黄金时代这幅永远是栩栩如生的优美图画。

这时，许许多多名声较小的人物纷纷登场。大约在公元前的626年，西顿人（Scythian）的入侵开始威胁着整个国家的生存，从而引发了西番雅（Zephaniah）四处进行激动人心的演说。他也认为，那些冷酷的入侵者是上帝手中惩罚当时社会秩序中极度不公的一个工具。那鸿（Nahum）曾经高唱狂诗，兴高采烈地欢庆尼尼微的陷落，以及随之而来的亚述势力的垮台。哈巴谷（Habakkuk）曾经对那些由于上帝利用当时刚刚崛起的广行偶像崇拜的巴比伦帝国以及它明显凌驾于所有相邻的国家之上而引起的道德问题进行了探讨。毫无疑问，还有许多其他的人〔例如作为约西亚统治时期的匆匆过客之一的女先知户勒大（Huldah）〕也同样极具风采，同样颇有魅力，但可惜的是，有关他们那些训谕的记载都已经失传了。①

在最后的灾难到来之前的那个希望与绝望交织在一起的时期，一个从耶路撒冷附近的亚那陀（Anathoth）来的名字叫作耶利米（Jeremiah）的祭司忧心如焚，他所发表的言论真实地反映了国家所面临的内忧外患。他的作品表明，他是一个无畏勇敢、影响巨大的演说家；他坚决反对只要对国家忠诚就可以违背自己的良心

① 此外还可以举出殉难者乌利亚（Urijah ben Shemaiah），在《耶利米书》（26：20~23）以及新近发现的《腊切什书信》中对此人均有描述。

这种悖逆行为；他预言灾祸，因为人们应当受到惩罚；他不断地
遭到迫害，因为当宫廷默默偷生时，他却拒绝沉默。像以赛亚一样，
他赞成在外交中的中立政策；他反对同埃及或其他任何国家共同
46　策划阴谋活动；他预见势力强大的巴比伦人必然取得胜利，并且
能够在有生之年看到他的预见变成现实。但是，他同时也认为，
没有任何理由结束这个民族的生存，或抛弃自己独特的民族观念。
他所起到的无与伦比的伟大历史作用正在于此。即使在幼发拉底河
对岸，那里的每一个希伯来人都能够仍然还是一个希伯来人。即
使在幼发拉底河对岸，那里的希伯来人仍然能够保持自己的理想，
而不会去崇拜异教之神而玷污自己的纯洁。他认为，这并不意味着
对国家的不忠。当那些同西底家一起被流放的流亡者们请求这位
严厉的祭司给他们忠告时，他劝告他们去种植葡萄园，去建造房子，
去寻求他们居住的城市的安宁。他们便照着做了；而正是由于他
的影响，才使得在这个无情的岁月中所有被流放的各民族的人中，
唯有这些犹大的流亡者能够既保持了他们的身份又保持了他们的
理想，并终于等到更光明的一天的黎明到来。

6

在约西亚执政后的第十八个年头（公元前 621 年），耶路撒冷
发生了一个同预言家的预言密切相关的事件。在圣殿的修复工作中，
发现了一本早就已经被遗忘的《摩西律法》（Law of Moses）[1]。

---

①　又称为《律法书》或《摩西五经》。——译者

根据现代的批评观点，实际上所说的是较早时期的律法全书的一个修改本，大体相当于我们现在所称的《申命记》。这本书本来是由祭司们编纂的，当时却假冒一个无从记忆的远古时代的文本出现了。而在另一方面，传统的观点则认为，这就是我们今天的《摩西五经》，在当时的情形下，早就已经被过去的好几代人完全废弃不用了。

这个古抄本的出版和传播无论其性质、来源以及作者是谁，都在希伯来民族的宗教历史中具有重要意义。我们已经看到，它曾直接引起了某种精神上的复兴。[①] 然而，它所产生的影响决然不止于此。从这个时候起，《摩西律法》已经不再是指一堆只通过口头传说而为人知晓的、已经部分被遗忘的法则，而是一本清楚无误的文字全书，凡是有阅读能力的人都可以得到一册。（完全可以相信，在当时的古以色列，文盲的比例似乎很低，一个普通的乡下小伙子会读书写字决不是什么稀罕事。）

不管它带有多么深的时代烙印（因为它本身就是在那个时代形成的），它依然是一本远远高出同时代任何其他作品的法典。它的确同许多世纪前在巴比伦第一帝国的全盛时期所颁布的《汉谟拉比（Hammurabi）法典》〔它本身就是基于一部更为古老的《苏美尔（Sumeria）法典》〕极为相似，然而，这两者之间的差异甚至比它们之间的相同点更具有意义。在许多方面，《摩西法典》提出了一种甚至我们现代社会都难以实现的理想。它规定了与其说是正确的信仰，不如说是正确的生活方式。它是一部具有独特

47

---

① 参见上文第 35—36 页。

重要意义的社会法典。它把博爱精神灌输给人类，同样也灌输给了所有的动物。它除了坚定的一神教思想之外，贯穿始终的是"正直"，宽容地对待邻人，公正地对待穷人的思想，这无疑是先知教义的基础。在以后的年代里，每当先知们认为（他们常常这样做）忽略了《摩西律法》时，他们心中所指的就是这个法典。当传统生活体系的其他一切东西已经在他们的头脑中坍塌成废墟时，正是这个法典构成了那些流亡者为了保持自己的独特意识和观念而带往巴比伦的大宗文献的核心。

29. 弥赛亚在先知以利亚的引领下进城。威尼斯《哈加达》中的木刻画插图，1609 年。

希伯来君王谱系（公元前）

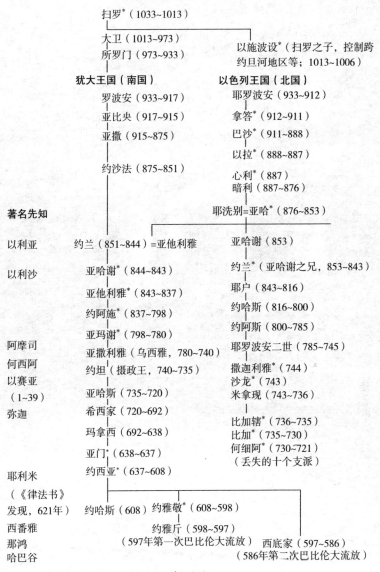

扫罗*（1033~1013）

大卫（1013~973）
所罗门（973~933）

以施波设*（扫罗之子，控制跨约旦河地区等；1013~1006）

犹大王国（南国）　　　　　**以色列王国（北国）**

罗波安（933~917）　　　　　耶罗波安（933~912）

亚比央（917~915）　　　　　拿答*（912~911）

亚撒（915~875）　　　　　　巴沙*（911~888）

　　　　　　　　　　　　　　以拉*（888~887）

约沙法（875~851）　　　　　心利*（887）
　　　　　　　　　　　　　　暗利（887~876）

著名先知　　　　　　　　耶洗别=亚哈*（876~853）

以利亚　　约兰（851~844）=亚他利雅　　亚哈谢（853）

以利沙　　亚哈谢*（844~843）　　约兰*（亚哈谢之兄，853~843）

　　　　　亚他利雅*（843~837）　　耶户（843~816）

　　　　　约阿施*（837~798）　　约哈斯（816~800）

　　　　　亚玛谢*（798~780）　　约阿斯（800~785）

阿摩司　　亚撒利雅（乌西雅，780~740）　耶罗波安二世（785~745）

何西阿　　约坦（摄政王，740~735）　撒迦利雅*（744）

以赛亚　　　　　　　　　　　沙龙*（743）

（1~39）　亚哈斯（735~720）　米拿现（743~736）

弥迦　　　希西家（720~692）

　　　　　玛拿西（692~638）　比加辖*（736~735）
　　　　　　　　　　　　　　比加*（735~730）

　　　　　亚门*（638~637）　何细阿*（730~721）
　　　　　　　　　　　　　　（丢失的十个支派）

耶利米　　约西亚*（637~608）

（《律法书》
发现，621年）　约哈斯（608）　约雅敬*（608~598）

西番雅　　　　　　　约雅斤（598~597）

那鸿　　　　　（597年第一次巴比伦大流放）　西底家（597~586）

哈巴谷　　　　　　　　　　　（586年第二次巴比伦大流放）

*任内惨死.

30. 位于耶路撒冷郊外的犹太议会成员的传统墓地（即"士师陵"）。原件由耶路撒冷美森影像中心提供。

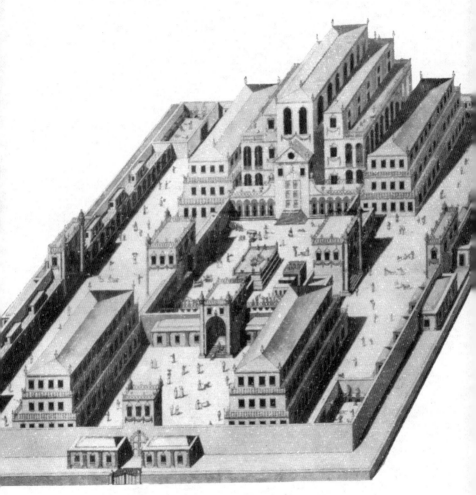

31. 耶路撒冷圣殿。S.贝内特依照想象复原。

第二卷

犹太人：
公元前586~公元425年

32. 从流放地返回故土。木刻画，汉斯·荷尔拜因，1538年。

第6章 流亡归来

1

公元前538年，在一条横穿美索不达米亚以西那无边无际的
大沙漠中的古代商道上，有一支长长的队伍在艰难地跋涉着。这
决不是普通的旅行者或商人的队伍，这是回来重新掌管自己命运
的一个民族。

在公元前的597到586年间持续不断的战争中，许许多多的
居民被巴比伦人从巴勒斯坦驱逐了出来，但他们毫不费力就适应
了新的生活环境。他们保留了自由并被允许住在自己喜欢的地方。
普通老百姓在这片新的国土上就像原来一样成了农民耕作者。手
艺人则居住在城市里，继续从事以前的职业。毫无疑问，当时也
出现了少量的商人。后来，在"大运河"附近的特拉维夫（Tel-Aviv）
发现了一个相当大的集居地（后来它的这个名字在一个新的巴勒
斯坦又被恢复使用），周围还有许多小型的中心区。当公元前
561年以玛达［Enul-Marduk；即《圣经》中的以未米罗达（Evil-
Merodach）］登上王位时，前国王约雅斤已经被从监狱中释放出来，
并受到了王室礼仪规格的接待：这是一种认为过去的敌意已经结
束的标志。

然而，同历史惯例和实际预测恰恰相反，犹大的流亡者们并没有失掉他们自己的独特个性。早在灾难降临之前，那些卓有先见的人们（像牧羊人阿摩司，祭司耶利米和贵族以赛亚）就已经预见到了他们命运的变迁，因此回顾起来，它只能被看作是一种惩罚而不是一场灾难。他们对祖先们所发现的那位唯一的上帝的忠诚变得更加坚定，而并没有由于一个外来"神祇"表面上的胜利而熄灭。在流亡期间，定居在特拉维夫的其中一群像以西结（Ezekiel）这样善辩的老师们也行动起来，发扬光大先知的传统，以图将这种传统永远流传下去。他们用激昂的演说告诫自己的人民，要他们努力保留自己的信心和信仰。

这些被迫远徙他乡的移居者因而能够保留了他们自己的种族、自己的语言和自己的宗教。他们随身带进这块囚禁地的（不管是口传的，还是文字的），还有大量的文学作品——属于他们这个民族的第一位缔造者摩西的《律法书》；同他们最敬爱的国王大卫的名字密切相关的宗教诗歌；各个古代王朝的编年史；他们称作"先知"的那些富于灵感的老师们呼吁正义并谴责无论是作为个人还是作为民族的犯罪行为的各种材料，等等。为了安抚自己失去祖国的伤痛，他们开始以日益高涨的热情研究这些丰富的文献，不断进行精选、编排、誊抄，当他们凑在一起的时候还会高声朗读。以前曾是他们宗教生活中心的耶路撒冷的圣殿已经化为一片废墟，他们不可能在被囚禁的土地上制造出一个同样的替代物。因此，礼拜取代了献祭，阅读和讨论古老文献的祈祷会在当时几乎已经成了一种固定的制度。

巴比伦帝国同它崛起时一样，突然地衰落了。在拿布拿希〔Nabu-Nahid，即拿波尼度（Nabonitus）〕统治时期，一个叫居鲁士（Cyrus）的以拉米族（Elamite）小首领起来造反并取得节节胜利，后来建立起了一个新的波斯帝国。他向南进军，打败了原法定继承人比沙卢［Besharuz，在《圣经》中叫伯沙撒（Belshazzar）］统领的巴比伦军队。然后，利用一次举行国宴之机，他在敌人内部叛徒的帮助下，里应外合，一举占领了首都（公元前 538 年）。

他声称，自己并不是以一个征服者的身份而是以一个拯救者的身份进城的。虽然当他进入巴比伦时受到了热烈的欢迎，但他还是推翻了前王朝的政治和宗教政策，以证明他的真诚守信。拿波尼度（一个有负其天职的古董商）的最不受欢迎的举措之一，就是把以前在边远地区庙宇中崇拜的各种神像全部集中在了首都。居鲁士下令把这些神像，连同那些陪着这些神像一起背井离乡的人送回了原地。但是，具有崇高理想主义和迷信于"天神"阿胡拉－马兹达（Ahura-Mazda）崇拜的波斯教与粗俗的巴比伦多神教毫无共同之处，因此不得不设法唤起当地的信徒对一神教教义某种程度的同情。为此，征服者们自然而然要向那些被巴比伦人无情地从犹大国土上赶离家园的人民施以恩惠。在他胜利之后的几个月内（公元前 538 年），53 他颁布了一条法令，准许那些愿意回去的人返回耶路撒冷，并在那里重建自己的圣殿，祭拜至高无上的上帝。因此，那些把未来完全寄托于他的不断强大的流亡者的热情期望得到了实现，他们的这种情感曾以抒情诗的方式在《以赛亚书》第二部分尽情表达了出来。

2

那支在公元前 538 年跨越沙漠的大队人马就是由这些回乡的

流亡者组成的。根据当年的记载，他们的总人数超过了 4 万人；而那些愿意继续留在美索不达米亚的人捐钱支持了这次远征。除少数人之外，那些回乡的人都能在本土上追溯到好几代人以前的家世，并且在许多情况下，他们也非常清楚自己的家产位于国家的哪一部分。那些以前同圣殿崇拜有密切关系的祭司很自然地成了重要人物，他们占了总人数的大约十分之一。陪同那些回归人口的还有大约 7000 名男女奴隶——充分说明至少有些流亡者已经达到了一种颇为安逸的生活程度。

这次远征是在一位前王室成员设巴撒（Sheshbazzar，他可能是约雅斤国王的儿子）领导下进行的。在离开之前，国王的库官把圣殿的物器等交给他照管，这些东西都是半个世纪以前从耶路撒冷掠夺来的战利品，以后便一直保存在"彼勒"（Bel）[①] 神庙中。另一位杰出人物就是著名的祭司家族成员耶书亚（Jeshua ben Jehozadak）。

当大队车马陆续进入自己的祖国后，人们可能会想象，他们会一哄而散，然后每一家都跑去重申自己对以前拥有的属于自家土地的所有权。然而，在那年秋天，他们却聚在一起来到耶路撒冷，首先在圣殿的旧址举行神圣的重建礼拜仪式。在第七个月（以后被称为新年节）开始的那个庄严时刻，他们从荒废的院落中间把瓦砾搬走，然后建了一个简陋的祭坛。从那天起，在三个半世纪中，

---

① 巴比伦守护神，又名米罗达，意思是"日神"，其特点与"巴力神"相似。祭祀此神的大节在风和日丽的春节。由于犹太人认为"上帝是唯一的真神"，所以先知们曾一再对"彼勒神"之类的外邦偶像进行谴责。——译者

他们在每天的早晨和晚间都定时举行系列的献祭活动，从未间断。　54

从这个时候开始，全面修复圣殿的准备工作便紧锣密鼓地开始了。在"返乡"两年之后，举行了圣殿的奠基仪式。在庄严的仪式上，由布尼亚撒（B'ne Asaph）部族的利未人领头高唱赞美诗，使人感觉到似乎又恢复了往日的盛况。周围的山谷中又重新回荡着集会群众的欢呼声。但是，许多上了年纪的人，他们还记得以前这个地方那座殿宇的辉煌，回想起它曾有过的昌盛以及后来悲惨的结局，不禁潸然泪下。

然而，这种感情的流露被证明显然是为时尚早，这是因为，由于巴勒斯坦土地上邻近民族的政治阴谋，这项工作不久就中止了。与此同时，那些回乡的流亡者在自己的新家定居了下来。废墟开始逐渐从耶路撒冷的街道上清除掉，房屋进行了重新修茸，某种精神上的宗教生活慢慢地开始活跃起来。像哈该（Haggai）和撒迦利亚（Zechariah ben Iddo）这样的老师登上了舞台，从而填补了耶利米和何西阿留下的空缺。返乡时的领导人设巴撒显然不久就去世了。他的省长［方伯（Tirshath），即"高级地方长官"］职位由他的侄子（？）所罗巴伯（Zerubbabel ben Shealtiel）接替（据人们推测，这个侄子与所罗巴伯指的是同一个人）。

当居鲁士死后（公元前 539 年），他所建立起的国家和平受到了一连串的起义和内战的侵扰，巴勒斯坦当然无法幸免。到公元前 521 年，当权力落入能干的大流士一世（Darius Ⅰ）——波斯帝国的真正缔造者——手中时才恢复了秩序。在此之前政权空位期导致了民族主义感情的复兴。当激情如火的哈该看到在民族圣殿仍是一片废墟时人们却大力兴建私宅时，感到非常震惊，所以，当时便请求再次接手圣殿的重建工程，并且预言，这第二个圣殿将比前一个更加辉煌。因而，在公元前 520 年的冬天，在停顿了 16 年之后，建殿工程再度开工。这项活动的恢复非常引人注目，因而使现代批评家们把这一天看作是民族新生的真正开始。尽管一些过于偏激的波斯官员插手干预，但在公元前 515 年的春天，在进行了长达五年的艰苦劳动之后，这座建筑终于完成并举行了落成仪式。

对于以后好多年的国内历史，我们知之甚少。但毫无疑问，这个国家曾遭到了波斯人在埃及境内发动的历次战争的严重骚扰。作为大卫王室后裔的所罗巴伯，似乎一直在梦想着有朝一日能够在他的手中恢复原来的那个君主国。满怀着这种希望，他得到了哈该所领导的较为积极的一方的支持，但祭司阶层却结伙反对他。尽管先知撒迦利亚试图促成双方的和解，但这两派之间的敌对情绪愈演愈烈。后来，所罗巴伯突然从舞台上消失了。他很可能是被罢免的，也可能作为对他野心的一种惩罚而被人杀掉了。[①]

3

重建的社区中的政治条件同前一世纪他们的祖先时的情形是大为不同的。他们所居住的国土仅仅局限于耶路撒冷周围的一小片土地。它只包括 30 个乡村居民点，分散在方圆几平方英里的土

---

① 有理由相信，所罗巴伯的野心可能进一步导致了一场大规模的民族灾难，这样便可以解释缘何在后一个世纪中这个国家会出现极为荒凉的景象了。

地上。在囚禁时期，周围的部落不断向内地推进，并且已经占据了许多以前属于犹大国的边沿地区。以东人由于受到纳巴泰族阿拉伯人的排挤，只好去霸占了南部地区。非利士人的城市，例如亚实窦（Ashdod）同样也向西推进了不少，而摩押人和亚扪人——犹大王国的宿敌——以及一些当地的阿拉伯部落则不断向沙漠地区蚕食。

最为重要的莫过于北部那些行半偶像崇拜的以色列王国的残部，以及混杂在他们中间的那些异族的外国军人定居者。他们对"返乡的移民"（émigrés）具有一种明显的亲近感，并且对耶路撒冷崇拜的无形的神祇有着一种真诚的，尽管不是完全排他的尊敬。在一开始，他们就显示出了一种非常诚恳的感情，并且迫切希望能够参加重建民族圣殿的工作。但是，犹太人却不同意。他们的态度并不完全是那种毫无道理的不容异己。他们的信仰复兴既是民族的，又是宗教的。从民族的角度看，他们不欢迎外邦人的介入；从宗教的角度看，他们也不愿意同那些动机与原则都令人十分怀疑的人们联合，从而威胁到他们刚刚净化了的一神教。长期住在时代文明中心的巴比伦可能使他们有点瞧不起那些粗俗的当地居民。在另一方面，撒玛利亚的省长无疑对在南边建立一个可能同自己的统治相抗衡的权力中心大为嫉妒，因此便竭尽全力要挫败它。56

人们还可以进一步推测这种不和的深层原因。那些在囚禁期间滞留在巴勒斯坦的人显然已经占据了那些最肥沃的空旷土地。返乡的流亡者们怀揣着波斯国王准许他们占领这片国土的"特许证"，并且实际上这些土地就是以前的业主留给他们的遗产。因此，他们自然对那些"擅自占地者"的权利表示质疑。允许他们参加到民族生活中来，也就等于确认了他们的所有权。所以，谁都很容易明白这两部分人之间所出现的敌对情绪，它与其说是起源于神学，倒不如说是根源于土地。①

不管原因是什么，反正那些敌对分子有计划地，并且不择手段地阻挠了重建工作。就是由于他们的阴谋，重建圣殿的工程才在公元前 536 至前 528 年间中止了。在后来的整整一个世纪里，这两种比邻而居的人之间经常性的争执一直是巴勒斯坦政治问题的关键所在。

在过去的几代人中，那些返乡的人重新占领的那片国土不可能完全没有人居住。在当时，肯定有许多人逃过了被俘和放逐，继续住在他们的旧居附近；也许每当有武装部队到来时，他们就在废墟中或山中的僻静之所避难。可以想象，当时这些人已经公开露面了，虽然在返乡的"被囚禁的子孙"同他们认为是低人一等的那些老居民之间的区别一直持续了很长的时间。②

此时，巴勒斯坦成了阿契美尼德（Achaemenids）帝国的"二十

---

① 按照现代的批评观点，的确根本不相信《圣经》中有关从巴比伦"回乡"的故事，并由此推断是一次真正的流放。因此，不言而喻，民族中心的重建应当归功于当时仍然留在这个国家的居民。然而，当时有关"流放者"返回犹地亚的方式的文献实在是过于丰富，过于纯真，也过于明确了，反而使人根本无法做出这种猜测。居民中有相当多的一部分人逃过了放逐之灾绝不是不可能的，但是，他们自然应当被吸引到撒玛利亚控制下的北方中心区，或许他们把犹大国中的某些重要的东西留在了那里，也未可知。

② 关于这一时期的历史，有一个往往被忽略的重要因素应当特别予以注意。我们的主要依据——《以斯拉记》和《尼希米记》——均是在他们所描述的事件发生之后不久写成的这一说法，并没有多大的争议。在一个像巴勒斯坦这样的记忆力极强的东方国家，在这样短的时间间隔内，似乎不大可能出现对刚刚发生的著名历史事件的主要情节予以篡改或误解的情形。

辖地"之五——跨不达米亚（Transpotamia）即西部行省辖地的一部分，其行政中心位于大马士革。这一辖地从奥伦梯河一直延伸到埃及边界，其中也包括叙利亚、腓尼基和塞浦路斯。集居地本身直接受省长的统治，而省长则从属于撒玛利亚分区的总督领导。省政府的所在地是耶路撒冷，省长住在一个叫作比拉（Birah）的要塞里，可以俯瞰整个圣殿。那些被巴比伦人囚禁的人属于以前组成前王国的各个不同的"部落"。在被囚时期，他们都团结在犹大部落的周围，这的确是在最后的悲剧即将发生之前的一种趋势。① 返乡之后，他们随意地定居下来。因此，过去的土地界限无形中也就不存在了。所以，所有的居住者逐渐地就被称作犹大人（Yehudim）或犹太人。②

集居地的成员几乎毫无例外都是农业劳动者。此时，人人都有了土地，就连那些祖先曾是一无所有的最穷的人也分得了一块。公元前 597 年从耶路撒冷被驱逐出去的那些工匠和手艺人大多数似乎都在新的家园里发达兴旺起来。因此，都市的要素在这些移民中只是零零星星地体现出来，所以耶路撒冷在恢复定居方面也

---

　① "犹大语"（Yehudit）早在希西家（见《列王纪下》18：26）统治期间就已提及。返乡之后，虽然他们称自己为"犹大和便雅悯的子孙"，他们的敌人却叫他们"犹太人"。因此，像许多其他的名字一样，这种称呼在一开始似乎只是表达了一种轻蔑。我们可以发现，在下一个世纪，它的使用已经多少带了点儿自尊的味道。

　② 个体家族（当然不包括利未"部落"。由于一些特别的原因，它直到今天仍然保留着自己的个性）可以将它们的部落起源一直追溯晚至公元初，甚至更晚。其中某些属于原先北部王国中的那些部落。从这一点，我们可以推知，犹太人是在流放期间由于早期被亚述人驱逐到同一地区的某些人，或是在此之后那些留在国内的人不断积聚而形成的。

就比其他地区相对慢一些。然而，耶路撒冷的城市人口还是逐渐增多了，成了周围乡村的贸易中心。推罗来的商人定期赶往那里，带去地中海的鱼类和不大容易腐烂的商品。手工艺人开始在集市上从事贸易活动，特别是金银匠和药商（还有香料商人），他们已经组成了初步的行会形式。

尽管存在多方面的困难，这块集居地还是逐渐地发展了起来。定居地的面积渐渐增大，在第二代后就已经一直延伸到了伯利恒。在公元前 480 年的那场灾难性的萨拉米斯（Salamis）大海战中一直伴随着薛西斯（Xerxes）的那支"从巴勒斯坦来的叙利亚人"的特遣舰队里，很可能就有这个国家派出的一部分士兵。所罗巴伯死后或是被废黜后，省长的职位由一系列的波斯官员相继担任。对于他们当时的政策，我们几乎一无所知，但是可以想象，在他们的领导下，不可能做任何有利于"民族家园"发展的事情。

4

幸运的是，犹大民族并不只是局限于巴勒斯坦，那些留在巴比伦的人在数量上或许超过了那些返乡的人，并且他们正在热切地关注着事态的发展。政治密使、临时游客以及返乡的香客都使他们同当地的形势保持着联系，他们中间仍然悸动着的民族情感使得那帮热心者不时地向西迁移。在这一次又一次的远征中，最值得纪念的一次是发生在亚达薛西斯（Artaxerxes）的统治时期。在他的宫廷中，有一个叫尼希米（Nehemiah）的忠心耿耿的犹太人，曾做到王室酒政官的高位。由于他的兄弟哈拿尼（Hanani）

从巴勒斯坦带来的消息使他非常不安，所以在获得国王恩准后，
他在公元前 445 年访问了耶路撒冷这个"有他祖先圣墓的城市"。
同他之前的设巴撒和所罗巴伯一样，他被授予作为"方伯"——
在过渡期由外国人担当的一个职位——的全部的民政权力。

　　在到达之后第三天，这位新的省长在几个侍从的陪同下乘着
月色骑马巡视了城墙。他所得到的报告的所有细节都非常准确。
由于一个半世纪以前的围困，也可能由于刚刚发生的骚乱，防御
工事已经变成了一片废墟，城墙倒塌了一半，大门已经化为灰烬。
耶路撒冷实际上已经完全成了一座四面敞开的城市，暴露在任何
形式的攻击之下。第二天，尼希米就把主要的市民们召集起来，
告诉他们自己被授予的职权范围以及他建议采取的措施。他的这
个消息受到了热烈的欢迎。在祭司们和产业行会的率领下，人们
热火朝天地投入了重建工作，大批的劳工也从周围乡村和那些较
小的乡镇中纷纷前来帮工。

　　撒玛利亚辖区的总督参巴拉（Sanballat）一直在嫉妒地紧盯着
这一切的进行。由于无法一下子阻止它的发展，他开始着手各种
阻挠活动。从指控背叛，到策划暗杀，他针对尼希米用尽了种种
手段。有一段时间，耶路撒冷的忠诚的卫队甚至不得不拿着武器
去干活，以防遭到突然袭击。然而，尽管有这些干扰，重建工程
在两个月稍多的时间内就完成了，并举行了庄严的城墙落成典礼。
被圈在防御工事内的地区人口稀少，在遇到紧急情况时不足以保
卫城市的安全。因此，大家一致同意乡下每十户中抽签选择一户
迁到首都居住，但他们可以继续耕种城墙外面属于他们自己的土
地。居民们组织起来轮流站岗，大门每晚都紧紧关闭起来。此时，

59

巴勒斯坦的犹太人定居点已经不仅仅是一个乡间聚居区的凝聚中心，而是成了国家的一个核心，它至少有了一个可以将入侵者围而歼之的坚固堡垒。

一旦首都的安全有了保障，尼希米就以同样的热情和组织能力投入到道德复兴的工作中去。在巴比伦大流放的漫漫长夜里，虽然《摩西律法》的概念已经更加强烈、更加密切地深入到了犹太民族的意识之中，但是仍然没有在所有细节上为广大群众所严格遵守。在 13 年前的公元前 458 年曾率领众多的犹太人离开美索不达米亚，出身于祭司的王室文士（当时的犹太律法学家）以斯拉（Ezra）被授权调查全国总的情况，并进一步强化那些他认为合适的改革措施。[①]事实上，他所做的只是促使成立了一个委员会，

60　专门调查那些已形成的异族通婚情况[②]，并迫使断绝所有外来的家庭关系。他后来一直待在耶路撒冷——虽然未能实现他的全部理想，却依然对他的"律法"充满了激情。在当时，由于尼希米行政才能的大力支持，他的热情之火更为旺盛。

在庆祝两代人之前祭坛重新落成的纪念日这一天，以斯拉站

---

①　按照批评的观点，以斯拉的活动时期（如果确有其事的话——因为历史上有无此人颇值得怀疑）应当后于或至少相当于尼希米的活动时期，据说他的工作就是预测他人的工作。然而，历史并不总是以如此对称的一种图形前进的。

关于此时在埃及的犹太人群落，可参见后文第 87~88 页。

②　这一现象可能是由于在回乡的定居者中，成年男性的比例非常之高（在当时的情形下是必然的）。意味深长的是，当时曾有人描绘过一个近乎乌托邦式的耶路撒冷：一些老丈和老媪漫步街头，男女儿童在他们的脚下玩耍。外国联姻的终止是极其重要的一步，但是，或许犹太民族在长达 2500 年的时间里使自己的个性一直保留下来这一事实为此提供了答案。令人难以理解的是，几乎是在同一时期，在雅典和罗马也碰到了几乎是同样性质的对外婚姻问题。

在一个木制讲坛上，在会众面前背诵了《律法书》，一些利未人（他们的职责是在圣殿礼拜时协助祭司）则协助他对律法的内容详细进行阐释。这次盛大的集会立即产生了影响。人们以前所未有的热情庆祝只有几天假期的结茅节。当这次庆祝活动结束时，规定了一个特别的斋戒日来表达全体人民的悔悟。紧接着，全体会众立下了庄重的盟约。后来，又起草了一个正式的契约，以约束所有签名的人遵守一些基本的法规。从省长本人及其以下所有的氏族首领都在上面签字画押。这是一次值得纪念的集会，标志着《律法书》对犹太民族实施无形统治的开始，并且作为一种"大议会"的形式似乎一直保留在人民的记忆之中。据信，最后的一位先知把传统的火炬传给了这次会众大会。

同以往一样，宗教同社会问题是紧密相联系的。当时正是一个经济面临巨大困难的时期。为了履行他们的义务，许多无产者被迫把土地抵押给他们那些比较富裕的兄弟们。一些无力还债的借债人不得不放弃了自己的自由，而那些一贫如洗的父母有时直接把孩子出卖为奴隶。当人们就这些问题向省长大声疾呼时，省长很快表示了同情。他召集那些贵族开会，并严厉谴责他们的强取豪夺。结果，他们同意（并不都是十分情愿地）归还了那些他们已取消抵押品赎回权的土地，并根据《摩西法典》中的规定从此以后免除一直在收取的借贷的利息。作为进一步改善国家经济条件的手段，尼希米主动放弃了前几任省长所拥有的索取贡金的权力，尽管他在维持庞大的家务和慷慨的接待方面捉襟见肘。与此同时，根据刚刚订立的协议中的条款，他严格地推行守安息日的制度。从前一天日落开始，他便关闭耶路撒冷的城门，并安排

自己的随从亲自负责此事。然后，他又采取严厉的措施，严禁在
城墙外面继续进行买卖活动。

尼希米并没有能够使得所有的贵族家庭都赞同他的改革主张。
当他坚持不懈地进行了长达 12 年的改革，于公元前 433 年被召回
苏萨（Susa）之后，又开始恢复了原状。耶路撒冷同撒玛利亚的敌
对政府中心又重新建立起了亲密关系，犹大的贵族们同它的联系也
变得非常紧密，异族通婚重新抬头，并且一发而不可收。在那些
爱国人士看来，似乎连希伯来语言的生存都受到了威胁。大祭司
以利亚实（Eliashib）准许自己的一个叫米拿西（Menasseh）的重
孙娶了撒玛利亚总督参巴拉的女儿；而总督的大臣多比雅（Tobiah）
则被允许在出访耶路撒冷时占用了圣殿中的一间偏殿作为寝室。
有关此类事件的传闻使尼希米在离任了很长时间之后又回到了巴
勒斯坦。此时的他肯定已经上了年纪，但他并没有失掉自己的朝气。
多比雅的财产被从圣殿中扔了出去，他一度占用的寝室也又恢复
了原先的用途。头号违法者米拿西被立即从社区中驱逐了出去。
那个误入歧途的祭司，不得不与那些同他持一致观点的人一起跑
到撒玛利亚的老婆的亲戚家去避难。后来在他的怂恿下，他们在
那里的基利心山（Gerizim）上模仿耶路撒冷的圣殿建起了撒玛利
亚神殿与之抗衡。这样，犹太人和撒玛利亚人之间的不和达到了
顶点。

显而易见，以斯拉死于尼希米第一次离任与第二次上任之间。
据传说，他是为了同波斯大帝商议重大事情而在回苏萨的路上去世
的。关于尼希米的最后几年，无人知晓更多的情况。但是，他在《圣
经》中所作的关于自己行为的传记使他虔诚、正直的性格永垂史册。

5

犹太传说中往往把尼希米的名字列在以斯拉之下，尽管在原 62
始资料中，前者的个性似乎更活跃、更具有权威性，也更引人注目。
后来的文献谈到文士以斯拉时，几乎把他作为第二个摩西，许许
多多远古的宗教制度都统统归结为是由他首创的。这不仅仅是纯
粹的想象，因为在巴勒斯坦重新定居工作的重要之处所在，与其
说是在政治层面上，倒不如说是在文学和精神层面上。

现代批评学派不仅把以斯拉看作是后来被称为《托拉》
（*Torah*）①，即《摩西律法》的实行者，而且认为他还是编辑者，
甚至是绝大部分内容的作者。不管是否如此，以斯拉开创了《托
拉》对犹太民族的统治时期——在民政当局的帮助下率先实施——
却是无可争辩的事实。更为重要的是，公开阅读和阐释《圣经》
的制度在传统上也同这一时期有关。"祈祷所"或许是第一次在
远离圣殿的地区建立起来，这实际上是一种在巴比伦大流放时期

---

①　"托拉"为希伯来文"Torah"的音译，原词根的意思是"引导"或"指路"，
意指律法是上帝指引人的行动与处世之道，必须严格谨守遵行。"托拉"一词在希伯来
《圣经》中出现过二百多次，原不专指律法，而是表示了一种"法则""法度"的意思，
因为在亚伯拉罕时代，还没有摩西律法。公元前 6 世纪犹太人流放归来后，"托拉"逐
渐成为专用的词语，指希伯来《圣经》的第一部分，即五卷律法书——《摩西五经》。
后来，《圣经》正典约于公元前 400 年完成之后，就以"托拉"代表犹太人的《圣经》，
其实在犹太人的心目中，"托拉"代表了所有经典中最重要的部分。时至今日，"托拉"
一词的含义已经进一步扩大，不仅指《摩西五经》，指希伯来《圣经》，并且可以指启
示给犹太人的指导或指引，把成文律法与口传律法的评注与解释，即《塔木德》等典籍
也包括在内，泛指全部的犹太律法、犹太习俗与礼仪。　——译者

被逼出来的应急实践形式。

　　这就是后来被称作犹太圣堂的起源。它既是基督教的教堂也是穆斯林的清真寺的原型，这是以色列人对人类文明所作的最重要的贡献之一。在圣堂里面，不仅诵读《托拉》，而且还对它进行阐释。因此老师的地位越来越重要，起初与在圣殿中行使职权的祭司和利未人平行，以后很快就超过了他们。在大流放期间就已熟悉并且在当时仍很流行的新"亚述文"字母——相比于过去一直普遍采用的生硬的旧腓尼基文形式是一个进步——的帮助下，这种初等文学得到了广泛的传播。

　　《托拉》远不是一部枯燥乏味的法典。它是人类各方面生活和行为的基础，并且被不断地仔细研究、再研究，以找到更圆满的含义。人们以空前的热情开始采用这一思想体系，以及它所有的附加内容及其文字上的严密性。当犹太人流放归来时，他们不过是一群粗俗的半文盲。他们的宽容近乎粗心大意，甚至对有关他们女眷的信条也漠然置之。他们的宗教理想倾注在圣殿崇拜上，对以后被认为是他们宗教信仰的基本习俗几乎一无所知。接下来一段时间也还是隐在幕后，可以说朦胧到了极点。但是，在返乡400 年之后，幕布又重新升起来的时候，情景就完全不同了。我们看到了一个狂热地笃信一神教的民族，其信仰和生活准则完全有别于任何其他的民族。他们日常生活中的每一个行为都由他们的《托拉》支配，他们努力实践其中的每一个字以及每一种言外之意。同别人不一样的是，他们严格遵守着某些宗教习俗（例如守安息日），从此便成为他们最典型最完美的特征。他们回到了巴勒斯坦，但似乎仍然还是过去的以色列人，在本质上同他们"出埃及"

或君主制时期的祖先完全相同。以斯拉及其同僚的工作却使他们变成了犹太人,在当时,他们就已经几乎同他们那些中世纪的后裔毫无分别了。

从传统观点来看,尼希米的传记是希伯来《圣经》正典的最后一部分。从文学的立场来看,随后的时期完全是一个空白期。现代批评学派竭力要修正这一印象,过去一直曾认为是一个文化寂静的时期,现在似乎一下子变成了一个前所未有的文学活跃时期。这一时期被认为是《摩西五经》最后编纂成型的时期;另外还编辑了像《约伯记》和《约珥书》这样的文学精品,像《路得记》这样的田园诗,像《雅歌》这样的诗歌,像《约拿书》这样的叙事散文,像收录进《诗篇》的许多不朽的礼拜歌曲,像《传道书》这样的哲学沉思录,以及像收录在《箴言》中的那些格言警句。

33. 点亮七烛台。阿姆斯特丹犹太习俗读本,1965年。

即使现在，也不能说这个问题已经得到了最后的解决。这种记述性的文字不断有人一点一滴地仔细进行改正，有时针对某个题目还会引发激烈的争吵。然而，这个问题必须要从科学探究的立场，而不是出于偏见来考虑。现代的观点的确使《旧约》中的许多内容丧失了远古时期曾包含着的某些东西，但是却也得到了另一种补偿，那就是：在从巴比伦返乡后的那个"黑暗时代"里，出现了一个在人类文化编年史上只有雅典的"黄金时代"或是意大利的"文艺复兴时期"能与之相媲美的文学活跃时期。

第7章 反对希腊化的斗争

1

在尼希米活动时期结束之后，巴勒斯坦的大地几乎完全为黑 64
暗所笼罩。就国家内部而言，这是一个巩固时期。在政治事务中，
我们看到的是一个又一个的大祭司。我们也知道，一个叫以斯帖
（Esther）的犹太女人利用她在宫中的影响挫败了一场发生在全波
斯帝国的迫害运动。当冈比西斯（Cambyses，大流士大帝的继任
者）于公元前485年去世时，亚述和埃及都起来反对波斯的奴役，
因而不管巴勒斯坦是否参加这次反叛，这个国家都无疑会被卷入
暂时的动乱之中。由于任命了一个叫巴哥希（Bagohi）① 的波斯官
员作为尼希米的继承人，因而就连通过继任者的提名而赢得独立
的一线希望也完全破灭了。大约在这个时候，一场关于大祭司地
位的争论在圣殿内部引发了一件谋杀案，后来只好由世俗势力出
面调停。在公元前365年，那些腓尼基城市发生了一场叛乱，大
约15年后才被镇压下去。犹太人是否也参与了此事，我们实在是
一无所知。30年之后，马其顿（Macedon）的亚历山大（Alexander）

---

① 似乎很可能巴哥希就是撒玛利亚的总督，而犹人在当时完全屈从于该辖区的统治。

像一股旋风卷到了亚洲，在他的猛烈攻势面前，波斯帝国灭亡了。

　　有一个古老的传说，讲述了当这位征服者准备进军耶路撒冷时，怎样由于大祭司的一次拜访而达成了和解。这个故事表明，巴勒斯坦犹太人和平地接受了新型政体的统治。当这位大征服者去世之后，他的帝国土崩瓦解了。他的那些大将军（在历史上称为"Diadoch"即"继任者"）互相之间为抢夺整个或部分控制权发生了激烈的争斗。公元前 320 年，即亚历山大死后第三年，已经占领埃及的托勒密（Ptolemy）入侵了巴勒斯坦，来到耶路撒冷城前。碰巧这是一个安息日。记得只不过在一个世纪以前，那时还只能通过使用武力来强迫他们守这个休息日，可到了此时，他们的子孙已经完全变了，变得在这一天连保卫自己的事都懒得去做了。所以，这座城市没有遇到任何抵抗就被占领了。在统治了五年之后，托勒密被迫撤离了这个国家，把它让给了小亚细亚的统治者安提柯（Antigonus）。在离开之前，他把耶路撒冷的防御工事以及各个堡垒全部夷为平地。公元前 312 年的加沙战役使这个南方强国恢复了对巴勒斯坦的控制。在这一时期，许多居民被放逐到埃及，从而开始了犹太人在这个国家的密集定居。

　　"国王大战"〔公元前 301 年在以帕苏（Ipsus）附近开战〕结束了"继任者"们之间的战争。这次战役使安提柯丧了命，从而最终确立了托勒密在巴勒斯坦的地位。自此，他的同盟者塞琉古（Seleucus）成了叙利亚的主宰，由安条克（Antioch）对它实施统治。所以，犹大又一次夹在了南北两个不断争夺最高统治权的敌对国家的中间。

　　关于这一时期的犹太民族的内部历史，我们仍然知之甚少。在

34. 波斯士兵。出土丁苏萨的瓷砖镶嵌画,现藏于巴黎卢浮宫。

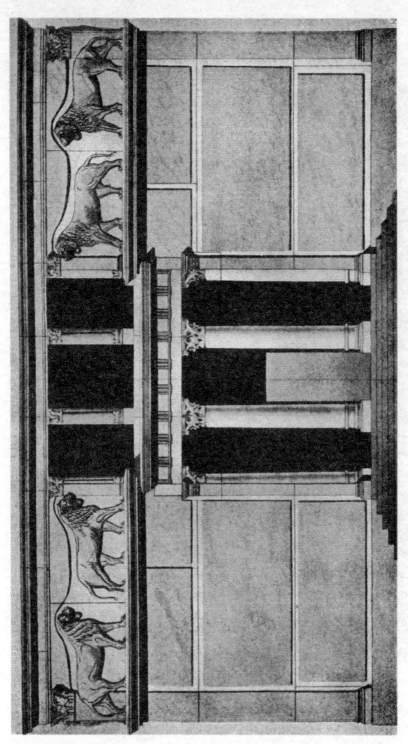

35. 朗肯奴（约瑟的儿子）要塞入口，位于约旦河岸边的阿拉克尔－埃米尔，约公元前180年。当代重建。

埃及王位上连续就任的托勒密家族成员充分显示出自己是友善而宽容的统治者，他们都很乐意让犹大国民实行几乎是完全的自治，仅仅每年收取适当的贡金。根据一个古老的传说，在托勒密二世非拉铁非（Philadilphus，公元前 285~ 前 248 年在位）的支持下，从巴勒斯坦邀请来的 70 位学者把《圣经》翻译成了希腊文，即所谓的《七十子译本》（Septuagint）①。据说，这位君王的儿子托勒密三世攸罗革德（Euergetes，公元前 247~ 前 222 年在位）曾访问过耶路撒冷并在圣殿献祭。由于在政治领域中没有其他的权威人物，所以，大祭司本人越来越成为民族情感的象征。我们在书中可以看到，在这一时期出现了一位被称作"义者"的西门（Simon）。对后世来说，他无疑是那种理想的领袖和老师的化身，被认为是后代出现的拉比（Rabbi）的原型。

在他死后，祭司的职位在性质上更加趋于政治化。在以后的一代人中，政府中出现了两个政党，一个由大祭司领导，而另一个（显然是由那些富裕的贵族所组成）则由一个多比雅（Tobias）家族领导。后者一直承包税收，因而深受埃及宫廷的青睐。两个党派之间时有冲突，甚至发生暴力事件。巴勒斯坦似乎正沿着这一时期希腊城邦的模式发展，成为敌对双方的牺牲品，并一直由那些占统治地位的氏族中的某一位"暴君"统治着。

与此同时，托勒密和塞琉古王朝之间的战争一直是时断时续。后者曾多次短时间地占领过巴勒斯坦（公元前 295 年、前 219~ 前 217 年和前 202 年），而托勒密总是成功地重新夺得控制权。直到

66

---

① 参见下文第 89 页。

公元前的 198 年，安条克大帝在约旦河源头附近的帕尼亚（Paneas）彻底打败了埃及军队，这个国家才最终置于塞琉古王朝的统治之下。

2

不久之后，在公元前的 175 年，安条克四世登上了塞琉古王朝的王位。他出生在雅典，对曾被选为这个著名城市的首席行政官一事感到非常自豪。这一切自然而然极大地增强了他对希腊文化的狂热推崇。在他看来，希腊文化无疑代表了人类进步和完美的顶峰。他一生的目标就是像他所认为的那样，通过采用希腊式的生活准则，使他的所有领地完全"文明化"；而知识浅薄和精神失常的本性不仅使他为自己起了个"伊皮法尼斯"（Epiphanes，意思是"光泽大地"或"宙斯神的化身"）的名字，而且也使他的野心变成了一种几近狂热的行为。

在这样的情况之下，他的整个帝国内的形势变得同 19 世纪和 20 世纪欧洲列强的那些比较落后的殖民地中的情形极为相似。当地居民劲头十足地采用了自己的征服者身上所有的表面特征：他们的语言、衣饰、建筑风格、娱乐方式以及社会和家庭习惯——认为这就是由于物质上比自己强大，因而文明程度也就更高的根本所在。其实，这种倾向从亚历山大大帝时代就已经表现出来了，因为从那时起，在王室的指导下，这种思想早已渗入国家的每一个角落，并迅速发展起来。

耶路撒冷当然也不能幸免。当时，由"义者"西门的后裔、大祭司阿尼亚三世（Onias Ⅲ）领导的一派属于民族主义，在传统习俗

问题上恪守正统，坚决反对同化。所以，他的对立派就成了支持塞 67
琉古王朝政策的先锋。他们以赞赏的眼光看待希腊文化，在生活方
式、衣饰、称谓、语言和风俗等各个方面盲目地仿效他们主子的习惯，
甚至还打算在宗教问题上迎合妥协。大祭司的兄弟耶逊（Jason）利
用当时宫廷中对阿尼亚的不信任，参加了赞成同化的一派，并通过
许诺一笔更大数目的贡金（一个至关重要的前提），成功地取代了
他的兄弟，从而使自己坐上了大祭司的尊贵高位。

在耶逊的统治下，希腊化的进程加大了步伐。他尽其所能，要
使耶路撒冷变成一个希腊城市。建筑物都一律是按希腊风格建造
的。一个健身馆就建在城堡附近，年轻人在里面进行裸体训练——
在犹太人眼里简直不堪入目。祭司们也不再行使他们在圣殿里的
职责，而加入了时髦的疯狂队伍之中。希腊名字变得非常普遍，
有些人则改变了自己原来的希伯来名字。当安条克于公元前170
年率领军队在埃及边界逗留时，他访问了耶路撒冷以示赞赏。为
欢迎他的到来，当时还专门组织了一场火炬游行。作为一种特殊
的恩典，市民们被准许仿照他们君主的名字，称自己为"安条克人"。

然而，对于国王来说，这种渗透还进行得不够快，也不够彻
底。在访问之后，他对宗教分离主义的存在更加深恶痛绝。不久，
他就找到了采取进一步行动的机会。此时，耶路撒冷执政派中的耶
逊同一个便雅悯部落的成员，也是他当时最亲密的同僚买那拉斯
（Menelaus）之间发生了争执。似乎只有夺取最高权力，才能满足
买那拉斯那贪得无厌的野心。按照过去的规定，祭司职位只能局限
于柯恩家族（Cohen），因为据传他们是摩西的兄弟亚伦（Aaron）
的后裔。然而，依靠宫廷阴谋，以及承诺更大数目的贡金而获得的

支持，使得买那拉斯废黜了耶逊，自己爬上了大祭司的职位。为了确保自己的权力，他要求在耶路撒冷的城堡中驻扎一支希腊军队，他们在城里举行异教仪式，并公开地蔑视当地的习俗。

此时，希腊化运动正在以百倍的热情全面地进行着。在这位新的大祭司领导下，甚至连宗教的东西都难以幸免。由于王朝国库的贪婪需求而引起的并不断加剧的不满情绪越来越剧烈地激荡起来。当几年之后安条克入侵埃及时，被废黜的大祭司耶逊在跨约旦河地区举事，并偷袭了耶路撒冷。在政府军的支持下，买那拉斯击退了这次攻击。这一事件使安条克深信，犹太人民仍然是他的敌人。当他率军回国途经耶路撒冷时，他使得城内大街上血流成河。更为可恶的是，大祭司本人把这个暴君领进了圣殿，把殿内剩余的财宝洗劫一空。

第二年冬天，他对埃及发动了第二次进攻。当时，叙利亚军队似乎就要取得胜利了，但就在这时，传来了罗马人在彼得那（Pydna）战役中击败马其顿国王的消息。这就清楚地表明，另一个国家不愿意让人打破军事力量的平衡，已经在近东地区取得了至高无上的地位。接下来，在亚历山大里亚城外出现了著名的一幕：在安条克试图从层层包围圈里突围之前，罗马公使要求他立即撤离埃及，虽然他很不情愿，但他没有别的选择，只有服从是明智的。尽管心中充满了痛苦，安条克还是领着他的残兵败将耻辱地向北撤去（公元前 168 年）。

在这个时候，他自然把念头转向了巴勒斯坦。如果埃及注定要永远成为一个同他相抗衡的强国的话，那么，把叙利亚帝国的南部前哨彻底组建成塞琉古王朝的一个行省就变得越来越重要了。当他向北撤军时，安条克把他的大将亚波罗姆（Apollomus）派去占领了耶路撒冷。

他毫不费力地就进了城。在第一个安息日（他听说在这一天犹太人不会抵抗），他开始对付城中的平民。大批属于反对买那拉斯派的人被无辜地屠杀了，而其余的人则被卖为奴隶。四周的城墙被夷为平地。然后，在大卫城堡旧址，建起了一座称为阿克拉（Acra）的新城堡来监视整座城市，并驻扎了大批军队。一个名叫腓力（Philip）的非里基人（Phrygian）被任命为省长来执行新的政策。

这些初步的准备工作之后，他开始有组织地通过武力使这个国家实现希腊化。从这时起，不允许任何形式的分离主义存在；并发布公告，命令帝国中所有的种族无一例外地都融合成一个民族，并普遍接受希腊神。一位上了年纪的雅典哲学家被派到耶路撒冷去监督这一新的命令的执行情况。他突发奇想，把犹太人的上帝同奥林匹亚的朱庇特等同起来。因此，一个留着小胡子的异教神像（或许有点像安条克本人）在圣坛上竖立起来；犹太人被告知这就是从此以后他们要崇拜的"天神"。而在私下里，他们战战兢兢地称它为"荒郊的恶魔"。

圣殿的大院里挤满了一群群的希腊士兵和他们的情妇，他们在里面肆无忌惮地举行各种异教仪式。为了增加那些虔诚的犹太人的恐怖感，他们还把猪作为献祭搬上了祭坛。在许多外地的中心小镇，供奉着异邦小神的祠堂比比皆是。为了庆祝国王的生日，每个月都要举行各种异教的、犹太人不得不参加的庆祝活动。在巴克斯（Bacchus）酒神节 ①，他们被迫头戴常春藤叶，参加醉酒

①　"巴克斯"是希腊酒神狄俄尼索斯的别名，而巴克斯节是希腊人的一个带有狂欢性质的节日。——译者

游行。另一方面，任何奉行犹太宗教习俗的行为都是一种弥天大罪。凡写有《摩西律法》的圣洁的羊皮纸，一经发现，便立即遭到焚毁或污损。对那些守安息日以及其他节日的人，或实行割礼仪式的人，则予以特别的监视。

所有这一切都得到极为严厉的实行。两个为刚出生的孩子行割礼的母亲怀抱乳儿被驱赶过市，然后被头朝下扔下了城墙。一个叫以利亚撒（Eleazar）的老犹太律法学家，因为拒绝吃猪肉而被鞭打至死。还有一次，一位母亲因为拒绝向一个神像下拜，便被当着省长的面连同她的七个孩子一个一个地杀死。在整个塞琉古王朝的领地中，只要有犹太人的地方，都可以看到类似的场面。甚至在撒玛利亚，基利心山上的神庙也变成了外邦人的守护神朱庇特的圣祠。与此同时，篡权者买那拉斯继续在耶路撒冷执政，像他以前对待自己的祖先那位看不见的上帝一样（不管带有什么样的疑虑和保留），整日在祭拜他的朱庇特神。

此时，犹太人还仍然是一个几乎不为人知、就人数来说微不足道的民族。在过去的四个世纪里，他们表现出了一种不同寻常的顺从。然而，安条克最终还是破坏了他们心中最神圣的东西。他使这个国家希腊化的企图，在某种程度上可以说是成功的，但在真正的障碍面前就不灵了。其实，只有少数完全同化分子愿意这样做，而那些连在小事上都不愿意采用希腊式风俗和习惯的人，已经公开站出来反对这种干涉他们认为是属于他们心目中"圣中之圣"的东西的企图，甚至有许多以前的希腊化分子也拒绝走这样的极端。事情是由哈斯蒙尼家族（Hasmonean）的一位名叫马提亚（Mattathias）的老祭司所引起的。他的家产位于耶路撒冷与海岸之间的莫顶城（Modein）。当时，这一地区要建一个用于会众们献祭的异教祭坛。当本地的一个贵族上去做示范时，马提亚把他砍倒在祭坛上。然后，他同自己的五个儿子一起冲向王朝的地方长官，同样把他当场砍杀。在捣毁祭坛之后，他们逃进了深山，集会人群中有许多不愿妥协的人也追随而去，并随即举起了起义的大旗。

3

在犹地亚的深山老林里，这位老祭司周围逐渐聚集起相当大的一帮不满现状的人——他们称自己为"Hassidim"（哈西德），即"虔诚派"。他们拒绝偶像崇拜，以免玷污了自己的灵魂。有时，他们会乘着夜色冲下山谷，偷袭乡镇和村庄，杀死那里的王朝官员以及效忠于他们的那些希腊化了的犹太人。希腊人在镇压犹太人的斗争过程中已经掌握了一个简单而实用的绝招：在他们不会实施自卫的那一天攻打他们。一个安息日，一支起义军发现自己被包围了，并且被全部杀死，而他们根本没有伸出哪怕一个指头进行自卫。显而易见，如果总是依照这个惯例，起义被镇压下去恐怕只是一个时间问题而已。马提亚有足够的胆略打破了已公认的宗教准则，他对部下发布命令，即使在神制定的休息日也允许进行自卫。从此，这种做法便作为规则流行开来。

哈斯蒙尼家族的起义沿袭了世界历史上许许多多其他类似运动的成功做法。如果镇压者全力以赴，起义者们或许根本就无法坚持下去。但在一开始，政府并没有把这种威胁当回事儿。因此，

爱国志士们能够把轻视他们的那些小股清剿部队打败，并取得了

71 几次颇为引人注目的胜利（其重要性在以后的传说中被夸大）。
有一两次，他们甚至伏击了一些更为重要的部队，这不仅使他们
得到了锻炼，增加了自信心，而且也补充了武器。当政府最终意
识到这场运动的重要性，投入大部队作战时，很快便轻而易举地
重新控制了这个国家。但是，他们不可能深入到起义军的深山老巢，
因为起义者们非常熟悉那里的地形，并且赢得了全国人民的同情。
因此，每一次试图进山扫荡的努力都以失败而告终。所以，叙利亚
人被迫采取了许多别的政府在同样环境下所采用的那种方针，先
暂时休战，并答应起义者的大部分要求，同时也使温和派比较满意。
从这时起，爱国领袖们巩固了自己的地位，有时是通过使用武力，
有时则是通过利用他们面前的暴君每一次暂时的软弱而进行精明
的讨价还价。以后的每次镇压大多遇到了同一开始差不多的结果，
直到终于有一天，由于疲惫而不是由于强制，由于谈判而不是由
于武力，叙利亚人被迫同意让它完全独立。

这次运动对于其领导人来说尤其幸运。历史证明，在一家人中，
并不常有像哈斯蒙尼兄弟们这样完全忠诚和具有自我牺牲精神的
典范。他们作为起义领导人一直跟随马提亚，并连续有三位担任
过犹太国家的首脑。有两个异常英勇地战死在沙场，另有一个在
他的人民命运的黑暗时期遭到了伏击，还有一个则被民族的敌人
残酷杀害；只有唯一幸存的一位是由于王朝内部的原因被谋杀的。
在五个兄弟当中，没有一个是自然死亡的。

马提亚在举起起义大旗之后不久就死去了。临终之时，他嘱咐
他的追随者们拥立他的三儿子犹大（Judah），即被人称作玛喀比

（Maccabee）^① 的儿子为军事首领。起义者们从来也没有被打垮过，反而不止一次地通过偷袭把派来攻打他们的政府军打得溃不成军。 72 例如，公元前 165 年在以卯（Emmaus）隘口就曾打过这样辉煌（尽管不是决定性的）的一仗。当时，有一支由乔治亚斯（Gorgias）率领的军队在企图进军耶路撒冷时，几乎全军覆灭。尽管势力浩大而装备精良的部队有能力对付各种骚扰活动，但却不能追踪犹大进入山区，从而最终镇压起义。当公元前 164 年安条克去帕底亚（Parthia）进行他最后一场战斗时，留下来做摄政王的吕西亚（Lysias）在企图从南边进入耶路撒冷时，严重受挫。因此，他试图采用更为温和的政策来安定这个国家。他发布命令恢复了崇拜自由。犹大被允许重新占据耶路撒冷，圣殿被净化，异教的祭坛被捣毁，并且在这一年的基流月（Kislev，即公历的 11 月）二十五日——三年前的同一天开始实行异教崇拜——神圣的大殿重新恢复了以前的用途。这一天正好是冬至，因此从那时起，在每年的"献殿节"即"Hanukah"（哈努卡节，又称净殿节、光明节），人们以点亮灯烛这种原始方式来庆祝这重要的一天。^②

---

① 普遍认为，这个词来源于"Makkabah"即"锤子"。因此，这个称号同欧洲历史上查理·马太尔（Charles Martel）的名字非常相似。最近有人推测认为，这是暗指《以赛亚书》（112：2），故它的意思是"我主命名的人"。其他的哈斯蒙尼家族的兄弟（准确地说，不是称作"玛喀比"）都具有类似的称号。这里用的"Judah"（犹大）代替了通常使用的（但用在这位爱国领袖身上是不大合理的）希腊语形式"Judas"。

② 当时的实际情况似乎不可能证明关于犹大在一场战胜吕西亚的巨大胜利后，通过武力占领耶路撒冷的这一传统观点是正确的。买那拉斯好像一直都在行使着大祭司的职权，甚至在该城被重新占领之后依然如此。这一事实更减少了这个故事的可能性。

4

在关键问题上已经取得了全面的胜利。按传统方式奉行的犹太教习俗又一次合法化。然而，起义的性质已经改变了，范围也扩大了。发动之初的纯宗教运动在某种程度上已经变成了一场政治运动。长期的迫害反而带来了民族精神的复兴。一场争取完全独立的运动展开了，自从大流放以来这还是第一次。在胜利的鼓舞下，犹大开始了更大规模的活动。他充分利用公元前 163 年安条克·伊皮法尼斯去世后的混乱时期，四面出击，以报复在最近的迫害之中他们对自己的宗教同胞的虐待。最后，他准备攻打仍然由希腊驻军控制的耶路撒冷城堡。吕西亚作为王国的摄政王的地位岌岌可危，他似乎根本没有选择的余地，只好进行干预。犹大在耶路撒冷以南的贝特撒迦利亚（Beth Zechariah）拼命攻打叙利亚的部队，但却毫无作用。这一场战斗把哈斯蒙尼家的一个兄弟留在了战场上。眼看大祸就要临头，但国内的困难迫使吕西亚返回了叙利亚，从而挽救了整个局面。随后，双方达成了和解协议。大祭司买那拉斯被送还给安条克后，受到审判并被判处死刑。然后，一个叫以利亚基（Eliakim）或阿西姆（Alcims）的人（他至少有着亚伦后裔这种资格）被任命为他的继承者。

阿西姆是一个被指责用异端习俗玷污了自己并已希腊化了的人，因而不能为广大人民群众所接受，但犹大却成了受人欢迎的偶像。因而，叙利亚军队刚一撤走，新的大祭司就发现自己根本无法行使职权。他只好求助于公元前 162 年篡夺了叙利亚王位的底米丢·索特（Demetrius Soter）。这位国王便派他的将军巴奇迪（Bacchdes）率领一支强大的军队向南进发，并毫不费力地重申了叙利亚所任命的这位官员的权力。但他一离开这个国家，不满的情绪又重新激荡起来。在贝特霍伦附近，犹大取得了对"大象军团"指挥官尼卡诺（Nicanor）的压倒性胜利（后来，犹太人在很长时间里一直把这一天当作一个公共节日予以纪念）。

这次巨大的挫折令叙利亚人的自尊心大受伤害，一直耿耿于怀。一个月以后，巴奇迪率领一支势不可挡的大军又回到了犹地亚。犹大率领着一支不到800人的部队在贝特霍伦以北的以拉撒（Elasa）在半路上阻击入侵者，但却失败了。他的小部队被打得七零八落，他本人也战死了。他一直当了大约五年的起义领导人。在他的指引下，犹太人民获得了足够的自信，能够在战场上同叙利亚军队抗衡。尤为重要的是，他所发起的抵抗运动充分表明，谁要干涉犹太教的习俗，必将会引火烧身。所以在他死后，虽然对犹太民族的镇压实际上比以往任何时候都要彻底，虽然所有政治独立的迹象已经重新被镇压了下去，但塞琉古政府却再也不敢重蹈安条克灾难的覆辙。后来，幸存下来的哈斯蒙尼兄弟们带着他们的残部撤到了约旦河对岸的广阔地区。当他试图把辎重运到纳巴泰族的阿拉伯人那里保管时，老大约翰（John）被一些敌对的族人伏击并杀死。此时，只剩下了老二西门（Simon）和最小的约拿单（Jonathan），他们接过了军事指挥权。

一年后，阿西姆死了，但他原来的职位一时还空着。不久之后，巴奇迪又成功地平定了巴勒斯坦，便回到了叙利亚。但他刚一走，国家又重新陷入了混乱，所以他马上又转了回来。在他追踪起义 74

者到约旦河对岸的企图失败之后，他得出了这样一个结论（就像他之前的那位吕西亚一样）：最好的办法就是跟他们达成和平协议。因此，他很快就签订了停战协议。按照协议，只要解散军队，不接近耶路撒冷，起义军的首领就可以不受任何干扰地回到自己的家中。因此，约拿单就在密抹（Michmash）住了下来。在那里，他的帐篷又一次成了爱国思想感情的中心。在没有更高的权力职务的情况下，他从一个被判处死刑的叛逆者变成了统领除首都之外的整个犹地亚地区的独立的统治者。

5

王朝内部的一场争端为他提供了采取最后行动的机会。随着底米丢统治的不断深入，他的困难也越来越严重。有一个名字叫亚历山大·巴拉斯（Alexander Balas）的年轻人，由于同死去的安条克·伊皮法尼斯的外貌、身材非常相像，便自称是这位老君主的儿子。在强大的外国势力支持下，他企图夺取王位，因而很长一段时间这个国家都受到内讧的侵扰。当时，两派都力争得到犹大军事领导人及其军队的支持。双方把礼物、头衔、荣誉、特权和贿赂一股脑儿地送给他。他便乘机浑水摸鱼，不断地扩大自己的领土，直到几乎成了整个巴勒斯坦的主人。命运似乎总是垂青于他的军队。他夺取了雅法、阿什克伦（Ascalon）和亚实窦，并把这些地方的"大贡"（Dagon）神庙付之一炬，因为逃犯们往往挤在里面，盲目朝拜。但是，他在外交上的成就远比他的战绩更为辉煌。无论哪一派执政，他都能设法与之保持友好关系，从而也就有更多的礼品和特权供他支配。几乎在一开始的时候，底米丢就准许他开进了耶路撒冷，并把当时正空缺的大祭司职位，连同这个职位所拥有的宗教和政治上的领导权一并授予了他。他就这样被正式地承认为犹太政权的领袖，并得以在公元前 152 年的结茅节上首次在圣殿里行使职权。几年之后，便只有每年的一笔 300 他连得（Talent）① 的贡金以及仍然矗立着的希腊式城堡"阿克拉"能使人想起还有一个名义上的外国宗主国了。能够借用一支哈斯蒙尼家族的老兵部队来加强安条克的王宫卫队，这一点便充分说明了同叙利亚宫廷一直维持着的友好关系的密切程度。

　　事态的顺利的进展终于引起了当时全权统领叙利亚事务的那位寡廉鲜耻的军事领导人特力冯（Tryphon）的嫉妒。他试图背信弃义，以获得那些比他更能干的前任通过武力所没有得到的利益。他诱使约拿单去托勒密宫同他进行友好会谈，然后在会谈中派人将他逮捕，并最后将他处死。但是，由于哈斯蒙尼兄弟们的独一无二的忠诚和能力，这次行动没有达到预期的效果。马提亚的五个儿子中的最后一位幸存者西门自动地接过了指挥权。为了替他的兄弟们报仇，他占领了雅法城，并且（多亏了天降大雪）得以阻止特力冯向耶路撒冷进军。当特力冯于公元前 142 年自立为君王时，西门已经有充足的借口放弃过去一直对各朝叙利亚统治者表面上的忠诚。因此，他主动支持特力冯王位的竞争对手底米丢，

75

---

　　① 他连得是《圣经》中常常出现的计量单位名称，兼作重量和货币单位。作重量单位时，一个他连得等于 60 弥那，相当于 3600 舍客勒（都是 60 进制）。据估算，一个舍客勒大约为 10 克左右。因此，1 他连得约相当于现在的 36 千克。这里的 300 他连得就是 10 吨多，这个数字令人难以置信。抑或他连得另有其他的单位含义，不得而知。——译者

并把大赦和免除所有的贡金作为交换条件。底米丢对此欣然同意。
甚至希腊军队最后也撤出了阿克拉堡，并在狂热的欢呼声中，于
公元前 141 年的夏天由本国的军队接管。在第二年秋天，在耶路
撒冷召开的大议会通过了对西门的任命，确立他为大祭司、君主
和军事领袖，并从此成为一个世袭的王朝。

叙利亚人并没有完全放弃再次恢复他们已经失去的影响的全部
希望。安条克七世西迪特（Sidetes）是塞琉古王朝的最后一位实
力强大的代表人物。公元前 138 年，他试图重新征收贡金，并要求
犹太人撤出当时刚刚占领的土地。他的军队遭到了老祭司的儿子约
翰·胡肯奴（John Hyrcanus）的重创。两年之后，西门被他自己
任命的耶利哥的省长、他的女婿托勒密（Ptolemy）所暗杀，政府
的大权由他的这位好战的继承人掌管。安条克此时认为重新采取行
动的时机已经成熟，便再次向耶路撒冷进军，并在长时间的围困之
后，攻陷了这座城市。由于罗马人（连续几代哈斯蒙尼王朝都一直
小心翼翼地同这个日益强盛的国家保持着友好关系）的介入，他没
有能够把胜利推向最后的终点。但是，他仍然坚持自己的宗主国地
76 位和赔款要求，并允许约翰·胡肯奴继续做这个附属国的君王，甚
至允许保留了他刚刚征服的一些地方。当时看来，过去十年的独立
小插曲似乎只不过是一场过眼云烟罢了。但是，不久之后，在公元
前 129 年，安条克在同帕提亚人的战斗中被杀死。塞琉古帝国最终
在内战的混乱之中分崩离析。约翰·胡肯奴得以重新保持他的父亲
所赢得并享受过的独立地位。这是一个短暂的政治自由的黄金时代
的开始，它只不过持续了大约三分之二个世纪的光景。

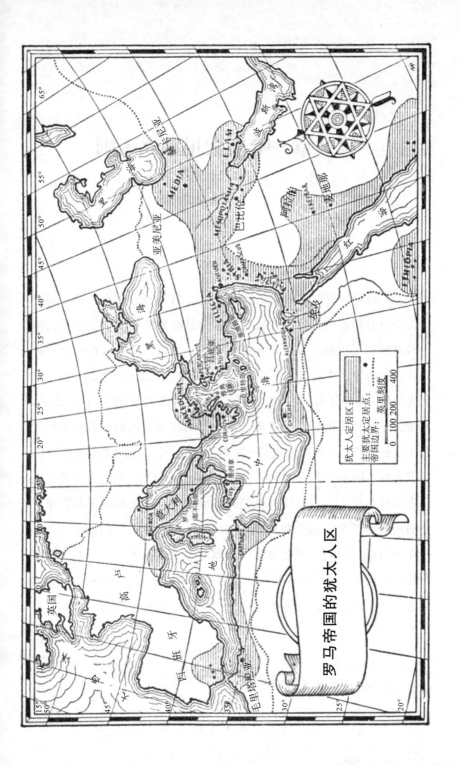

罗马帝国的犹太人区

第8章 哈斯蒙尼独立王国

1

　在约翰·胡肯奴（公元前135~前104年在位）作为霸主的漫长统治时期，犹太民族在成长过程中具有独特重要性的那种民族扩张达到了顶峰。在公元前2世纪初，他们的居住区在地理上的局部化是如此严重以至于希腊历史学家波利比亚斯（Polybius）称他们是"那些分布在叫作耶路撒冷的圣地周围的人们"。回乡之后，经过了几代人的繁衍，犹地亚的人口的确有了增加，甚至还把集居地扩展到了一些周边地区——特别是，正如以后我们将看到的，推进到了埃及一带。① 但是，除了这个例外情况，这些分支都不怎么重要。犹大·玛喀比占领耶路撒冷之后，就把救助那些在早先的困难时期在他们非犹太邻人的统治下遭受苦难的国家前哨基地作为自己的职责。那些地方的人数非常之少，所以他只好把全部犹太人口从加利利地区和跨约旦河地区大批地（en masse）迁移出来，并把他们带回了犹地亚。所以说，他的政策本质上就是一种集中的政策。

---

① 参见下文第88页。

他的兄弟们要比他更具侵略性，也更有野心。他们肆意地扩展自己管辖的领土。他们严格遵循当时普遍通行的战争准则。被征服的民族几乎不可能指望会得到他们任何的同情。在许多情况下，他们被逐出家园；而在有些情况下，他们则被迫皈依犹太教。然而，他们那么容易地就接受了新宗教，以后又那么忠诚地坚持这种宗教，似乎这一切都是顺理成章的事。约拿单靠自己精明的讨价还价，成功地把以克伦（Ekron）和沿海地区的其他地方以及撒玛利亚的三个区并入了他的领地。西门对此还不满足，他把重要的雅法港（把非犹太居民从里面驱逐了出去）和看守着犹地亚古南大门的基色 78
城也拢进了手中。①

　　在约翰·胡肯奴的统治下，扩张成为国家政策的主旋律。他把自己的边界向每个方向推进。在约旦河以东，他占领了米底巴（Medeba）及其邻近的土地。一次猛烈的战斗降服了撒玛利亚人，他们在基利心山上的神殿也被捣毁。尽管叙利亚人曾竭力进行牵制，当时巴勒斯坦最大的希腊文化中心撒玛利亚城还是被占领，此后便默默无闻了。当时还有这样的传说：当大祭司正在祭坛旁执事时，突然传来了他的儿子们已经取得了胜利的消息。另一个繁荣的希腊文化中心贝桑，即西索波利斯（Scythopolis），曾是著名的"十城邦"联盟"迪卡波利"（Decapolis）的最重要的成员之一，但当时没有进行任何抵抗就被占领了。在南边，随后推行的政策更具威力。犹太人和以土买人（以东人）之间长期的不和曾在犹

---

　　① 在这个城市的废墟中的一块陶瓷残片上，曾发现了一个勾画着对征服者新建的宫殿表示诅咒的原始图案。

大·玛喀比发动袭击时有所表现，然而在最终征服了这个国家之后，这种不和便达到了高潮，那里的居民被强迫接受了犹太人的宗教。

公元前 104 年，约翰·胡肯奴的去世在他的孩子们中间引发了一场王位争夺战。他的大儿子犹大即亚力士多布鲁（Aristobulus）继位，并采用了国王的称号。在他短暂的一年执政期内，他又把国家的边界向北扩展了一些，征服了加利利的其他地区以及黎巴嫩山周围的部分领土，并强制实行犹太化。他那位能干但却非常无耻的兄弟亚历山大·詹尼亚斯（Alexander Jannaeus，公元前 103~ 前 76 年在位）继他之后成为国王。这个君王所进行的战争并不全是成功的，然而他却能沿着非利士海岸把边界向埃及的领地，特别是约旦河对岸扩展。

当时，这个犹太国的大小已经相当于，甚至超过了大卫或所罗门的辉煌时期所达到的有史以来最大的国土面积。它包括了整个巴勒斯坦本土及其周边领土，从米罗姆湖（Merom）一直延伸到埃及边界。东边，它覆盖了被称为帕里亚（Perea）的跨约旦河的广大地区；西边，除了阿什克伦以外，它几乎包括了古以色列王国历史上从没有能够取得控制权的整个海岸平原地区。雕刻在莫顶城附近哈斯蒙尼家族墓碑上以及历代统治者铸造的硬币上的船形图案表明了这个王朝的海上野心。整个王国决不是完全同一的，全国各地都有像阿波伦尼亚（Apollonia）和西索波利斯这样的希腊化城市，城市人口中只有少数的犹太人。撒玛利亚人尽管已经被完全打败了，但仍然拒绝被同化。但是，国家的其他地区已经完全实现了犹太化，那里的居民从此都被算作犹太民族不可分割的一部分。不知从哪一代起早就成了犹太人宿敌的以东人开始对国内事务施加重要的，有时甚至是决定性的影响。从这个时候开始，肥沃的加利利平原不管是从人数上、感情上来讲，抑或是从献身精神的角度来看，都被认为是犹太教的首要中心之一，虽然当时那些念念不忘自己祖先的信仰的古以色列人很可能已经完全融合进了当地的居民之中。在哈斯蒙尼家族起义的一个世纪中，犹太国的面积大约增加了十倍，同时人口也按这个比例增长了。我们今天的犹太民族主要就是在这期间所形成的诸多种族的后裔。

2

在这一时期，统治王室与其臣民中某些阶层之间的裂痕越来越深。哈斯蒙尼兄弟是作为群众起义的领袖而继位掌权的。王朝的世袭君主权是由"祭司、人民代表、国家的统治者和全国的长老共同组成的最高犹太公会"——大概就相当于后来称之为"犹太教大议会"（Sanhedrin）的组织——所赋予的，而早期的货币，除带有统治者的名字之外，还间接地暗指犹太人的议会或联邦（Heber）。因此，至少这里面已经有一些民主原理的因素。

在结束流亡生活返乡之后，犹太国的最高权威一直属于大祭司，而大祭司则一直只是通过其宗教职位来施加影响的。犹大·亚力士多布鲁及其继任者们所采用的国王头衔为这种政治体制注入了一种全新的因素。按照古老的传统，王权仅限于大卫家族。在当时，这种观念或许还没有像以后那样得到广泛传播，然而，由于王朝地位与大祭司的地位合二为一，新王朝的统治者实际上被赋予了一种甚至在以色列王国的英雄时代都闻所未闻的巨大权力。

80

在人民中间存在着一股强大的势力，他们强烈地反对这种把权力过于集中在一个人手中的做法。他们曾一直很乐意为自己的宗教地位而战斗。但在另一方面，政治独立却成了一种遥远的记忆，因此他们反而认为并没有什么重要之处——的确，一群有代表性的、曾作为哈斯蒙尼家族起义军中坚力量的哈西德主义者，即虔诚派，就曾正式批准任命了那位顺应时势的阿西姆作为大祭司。当建立了君主国以后，权力机构中本身所固有的弊病便开始显露出来，这一派中的某些人几乎是非常遗憾地开始回忆起过去那已经逝去的大好时光，并且无可奈何地，有时甚至非常焦急地期待着外国人的干涉，以便能够在政治领域重新建立起非犹太人的霸权地位。

哈斯蒙尼王朝当然可以依靠祭司阶层的支持——他们势力强大，家境殷实并且有教养。而在另一方面，对祭司阶层的敌对情绪最近几年也有所增长。在第一圣殿期间，甚至在流亡返乡之后，其成员就被认为是传统和学术的官方保管人。他们的任务就是阐释《托拉》，并在任何复杂的律法以及执行问题上作出决定。但是，自以斯拉时代以后，《托拉》已经成为全体人民的共同财产。每个城镇和村庄都经常性地定期对它进行公开诵读和宣讲，原先一度集中在祭司们身上的那种尊敬已经转而给了那些能够娴熟地讲解《圣经》的人。（这样的人被他们的门徒尊称为"拉比"或"我们的先生"。）由于出现了一个又一个的先例，因而使这种传统逐渐盛行起来；一个拉比的决定或是做法成了一代接一代人的楷模；大量的口头传说发展起来，不断深化、补充和进一步澄清了《圣经》的原文，许多新的观念被吸收进来，并赋予了一种犹太文化的色彩。

因此，就产生了一批比圣殿中的祭司们所能提供的东西更为现代化、适应性更强，并且也更为生动的教义文本。对《圣经》的阐释，正如拉比们所设想的那样，不再是那么迂腐；他们作出的律法方面的决定倾向于更加温和；他们甚至无所顾忌地用很明显的合法假设来规避《托拉》中严格的字面意义。对于世事的变迁无常，可以在灵魂永生和死者复活的教义中找到精神上的安慰，而那些祭司们（由于在《圣经》中找不到任何具体的可靠依据）坚决否认的也正是这种教义。在执行问题上，他们各自的律法决定则分别反映了这两个背道而驰的阶级——一方面是拥有土地的贵族，另一方面是手工业工人和自耕农——的不同利益。

国家内部因而也就形成了两个党派——一个把圣殿视为教育中心同时也是祭拜中心，另一个在一切可能的地方寻求启蒙式教育；一个在本质上是保守的，另一个在教义和做法上是折中的；一个主要是由祭司阶层产生，并得到贵族和土地主的支持，而另一个则主要是来自底层或中层阶级。前者赞同绝对的君主制度，权力赋予世袭祭司，而后者则更倾向于民主化。逐渐地，这第一个党派就用哈斯蒙尼家族的祖先撒都（Zadok）祭司的名字被称为"Zadukim"，即撒都该派（Sadducees），而另一个党派则被命名为"Perushim"（法利赛派），亦称分离者（Seceders）。①

----

① 这些词很可能就是（尽管决不是唯一的）后人所用的两个专有名称的出处。但是，正如在所有的历史上，党派的名称都乐意根据无关紧要的，甚至是毫无意义的偶然小事件来起名一样，词源出处的精确与否并不重要。[试比较英国和美国历史上的党派名称"托利党"（Tories）和"辉格党"（Whigs）。]这两个教派之间的差异本质上源于政治而

3

由于哈斯蒙尼王朝保留了它早期的纯朴，并且当时不存在那种随时降临的外来危险，所以国家的统一得以一直维持了下来。在约翰·胡肯奴执政末期，统治家族的性质开始恶化。拉比互相之间的传说发人深思，他们谈起当时的统治者身上的变化，说他"任祭司职七年，但最终却成了一个撒都该"。他的继承人亚力士多布鲁国王模仿希腊风俗，卷入了一场违背人道的宫廷仇杀，导致其母被囚禁，其弟被暗杀。亚历山大·詹尼亚斯本人的所作所为则完全像一个东方暴君——肆无忌惮，冷酷无情，性情暴躁；只能依靠外国雇佣军的刀剑来维护他的尊严。正是在他的统治期间发生了最后的分裂。

在为庆祝国王的军事讨伐胜利归来而举行的一次庆功宴会上，一个法利赛派领导人公开要求他把个人享有的行政和宗教权力分开，交出其中的一项；并且找到了一个于他不利的律法上的依据，并因而对他祭司职务的实际权限提出质疑。在接下来的结茅节上，当这位大国王兼大祭司在圣殿执行职责时，他把献祭的水洒在他的脚下而不是祭坛上，公开表达了对法利赛派所持教义的藐视以

非神学，也就是说，并不是分野于阐释《律法书》的方式。这可能是由于两者之间感情上的互相怨恨，以及它们在国家事务中所扮演的角色不同所致。后一代的拉比自然是从他们自己更为特定的角度来看待这种争端的。

在这一时期，还有一个半禁欲式的教派，叫作艾赛尼派（Essenes）。它在当时的政治事务中未起任何作用，因此，我们对这一派几乎一无所知，根本无法详加评述。

进行报复。这虽然是一件小事，但却表明了他对《摩西五经》中没有规定的新礼仪的态度。愤怒的人群把为庆祝节日带在身边的香橡木雨点般地投在他身上，许多人因此而流血受伤，最后好不容易才恢复了秩序。后来，一些法利赛派领导人逃离了这个国家。①

　　直到公元前94年，亚历山大吃了败仗耻辱地回国之后，这种不满情绪终于全面爆发。公众的怒火再次熊熊燃烧起来。耶路撒冷爆发了起义。内战疯狂地打了整整六年之久，但法利赛派的起义军根本不是国王那些经过良好训练的雇佣军人的对手。尽管如此，他们仍然拒绝谈条件，他们宁愿受外国统治，也不愿受自己人的专制压迫，因而立即向叙利亚统治者底米丢三世求助。后来，亚历山大终于被彻底打败了。但正如常常发生的那样，他的不幸反而引起了一种对他有利的感情突变，最终，侵略者们被迫撤军。国王利用公众的感情变化大力追捕自己国内的敌人，并且对他们（尽管遇到了长期的顽强抵抗）进行了疯狂的报复。在他统治的最后几年里，反对派被镇压了下去。然而，他也意识到，如果不能赢得所有阶层的支持，要一个并不像他那么有魄力的统治者去维持自己的地位是非常困难的。所以在弥留之际，他嘱咐继承人要把努力达成和解作为自己的基本治国方针。

　　亚历山大·詹尼亚斯死后，由他的妻子（一开始曾嫁给他的兄弟犹大·亚力士多布鲁）亚历山德拉·撒罗米（Alexandera Salome）继位（公元前76~前67年在位）。当时，她的兄弟西缅（Simion ben Shetah）是法利赛派的魁首之一，因而她更乐意遵

---

　　①　另一个记述则认为，这一事件发生在詹尼亚斯的父亲约翰·胡肯奴的统治期间。

循她丈夫的叮嘱。由她继位这一事实表明，在这一时期，妇女在犹太人生活中已经拥有了很高的社会地位①，可能是因为她的两个儿子都还太小，根本不能摄政。大儿子胡肯奴（二世）性情懒散而随和，被授予大祭司职位；小儿子亚力士多布鲁（二世）则得到了军事指挥权。同前几任统治时期的纷争战乱相比，撒罗米的七年统治相对来说比较平静。亚力士多布鲁率军讨伐大马士革，但却毫无结果。另一方面，亚美尼亚（Armenia）国王蒂革兰尼（Tigranes）曾有一次威胁性的入侵，但由于贿赂手段和外交努力双管齐下而得以避免。

这位年迈的女王（在她继位时已近七十高龄）试图在国内的两个敌对党派之间维持一种平衡。但是，拥护君主制的一派倾向于支持冲劲十足的亚力士多布鲁，因为他似乎继承了自己家族所具有的那种迷人的魅力和好战的天性。他母亲卧床不起后，他便在撒都该派的支持下开始觊觎王位。她刚刚咽气，他就把枪口对准了自己的兄长，那位已经公认的合法继承人。一场短暂的战斗之后，弟弟取得了胜利，他因而获得了至高无上的尊贵统治地位。在经过很短一段和平时期之后，胡肯奴逃到了纳巴泰族阿拉伯人的国王亚利塔斯（Aretas）那里，因为他（像犹太人一样）已经在那里的叙利亚帝国的废墟上建立了一个国家。后来，这位国王入

---

① 必须说明，这种情况并非个别。约翰·胡肯奴死后，他的遗孀就曾一度行使过统治权，尽管后来被他的儿子亚力士多布鲁所篡夺；而当这位儿子死后，撒罗米本人才又获得了短时期的统治权。

按照后代人的猜测，这位西缅可能被看作是一位政治领袖，而不是学术领袖。据说，他与一种综合基础教育体系的设立有关，而这种教育体系必定可以追溯到这一时期。

侵了巴勒斯坦并围攻耶路撒冷。当这个城市马上就要陷落时，一场干预事件发生了。这一事件永久地改变了巴勒斯坦事务的整个面貌，从而最终结束了那里无谓的王权之争。

4

　　罗马正在盲目地走着自己的帝国之路，在短短几年里，它已经横冲直撞地征服了许多地方。在亚洲，很久以前就已经感觉到了它的影响。大约在一个世纪之前（据传说），犹大·玛喀比就曾认为，应当派一名特使去意大利签订一项和平友好条约。他的兄弟约拿单和西门也曾仿效过他的这一做法。正是由于罗马人的干预，在公元前136年才救了约翰·胡肯奴一命，也正是由于来自罗马方面的压力，才在某种程度上造成了公元前70年亚美尼亚的蒂革兰尼的大撤退。因为这位蒂革兰尼，连同他的岳父、庞都（Pontus）的米拉达特六世（Mithradates Ⅵ）已经陷入了同新的世界列强的纷争之中，而公众的崇拜偶像庞培（Pompey）被派到亚洲来对付他们。当时，他的陆军将领斯卡鲁（Scaurus）已经先期到达叙利亚，两个哈斯蒙尼家的兄弟都向他求助，以伸张自己的所谓正义。斯卡鲁命令阿拉伯人撤退。由于害怕罗马的势力，亚利塔斯毫无疑问地服从了。就这样，亚力士多布鲁才得以保住了自己的王位（公元前64年）。

　　不久之后，当庞培本人到达大马士革时，争夺王位的双方都竞相求得他的支持。而更为引人注目的是，某些法利赛人，因为他们把这场致命的王权争斗看作是撒都该派或保王派的内部事务，竟然要求罗马人亲自对巴勒斯坦实行政治控制，恢复旧的政治体制，使之处于一个不干涉世俗政治活动的大祭司领导之下。

由于庞培一直迟迟不作决定，已经使亚力士多布鲁看到了最糟的结局，因而便逃到了耶路撒冷。当他发现自己被追踪时，他意识到抵抗是没有用处的，便主动朝罗马人营地走去，拱手让出了这个城市。但他那些滞留在城内的部下拒绝服从他的指令，固守在几乎坚不可摧的圣殿山上。他们一直坚持了三个月，直到公元前 63 年的一个安息日（另据记载是赎罪日），他们的堡垒被摧毁了，守卫人员全部被杀害。胜利者庞培进入了圣殿山上的圣殿。一年之中，除了在某些非常庄严的场合，甚至连大祭司都常年不允许进入。同他脑海中辉煌的罗马神庙相比，他看不出眼前这空空荡荡的圣殿有什么诱人之处。在以后的一些年里，曾一直流传着一种恶毒的诽谤，说他在圣殿里发现的犹太人的主要崇拜物只不过是一个驴头而已。

庞培对耶路撒冷的占领，无疑标志着哈斯蒙尼王国自约翰·胡肯奴时代以来一直享有的完全独立的特殊时期的结束。征服者部分地取消了不久前的那种引人注目的国家边界扩张活动。广布着一连串希腊城市的海岸平原，连同撒玛利亚和西索波利斯一起，已经同叙利亚这个新的罗马行省合并。然而，在这个国家的北部地区，犹太化的进程已经是如此地深入和如此地成功，根本不可能以同样的方式对待这个地区。因此，从此以后犹太人生活的中心只能位于两个全然不同的地区，犹地亚和加利利。然而，许许多多的希腊城市把这两个地区同海岸分隔开来，而它们之间则是撒玛利亚人的一个狭长地带。但犹地亚仍然保留了南边的以东人的地盘，以及约旦河东岸的帕里亚地区。

当时，这些领土置于大祭司胡肯奴的统治之下，但他已经失去了国王的头衔，就像他的前任们在波斯和希腊统治时期的情形一样，他统治的国家只不过是罗马的一个附属国而已。几年之后（公元前57年），他的侄子，即亚力士多布鲁的儿子亚历山大曾领导过一次起义，但没有成功。自此以后，大祭司就被剥夺了所有的政治权力，国家被划分成了五个区，每个区都有各自的直接隶属于叙利亚地方总督的市政议会。

5

正如历史上所发生的那样，民族的重新觉醒必然伴随着文化上的复兴。这首先表现在大兴建筑之风，譬如在莫顶城附近专门为哈斯蒙尼家族修建了规模浩大的墓地，在基色建造了西门的宫殿，他的后人还铸造了被认为是最早的犹太硬币，并且上面还镌刻有精确无误的犹太符号标记。但是，最重要的还是体现在文学方面。当"荒郊的恶魔"仍然在圣殿里矗立着的时候，据说有一位狂热的信徒已经编纂了《但以理书》——收录在《圣经》正典中的最后一本书。用一位据称在大约四个世纪前的巴比伦享有盛名的人的话来说，无非是为了要竭力表明，这是最后一次镇压犹太民族和他们的圣城的企图。巴比伦人、米堤亚人和波斯人已经做尽了坏事，此时轮到了希腊人——这个"小犄角"，这是作者对安条克的一种轻蔑称呼。但是，这一次也同样会失败的，随之而来的仍然是至高无上的上帝选民的最后胜利。

当他们正在努力争取胜利的时候，这项神秘的编纂工作起到了鼓舞"哈西德派"的作用。而当他们取得了胜利之时，他们便用诗歌来表达他们心中的狂喜。所谓的"Hallel"（即"颂赞诗篇"，见《诗篇》113~118）被认为是专门创作出来庆祝哈斯蒙尼家族的胜利的，从此，犹太民族每一次公共感恩节都与这些诗篇联系在一起。其他一些诗作中还提到过同时代的另一些伟大的事件，但无论如何，这个集子毫无疑问是这一时期编辑定型的。

民族的兴衰和成败也反映在各种逸事，或是《以斯帖记》和《但以理书》有关礼拜仪式的增补部分中。西拉（Sirach）的儿子约书亚和哈斯蒙尼家族的马提亚是同时代的人，他编纂了《便西拉智训》（*Ecclesiasticus*）①——一本包含日常生活训谕的智慧之书，而最后一整篇都是对阿尼亚的儿子、大祭司西门②的颂扬之词。还有一篇经过高度渲染的记述，讲的是假设通过一个叫犹滴（Judith）的女人献身，就可以把犹太民族从亚述人手中解救出来的事，大概是为了在斗争期间鼓舞国人的士气。而《玛喀比传上卷》———部关于当时发生的战事的半官方的史记——则是在亚历山大·詹尼亚斯统治伊始编纂的。所有这些著作的希伯来文的原始文本大都已经佚失，有些只是在被称为《次经》（*Apocrypha*）③的文本中作为《圣经》的增补内容收录在古希腊译本中才得以留存下来。

---

① 《次经》中的一卷，亦译《德训篇》。便西拉意为"西拉儿子的智慧书"或"西拉子箴言"。——译者

② 很可能与"义者"西门是同一个人（见上文第65页）。

③ 然而，在开罗犹太圣堂的一个"秘库"（Genizah）里，已经发现了希伯来文《便西拉智训》的大部分文本。这是现代史上最重要的文字发现之一。

所以，在犹太人的圈子里，有很长的一段时间几乎对此一无所知。尽管有外语方面的障碍，这些著作仍然不失为由于哈斯蒙尼家族的胜利而发展起来的文学活动——《圣经》文学的最后作品的有力证据。

6

在这一时期，犹太民族并没有全部局限在巴勒斯坦及其紧紧相邻的那些领土上，这个国家的外部扩张完全同它的内部团结一样地引人注目。在波斯帝国传奇般的"一百二十七个"行省中，都有从以色列和犹大的那些姊妹王国中流放出来的人的后裔。他们一直居留在那里，并且当亚历山大大帝的一次次征服使他们更加紧密地同希腊世界联系起来之后，他们甚至还从那里继续向更远的地方流散。虽然我们对这段历史知之甚少，但可以肯定，在美索不达米亚有一个坚实的核心。从这个核心，也同样从巴勒斯坦的本土上，贸易往来或是战争的变迁把他们带到了那些邻近的国土上，并且无论是作为自由人还是奴隶，他们最终都赢得了自己的自由。后来的《圣经》作者们显然非常了解居住在希腊群岛上的那些希伯来人。① 根据记载，中世纪哲学之父亚里士多德（Aristotle）就曾在公元前 4 世纪的小亚细亚会见过一个学问渊博的犹太人。安条克三世曾从美索不达米亚清除了大量忠诚的犹太人，以保证弗里吉亚（Phrygia）的忠贞不贰。在科斯岛（Cos）上，庞都的米达

87

---

① 　参见下文第 139 页。

拉斯六世没收了该地区犹太人募集起来的一大笔准备运往圣殿的金币。当时，去那里的朝圣人数是如此众多，以至于罗马执政官曾在公元前 49 年命令岛民们提供便利让他们通过。

罗马人的四面推进使得所有这些地区置于以意大利为中心的新世界列强的势力范围之内，并因而引发了进一步的扩张。每一场战争都使得大量的人口沦为奴隶，而其中肯定有不少的犹太人。公元前 1 世纪的大地理学家斯特拉波（Strabo）就曾提到，犹太人已经渗入所有的国家，所以很难找到哪怕是一个不曾接收过他们的地方，只不过在这些国家里（他讥讽地补充道），他们还没有成为统治者罢了。在公元前 62~ 前 61 年间，小亚细亚的罗马总督弗腊克斯（Flaccus）曾没收了在亚帕米亚（Apamea）、罗得西亚（Laodicea）、亚得拉米丢（Adramyttium）和帕迦姆（Pergamum）等地为耶路撒冷的圣殿所募集的捐款。两三年之后，当他在罗马受审时，这一条便是控告他的理由之一。所有这一切，都说明了当时被称为"大流散"（Diaspora）[①]本身所具有的那种深远的、日益增长的重要意义。巴勒斯坦的重要性，不仅在于它作为一个小亚细亚的小国这种内在的因素，而是它作为星散在整个帝国以及其他地区的广大人民的思想感情中心——据计算至少有 400 万人——其中只有大约一半居住在叙利亚。犹太人虽然是一个小民族，但是犹太教却已经成了一个世界性的宗教。

任何地方都不比埃及的犹太人定居点更为重要。甚至早在第

---

① 这是一个希腊词，意思是"星散"。与之对应的希伯来文是"Golah"或"Goluth"（意为"流亡"）。

一圣殿时期，可能就已经有人迁移到了这里；而在国家陷落之后，又有许许多多的人成群结队地向这里迁移。后来，犹太人参加了最后一位法老征召的雇佣兵来保卫他们的南部边界，从而保持了他们在波斯统治时期的重要地位。居住在尼罗河象岛（Elephantine），即现代的阿斯旺（Assouan）的讲阿拉米语的犹太雇佣军团曾建造了一个小圣殿，后来一直保存到公元 4 世纪。①

　　被希腊征服之后，迁移的规模急剧增大。犹太人跟随亚历山大大帝四面征讨，随之便融入了他安置在亚历山大里亚新城的人口之中。在此后的许多年中，巴勒斯坦一直是埃及的属地。通常来说，总是较大的国家对较小的国家的居民有着更大的吸引力。在他们发动的形形色色的战争期间，相继继位的托勒密国王们把大量的犹太人带回了埃及，特别是带到了繁荣的首都。因此，他们的人数得以迅速地增加。在整个国家里，据说他们的人数达一百万之多——或许比巴勒斯坦本土还要多。在昔兰尼（Cyrene），很早就有一个重要的分支。在亚历山大里亚，大约有一万人，占据了当时划分的该城市中的五个区中的两个。他们被允许按照自己的传统律法，在自己的族长（Ethnarch）② 及"七十人大会"管理下生活，而他们在当地的市政府也有自己社区的领导人作为代表。在利昂托波利斯（Leontopolis），实际上有一个圣殿（在巴勒斯坦大迫害期间，由被废黜的大祭司阿尼亚三世的儿子小阿尼亚所

---

① 在本（20）世纪初于伊利凡丁发现的有关这个殖民团的阿拉米文的记载和文件，从一个侧面真实地反映了以斯拉时代的情形。

② 即"种族统治者"（希腊文）。

建）。这个圣殿完全是以耶路撒冷的圣殿为模型建造的，并且一直存在了大约两个半世纪。

埃及的犹太人加入了生活的每一个领域。他们中有商人、手工业者、农民和劳工。许多人居住在全国各地的军事指定区内。有些人在政府中担任了要职。在亚历山大·詹尼亚斯统治期间，由克里奥帕特拉三世（Cleopatra Ⅲ）派驻巴勒斯坦的军队是由利昂托波利斯的大祭司，即阿尼亚四世的两个儿子指挥的。他们曾成功地阻止了自己国家再次被划入托勒密的帝国版图之内的企图。除了宗教之外，埃及犹太人在各方面都已经完全同化于他们的环境之中了。

在当时，埃及是最大的希腊文化中心。罗马人的世界在很大
89 程度上都是通过亚历山大里亚这座城市才了解到古希腊的文明瑰宝的。正是在尼罗河岸边的那些著名的研究院里，人们孜孜不倦地研究雅典和科林斯（Corinth）的文化，才吸引了当时伟大的学者到那里担任老师。犹太人不可能没有受到这场浩大的活动的影响。他们迅速地放弃了自己祖先的语言，转而青睐希腊文；他们普遍采用了希腊名字（说实话，这一现象甚至在巴勒斯坦都取得了很大的市场）；他们还用本地语创作出了一整套文学作品来满足他们的文化需要。早在公元前 3 世纪，在朝廷的赞助下，就开始了把希伯来文《圣经》翻译成为希腊文的工作，当时被称作《七十子译本》，并在亚历山大里亚的犹太民族中间享有无可争议的权威性。《圣经》的仿造本和增补本［大部分编入《次经》，以及被称作《伪经》（Pseudepigrapha）的松散卷本之中］都是用希腊语在亚历山大里亚编辑成书的，书中充斥着大量当地的哲学概念。

因此，《以斯得拉续篇上卷》与正典中的《以斯拉书》相对应，
而《昔兰尼的耶逊》（Jason of Cyrene）则向说希腊语的犹太民族
讲述了哈斯蒙尼家族起义的历史，现在被称为《玛喀比传下卷》。
甚至《便西拉智训》的作者他那位极具爱国之心的孙子也认为，
有必要通过把它翻译成普遍采用的思想和文学语言，以便使这本
著作得到更为广泛的传播。

　　许多作家都很自然地放弃了传统的模式。结果，在亚历山大
里亚形成了一批完全独立的文学作品，试图让那些已经希腊化的
犹太人熟悉自己的民族文化，并且向非犹太批评家和观察家展示
出犹太教的优越性，或至少是合理性。在当时，有著书专门记述
犹太各个国王的历史学家；有研究希伯来古迹的考古学家；有创
作关于《圣经》题材的戏剧或是史诗的诗人；有抨击当时的反犹
主义者而为自己的人民辩护的辩护士；也有分析《摩西律法》，
并证明这些律法同当时流行的希腊文化并不矛盾，或者甚至可能
超前于它的哲学家。这种在公元前 3 世纪就已经存在的趋势，到
了公元前 2 世纪时已非常活跃，然后一直持续到了罗马占领埃及
之后的公元前 1 世纪中叶，而在亚历山德里亚的斐洛（Philo，公
元前 20 年～公元 45 年）这位崇高人物的身上达到了顶峰。正是
通过他的哲学著作，希腊化的犹太文化才为现代的世界所熟知。
埃及充满了生机和密集的人群，并且在思想情调上很明显地具有
现代味儿。然而，犹太民族的灵魂和犹太文明的主要传统却仍然
是在巴勒斯坦才得以继续存在下去。

第9章　罗马霸权

1

　　自从那次使犹地亚失去其独立的小小的王权争斗开始后，愚钝的胡肯奴便一直处在某一位叫作安提帕特（Antipater）的影响之下。这家伙是一个以东人，而这个种族被强迫皈依犹太教一直是近代巴勒斯坦历史上著名的插曲之一。他的父亲安提帕斯（Antipas）曾被亚历山大·詹尼亚斯任命为他自己家乡省的省长。后来儿子继承了他的地位，由于害怕被亚力士多布鲁免职，所以他毫不动摇地忠诚于这位兄长。正是在他的建议和煽动下，胡肯奴才一直长期进行争夺王位的努力，否则的话，他很可能在很早以前就放弃了。罗马占领之后，安提帕斯继续保持着同样的地位。公元前57年的起义失败之后，重组巴勒斯坦的运动使他有机会更加直接地行使自己的权力。当时，他被公认为是耶路撒冷的头号人物，或许可以称之为是整个国家的包税商。

　　与此同时，罗马人的掠夺也引起了一系列的起义——公元前56年，亚力士多布鲁和他那位从罗马逃回来的儿子安提贡（Antigonus，即希伯来语所称的马提亚）领导了一场起义；公元前55年，他的次子亚历山大发动起义；然后在公元前53~前51年间，由于地方行政官克拉苏（Crassus）对圣殿的掠夺，在一个叫皮特劳斯（Pitholaus）的人的领导下发生了起义。尽管存在这些诱惑，大祭司那位足智多谋的顾问劝告他仍然要忠诚旧主。在已经开始的内战期间，不管罗马国内的哪一派占统治地位，安提帕特都能极为老练地获得该派的支持，公元前49年爆发的朱利耶斯·恺撒（Julius Caesar）与庞培之间的冲突让他使出了浑身解数，但最终他还是设法使自己站到了胜利者一边。一支犹太人的军队在埃及帮助了恺撒，91 而大祭司则施加影响，使尼罗河三角洲的社区团结在他的鹰旗之下。反过来，他又通过恢复胡肯奴的部分政治权力以及"族长"的头衔以表示他的感激，并且又把庞培掠走的一些领土并入了巴勒斯坦。他于公元前44年的3月即亚达月（Ides）被暗杀，犹太人将之视为自己的巨大损失而哀悼不已。

在当时，大祭司的影响一直纯粹是名义上的。罗马人是国家的主宰；安提帕特是王位后面的主谋；他的两个儿子法撒勒（Phezahel）和希律（Herod）则分别被任命为耶路撒冷和加利利的省长。这第二个儿子虽然年龄较轻，但却更能干，也更执着，因此他逐渐开始站到了舞台的最前方。当安提帕特在公元前43年被一个对手毒死后，他就把国家的统治权交给了这个小儿子。

希律的机敏比之他的父亲毫不逊色。当腓力佩（Philippi）战役的胜利使马克·安东尼（Mark Antony）成了亚洲的主人时，显要的角色发生了一种奇妙的转换。希律的甜言蜜语和慷慨允诺压过了犹太代表在胜利者面前对严厉统治的抱怨所造成的不良印象。结果，希律得到了进一步的提升。胡肯奴被剥夺了在过去几年中名义上一直享有着的剩余的政治权力；这点权力匀给了希律和他的兄弟，他们每个人都得到了一个"芝麻官"（Tetrarch）①的头衔。

有很短一段时间，安提帕特家族似乎正在走下坡路。当时，亚力士多布鲁的儿子安提贡［他正在迦西斯（Chalcis）国王的帮助下企图夺回王位］再次向中东地区唯一能同罗马抗衡的重要力量帕提亚人求助。他意想不到地取得了成功。耶路撒冷被占领；法撒勒在监狱里自杀；不幸的老胡肯奴被致残，以使他再也不能执行祭司的职能。在四年之中（公元前 40~ 前 37 年），安提贡既是国王又是大祭司。甚至在罗马军团把帕提亚人再次赶出叙利亚之后，由于他机敏的外交手段和支付的很高的贡金，在一段时间内，他仍然设法维持住了自己的地位。而另一方面，他兄弟的死，使希律成了这个家族的唯一代表。希律意识到，巴勒斯坦的命运只能由92 罗马决定，而不是在东方，所以，他就去了罗马。他的灵活机敏和丰厚礼物既赢得了安东尼，同时也赢得了屋大维（Octarian）——这两个罗马帝国的统治者的支持。他的这两位新监护人毫不费力就使他被元老院任命为犹地亚附属国的国王。在几支罗马军团以及他那帮疯狂的以东人亲属的帮助下，他又重新征服了这个国家，尽管曾遇到了顽强的抵抗。耶路撒冷在被围困了五个月后又被重新占领，哈斯蒙尼家族的最后一位君王安提贡被判处死刑。在战争期间，希律娶了胡肯奴二世的一个孙女米利暗［Miriam，亦即马利亚米（Mariamne）］②为妻。因此，由于人们仍然对玛喀比家

---

① 字面上的意思是"四等统治者"，但是也可以宽泛地用于居于从属地位的王子，即分封王之类。译为"芝麻官"只是一种大众化的处理方式。——译者

② 马利亚米具有哈斯蒙尼家族的双重血统，她是胡肯奴的女儿亚历山德拉与她的堂兄、那位背运的亚力士多布鲁的儿子亚历山大所生的女儿。参见本章末所附"王朝家族谱"。

族怀有同情，所以这个篡位者依然能够得到一些人的支持，从而在所谓的"合法权力"的外表之下，开始了他长达三分之一世纪的统治时期。

2

"我宁愿做希律的猪，也不愿做他的儿子"，这就是希律的朋友奥古斯都（Augustus）皇帝对这个家伙整个家史的评价（像所有的罗马人那样，他也知道犹太人禁忌猪肉）。这就是公众对他的统治所留下的印象。这个新的统治者出奇地能干，并且精力充沛。而另一方面，他完全缺少那种能激起想象力的品质。他冷酷无情、工于心计，并且非常残忍。他知道自己的统治非常令他的人民反感，并且他们更倾向于同情旧王室的残渣余孽，因为旧王室的人曾经把他们从外国人的压迫下解救了出来，并走上了一条短暂而辉煌的自由之路。但由于婚姻关系，他已同哈斯蒙尼家族紧密地连在了一起。他自己的孩子们，从母亲那里承继了旧王族的血统，所以成了他最危险的对手。随着他的统治的继续，以及其他可能的竞争对手从舞台上逐渐隐退，他变得越来越多疑，甚至怀疑他最亲近的人，直到最后在最为悲惨的阴影里终结了自己的生命。

他开始统治的第一件事，就是立即逮捕并处死了王国内部最主要的贵族家庭的 45 位成员。他万不得已违心地任命他英俊的内弟、另一位叫亚力士多布鲁的人做了大祭司（因为他自己不能兼任这一职位）。但是，这位内弟所受的爱戴引起了他的嫉恨，所以就派人偷偷地把他淹死了。他自己的叔叔也出了在他出国期间办事不力而被判处死刑。那位年迈而有残疾的胡肯奴，也就是他妻子的祖父、原来的国王和大祭司也被谋杀，因为害怕他会成为王位的竞争者而东山再起。公元前 29 年，当他的妻子马利亚米由于被怀疑阴谋篡位和事夫不忠而被判处死刑时，他的残忍达到了顶峰——他很快就对这一暴行感到后悔不已，并由此一蹶不振。她的母亲亚历山德拉，其高傲和独立的精神显示出她是一位真正的旧王室成员，却也成了他的下一个牺牲品。如果仅从殉难者人数这个角度来讲，接下来的一段可以算是一个较少血腥的时期。然而，希律同马利亚米所生的孩子，亚历山大和亚力士多布鲁此时均已成年。国王已经看到，由于他们的母亲的血统，他们颇受公众的赞赏，而这是他从来都没有能够得到的。逐渐地，他甚至对他们也充满锥心之痛的怀疑。最终，两个年轻的小王子被正式起诉，控告他们犯了叛国罪，在一番歪曲事实的审判之后，双双在监狱中被绞死（公元前 7 年）。

如果把这一系列宫廷悲剧看作是这个统治时期的本质特征，就像认为亨利八世（Henry Ⅷ）的婚姻变化曾代表了 16 世纪前半叶后期的英国历史的实质一样的话，那就完全错了。尽管希律非常冷酷而残忍，但他却仍然可以算作是他那个时代中最具才能的一位统治者。在整个犹太人的历史上，他在能力方面或许可以说不亚于任何人。从这个民族的发展史来看，他的统治值得纪念之处颇多。罗马最终的霸主地位一直是很明显的。贡金的数额很大；罗马军团从来也没有离开过耶路撒冷；罗马体制在全国越来越流行。然而，在所有这些限制之内，这个统治时期也出现一些了不起的成功的因素，甚至辉煌的成就。尽管政治命运的车轮时而前进，时而后退，犹太国王却始终设法保住了自己的地位。只要他不做任何违背他的宗主国意愿的事，他就有绝对的权力保证。旧的国家体制被废除。犹太教议会（Sanhedrin）[①]被剥夺了一切行政或审议权，因而在越来越大的程度上成了一个学术性和宗教性的机构。他还采取了一切措施来防止民族感情像以前那样重新聚集在大祭司身上。任大祭司职位的人（以前被认为是终身制）往往不拘规则地频频更换，甚至就连标志身份的"圣袍"也一律由朝廷监管。

　　正因为如此，曾出现了很长一段的和平时期，只是偶尔有些局部叛乱或边界事件发生。由于一再得到帝国的授权，王国的边界除了"迪卡波利"的希腊城邦没有被吞并以外，几乎一直扩大到了原来老哈斯蒙尼王国的边界。接下来是一个大发展的时期。国家的财富和人口迅速增长起来。虽然税赋很重，但所得钱物主要用于公益事业。不仅如此，由于国王的私人投机——在塞浦路斯经营国有铜矿以及高息贷款给邻国的君主——的成功，还可以在一定程度上回冲或减免税务。边防得到加强。刚刚征服的地区被殖民化。地中海沿岸的海港开始发展起来，并通过这些港口同西方世界有了往来。然后，开始实行一个宏大的建筑规划。撒玛利亚得以重建，并且为了颂扬皇恩，改名为塞巴斯特（Sebaste）[②]。斯特拉顿（Straton）灯塔，原来只不过是一个不起眼的沿海小镇，此时已

94

---

　　①　希腊文为 συνέδριον（意为"围坐在一起"）。将希腊名字用于"最高犹太议会"这一事实是当时受到希腊化影响侵蚀的一个显著例证。在希律王朝之前的"犹太教议会"的精确构成形式和地位尚不清楚。参见上文第 79 页。

　　②　希腊的塞巴斯特就相当于罗马的奥古斯都。

经发展成了连排污系统都已现代化的凯撒利亚城（Caesarea），并最终成了利凡特（Levant）地区 [①] 最重要的海港之一。耶路撒冷和其他地方也建起了巨大辉煌的王宫。在另一方面，国王还以辉煌的气势重建了从"大流放"归来后一直没有什么变化的耶路撒冷圣殿以安抚臣民，装点首都，并使自己永垂史册。这个工程花费了许多年，而当工程结束后，这座建筑物便成了地中海世界的奇观之一；虽然大门上方的一只金鹰一直在提醒着人们，这里仍然是罗马霸主的领地。

可以说，希律是一位具有双重身份的统治者。一方面，他是巴勒斯坦及其相互冲突的臣民和教义的国王。他努力在各冲突方之间保持一种均衡，慷慨而又公平地对待犹太人和非犹太人，一方是对至高无上的上帝的狂热崇拜，一方则是行各种异教崇拜的信徒。在宗教方面，他名义上是《摩西律法》的追随者：以一种羞羞答答并且有点偷偷摸摸的方式，这样，如果他要去国外或是拜访一个希腊城市的话，他的行动便不会受到过分的阻碍。而另一方面，在国外，他被认为是犹太人的国王。每逢艰难困苦之时，散居在世界各地的所有的犹太人都会向他寻求帮助。因此，这位在国内被他的犹太臣民所切齿憎恨的人，在国外却是他们宗教同胞的民族感情的中心，因为他总是乐意帮助和保护那些无家可归的犹太人。

希律之所以在国内不受欢迎，或许是因为他不失每一个可能的

---

① 泛指地中海东部诸国和岛屿，包括叙利亚、黎巴嫩等在内的自希腊至埃及的广大沿海地区。——译者

机会对流行的希腊文化所表现出的忠诚，并且完全地忽视了属于犹太人的一切东西。在所有建筑活动中（可能除了耶路撒冷的圣殿以外），他全部都采用了古典的建筑风格。所有的巴勒斯坦的都市中心，特别是他开发的那些新型城市，一概成了希腊和罗马势力的中心。实际上，他还在塞巴斯特建造了一个崇拜皇帝的庙宇。他在耶路撒冷城内建造了一个大竞技场①，在里面举行各种曾为前一代犹太人非常反感的大众化比赛项目。他把自己的儿子们送到罗马接受教育；他本人则在中年开始研究希腊的神秘哲学；并且使自己周围聚集了许多希腊学者、诗人和历史学家。他保持了一种明显的自我意识，俨然以现代文化所有精粹的一位开明的倡导者和支持者自居。从埃及边界到希腊群岛，甚至在雅典和斯巴达，他都以慷慨的艺术赞助人和奢侈的建筑家而远近闻名，并不时突发奇想，动辄建造各种庙宇、柱廊和公共大厅。他给人们的印象无异于一个前代的印度王子，正在抛弃掉他自己的民族传统中的优秀本色，而拼命要在恒河（Ganges）岸边建立一个小巴黎或小伦敦。在这个过程中，巴勒斯坦自身成了各种语言、各种文化和各种教义的混合体。在这样一个极为平静的时期，哈斯蒙尼王朝曾经坚决抵制过的希腊文化已经深深地扎下了根基。直到国王在公元前 4年②死于一场血腥混战时，在他的怂恿下，这一过程已经迈出了巨大的步伐，并最终以把犹太教赶出这个国家而结束。

---

①　指古希腊使用战车和战马进行竞技的场所，此处意在表明他对希腊文化的极度推崇。——译者

②　希律死于公元 4 年。——译者

3

随着希律的死去，一场全面的起义爆发了，但却被罗马军团惨无人道地镇压了下去。与此同时，意大利则开始规划这个王国的未来。在希律身后，留下了同他的其他妻子（当然不是那个不幸的马利亚米）所生的好几个孩子。按照他的遗嘱，巴勒斯坦被分封给了他们。第一个是亚基老（Archelaus），他是撒玛利亚女人米撒斯（Melthace）所生，被赋予国家南部地区的统治权，包括犹地亚、撒玛利亚以及邻近的国土；他的兄弟安提帕〔Antopas；他的养女就是那位臭名昭著的撒罗米（Salome）〕被任命为加利利和帕里亚的"分封王"；耶路撒冷的克里奥帕特拉（Cleopatra）所生的儿子腓力（Philip），则得到了约旦河上游东北部的行省。只是在一个重要方面，希律的最终安排无疑成了一纸空文。亚基老被剥夺了他父亲曾一度享有的那个国王的称号，而不得不满足于去当一个小小的"族长"，这就无形之中更加强化了他对罗马势力的隶属性质。有了这样的一个开始，他的统治就不大可能取得成功。在不到十年之后（公元前 4~ 公元 6 年），罗马皇帝就利用他的臣民对他的不满而废黜了他，并兼并了他的领土。

从此之后，犹太人家乡的核心部分便赤裸裸地、彻底地成了罗马人的手中之物。它的体制和行政机构同帝国中的其他行省完全一样，由一个隶属于叙利亚总巡抚的地方行政官统治。由于一贯有着难以驯化和制造麻烦的恶名，耶路撒冷甚至被剥夺了名义上的首都的地位。政府所在地迁到了"暴发城"凯撒利亚。全国各

36. 铸有"耶户"字样的巴勒斯坦钱币。波斯时期。

37—39. 第一次犹太起义（公元66—70年）和第二次犹太起义（132—135年）时期使用的犹太钱币。

40. 犹太大祭司画像。13世纪希伯来语手稿（11639号），藏于大不列颠博
物馆。

地驻扎了大量的军队。税赋比以往任何时候都更为沉重，并被包给了私人承包商，即"收税人"。大祭司的职位被严格列入从属地位，并禁止拥有任何独立的权力，继位问题则由手中掌握"官服"的罗马当局控制。在这些限制之内，也有一定程度的地方自治权；但是，无所不在的罗马军团以及收税人冷酷的横征暴敛，每时每刻都在提醒着人们外来势力的霸主地位。全国一直处于怨声载道的状态之中，并不时地演变成为真正的起义。在所有的罗马行省中，犹地亚赢得了最动荡不安并且最难管理的名声。在重大的节日场 97 合，当巴勒斯坦和星散在世界各地的朝拜者大批大批地涌入耶路撒冷，并且全国人民都沉浸在对过去的胜利和解放的回忆之中时，他们就老是害怕会发生暴乱。地方行政官总是亲自从凯撒利亚赶到耶路撒冷，并采取一切预防措施来维持安定局面。

尽管如此，暴乱依然频频发生。上层阶级，包括大部分撒都该派祭司和法利赛派学者，都一致反对任何的暴力行为，他们相信在适当的时候，上帝自然会从上天降临来拯救他们的。然而，普通老百姓却并不总是乐意服从他们的影响。他们在外国压迫的重负下呻吟，越来越渴望期待着能够被拯救出来。可以肯定，上帝会垂怜他们所受的苦难并救赎他们，就像在同样苦难的岁月里曾解救过他们的先人一样。哈斯蒙尼家族已经辜负了他们。那么，应该就是大卫王族的一位后人将被派来拯救他们，并证明自己是"主的受膏者"——弥赛亚（Messiah），即救世主。许多人都像犹大·玛喀比在 200 年前所做的那样，决心依靠武力来驱逐压迫者，并向那些支持外国统治的人进行报复。

在加利利地区（名义上仍属于分封王安提帕管辖，但事实上只不过是一个罗马的行省而已）的深山之中，反叛之风日益蔓延开来。有一位叫犹大的人，他的父亲希西家曾被希律处死，当这个暴君一死，他就举兵起事，此时站在了起义军的最前列。他被打败后被判处了死刑。然而，他的精神仍在继续鼓舞着他的支持者们，他们在后来长时间地把他的儿子们尊为他们的领袖。他们被称为"狂热派"（Kannaim）即"奋锐党人"；在国家的边远地区，他们毫无顾忌地砍死任何看上去对罗马侵略者表示过分友好的人。特别是在"朝圣节"期间，耶路撒冷继续成为骚乱的温床；在公元33年，一个从加利利来的名叫约书亚（耶稣）的宗教信仰复兴者和社会改革家（他自称是大卫的后裔），在即决审判之后，被紧张过度的行政当局于逾越节之夜钉死在了十字架上。[①] 在以后的几年里，一直由同一位罗马巡抚本丢·彼拉多（Potius Pilate）实施统治，暴力行为一直持续不断。由于各方面都对他不满，他最终被撤销了职务。

　　在随后的一个时期，事态变得愈加微妙。在巴勒斯坦，只是靠对犹太人的宗教感情给以万分的尊重才得以维持着和平。当时，对"摩西十诫"的阐释代替了任何形式的"雕刻式偶像"。因此，由于接受了以往的惨痛教训，罗马军团甚至在进入耶路撒冷之前就丢弃了他们的鹰旗和帝王的模拟像；那位甚不得体的彼拉多不得不把曾挂在自己的官邸里炫耀于人的帝国徽盾偷偷地撤了下来；而那

---

　　① 至于我们所讨论的题目所涉及的有关耶稣以及基督教起源的略为详尽的论述，可参见后文第142页。

　　另一位同时代的犹太传道士和改革者是约翰兰·本·撒迦利亚（Johanan ben Zechariah），也就是今天家喻户晓的"施洗约翰"。他曾因为抨击当时的统治王朝而受难。

位叙利亚的巡抚在紧接着穿过犹地亚时，也只能忍住没有让他的军队去耶路撒冷城里耀武扬威。然而，疯狂的皇帝加力果拉（Caius Caligula）却没有意识到这些。当时，在整个罗马版图内，把统治者崇拜为神并在所有的庙宇里竖立他的肖像已经蔚然成风。在他看来，犹太人不愿意这样做无疑是一种有意的冒犯。在公元37年登基后不久，他就企图强迫在亚历山德里亚的犹太圣堂，甚至在耶路撒冷的中心圣殿里，竖立起他的雕像。整个犹太世界一片恐慌。埃及各社区派遣一个代表团去了罗马，由大哲学家斐洛率领，他曾生动地记载了对当时这个疯狂的帝王宫廷的印象并流传了下来。负责执行这一命令的叙利亚巡抚非常明智，并没有轻举妄动；加力果拉在实施他的决定之前被暗杀了。一场像反对安条克·伊皮法尼斯那样的全面起义又一次——就仿佛是天意——被避免了。

4

接下来是一个比较短暂的光明时期。这是犹太人的巴勒斯坦命运中注定的最后一段好时光。希律和马利亚米那位被暗杀的儿子亚力士多布鲁在身后留下了一个孩子——一个按照奥古斯都的朋友起名为亚基帕（Agrippa）的男孩。他同加力果拉一起，在罗马宫廷中长大成人，所以两人之间的关系非常亲密。一天，有人偷听到他说起盼望有一天他的好友能登上恺撒的皇位，因此被皇帝提比略（Tiberius）投入了监狱。当这位皇帝于公元37年驾崩后，他曾表达过的愿望终于实现了。加力果拉所做的第一件事，就是发布命令释放了他的朋友，并任命他为刚刚死去的"分封王"腓力的

99

继任人。不仅如此，他还被赋予了国王的称号。不久以前归他的另一个叔叔安提帕［他早已失宠，尽管他把在加利利海岸边建立的城市谄媚地以当时在位皇帝的名字命名为提比里亚（Tiberias）①］管辖的加利利和帕里亚地区也划归到他的公国名下。当时，在去接管政权的路上，亚基帕受到了亚历山大里亚的犹太人的热烈欢迎。正是那里引发的反犹浪潮，才促使加力果拉下达了那个近乎疯狂的命令。当反对这一措施的第一条消息传来时，他还在罗马，所以他当时曾竭力施加影响以期取消这一命令。

加力果拉的继任者，那位和蔼可亲的克劳狄（Claudius，公元41~54 年在位）对亚基帕显示出同样的友好态度。他把以前直接隶属于罗马人的那些地区全部交给了他，包括撒玛利亚、以东地和犹地亚本身（公元 41 年）。这样，巴勒斯坦又恢复了统一，希律的王国在他孙子的手中又重新复兴起来，其版图几乎同大卫或亚历山大·詹尼亚斯的帝国一样广阔了。

亚基帕的血管中同时流淌着希律和哈斯蒙尼家族的血液。他继承了前者的精力和敏锐，而同时又继承了后者的个性魅力、深得民心以及强烈的犹太人情感。在他去世许多年之后，人们仍然在津津乐道地谈论着他的虔诚，以及他对《摩西律法》的严格态度——如何持之以恒地自己花钱每天到祭坛献祭；如何像一位最纯朴的农夫那样，把采摘的第一茬果实扛去供在圣殿山上；又是如何在结茅节期间根据习俗在会众面前诵读《申命记》。但是，尽管他享有帝王的尊严和显示出的独立性，罗马的巨大阴影仍然

---

① "Tiberias" 即由先皇 "Tiberius" 的名字演化而来。——译者

笼罩在国土之上。当在短暂的统治之后，这位受人民爱戴的犹太君王突然于公元 44 年在凯撒利亚去世时，人们认为，结束这个王朝也许是最安全的。他的小儿子，即亚基帕二世，最终被赋予原先隶属于他那位伟大的叔父腓力在跨约旦河地区的北方领土的统治权。在犹地亚，他一直保持着感情上的控制权。他尽管不是犹太人的国王，但毕竟是一个犹太国王。他最终从罗马皇帝那里接受了监管圣殿和任命大祭司的权力。不管是在罗马还是别的什么地方，当涉及犹太民族的利益时，他随时都会站出来讲话。然而，他真正的政治权力却局限在最北边的一个人口混杂的不重要的地区。国家的其他地区又一次被并入了叙利亚行省，就像刚刚发生的事件以前一样，继续由一系列残暴的罗马巡抚所统治。

100

5

随后便是一个政局比较混乱的时期，主要表现就是完全蔑视犹太人的生活准则和宗教理想。一个接一个的罗马巡抚践踏了人民的感情。最早是法多斯（Fadus，公元 44~45 年在位），他重申了监管大祭司"圣袍"的特权——对广大人民来说，这似乎是一种亵渎的行为。第二个是亚历山德里亚的斐洛的一个叛教的侄子提比略·亚历山大（Tiberius Alexander，公元 45~48 年在位），他因叛教而成为公众普遍憎恶的对象。他的继任者是古曼奴（Cumanus，公元 48~52 年在位），他因为使用极其严厉的手段镇压骚乱而被赶下了台。弗利克斯（Felix，公元 52~60 年在位）则比他的前任有过之而无不及，他娶了亚基帕二世的妹妹丢茜拉

（Drusilla）这个有夫之妇作为自己的妻子，因而大大伤害了犹太人的感情。全国各地的骚乱时断时续，此起彼伏。一个曾允诺再造摩西的奇迹的名叫铁达斯（Theudas）的先知，同他的许多追随者一起被包围并全部被杀死。不久以后，一个罗马士兵在庆祝逾越节期间为圣殿站岗时的侮辱性行为在耶路撒冷引起了一场暴乱，在造成了大量的死伤之后，这场暴乱才被镇压下去。犹太人和撒玛利亚人之间也发生了一场冲突，几乎演变成一起武装起义的规模（公元 52 年）。

那些罗马收税人，以及在这个社会制度下发迹的富裕的地主对普通老百姓的残酷剥削使他们对眼前的事态心中憋满了怨恨。由加利利的犹大家族引起的不满情绪四处蔓延开来，并且变得越来越强烈，其中出现了一个叫（西卡尼）"Sicarii"，即"短刀党"的激进派别。[①] 他们不时从山中僻静的居所冲下山来，袭击村庄和城镇，劫掠罗马同情者的房子，并毫不手软地把房主处死。[②] 有时，

101

---

① "西卡尼"是古代后期犹太教派别之一，又称"狂热派"，强烈反对罗马人的统治，由于该团体成员常常在他们的衣服下藏有一把匕首或短刀，因此被称为"西卡尼"（拉丁文意为"持匕首者"）或"短刀党"。"西卡尼"包括一些社会下层的犹太无产者、贫苦手工业者和小商贩等，他们把自己看成是犹太律法和犹太民族生活的捍卫者，认为接受罗马统治就是背叛上帝，并且主张以暗杀、暴力手段来对付敌人。他们先后在加利利和耶路撒冷开展活动，在希律王统治时期（公元前 37~ 公元 4 年）到耶路撒冷陷落这一时期，他们的影响和作用特别显著。他们参加了公元 66~67 年和公元 132~135 年的犹太人起义，就连起义领袖巴·柯赫巴也是"西卡尼"的后代。——译者

② 显而易见，这同爱尔兰 1916 年以后（在这一方面，与美国独立战争的早期阶段）的情形非常相似。必须指出，我们所知道的关于所谓的"奋锐党"活动的一切资料都是来源于他们的对立派的文献，把他们描写为仅仅是一股有着原始爱国动机的土匪。如果抛开党派观念的话，可以说 20 世纪的爱尔兰"枪手帮"与 1 世纪的爱国"暗杀团"是完全没有什么区别的。这种比较可以一直向后推及公元 66 年的革命及其结局，那时，原先的所谓歹徒都已经成长为民族领袖。参见下文 108 页注释。

同一个非犹太人结婚足以使人付出生命的代价。罗马巡抚弗利克斯镇压起义者的企图以失败而告终。然而，起义领导人以利亚撒（Eleazar）被骗遭擒，并被送往罗马，后死在那里。但是，他的命运却激励着他的追随者，他们的斗志更加旺盛，其活动范围一直从加利利延伸到了犹地亚。罗马的党徒甚至在耶路撒冷都感到不安全，他们终日胆战心惊，生怕有一天会挨某个狂热分子一刀，而他可能就混杂在人群之中，并且在行刺后悄悄消失得无影无踪。一天，被普遍认为表现得过于圆滑的大祭司本人被爱国派的成员暗杀掉了。在凯撒利亚，犹太人和非犹太人之间一直存在着半公开的战争。

政权空位期使骚乱的势头愈演愈烈。所以，当一个叫弗罗腊斯（Florus）的新巡抚于公元 64 年到任时，便发现犹地亚四处燃烧着不满的火焰。然而，他却又继续走上了他前任的老路。他的管理不善显得越来越突出，直到有一天，他从圣殿的宝库中掠走了 17 个他连得的金锭时，他的贪婪也就达到了极点。接着发生了一场骚乱。当时有个市民提着一个篮子沿街乞讨，让那些发善心的人往里扔铜板以救济这位"一贫如洗"的巡抚，借以讽刺他的弊政。他对这个侮辱行为大为震怒，让他的军队在市里恣意横行，洗劫了大部分地区，骚乱被血腥地镇压了下去。后来，他从凯撒利亚城召来了两个步兵队，以加强耶路撒冷的驻防。大祭司好不容易才说服了市民们，打算友好地迎接他们的到来。然而，市民们主动的友好表示却遭到了轻蔑，因而随之又爆发了反罗马的示威游行。在起伏的街道上，各处的战斗此起彼伏，那些戴头盔的罗马士兵遭到了来自屋顶上方冰雹般的袭击。起义军占领了圣殿山，一次次试图把他们赶下山来，但根本无法办到。当时，整座城市已经完全失去了控制，罗马军团撤到了城堡之内，而城堡和圣殿间的通道已经被切断。亚基帕国王当时正在亚历山大，一听到这个消息，便急速赶往耶路撒冷。到达之后，他运用一切影响说服市民继续保持忠诚。人们警告他，这场革命运动并不是针对罗马皇帝，而是针对弗罗腊斯的。他努力重新树立这位遭人痛恨的罗马巡抚的权力，但毫无用处。最后，他那些怒不可遏的宗教同胞把巡抚从城中赶了出去。

与此同时，起义的精神正在蔓延开来。一支爱国的小部队占领了在死海岸边的马塞达（Masada）要塞，把里面的守军全部杀死——一个公开的战争行为。大祭司哈拿尼雅（Hanaiah）的儿子以利亚撒和圣殿的住持说服他们的祭司同行，拒绝为非犹太人或代表非犹太人在圣殿献祭。因此，当时作为惯例的每日以帝王名义的献祭中止了。这就等于否认了罗马的霸主地位。一些观点比较温和的人，由于没能阻止住这一过激的行为，便派人去罗马当局和亚基帕那里说项，辩解说大部分人民群众仍然是忠诚的，并主动请求协助维护他们的权力。由于亚基帕派来了援兵，他们很快便夺取了北城。经过激烈的战斗之后，他们又被赶了出去，旧王朝的宫殿也被付之一炬。这次成功之后，他们紧接着又占领了城堡。残存的罗马军士和他们的一些同情者躲进了希律的王宫，以求自保。在里面，他们照例遭到了猛烈的围攻。过了一段时间之后，他们当中的犹太人以及亚基帕的军队被允许平安撤离。后来，罗马人又在塔楼里坚守了一段时间，最后，他们终于同意放下了武器。但是，当他们一离开据点，就受到了攻击并被屠杀殆尽。

当时，犹地亚和加利利地区已完全处于叛乱之中。耶路撒冷的事件激起了一直是宗教仇恨温床的凯撒利亚的民族感情。就是在屠杀耶路撒冷守军的当天，这个城市的犹太人受到了他们非犹太邻邦的攻击并遭受屠杀。整个叙利亚陷入了种族暴乱。凡是犹太人占大多数的地方，都发生了起义。那些嗜杀掳掠的党徒袭击了邻近的非犹太人乡镇，有些地方变成了一片废墟。西索波利斯、撒玛利亚和许多其他的地方都受到了洗劫。在每一个地方，到处都发生了对犹太人的报复事件。

最后，帝国派驻叙利亚的巡抚高卢斯（Gallus）决心发动反击，因而率领一支强大的军队前来镇压起义。在去耶路撒冷的路上，他没有遇到任何抵抗；他在耶路撒冷城外扎营后，非常轻松地击溃了一次突围行动。起义军并没有被他的这手下马威所吓倒，而他所指挥的军队又不足以实施全面的包围。因此，他没有别的办法，只好撤军。当撤离到贝特霍伦这个具有历史意义的峡谷时，罗马人的军队遭到围困和攻击，因而，撤退变成了一次大溃逃。在损失了 6000 人和所有的辎重之后，侵略军最终才得以逃脱（公元 66 年秋）。这是自从建立帝国以来，罗马军队所遭受的最大的一次失败。这场意料之外的大获全胜鼓励了起义军，他们梦想着取得彻底的胜利，因而使主战派占了上风；而罗马人并不甘心放下手中的武器，试图一雪耻辱。从这个时候起，任何和解的可能性都已经不存在了。

103

6

与此同时，革命政府继续控制着耶路撒冷的局势，由在圣殿大院里举行的一个市民大会行使最高权力。为准备应付罗马人的不可避免的反攻，政府立即采取了各种应急措施，并派代表到各地的中心区接管行政权，准备抵抗。在很短的时间里，犹太人的巴勒斯坦沐浴着最后的一片独立之光。全国各地到处都是备战的物资。耶路撒冷和其他主要城市都全面处于戒备状态。凡达到参军年龄的人都在模仿罗马人的方式接受非正规的训练，并且为表示已经恢复的独立，又重新铸造了钱币。当局为打通把犹地亚同大海隔离开来的敌占区，而坚决地对阿什克伦进行了一系列的攻击，可是都没有成功。然而，即使在这个严峻的时刻，国家仍未实现团结一致。由加利利的犹大的儿子米拿现（Menahem）率领的一群爱国者占领了马塞达之后，曾试图控制首都，但在接下来的战斗中失去了他们的领袖。"暗杀团"活动依然十分猖獗。激进分子不断地密谋对付温和派，本应用来对付共同敌人的精力，大多耗费在应付内部的对手的行动之中。

同时，另一方的准备措施也正在紧锣密鼓地进行。当时还健在的那位最能干的罗马将军韦斯帕芗（Vespasian），曾作为不列颠的征服者而获得了很高的声誉，此时业已被派往叙利亚指挥行动。在公元 66 至 67 年间的冬天，他到达安条克，开始招兵买马。第二年年初，他就攻到了紧靠叛乱地区的托勒密。在托勒密，他同他的儿子提多（Titus）及其从埃及带来的一个军团会合了。除了他自己有一支适应力强的罗马部队，那些故示友好的当地统治者，包括那位不知羞耻的亚基帕国王，联合派遣了一支强大的辅助部队供他指挥。当时，加利利的状况根本无法建立起一个防御系统。在起义开始的时候，被任命为代表爱国者利益统辖该地区的军事长官是一个名叫约瑟·本·马提亚（Joseph ben Mattathias）的祭司，即后世非常闻名的约瑟福斯（Josephus）。他主要的可取之处就是刚刚对罗马进行了一次访问。据猜测，他在那里学到了一点罗马人的方法。但是，他的真诚却是值得怀疑的。人们发现，他对待罗马人表现得过分仁慈，并且很明显地同情国内的贵族派。那些非常执着的爱国者，他们团结在吉斯哈拉（Gish-halab）的那位热情洋溢的约翰（John）周围，对他充满了仇恨。有一次，他们甚至设法把他从耶路撒冷的"革命政务会"中除了名，但这位狡猾的军事长官还是靠阴谋诡计战胜了他们。

就这样，整整一年的时间完全浪费在内部的争吵和阴谋之中，并且有时还出现了流血事件。尽管约瑟福斯采取了一些引人注目的措施，却并没有认真地采取行动加强国家的防务。结果，在罗马人的进犯面前（公元67年春），犹太人的抵抗一触即溃。加利利地区的重镇之一，富饶的塞弗利斯城（Sepphoris），也由于自发的投降而不攻自破。在战场上，犹太士兵根本无法同罗马人的军队抗衡，因而几乎没有打一枪就四散而逃了。约瑟福斯退到了朱塔帕塔（Jotapata），占据了深山中的一个非常坚固的要塞。在进行了两个月的抵抗之后，该城被占领；约瑟福斯通过耍计谋救了自己的性命，厚着脸皮向罗马人投降了——这是一种背叛的行为，但也正是由于这一事件，犹太民族才得以对这一时期有所了解，尽管有些片面，但至少还是详尽的。[1] 后来，吉沙拉和塔布尔山

---

① 约瑟福斯投靠罗马人之后，曾被授予罗马公民身份，并在罗马度过了后半生。他专事犹太史的撰写，著述甚丰，所著7卷本《犹太战争史》和20卷本《犹太古事记》都是研究这一时期犹太历史的不可多得的参考资料。此处指的是他所写的为自己的行为辩护的自传。——译者

（Tabor），同加利利海远岸的塔里谢（Taricheae）和迦马拉（Gamala）又坚持了一段时间。罗马军队动用了全部兵力，一个接一个地对付他们；在秋雨季节使战斗陷入停顿之前，整个加利利和北巴勒斯坦地区又重新落入了罗马人的手中。同时，起义军曾一度占领，并一直作为打击罗马运输船只指挥中心的雅法也被重新征服。这是犹太人历史上唯一的一次最重要的海战。

耶路撒冷的情形同人们的预期恰恰相反。那些设法从加利利的大灾难中逃出来的爱国者辗转来到了首都，从而加强了这个城市中的激进分子的势力。温和派在人数上开始处于劣势，革命随之进入了第二个更为惨烈的阶段。对于在一开始发生的那种规则性的政权变更来说，出现这样的雅各宾式结局① 是不可避免的。随后，那些同情罗马人的嫌疑分子被投入监狱或判处死刑。当时一直被认为是几个特权家族的"禁地"的大祭司职位，也向所有在血统上具有资格的人开放，并通过抽签选定——古代通常采用的民主方式；耶路撒冷的贵族们惊惧地看到，一个贫贱的石匠被推上了这个至高无上的职位。这是最使人无法忍受的致命一击。以前大祭司哈拿（Hanan）为首的温和派拿起了武器，把这些"奋锐党人"从城市中赶走了，只是当时还无法把他们从圣殿里驱逐出去。当时有传闻说，他们想同罗马人谈判。"奋锐党"领导人向他们在以东的朋友——尽管刚刚皈依了犹太教，但却对犹太事业绝对地忠诚——请求增援，以反击这种威胁。当这些以东人冒着倾盆

---

① 雅各宾派是法国大革命时期最大的政治组织，成立于 1789 年，以理论和行为激进而知名。1793~1794 年曾领导过革命政府，很快垮台。——译者

41. 从耶路撒冷圣殿掠夺的战利品。罗马提多拱门上的浮雕。

42. 提多凯旋盛况。罗马提多拱门上的浮雕。

43. 从耶路撒冷圣殿中掠夺的七烛台。罗马提多拱门细部。

44. 摧毁第二圣殿的元凶：提多（公元40—81年）。意大利国家美术馆，那不勒斯。

45. 位于加利利的贝特谢里姆犹太地下墓穴入口。

46. 位于加利利的贝特谢里姆犹太地下墓穴内部。

大雨到达该城的时候，他们便同盟友联合起来，一起向共同的敌人发动了进攻。真正的恐怖时期开始了。哈拿和其他温和派的领导人被残酷杀害。监狱里塞满了各种嫌疑犯。一个革命法庭很快建立了起来，毫不留情地判处反对派成员死刑。原来的那些起义领袖就这样被彻底清除了。当时，政权掌握在由吉沙拉的约翰（即约瑟福斯原先的对手）领导的激进派的手中。实际上，约翰是在英勇地坚持了数月之后，才设法从他的家乡城市逃到这里来的。

韦斯帕芗决定首先把首都孤立起来，然后再进行最后的攻击。在公元67年的冬天，他首先使约旦河对岸的大部分领土臣服于他的统治之下。当年春天，他继续向南进发。犹地亚低地的城镇一个接一个地陷落了，并在以东留下了一支强大的部队以威慑这个国家。然后，他又转而向北，占领了耶利哥。此时，除了耶路撒冷周围的一小块地方之外，整个国家都已经落入了罗马人的手中。这位总指挥回到凯撒利亚，为最后包围首都进行准备工作。在此期间，传来了尼禄（Nero）皇帝驾崩的消息。政治局势变得非常不稳定〔特别是当尼禄的继承人加尔巴（Galba）在次年的一月被暗杀时更是如此〕，显然，在当时马上开始这场战争是不大明智的。106

与此同时，在耶路撒冷，吉沙拉的约翰取得了至高无上的地位。在他任职期内，他在许多方面均显示出一个真正的政治家所具有的品质。他加强了城市的防御系统，使南城、北城以及圣殿组成了三个相对独立的堡垒。他采取各种措施，以抵制城外的封锁。最为重要的是，他同住在美索不达米亚的帕提亚人统治下的犹太人建立了联系，并鼓动他们从侧翼攻击罗马人。然而，并不是所有的人都满意于他的统治。那些贵族成员，他们对独立大业的忠诚非常令人怀疑，当时也的确被迫远离了权力。但是，另外有一些人，他们的民主和革命原则使他们比当权的阶级走得更远。领头的是一个名叫西门·巴·吉奥（Simon bar Giora，即"改宗者之子"）的年轻人，他那混杂的血统并没有减弱他对犹太人事业的忠诚。同作为反对贵族阶层的中产阶级的斗士而成名的吉沙拉的约翰截然不同的是，他是一个民主主义者，或者用更现代的话来说，是一个古代民众领袖。他为最底层的民众的事业而战斗，是富有阶层坚定的敌人，并努力把革命的范围从纯政治扩展到了社会和经济领域。在起义之初，他本人已经是以东的亚克拉巴丁人（Acrabatene）的主人，虽然他在当地的行为使他被一支耶路撒冷派来对付他的部队赶了出来。后来，他就参加了当时控制着马塞达要塞的政治激进派。

当耶路撒冷刚刚发生的政变以及推翻温和派的消息传进他的耳朵时，他便公开地拥护激进革命原则，宣扬人人平等并且（为了实现它）要解放奴隶。他不久就拥有了一支大约 15000 人的军队，控制了国家的南部，占领了希布伦，并席卷到了耶路撒冷的大门口。城里剩余的以东人（一段时间以前，主要部分已经离开了这座城市）同吉沙拉的约翰发生了争执，并同残存的温和派势力达成了一致。由于迫切希望摆脱"奋锐党人"的控制，他们当时便邀请巴·乔拉及其追随者入城（公元 69 年 4 月）。内战又一次爆发了，大街上血流成河。尽管在"奋锐党"的内部也分成了许多派系，但结果证明，要把他们这 8400 人从圣殿山上赶走是不可能的。然而，107 这场争斗却不允许干涉正常的公众朝拜队伍，在经过仔细审查之后，依然允许那些忠诚的信徒在大祭坛献祭。双方都要靠城里的市民来养活，结果导致食品供应迅速出现短缺。最后，西门的追随者们烧毁了粮仓，不知是为了断绝对方的粮道，还是想真正显示自己对神灵救助的绝对信赖。因此，全面的饥荒进一步加剧，随之而来的恐怖场面在约瑟福斯的著作中有着极为生动的描述。

罗马人的进攻（公元 69 年夏）暂时中止了内部的不和。希布伦、伯特利以及整个犹地亚高地都被占领了。除了耶路撒冷之外，唯一能坚守的地方就剩下希律底（Herodium）、马塞达和马加鲁斯（Machaerus）的山头要塞了。当韦斯帕芗在凯撒利亚正准备采取进一步的行动时，传来了莱因联邦的军队把维特里乌斯（Vitellius）推上了恺撒皇帝宝座的消息。他自己的军团感到非常愤慨，宣布他们自己的将军为皇帝。因而，韦斯帕芗放弃了这次行动，匆匆忙忙向罗马赶去，要申明自己的皇权。走到亚历山大里亚后，他获悉维特里乌斯已经被暗杀，因而，此时他自己这个皇位就真正地无人问鼎了。所以在启程之前，他便派他的儿子提多回师继续征服犹地亚。

在公元 70 年的春天，这位新的指挥官再次兵临耶路撒冷城下。面对危险，被围困的人们紧紧地团结了起来。但是，在过去的三年中，他们完全把精力浪费在了内部的不和之中，已经没有能力抵挡一次围困了。当城墙上打开了一个缺口之后，南城没费多大力气就被攻破了；但北城和圣殿山仍在继续坚守着。在那些仍然和过去一样充满激情和信心的"先知"的鼓舞下，守卫者们以令人难以置信的热情坚持战斗。他们认为，上帝本人是站在他们一边的；当最黑暗的时刻到来时，"他"必定会神奇地显圣并拯救他们，就像过去常常拯救他们的祖先一样。

是年仲夏，形势变得极为严峻，以至于连日常进行的早晚祭坛献祭也不得不停止了。自从犹大·玛喀比胜利以来，这还是第一次。在阿布月初九——几乎正好是尼布甲尼撒焚毁耶路撒冷的纪念日——圣殿被攻破，并且（不管是事出偶然，还是上天的设计）再次被焚毁。北城又坚持了一个月，但在入秋之前，全部都落入了罗马人的手中。除了马塞达之外，仍然坚持抵抗的少数几个要塞都毫不费力地被攻陷了。只有马塞达，依然在"奋锐党"领袖、加利利的犹大的后裔以利亚撒的领导下继续固守。[①] 在公元73 年的春天，这个要塞也失陷了。犹太人独立理想的最后残余也被湮灭了。罗马这座"帝国都城"同时还目睹了另一件辉煌之作，而对残存的爱国志士的残酷杀戮使之更增光彩，昭彰于世：一座纪念这次胜利的凯旋门矗立在罗马城的广场上，并且上面镌刻着犹太俘虏和圣殿战利品的各色生动浮雕。一想到这个几百年来一直在阻挡前进潮流的蒙昧主义的堡垒终于被扫除，古典世界无不为之松了一口气。

---

①　于 1948 年及其以后在库姆兰（Qumran）的古代公社建筑遗迹附近所发现的《死海古卷》显然是属于"奋锐党"教派的基本文献的一部分，其中详尽地描述了它当时的组织形式以及政治、宗教治理方案，从而进一步揭示了公元 70 年耶路撒冷被占领时犹地亚的情形。然而，在这一地区所发现的大量其他文献无疑属于更早的时期，其中有比原来所知的任何材料还要早大约 1000 年的《圣经》手稿，因而说明了在基督教诞生时期（迄今为止尚无疑问）犹地亚的一场过热的文学活动。

哈斯蒙尼与希律王朝家族谱

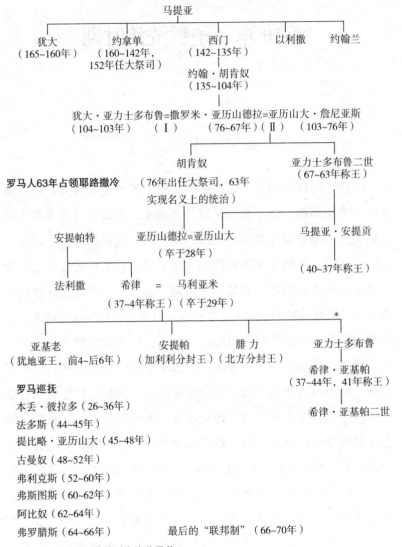

* 此线以上为公元前

第 10 章　圣哲统治时期

1

　　同普遍的推测相反，耶路撒冷的陷落只不过是犹太民族历史上的一个小插曲，而不是一个时代的结束。的确，当代有些人把这最后一场战争看作是一场内战，而不是一次民族起义。诚然，在巴勒斯坦以外的许多重要的犹太定居点，以及传统边界之内的一两个定居点仍然保持着他们的所谓"忠诚"。罗马人营地内一直挤满了颇有影响的犹太人，强烈地反对发生在耶路撒冷的革命，并鼓动罗马人出面干预。实际上，犹太民族的世俗代表亚基帕国王也派部队参加了行动；亚历山大里亚的斐洛那位叛教的侄子提比略·亚历山大还当了提多的"参谋长"；而叛徒约瑟福斯则成了罗马宫廷的宠儿和官方的历史学家。虽然罗马人疯狂地报复所有那些被俘的抵抗者，但是他们也很注意不去伤害那些没有卷入起义的人，不管是在巴勒斯坦还是别的地方均是如此。

　　的确，耶路撒冷和圣殿都已经变成了废墟，并禁止重建；而由于从巴勒斯坦来的逃亡者们后来在埃及和昔兰尼（Cyrene）所引起的骚乱，甚至在大约两个半世纪以前由阿尼亚大祭司在利昂托波利斯所建的仿圣殿也已经被关闭。的确，每年以耶路撒冷圣

殿的名义而在全世界流散的犹太人中间募集的每人半个舍克勒的
自愿捐款，也已经变成了强制性的贡金，并由设在罗马的帝国财
政部的一个部门"犹太财税局"（Fiscus Judaius）统一管辖。的确，
人民作为一个整体，都在为那些在战争中倒下的人，以及以色列
所逝去的辉煌而默默地哀悼。然而，尽管所有这一切，在恢复秩
序之后，巴勒斯坦的局势同以前并没有什么实质性的区别。至少，
犹地亚和加利利地区的居民绝大多数仍然是犹太人。国家仍然由
一个住在凯撒利亚的罗马总督管理。早在一个半世纪以前庞培占
领耶路撒冷之后，犹太国就已经不存在了。所以，在大起义被镇
压之后，犹太民族的政治地位在本质上仍然同以前完全没有什么
两样。

　　在宗教领域，刚刚发生的社会动荡导致了一个极为重要的新
的发展。在此之前一直在摩利亚山（Moriah）的圣殿里举行的庄
严仪式已经变得不再可能了；因为正如我们看到的[①]，《摩西五经》
中规定，禁止在中央圣殿以外的任何地方用动物作燔祭。过去圣
殿所享有的崇高地位自此便由犹太圣堂所继承，这在流亡归来后
的六个世纪中已经成了每一个城镇和乡村的重要特征。对于这一
时期的那些老师来说，无论他们是多么渴望期待着恢复到以前的
情形，但他们还是特意地强调了这种"微型圣殿"的重要性，因
为仅就对上帝的忠诚而言，在圣堂里祈祷并不亚于在祭坛旁挖出
自己的心肝献祭。这次显而易见的大灾难所产生的最具深远意义
的结果就是，它迫使犹太教在没有燔祭崇拜的情况下得以生存下

111

---

① 　参见上文第 22 页。

来。这是迄今为止第一个能够这样做的世界大宗教。

长期以来，犹太民族的代言人一直是属于希律家族的统治者。但是，这个家族的最后一位男性代表希律·亚基帕二世却脱离了自己的人民，当然他也没有能够活多长的时间。大祭司的地位也一直几乎是同样的重要。但是，随着圣殿的破坏，大祭司的权力也就结束了。可是，即使在耶路撒冷陷落之前，就有那么一类人，他们享有几乎是同等的，尽管不是最高的尊贵地位。拉比们——阐释《圣经》的学者——就一直受到人们的崇敬。在当时，确实也没有其他可崇敬的人。碰巧，在耶路撒冷陷落之前，当时的杰出学者之一约翰南·本·撒该（Johanan ben Zakkai）设法逃出了这座城市。根据传说，他是藏在他的门徒抬着的一口棺材里逃出去的，提多允许他定居在海岸边的雅法附近被用作集中营地的小镇贾布奈（Jabneh）。他在那里开办了一所学堂，专门研究和讲解传统的犹太知识。当时，全国最著名的学者们几乎都聚集到了他的周围。他们对以前曾是最高政务院的"犹太教议会"即"大法庭"进行了重新设置，由那些根据博学程度而不是政治影响或财富多寡选出来的成员组成。接下来，又选举了迦玛列（Gamaliel）这位伟大的希勒尔（Hillel）的后裔作为首脑。他曾是希律时代最受人爱戴的人物之一[①]，他的教义和人格比之同时代的任何学者都更加为人们所珍视。

这个机构最终获得了半官方的地位。在同罗马当局的关系上，它的议长，或"Nasi"（纳西，外界称之为"族长"）被适时地认可为犹太民族的代表。在长达三个半世纪，大约十代人的时间里，

---

① 参见下文第 125、131 页。

这个尊贵的头衔一直由父亲传给儿子。有时，族长同他的宗主国的关系非常亲密，一旦需要，他随时准备为他的人民的利益亲自去罗马跑一趟。所以，从巴比伦大流放返乡之后先是掌握在大祭司手中，后来又被国王篡夺的犹太人民的政治领导权，此时转移到了学者的手中。这是犹太民族所独有的一种现象——一个家族想要跃居民族事务的统治地位，只能靠价值，不是靠肉体上的勇武，或物质的富有，或某种神秘的超自然的力量，而纯粹是靠卓越的知识价值。然而，学问并不总是靠继承权可以获得的。所以有不止一次，犹太教议会名义上的议长被某个出身卑微，但却更有学问的人所超越，因而有时会随之出现激烈的争论。

　随着圣殿的陷落，全部生存意义都同崇拜仪式紧密相联系的撒都该人也已经失去了他们独自的个性，而法利赛学者却成了这个领域的主人。在温和而可爱的希勒尔同他那位非常刻板的对手沙马伊（Shamnai）① 的信徒们之间长期存在的互相冲突的学术斗争（几乎是代表了两种对立的人生哲学）得到了友好的解决。在这种情势下，巴勒斯坦的生活得以重新组织起来。当时，有一个双重的政府系统：一个是以凯撒利亚的巡抚为中心，有众多下属官员和收税人的罗马政府；另一个是围绕在贾布奈以及其他地方的犹太教议会及其议长周围的学者政府。人们自愿为祭司拨出什一税，向犹太学堂派出来的救济品收集人主动地捐献物品，当然要比向罗马政府的收税人缴税更为积极一些。为了根据犹太律法裁定法律案件，每一个城镇仍然保留着自己的法庭，而由大犹太　113

---

① 参见下文第 125、131 页。

47. 加玛列和他的弟子们。萨拉热窝《哈加达》插图。

48. 位于加利利的特拉胡姆（迦百农？）犹太会堂遗迹。公元2世纪。

学院作为仲裁机构。犹太圣堂和学堂成了当地的生活中心，并且比以往任何时候都更名副其实。教育系统得到了发展，并且达到了一种欧洲直到 19 世纪才得以实现的完美程度。人们继续过着一种充实的、总体上来说也是平静的犹太式生活。

2

一次重大的胜利，继而是一场可怕的灾难打断了这项重建工作。这个坚信神灵救助的民族不可能认为，失败便是最后的结局。几乎有 30 年的时间，巴勒斯坦一直都处在受威吓、被统治的地位。但是，在耶路撒冷陷落 45 年之后，罗马帝国的东部边界再次烽烟四起，而在一种对救世主的渺茫期望的激励下，利凡特地区和非洲的犹太人同时举行了起义。空前的自发性和团结性使人不得不怀疑这场运动背后真有一个了不起的人物。在美索不达米亚、埃及、昔兰尼和塞浦路斯，起义的规模已经具有一定的威慑力。在双方都付出血的代价之后，起义才被极为残酷地镇压了下去（115 年）。

此时，由于实行一种可怖的严厉管制，巴勒斯坦表面上维持着和平的气氛。然而，在哈德良（Hadrian）皇帝登基之后不久，这里又发生了一场具有相当规模的起义（132 年）。这次起义的领袖系一位力大无比、性格迷人，名字叫作西门·巴·科奇巴（Simon bar Kozeba），也就是后来的（正如他的崇拜者所称）巴·柯赫巴（Bar Kocheba）——"星辰之子"。当时有许多人聚集在他的周围，其中就有与他同代的杰出学者拉比阿奇巴·本·约瑟（Akiba ben

Joseph）[1]。他的全力支持更使得这场运动有了特别重要的意义。起义闪电般地迅速蔓延开来。但在当时，可惜没有一位约瑟福斯在场，来为这场在一开始就明显注定要取得全面胜利的起义写一篇记述了。罗马驻军起码已经被从国家的南部赶了出去。耶路撒冷被占领，似乎还正在试图恢复圣殿，并且还铸造了在当时算得上精美绝伦的钱币，上面用古老的希伯来文镌刻着铭文，以纪念圣城的解放。

114

　　起义军就这样坚持了三年。最后，朱利耶斯·塞维拉斯（Julius Severus）被从不列颠召了回来，具体负责行动，而仍由哈德良本人掌握最高指挥权。一旦罗马的军事机器全速地开动起来，它就是不可战胜的。国家被有条不紊地攻陷了，耶路撒冷再次遭到围困。当时，只有耶路撒冷和海岸之间的贝塔尔（Beth-ther）要塞还在做最后的抵抗。在 135 年，经过长时间的顽强保卫战之后，这个要塞也陷落了——人们都说，这一天也是阿布月的初九，正是一个双重民族灾难的纪念日。叛乱分子遭到了全面的追捕。像阿奇巴·本·约瑟一样，那些没有战死的起义领袖，特别是巴·柯赫巴，被残酷地杀害了。耶路撒冷的旧城被野蛮地把平了，一座新城拔地而起，并被命名为爱利亚·卡皮托林纳（Aelia Capitolina）。除了每年一次被允许到原圣殿的所在地"买眼泪"（基督教教父就是这样形容的）以外，犹太人一律不允许进入这个新城。犹地亚的其他地区一片荒凉，所有人口几乎已经被战争和接踵而来的全民奴化运动灭绝掉了。古老的首都周围的那块土地已经不再是犹

---

① 　参见下文第 125、127 页。

太民族的核心。民族生活的中心转移到了国家北部的加利利地区。从这个时候起，犹太人在他们祖先的国土上成了少数民族，在当时，甚至那些人口最为稠密的定居点也已经同逝去的辉煌完全失去了联系。

3

起义被镇压之后，随之而来的便是宗教迫害。像他以前的那位安条克·伊皮法尼斯一样，哈德良似乎也一直在希望通过禁止他们的宗教实践活动来灭除犹太人作为一个民族的存在。直到他的统治结束，犹太教的基本习俗，包括行割礼，一直都是被禁止的[①]，甚至禁止教授《律法书》。据说，当时有十位著名的学者由于宁死不从而殉难。后来，哈德良的继承人安东尼·庇护（Antoninus Pius）最终得出结论，认为新政策是不明智的，并逐步恢复了思想自由（大约 138 年）。各种不宽容的法律陆续被废除了，而尤为重要的是，从此继续保留了割礼的习俗，并且只适用于犹太种族的人。到当时为止一直在整个帝国中广泛流行的皈依（犹太教）运动[②]因而成了一种最严重的犯罪行为。这一法令的颁行，也就标志着犹太教大规模传教活动的结束。

贾布奈学院的幸存者们设法在加利利的乌撒（Usha）重新立足。他们在那里召开了一个大型的宗教会议，决定采取一系列措施，

---

① 参见下文第 140—141 页。
② 参见下文第 141 页。

重建被刚刚发生的灾难破坏殆尽的民族生活。已故族长迦玛列的儿子西门成了"纳西"，这个职位在当时显然已经获得了官方的认可。他并不是一个有很高学问的人——这一事实表明了当时这个家族在国家事务中所确立的领导地位。他的总体政策还是非常开明的，并且颇具政治家的谋略。他不遗余力地试图恢复犹太人之间，以及犹太人同撒玛利亚人或异族邻邦之间的良好关系。然而，叙利亚的帕提亚人的入侵扰乱了国家的平静，并且他们在犹太人中间不乏支持者。紧接着，似乎又重新恢复了约束性的立法，同时也暂时收回了司法自治权。

西门·本·迦玛列（Simon ben Gamaliel）的职位由他的儿子犹大继承（170~217 年在位）。在他的领导之下，这种"族长制"得到了充分的发展。在当时，这个家族已经获得了经济上的富足，犹大本身成了罗马派驻巴勒斯坦的代表的亲密朋友，尽管他还不是（据传说是这样）马库斯·奥里利乌斯（Marcus Aurelius）皇帝本人的朋友。在这个国家里，他拥有的地位仅次于皇帝。强烈的个性使他有力地控制着犹太教议会。他执意要他的全家一律讲希伯来语，因为他认为同希腊语一样，希伯来语也是一种适于文明交往的语言。当他的健康状况迫使他居住到塞弗利斯高地时，那个地方很快变成了民族思想的中心之一。正是在他的领导下，开始了被称为《密释纳》（Mishnah）① 这部传统司法大典的编纂

---

① 希伯来文的意思是"重新阐述"。该书系犹太教口传律法集，最后文本约于公元 4 世纪初年完成，共分为 6 大卷 63 篇。到公元 4 世纪中叶，该书与其释义和补篇《革马拉》（希伯来文的意思是"补全"）合编在一起，即巴勒斯坦《塔木德》。约公元 5 世纪，内容更充实、体量更大的巴比伦《塔木德》编纂完成。——译者

工作。在以后的年代里，这本书成了民族文化和文学的基础。①

犹大死于公元217年，他是族长职位上最后一位权威性的人物。在他之后，是一长串平淡无奇的人物，曾先后出现了数位迦玛列、犹大和希勒尔。②在当时，对于这个职位来说，学术成就只不过是一种多余的资本，因为它显然已经成了一个世袭的职位。主持犹太教议会的职责仅仅成了一种形式。单从学问的角度看，国家中有许多人都超过了族长，虽然这时的族长也许把管理基础教育看作是他所主要关心的事务。的确，从政治上来看，这个职位的光辉并没有丝毫减弱。所有的犹太人，就连散居在最边远地区的人都承认了族长的权威性（当时已经永久性地设立在太巴列）。散居世界各地的犹太人源源不断地自愿进贡，就像以前为了维护圣殿的尊严一样，只不过此时是为了维护族长的社会地位。就连罗马皇帝本人也屈尊正式地致函给他，各地的宗教界高级人士则颇为尊敬地，尽管不是充满热爱地纷纷给他写信。

在这个组织的领导下，巴勒斯坦的犹太人继续紧密地团结在一起，孕育着自己的传统文化，保持着至少是司法上的自治权。但是，他们的社区正在日渐衰微。基督教正在缓慢地把犹太教从它的发源地驱逐出去。在经济上，这个国家也在衰退。罗马人在镇压公元66至67年和132至135年间两次大起义时所造成的破坏留下了不可磨灭的印记，它再也没有从此恢复过来。有证据表明，气候正在逐渐变得干燥，降雨量日渐减少，这使得整个阿拉伯半岛

---

① 参见下文第127—130页。

② 参见本卷末所附"族长谱系"。

以及周边的土地变得非常贫瘠。随着罗马政府弊政日盛，税赋也变得极为沉重。每一次的民众或军事骚乱往往对犹太人比对其他的族人产生更大的影响——或许他们不幸的亲族撒玛利亚人可以排除在外，因为他们更为不守规矩，因而其历史也就更加盛衰无常。在公元272年以前的几年之中，在著名的帕尔米拉皇后撒诺比娅（Zenobia）的统治下（她被认为具有犹太血统），这个国家曾一度成了连续不断的战争策源地。在皇帝君士坦丁二世（Constantius Ⅱ）的统治下，曾发生过一次地方暴动，但被他的将军乌西西奴（Ursicinus）残暴地镇压了下去（351年）。太巴列、塞弗利斯和吕底亚——所有著名的学术中心——都被攻陷，并遭到严重破坏，而在这些地方建立的犹太学堂从此便一直没能从这次打击中恢复过来。

在黑暗完全笼罩之前，曾出现过最后的一线光明。背教者朱利安（Julian）皇帝在反对基督教的同时[①]，却对犹太教情有独钟。在给他的"老兄、尊敬的希勒尔族长"（二世，330—365年在位）的一封信中，他曾表明了在结束对波斯人的战争计划之后，在耶路撒冷重建圣殿的意图。但是，他再也没能回来。当时，那些欣喜若狂的基督徒文人把犹太人希望的落空看作是神的恩宠已经离开了上帝原先选中的子民的一个铁证。

从此之后，情形愈加恶化，日甚一日。在罗马帝国全面基督教化之后，由于犹太人的地位日渐衰落[②]，巴勒斯坦越来越成了拿

117

----

① 参见下文第145页。

② 参见下文第144—146页。

撒勒人（即基督徒）朝圣的地方和修道院生活的中心，并且引起了日益高涨的热情。那些狂热的基督教教士四处焚烧犹太圣堂，成了司空见惯的事情。当这个庞大帝国在公元 4 世纪被分成两个独立的国家时，这一地区很自然地就归入了东罗马，即拜占庭帝国的管辖区内。在公元 399 年，西罗马皇帝洪诺留（Honorius），由于对将金条从他的领地运到他的竞争对手的领地感到嫉妒，暂时禁止了在意大利收取自捐税。在当时，这种税收是每一个犹太人每年上交用来维持自己族长的统治地位的。这无疑是一个沉重的打击，塞弗利斯的那个小宫廷肯定强烈地感受到了这一点。第二年，族长犹大四世（380~400 年在位）由他的儿子迦玛列六世继位。25 年后，这位迦玛列没有留下儿子就死去了。曾以一个站不住脚的借口废止了他的权力的皇帝狄奥多西二世（Theodosius Ⅱ）抓住这一机会，完全废除了这个职位，并把族长的俸禄全部装进了自己的腰包（425 年）。

就这样，犹太人独立梦想的最后一点痕迹，连同过去那个时代残留的辉煌，彻底被消除了。但是，在巴勒斯坦仍然能找到一些犹太人。许多颇为辉煌的犹太圣堂［就像最近在比沙法（Beth Alpha）刚刚出土的那种］仍然在继续修建；犹太学院和学者们也设法在太巴列和其他地方维持了下来。那些 "Archipherekite" 即 "事业的领路人" 试图以较小的规模恢复族长职位的尊严。《圣经》的原本经过审核，最后由所谓的 "马所拉学者"（Massorites）①

---

①   该词词根 Massorah 意为 "传统"。

钦定下来 ①，大量的文献（早已佚失的大部分已经在过去几年里被重新找到）得到重新编辑。当波斯人和拜占庭人之间为了控制希拉克留（Heraclius）统治下的巴勒斯坦而进行激烈争斗时，这个国家中的犹太人在太巴列的一个叫便雅悯的人的领导下归顺了波斯，因而当原先的主人回来时（628 年），他们不得不为此付出了惨重的代价。在十字军东征之前，巴勒斯坦领土上日渐减少的犹太定居点终于衰落了。但甚至直到今天，据说在加利利一个边远的角落里，仍然还有一个很小的村落社区，长达几千年来，这个"小

118

49. "犹地亚卡普塔"。韦斯帕芗为纪念战胜犹太人而铸造的钱币，公元 70 年。

---

①　马所拉文本是犹太教根据《圣经》原文和传统的读音辑录而成的希伯来《圣经》的权威文本，等于是希伯来《圣经》原本的善本。1947 年在巴勒斯坦发现的《死海古卷》证明马所拉文本确实是古本，其价值因此而得到《圣经》学者们的确认。希伯来文有 22 个字母但没有元音字母，因此要诵读无元音的希伯来文是非常困难的。为了防止对《圣经》的篡改或删节，从公元前 6 世纪开始，犹太人逐渐形成了对《圣经》进行译注的传统，他们甚至对原文的句数和字数都做了计算。直到公元六七世纪，巴比伦和巴勒斯坦两地的《塔木德》学院中被称为"马所拉学者"，即精通希伯来语的犹太拉比，创造了一套希伯来元音注音符号，通过繁琐的记号和办法，保存了希伯来《圣经》的正确读法和正确流传，即所谓的"马所拉文本"。——译者

不点儿"一直也没有从祖先的土地上被连根铲除掉。然而，随着族长制度的废除，大约在 1000 年前流亡返乡时就已经存在的犹太自治的最后一点残余也销声匿迹了；而大卫、大祭司以及哈斯蒙尼王朝曾拥有的政治权力的最后一点可怜遗产也已经成为历史。犹太人已经完全地同自己的国家分离开来。在犹太历史上，最具特点、最为惊人的一章马上就要掀开了。

第11章　美索不达米亚

1

巴勒斯坦族长权力的衰落同美索不达米亚这个新的犹太生活
中心的鼎盛正好是在同一时期发生的。在当年被巴比伦人流放的
犹太囚房中间，很可能只有极少数的人抓住了同设巴撒和以斯拉
一起返回巴勒斯坦的机会。在第二圣殿耸立在耶路撒冷的六个世
纪里，在先是由波斯人，尔后是由帕提亚人的统治下的"两河流域"
的土地上，一直有第二个重要的人口中心存在着。他们一直自称，
并在犹太世界中被泛称为"囚房"（Golah）。[①] 他们的主人不断
地把在历次战争中俘虏的战俘带回来，使他们的人数时有增长。对
于他们的总体状况和历史，我们知之甚少。他们似乎主要从事农业，
用精耕细作的方法开垦每一寸土地，甚至连各条河流、运河两岸的
那些法定的纤路也占用了。在幼发拉底河岸边的尼西比斯（Nisibis）
和尼哈底亚（Nehardea），还有一些特别重要的定居点。在边界

---

① 目前尚存的一些公元前 5 世纪的陶土书板上，发现刻有许多犹太农人和手工艺
人的名字，他们无疑是某一个巴比伦银行家族交易活动中的一方或是证人。

城市杜拉欧罗巴（Dura-Europos）[①]，公元 3 世纪时曾出现了一个文化高度发展的社区，对它的考古发掘显示，那里的文化同早期基督教艺术惊人地相似，因而表明它很可能是犹太人的祖先。

那里的居民似乎一直恪守着对犹太律法的忠诚。有一个古老的传说，记述了亚历山大大帝属下那个虔诚的犹太军团是如何拒绝帮助他在巴比伦重建他的彼勒神殿。为了维护自己的圣殿，每一位犹太人每年捐献的半个舍克勒以及其他礼物被集中在那些主要的大城市里，然后再浩浩荡荡地被护送到耶路撒冷。

因此，犹太民族的这两个分支的关系是密切而诚恳的。在耶路撒冷，有一个巴比伦犹太人的侨居区，或许还有一个巴比伦人的犹太圣堂。有时，那些因举止粗鲁而倍受人瞩目的巴比伦祭司会不惜长途跋涉，赶到民族的圣殿去行使一次专属于祭司的特权，甚至有一个人还曾被推到了大祭司的职位上。偶尔，也会有一两位杰出的人物从那种普遍默默无闻的背景下显露出来。因此，一个叫撒玛力（Zamaris）的巴比伦犹太人才得到希律的允准而在安条克附近建立了一个半自治式的定居点，以便当他的宗教同胞从此路过时，他可以在这个定居点保护那些去巴勒斯坦朝觐的队伍。同样，大约在公元 20 年，一对叫亚西纳伊（Asinai）和亚尼拉伊（Anilai）的兄弟在尼哈底亚建立了一个强盗国，并设法一直坚持了 15 年。最后，它被用武力镇压了下去。后来，对整个地区犹太人的怨恨情绪曾导致了对这个违法国一系列的血腥暴行。

大约在同一时期，位于底格里斯河畔的仆从国亚底亚比

---

① "Dura"的意思即"要塞"。——译者

（Adiabene）的整个王室一体接受了犹太教。拉比们曾讲述过许
多关于王后海伦娜（Helena）和她的家庭成员在宗教问题上如何一
丝不苟的奇异故事。同她的一部分家庭成员一起，她被葬在了耶
路撒冷城墙外面那个一直被称为"国王墓地"的地方；而在反抗
罗马的伟大战争时期，亚底亚比国王和他的兄弟曾勇敢地站在犹
太人一边战斗。正如我们所看到的，爱国领袖、吉斯哈拉的约翰
所采取的颇有政治家气度的行动之一，就是同他在巴比伦的宗教
同胞建立了联系，希望能够说服他们去鼓动自己的帕提亚人主子
共同抗击罗马人。此时，那些"流放"中的犹太人却显得有点冷漠。
然而后来，当罗马人经过多次努力而暂时在美索不达米亚确立了
它的统治地位时却不同了。在以巴·柯赫巴的名字命名的那场灾
难性运动之前的公元 115 年，巴比伦的犹太人也曾举行过一次类
似的起义，以反抗他们当时的新主人。

　　在同政府打交道的过程中，巴比伦犹太人公认的首领就是"囚
房"中的王子，或称"头领"［即希伯来文的 Resh Galutha，一
般被称作"流放者首领"（Exilarch）］——传说中大卫的后裔。
他拥有的地位几乎与国王一般无二。甚至连巴勒斯坦的大族长犹
大一世也曾以真正尊敬的态度对待那位与他同时代的首领。他非
常慷慨好客，而正是通过他，政府才得以把强加在犹太社区的税，
而且一般是很沉重的税征收上来。美索不达米亚地区的犹太人的
方言是阿拉米语——一种非常近似于希伯来语的语言，如今在巴
勒斯坦已经不再流行了。至少在司法上，这个社区是完全自治的。
内部争端仍旧依照犹太律法来解决；也正是由于这个原因，大家
很自然地渴望不断修习传统的知识。所以，在整个放长制时期，

121

50. 动物纷纷离开方舟。位于约旦河岸边的吉拉萨（杰拉什）犹太会堂内的镶嵌画。公元6世纪。

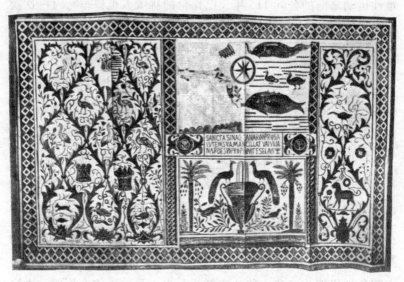

51. 伊甸园。位于突尼斯的哈玛利夫犹太会堂内的镶嵌画。公元5世纪。

52. 发现婴儿摩西。位于欧罗巴要塞的犹太会堂内的壁画。现藏于大马士革。

53. 非利士人修复的约柜。位于欧罗巴要塞的犹太会堂内的壁画。

54. 大师（摩西或耶利米？）在讲解律法书。位于欧罗巴要塞的犹太会堂内的壁画。

55. 星座图案。位于加利利的贝特阿尔法犹太会堂内的镶嵌画。公元6世纪。

它同巴勒斯坦的关系一直十分紧密而坚定。巴比伦学者们时常到太巴列或塞弗利斯，投到那些大师的门下去完善自己。另一方面，随着叙利亚局势的恶化，巴勒斯坦的许多家庭都向东迁移，以便享受他们美索不达米亚的宗教同胞所拥有的那种更为有利的环境。当巴·柯赫巴起义失败之后，移居国外的人数不断增加，而那些新来的人随之便引起了不久之后的巴比伦犹太民族的复兴。

2

除了我们特别熟悉的精神和文化生活之外，我们对美索不达米亚从 226 年开始的那个民族主义的复兴时期知道得并不多。当时，这个行省正在撒逊尼（Sassanid）家族的波斯王朝统治之下。尽管文学活动的声势很大（这是这一时期的突出特点），但情况似乎并不很理想。在新统治者的领导下，犹太人失去了判处极刑的权力，并被排斥在以前曾向他们开放的某些政府职位之外。马吉［Magi，对袄教（Zoroastria）神职人员的称呼］的影响往往会导致对其他教义的迫害，其信徒被迫去奉行他们新主人的礼仪规则。整个国家的犹太圣堂全部被捣毁，犹太墓地被亵渎。犹太人被以武力禁止做任何在狂热分子看来有损于国教习俗的事情，但这已经算是宽宏大量了。另一方面，有些统治者，如国王沙帕尔一世（Sapor Ⅰ，241~272 年在位），则由于他们向犹太臣民所表示出的偏爱而使人们铭记于心。

大约在 261 年，一场大灾难发生了。当时一直作为美索不达米亚犹太生活中心的尼哈底亚城被撒诺比娅的丈夫、帕尔米拉的王子奥丹那（Odenath）占领后摧毁。从此，活动中心便转移到了离波斯湾较近的苏拉城（Sura）。但是，总体局势并没有受到这次打击的影响。在以后的两个世纪中，在流放者首领统治下的生活一直比较平稳，而正是在这一时期，美索不达米亚的犹太人占据了最重要的地位，并且为犹太文学和思想的发展作出了不可磨灭的贡献。

3

在公元 5 世纪中叶，美索不达米亚的"流亡者"的情形发生了根本性的逆转。一直存在的宗教偏见在接踵而至的一系列迫害运动中找到了发泄的途径。国王耶色革德二世（Yezdegerd Ⅱ，438~457 年在位）制定了一项旷古未闻的高压政策，甚至连守安息日也在被禁止之列。在他的继任者弗拉兹（Firuz，459~486 年在位）的统治时期，设立在波斯首都伊斯法罕（Ispahan）的社区被指控活活打死了两个马吉。作为惩罚，有一半的犹太人口被屠杀，而孩子们则被抓去接受本国国教的信仰教育。这股野蛮的浪潮不久就蔓延到了巴比伦。流放者首领马利·胡那五世（Mari Huna Ⅴ）被判处死刑；犹太圣堂被捣毁；孩子们遭到绑架；研究《律法书》的集会被禁止；老师们命如草芥；所以，拉比们把 468 年看作是毁灭他们整个世界的一年。如今仍然生活在印度马拉巴尔（Malabar）海岸边的那个非常古老的犹太社区，或许正是在这个危难时期由美索不达米亚逃向东方的那些流亡者们所建立的。①

---

①　孟买的所谓比尼·以色列（Bene Israel）应该是来自于完全不同的，或许是更为遥远的地方。

在此后的几十年里，一直比较平静。然而在 6 世纪初，波斯的
统治者考巴德(Kobad)接受了一种所谓新宗教"禅宗"(Zendicism)。
它（至少据它的反对者所称）向社区灌输不只是有关财产，并且
还有关于妻妾的教义。流放者首领玛尔·祖特拉二世（Mar① Zutra
Ⅱ ）终于揭竿而起。七年之中，通过一些非犹太人和犹太人的帮助，
他尽力在马胡扎（Mahuza）周围的地区保持自己的独立。最后，
由于寡不敌众，他被镇压了下去。失败之后，他在家乡的桥头被
钉死在十字架上（520 年）。他的小儿子玛尔·祖特拉三世（于他
殉难的当天出生）被掳到了巴勒斯坦。在那里，曾试图借助他来
123 复兴族长的尊贵地位，但终没有成功。

56. 拉比阿奇巴。曼托瓦《哈加达》（1568 年）中的木刻插图。

---

① Mar 即 "Master"（头领）。

虽然在最后的几位波斯统治者领导下，美索不达米亚的情形在某种程度上有所改善，只是在霍姆兹四世（Hermuz Ⅳ，578~590年在位）时期曾发生过一次迫害事件，但是，那里的犹太人一直也没能完全恢复在那些悲惨事件发生之前他们曾享有的那种繁荣和影响。从我们的观点来看，这些盛衰变迁的细节并不重要。这种浮光掠影式的概览足以使我们对公元最初几个世纪巴比伦犹太人的兴旺发达、组织有序的生活背景有所了解。据估计，当时的全部人口约有数万人。到族长时代逐渐衰落的时候，那里的人口已经在数量上等于，抑或可能超过了巴勒斯坦。最为重要的是，一般而言，它已经成了一个对全体犹太人的存在和精神将产生永久影响的独特的文化生活的中心。

第 12 章 《塔木德》① 及其发展

1

在第一圣殿时期，希伯来历史的独有的特征就是先知，其独特的作品就是《圣经》。在第二圣殿时期，直至后来发展到犹太人被迫同当时唯一与之相联系的国土彻底分离开来，独有的特征则是拉比，而其不朽的文献巨著就是《塔木德》。

后一部书是前一部符合逻辑的自然的发展结果。一旦犹太人有了一部包括其民族历史、指导其生活的道德教义以及民族的法学准则和宗教习俗的文字原本，下一阶段的任务就是生产一批教师了。对于这些人来说，一方面要阐释那部神圣的原本，而在另一方面，他们又必须对提到他们面前的法律案件作出裁定。在一开始的时候（正如前面的文字所提及）②，这些职责曾被认为是祭司阶层或利

---

① 犹太教的口传律法总集，是犹太教仅次于《托拉》的主要经典，所以也被称为"口传《托拉》"。《塔木德》的内容包括《密释纳》（*Mishna*）和《革马拉》（*Gemara*）两部分，其中《密释纳》为口传律法集，共 6 大卷 63 篇；《革马拉》的内容是对各律法条文的诠释与补充。巴勒斯坦《塔木德》成书于公元 4 世纪中叶，而巴比伦《塔木德》则完成于公元 5 世纪末。由于巴比伦《塔木德》成书较晚，所以更注重实际生活，也更为完备，因而有着更高的权威性。——译者

② 参见上文第 62、80 页。

未人的特权。然而，当圣殿在民族生活中不再占据原有的重要地位，并且祈祷所成了每个城镇公认的正式机构时，教师的职位就开始由那些对此有兴趣，并且有突出才智的人担当。最终，由于越来越狭窄的世界观，并且也由于终日沉浸在圣殿仪式的繁文缛节之中，祭司阶层就逐渐地在撒都该派中消失了。随着耶路撒冷的被毁，他们作为一支独立的力量的重要性也就结束了。

早在那个惊人的事件发生之前，教授《律法书》的老师，即拉比就已开始在民族生活中占有突出的地位了。逐代传说的纽带将他们同最后的先知们联系了起来，并且把希腊时期的大祭司、"义者"西门 ① 看作是这个新行业的第一位成员。甚至远在希律时代，拉比（就像《新约》中提醒我们的那样）就是相当重要的，尽管当时还不是最为重要的；而像希勒尔和沙马伊这样的永远活在犹太人民记忆中的历史巨人也已经出现了。

耶路撒冷的陷落消灭了贵族和祭司阶层，剩下的就只有学者了；并且由于拉比约翰南·本·撒该（Johanan ben Zakkai）那种颇有远见卓识的政策，在此后的数个世纪里，学者在犹太民族的事务中成了最主要的影响力量。我们已经看到，犹太教议会是如何被重新组织起来，而它的议长又是如何被公认为巴勒斯坦犹太民族的代表的。但是，重要的工作却是在犹太圣堂和犹太学堂里完成的，对此，罗马军团还曾经不屑一顾。从此，民族的典范不再是祭司、武士或是地主，而是学者；贵族是以一个人家庭的学问，而不是以财产来评价的。这并不是说，学问要成为那种物质意义

① 参见上文第 65 页。

上的职业。的确，人们已经开始认为，应当把学习看作是一种固定的义务，而把维持生计看作是非主要的。但是，同时也不要把《托拉》看成是"仅仅用来挖地的铁锹"。所以，人们期待拉比能够兼任另一种正式的职业，这种职业的地位越低，他就越受尊重。因此，平民拉比约书亚·本·哈拿尼雅的职业是铁匠，而他却是约翰兰·本·撒该的弟子，年轻时曾在圣殿当过歌手，并且还是傲慢的族长玛迦列二世的最为强硬的对手。与他同时代的年轻人阿奇巴·本·约瑟是作为一个目不识丁的放羊娃开始自己的人生的。在公元 95 年，他们就曾同族长大人一起被派往罗马，以设法取消一项意料之中的反犹法令，这就充分表明了这两位学者在民族生活中所享有的地位。

2

巴·柯赫巴起义以及被无情镇压的悲剧充分证明，它对巴勒斯坦的文化生活是一场致命的打击。像拉比阿奇巴这样的一批杰出学者在其中所起的作用是如此的重要，以至于罗马当局曾试图铲除所有的犹太学堂。犹大·本·巴巴（Judah ben Baba）由于在阿奇巴殉难之后秘密地任命这位老师的几位首席弟子担任了圣职，因而以生命的代价成为传说链中的一个环节。在那些杰出的学者，像那位作为抄经文士谋生的慈祥而宽容的拉比迈尔（Meir），以及后来被认为是犹太神秘主义的缔造者的西缅·本·约哈伊（Simeon ben Jochai）的领导下，旧的生活方式又缓慢地在加利利恢复起来。

在此之前，拉比的教义一直只能集中在《圣经》上，而根本没有任何其他的文字原本可依。但是围绕着《圣经》，已经发展起来大量的口头传说。有详细说明《圣经》历史中的资料的古代传说——有些或许是根据事实，有些只不过是基于想象；有同刚刚发生的事件相联系的故事；有伦理和道德说教；有巴勒斯坦的民间故事，本身纯洁而简单，某些事例甚至可能发生在希伯来人到来之前。但是最重要的，还是对《圣经》诫命的详细阐释和评注。

没有任何文字法典能够包括所有可能的突发事件。从一开始，就有关于这一点或那一点的问题和困难，而《托拉》中对此并没有直接的指导思想。对于《圣经》上没有明确说法的有关交易或婚姻问题的法律争端每天都要送到法庭上来解决。拉比们只能在《圣经》里寻找类似的案例，并依此作出类比式的裁决。关于宗教习俗方面的问题也同样如此。先知们坚持说（《耶利米书》17：22），一个人不应该在安息日背负重物。可是"重物"是由什么构成的呢？而准确地说，"背负"又是什么意思呢？说每一个以色列人在赎罪日都必须"身受磨难"，或使灵魂受苦（《利未记》16：31）是很轻松的，但是，要决定这样的磨难存在于什么事物之中却并不容易。在每年秋天收获的节日，每一个以色列人要"住"（《利未记》23：42）的圣幕的尺寸大小、建造方式、所用材料以及使用方法；逾越节羊羔宰杀的时间和方法（《出埃及记》12）；饭后以及心满意足之后所规定的"感恩祷告"的性质（《申命记》8：10），等等。所有这些问题都需要进一步的阐述。因此，就逐渐产生了各种各样的解释的规则，或阐释的标准，只有根据这种阐释，才能够理解《圣经》的原文。这种最重要的方法实际是由阿奇巴的同代人拉比以实玛利（Ishmael）所确定的。

不仅如此，在某些情况下，把《圣经》诫命应用的范围扩大一点也是符合逻辑的：去"为《律法书》修一圈篱笆"，正如所表达的那样，是为了防止人们不小心而违反了它。安息日被规定在前一天日落稍前一点开始，当天日落略后一会儿结束，是为了防止不经心的亵渎。如果一个死于本身原因的动物被禁止食用（《利未记》，22：8），很自然地就会把这种禁令（以极端现代的精神）扩展到一个患有很可能是致命的某种疾病的人身上。接下来需要决定的是，这种性质的疾病准确地是由什么东西构成的。一般的问题所在并不是一个人必须做什么或是千万不要做什么，而是一个人应该或不应该做什么，如果他真的想仔仔细细地执行《托拉》的话。其实，这是一部生活的法典，而不是一部律法法典。

除了文字的法典之外，通过这种方式还产生了大量的"个案法规"，并一代一代地在学堂里口头传了下来。的确，其中绝大部分非常之古远，以至于被认为是摩西本人在西奈山巅所领受的口头教义。正是拉比阿奇巴·本·约瑟开始整理了这堆乱七八糟的东西。首先，他试图为《圣经》原文中的每一点口传的增加内容找到正当的出处。因此，通过某个单词的不同寻常的拼法或重复就可以把眼前的一种法律习俗上的发展同古老的文字法典联系起来（正如一个世纪前亚历山大里亚的斐洛在证明他的"新柏拉图"寓言时的情形一样）。其次，他是第一个按照题材分类整理那些日积月累的口头传说的学者。他的门徒，拉比迈尔修正并详细阐述了他的老师收集起来的这些教义。很有可能，这些学者仍然是依靠口头教诲而没有写下任何的东西。如果有平静的环境的话，这种惊人的东方式记忆力也许会使这种传播方式无限期地持续下去。但是，巴勒斯坦的情形一点都不平静，而到 2 世纪末叶，尚存的口传教义似乎还正在以惊人的速度减少着。

正是在这样的情况下，最后的编纂工作在议长犹大一世的主持下开始进行。这项工程始终同他的名字紧密相连；以不下 148 位学者的名义流传下来的口头教义被收集起来，并经过仔细审核。阿奇巴和迈尔共同形成的材料被修改、补充，并且在必要的地方进行了重新编排，删除了那些其真实性尚有疑问的部分，并进一步完善了根据题材的详细分类。每当发生争议，则根据大多数人的意见来裁决，采用公认的正确观点。整部书是按六大"部类"进行编排的，每一部类又分为篇、章和条。所用的语言是族长最喜爱的纯粹、生动的希伯来语。这部新的法典就叫作《密释纳》，即"教义"；那些通力合作创作出这部法典的拉比们，从希勒尔 128 及其前任们一直到编辑者本人，后来便一体被称作（根据同根的一个阿拉米词而得来）"坦拿"（Tannaim）①。

3

这项工作刚刚完成，就围绕它为中心展开了新一轮的争论。诚然，它不可能会比《摩西五经》更为全面地适合于所有可以构

---

① 意为"教师"，专指公元 20 年至 200 年间一批研究犹太口传律法，并负责将口传律法记录下来整理成文的学者。获得这一称号的学者前后达数百名之多，《密释纳》中提到的有名有姓的坦拿就有 120 名。他们按不同的活动时期和地域，一般被划分为五代人，而继坦拿之后出现的犹太学者则通称为阿摩拉。——译者

想得出的案例。因而，总是会出现一些新的宗教或律法方面的问题，并被带到学堂里来找人裁决。此外，那些好学上进的学生也提出了一些同实际问题一样需要认真考虑的理论问题（有时，这种问题的独创性甚至比其合理性更为引人注目）。这些问题可以按照《密释纳》，或权威性次之但却独立成篇的编辑文本——例如《托塞弗塔》（Tosephta，意为"补充教义"）或《巴莱托特》（Baraita，意为"典外之说"），它们同前者的关系恰如《次经》同《圣经》的关系一样——从各个方面进行仔细的研究。不仅如此，另外还有大量的口传知识，如历史、传奇、伦理教义等，它们大多不能为族长起草的那些过于偏重实用的法规所包容。所有这些都成为学堂里讲学和讨论的题目。

尽管这个国家的政治和经济都在衰退，但是，在编纂《密释纳》之后的这一代人中，也出现了一些可以同前一个时代那些最卓越的人物并驾齐驱的学者，像那位宽厚的约翰南·巴·拿帕哈（Johanan bar Nappaha，卒于 279 年），便是一个铁匠的儿子；而他的姻弟西门·本·拉基什（Simon ben Lakish），则是在前者的影响之下，才从一个斗剑士变成了一位优秀的学生。

这种对研究的极大热情并不只局限于巴勒斯坦。年青的学生们大批大批地从美索不达米亚赶到这里来，进入了巴勒斯坦的学堂，这在好几代人之前就已经开始了。仅仅举出希勒尔本人作为例子就足以说明问题；另外还有"囚虏"首领的儿子拿单（Nathan），有一次甚至为了立他为族长还曾打算废黜西门呢（大约 150 年）。135年巴勒斯坦的民族灾难和随之而来的移民潮进一步加重了这种倾向。犹大一世门下的最聪明的学生之一是"高个儿"亚巴〔Abba，在学堂里后来被称作拉布（Rab）即"头号优等生"，后卒于 247 年〕，他出生在巴比伦，当他回到家乡时，在苏拉创立了一所自己的学堂。一所同它相竞争的研究机构（一开始是由在巴·柯赫巴战争之后逃到巴比伦的拉比约书亚的一位侄子哈拿尼雅所建）坐落在幼发拉底河畔的主要犹太人定居区尼哈底亚。有位名叫撒母耳的人（卒于 254 年）已经使这所研究院达到了高度的辉煌。他是"高个儿"亚巴的同代人，是某种强劲的法理学体系的倡导者，同时他还是一个医生、解剖学家和天文学家。当帕尔米拉的军队洗劫了尼哈底亚时（大约 261 年），这个研究院在几经变迁之后，被迁移到了底格里斯河畔的马哈撒（Mahoza），它位于巴格达附近的波斯首都提西冯城郊富裕的犹太人社区之内。与此同时，在离苏拉几英里的帕姆贝迪塔（Pumbeditha），也出现了一个更为重要的研究中心。

在此后的八个世纪中，苏拉和帕姆贝迪塔的学堂几乎一直控制着犹太人的文化生活，中间只出现过很短的间断期。可以说，他们就是美索不达米亚犹太民族的牛津和剑桥。然而，我们只能尽可能地去描绘当时的情景：学术成就获得了只有中世纪所给予"宗教"的那种尊敬；这两个学术中心的院长的影响之大丝毫不亚于中世纪英格兰的坎特伯雷和约克的大主教；那里的《律法书》大师们毫不犹豫地同当地的世俗势力进行斗争，有时甚至还取得了引人注目的成功。

文化生活的组织方式仍然与欧洲的观念不同。当时，并没有以谋取某个职务资格而进行研究的专业阶层，也就是不懂得"学而优则仕"。专心致力于研究上帝的律法被认为是每一个人的权利和义务，与地位的高低并无丝毫关系。有时，流亡领袖本身就是一个非常能干的学者。一个手艺人或农民可以在每天早晨和晚上的法定礼拜仪式之后到学堂上课，而白天时间则在店铺或田野里劳作。在白天，那些进取心极强的学生会不停地缠住某位著名的拉比，聆听他对那些请他裁决的案子的意见，而心中却不仅注意他的论据和判例，而且更注意他的闲聊闲谈、他的行为举止以及他那最不受注意的习惯。在春天和秋天，当农活暂时搁置起来的时候，学生们会从全国各地涌向研究院，有时整整一个月都在连续地讲课，这种形式［他们有个专门的名称"卡拉"（Kallah）］相当于现代大学的函授系统，只不过当时的教学强度和广度是我们这个更先进的时代所难以比拟的。

4

130　　　　随着时间的推移，在巴勒斯坦和美索不达米亚的学堂里讨论的实质性问题越来越多。当时的基本根据就是《密释纳》本身，以及在它编纂以后积累而成的一些假设的或实际的个案法规；这方面的内容被称为"哈拉卡"（Halakhah，即行为准则、生活方式），而此外所有不属于"哈拉卡"的内容则被称为"哈嘎嗒"（Haggadah，意为"宣讲"）——拉比教义的人文学科。这方面的内容包括了所有的东西：历史、民间故事、医学、生物学、传记、伦理教义、天文学、科学、逻辑学；过去那些伟大的老师的回忆录；而其中最重要的，则是那些一无修饰的传奇故事，有些非常动人，有些可能有点幼稚可笑。这堆由各种不同成分组成的东西——"哈拉卡"和"哈嘎嗒"加在一起——如今被称为"教义"，即《塔木德》；而这个时代的拉比们就是根据阿摩拉（Amoraim）即"阐释者"来命名的，他们的作用就是著名学者讲课时的代言人。通过在学堂里进行讨论，或在犹太圣堂里进行公众布讲，《塔木德》以口头的形式不断地重复着。有时，那些好学的学生也偶尔做些笔记，而大多还是通过记忆的方式，以保证点滴不漏地记下所有的内容。

慢慢地，这种讨论（虽然一直也有些许的补充和修正）变成了一成不变的方式，而且也更具体化了。在巴勒斯坦，这种一成不变的形式是由拉比约翰兰·巴·拿帕哈在279年去世之前固定下来的。大约在公元4世纪中叶，同民事律法有关的部分很显然是在凯撒利亚编辑完成的，而下一代人则正好碰上太巴列的学者们编辑其余的分册。然而，国家混乱的状态以及学堂的衰颓却阻碍了这部所谓的巴勒斯坦《塔木德》（或较不确切地说是耶路撒冷《塔木德》）全部编纂成功，因而现存的文本仍然是残缺不全的。无论是从部头还是重要性来看，在美索不达米亚并行产生的那本犹太知识大全却要大得多了。它的编纂应当归功于苏拉学院的院长阿什（Ashi）。在他主持该院工作的52年里（375~427年），他两次逐篇逐条地查阅了整部《密释纳》，包括所有的补充材料和同每一部分相联系的民间传说，并进行了认真的筛选和重新编排，然后予以最后定型。随后的几代人继续进行了许多补充和修改。然而到5世纪末，当波斯教的迫害使美索不达米亚的学院看上去可能很快就要遭到同巴勒斯坦那些学院同样命运的时候，阿什的继任者拉宾那二世（Rabina Ⅱ）迈出了被认为是至关重要的一步，那就是把这一大堆收集起来的材料用文字写了下来。最后的编纂成

131

书应当归功于后来生活在蒙昧时代的那些"理性人物"（Saboraim）的勤奋不懈和逻辑分析。这样，就产生了所谓的巴比伦《塔木德》。

就形式来讲，不管是巴比伦《塔木德》，还是巴勒斯坦《塔木德》，都是用生动的阿拉米语夹杂着希伯来语写成的对《密释纳》逐篇的连续诠释。的确，那部法典的原本只不过是作为一个出发的基点。读者群已经全部转移到学堂里去了。在学堂里，他们目睹了当《律法书》大师们努力寻求类比的案例时的那种生搬硬套和不当回避，并且讲课时常中断，有时比较恰当，有时则颇为无聊。有的逸事可能会讲到过去的某位拉比，但在论证过程中却又弄错了他的名字。讨论的中心议题是关于天文方面的细节吗？那么只要提起伟大的撒母耳肯定就不会离题，因为这位尼哈底亚学院的院长曾经夸口，说他就像熟悉家乡的小路一样熟悉天体的运行轨道。祈福之后说"阿门"的规则只会使人想起亚历山大里亚那座巨大的犹太圣堂，因为读经师的声音在庞大的人群中间实在难以与闻，当应该说"阿门"的时刻到来时，甚至不得不用小旗打信号来统一指挥。当然也提到拉比阿奇巴。你难道不知道他那罗曼蒂克的青年时代，他的殉难以及在巴·柯赫巴领导下的大起义的故事吗？只要知道了发生在阿巴耶（Abaye，帕姆贝迪塔研究院的最后一任院长）和拉巴［Raba，他是马胡撒（Mahoza）的一位同时代的人物，流亡领袖玛尔·胡那三世和玛尔·亚巴的顾问］之间的众多面对面的激烈争论中的一次，便可以举一反三在列出前者曾大领风骚的六七个特殊的案例。在宗教年的某个庄严仪式这种特定场合，则往往套用一些最优秀的能够体现后《圣经》希伯来散文的标本作为祈祷文，但实际上它却不过是传统的礼拜仪式上整篇祷文中的一部

分而已。无论是喜欢幻想还是墨守成规的人，都会津津乐道地谈
起希律时代的两位对立的文化巨人希勒尔和沙马伊那反差鲜明的
个性——前者以性格可爱而著称，后者的性格则非常严厉而固执，
竟敢于同暴君本人相抗衡。有一位拉比还有一个特别的惯用语，
总是在进入学堂之前嘟哝一遍：一个人永远不要在喝酒之后对案
子作出判决；还嘲笑说胡那的孙子拉巴汇集了许多令人难以置信
的旅行者的小故事，简直比吹牛大王还吹牛，等等。正因为如此，
在经过激烈的论证之后，读者们也就吸收了许多大肆渲染的传奇故
事、零零星星的奇异科学知识和神奇的民间传说，而最终他们可
能会突然被某句不朽的格言所震动，如"世界靠学堂里孩子们的
呼吸维持平衡"；"当一个男人中年丧妻时，祭坛本身也会哭泣"；"即
使天国的声音也不能践踏逻辑"；"如果你有了智慧，你就有了一切；
如果你没有智慧，你就一无所有"；"'你要全心全意地爱上帝'——
甚至用你那更原始的冲动"，等等。

132

5

《塔木德》在犹太生活中的重要性［我们可以把它与同时代
的另一个巴勒斯坦编辑文本《米德拉什》（*Midrash*）①联系起来，

---

① 犹太教口传律法总集《塔木德》的组成部分，希伯来文的意思是"解释"、"阐
述"。它按照希伯来《圣经》各卷的顺序依次进行通俗的解释与阐述，并分别称作该卷
的"米德拉什"，如"创世记米德拉什""出埃及记米德拉什"等。《米德拉什》是一
部犹太教的通俗性典籍，内容分为"哈拉卡"和"哈嘎嗒"两种，前者有较高的权威性，
文体庄重而严谨；后者亦受尊重而更具趣味性。此书于公元 4~10 世纪写成，后附入《塔
木德》中。——译者

它对《圣经》中的故事进行了说教式和传奇性的润色加工］决不纯粹是学术上的。它是犹太民族许多许多代人智慧的结晶。它里面包含了希伯来思想的每一个方面、人类精神的每一个话题。它的编写时期正好同边远地区的独立生活中心的发展相吻合，而这些中心无论从政治上还是语言上都已经同原先的那个真正的核心隔离了开来。犹太人民正在迈向一个生存形式完全不同的生活阶段，他们将在那些他们的祖先从来没有听说过的国家中，去从事他们以前一无所知的职业，去面对过去从来没有意想到的各种困难。但是，他们却拥有一部法典，并且不只是宗教或律法的法典，而且是一部文明的法典。他们要带着它进入属于自己的新的生活。《塔木德》中如此细致地阐明和描述的生活方式，使得所有以色列人民融为了一个整体，无论他们在哪里，而且无论他们被分成多少政治派别，他们都已经无法分开了。它给了他们那种区别于他人的具有明显特征的印记，也给了他们异乎寻常的抵抗力和凝聚力。它的论证使他们的才智更加敏锐，从而赋予了他们一种不可思议的精神洞察力。

虽然这样说似乎有点夸张，但还远远不止这些。因为，当他们生活的那个多舛的世界变得根本无法容忍时，正是《塔木德》给了中世纪那些受迫害的犹太人另外一个避难的世界；当他们丧失了自己的国土时，它给了他们一方可以永远带在身边的故土。如果说在以后的漫长的岁月里，在任何别的民族都不能克服的环境中，他们仍然能够保持自己的独特个性，那么，首先应当归功于《塔木德》。

族长谱系

同代学者代表 （巴勒斯坦）		同代学者代表 （巴比伦）
西缅·本·舍塔（约前100年）		
沙马伊	希勒尔（前30~后9年）*	
	面缅一世	
	迦玛列一世	
	面缅二世（卒于70年）	
拉比约翰兰·本·撒该	迦玛列二世（80~110年）	
拉比约书亚 拉比阿奇巴	面缅三世（约135~165年）	
拉比犹大·本·巴巴	犹大一世（165~217年）	
	迦玛列三世（217~约235年）	拉布（亚巴·阿奇哈） 撒母耳 胡那
拉比迈尔	犹大二世（约235~250年）	
拉比西缅·本·约哈伊	迦玛列四世（约250~265年）	
拉比约翰兰 拉比西缅·本·拉奇什	犹大三世（约265~330年）	
	希勒尔二世（330~365年）	
	迦玛列五世（365~380年）	
	犹大四世（380~400年）	阿什（375~427年）
	迦玛列六世 （400年继位，415年停职，卒于425年）	
		拉宾那（474~499年）
		加昂
		纳特罗纳伊（853~856年）
		阿姆兰（856~874年）
		西玛赫（882~887年）
		萨阿迪亚（928~942年）
		设里拉（968~998年）
		哈伊（988~1038年）

*括号内所注年份为各族长或院长的相应活动时期。

57. 14世纪《塔木德》手抄本页面。原藏于德国国家图书馆，慕尼黑（目前存世的唯一《塔木德》古抄本）。

第三卷

大流散：425~1492 年

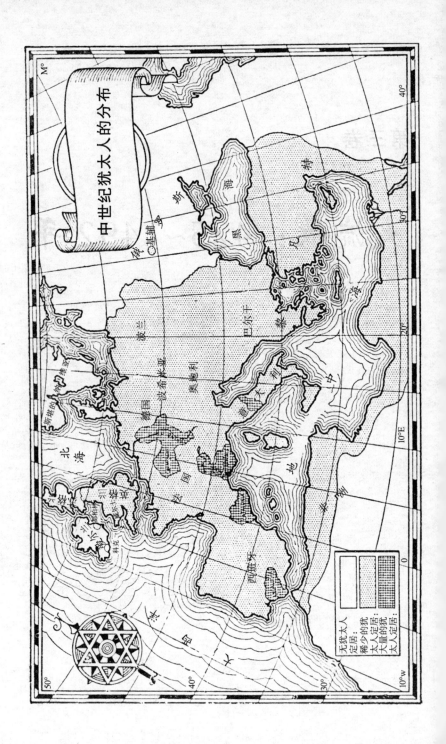

中世纪犹太人的分布

第 13 章　散居欧洲

1

早在亚述人和巴比伦人在巴勒斯坦土地上互相角逐的时期，犹太民族的祖先就已经同欧洲和欧洲人有了接触。甚至远在《圣经》时代结束之前，希伯来人就开始居住在希腊世界的周边地区。先知以赛亚和耶利米似乎还曾把"囚虏"中那些偏僻的分支想象为"大海中的小岛"一般遥远（《以赛亚书》11、2 等），这可能指的就是爱琴海群岛及其附近的沿岸国家。波斯人征服巴比伦帝国后，使得大批的犹太人处于一个同欧洲频繁接触的列强的统治之下。在《圣经》后面的一些篇章中，例如《传道书》，某些批评家还曾经追索到了明显的希腊化影响的痕迹。连绵不断的战争、国际的奴隶贩运以及不可避免的贸易往来似乎都在把居民们带往希腊及其各殖民地。在以苏斯（Issus）战役（公元前 33 年）之后，波斯帝国被亚历山大所灭，整个近东地区就已经逐渐希腊化，巴勒斯坦及其附近各中心区的犹太人明确地被划入了欧洲人的势力范围。

实际上，哈斯蒙尼家族的起义（本质上是一场反对希腊化的运动）第一次使得犹太人同他们最终的敌人——罗马有了接触。犹大·玛喀比和他的兄弟们派到意大利的使者为我们提供了最早的有关远至西端的犹太人以及我们知道名字的第一批欧洲犹太人存在的真实记载。紧随着这些开路人，后来出现了大量的永久定居者。有一篇报道模糊地记载了公元前 139 年（同西门出使罗马是同一年）罗马对犹太人的驱逐，因为他们曾试图以他们的宗教狂热污染罗马人的"习俗"（mores）。在庞培占领耶路撒冷（公元前 63 年）之后，巴勒斯坦实际上成了罗马的一个行省，并属于那一大片将罗马尊为首都的封邑式领土。

138

为了庆祝他的成功，庞培曾将圣殿里的金葡萄树和许多囚犯一起送回去，以炫耀他的胜利。根据当时的惯例，后者往往被卖为奴隶——一般是通过跟随军队的承包商这个媒介进行的。同样，从公元前 190 年起，在小亚细亚（由于接近美索不达米亚，它当时已经成为犹太人定居区的中心）发生的所有的罗马战争中，有数不清的犹太人被俘虏后沦为奴隶。在无数次的犹地亚起义中，情形也大体如此；而在公元 66~70 年的起义以及 132~135 年间的巴·柯赫巴战争时期，这一现象达到了高潮，战后的俘虏数以万计。这其中的大部分人可能去了意大利，其他的人则散居在从西班牙和高卢（Gaul）直到另一边的弗里吉亚（Phrygia）的整个帝国版图之内。但是，犹太人决不是什么好的臣民，这部分是由于他们喜好独立的性格，但更重要的因素或许是由于他们顽固地坚持自己祖先信仰的宗教习俗，例如不允许在安息日工作，不允许吃主人提供的食物，等等。因此，到最后买者往往很自然地放弃了这种看上去无利可图的交易。不仅如此，犹太人比任何其他的民族感受更为强烈的那种团结精神（的确，他们把"拯救被俘的人"看作是自己最基本的宗教义务）促使他们利用一切机会互相救助，以争得共同的自由。

　　当然，千万不要认为欧洲的犹太人定居点完全是来源于奴隶。商业虽然并不始终是最为突出的因素，但是比战争更具潜力。巴勒斯坦的商人当然同罗马帝国及全世界的首都建立起了联系。就像我们已经看到的，在亚历山大里亚这个地中海地区最大的商业中心，很早的时候就出现了一个相当大的犹太人聚集地。毫无疑问，在罗马的早期居民区中，有许多赶来经商的商人，这或许同埃及起重要作用的粮食贸易有关，并且在这两个城市中间的交通大路沿线，也已经出现了一些其他的商贸中心。

2

　　所以就西欧地区而言，犹太民族的"Diaspora"即"大流散"　139
可以追溯到很早的年代。现有的证据充分地表明，在希腊及其附近的岛屿上，早就有许许多多的犹太人，甚至在耶路撒冷陷落之前就是如此。在罗马，他们的人数是如此众多，以至于当公元前59年，著名的演说家西塞罗（Cicero）为弗腊克斯（小亚细亚的前巡抚官，他曾私吞了由当地社区为维护耶路撒冷的圣殿而筹集的大笔钱财）辩护时曾说，他十分怀疑是否法庭被蜂拥而至现场旁听的犹太人群吓怕了。据说，那纸废黜暴君希律的请愿书仅在首都一地就得到了不下8000名犹太人的支持。

　　既然当犹太人的国家还保持着一点独立的痕迹的时候，情况就已经如此，那么可以想象，当最后的悲剧发生之后，即巴勒斯坦变成了仅仅是帝国中的一个行省，并且连续不断的起义使市场上充斥

着奴隶的时候，这种流散已经发展到什么样的程度了。早在公元 2
世纪初，昔兰尼的犹太人就已经如此之众，以至于在巴勒斯坦的巴·柯
赫巴起义稍前，他们就曾揭竿而起，并且有一段时间还占领了整个
行省。几乎可以肯定，到公元 3 世纪的时候，这种渗透过程已经深
入到了最边远的省区。我们有绝对的证据表明，在意大利以及克里
米亚、斯基泰、达尔马提亚、法国和其他的地区，有犹太人存在的
地方多达四十余处。在西班牙，甚至在德国，他们的人数在 4 世纪
初就已经多到在立法中必须作为特例的地步。但是，那些有证据留
存下来的地区肯定只是少数。正如今天美国的每个城市都有一个有
几万人口，一个火车站和一个公共剧场的犹太社区一样，当时十有
八九在每一个重要到有自己的广场、马戏场的罗马帝国的都市里，
都会有一个犹太人的社区。因此到罗马帝国灭亡时，犹太人在欧洲
已经完全适应了，并且同从此以后对世界命运不管是在好的方面还
是坏的方面产生了重要影响的欧洲文明融成了一个整体。

3

140　　　在罗马人的统治下，犹太人的状况总的来说同帝国许多其他
的民族并没有什么区别。甚至他们远在巴勒斯坦的那些宗教同胞
不服管理的坏名声也没有太多地损害到他们的地位。从某种观点
来看，他们实际上已经有了某些特殊的权利。对罗马人来说，宗
教在生活中并不是最主要的。向神献祭是每一个正派公民的义务。
罗马皇帝本人就被作为一个神来崇拜。崇拜自己的心中之圣只不
过是爱国精神的一种表达方式，而不这样做反被认为是一种不忠

的表现。所以，对这个奇异的民族似乎格外地法外施恩，因为他
们的宗教不同于任何其他的宗教，这个民族讨厌崇拜任何的偶像，
并且随时准备反抗，而不是在圣殿里竖起加力果拉的雕像。也就
是从那时起，就再也没有人敢去重新试验一下了。

　　这并不是说犹太人很受欢迎。当时的一些诗人曾嘲笑过他们的
生活方式，并特别地挑出他们每七天休息一次这个奇怪的习惯作为
笑柄。但尽管如此，各个阶层的人还是系统地去研究犹太教的习俗。
对于一个普通的妇女，特别是普通男人来说，要担负《托拉》这副
沉重的担子并不是件容易的事。因而，大多数人都成了半改宗者，
但他们并不行偶像崇拜，并且在守安息日和戒禁食物这类事情上仍
然恪守着犹太教的传统。有一个时期，这种有点儿改型的犹太教似
乎非常时髦，特别是在妇女中间就更是如此。我们在书中可以看到，
在那些社会的最高阶层——有时在皇宫内院——都不乏追随者。

　　即使在犹太战争之后，犹太教仍然被认为是一种可以容忍的宗
教——的确，它是除了官方宗教之外唯一在法律上被认可的崇拜形
式。每一个继位的皇帝都赋予了它一些特别的权利，保护它的礼拜
仪式，甚至免除其信徒在安息日出庭。尽管公众还存在一些偏见，
但在立法上却并没有表现出来。犹太人所遭受的唯一不公，就是在
整个帝国所有的种族中，他们是唯一一个不得不每年向"犹太财税
局"① 进贡的民族——这是一个后来在中世纪被模仿到极为荒唐的程
度的先例。② 同样地，皈依（犹太教），或至少为生下来并不属于犹

141

----

① 参见上文第 110 页。

② 参见下文第 209 页。

太民族的人行割礼，则仍然是死罪，即使在废除了哈德良皇帝那条完全禁止割礼仪式的法规之后依旧如此。[①] 除了在这些方面之外，犹太人享有完全的自由。的确，在大都市中，他们不可能被提升到古罗马元老院成员的尊贵地位，因为这牵涉某种宗教上的仪式问题。然而，这却是一种使人反感的区分方式，通常令人害怕并尽力避免，因为（他们除了其他繁重的职责之外）在财产和人力方面，元老院的所有成员共同负责他们所居住的整个地区的税收，免除犹太人在这方面的权利必然会招致普遍的嫉恨。

当时还没有想到以任何方式来限制他们的活动范围。各行各业——从铁匠到屠户，从演员到乞丐——都出现了犹太人。那些自由人（libertini，即被解放的奴隶）享有民事权利，可以参加公众集会。他们确实不敢奢望得到最高的尊贵地位——到政府中任职，或当议员和骑士。但是这些自由人的孙子辈却成了完全意义上的市民（ingenui），同其他的人完全平等。最后在 212 年，由

58. "废除有关犹太税的恶意起诉"。涅尔瓦为修改有关犹太人的财税规则而铸造的钱币（公元 96—98 年）。

---

① 参见上文第 114—115 页。

于皇帝卡利卡拉（Caracalla）那项著名的法令，整个帝国中所有的自由居民无一例外地被赋予了罗马公民权。这实际上是出于财政上的考虑，目的是使所有的人都同样具有纳税的义务。但是，他们既然分享了公民身份的好处，当然同样也应该有相应的负担。从此之后，罗马帝国中的犹太人在各个方面都成了罗马的真正公民，与其余的人所不同的还有一两项特权，但除了交付那项特别税之外，并没有任何别的不公待遇。这种情形在欧洲并不多见，后来一直到 19 世纪，它才第二次流行开来。

第 14 章 基督教的辉煌

1

　　这就是在基督教的辉煌时期文明世界中的犹太人的状况。我们在前面曾经提到过约书亚①，即拿撒勒人（Nazareth）耶稣——一个在本丢·彼拉多担任罗马巡抚时在耶路撒冷被处死的加利利的宗教改革者和传道士。他是这个时期因为勇于为他们的民族事业战斗的许许多多被罗马当局以同样的方式处死的人士之一。在拿撒勒人耶稣的身上，存在着双重的气质。一方面，他声称自己是人们期望中的弥赛亚，要把他的人民从外国的束缚中拯救出来；而另一方面，他恪守着那些作为希伯来历史上特色产物的道德和社会改革家的传统。

　　当他周游全国时，他敦促人们改善自己的生活方式，以古代以色列先知的精神，强烈地抨击富人对穷人的剥削，以及在他看来形式上对宗教的高压政策。他讲授上帝的仁慈和人类的友爱；讲授为宽恕自己的罪孽而真诚忏悔的无尽力量；讲授即使最卑微、最无知的人身上都可能存在着的那种神圣之处；讲授对于那些绝

---

　　①　参见上文第 97 页。

对忠于信仰的人永远不会失去的完美无缺的生活意义所在；他还讲授在上帝面前最强大和最卑微的人之间的完全平等。很显然，他的教义并不是独创的。他模仿并进一步阐述了当代拉比们的教义，因为他从小就在家乡拿撒勒的犹太圣堂里听到过多次。然而，他却以一种全新的方式展示出来，根本不受礼仪规则的约束，并由于不断地借用那种魅力不衰的寓言比喻，从而使他的演讲活泼而生动。

在这样的环境下，任何人都可能使自己陷入四面楚歌的境地。　143他受到罗马人的攻击，因为他所宣称的政治抱负已经威胁到了他们的统治；他受到那些颇为得势的宗教领袖的攻击，因为他毫不留情地谴责了他们的行为；他受到祭司阶层的攻击，因为他试图通过暴力加速圣殿管理体制的改革；他还受到了有钱阶级的攻击，因为他的言论代表了全体穷人对富人的诅咒。

当他在十字架上死去时（这是犹太人极为厌恶和时常诅咒的一种罗马刑罚），人们曾认为，像他许许多多的同代人死后的情形一样，他的影响也将随他而湮灭了。但是，他的个性魅力无疑达到了极点。追随他的那一小股门徒一直在怀念着他以及他的理想，并期待着他的再次降临，以完成他所未竟的事业。他们周围逐渐地聚集起了一批新的追随者。在讲希腊语的安条克，敌对者根据他们所追随的教义的创立者"Christos"，即"受膏者"（弥赛亚），轻蔑地称他们为"基督徒"。就像许许多多其他的名字一样，这个名字一开始只是一种贬称，但随着它的广泛采用，包含在这个名字中的新宗教所代表的希伯来理想后来便成为西方世界共同遗产的一部分。

　　事情于此时发生了转折。当时，塔尔苏斯（Tarsus）[①]有一个名叫扫罗（后被外界称为保罗）的做帐篷的犹太人从耶路撒冷出走，当走近大马士革时，闪念间他突然变得对那位已死去的领袖以弥赛亚自命深信不疑，而他在此之前还曾一直在激烈地反对耶稣的那帮追随者。从此之后，他成了这个圈子里最杰出的同时毫无疑问也是最狂热的人物之一。由于他身上如火的信念、不灭的勇气以及个性的巨大魅力，他成了一位无与伦比的教义传播者。很少有一位犹太人能够对世界产生过像他这样的影响。可能正是由于他而不是别人的缘故，基督教才呈现出我们现在所看到的样子，并最终漫卷了整个世界。

　　保罗曾做了一系列的传教旅行，竭力为这项新的事业争取更多的信徒。有关他漫游叙利亚、小亚细亚、希腊和意大利的记载要比这一时期任何其他的文献都更为生动，充分表明了在耶路撒冷陷落之前犹太社区的数量及其分布情况。凡所到之处，他都要找一个犹太圣堂作为他活动的地点，随之便成了他的一个传教的中心。但是，他逐渐意识到，在犹太律法的约束下，基督教是不可能取得进展的，因为其信徒必须要行割礼，并遵守复杂的食物禁忌。因而，他颇为矛盾地但却毅然决然地同过去决裂了。《旧约》中的礼仪规则被取消。基督教中包含的最基本的希伯来教义同希腊世界的哲学概念以及当时渗透进整个罗马帝国的神秘思潮渐渐地融为了一个整体。

　　这种综合而成的教义有着广泛的吸引力，并且立刻获得了成

---

　　① 《圣经》中译为"大数"。——译者

功。它在本质上是一种抚慰式的宗教，只要在现世奉行一种单纯的信仰和正直的生活，而不需要附加任何苛刻的习俗规则，来世就可以给你无尽的补偿。它很快就吸引了大批半同化的希腊犹太人和经常出入犹太圣堂的半改宗者，同时也吸引了许多对传统多神教的空洞的礼节俗套感到不满的人。尽管有时会遭到迫害，但它的信徒人数很快就数以万计。最终，连皇帝本人也采纳了这种新兴的教义，不久就成了罗马帝国的官方宗教。

公元 313 年由君士坦丁大帝在米兰发布的著名的《宽容敕令》——内战期间玩弄的旨在抗击马克西米安（Maximin）、以加强信徒们的凝聚力的政治手腕——标志着基督教占统治地位的开始。[①] 它标志着在思想领域古典时代的结束，并且从这个意义上来说，它被认为是古代和现代之间的真正分界线。在新的法律条款中，犹太教同其他的宗教都一体包括在内。因而，它仍旧维持了在司法上的地位。但事实上，它很快地就开始衰落了。基督教虽然占有主导地位，但还不够自信，难以显示出真正的宽容。在某些方面来讲，这两个宗教之间的界限还不太明显。因此，教堂的神父们长期一直都在不懈地努力，以使得这种界限更清楚、区别更明显，从而防止基督徒继续遵守犹太习俗，因为他们往往在不知不觉间就可能陷入犹太人的影响之中。不仅如此，基督教还仍然把犹太教看作一个危险的对手，如果不能禁止，至少也要把它压制下去。这种态度体现在一系列的基督教公会议通过的法令之中，特别是

---

① 君士坦丁只是在公元 337 年弥留之际才施了洗礼，因此，从严格意义上讲，认为他的《米兰敕令》同他皈依基督教同时发生的观点是不准确的。

公元 325 年的尼西亚（Nicaea）公会议。在这次会议上，颁行了新
145 的历法和宗教周制，以防止继续在这个问题上发生混乱。

　　从此，政府当局就几乎完全采用了这种教权政策，而这一政
策立即在帝国的法令中体现了出来。犹太教在过去曾经一直被看
作是"一个著名的宗教，当然是准许的"，而此时却成了"渎圣
的一群，恶毒的一派"。在 315 年，它的信徒受到恫吓，如果他
们胆敢迫害那些改信真正上帝的宗教的皈依者，就把他们烧死。
不久之后，他们一直享有的市政职责豁免权也被取消。339 年，他
们被禁止拥有基督徒奴隶，或是让异教徒改信他们的宗教。那些
改宗者以及劝使他们改宗的人受到了死刑的威胁。犹太人和基督
徒之间的通婚被严格禁止，违者将处以极刑。而叛教不仅受到保护，
甚至还得到鼓励。

　　君士坦丁的儿子小君士坦丁比他的父亲尤有过之，甚至禁止
拥有任何异族的奴隶。当然，这样做并不是出于人道。对这种奴
隶制度，教会也并不反对。[①] 然而，这一时期的整个经济结构都是
依赖于奴隶的劳动，实行诸如此类的规章无非是要把犹太人赶出
普通的生活行业。在"背教者"朱利安（Julian, 361~363 年在位）
的统治下，曾出现了一段短暂的缓和。这与其说是因为他对犹太
教的友好的感情，倒还不如说是由于他对基督教的反感。他最后
甚至连"犹太财税局"的档案也销毁了[②]，并且（正如我们所看到
的那样）还动过在耶路撒冷重建圣殿的念头。当他去世后，又完

---

　　①　参见下文第 166—167 页。
　　②　参见上文第 110、140 页。

59. 罗马犹太儿童与宠物狗。石棺盖。罗马拉特兰博物馆。

60. 雕有守护神围护着七烛台图案的犹太石棺。罗马国家美术馆。

61. 罗马的犹太墓穴。公元2世纪。

全复辟了过去的反动政策，并在皇帝狄奥多西二世（Theodosius
Ⅱ，408~450 年在位）①——"宗教法庭的第一个基督徒审判官"——
执政时达到了高潮。在 438 年，他极其严酷地把犹太人赶出了所
有的公共机构。他那部著名的法典几乎包含了当时所有盛行的反
犹观点和法规，从而成为后来欧洲法学的基础。因此，这些事件
潜移默化地成为即将来临的中世纪黑暗世界的法律背景。与此同
时，在公元 5 世纪初，随着一场针对古老的亚历山大里亚社区的
暴行的发生，从而开始了无休止的一系列由基督徒导演的大屠杀。
在整个帝国中，那些狂热的基督教牧师煽动暴徒破坏犹太圣堂，
并把那些在里面做礼拜的人驱赶到教堂里去。正是在此时，在罗
马统治下于公元伊始曾一度繁衍兴盛的犹太人口减少到了在数量
上微不足道的地步。

2

　　西罗马帝国在外国侵略的混乱状态中摇摇欲坠。410 年，罗马　　146
受到了亚拉里克（Alaric）率领的游牧族人的围攻。像整个人类历
史一样，我们对于随后而来的中世纪黑暗时代迷雾笼罩下的犹太
历史的了解是非常模糊的。那些日益衰微的犹太社区肯定一直在
西班牙、北非地区、法国和意大利等地继续留存了下来。在长期

---

　　①　他是狄奥多西一世的孙子，8 岁即接任父亲的皇位。在位时曾四处征战，但败多
胜少，以拥戴和祖护基督教而闻名于世。对于宗教性法规，他颁布和实行的更为全面而严厉，
但却并不是完全针对犹太人的，而是旨在镇压基督教之外的所有异教。——译者

连绵不断的战火中，他们肯定同其他的人类一样，受尽了种种苦难的煎熬。只是当这些野蛮人定居下来，并接受了基督教之后，才出现了一段比较平静、相对清晰的时期。总的说来，这一时期对犹太人的影响是不利的。在此之前，犹太人一直同被征服的罗马人一起被看作是新政权的天然敌人，完全被排斥在普通的国家机构之外。但是，那些被征服的罗马人此时已经变成了基督徒的同胞和兄弟，因而把劣等的地位只留给了犹太人。

此时出现了唯一补救的希望。在许多情况下，这些野蛮人都感到由于阿里乌斯（Arian）形式的基督教是一种更严格的一神教，同所谓的"天主教徒"所持的"三位一体"教义截然相反，因此反而吸引了他们。所以他们常常善待犹太人，目的仅仅是取得他们的支持以反对他们自己的敌人。我们看到，在当时的整个意大利，犹太人受到了东哥特（Ostrogoth）国王西奥多里克（Theodoric）的保护，而当那不勒斯被贝利萨留（Belisarius）所包围时（555 年），还曾为保卫它而英勇地战斗过。但不幸的是，这种阿里乌斯主义注定不会取得成功。天主教的胜利只不过是一个时间问题罢了，而到了 6 世纪，它确实最终出尽了风头。

3

正统的基督教，无论是在拜占庭人统治下的东方形式，还是在罗马教皇的支持下的西方形式，都远不如那些教会分裂分子显得宽容。从 590 年到 604 年，伟大的格里高利（Gregory）教皇树立了让后人逐代效法的样板，并且直到中世纪末一直是基督教欧

洲的规范。在《教皇训谕》中，他总结并重新阐述了晚期罗马帝
国的理想。他并不鼓励积极的迫害行为。但他认为，犹太人为《圣
经》的真理提供了不容更改的证据，并且在他们横遭贬黜的过程
中已经最终证明"有罪"（由于被认为是有史以来最严重的犯罪
而获罪），因此必须受到惩罚。不仅如此，他还是《圣经》部分
原始文本和阐释文献的保管人，认为应该欢迎并争取他们皈依，
但是要通过和平的手段，所以他反对强迫式的洗礼。犹太人可以
享有做礼拜的自由，并保留自己的圣堂，虽然不允许他们另建新的，
也不允许装饰旧的。另一方面，他也不赞成他们再冒出什么新的"无
礼勾当"。皈依犹太教一方的改宗行为被明令取缔。任何情况下
都不容许拥有基督徒奴隶。禁止基督徒去模仿犹太人的祈祷仪式，
甚至也不允许雇佣犹太医生，因为他们可能从肉体上（并且最终
从精神上）控制他们的病人。世俗的统治者们受到严厉警告：无
论多么不重要的职务，均不得任命任何犹太人担任。

　　在写给北至法国、南到西西里的一系列的信件中，教皇都申明
了这一方针。然而，下属的教士们却几乎不能鉴别其中的细微差别，
更不用说那些无知的行政统治者了。在法国这个甚至在罗马时代
早就定居着众多犹太人的国家，在当地的主教领导下，发生了一
系列的攻击性行为，某些情况下甚至出现了集体洗礼（尽管教皇
不同意这种做法）。同一时期的拜占庭帝国（除了亚洲的旧罗马
行省之外，还包括希腊、意大利南部和北非地区）中，在那些聚
集在伊斯兰教大旗下的阿拉伯部落的不时攻击的威胁之下，反动
的情形甚至更为黑暗。皇帝希拉克留（Heraclius, 610~641 年在位）
甚至走得更远，竟发展到完全禁止犹太教的公开活动，并似乎试

147

图促使整个欧洲都来仿效他的这一杰作。不管怎么说，在这一时期，在西罗马帝国所有的那些罗马天主教刚刚建立起来的国家中，都同时发生了迫害性的活动。在高卢，达革伯特（Dagobert）国王于公元 626 年曾下达命令，全面地驱逐所有的犹太人，而只有那些同意接受国教的人除外。在他的邻邦勃艮第（Burgundy）地区以及伦巴第（Lombardy）王国（位于意大利北部），也采取了一种类似的政策。但是它们远不如西班牙，那里的反动声浪达到了最高潮。

　　犹太人很早就定居在西班牙，传说从第一圣殿时期就已经开始了，并且肯定是在耶路撒冷被提多焚毁之前。在公元 4 世纪初叶，他们的人数已经如此之众，以至于在埃尔维拉（Elvira）召开的公会议认为，有必要通过特殊的法规来阻止他们同基督徒邻居之间据认为已经非常盛行的那种过分亲密的关系。在西哥特人（Visigoth）统治下，这个在罗马帝国的殖民地废墟上建立起来的政体接受了阿里乌斯形式的基督教。此时，犹太人几乎没有什么理由再抱怨了，并且似乎确实已经享受到了特别的恩惠。但是在皈依之后，他们的统治者迫不及待地就表现出了那种新入教者所特有的迫害狂热。在 589 年，当里卡尔德（Recared）国王接受了罗马天主教后，盛行一时的教权法规在西班牙得以付诸实施。犹太人被禁止拥有奴隶、族外通婚和重新皈依犹太教，否则将受到最严厉的惩罚，并且他们被排斥在国内任何有权势或重信誉的职位之外。后来的统治者也只不过稍微宽容一些罢了。但是从 616 年开始，当西塞巴特（Sisebut）国王登基后，黑暗就完全降临了。在大约一个世纪的时间里，犹太教的公开活动被绝对禁止。在托莱多（Toledo）召开的一系列基督教公会议上，由国王亲自主持制定了详细的法规。根据这些法规，可以使以前的犹太人及其子孙彻底放弃他们祖先的宗教信仰。他们的孩子则被掳走，送到正统天主教家庭中去抚养成人。

自然，在大多数情况下，皈依新教只不过是一种伪装。在家里的私密空间中，他们仍然尽最大可能地继续奉行着犹太人的各种习俗和礼仪。然而就官方来讲，除了偶尔的短暂缓和之外，一直到西哥特人统治的最后的日子，西班牙的犹太教实践活动始终都是被禁止的，那些顽固坚持的人大多被流放。在当时，迫切需要的是一场普遍的大变革，以使得西班牙的犹太人恢复自由，并开创他们更为辉煌的新时代。

62. 大师与弟子们。希伯来寓言集的木刻插图，1497年。

第15章　伊斯兰阶段

1

在公元 622 年的春天，一个忧郁的阿拉伯人骑着骆驼从他的家乡麦加城（Mecca）逃了出来，从而开始了伊斯兰教的历史。对于穆罕默德本人来说，犹太人并不陌生。早在他之前，阿拉伯半岛就已经对他们非常熟悉了。在公元 5 世纪，也门的统治者皈依了犹太教。他的王国一直是半犹太式的，直到 525 年在阿比西尼亚人（Abyssinian）和拜占庭人的联合攻击下陷落。① 在阿拉伯半岛的西北部，即使在这一时期之后，犹太人仍然势力强大，人数众多。像他们的邻邦一样，他们也分成了部落，并且互相之间时常发生战争。据说他们曾把"枣椰树文化"引进了这个地区；而在城镇中，他们以金银匠和手艺人而闻名遐迩。几处绿洲和一些城市［曾一度包括麦地那（Medina）本身］完全掌握在他们手中。他们的男诗人和女词人都很有名气，并在阿拉伯文学的编年史中一直记载下来。他们同邻居们的关系一般都很友好，而许多邻居都为犹

---

① 极有可能，阿比西尼亚（即埃塞俄比亚）的法拉沙人（Falasha）便是这一事件遗留下的残余。

太教的教义所吸引。他们的民间故事已经成为整个国家的文化背景的一个不可分割的组成部分。

当穆罕默德开创了他的新宗教时，他把犹太人看作是最容易被普及的人群中的一部分。同犹太教一样，这个宗教也坚持严格的一神教，坚持奉行诸如割礼之类重要的仪式，坚持禁食的法规，坚持对圣城耶路撒冷的崇拜。这位先知的言行后来被收录进《古兰经》(Koran)，其中包含了大量的犹太历史和传说，而这是他（像他的许多同代人一样）从青年时起就早已熟悉的。然而，使他感到极为失望的是，犹太人却拒他于千里之外。在一开始，他不得不容忍他们。但是，当 624 年他在巴贾（Badr）取得了对麦加居民的伟大胜利之后，他的态度就完全改变了。麦地那的犹太人受到突然袭击，然后被流放。接着，一个又一个的独立的犹太部落陆续受到攻击，并且在大多数情况下被驱逐、灭绝，或强迫接受伊斯兰教。那些被允许留下来的人是有条件的，就是把他们所有的农产品的一半进贡给他们的这位征服者。因此，这个新的宗教开始实践它的口号："只有一个上帝，穆罕默德就是他的先知。"

直到 632 年去世，这位大先知一直奉行着这种方针。第一位哈里发（Caliphs）就把他的政策推向了逻辑上的极限，从而将隶属于他们的大部分国土上的犹太人和基督徒统统驱逐了出去。然而，在奥玛尔（Omar）王朝的统治之下，阿拉伯部落逐渐从半岛上向外扩展，并且开始了令人震惊的征服活动，后来曾一度把当时已知的半个世界降服脚下。在以后的几年之内，埃及、巴勒斯坦、叙利亚、美索不达米亚、波斯——所有近东地区的犹太人口和文化的传统中心——逐一惨遭蹂躏。对于哈里发来说，是不可

150

能像对待阿拉伯半岛的那些非穆斯林一样，以同样丧心病狂的、虽然极其符合逻辑的方式去对待已经屈从于他的统治的这么一大群非穆斯林的。如果他不打算让自己新领地的人口有所减少的话，那就不得不更宽容一些。因此，伊斯兰教对于其他宗教的信徒的官方政策发生了彻底的转变。的确，他们必须要服从一些令人烦恼的限制，其中绝大部分似乎是取自于过去一直处于基督徒统治下的那些行省中专为对付犹太人而颁行的法规。如果他们谩骂大先知，或引诱他的追随者背离他们自己的宗教信仰，就要受到严厉的惩罚。他们要穿与众不同的服装；他们要交付沉重的人头税；他们不得拥有武器或是骑马；他们被排斥在所有的公共职务之外；并且禁止他们建立新的礼拜堂。但从此之后，他们至少被允许生存了下来，并且获准可以进行宗教实践活动。随着时间的推移，这种种限制逐渐被忽视，虽然时不时还会猝不及防地重新冒出来。但是，在后来的若干个世纪里，伊斯兰教的基本宽容政策（更注重实际而不是理论）在犹太历史上一直是极为重要的因素之一。

2

151　　　在当时，最重要的犹太人口中心仍然是美索不达米亚。在那里，古老的犹太学堂依旧十分繁荣，而且对《塔木德》时代一直记忆犹新。对于新的阿拉伯统治者来说，他们很自然地会利用现成的体制来处理同自己臣民的关系。就犹太人而言，最明显的中介就是那些流放者的首领了，因为他们不仅由于政治地位，而且由于传说是大卫的后代而受到其宗教同胞们的尊敬。这个尊贵的地位得到了新统治者的正式认可，其任职者被赋予内部司法权，以及颇受东方人青睐的那种令人瞩目的特权。时至今日，尚存有关于环绕着这个职位的无尽辉煌的生动记述。我们可以看到，当时的流亡领袖去拜访哈里发时，他要由犹太人和穆斯林共同组成的大队骑兵护送，前面还有先行官为他高声开道。他穿着奢华的礼服，表现出半国王式的尊贵。当他出现在宫廷中时，哈里发要站起来迎接他，并总是让他在自己对面的王位上就座，同时，其他当朝的王子们都要站起来向他致意。大量的传奇故事特别地描绘了波斯提那伊（Bostenai，卒于 660 年）这位新型制度下第一个流亡领袖的情况，直到该王朝最后衰落，这个职务都一直由他的后裔担任。

几乎同流亡领袖一样，苏拉和帕姆贝迪塔两个学院的院长也极受公众的敬重，并且在后人眼中比前者还要略高一筹。在这两所学院中，仍然保留着前一个时代的优秀学术传统。当时，这些知名人士被称为加昂（Geonim），即"精英"，而这个时期则被普遍记为"加昂时代"。在各自的学院里，他们不断培育并发展了在他们之前的那些"口头律法"的阐释者的传统。犹太教的中心已经不再局限于美索不达米亚及其邻近的国土。犹太人漫游的足迹遍及四面八方，同东罗马的那些大型犹太人口中心也不再只是私人关系。但是不管他们到哪里，他们仍然需要在一些同犹太律法和宗教有关的问题上得到指点。因此，他们自然而然地向美索不达米亚的圣哲们请教（常常带着用于维护各大学院的捐赠）。加昂们把越来越多的精力花在了通信方面，他们的信件几乎寄到了世界上的每一个角落，从西边的西班牙、德国一直到南边的摩洛哥和埃及。加昂们的这些"Responsa"即《问答录》（对他们往来信件的通称）涉及犹太教本身感兴趣的每一个题目：对《圣经》的评注、对《塔木德》的阐释、宗教问题、婚姻规则、商业律法，等等。已知的最早犹太礼拜的形式 [1] 和第一部犹太文学史 [2] 就是由在任的加昂以答复被称为"远西时代"（Far West）的那些好学的学生们咨询信件的形式写成的。大约在 885 年，当一个富于幻想、自称为"但部落人"埃尔达（Eldad）的骗子来到北非，详细地记述了"失踪的十个部落"（他声称自己属于其中之一）的状况和风俗习惯时，凯鲁万的圣哲们就是向加昂西玛赫（Zemah, 879~885年在任）请求指点的。我们目前所了解的这一时期的历史和文学中的绝大部分内容都是通过这种独特文学形式的媒介而保存下来的，从而使其中所记载的美索不达米亚犹太民族的传说逐渐为欧洲正在兴起的那些聚居区所了解。

　　加昂同流放者首领之间的关系并不总是十分融洽的。前者认为，自己是上帝律法和时代传统的图书馆兼阐释者，因而地位应当高于任何政治官员。后者则有时认为，他的竞争对手冒犯了无疑属于自己的民事和司法特权。因而，当流放者首领在某种程度上本身恰好就是一位学者，可以以自身的学术实力同加昂抗衡时，问题就会变得更加尖锐。有时，争论的焦点是围绕国外的献金问题。加昂们主张根据需要把钱拨给各学堂和那些上学的人，而他们的对手则认为，这种钱应该广泛地用于支持美索不达米亚的整

---

[1]　由加昂纳特罗那伊（Natronai, 853~856 年在任）及其继任者加昂阿姆兰（Amram, 856~874 年在任）两位在答复来自西班牙的询问的信件中写成。

[2]　指加昂设里拉（Sherira, 参见下文第 156 页）的那封著名的信件，于 910 年送出，专门回答凯鲁万（Kairouan）地区圣哲们的一次咨询。

个犹太民族及其建立的研究院。一方是为了显示自己的学术实力，而另一方则威胁要把对方逐出教会，这种吹毛求疵的争论不由使人想起像亨利二世（Henry Ⅱ）这样的中世纪统治者同他的坎特伯雷大主教之间的激烈斗争，只不过有一些重要的不同，就是当时存在着《托拉》这样一个外在的客观权威；并且对世俗势力的反对意见是出自知识领袖，而不是宗教领袖；而逻辑则代替了教条作为最终评判的依据。

153

3

加昂们所面临的最迫切的问题就是分立的卡拉派（Karaite）的兴起。在犹太人民中间，一直存在着两种倾向：一种认为犹太教是一种生动的、有机的传统，虽然在不断地成长和发展，但本质永远是相同的，由每一个时代的拉比和老师作为具体代表；另一种则认为它是固定的、不变的，最终只能体现在特定的律法大全中。在第二圣殿时期，前一种的观点是由法利赛派来代表的（正如我们在前面所看到的那样），后一种的观点以撒都该派为代表。耶路撒冷的陷落以及随之发生的献祭崇拜的停止（这对他们来说是极为重要的）结束了撒都该派作为一个独立教派的存在。但是完全可以想到，他们所代表的思潮仍然继续留存了下来。在《塔木德》时期，我们很少，或根本没有听到过它的动静；但是，在被阿拉伯人征服之后，它又重新露面了。

仔细研读《古兰经》原文并拒绝任何增补的伊斯兰教派无疑树立了一个榜样，同时也提供了一种刺激。整个哈里发统治区都

充满着宗教冲突、哲学投机和政治动乱的因素。不时会冒出一些
伪弥赛亚［最著名的就是一个叫西弗卢斯（Severus）即西伦尼
（Serene，约 720 年）的叙利亚人，他的名声曾传遍四面八方］，
他们为了证明自己有权采取独立的行动，差不多每次都是公开地
反对拉比的权威性。以这种方式形成的教派往往来得快，去得也快，
并没有留下什么。然而，却有一个教派不仅保持了下来，而且有
很长时期实际上威胁到了拉比犹太教的存在。

　　根据这个新团体的反对者们的说法（所以不能单纯从字面上
去理解），宗派分立是由 767 年关于承继流亡领袖的尊贵地位的
争议而引起的。失去希望的候选人安南·本·大卫（Anan ben
David），当看到自己落选而形势对一个较年轻的兄弟有利时，便
组织了一个由自己控制的敌对团体来寻求安慰。他完全拒绝拉比
的权威，因为正是他们的反对使他失去了觊觎已久的高位。他谴
责《塔木德》是骗人的玩意儿，而那些追随它的人是伪君子、大
骗子。他拒绝承认阐释犹太律法和风俗习惯的传统的重要性。他
只承认《圣经》（Mikra）的权威性，因此他的信徒被称为 "B'ne
Mikra"（恪守经文主义者）即 "卡拉派"，而他们的对立派则得
到了拉比派（Rabbanites）的称号。

　　在安南·本·大卫的领导下，由于只是按字面解释《圣经》，
这一新的教派枯燥无味、刻板守旧到了极点。它几乎禁吃任何的
肉类，安息日一律不准点灯或举火，病人请医生被认为是一种不
恭。另外，还采用了上百种其他几乎是难以实行的限制，而所有
这些条条都是以《圣经》作为根据的。然而，后来的许多老师——
特别是尼哈温（Nehawend）的便雅悯（大约 830 年）和但以理·阿

库米西（Daniel al-Kumisi，大约 900 年）——则显示出更多的仁慈与远见，并且借用了那个"可恨的"拉比派的一些方法和观点。由于同穆斯林世界流行的观念相一致，犹太教的各种新读本立即大大发展起来。它得到了外部世界的一致认可，并且在文化水平较低的犹太人中赢得了成千上万的追随者。虽然这些人不懂拉比们的繁琐论证，但却可以把《圣经》放在手边随时查阅。这场运动从美索不达米亚一直波及周围的国土。它在巴勒斯坦建立了一个立足点，在埃及拥有一个势力强大的聚居区，甚至在遥远的西班牙都赢得了不少的信徒。它是犹太教在过去多少个世纪里所碰到的最大的敌人，它甚至比耶路撒冷的陷落更大地威胁着犹太传统的生存。拉比犹太教之所以没有沦为一个微不足道的教派，在很大程度上应当归功于一位重要人物的不懈努力。

他就是最伟大的加昂萨阿迪亚·本·约瑟（Saadiah ben Joseph, 882~942 年）。他出生于埃及，作为日趋衰落的苏拉学院的院长于 928 年被召到了美索不达米亚。他意识到，必须用他们自己的武器来同卡拉派进行战斗。在此之前，该学院一直自我满足于阐释《塔木德》和犹太律法，而忽视了文化生活中的新趋向。卡拉派所借助的是理性，因而必须去追寻他们的理性基础，才能了解他们，并最终击败他们。既然他们利用《圣经》来反对《塔木德》，拉比们就必须再次把注意力转到《圣经》上去，并揭示出其中隐含着的犹太传统。萨阿迪亚潜心研究当时的整体文化，吸收了由他的阿拉伯同代人所讲授的古希腊哲学观念。对他来说，犹太教是一个不可改变的宗教体系，因此没有必要使它去适应时代的要求，但必须用现代的术语对它进行重新阐释。从此，他便以惊人的勤奋和条理开始实行这项计划。

甚至在他赢得最高荣誉之前，在一场争论中，新任加昂在确定历法问题上曾捍卫了美索不达米亚学者（甚至高于巴勒斯坦学者）的至高无上地位，并一直沉醉于胜利之后的沾沾自喜之中。此时，萨阿迪亚有条不紊地开始了一系列抗击卡拉派的工作。一部又一部的作品问世了，其中论述了争论中的诸多具体问题。他把《圣经》译成了当地的阿拉伯语（如今在一些讲阿拉伯语的国家中依然是一部经典之作），从而将论战引入了敌人的领土。当时，你不可能再去说那些严格遵循《塔木德》的犹太人不知《圣经》为何物了；某些附在《塔木德》中的注解同原先只出现在《圣经》中的专用词汇结合了起来，从而进一步阐明了某些传统的神学诠释的思想。一部名为《信仰与评价之书》（古典希伯来版本称为"Emunoth veDeoth"）的阿拉伯语文集为传统的犹太教提供了形而上学的基础，同时也为犹太哲学奠定了基础。他的其他著作都可以称得上是诗歌、宗教礼仪和法学等领域中的里程碑。因此，他成为希伯来学术界几乎每一个学科的伟大先驱。

萨阿迪亚的最后几年因同当时的流亡领袖发生了激烈争论而饱受困扰之苦。但是，到他躺进坟墓的时候，他终生为之呕心沥血的这场伟大战斗几乎已经必胜无疑。当然，偶尔还会出现相互仇视、过激行为和内部争吵。但是，卡拉派的事业从此已告失败，只不过用它那种原始的枯燥无味在垂死挣扎而已。如今在埃及、波兰，尤其是在克里米亚仍然能够找到这一教派的信徒。但是，自从在苏拉学院这位伟大的加昂指挥下受到沉痛打击之后，他们的人数和影响一直在持续地减少。① 这场运动所引起的反改革趋向的确对犹太教产生了深远的影响。犹太哲学的产生,《圣经》研究的复兴,人文科学的研究以及把传统置于理性而不是纯粹人为基础之上的尝试,都可以追溯到这一时期。如果在以后的岁月里,犹太人在学术上对巴勒斯坦的兴趣有所减弱之后,热情的人们却仍然把脚步重新迈向自己祖先的国土的话,那么,开创了一丝不苟地恪守《圣经》诫命的卡拉派这个榜样的力量或许就是引起这一切发生的一个不容忽视的因素。

156

从萨阿迪亚时期开始,美索不达米亚的犹太人定居区便迅速地衰败了。阿拉伯半岛及其毗邻的国家逐渐变得越来越贫瘠,以至于不能养活这里的人口了。因此,这些居民逐渐地被迫到别的地方去谋生。或许正是由于这一点,在很大程度上刺激了阿拉伯人着手扩张自己的家园而开始对外征服的活动。对于犹太人来说,这个因素也起到了同样的作用。一个接一个的家庭离开了自己的祖先从远古时代起就一直居住着的地方,去到新的土地上寻找他们的发展机会。生活仍然沿着旧的轨道运行。犹太人仍然是农民、商人和手工艺者。我们知道有一些宫廷银行家,他们在巴格达起过非常重要的作用。流亡领袖的地位仍然一代又一代地承继下来,一位加昂后面还是一位加昂。像设里拉(968~998 年在任)或他的儿子哈伊(Hai, 998~1038 年在任)这样的学者,仍然当之无愧地维护着古老学院的学术传统。然而,他们写给世界上那些最边远的

---

① 在本(20)世纪初叶,他们在克里米亚的人数已经不超过一万人,而其他地方加起来也不过此数。第二次世界大战中几乎没有幸存者。

散居点的大量"答问"表明，此时他们所关心的主要是为了满足那些新的犹太定居点的学术需求，而不是继续发展他们所主持的学堂里那种仍在沿用的传统。因此，哈伊是最后一位伟大的加昂（的确，长期以来，都认为他实际上是最后的一位）。当他于 1038 年去世后，这个职位便由学者型的流亡领袖希西家（Hezekiah）担任。由于一场大规模的迫害，希西家不久之后就死去了，而这两个职位的重要性也就随之结束了。又过了两三百年，直到 13 世纪末甚至更晚的时候，在美索不达米亚、叙利亚、巴勒斯坦和埃及等地，曾出现了一系列的冒名者或模仿者，继续以各种名义唤起人们对过去辉煌的回忆；但是，他们相互之间常常出现的嫉妒行为的确让人感到悲哀。他们的重要性是微不足道的，其影响也基本上是属于局部的。直到 13 世纪末叶，在被蒙古人（Mongol）征服之后不久，曾出现了最后一点小小的辉煌。当时，有一个犹太医生索德·阿杜拉（Saud al-Daulah）出任了巴格达及其周边地区的行政官。在经过两年高效率的统治之后，他于 1291 年被暗杀。这一事件成为他的邻邦向犹太人发动全面攻击的信号，结果使那些古老的社区遭到彻底破坏。当不久之后蒙古人接受了伊斯兰教时，正统的穆斯林反动势力取得了最后的胜利。然而长期以来，在犹太人的生活中，这只不过是一个小小的回流而已。11 世纪的前半叶无疑是美索不达米亚犹太民族的文化和政治统治的最后阶段，也是从"第一次大流放"时期就已经开始的传统文化链的中断期。但是，在求知的火炬从他们疲乏的手中掉落下来之前，加昂们已经成功地把它传给了远在西方的另一个崭新的、生机勃勃的聚居区，从而为以后的年代保存了这点神圣的火种。

4

从赫吉拉（Hegira）的时候起，阿拉伯人花了不到一个世纪的时间横扫了整个地中海世界。711 年，塔里克（Tarik）领导的远征军终于跨过了直布罗陀海峡，而最后征服西班牙只用了四年的时间。后来的教会史编纂者恶毒地把西哥特人的垮台归罪于犹太人。他们宣称，犹太人鼓励并帮助了这次入侵。正如我们看到的那样，当时的狭隘和偏执已经使得这个国家中没有信教的犹太人，因而这种指控根本不可能是真的。但是政府的更换将西班牙犹太人引进了一个全新的时代。在波斯人或帕提亚人的统治下，美索不达米亚一直处在希腊 - 罗马势力范围的地中海世界之外。但是，由于阿拉伯人的胜利，情况发生了变化。此时，东方的巨大犹太人口区同西方那些新的"机会之乡"一样，已经被置于同样的一种宗教势力统治之下。一个人可以从巴格达一直旅行到比利牛斯山的脚下，而不会受到任何政府、文化或语言改变的阻碍。不仅如此，当西班牙被征服后，阿拉伯人原来的那种狂热已经开始减弱，无论何种信仰的异教徒，只要缴纳一笔有利可图的人头税作为交换条件，他们都可以给予充分的宽容。

似乎是受到了同样一种自然欲望，或是同样一种经济需要的驱使，作为商人、手工艺人和农民，犹太人也紧随阿拉伯人之后蜂拥而至。结果，犹太民族无论在数量上、地理上和文化上都是最重要的那一部分人被完全阿拉伯化了。他们采用了阿拉伯名字；他们之间只讲阿拉伯语；他们遵循穆斯林的文化潮流和准则；他

158 们的文学作品，甚至在某种程度上就连他们的祈祷仪式也使用本
地话，并且认为比利牛斯山以北的欧洲地区是一个不规范文字的
堡垒。在埃及及其附近的北非国家，那些在拜占庭人统治下一直
过着屈辱生活的古老的社区又恢复了活力。在迦太基古城附近建
立的军事营地凯鲁万（Kairouan）（后来成为全省的政府中心）一
夕之间也成了公认的学术中心，而这里的学者们甚至在萨阿迪亚
时代之前就已经同巴比伦的加昂们有了学术上的交流。西班牙的
进展虽然较慢，但其成就却十分显著。

　　从阿卜杜勒·拉赫曼一世（Abd-ar-Rahman Ⅰ，756~788 年在位）
起，阿拉伯半岛成了一个完全独立于巴格达之外的自治的哈里发
统治区的中心。这个国家有着大量的基督徒，即西哥特人，这种
特殊情况使"宽容"成了政策的一个基本点。同人口中的其他人
种一样，犹太人也享受着这种宽容。的确，对他们施恩是非常明
智的，这样就赢得了他们的支持；因为他们无疑是那些长期对政
府不满的庞大人口中的一支重要的少数民族。他们进入了城乡的
各行各业。为了同基督教国家的外交往来，无论是在半岛内部还
是在半岛之外，犹太人及其丰富的语言知识正是一种理想的中介；
也正是由于这一点，许多犹太人在国家事务中产生了很大的影响。
医生、天文学家、占星学家（后两种学科在当时几乎是等同的）
同样都获得了进入宫廷的权利，有时甚至发挥了巨大的作用。

　　这个时期的杰出人物当属哈斯代·伊本·沙布鲁（Hasdai ibn
Shabryt，约 915~970 年）。正是由于他，西班牙犹太人的生活才
突然从长期笼罩着它的那种默默无闻的状态中显露了出来。他在
政治上的重要地位取决于两个因素：首先是他的医学知识，这一

点使他最初引起了哈里发阿卜杜勒·拉赫曼三世的注意，并被任命为宫廷御医；其次是他熟悉拉丁语，在当时，这是一种国际通用语言，也是基督教世界的外交用语。由于这些原因，哈斯代从一个纯粹的医生一跃而成为哈里发的亲信和顾问。虽然没有大臣的头衔，他成了实际上的外交部长。国内国外的最棘手的谈判任务全部交由他处理。此外，作为对他所做贡献的一种奖赏，他被任命为科尔多瓦（Cordova）海关的总检察长。阿卜杜勒·拉赫曼去世（961 年）之后，他的儿子哈卡姆二世（Hakam Ⅱ）继续保留了哈斯代的职务。因此，他似乎一直享受着皇家的恩宠，直到去世。

159

956 年，当神圣罗马皇帝鄂图一世（Otto Ⅰ）向科尔多瓦派驻大使时，便授权哈斯代处理此事。他的机敏的劝说辞令使这件事最终有了一个令人满意的结局。戈茨（Görz）的阿伯特·约翰（Abbot John），这位帝国大使坦率地承认，在他的旅程中从来没有遇到过如此才智过人的对手。几年之后，哈斯代被派往基督教王国莱昂（Leon），去为那里的国王桑科四世（Sancho Ⅳ）治疗肥胖症。后来，他实际上设法说服了这位国王，由皇太后陪他回到了科尔多瓦。阿卜杜勒·拉赫曼满意地看到自己最顽固的敌人俯首称臣，而当时的希伯来诗人则狂喜地赋诗来庆贺这一事件。

这种政治活动并没有使哈斯代放弃科学方面的研究。他的名字仍然同自己发现的一种曾经流行一时的万能药相联系。有一次，当一个从拜占庭宫廷来的大使带给哈里发一部重要的希腊药典［其中收录了迪奥斯克罗德（Dioscorides）关于植物学的研究］作为礼物时，一个和尚当场用拉丁文朗读了一段义一段，而这位犹太人则即席翻译成了漂亮的阿拉伯语。正是通过这种通晓多种语言的渠道，穆斯林西班牙的医学院才能够直接了解伟大的希腊科学家的著作，并最终传遍了整个中世纪的欧洲。

　　在他成功之后，哈斯代并没有忘记他自己的人民。他向每个从外国派到科尔多瓦的使团询问他的家乡犹太人的情况。正是通过这种方式，他同可萨（Khazars）王国，黑海北部的这个独立国家（其统治阶级在 8 世纪就已经接受了犹太教）开始了一轮颇有影响的书信往来。① 他还利用自己的影响来改善法国南部犹太人的处境，并在君士坦丁堡的宫廷慷慨陈词，从而避免了一场在拜占庭帝国似乎已迫在眉睫的迫害活动。这本来是人们预期会发生在 19 世纪的一种特殊的现象，但在当时却恰恰反了过来——由一位"穆斯林"国家中有影响的犹太人，通过外交渠道代表他在欧洲另一端"基督教"土地上被迫害的兄弟们去施加政治压力。但是，同后来的大多数模仿者所不同的是，哈斯代·伊本·沙布鲁还是一个慷慨的学术赞助者，正是在他的支持下（正如我们将要看到的），西班牙犹太人的学术成就才能够突然在世界上脱颖而出。

5

　　哈斯代去世大约 40 年之后，穆斯林西班牙的历史发生了转折。当时，从北非地区过来的一大群柏柏尔人（Berber）雇佣兵占领了科尔多瓦，哈里发的统治区被弄得支离破碎。在过去，首都的犹

---

　　① 参见下文第 174、287—288 页。

太社区在整个国家中一直是人数最多、影响最大的社区，但在当时，该社区的学者、政治家、商人均已分散到了整个半岛地区。一直过度集中的希伯来生活和文化也开始扩散开来。在原哈里发统治区的废墟上，出现了大量由当地贵族或成功的军事领袖统治的独立王国。有一个时期竟然多达 23 个，被称为 "Taifas"（塔伊法），即部落诸侯国，其中以格拉纳达（Granada）、马拉加（Malaga）、塞维利亚（Seville）等公国最为强大。在复杂而艰难的行政管理任务面前，新的统治者只能向那些其聪明才智足以使他们最有资格担此重任的人寻求帮助。因此，犹太人便自然而然地在一个又一个的小宫廷中开始担任高级职务，并且有的情况下不仅仅是作为顾问（就像过去的年代那样），而是有正式的大臣的地位。在那些由柏柏尔人建立的国家中尤其如此。因为柏柏尔人毫不掩饰他们对犹太人的同情，并且在某些情况下，他们的祖先早已加入了早期的犹太教，只是后来才又皈依了伊斯兰教。

最为著名的要属撒母耳·伊本·纳吉拉（Samuel ibn Nagrela, 993~？1056 年）。他是一位诗人、学者和政治家，既是这一时期的西班牙犹太人中的"至圣"，也是"令人景仰的清官"；在各个领域的活动中，他无疑都是这个时代所有的优良品质的化身。虽然社会地位卑微，但他是一个受过良好教育的人。在科尔多瓦被攻陷之后，他便逃到了马拉加。后来，他在格拉纳达的哈布斯（Habbus）国王的宰相的宫殿附近搭起了一个香料货摊。这位宰相有一个颇受宠爱的女奴发现了这位犹太香料商人的才能，便雇他代写信件。她的主人被这些信件中展示出来的优雅风格所打动，因而对其作者产生了好奇，最后撒母耳·伊本·纳吉拉被邀请到格拉纳达，成了他的私人秘书。他的聪明才智很快就传遍了整个宫廷。
161　对于一些重要的国家事务，也开始征求他的意见。当1020年这位
宰相临终之时，他建议哈布斯任命这个学识渊博的犹太人做他的
继任者。

　　从这个时候起，撒母耳·伊本·纳吉拉成了王国的真正统治者，
在名义上，同时也在实际上担任了大臣的职务。这是一种异乎寻
常的宽容的表现，是后来的许多个世纪中欧洲的其他任何地方都
不能比拟的。在1027年哈布斯去世后的权力争斗中，伊本·纳吉
拉热诚地支持他的儿子巴迪斯（Badis）的事业，而巴迪斯则通过
进一步巩固他的职位来表示自己的感激之情。因此，在长达四分
之一个世纪中，他几乎成了一位无所不能的人物，只要他能够提
供足够的钱财供他的主子挥霍，他便可以总揽国家的事务。有的
时候，他甚至率领军队作战，并且还曾经激动地同他的军队一起，
刻意在很早以前他作为一个一文不名的逃犯睡过觉的地方宿营。

　　许许多多的传说讲述了他的智慧和机敏。他不仅赞助阿拉伯
以及希伯来文学，而且他本人也是他那个时代杰出的文学家之一。
虽然他算不上一流的天才，但他的兴趣涉猎犹太学术领域的每一
个学科。他是当时文学生活中最有代表性的，尽管不是最有才华
的人物。作为一名诗人，他虽然缺乏激情，但却极其多产、颇有
才气。对他来说，日常生活中的任何一件事似乎都可以作为启发
作诗灵感的大好时机。在战斗的前夜或是胜利的翌晨，他可以静
坐在帐篷中，写出优美的希伯来诗歌来纪念当时的事件。他模仿《圣
经》中的《传道书》《箴言》和《诗篇》，写下了许多长篇巨著。
他还是一部包罗万象的《圣经》希伯来词典的作者。作为一位《塔

63. 耶路撒冷城门。原藏于沃尔姆斯犹太会堂的一部希伯来手稿中的装饰画。1272年。

64. 迈蒙尼德《米西那托拉》手稿（1295年）中的
装饰图案。

65. 一部15世纪意大利手稿中的插图（原属梅斯巴切藏品）。

木德》研究者，他是该时期最著名的学者之一。他在格拉纳达亲自
主持着一个学院；他的许多著作不仅被同代人所推崇，而且一直
有着很高的研究价值。作为一个学术赞助人，他的确是无与伦比的。
他的恩惠遍及非洲、西西里、埃及、美索不达米亚，甚至巴勒斯坦。
所有这些国家以及家乡附近的贫穷的学者都曾得到过他的慷慨支
持。他建造了一座雄伟壮观的图书馆，并从刚刚停办的苏拉学院
引进了一些《塔木德》文本来丰富它的藏书量。他让文士们不停
地誊抄，然后广泛地向国内外散发。学者和诗人们在他的资助下
大放异彩，他们则用诗句来表达对他的感念之情。他的同代人都
一致拥立他为自己的"亲王"；因而在今天，他仍然作为撒母耳·哈
纳吉德（Samuel haNagid）即"撒母耳亲王"一直为人们所怀念。

162

　　伊本·纳吉拉大约在 1063 年去世，举国哀悼。他的事业当然
由他的儿子约瑟（Joseph）继承。一位当代历史学家曾告诉我们，
这位儿子继承了父亲所有的品质，但只有一点例外，那就是谦逊。
他的住宅以富丽堂皇而远近闻名。他并不刻意地去掩饰自己的权
力，并且无论朋友的功过是非如何，他都忘不了自己的私人关系。
因而，公众对他的憎恨日甚一日，直到 1066 年冬天的一个安息日，
一群柏柏尔士兵攻击了他的宫殿。后来，他被发现蜷缩在一个地
下室里发抖，满脸都是煤灰。他在受尽了各种残酷的折磨后，被
处以死刑（1066 年 12 月 30 日）。随后，他的宗教同胞所在的居
民区遭到了猛烈的攻击。许多人惨遭杀害，犹太人接着就被赶出
了整个王国。

　　格拉纳达犹太人的垮台并没有影响到他们在姊妹国家中的地
位。在萨拉戈萨（Saragossa），耶库提利·伊本·哈桑（Jckutiel

ibn Hassan）于 1039 年被暗杀，但他作为宰相，曾一直拥有与撒母耳·哈纳吉德在格拉纳达同等的地位。在这个世纪末期，阿布法德赫·伊本·哈斯代（Abu-Fadhel ibn Hasdai）在这个宫廷中担任过同样的职务，还有一些犹太人则担任了各种较低的职务。另外，在阿姆塔米德（al-Mutamid）领导下，塞维利亚酋长国在穆斯林西班牙占据霸主地位时，艾萨克·伊本·阿巴里亚（Issac ibn Albalia, 1035~1094 年）曾是皇家天文学家和心腹顾问。所以说，在这次迅速使西哈里发王国的光辉重新闪耀的复兴运动中，犹太人得到了不少的好处。

但是，这次辉煌的闪光注定不会持久。在比利牛斯山以南，伊斯兰教难以维持其至高无上的地位。在阿斯图里亚斯（Asturias）山区，被追逐的西哥特人开始设法进行抵抗，并成功地遏止了穆斯林的前进步伐。[①] 从 8 世纪开始，这个小小的火种逐渐蔓延开来。在当时，已经出现了六个基督教国家，控制着伊比利亚半岛上一些最富庶的省区。卡斯提尔（Castile）的费迪南一世（Ferdinard Ⅰ，1039~1065 年在位）迫使所有的穆斯林统治者承认了他的统治地位。阿方索六世（Alfonso Ⅵ，1065~1109 年在位）竭力仿效他的前任，他的胜利以占领当时最大的西班牙犹太社区之一——托莱多而达到了辉煌的顶点。

如果没有外来的帮助，安达卢西亚人（Andalusian）也许永远也看不到能够阻止基督教势力乘胜前进的希望。在当时，他们可以寻求军事援助的地方大概只有一个。整个西北非洲此时已经

163

---

① 关于这一事件的更详尽的记述，参见下文第 23 章。

属于疯狂的柏柏尔部落组成的帝国，被称为"阿摩拉维德王朝"
［al-Moravides，以英文名字摩拉巴特（Marabout）流传后世］。
西班牙的穆斯林列强派去了一个使团，请求柏柏尔人的帮助。在
没有达成正式协议的情况下，他们就迫不及待地涌进了半岛。穆
斯林和基督徒军队在巴达霍斯（Badajoz）附近的萨拉加（Sagrajas）
遭遇（1086 年 10 月 23 日），双方的部队里都有不少的犹太士兵。
据传说，阿方索派人向对方将军建议，为了各方军队中所代表的
三种宗教信仰的方便，不应在星期五、星期六和星期日，即他们
各自的安息日交战。因此，一直等到了星期一才最终交火。结果，
伊斯兰教取得了决定性的胜利。虽然托莱多继续掌握在基督徒的
手中，但不久就在阿摩拉维德王朝的统治下重新恢复了穆斯林西
班牙的统一。新的统治者随之为他们带来了伊斯兰教的那种原始
的严厉而简朴的生活方式。犹太政治家在各个小宫廷所享有的那
种优厚的地位也一去不复返了；在 1107 年，还曾试图用武力迫使
卢塞纳（Lucena）——西班牙最重要、最富有的社区的犹太人整
体皈依伊斯兰教。

　　但不久之后，这些征服者们就像在相同环境下的其他征服者
一样，开始失去了一开始那股热情。他们枯燥无味的狂热逐渐被
安达卢西亚人的那种温和的气氛所削弱。宫廷中又恢复了哈里发
统治区的开明传统，犹太医生和天文学家们重新在国家事务中开
始产生相当大的影响。然而与此同时，另一股改革狂热在北非地
区的穆斯林中兴起。阿特拉斯（Atlas）地区的部落都聚集在伊斯
兰清教主义的旗帜下，并建立了一个势力强大的国家。他们坚持"神
性一体"的教义，并采用了阿尔摩哈德（al-Mohades），即"唯一

神教"这个名字。就像 60 年前的情形一样，由于受到基督徒势力的苦苦进逼，他们在西班牙的宗教同胞再一次向他们求援。1146年，他们再次跨过了直布罗陀海峡。

扩张伊始，他们中的新教派就恢复了早期伊斯兰教对于其他宗教那种极为严厉的政策，不允许任何不相一致的习俗。所有非穆斯林必须戴上穆斯林的头巾，根本不存在其他的选择，否则即被当场格杀或遭到驱逐。说实话，这个转变的过程并不是十分剧烈。对于犹太人来说，并不需要多么痛苦的礼仪变更，或者必须去接受那种不能容忍的教义。一些老师确实也认为，根据犹太律法，在这样的环境下，一个人通过假装改教而保存其性命是允许的。在这一方面，他们在伊斯兰教和对其信徒要求过高的基督教之间进行了一种仔细的鉴别和选择。可以肯定，并不是所有的人都能接受这种观点。当阿尔摩哈德人进入了菲斯城（Fez）时，城中的许多犹太居民就宁愿牺牲生命而不改变自己的信仰。

西班牙的入侵者遵循着一条同样的方针。在他们所占领的每一个城市中，犹太人和基督徒居民被杀死，唯一的逃生之路就是正式信奉伊斯兰教。如同在西哥特国王时代一样，西班牙南部的城市里充斥着从犹太教改信国教的不诚实的皈依者。穆斯林领土通向外面的大路上挤满了逃往那些更宽容的国度去寻求避难的难民。犹太圣堂被焚毁，犹太学院被解散。人们对这场灾难感受甚深；有很长一段时间，西班牙的犹太人一直在每年的阿布月初九这个斋戒日用一首令人伤感的挽诗表示哀悼，从而把这场大灾难同耶路撒冷的陷落那场民族灾难联系起来。

到 1172 年，阿尔摩哈德王朝使穆斯林西班牙恢复了统一，最后一帮独立的统治者全都臣服于该王朝的统治之下。在国家的南部，当时没有剩下哪怕是一个真正信教的犹太人。幸运的是，基督教王国到此时已经在北方取得了进展，从而为犹太人的生活提供了一块重新扎根发芽，并再次开花结果的避难之地。

66. 犹太人和祭司享受宫廷生活。《萨克森明镜》的德累斯顿手稿中的插图，约1220年。

第 16 章　北部中心

1

　　查理大帝即查理曼（Charlemagne）于 800 年的圣诞节在罗马登上了皇位。正是由于他的征服和组织天才，才使得自从野蛮人入侵以来的西欧地区第一次恢复了和平和秩序。他所创立的所谓"神圣罗马帝国"（后来，当它既不"神圣"，亦非"罗马"，同时也不是什么"帝国"时，便只能在德国维持着名义上的宗主地位了）在一开始就扩展到了现在的法国、德国和北意大利，并且对一些较边远的国家拥有一种相对模糊的管辖权。

　　由于此前的墨洛温（Merovingian）以及其他统治王朝在皈依天主教后所实行的不容异己的政策，因此不敢肯定，在查理大帝的统治初期，在他的领地还能找到多少犹太人。然而，他不仅是一个强有力的统治者，能够超越当时那个时代神学上的偏见，而且极具远见卓识，能够意识到他的帝国的经济利益的真正所在。在这一时期，犹太人已经控制了西欧地区的贸易。他们的国际联系成为他们非常有用的工具，也为他们的文化提供了宝贵的主题。因此，作为一种连续的政策，查理大帝及其王朝一直在赞助犹太人，并鼓励他们向帝国内移民。现在留存下来的一份份"特许状"表明，他们对某些犹太商人提供保护并赋予了不少的特权。在 797 年，当一个使团被派往巴格达的哈伦·赖世德（Haroun ar-Raschid）王朝时，一个叫以撒（Issac）的犹太人曾作为随团翻译一同前往。在回国的路上，整个使团都遭到了不测，只剩下他一个人回到了亚琛（Aachen），带着哈里发为表示敬意而赠送的大象凯旋。还有一位犹太人做过帝国的伙食供应官，曾从巴勒斯坦带回许多的珍贵物品供宫廷使用。

在众多古代传奇中，犹太人之所以在传统上总喜欢保留查理大帝这位该王朝典型人物的名字，同他们的祖先所受的恩惠有关。当他占领纳博讷（Narbonne）时（根据传奇故事，实际上是早在 759 年他父亲的功劳），据说他赋予了当地的犹太社区许许多多显著的特权，以报答他们的帮助，从而使得在当时首次任命的犹太"纳西"即"王子"的继任者们一直到后来都在该社区的宗教同胞中称王称霸。同样，有传闻说，这位皇帝曾向巴格达的哈里发请求，允许派某位犹太学者到他的领地，以便把传统的希伯来知识传过来［哈里发当时派来的就是纳博讷的著名拉比马奇尔（Machir）］。学识渊博的拉比卡伦姆斯（Kalonymus）是记载中的第一位德裔犹太学者和一系列著名圣哲的鼻祖，他之所以从意大利北部的卢卡（Lucca）迁移到美因兹（Mayence），也同样是受了这位皇帝的影响。这些传奇故事流传甚广，因而不能一概忽视它们。但是，考虑到中世纪的犹太拉比常常是医生这一事实，所以，皇帝对这些学者的兴趣很可能是由于他们医学上的造诣，而不是关于《塔木德》方面的学问。

因此，在查理大帝的继任者统治时期，在整个帝国版图内出现

166

了众多稳固的犹太社区是顺理成章的事。在法国，里昂（Lyons）是最大的中心之一，为了犹太人的方便，那里甚至把集日从星期六改成了一周中间的一天。从地中海港口出发的犹太商人走遍了半个已知的世界，最远到了印度和中国去买卖他们的货物。他们从德国以及更远的地方沿着每一条商路向北方和东方挺进。他们从斯拉夫（Slavs）土地上带回了所有商品中最有利可图的商品——奴隶，来扩充科尔多瓦哈里发的后宫和保镖队伍。的确，教会当局对此也侧目而视。这决不是出于人道，但无可奈何的是，当时的人类文明还没有发展到多高的程度。但是，他们坚决反对把真正的犹太信徒卖给异教徒做奴隶，并经常插手阻止这种做法。他们也同样反对犹太人使用基督徒作为私人奴仆，因为这是一种对基督徒的奴役方式；那些倔强的异教徒奴隶为了获得自由，他们常常主动要求施洗，因而给他们的主人造成了许多的麻烦。[①]

与此同时，连续召开的一系列基督教公会议也一成不变地重新颁行了旧的法律限制并敦促政府强制实施。其他的一些禁止性条款也逐渐恢复起来。犹太人不得从事农产品贸易，或私藏金条，或典当基督徒教士的衣服。如果同基督徒打官司，犹太人必须要

---

① 必须重申，这一时期的教会仍然将奴隶制看作是正当的，但只有基督徒（或有可能成为基督徒的人）作为非基督徒仆从的情况例外。《圣经》中的有关诫命显然比这种观念要早得多，它实际上绝对禁止对宗教同胞的终身奴役。在英格兰，一无权利的“贱奴”阶级甚至一直到“诺曼（Norman）征服”时期依然存在。当时他们大约占了居民的百分之九；此后，他们便逐渐地融入了比其境况好不了多少的农奴群体中。英格兰直到1772年才最终废除了奴隶制，当时规定（严格说来，并没有什么法律上的依据），凡进入不列颠的奴隶旋即获得自由之身。这种论调同早在1000年之前犹太人所阐明的观点惊人地相似，当时的犹太律法认为，凡逃进“圣地”的奴隶一律重新获得自由。

比基督徒提供更多的证据，以证明自己的品格，尽管这个基督徒也许属于人类中较低的阶层。同时，还采取了一切措施，确保犹太人不会在基督教社会中获得不适当的影响力，而且最为重要的是，他们不具有使他人皈依犹太教的权力。一些偶发事件表明，这后一种担心决非空穴来风。在 839 年，曾发生了一个令牧师阶层大为震惊的事件。一位在宫廷中长大成人并且已经做到副主教职位的名叫波多（Bodo）的颇有学问的牧师，在得到女皇的允准后，带着他的侄子去罗马朝圣。然而，他却直接去了萨拉戈萨，用以利亚撒（Eleazar）这个名字公开信奉了犹太教，最后还娶了一位犹太姑娘，并代表他的新宗教发动了激烈的论战。

然而，基督教的教规却被普遍地忽视了，并得到了宫廷方面最大限度的纵容。在 9 世纪的前半叶，相继担任里昂大主教的阿戈巴德（Agobard）和阿姆罗（Amulo）（他们可以被认为是中世纪反犹太主义的鼻祖）不断上书，苦心孤诣地密谋策划，促使这些宗教性法规通过世俗权力在他们的教区内一条一条地逐一执行，但显然是没有成功。甚至在加洛林（Carolingian）王朝垮台之后，卡佩（Capet）王朝继续实行保护性政策，虽然偶尔也出现黑暗的插曲〔如 875 年在森斯（Sens），犹太人由于被怀疑同诺曼底人串通一气而遭到放逐；1010 年在利摩日（Limoges），该社区不得不在被迫施洗与流放之间作出选择〕，但情形总起来说还是光明的，一直都在鼓励向国内移民。一开始国家南部那些最稠密的定居区逐渐地扩大开来。可以肯定，曾经一度是欧洲商业界大型活动之一的"香槟集市"起到了一种新的刺激作用。不久之后，法国东北角上的每一个城镇都出现了繁荣的社区；而在随后的三

168

个世纪中，这些社区成为犹太生活和文化的最重要的中心之一。

2

　　德国的社区似乎一直只是其中的一个分支，最早的一批就位于那些法裔犹太商人从事贸易活动的商业中心。在罗马时代（我们可以从 321 年至 331 年间君士坦丁大帝颁布的法令中有所了解），科隆（Cologne）已经出现了一个犹太圣堂以及适时任命的一批官员，毫无疑问在一些周围的城市中也会有类似的情况。一直到十字军东征时，这个地区一直都是定居的中心。法国和德国之间的边界并没有明确的划分。从犹太人的观点来看，整个莱茵河流域是属于一个地区。小伙子们从香槟地区去沃尔姆斯（Worms），同那里的拉比们一起研究学术；法国名字和语言的影响则表明了大批的莱茵兰（Rhineland）的犹太人可能的血统。但是，除了从香槟地区向东过来的移民之外，还有许多其他的人从一个商业中心赶到另一个商业中心，沿着多瑙河和易北河的山谷向北推移。在 9 世纪，就已经有人提到在奥格斯堡（Augsburg）和梅斯（Metz）已经有了犹太人。在 10 世纪，他们就定居在沃尔姆斯、美因兹、布拉格、马格德堡（Magdeburg）、梅尔斯堡（Merseburg）、拉蒂斯本（Ratisbon）以及其他的地方。到 11 世纪末叶，沿着整个莱茵兰地区，他们的人数已经同法国周围地区几乎一样多了。就像在其他的地方一样，不时也会有暴力事件发生。例如在 1012 年，一个牧师不合时宜地皈依了犹太教，加上从圣地传来的一则歪曲事实的报道，导致犹太人被从美因兹赶了出去。但是，这样的迫害事件毕竟只是零星发生的小插曲，并不是（像后来那样）每天都在发生。

西欧地区最后一个接受犹太定居者的伟大国家是英格兰。在罗马或撒克逊时代，没有真凭实据能够证实当地存在着犹太人，虽然不能排除有个别的商人曾去过那里。随着 1066 年发生的"诺曼征服"，英格兰自从罗马帝国垮台之后第一次进入了欧洲的势力范围。国家开始向外国企业开放；犹太人则不失时机地利用了给予他们的这次机会。在鲁昂（Rouen）这个诺曼底的首都，极有可能从 11 世纪初就出现了一个定居点，其中一些成员自然而然会跨过海峡，定居在他们的"公爵"已经征服的那个新的王国之中。到这个朝代末期，伦敦已经建起了一个社区，不久之后，在主要的省会城市——特别是约克（York）、林肯（Lincohn）、温彻斯特（Winchester）、牛津（Oxford）、诺里奇（Norwich）、坎特伯雷和布里斯托尔（Bristol）——陆续出现了犹太人的社区。

3

大群的犹太人从东方来到西方，由亚洲人变为欧洲人，最后定居在英格兰——这场运动所到达的最远点。再往西，当时还没有已知的陆地；而再往北，犹太人在中世纪再也没有明显地深入到丹麦和斯堪的纳维亚诸国。犹太民族是在东方，在巴勒斯坦形成的。正是在东方，在巴勒斯坦，然后在美索不达米亚，典型的犹太生活方式发展起来。但是（正如我们所看到的），这些古老的中心正在日益衰落下去。另一方面，那些西方的中心却变得越

67. 犹太学校。一部14世纪德语《圣经》手稿（15282号）中的插图。现藏于大不列颠博物馆。

68. 托莱多 "飞开" 会堂内部展示卡斯提尔斯王室盾徽的华丽装饰。14世纪。

69 托莱多弥太会堂（后改为"布兰卡圣母教堂"）内部装饰。13世纪。

70. 以撒献祭。法国北部发现的一部手稿（11639号）
中的插图，13世纪末。现藏于大不列颠博物馆。

71. 庆祝逾越节。一部14世纪西班牙《哈加达》
（2884号）中的插图。现藏于大不列颠博物馆。

来越重要。早在10世纪,西班牙的犹太人就曾起过非常重要的作用。从11世纪中叶起，法国、德国和周围的一些国家开始一起分享伊比利亚半岛犹太生活在精神、文化、经济和规模等各个方面的辉煌。

犹太社区继续在利凡特地区——拜占庭帝国、美索不达米亚、阿拉伯半岛、埃及、波斯等地，甚至在更远的东方，在印度和中国留存下来。虽然在人数上不容忽视，但他们在犹太人生活中以及世界文明中的重要性却并不是十分关键。从此之后，在人类历史中最有价值，在希伯来文化中举足轻重的那部分犹太人就要永

72. 位于林肯郡陡峭山坡上的中世纪犹太居住区。贝拉塞特石屋：犹太法庭和会堂在另外的地方。汉斯里普·弗莱彻绘制。

远地同欧洲、欧洲文化、欧洲的世界观，并且（至少有许多代人）同欧洲的土地联系在一起。

　　从某种程度上来说，除了西班牙，这种发展变化是非常模糊的，也是不明显的，并且我们手头的资料也的确有点匮乏。然而，透过这种模糊，最重要的事实却十分明确、毋庸置疑地展现在我们面前：在同欧洲的中世纪相吻合的那些年代里，从 4 世纪到 11 世纪，巴勒斯坦和美索不达米亚的那些古老的定居点和文明中心已经慢慢地衰落下去，并被西方那些充满朝气的国家中新的聚集区所取代。事实上，犹太人已经不再是东方人，而是变成了欧洲人。

170

第17章 新学问

1

在紧接着古典时代之后的那场民族大迁移中，大批的人从地中海的这一端移居到了另一端，这本身并不是什么了不起的功绩。真正使得犹太人的这次大移民让人难以忘怀，同时也算得上独一无二的是，他们设法随身带去的不仅是他们的宗教，还有他们的文明。当一种文化生活不再有扎根的土壤，或者甚至已经失去了有生命力的语言基础时，要想去保留它，并把它从一个国家转移到另一个国家，还要在一系列不同的环境中使它在发展过程中保持其同一性，这无疑是一项非常复杂的任务。他们在这方面所取得的辉煌成就，正是使得犹太人不同于历史上所有其他民族的一个奇迹。在16世纪和17世纪，当英格兰和西班牙在大西洋彼岸建立起它们的殖民地时，形势是非常有利的；但直到19世纪，美洲本土的文学才可以说是逐渐繁荣起来。19世纪下半叶，新的犹太生活中心的乡土文化却并没有随着犹太人口的大迁移而生长起来，尽管通信条件的改善以及印刷术的发明提供了许多便利条件。这种对比使欧洲那些犹太开拓者所取得的诸多成就更加引人瞩目。

直到《塔木德》时代末期，希伯来学问——至少从其古典表现形式来看——一直局限于巴勒斯坦及其周边的国家，犹太定居点甚至可以一直追溯到未知的年代，形成了一种连续不断的传统。犹太人之所以迁往他乡，可能部分是由于阿拉伯人征服后的那种环境。美索不达米亚被占之后，不仅使得原来一直是犹太民族的巨大人口库，并且连同过去几百年间传统的犹太学术中心一起置于他们的统治之下。随后，他们对北非地区和西班牙的征服架起了一座语言和文化的桥梁，使这种传统可以输送到欧洲最遥远的角落，因而使阿拉伯文学的复兴在从开罗到科尔多瓦的整个地中海世界产生了巨大的反响。

172

犹太社区不可能孤立于这场文化动荡之外。的确，犹太人的学术成就曾一度被阿拉伯化。阿拉伯语甚至被广泛地应用于半宗教的领域；阿拉伯人的工作方法得到了周密的研究；阿拉伯人的生活模式被照搬仿效。这样做的直接后果就是犹太"belle-lettres"（纯文学）的复兴。在过去，加昂萨阿迪亚这一榜样一直只是受到个别人的推崇，然而此时却普遍地受到仿效。希伯来诗歌开始以描写世俗人物为主题；遣词造句均体现出这个时代的文学传统；正如许多世纪以前亚历山大里亚的斐洛和那些讲希腊语的犹太人认为柏拉图（Plato）的观点是人类思想的终极语言一样，此时的学生们也认为，阿拉伯人从希腊人那里承继过来的亚里士多德的哲学代表着文化成就的顶峰。

那些流浪的学者把这种新的时尚带到了西班牙。在那里，奥玛雅（Ommayad）哈里发（到 10 世纪，他已经把安达卢西亚变成了一个学问中心，并使得科尔多瓦成了整个穆斯林世界的文学和哲学研究中心）领导下的复兴运动在任何情况下都不可能小在犹太人生活中引起反响。在撒拉逊人（Saracen）的影响之下，其他地区的复兴几乎是同西班牙同时进行的，但规模都比较小。因此，穆斯林西班牙在犹太生活中的重要性就不仅仅是一种数量优势或是政治影响的问题了。在犹太文学和思想历史上，它构成了无与伦比的光辉一章。

2

哈斯代·伊本·沙布鲁曾是一位文学事业的资助人（Maecenas）。在他的支持下，文艺复兴的萌芽出现了，而欧洲犹太人的文化生活也开始了。他大力赞助那些新兴学校的学者，如托尔托萨（Tortosa）的米拿现·本·沙鲁克（Menahem ben Saruk，他是第一部完整的《圣经》希伯来语和阿拉米语字典的作者），以及他那位尖刻的对手杜拉什·伊本·拉布拉特（Durash ibn Labrat）。他们两人都是多产的诗人，并且杜拉什还是首次模仿（具有独创性而不是仅有微小的差别）阿拉伯滑稽诗来写希伯来语格律诗的诗人之一。随之，希伯来诗歌首先在西班牙扎下了根，并在那里迅速繁荣起来，这是在巴勒斯坦以外的任何地方所没有过的事情。撒母耳·伊本·纳吉拉本人（正如我们看到的那样）就是一位能出口成章的诗人，虽然还算不上是富有灵感。尤为令人难忘的是，他还赞助过"虔诚的夜莺"，即马拉加的所罗门·伊本·加比罗尔（Solomon ibn Gabirol，约 1021~1056 年）。这位诗人的圣歌极大地丰富了犹太圣堂的礼拜用诗，他的那部著名的哲学巨著《简史》（Fons Vitae），后来用拉丁文保存了下来，成为中世纪天主教学校教师们的经典，而他们根本没有想到它的作者会是一位犹太人。传奇故事中记载了这个才华出众的诗人如何被一个阿拉伯对手所杀害，并被埋在一棵杏树下，而后来这棵树的花开得异常鲜艳，从而暴露了这项罪行。

在后一代人中，他的同代人、格拉纳达的摩西·伊本·以斯拉（Moses ibn Ezra，卒于约 1139 年，他的父亲曾在撒母耳·伊本·纳吉拉的手下任职）的诗歌在激情方面可以同伊本·加比罗尔相媲美，且在人类感情的深度上或许还超过了他。不仅如此，他还是最早的关于希伯来滑稽诗的著作的作者，但不同的是，他是用阿拉伯语写成的（就像这个时代的许多文学作品一样）。要不是因为他令人吃惊地多才多艺，他的远亲亚伯拉罕·伊本·以斯拉（Abraham ibn Ezra, 1092~1167 年）可能早就超过了他。作为一个托莱多人，他始终都没有在任何一个地方长住下来，而是在整个已知世界中四处流浪——从西班牙到意大利，从意大利到法国，从法国到英国，或许后来又回到了西班牙。他是最优秀的希伯来诗人和赞美诗诗人之一。他还是关于《圣经》的一篇经典性评论的作者。在评论中，他至少显示出如今被称作"科学考据《圣经》"的初始原理。他也曾写过一些语法、哲学和天文学方面的著作。此外，他在所有作品中还特意地使用纯希伯来语，摒弃了长期以来在所有严肃的论著中普遍盛行的使用阿拉伯语写作的习惯。他的确可以称得上是用希伯来散文作为媒介为科学服务的先驱。

西班牙犹太民族的人文主义传统由犹大·哈列维（Judah haLevi，约 1075~1141 年）推向了辉煌的顶点。由于出生在西班牙的中部，他能够直接地了解到三种文化——基督教、阿拉伯和犹太文化，因而眼界非常开阔。虽然他的职业是医生，但却把作诗奉为天职。在历史上，或许还从来没有人能够像他这样非凡地掌握了一种不再常用的语言。他的灵感远远超越了阿拉伯韵律——人为的韵律结构，在每一行开头用离合体，结尾则是单调而简单的韵脚——的自我束缚。任何犹太人和任何人类的情感，无论是友谊的欢愉、感情的狂喜，还是大自然的壮丽，或是宗教的神秘，都可以引发他的诗兴。最重要的是，他抒发了一种对圣地的超自然的感情：他写的歌唱锡安山的颂诗，那种伤心欲绝的祈求之情可以同世界文学中最伟大的爱情抒情诗相媲美。这些精致的宗教诗（同伊本·以斯拉和所罗门·伊本·加比罗尔两位一起）立即受到了大众的欢迎，并在所谓的"塞法迪"犹太人的宗教仪式上一直占据着一种特殊的地位。① 这位诗人紧步萨阿迪亚的后尘，以一位犹太学人同库萨里的国王② 之间的对话形式写下了一本哲学著作《库萨里》（*al-Khazari*）。在该书中，他为犹太教的理性基础进行了辩护。③

174

---

①   "塞法迪"（Sephardi，参见《俄巴底亚书》5：20）是中世纪期间对西班牙犹太人的称呼，正如法国的犹太人被称作"查拉法特"（Tsaraphath，同上），德国犹太人被称作"阿什肯纳兹"（Ashkenaz，见《耶利米书》101：27），而把斯拉夫诸国以东的地区称为迦南（Canaan，即奴隶的土地）是一样的。《圣经》中没有为英格兰留下类似的专门名称，而普遍地被称作"大海中的小岛"，或"地球的一隅"——字面上（尽管不科学）的意思是"盎格鲁乡"。后来，"塞法迪"和"阿什肯纳兹"通常专用于两个主要的犹太民族群体，他们都有自己独特的祈祷仪式和希伯来发音习惯，一部分集中在西班牙，而另一部分则以法－德地区（后称德－波地区）为核心。

②   在此前不久已皈依犹太教。参见上文第 15 章第 159 页和下文第 288—289 页。

③   这本书的全名是《库萨里——为被鄙弃的信仰辩护》。——译者

犹大·哈列维的生活同他的文学作品一样美妙和谐。人们传说，他最终完全拜倒在自己的诗歌中常常赞颂的那位"情人"的神秘魅力之下，向着圣地的方向出发了。当他能看到耶路撒冷时，他狂喜地扑倒在地。一个过路的阿拉伯骑手策马驰过了他卧倒的躯体，一代诗人用生命哭诉出他心中最伟大的锡安颂歌的最后一个不朽的音符。

<h2 style="text-align:center">3</h2>

对这种独特的文学成就的移植活动虽然比不上我们前面一直在谈论的人文主义复兴那么炫目，但却更为重要，因为它体现了，并在许多世纪中长期影响了犹太人的生活观念。欧洲拉比的学术成就的起源将总是同那些古老年代史编者所讲述的浪漫故事联系在一起。这些故事告诉我们，四位拉比如何在 972 年从意大利南部的巴里港（Bari）——当时是一个伟大的学术中心——扬帆起航，或许是为了维护那些研究院去募集捐赠。他们的船只被一艘安达卢西亚人的海盗船俘获后，这四名俘虏被卖到了四个不同的港口（包括亚历山大里亚和凯鲁万）。他们在各自的港湾里播下了从自己的土地上带来的知识的种子。

在四个人中，摩西·本·以诺（Moses ben Enoch）被带到了科尔多瓦。在那里，他自然地被当地的犹太社区赎了出来。一天，他走进了学堂，参加了人们的讨论。尽管他衣衫褴褛，但他的天才立即得到了承认，并被任命为校长。从此之后，这所学校成了整个伊比利亚半岛拉比的学术研究中心。同他一起被俘的儿子小以诺

175

继承了他的衣钵。他们俩齐心协力，设法将原来一直代表着美索不达米亚学校学术特色的研究方法传送给了安达卢西亚，而这一点除了口头传授之外，通过其他方式显然是无法做到的。撒母耳·伊本·纳吉拉无疑是他们第一流的学生，但决不可能是唯一的好学生。由于对课程的兴趣提高了，有越来越多的人开始写信向东方的加昂们请教，他们的"答问"澄清了许多难点，并帮助传播了他们作为最后一代继承人接受下来的学识。就是通过这种方式，从巴勒斯坦传到美索不达米亚的传统又转而传入了西班牙。

在 11 世纪中叶，当以撒·阿菲斯（Isaac al-Fasi，即菲斯的以撒，1013~1103 年）从北非移居到西班牙，并当上了建在卢塞纳的那所著名学校的校长时，便奠定了西班牙在拉比学术方面的至高无上的地位；因为阿菲斯被公认为是他那个时代中最伟大的杰出人物之一，并且在删去了那些无关的内容之后，他对《塔木德》作出了经典式的概述和清晰的结论，从而为他赢得了巨大的名望。这一时期，意大利也在这一领域产生了一批伟大的学者，他们最伟大的文学成就是阿菲斯的同代人、罗马的拿单（Nathanh，大约1050~1100 年）编写的一本字典（*Arukh*）。这本字典无疑提供了另一个使西欧了解巴勒斯坦和美索不达米亚的学问的工具，即使在今天，对于语言学家和古代民俗学者来说依然是不可或缺的。

4

176　　　正是在阿尔卑斯山和比利牛斯山的北面，《塔木德》研究的学术成就受到了特别的重视，并似乎在一夜之间突然地进入了全盛时期。对于大约 1000 年以前的法－德社区中的文学生活，我们几乎是一无所知。这一时期应该是属于戈肖姆·本·犹大（Gershom ben Judah）的全盛时期。他是一个梅斯人，大半生都是在莱茵河畔的美因兹度过的。这位学者所取得的学术成就是如此之大，以至于人们把他作为"大流放中的光明使者"而铭记于心。除了少许圣歌（其中有一首是纪念 1012 年的莱茵兰大迫害的）、"答问"以及一些对《塔木德》的评注（或许是由听他讲课的学生们记录下来的）之外，他的著作几乎没有能流传下来。然而，他却以制定过一系列"拉比法令"（*Takkanoth*）而闻名于世。这些法令旨在使犹太人的生活适应他们必须面对的欧洲那种已经改变了的环境。①

美因兹的戈肖姆创建的学校一直兴旺了许多年。该校最有名的学生就是香槟地区特鲁瓦（Troyes）的拉比所罗门·本·以撒（Rabbi Solomon ben Isaac），通常用名字的首字母连起来（Ra-Sh-I）而被称作拉什（Rashi, 1040~1105 年）。他曾在沃尔姆斯同拜在戈肖姆门下的学者们一起学习过。在 25 岁时，他回到了自己的家乡城市（在基督教圈子里，因其众多的教会学校而闻名于世，并且恰好又是一个羊皮纸制造业的中心，因而有助于该城文学活动的传播）。显然，他一直在该城度过了余生。他以酿酒维持生计，或许还有一个自己的葡萄园，但是，他肯定把每一天的最好时光都花在仔细研读他的书本上。人们不应该对他工作的环境抱有任何的幻想。特鲁瓦是个小地方，其中的犹太家庭最多也不过只有

① 参见下文第 218 页。

五六十户人家。但是，在每天早晨的礼拜之后，或每天晚上当天的活儿做完，邻居们都拥进了小酒馆的时候，他们通常到犹太圣堂，或附近的犹太学堂去研读传统的文献。领头的就是他们这位年轻的、已小有名气的同乡，由他来解释那些简洁的拉比论据中的疑难之处和言外之意。他的大名很快传到了附近的一些中心。一个接一个的请求纷至沓来，向他咨询各种各样的问题，一些有前途的青年学者则被送来拜在他的门下。

177

　　由于不满足于这种口头解释，拉比所罗门便把他的观点一篇一篇地写下来，然后不断进行修改。这就是他对《巴比伦塔木德》的著名"评注"的起源。在这些评注里，他浓缩了过去好几代无数学者的经验知识。由于《塔木德》语言混杂、遣词独特，以及特别的论证方式，若没有一个图表的话是难以理解的。拉什的评注就提供了这样的一种图示。后一代的学者们，虽然距离苏拉和帕姆贝迪塔学院那种鲜活的传统已经相去甚远，并且处于中欧地区偏僻乡镇的半封闭状态之中，但从此时起就能毫无困难地研究《塔木德》了。要不是所罗门·本·艾萨克所作的言简意赅的阐释，这部伟大的作品对犹太人精神历史的影响也许永远不可能如此深远，因而它很快就获得了一种半经典的地位。而他对《圣经》的阐释更是深入浅出、通俗易懂，从而使这部历史巨著更为完美，因而许多世纪以来，一直被作为帮助犹太儿童领悟这本"圣书"的深奥含义和引导拉比文献初步入门教育的教科书。

　　在这位伟大的老师死后的数代人之间，他的著作成了进一步开展研究活动的规范。人们根据他的评注来研究《塔木德》：长期遗留的晦涩之处得到了详细的阐释；明显的矛盾之处被追根溯源，查证清楚并得以改正。这些材料被收录在一系列的"增补",即《托萨福》（*Tosaphoth*）中,相应的作者一般被称为"《托萨福》撰写者"（*Tosaphists*）。他们分散在整个法国东部以及附近的国土上,特别是洛林（Lorraine）和莱茵兰地区。在北意大利,甚至在英国都有他们的成员。但是,尤其以香槟地区居多,那里的每一个乡镇都有好学的学生们组成的特别群体,聚集在某位著名拉比的周围。（此时,北欧地区的犹太人正把注意力转向诗歌,但并没有形成什么清新的格调,一般来说大多结构粗糙,隐喻太滥,内容几乎是清一色的殉教者列传,或纯宗教问题。）这场文化运动的主要角色均由所罗门·本·艾萨克这一个家庭的成员所扮演,其中包括他的两个孙子,撒母耳·本·迈尔〔Samuel ben Meir,即"拉什巴"（Rashbam）〕和他的兄弟、被称为"我们的完美大师"（Rabbenu Tam）的雅各①,以及他们的侄子"长老"以撒。据说这位"长老"有 60 位门徒,对整部《塔木德》都非常精通,并且每个人都能分别背诵 60 册评注中的一册。当不幸降临在法国犹太民族,紧接着是德国犹太民族的身上时,这就是他们在流放中带在身边的所有遗产。

178

5

当一个叱咤风云的人物把西班牙的人文主义同北部诸国的实

---

① "Rashbam"是名字"Rabbi Shemuel bar Meir"的字头缩写（Ra-Sh-Ba-M）;而"Tam"（"完美之人"或"绝对的"）则是《圣经》的有关记述中用于族长雅各的称号。这两个人都是拉什女儿的孩子,因为这位伟大的学者并没有留下儿子。

际利益结合起来、广泛涉猎并完善了犹太学术的每一个学科时，中世纪的犹太文化生活在他的身上达到了顶峰。摩西·本·迈蒙〔Moses ben Maimon，广为流传的还是那个略有不同的希腊文名字摩西·迈蒙尼德（Moses Maimonides）〕于 1135 年出生在科尔多瓦的一个书香门第。当他的故乡被阿尔摩哈德狂热分子所占领、那里的社区遭到集体放逐时，他只有 13 岁。他的全家到摩洛哥避难，一段时间内，那里似乎在口头上不得不高唱伊斯兰教的赞歌。但过了不久，迈蒙和他的儿子们又重新打起流浪者的行装向东走去。这些年轻人最终在埃及定居下来。这个国家曾是远古时期犹太社区的中心，当时在阿拉伯人的统治下已经又繁荣起来。在哈基姆（Hakim, 996～1021 年在位）的很不稳定的统治下，虽然一度对不同宗教信仰实行过最疯狂的压制，但他的继任者们对待犹太人还是十分宽厚的，甚至雇用他们在公共行政机构中任职。例如，从 1044 年直到 1047 年他被暗杀，宫廷银行家和伙食供应官亚伯拉罕（阿布·赛义德）·本·萨哈尔〔Abraham (Abu Said) ben Sahl〕曾出任苏丹母亲的大臣，实际上统治着这个国家。当时的一位讽刺作家声称极为惊愕地目睹了这一情景：

> 埃及人啊！听听我给你们的忠告吧——
> 变成犹太人，因为老天爷自己
> 已经变成了一个犹太人。

这个国家并没有明显地受到马格里布（Maghreb）国家和西班牙涌动着的不容异己的浪潮的影响。由于它地处东西方交通要道的地理位置，同时也由于撒拉丁（Saladin）大败十字军后为它树立起来的威望，确立了它作为地中海文明中心之一的地位；又因为它离"圣地"和美索不达米亚很近，因而使它对各个国家中的每一股文化潮流都会有所反应，接纳那里幸存下来的学者，并保护他们的作品免遭毁坏。这个时期的文献，上至纯粹的司法文书，下至最微不足道的私人笔记，在完全被湮灭了许多个世纪之后，不久前在开罗的一所古老的犹太圣堂的"秘库"（Genzah）里被发现。这是现代最引人注目的重大发现之一。[①] 正是由于这次发现，我们才对那个悸动着生命力的小小社会中特别的细节有所了解。

摩西·本·迈蒙就定居在弗斯塔特（Fustat）[②]，并最终成了一名宫廷御医。在暮年，他曾给他的一位崇拜者寄去一篇生动的记述，记述中讲到他一无闲暇的繁忙生活：每天清早，他如何不得不从弗斯塔特到开罗去看望总督及其幕僚，然后在宫里待上一整天以防有人生病；他如何不得不随时听从所有政府官员的差遣；当他回到家时——从来没有在午饭以前——他又是如何发现公寓里挤满了各种信仰、各种职业、各种身份的人在等着向他请教；而当他匆匆忙忙吃完饭又重新工作时，他如何不得不因为筋疲力尽而躺在躺椅上休息一会儿。然而，尽管如此，他几乎一直到生命的最后一刻都在创作。他一生的创作堪称著作等身，甚至今天，这些作品对犹太教仍然是极为重要的。

他具有一个百科全书式的大脑：知识渊博，虔诚而不乏理智，

① 参见上文第 86 页注释。
② 即古开罗。——译者

极富逻辑性，容不得丝毫的混乱。直到 16 世纪，仍然有人在研究他的医学专著，这些专著甚至还被翻译成了多种外国文字。但是，他的名声却不是靠医学成就来赢得的。可以说，是他把所有传统的犹太教文集（包括理论的和实践的）整理成了书卷。来自犹太世界每一个角落的人们都向他请教。也门冒出了一个假弥赛亚；马格里布国家迫害成风；一个哲学疑问困扰着马赛（Marseilles）的拉比们——这位伟大的埃及学者——回信，用最清晰的语言表明了应采取的同犹太教的原则相一致的恰当立场。甚至在他到达埃及之前，他就已经开始用娴熟的阿拉伯文对《密释纳》进行评注，这些评注以思想明晰、清楚地表达了各种实际问题及其理性基础而著称于世。当时，《塔木德》方面的知识似乎正在日渐衰微，因此，普通的犹太人迫切需要一本新的实践手册。他的《密释纳托拉》（*Mishneh Torah*，意为"对律法的重新阐述"）以最纯粹的希伯来语，条理清楚、逻辑严密地表达了传统教义的全部内涵，首先论述了形而上学、物理学和伦理学的原理，继而又详述了实践中的各种细节，将整部书编排得井井有条，即使一个一无所知的人也可以毫不费力地找到自己所需要的答案。

　　当时存在着一种普遍的印象，就是犹太教作为一种体系早已过时，对于那些靠学亚里士多德和阿维森纳（Avicenna）①学说长大的"现代人"来说，已经失去了吸引力。因而在他的《迷途指津》（*Guide of the Perplexed*）一书中，迈蒙尼德提出了一种犹太教的

---

　　① 即伊本·西拿，阿拉伯医学家、哲学家、自然科学家和天文学家，在学术成就上几乎与亚里士多德齐名。——译者

哲学体系，并赋予它理性的基础，使它适合时代流行的哲学观念，并且把《圣经》中一些明显的粗糙之处改成他认为是准确的形式。这是他一生最伟大的著作，从此时起便成为犹太哲学的真正基础，对于那些中世纪的学人来说，他们对其拉丁版本的熟悉程度几乎并不亚于他们同时代的犹太人。在当时，或许它的每一个细节还不是都那么有吸引力，但是，它的探讨方法以及它敢于迎难而上的精神，将永远是一个光辉的典范。

　　在写下这部代表作之后，作者又活了大约 14 年。然而，他不可能再锦上添花了，因为他的名声已经足够大，使得他的崇拜者们开始公开地将他同"律法制定者"摩西相提并论。没有任何一位同时代人得到过如此广泛的承认。在犹太世界的每个角落，他都被拥立为当时最伟大的学者。当他于 1204 年去世时，整个耶路撒冷宣布总斋戒，全民诵读《先知书》中的一则记述有关上帝的约柜落入非利士人之手的训诫。

　　这位伟大的埃及学者所得到的推崇虽然是无限的，但却不是世界性的。每个时代都有一些保守的人，对他们来说，似乎每一次符合时代发展的努力、每一次有可能破坏过去的旧规矩的尝试、每一次自觉地顺应时代精神的进步都是危险的。有一小部分人正是这样来看待迈蒙尼德的著作的。他们担心，尽管他宣称《密释纳托拉》是专为无知者编写的，但可能最终对知者是一个致命的诱饵，会使他们放弃《塔木德》这个犹太研究的全部的和最高的目标。不仅如此，这本书中还有一些贻误之处——有些是故意的，有些则是由于疏忽——引起了学术界的强烈抨击；而其中的一部分揣测式教义的正统性似乎也受到了怀疑。在《密释纳评注》一书中，

181　他仔细审查了有关"报应"和"惩罚"的教义，并且最后归纳出了
任何自称为犹太人的人所必须信仰的"十三信条"。当时，甚至
连一些较不拘泥于细节的人都反对这项革新，而像任何诸如此类
的基本教义一样，围绕其准确性产生了严重的分歧。萨拉戈萨的
哈斯代·克莱斯卡斯（Hasdai Crescas, 1346~1410 年）便是后一
代人中对迈蒙尼德进行激烈抨击的批评者之一，他曾在那本争议
颇多的《上帝之光》（*Light of the Lord*）一书中将犹太人的信条
减为八条；而他的学生约瑟·阿尔博（Joseph Albu, 卒于 1444
年），在他的《教理之书》（*Ikkarim*）中则只承认三条——信一
神教，信启示，信报应。尤为重要的是，《迷途指津》一书由于勇
敢地拒绝对《圣经》的拟人说作字面上的解释，对预言本能的理性
化，对每一种《圣经》诫命的理性化阐释，并把献祭崇拜解释为
对那些深深陷入偶像崇拜而无法自拔的人的让步而招致了尖锐的
批评。

　　甚至在作者去世之前，就已经听到过诸如此类的批评意见。
此后不久，一场暴风雨降临了，并且时断时续地持续了好几代人。
在这场论战中，人们感到了一种史无先例的苛刻，就连那些颇为
温和的学者，如波斯基利斯（Posquieres）的亚伯拉罕·本·大卫
（Abraham ben David）在批判中也使用了非同寻常的尖锐词句。
著名的拉比们互相攻击，各自扬言要开除对方的教籍。有一方发布
了一项禁令，禁止任何人在 13 岁以前去学习哲学而浪费宝贵时光
和糟蹋上帝赋予的智力。有人请求世俗权力当局出面干预；而当
摩西·本·迈蒙的作品被指责为有损于新设立的多明我会（它已
经采取措施取缔了亚里士多德哲学）的信仰，并因而被该会焚毁

时（1234 年），这种危机达到了高潮。甚至在此之后，分歧依然存在，但是，这一事件使犹太舆论作为一个整体受到了强烈的震动。他们开始了坚决的回击，因而，"第二摩西"的名誉总算是被保住了。

6

这些论争的中心就是普罗旺斯（Provence）——法国和西班牙之间地理上、精神上和语言上的桥梁。确实，它独立于法国北部和德国的文化活动范围之外，因而在人文和文学兴趣方面更接近伊比利亚半岛。但是，在犹太文学史上，普罗旺斯的作用却同这两边的情形都不相同。这一时期的大部分文献，包括摩西·本·迈蒙的一些著作，并不是用希伯来语，而是用阿拉伯语写成的。这是一种哲学研究已适应了的语言，也是地中海的文化媒介和大部分犹太世界通用的语言。因而，任何一位想同广大人民沟通，想尽可能广泛地传播自己的观点，并且想在非犹太圈子中也能赢得声名的犹太作家，都是用这种语言来写作的（几乎同上个世纪他可能用德语，而本世纪用英语一样）。他们不可能预见到阿拉伯人的统治地位，甚至阿拉伯人的文明都正在日渐衰落，而过去曾一度是文化生活的主流马上就要成为一潭死水。当这一切发生的时候，他们那些用本地语言写作的著作不仅失去了广泛的吸引力，而且在某种情况下还可能有完全被埋没的危险。有的作品之所以能够留存下来，并且仍然颇有影响，主要是因为翻译成了一直使用但却并不时髦的希伯来语。例如，迈蒙尼德的《密释纳评注》和《迷途指津》，以及犹大·哈列维的《库萨里》和一些通俗的伦理著作，像道

182

德家巴哈耶·伊本·巴库达（Bahye ibn Bakuda）的珍本《心灵的职责》（*Duties of the Heart*，约 1070 年）等，均是如此。

正如已经指出的那样，这些翻译作品的重要之处在于，它们显然是在位于穆斯林和基督世界之间的普罗旺斯这块土地上，由逃避西班牙的迫害来此避难的伊本·提班（Ibn Tibbon）家族的成员翻译的。此外，他们还把大量由古代和现代的非犹太作者创作的哲学经典著作从阿拉伯语翻译成了希伯来语，其中既有像阿维洛依（Averroes）所写的那种原著，也有大量像译自亚里士多德著作那样的译本。他们不得不时常创造一些自己的词汇；他们的风格有时很粗糙，但是他们对犹太学术的贡献却是巨大的。另一个普罗旺斯的翻译家族是基希（Kimhi）家族，它最重要的成员要属大卫（卒于 1235 年），曾在关于迈蒙尼德作品的论战中的自由派一方扮演了一个非常重要的角色。他汇编的希伯来语的语法和词汇，为以后连续数代基督教学者了解希伯来知识提供了一个工具；他还编写过一本关于《圣经》的评注，其地位在犹太人中间仅次于拉什，并在随后出现的"改革"年代里在他们的邻邦中间产生了深远的影响。后来，为了方便非犹太人的阅读，这些著作又相继从希伯来语翻译成了拉丁语。稍后〔特别是在神圣罗马皇帝腓特烈二世（Frederic）、那不勒斯和普罗旺斯的安茹（Anjou）王朝统治者罗伯特（Robert）和卡斯提尔的国王"智者"阿方索（Alfonso）的支持下〕，在这些王国的宫廷里以及其他的地方，犹太学者又进行了一系列系统的翻译工作。

这是一个很离奇的复杂过程：中世纪的基督教徒（如同对阿拉伯语一样，他们对希腊语也是一无所知的）主要是通过从希伯来版本翻译过来的拉丁文译本这个媒介来了解古老世界那些经典作品的，而这些希伯来语版本则是犹太人为自己使用方便而从科尔多瓦学校所用的阿拉伯语改编本翻译过来的！这是古希腊的哲学和科学宝藏重新渗透进欧洲世界的主要渠道之一，从而进一步引起了兴趣的萌动和学术的复兴，并最终在"新生纪"——文艺复兴时期达到了辉煌的顶点。

73. 迈蒙尼德传统肖像。布拉西奥·乌格里诺《古代圣贤集》，威尼斯，1744年。签名引自现存于大不列颠博物馆的古老手稿。

第18章 十字架的阴影

1

当11世纪快要结束的时候，那些刚刚从巴勒斯坦返乡的朝觐者带回了有关穆斯林在圣地所犯下的渎圣罪行和野蛮对待访问者的消息，基督教的欧洲被深深地震动了。公众的愤慨日益高涨；而在1095年11月26日的克勒芒（Clermont）公会议上，教皇乌尔班二世（Urban Ⅱ）在一篇布道词中号召基督徒们采取措施，把圣地和那里的神殿从异教徒的手中夺回来。

或许，从来也没有人（据一位著名的基督教历史学家所说）只靠一篇演讲就能产生如此非凡和如此长久的结果。这就是在后来长达两个世纪中试图（均取得了不同程度的成功）为"十字架"赢回巴勒斯坦而发动的一系列十字军东征的直接起因。许多代人以来，这种观念一直在国际政治中占有统治地位，甚至后来对欧洲人也产生了深远的影响，并且直到现在，其间接的余波仍然对许多社会和政治问题有着某种独特的影响。由于在教皇的支持下开始的这场浩大的国际运动，教皇的统治权力得到了进一步的加强。教会比以往任何时候都更富有、更有影响力，并且更加牢不可破。骑士制度的理想开始在整个社会上层蔓延开来。商人们紧步那些好战的先驱者的后尘；新的贸易通道被打开；同利凡特地区的商贸关系受到了强大的刺激。正是在这一时期，远东地区的精美物品——其中一些在今天看来也许是日常的生活必需品——在英国、德国和法国那些豪华的大厅里随处可见。同那些阿拉伯人（他们要比任何基督徒更文雅、更有修养）的交往也带来了一定的人性化影响。科学、地理、博物学和植物学的研究获得了强大的动力。从它们的历史演变以及充满诗意和浪漫色彩的表现形式上，甚至可以看到一种对文学创作的独特影响。

十字军东征对犹太人的影响，如果说稍有区别的话，那就是更为显著。他们所激发起来的情感和倾向至少有四个世纪一直主宰着犹太人的历史，甚至直到今天，仍然能够看到这种影响的痕迹。他们改变了犹太人的政治地位、地理分布、经济活动、文学表现形式，甚至精神生活。还要补充一点，就是这种影响几乎在每一方面都是负面的。让我们看一看直到上个世纪末①所有对世界犹太民族的地位的现实主义描述，看一看我们这个时代的反犹分子起草的每一纸控告书，再看一看同时代任何对犹太人地位上的虚弱，或者所谓犹太人性格上的缺点的分析，几乎每一件事情的根源都可以追溯到十字军东征，即使实际上也许不是直接原因，但至少也是他们所激起的浊流所致。正如关于这次东方远征的记述标志着中世纪史编工作的开始一样，第一部拨开长期笼罩着欧洲生活迷雾的中世纪犹太编年史就是从记述第一次十字军东侵掀开的苦难历史开始的。这是一部殉教史，而不是真正的历史，其中充满

---

① 指 19 世纪。——译者

了恐怖的故事，而快乐的插曲却很少很少。所以，后来的犹太作家们一语双关地不再把第一次鼓动十字军东征的城镇叫作"克勒芒"——"光明山"，而称之为"Har Ophel"即"黑暗山"，也许不是没有道理的。

2

犹太人对就要降临到他们头上的暴风雨并不是完全没有准备的。宗教狂热浪潮一旦被激发起来，总是很难把它限制在一条渠道里。众所周知，某些十字军领导人曾发誓说，基督的血要用犹太人的血来偿还。用他们的观点来看，当他们以生命和家产作为赌注去同撒拉逊人作战时，如果还让基督教的宿敌、甚至已经变得更加厉害的对手安安稳稳地生活，是非常不符合逻辑的，更不用说或许甚至还能从他们神圣的冒险事业中得到不少的好处呢。

在 1096 年的 1 月，北部法国有一些受到要么受洗礼，要么被
186 灭绝的威胁的社团，已经号召他们在德国的宗教同胞同他们一起做一天的祷告和斋戒。当时，在德国犹太人因为早已设法用巨额贿赂连续收买了十字军的一些师团，所以感到很安全。但是真正的危险并不是来自那些装备精良、训练有素的正规军，而是来自于当地头领手下的那些小股杂牌军和那些跟随在大部队前后的一群群武器简陋的狂热农民。当时，他们都普遍相信，只要杀死一个犹太人，所有的罪孽会得到宽恕，炼狱之苦也会得到赦免，并且许多人实际上被自己的誓言所禁锢，必须要用自己的剑完成这样一件值得称道的事之后才能离开这个国家。在另一方面，值得注意的是，当地的一

些权威人士——自由市民，最主要的是各地的主教——普遍都在尽自己的最大努力来阻止攻击，并保护那些受害者。

发生在洛林地区的第一场暴乱夺去了梅斯社区 22 个人的生命。这无疑警告莱茵兰地区的犹太人危险已迫在眉睫。在莱宁根（Leiningen）伯爵埃米科（Emico）的指挥下，军队发起了猛烈的攻击。在 5 月 3 日——一个安息日，斯佩耶（Speyer）的犹太圣堂被包围并受到攻击。由于做礼拜的人奋起抵抗，当地的主教也采取了有力的措施，所以虽然造成了一些人员伤亡，暴乱还是平息了下去。第二次，十字军准备比较充分，但他们的受害者却毫无防范。在 5 月 18 日星期天，他们对沃尔姆斯发动了一次攻击，并得到了当地居民的默许。有一些软弱的人只好接受了洗礼而逃过了死劫。剩下的人，除了那些躲藏在主教的宅邸内或自杀殉教的人之外，几乎全部被杀死。一星期之后，主教的宅邸也被包围了，在里面寻求保护的人被杀得一个不剩。多少代以来，当地的社区一直在悼念那些在这可怕的两天中死去的同胞，有名有姓的就有 350 人之多；据估计，全部受害者的人数大概是这个数字的两倍还要多。

从沃尔姆斯，埃米科的军队继续向美因兹进发。在 5 月 27 日，那里发生了同样的屠杀。该社区曾事先得到过警告，但除了把钱留给非犹太邻居以作为自己的丧葬费之外，他们并没有做任何的准备。一群逃亡者试图乘夜色沿河而下去路德海姆（Rudesheim），但立即遭到追捕，少数没有被暴徒杀死的几个人最后也自杀身亡。 187
在科隆，5 月 30 日即五旬节的第一天，在"木匠"威廉（William）的指挥下，一伙十字军暴徒包围了犹太圣堂。由于已经预见到了这次攻击，大多数犹太人都藏到了那些友好的基督徒邻居家中，所以只伤亡了一两个人。剩下的人由主教派人护送到了他的教区内其他一些被认为不会受到骚扰的地方。然而，他们的大多数都受到追踪，并在 6 月 1 日的一场大屠杀中被全部杀死。那些出访的鼓动家把这一消息从邻近的城镇带到了特莱弗斯（Treves），那里的犹太人在同一天也吃尽了苦头。

连续几个星期里，在莱茵河流域的一个又一个地方都出现了类似的情景。正是通过这一时期发生的灭绝性大屠杀，我们才知道在莱茵河地区这么早就有了一个犹太人的社区。随着十字军暴徒的继续东进，一路上洒满了同样的一种鲜血。在科隆发生暴乱的当天，波希米亚首都布拉格（犹太人已经在此地定居了一段时间）的社区遭到杀戮。一波又一波的进攻浪潮在到达拜占庭帝国之前就被粉碎了，军队受阻溃散或折返回来；但即使如此，萨洛尼卡（Salonica）的犹太人还是遭到了攻击。这场运动在 1099 年达到了高潮，当时，戈弗雷·德·波依伦（Godfrey de Beuillen）领导下的主要军事力量杀进了耶路撒冷。圣城中陡峭的街道上血流成河，所有幸存下来的犹太人，无论是拉比派还是卡拉派的人，一概被赶进了犹太圣堂，然后付之一炬。这一事件标志着在未来许多年中犹太人同他们以前的首都之间的联系的结束。

3

这次暴行无疑是一系列事件的开端，它们不只是以接二连三的十字军东征为特点，而且几乎不间断地一直延续到了近代。从此之后，整个犹太历史的面貌和"前进步伐"就完全地不同了。

对于这场国家间的激烈争斗是否同先知以西结（Ezekiel）所预言的歌革和玛各（Gog and Magog）之战是一回事儿，是否他们自己的民族——"上帝为自己选定的一代人"所经历的可怕磨难就是最终"获救"的前奏，学者们普遍感到困惑不已。此时，他们比以往任何时候都更企盼着弥赛亚的尽快降临，来抚慰他们，使他们能够回到自己的家园。在当时，殉难已经变得司空见惯，以至于礼仪律条中曾冷冰冰地专门规定了在为"上帝名字的圣洁"而受死之前所用的祈福的形式。历史就以殉教史的形式开始了。年复一年，各地的社区都用一个个特定的日子庄严地悼念那些被害者的名字和那些受难的"神圣会众"，而描述这种前后变迁的圣歌也被引入了礼拜仪式之中。

　　从1096年仲夏开始，在一幕幕的悲剧之中出现了一段小小的间歇。那些逃过大屠杀的人一个接一个地返回了他们的家园，而少数被迫施洗的人也被允许恢复了犹太教的习俗。被偷走的财产被尽可能地找了回来；那些受难的死人的财产理所当然地被国库没收了。最后，于1103年发布了一个停战协定，其中也包括犹太人在内。几乎整整半个世纪，这片土地一直相安无事。然而到了1146年，耶路撒冷的拉丁王国组织了一次新的十字军东征，以图摆脱所面临的困境。这一次远征要比1096年更周密，并且也组织得更好。然而，在一个叫拉道夫（Radulph）的无知的修士的煽动下，整个莱茵河沿岸——科隆、特莱弗斯以及其他各个地方——都相继出现了大致相同的小规模的恐怖场面。紧接着，马格德堡和哈雷（Halle）社区遭到集体驱逐。1147年2月，尽管基督徒居民表现出的友好态度，一伙游荡的暴徒还是袭击了维尔茨堡（Würzburg）

188

的犹太人社区。这种暴行像瘟疫一样从德国传到了法国北部。在
汉姆（Ham）、苏莱（Sully）和卡伦坦（Carentan，该城曾开展
了英勇的自卫战），犹太人遭到猛烈攻击后被灭绝。在拉姆拉特
（Ramerupt），在五旬节的第二天（1147 年 5 月 8 日）也发动了
一次攻击，当时，特鲁瓦的拉比所罗门·本·以撒的孙子和精神继
承人、那位学识渊博的拉比雅各·本·迈尔历经九死一生逃了出来。
由于克莱尔沃（Claivaux）那位名副其实的圣人伯纳德（Bernard）
的多方努力，这次极端的行动好不容易被限制在相对温和的范围
之内。他的激烈演说词曾是十字军东征的主要动力，但是他也坚
持认为，虽然决不允许犹太人从十字军那里得到任何好处，但无
论如何他们也不应该受到骚扰。

　　随着第三次十字军东征，这场瘟疫已经传染到了英国。在此
之前，它一直没有受到前两次东征的影响，因而本身便成了欧洲
大陆来的难民的一个理想的避难所。当理查一世（Richard Ⅰ）于
1189 年 9 月 3 日在威斯敏斯特加冕为国王时，发生了一场暴乱。
这场暴乱洗劫了伦敦的犹太社区，并杀害了许多居民，整个夜晚火
光冲天，并一直燃烧到第二天。在第二年春天，国王刚刚跨过英吉
利海峡，全国各地纷纷仿效伦敦的杰作。诺里奇、巴里（Bury）、
莱恩（Lynn）、登斯太堡（Dunstable）、斯坦弗德（Stamford）
都用鲜血把自己的名字写进了犹太人的殉难史记之中。约克的情形
达到了血腥的顶点。在那里的第一轮进攻之后，犹太人进了大城堡
避难，并在全面的包围下坚守了一段时间。最后，当看到没有希
望获救时，他们决心至少不让敌人享受屠杀的快乐。从他们的拉
比开始，所有家庭中的户主都杀死了他们的妻子和孩子，然后再

互相杀死。当第二天早上（这是逾越节之前的大安息日，据现在推算应该是 3 月 17 日）城堡的大门被打开时，几乎找不到一个活着的人来讲述那个可怕夜晚发生的悲惨故事。值得注意的是，这次暴行的头目都是曾同犹太人做过金融生意的小贵族阶层的成员，他们金钱上的负债即使没有引起，肯定也增强了他们的宗教狂热。

4

对于血腥的嗜好一旦被刺激起来，就很难再平息下去。针对犹太人的公众敌对情绪已经被煽动得如此之高，以至于不久之后的十字军东征连找一个借口都成为多余的了。在 1144 年的复活节前夕，在诺里奇城附近的一片森林里发现了一个跟当地的皮货商学徒的名字叫威廉的小男孩的尸体。他似乎是死于倔强症发作，但是却有谣传说，他是由于嘲笑耶稣受难而在两天前被犹太人杀死来庆祝他们的逾越节的。在每一个时代，都曾出现过指控那些不受欢迎的少数民族宗教出于仪式目的而祭祀杀婴的类似事件。例如，当基督徒刚刚在罗马帝国崭露头角时对早期基督徒的指控，以及在若干世纪之后，在中国发生的对耶稣会传教士的指控。但是，这一次却是针对犹太人的指控，尽管是通过一种最难以想象的形式，但是却选择了一个最恰当的时机，所以便异常迅速地蔓延开来。

不久，关于这个传闻又出现了另一种说法，即犯罪的目的是为了得到婴血，用来制作无酵饼，或用在其他一些逾越节的仪式中；不然就是为了去除（据说）残酷的上苍赐给他们身上的那种"犹太人的恶臭"（foetor Judaicus）。根据《摩西法典》，犹太人被

190

禁止以任何形状或任何形式使用动物的血，而根据律法，人的血肉同样被看作是一种"禁止的食物"。也许希伯来种族被认为是一群嗜杀者，但如上事实本身足以表明这种传闻的极度荒诞。各国的亲王、国王和皇帝们都发布了法令，谴责这种无稽之谈；教皇也强烈诅咒它的捕风捉影；学者们则很有条理地指出了它的荒谬之处；常识更证明了它的不可能。但是，这种指控仍然在流行，并且势头越来越猛，而不是越来越弱。那些不可能犯罪的假定的受害者的遗体受到普遍的尊重；在他们的圣祠里，创造出了各种各样的奇迹剧；诺里奇的"圣徒"威廉是一长串假定死于犹太人之手的殉教者中的第一人，他（几乎每一个牺牲者都没有得到教会的正式认可）开始出现在每一个国家流行的圣徒传记中。在 1171 年 5 月，这种无端指控（这一次甚至没有找上一具尸体来作为证据）几乎导致了整个布卢瓦（Blois）社区被灭绝，其中包括 17 名妇女被活活烧死。当他们临死时，站在旁边的人听到从举火的柴堆中间齐声唱起了一首颂歌，那是崇高的一神教的自白书《阿勒奴》（*Alenu*）[①]。法国、英国和莱茵兰的社区都宣布实行一次总斋戒，以纪念这些死难者。似乎他们已经意识到，这第一例欧洲大陆"祭祀杀牲"的指控可能是随之而来的一系列事件的先导；因为在此

---

① 犹太教祈祷文。"Alenu"是该祷文的起首词，希伯来语的意思是"这是我们的责任"。《阿勒奴》被认为是犹太教最早的祷文之一，甚至有人传说为约书亚所撰写。其中心内容集中在对上帝天国的颂扬，第一部分是对以色列民族被挑选出来侍奉上帝，以及独信一神的事而向上帝谢恩；第二部分是期盼大同时代，即"全世界将在全能者的国度中臻于完善"的弥赛亚时代的到来。中世纪时代，《阿勒奴》因被怀疑包含着侮辱基督教的成分而遭到当局的查禁。——译者

之后,很快就接二连三地发生了许多的类似事件,如1180年在巴黎,1199年在爱尔福特(Erfurt),1235年在弗尔达(Fulda)和沃弗沙姆(Wolfsheim),1247年在瓦莱亚斯(Valréas,即普罗旺斯)……到15世纪末,就可以举出多达五十例,每一次指控都充满了血腥,但有关的记载显然是并不完整的。

在1215年第四次拉特兰公会议认可了"化体论"教义之后,迫害又有了进一步的借口。据说,犹太人不时会拿一块祭献的圣饼,用刀刺穿它或使它遭受其他的折磨,从而让它再一次经受"十字架上受难"的痛苦。据称是由于圣饼实际上在滴血而发现了实施新暴行的借口。事实上,这种指控(如果这样的事可能发生的话)要比"祭祀杀牲"的指控更为可笑,因为它是以对祭品的尊敬或信仰为前提,这肯定在任何非天主教教义中都是自相矛盾的。然而,没有必要把所有的细节都看作是恶毒的杜撰,因为在干燥的地方保存的不新鲜的食物上有时会形成一种粉红色生物(如今被称为"巨球菌"),颜色看起来和血差不多。无论什么时候,这样的事情一旦发生,显然就证明了前面那种所谓的虐待,一场奇迹剧的假设也就成立了;在场的犹太人就被想当然地被认为有罪。第一个有记载的例子是1243年柏林附近的比利茨(Beelitz)事件,当时有许许多多的犹太男人和妇女因为被指控犯了这种罪行而在后来被称为"犹太山"(Judenberg)的地方捆在火刑柱上活活地烧死。后来,类似的事件,并伴随着抢劫、流血和放逐,在整个欧洲时有发生,而1290年在巴黎和1370年在布鲁塞尔发生的"轰动一时的事件"(*causes célèbres*)则达到了顶点,当地一直都在为此举行纪念活动。

191

　　有时，甚至连这种似是而非的借口都被认为是不必要的。当发生了破坏性的火灾时（在中世纪的城镇中经常发生，而且往往是毁灭性的），除了犹太人还会是谁干的呢？如果暴发了瘟疫，除了他们谁还会带来这种玩意儿？如果是他们先染病的，就可以证实的确是如此；如果他们没有发病，同样也证明是他们带来的，因为这就清楚地表明他们是事先蓄意预谋好的。他们不得不对种种用别的方式无法解释的谋杀负责。当有敌人入侵时——尤其是异教徒的入侵——人们理所当然地认为是他们招来的。在国内或王朝政纲动乱期间，双方都以他们同情对方为借口抢劫他们，国王会指控他们是叛乱分子的同谋，而叛乱分子则断言他们是国王的爪牙。有时仅仅因为复活节这个纪念耶稣受难的日子的来临就足以构成实施攻击的借口，有时甚至连这样的借口都不需要。随着战争与和平的交替发展——围攻、逮捕、骚乱——他们至少要遭受他们该得的那份痛苦。

　　在另一方面，更不要忘记如下的事实，即同维多利亚（Victoria）的和平时期相比，中世纪的生命更不值钱。他们也的确认为，犹太人的生命要比他们的邻居更缺少价值。但是，像犹太人一样，这些邻居的生存也同样是危险重重的。当时，暴力引发的死亡人数在比例上要比现在高得多。宗教仇恨毁灭了每一个国家。在十字军讨伐阿尔比派（Albigenses）期间，法国南部一些最肥沃、最文明的地区几乎被夷为一片荒漠。就像后来的新教徒掠夺天主教徒一样，天主教徒很乐意去掠夺那些胡斯派成员（Hussites）。在战争期间，根本就没有什么老实的平民。任何入侵者都在一步步地使乡村荒芜，每一个被占领的城市当然都要遭到洗劫。即使在真正的和平时期，任何人的生命和财产占有权也都不是铁定的。每一个嗜好抢劫的贵族或是财胆包天的土匪都不放过自己面前的每次机会，去攻击那些一无防范的定居点。大路上从来也没有安全过。民众骚乱时有发生。那些富有的自由民终日心惊胆战，害怕受到无法无天的士兵或是老百姓的攻击。对外国人的不友好态度阴魂不散，并时常演变为暴乱。皇朝的苛捐杂税名目繁多，达到了史无前例的程度。居民中还有许多其他的外来人口，例如吉普赛人，他们也遭受着同样的苦难，而且不时对他们提出类似的指控。

因此，犹太人遭受的苦难的名目并不像人们通常认为的那样与众不同，但是在程度上却的确是异乎寻常的。他们身上似乎具备了应遭屠杀和该受虐待的所有必要条件。在当时，他们既是一个与众不同的种族，又是一个不受欢迎的宗教少数民族。一般来说，他们居住在城市里，所以在国内骚乱中遭受了过多的苦难；但同时，他们又被认为是一帮家底殷实的人，因而他们的住处具有抢劫的价值。所以，每当出现一次民众或政治动荡，每当一个城镇遭到猛烈的攻击，每当一场瘟疫或不幸降临，而需要找一个替罪羊时；每当宗教狂热被异乎寻常地煽动起来时——在所有这样的情况下，对犹太人进行攻击便成为一种预料中的必然结局。直到中世纪结束，直到普遍建立起法律与秩序，直到在西欧至少对人类的生命，不管其种族和信仰如何，有了一种全新的价值观念时，犹太人的状况才开始得到改善，他们在正常情况下的生存才有了合理的保障。

5

在欧洲南部，情形绝不是像在英国、法国和德国那么糟糕。

因为在那里，人们还没有把宗教看得过于认真，十字军精神也从来没有产生过大的影响。各个民族和各种影响的杂交混合使种族偏见并没有形成多大的气候。特别是在意大利，犹太人的前进道路一直是较为平坦的。不管教皇曾如何渴望通过他们的影响来阻止对正统基督教的污染，他却始终都在遵循着形式上的宽容原则。尽管政策一直向教会倾斜，但他从来也没有支持对他们使用暴力，或诸如血祭诽谤或强迫皈依这样的残酷手段。他曾多次呼吁，要在这些方面保持理智和适度〔甚至连授意制定了中世纪最为反动的法律的英诺森三世（Innocent Ⅲ）在这方面也没有出格〕。教皇卡里克斯特二世（Calixtus Ⅱ）发布的一个保护性训令，即《犹太人保护法》（*Sicut Judaeis*）强烈谴责了对犹太人进行人身攻击和强迫他们施洗的行为。从 1120 年第一次颁布直到 15 世纪中叶，这项教皇训令曾重申了不下 22 次。从 1130 到 1138 年，圣·彼得（S. Peter）王位的竞争对手之一就是一个有着直接犹太血统的人——阿纳克里特二世（Anacletus Ⅱ）即皮耶罗·皮耶里奥尼（Piero Pierleoni）。在教皇的领地内（几乎在整个欧洲是唯一的地方），犹太人从来没有尝到过屠杀和放逐等极端手段的滋味，并且从罗马这个中心向邻近的地区不断扩展，发展起了许多小型的聚居区。①

　　在这个国家的南部，自古典时代起就存在的定居点也一直没有受到什么干扰。据传说，阿普里亚（Apulia）曾是犹太学术界在欧洲最古老的避风港，那四位想要到地中海世界传播拉比学说的拉比就是从巴里启航的。当地的社区的确在 9 世纪受过拜占庭

---

① 参见下文第 258—259 页。

74. 国王亨利七世接见罗马犹太人代表团，1312年。科布伦茨市政档案馆。

75. 典型的中世纪犹太人（圣保罗与犹太人论争）。英国镀铜嵌珐琅线工艺品，1150年。伦敦维多利亚和阿尔伯特博物馆。

76. 犹太人（佩戴识别牌者）正在按犹太传统起誓。德国木刻画，1509
年，奥格斯堡。

人那种不宽容政策的迫害，并在 10 世纪遭受过撒拉逊人的打击，但他们很快就恢复了过来。沙巴塔·多诺罗（Sabbata Donnolo，913~982 年）是我们知道名字的最早的欧洲犹太作家［除了公元前 1 世纪卡拉克特（Calacte）的一位演说家凯希留（Caecilius）之外］，甚至他作为一名医生，在非犹太人的圈子中都非常知名。在西西里的穆斯林统治期间（827~1091 年），虽然没有人去争夺科尔多瓦哈里发们的光辉，但在某些方面却受到仿效。帕提尔（Paltiel）是奥利亚（Oriad）的一位诗人和奇迹创造者谢法蒂亚（Shephatiah）的后裔，在 10 世纪时，先是在本国，然后又在埃及升到了大臣的位置，对穆斯林的驱逐也没有引起任何剧烈的变化。在以后的许多年代，西西里的犹太人尽管没有特别兴旺，但却一直人数众多，并且普遍没有受到在别的地方已经成为犹太人生活中一大特色的那种激烈动荡的影响。

在附近的大陆上，譬如在那不勒斯王国，情形大致相同；直到 13 世纪末，安茹王朝执政后带来了北方那种不容异己的观念，随之在整个阿普里亚开始了一场迫害和强迫皈依的运动，其影响持续了许多个世纪。当地的社区逐渐地从这次打击中恢复过来，新的移民又进一步扩充了他们人数。再往东，在欧洲最早的定居中心希腊及其附近的领土上，古老的犹太生活在不时爆发的压迫和强迫信奉国教的拜占庭狂热的阴影之下逐渐地枯萎了。然而，我们仍然可以在各处看到兴旺发达的社区，它们大多靠丝绸业维持生活，并且［正如旅行家图德拉（Tudela）的便雅悯①告诉我们的］以他们的学问和

194

---

①　参见下文第 216 页。

虔诚而闻名于世。

6

　　在欧洲南部，犹太生活中最重要的中心仍然是西班牙。的确，阿尔摩哈德狂热分子排斥异己的政策已经结束了（正如我们所看到的）在科尔多瓦和"塔伊法"诸侯的哈里发时期所达到的那种短暂的辉煌。幸运的是，当时在穆斯林统治下的领土没有扩展到整个半岛，甚至可以说还没有占到半岛的大部。阿拉伯人从来也没有能够征服崎岖不平的西北部地区，从而使这个角落一直作为独立的公国而生存了下来。在 8 世纪，虽然几乎感觉不到，抵抗的中心区一直在不断扩大，并沿着北部边界形成了两三个中心。最后，这些中心发展成了一些基督教国家的中枢城市，后来在阿拉贡（Aragon）、纳瓦拉（Navarre）和卡斯提尔（连同莱昂）周围得以巩固下来。另外，还可以加上大西洋沿岸的葡萄牙。所有这些国家一直生存在连绵不断的战争状态之下，在内战的空档里，打击异教徒方面的进展却缓慢而又艰难。在 1085 年，卡斯提尔的阿方索六世占领了托莱多，从那时起，基督教又重新取得了全国大部分地区的统治权。

　　"重新征服"的开始阶段显然为犹太人带来了危险。日益强盛的基督教国家对他们的态度一直是既十分怀疑又充满敌意。基督徒继承了他们西哥特人祖先的所有的严厉性格。在他们眼中，犹太人同穆斯林是完全等同的。他们讲同一种语言，分享着同一种文化，用同样的方式穿戴；如果说稍有区别的话，那就是他们选择了一种

195

更为可恶的异端宗教。正是阿拉伯人曾宽容地对待他们这一事实，才使得他们在基督徒的眼里更为邪恶。因而，在扩张初期，在每一个被十字军的战士们占领的地方，犹太人的命运都同他们的老主人一样，甚至更糟。"所有他们能找到的犹太圣堂都被摧毁了"，古代史编者们反复地写着，"所有他们能找到的祭司和拉比都被用剑杀光了，他们的《律法书》被付之一炬"。古老的西哥特王朝法典《西哥特法典》（*Fuero Juzgo*）曾为他们规定了几乎是毫无希望的、无法生存的卑下的社会地位，犹太人期望中的最好处境，也不过就是靠碰某种不可能的运气去逃生罢了。

在 10 世纪，开始出现了一种态度上的改变。最初的宗教狂热开始减退。那些基督教国家不断地互相拼杀，并且一旦需要，他们会毫不犹豫地向最近的穆斯林列强求助。有时，那些基督教的骑士会在新月旗下战斗，而摩尔人（Moor）的武士却在十字架下战斗。他们之间的分界线越来越靠政策和利益而不是宗教来决定，并且有计划地灭除宗教的异己分子的时代已经成为过去。如果想要保证基督教对国家的统治，显然只有同人口中的犹太人这个重要群体和解，才是明智的。与此同时，由于他们的先天语言条件，像以往那样在一些重要的外交事务中雇用他们有时是非常方便的。那些在阿拉伯学校受过训练的医生和科学家在宫廷中获得了显赫的地位；而许多人身上的那种天生的才能使他们在金融机关里谋得了高位。

因此，犹太人在西班牙生活的黄金时代，虽然毫无疑问主要是归因于同摩尔人的近亲关系和他们所树立的榜样，但却并不是同他们的称霸时期完全相吻合的。恰恰相反，在很长的一段时间里，

同阿尔摩哈德（Almohadan）狂热分子相比，基督教的宽容的确起
到了促进的作用。因此，目前把西班牙犹太人的全盛时期局限于阿
拉伯人统治时代，因而认为他们随着西哥特人的前进而衰落下去
196 的看法是完全错误的。正是在基督教的统治下，虽然在某种程度
上仍然受到穆斯林文化的影响，西班牙犹太民族的文化生活中那
些最伟大的人物才登上了历史舞台，如歌唱锡安山的那位最可爱
的歌手犹大·哈列维；流浪诗人、评注家亚伯拉罕·伊本·以斯拉，
他曾在那些效忠于基督教的国家里度过了几乎整个一生；最为重
要的是西班牙犹太学校的那位最伟大的杰出人物摩西·迈蒙尼德，
他虽然出生在科尔多瓦，但却是被穆斯林（而不是基督徒）狂热
分子赶走的，并且在一块异国的土地上创作出了他那些不朽的巨
著。犹太教的战士们英勇地在十字架下战斗，同时也在新月旗下卖
命，而那些具有杰出才能的人则甘愿为卡斯提尔和阿拉贡的国王效
力，就像对原来的格拉纳达或塞维利亚国王一样忠贞不贰、呕心
沥血。

　　但在另一方面，穆斯林时期对西班牙犹太民族的影响无疑是深
远的。直到最后，它仍然保留着它的祖先的明显痕迹。有很长时间，
甚至在基督教统治下，它的语言一直是阿拉伯语而不是西班牙语。
当穆斯林的霸主地位已经成为一种遥远的记忆时，许多重要的作
品仍然是用阿拉伯语写成的。法律文书也一直用阿拉伯语起草。
直至 14 世纪，凡重要的西班牙社团的秘书的必备条件依然是必须
精通阿拉伯语。带有浓重的阿拉伯色彩的名字继续在伊比利亚半
岛的犹太人中间长盛不衰，而犹太社团或居住区则用阿拉伯名字
称作“大集会”（*aljama*）。有一两个阿拉伯词甚至通过西班牙的

犹太人这个媒介渗透进了他们在北欧遥远国度里的宗教同胞的方言之中。

正是在卡斯提尔的阿方索六世统治时期（1065~1109 年在位），基督教西班牙的犹太民族达到了他们繁荣的顶峰。对托莱多的征服使他成为所有西班牙社区中一个最古老和最兴旺的社区的主人。从这个时候起，这个城市成了卡斯提尔的首都，以及整个西班牙的犹太生活中心。阿方索的军队中有许多的犹太人；后来的传奇故事告诉我们，在萨拉加（Sagrajas）战役之后，遍地的黑色和黄色头巾是如何证明了他们作战时的英勇。尽管有教皇格里高利七世的告诫，皇家特许状仍然使他们拥有在穆斯林统治下所享受的所有特权，并使他们有所限制地处于同普通居民在法律上平等的地位。在这一时期（就像他们在半岛的其他地方一样），国家有计划地利用他们到他们国王的新领土上去开辟殖民地，并且为此赋予他们在新的定居地以广泛的权利。御医约瑟·伊本·法里泽［Joseph ibn Ferrizuel，被称为西德罗（Cidello）］的影响是如此之大，以至于整个国家的犹太社区都公认他为一位"纳西"即亲王。他在政治问题上提供意见，甚至签署国家文件。有一次，贵族阶层雇用他作为他们的代言人同王位女继承人乌拉卡（Urraca）竞争，但后来她当上了女王。其他一些犹太人也曾被派去执行外交使命。他的侄子所罗门·伊本·法里泽（Solomon ibn Ferrizuel）在去阿拉贡宫廷执行任务返回的路上被暗杀；据说，塞维利亚的埃米尔因虐待一名叫伊本·卡里布（ibn Chalib）的犹太使节而导致了战争的爆发。乌拉卡的儿子阿方索七世（1126~1157 年在位）总的来说继续实行了同样的政策。犹太人再次为了他们的国王同国内外的敌人战斗。犹

197

太科学家和金融代理人在宫廷中占有重要地位。诗人摩西的侄子犹大·伊本·以斯拉这位从格拉纳达来的逃亡者（他的家人过去曾在摩尔人的手下任职），作为财政大臣（*almoxarife*）很受国王的宠信，地位甚高。当 1147 年卡拉特拉瓦（Calatrava）要塞被占领后，他被派去监管粮食供应和军需品，并且发挥了极其重要的作用。

这些人实在是太幸运了。在这一时期，阿尔摩哈德王朝的迫害运动在伊比利亚半岛南部那些仍然处于穆斯林统治下的地区刚刚开始，大多数难民都转向北方，去了那些基督教国家。大路正好穿过卡拉特拉瓦，那里的犹太富贾们尽一切力量去救济他们，给他们食物和粮食，为病人和老年人提供交通工具，帮助他们赎回俘虏，逃避基督徒的苛捐杂税，并使他们安全地到达了大多数人正在寻求避难的托莱多。结果，西班牙的犹太生活的平衡发生了剧烈的变化。在安达卢西亚的穆斯林领地，再也找不到一个真正信教的犹太人。另一方面，基督教王国里那些社区的重要性却既是相对又是绝对地得到了极大的加强，而杰罗那（Gerona）、巴塞罗那特别是托莱多（连同那里一万名声誉良好的犹太人和许多雄伟的犹太圣堂）取代了格拉纳达、塞维利亚和卢塞纳而成了犹太文化的中心。

在接下来的四分之三个世纪中，基督教西班牙的情形总的来说仍然是不错的。在这一时期，出现了众多的犹太外交官、金融家和医生；据推测，阿方索八世的情妇就是那位可爱的蕾切尔（Rachel），她作为一名"*La Fermosa*"（美人），一直被人们津津乐道，并产生了一大堆关于她的浪漫传奇故事。然而，十字军的精神已经跨过比利牛斯山，并且开始扰乱了过去一直存在着的友好关系。来自教皇的压力使得卡斯提尔和阿拉贡颁布了由历次基督教公会议通过的反犹措施，尽管当时并没有强制执行；对任命犹太人担任重要的职位这个问题，间或有人会提出严正的抗议。1108 年，当卡斯提尔的军队在乌克勒（Ucles）战败的消息传到托莱多时，暴民们拥向犹太社区所在地并实施了包围，借口就是左翼的犹太军队第一个放弃了阵地。这个犹太社区在 1197 年莱昂发生的内战中遭受了深重的灾难。但是，直到 13 世纪初叶，十字军的狂潮才蔓延到这个国家。

打一场针对异教徒的圣战的喧嚣此起彼伏；一群群骑士和冒险家从欧洲各地拥向西班牙。集合的地点就定在托莱多，由约瑟·伊本·沙山（Joseph ibn Shushan）这位当时的财政大臣负责统一调动。尽管如此，十字军的战士迫不及待地纷纷仿效莱茵兰地区的样板，开始向首都以及其他地方的犹太人发动了攻击。战斗一开始，这些冒牌的英雄们就撤退了，后来他们根本就没有参加决定性的拉纳瓦·德托罗萨（Las Navaas de Tolosa）战役。然而，这场战役却以基督教取得压倒性的胜利而告终。穆斯林的威胁终于被粉碎了。不久之后，从属于伊斯兰教的领土开始处于非重要的地位，只剩下了格拉纳达王国和一两片边远的地区。就是由于这个原因，犹太人的地位也日渐衰落下去。由于基督教占据了统治地位，他们已不再是一个重要的少数民族，因而也就犯不上非要去博得他们的支持了。同伊斯兰国家的外交关系已经不再像过去那般重要了，甚至穆斯林科学，以及在穆斯林学校受过训练的犹太科学家的重要性此时也已经减弱了。与此同时，在欧洲其他地方普遍流行的强烈的宗教排外、民族主义和商业竞争，开始渗透进伊比利亚半岛。政治虐待和公众暴乱变得司空见惯。接连上台的统治者们对犹太人在理论上允许享有的特权实行了越来越多的限制，即使如此，他们并没有把立法全部付诸实施。甚至"智者"阿方索（1252~1285年在位），他的宫廷曾是最大的犹太科学活动中心之一，后来也

199

77. 在塔兰托焚烧犹太人，1475 年。德国木刻画，15 世纪晚期。

在他那部著名的法典《法典七章》（*Siete Partidas*）中为他们罗列了最详细、最恼人的种种限制，虽然直到过了一段时间之后才得以付诸实施。有时（首先是在国家的北部地区，法国样板的作用尤其明显）会爆发全面的杀戮暴行。的确，新的思潮渗透进这个国家用了相当长的时间，并且就某些方面来讲，它从来也没有像在别的地方那样真正地完成这种渗透。然而，从 13 世纪初开始，前一个时代的平静便一去不复返了，笼罩在整个欧洲上空的乌云张牙舞爪地扩展到了西班牙犹太社区的上空。

第 19 章　社会变革

1

　　随着中世纪的发展，北欧地区犹太人中间日益增长的不安全感引起了他们经济地位上的变化。在流散的早期，他们在这一方面同普通的居民几乎没有什么区别。当罗马人说犹太人本性就是奴隶时，是指那种使他们（应当归因于他们独特的宗教习俗）能够胜任艰苦的体力劳动的极其宝贵的、特别结实的体格。在韦斯帕芗战役之后开工的那条半途而废的穿越科林斯地峡的运河，以及罗马的巨人像本身，既是罗马技术的结晶，同时在某种程度上也是犹太人结实肌肉的纪念碑；而早在半个世纪前，被皇帝提比略从首都驱逐出去的犹太人曾开挖了撒丁岛（Sardinia）上的矿山。在一系列的起义失败后，那些购买巴勒斯坦奴隶的罗马富贾肯定主要地是要让他们在自己的土地上劳作。当获得自由之后，许多人必然像他们在巴勒斯坦、巴比伦和波斯的宗教同胞一样，继续从事农业劳动。即使在北欧地区，直到进入了中世纪许多年之后，犹太人才算真正地离开了土地。在南方，少数人一直到中世纪结束还仍然在从事农业活动。然而，在大多数情况下，他们似乎对集中种植更感兴趣（特别是在葡萄酒和油类的生产方面），而不大喜欢那种大面积的、更费力气的耕作土地和种植庄稼的简单过程。

　　有一个显而易见的原因使得犹太人离开了乡间。由于在过去的几百年中，他们的宗教习俗已经发生了改变，需要有一个富有同情心的社会环境。他们曾规定，要有十个成年男子一起做祷告；年轻人必须有一位指导老师；每一位教友应以十几种不同的方式经常在公共场合露面，或至少不能离得太远，等等。但是，这样的交往方式在乡村中偏远的地方是不可能的，而在非犹太人占大多数的村庄里就显得更为困难。不仅如此，随着宗教偏见的增长，孤立世外的生活尽管没有什么危险，但却变得越来越不舒服。因而，出于安全，同时也是为了不违背习俗，时常同其他犹太人的接触是十分必要的。

　　到最后，建立在一种封建基础上的乡村社会组织并没有为不信教的人找到什么出路。那些半奴隶式的农民都是庄园主的奴仆，并且大多是按劳动强度或工种计酬；庄园主则是贵族阶层的奴仆，而贵族阶层依次又是一个大贵族或国王——这个金字塔的顶端的奴仆，所有的人都直接或间接地在为这个高高在上的人服务。不仅如此，整个庞大的组织是建立在一种对共同信仰的忠诚之上，并通过一系列宗教誓约而凝聚成为一个整体。在这个对称性的大厦里，其支柱容不得丝毫的歪斜，甚至不得使用任何背离钦定模式的原材料。犹太人并不是农奴，所以不能强迫他们去耕种土地；他们也不是一帮职业斗士（确实，一般是不允许他们携带武器的），所以他们就无法成为封建领主；他们甚至也不是基督徒，所以也就不能像其他人那样接受别人或对别人表示敬意。仿佛所有这一切还不够，他们在许多地方还受到古老习俗的限制，并且后来在大多数地区受到了法律上的限制，禁止他们拥有完全保有的财产（虽然有一些颇受注意的例外）。因此在乡村社会中，并没有适合他们的位置，甚至根本不存在任何他们可以打进去的缺口。由于为乡村生活所不容，他们的注意力必然地转向了城镇。

事实上，一个乐意移居到一个早已人口密集的国家的人，除了城市生活之外，是很难找到任何其他用武之地的。要定居在这样一片土地上，本身就说明这里有多余的土地，有可以挣得的金钱（请不要忘记，在古典时代的晚期，农业自由劳动者还是非常陌生的行业）。另一方面，在一个城市里，任何人一般都可以找到可用武之地，无论是当工人、手艺人或是小商贩；在罗马帝国里，几乎每一个行业都有犹太人。他们是商人、小贩、画家、演员、诗人、歌唱家、屠户、裁缝和铁匠。作为乞丐，他们被认为是令人所不齿的。在基督教建立之后，一些人实际上就在教堂的台阶上卖圣像。然而社区中的骨干人物属于商人阶层。或许，粮食进口业应当部分地归功于他们，从而使得用"面包和马戏"来满足无产阶级的政策成为可能。值得注意的是，他们在首都的主要中心一般位于码头附近，并且早期的定居点大都散落在连接罗马和被誉为古代世界粮仓的埃及之间的商路沿线。

欧洲中世纪把罗马帝国那宽阔的地平线缩小到了狭窄的民族天井之内，扫除了旧的秩序，而代之以一个粗野的军事特权阶层。因此，就欧洲的北部国家而言，国际贸易便越来越多地掌握在一个没有自己的国家，然而却有国际关系的帮助，并且还拥有一种语言可以用来进行国际交流的阶级的手中。在公元5~7世纪，西欧的贸易大部分曾控制在"叙利亚"商人手中，里面可能包括一定数

量的犹太人；因为他们使用的"地中海混合语"（lingua franca）
与拉比们用于通信及当时起草的犹太法律文书所用的语言同属一
个语系。当叙利亚被阿拉伯人占领，大部分居民皈依了伊斯兰教时，
他们就失去了自己的独特地位。此时，这种地位便留给了犹太人，
他们曾有一段时间几乎没有什么竞争的对手。他们所具有的职能
特征就是参与了奴隶买卖（那时认为同我们现在进行的牛羊买卖
几乎是一样地正当）。在 9 世纪的法律文件中，"犹太人"和"商
人"这两个词有时可以互换使用。法国、德国和中欧地区那些最
早的犹太社区位于大商路的沿线，或许是由那些沿着罗纳河向北
或沿着多瑙河向西去的商人建立起来的。

　　大约在 847 年，巴格达的哈里发的驿站站长伊本·库达比哈
（Ibn Khurdadbih）曾编写过一本邮路手册。在这本书中，他描
绘了一幅关于那些操多种语言的犹太商人在这一时期的活动情况
的奇异图画：他们从法国南部出发，然后穿过埃及和红海到了印
度和中国，带回了麝香、芦荟、樟脑、桂皮和其他的东方产品。
另一条路线是穿过美索不达米亚，沿着底格里斯河转向南方。另
外的路线都是通过陆路，横穿北非或中欧大陆。从开封府一个犹
太圣堂的废墟上，仍然可以看到这个曾经一度繁荣的中国犹太人
聚集地的遗迹，直到今天，依旧可以证实在欧洲中世纪就已经开
始的同远东地区所进行的商业交往。书中还列出了一长串引人注
目的商品名单（一开始是柑橘，然后依次列举了蔗糖、稻米、拖
鞋和绷圈，最后还有丁香花），这些商品可能是由犹太商人引进
欧洲的。但是，这远不是全部，因为犹太人还从远东地区带回了
许多东西，不光是阿拉伯数字，还有像《比得拜寓言》（Fables

of Bidpai）这样的古老作品，后成为大量欧洲神话故事的来源。

2

在 10 世纪，随着意大利诸贸易共和国［特别是威尼斯和阿马菲（Amalfi）］的崛起，犹太人在西欧地区商业上的优势宣告结束。这些意大利的财团迅速地垄断了地中海地区的事务。十字军东征为最后把犹太人赶出商业领域提供了强大的动力。贸易可能并不总是像人们期待的那样，会自然而然地随着战旗所指而发展起来，但它从不放弃任何这样的机会来利用军事冒险所开辟的各种交往渠道。为恢复和保卫"圣地"而进行的一系列战争使东西方之间的联系要比罗马帝国衰亡以来的任何时候都更为紧密。这些战争还进一步扩大了意大利沿海城邦的势力。作为最后的结果，它们正好一路上保护了那些前往圣城的朝觐者，当然也就保护了他们队伍中的那些商人。

因此，商业在西欧地区诸国获得了强大的发展动力。它不再是那个具有特别语言条件的小小的、好冒险的阶级的一项专利。过去一直是犹太人的优势的那种个性特点此时已经转化成了他们的劣势，因为他们既不能拥有基督徒的特权，也不能享受到穆斯林的优惠。他们生命上的不安全感使得他们的商业投机更加危险重重。只要身边出现了非犹太竞争对手，那种愈演愈烈的排斥异己便使得他们越来越处于不利的地位。他们根本无力同那些在意大利以及其他商业城市中组织起来的以政权作为靠山的庞大的合作企业一争短长。在他们的道路上充满了各种各样的障碍。例如威尼斯，这个地中海贸易网的巨大"贸易中心"（entrepôt），不仅拒绝接纳犹太商人，不允许他们挂着自己旗帜的船只运载犹太商品，而且试图在其他的地方，从莱茵河直到赫勒斯旁海峡（Hellespont）的广大地区全部都采取类似的政策。事实上，犹太人在各个地方的经历都是一样的。他们虽然开辟了一个又一个的经济活动领域，但是，一旦人们通过他们这个榜样学会了本领，非犹太人的竞争就会变得一发而不可收，他们通常受到排挤，甚至常常被驱逐出去。

204

　　确实，就像中世纪的农业组织和土地占有体制一样，中世纪的商业组织同样没有给那些不信基督的人留下任何出路。在每一个城市里，买卖逐渐地局限于"商人行会"的成员之间，不允许外人同他们进行竞争。但是，那些行会商人完全是以观念上的一致性为基础的。它是一个社会团体——任何自由民都不会愿意同犹太人进行社会交往。它有自己的宗教活动——自己共同的礼拜仪式，自己的行列仪式，或许还有自己的教堂——不能有任何犹太人参加。这是一种基于保护当地人而抵制外来竞争的观念；而对犹太人来说，不管他们的祖先已经在当地居住了多少代，仍然始终被认为是一些外来人和插足者，当这种借口和遁词实在行不通的时候，也偶尔会出现个别的例外情况。然而，就有组织的贸易来说，像这样的犹太人是很难找到空缺的。

　　在制造业和手工业方面，情形大致相同。在欧洲定居的早期阶段，犹太人在这些领域也曾经非常活跃。但是，当他们面对着来自非犹太人的竞争时，就只能屈居人下了，因为对一个真正的信徒受制于一个异教徒的偏见使他们很难雇到助手，因而便无法扩大自己的经营规模。最终，由于"手工业行会"建立并开始对一个又一个的制造过程实现了法律上的完全垄断，犹太人被彻底地排挤了出去。就像在乡村生活中的情形一样，在颇为合理、构造匀称、包罗万象的城市组织中，根本就没有（至少在北欧地区如此）这些头号异教徒的容身之地。

3

　　然而，此时却出现了一种必不可少的经济上的职能，而中世纪社会对此显然是毫无准备的。金融家，或银行家，或放高利贷的人（当时这些叫法实际上几乎是同义词）在任何金融经济占主导地位的时代都是同样必需的。有时，那些富有的人可能需要一笔贷款以开发新的有利可图的事业；那些穷苦的人需要在困难时期以应急需；手工艺人为了继续经营需要购买原料；而农民则是为了度过那段下种和收获之间的农田管理阶段。但是，借钱的人由于暂时使得出借者无法使用自己的资本，从而不能进行再生产，显然欠下了他们某种补偿。而且不仅如此，借贷本身存在着不稳定的因素，所以索取的利息是防止完全损失的一种保险手段。

　　但是，到中世纪晚期，天主教教会也开始反对在任何情况下有息借贷。的确，《摩西法典》中曾设想了一种围绕着小村庄社区的纯粹田园诗般的农业生活，因而禁止靠向一个"兄弟"借贷去获利（《申命记》23：19 等）。在一般流行的《新约》误译本（《路加福音》6：35）中，也曾告诫那些忠实信徒"出借钱，而不期望任何回报"（原文的意思是"永远不要失望"）。在中世纪，亚里士多德的权威性仅次于《圣经》，他也采取了同样的态度。

大自然本身也不能使钱按照通常的再生产过程进行繁殖，从而间接地谴责了这种行为。因此，不管利率是大是小，教会开始慢慢地对这种人们所称的"高利盘剥"一概持反对态度。1179 年在罗马召开的第三次拉特兰公会议上，这种抨击达到了高潮——所有这类伤风败俗者一律不得按照基督徒的礼仪下葬。

事实上，这个政策是基于一种错误的观念，只有当教会采取措施使穷人能免息借到贷款时才是行得通的。在这一方面，只有无所不在的犹太人能够扮演这个角色，因为这项禁令在本质上是宗教性质的，甚至在表面上也只能强制真正的基督徒执行，而管不到异教徒。[①]一个不能从事贸易的商人的确只能在这一方面为他的资本找到出路。（当没有放高利贷的人时，很自然地要向商人求助，犹太人可能就是通过这种方式首先进入了这项新的职业的。）因此，当犹太人被排斥在普通的行业之外时，他们便在这个所有职业中最不光彩、最不受欢迎的行当中找到了用武之地。他们对这一职业并没有天生的癖好（即使在古典时代，我们也只看到了少数独立经营的犹太银行家）。在 8 世纪结束之前，他们在欧洲还几乎不为人知。然而此时，这却成了他们唯一可能的职业——能够使用他们的资本的唯一方式，也是他们可能用来谋生的唯一方式。那些权威性的拉比并不赞成这一行为，因而一旦有犹太人被怀疑这样做，他们便断然予以禁止。然而，他们最终也不得不屈服于环境。到 13 世纪，在那些从属于天主教会的国家中，除了南意大利和西班牙部分地区以外，大部分犹太人，尽管不愿意，

206

----

① 认为这一禁令不"适用于"异教徒的看法并不是完全正确的。

都在直接或间接地依赖于这个已经堕落的，或者（在当时的环境下）正在堕落的职业。

生活中日益增长的不安全感为经济变革提供了一种强大的动力。对于犹太人来说，尽可能地通过一种能很快得到偿付的形式使用他们的资金，而又不会承担任何零星爆发的暴力事件的风险，就变得越来越明智了。一个商人的房屋随时可能被彻底抢劫一空，那样他就会变得一无所有。另一方面，金子基本上可以实实在在地贮藏起来；而未清偿的债可以收回来，作为新一轮经济活动的基础。不仅如此，作为金融家，犹太人在广泛的文学和个人关系方面具有很大的优势。专门意义上的"信誉"可能不是犹太人发明的，虽然可以举出有力的例证来支持这一假设。另一方面，他们作为一种社会存在已经享有这种"信誉"。他们知道自己的宗教同胞一般都是可靠的，会认真对待他们的请求，也会尊重他们的签名。如果伦敦的一位拉比在同马赛的一位拉比进行科学交流之后在信的末尾附上一笔，请求后者向一个马上要出发去东方的英国十字军战士预付一笔钱，并且同时答应可以随时在英格兰的任何地方帮同样的忙，他可以肯定，他的请求很可能会得到满足。这是任何其他的社会部类的人所无法享有的一种最初的优势。

所以，有一个时期，犹太人在一些国家中成了唯一合法的资本家。无论什么时候要实施庞大的计划，就必须寻求他们的帮助。一旦需要（视各"郡县的税收"或其他政区的岁入而定），他们随时会把钱贷给国王。对于中世纪的两个独特的职业——打仗和建筑来说，他们的帮助是不可缺少的。十字军东征虽然对犹太人是致命的，但要不是由于他们的财政支持，就不可能以那样的方式进行。甚至

教会的基金会在一些重要的事情上也要仰仗于他们。林肯郡的亚伦
（Aaron）是 12 世纪最大的英裔犹太金融家，不光斥资兴建了林肯
和彼得伯勒（Peterborough）大教堂以及圣阿尔邦斯（St. Albans）
大修道院，还在英国帮助修建了不下九座西斯廷式修道院。兵役免
除税制度的发展（即通过付钱来代替个人服兵役。这一制度削弱了
封建统治，并促进了国家君主政体的建立）使得犹太人能够上交大
量的资本，甚至在正常情况下也成为一种必缴的税赋；而如若没有
他们的合作，这个过程无疑将会大大地延长。在这些世纪里，他们
的存在毫无疑问推动了欧洲从易物经济向金融经济的转变。

　　然而，犹太人的活动主要是同上层阶级有关，但是真正已经
足够富裕而不需要他们作为下层贵族，即城市行政官为自己服务
的封建领主并不是太多。因此，犹太人不受任何一个阶层的欢迎：
其中有他们的客户，因为这些人越来越深地陷入了他们的债务之
中；当然还有他们的反对派，因为这些人对来自敌人的救助深怀
怨恨。无论表面上的原因是什么，这种仇恨总有一天会不可避免
地以暴力的方式表现出来。有许多书面文件可以证明，表面上由
宗教狂热引发的群众性攻击的头目实际上早就已经对他的受害者
负债累累[1]，所以，大屠杀之后通常紧接着便是抓紧销毁那些把他
们之间的交易记录在案的契约。

　　犹太人在金融世界中占主导地位的全盛时期是 12~13 世纪。
当时一方面从商业领域转移出来已经行得通，另一方面，反高利
贷的法规也已经得到了严格的执行。后来，尽管有国法和教规的

---

[1]　参见上文第 189 页和下文第 222 页。

双重限制，那些非犹太人的高利贷者依然再次成为普遍的、虽然
是极为不受欢迎的人物。人们发现，法律上的习惯假定避开了不
切实际的法规。利息被委婉地称作"好处"；合同中间写进了一
个附加条款，规定只有当贷款没有在尽可能短的时间内归还时才
支付利息；或者在契约上写明，还贷的钱数要大于实际借贷的数目。
罗马教廷本身也与此有染。在整个欧洲，意大利人〔一般只用"伦
巴第人"（Lombards）或"卡霍森人"（Cahorsins）的方式署名〕
作为放高利贷者的名声很坏。在意大利本土，首先是托斯坎斯人
（Tuscans），然后是帕多瓦人把自己弄得臭名远扬，但丁（Dante）
在《地狱篇》（Inferno）中曾指名后者作为遭受惩罚的特例。由
于这些基督徒竞争者得到了上面的支持，并且有共享的巨大人力
物力资源作后盾，因而同他们的活动相比，犹太人根本难有作为；
而不久之后，犹太人便走投无路了。然而，意大利人所关心的主
要是一些大规模的举措，如确保每个王国总收入的提高，把各地
教徒献给教皇的年金划归罗马教廷，等等。此时，犹太人则被迫
把自己局限在抵押品借贷，以及类似的小型交易上，几乎同我们
今天所称的典当业没有什么区别。

　　索要的利率始终非常之高，也许从钱币的缺乏和全面的无序
来看不得不如此。在北部诸国，即使法律上有严格的限定，年利
率也很少低于 43%，除非提供另外的保证金。① 发生强夺和没收的

---

　　①　在南方各国，情形则要好得多。如意大利是 23%~37%，西班牙更低，只有
20%。值得一提的是，甚至今天，英国的法律依然认为，48% 的年利率也不算不合理；
而在美国的某些地方，抵押贷款的合法利率可以高达"每月"12%。

可能性很高；向皇家财务署支付的税额十分惊人；有极大的可能出现本利无收的情况。所有这些偶然因素都必须考虑在内。但是，如果他们被排挤出去，利润就会高得足以引起难以控制的嫉妒，从而成为暴力的另一诱发因素。在一两年时间里，一个犹太人的资本（在满足国库紧急需要的情况下）可能增长三倍之多。但在另一方面，滋事的暴民可能会在一夜之间把他拥有的每一个便士洗劫一空。这是一个恶性循环，想要平平安安地摆脱它是不可能的。然而，虽然基督徒高利贷者用不着花这份力气来保护自己免遭谋杀和抢劫，但他们却同样地苛刻。他们的贪婪常常使普通居民后悔犹太竞争对手们的离去，因为是基督徒高利贷者的欺行霸市把犹太人给赶跑了。

4

在中世纪，一种特殊职业所产生的一个必然的结果就是一种特殊的地位，这是因为，那些不能被包容在封建体制中的人必须在它之外的社会组织中寻找到自己的位置。当然，可以把犹太人同城镇中的其他居民同等地看待，然而这就意味着他们之间要有某种程度的同情和团结，而这在事实上是不可能的。不仅如此，城镇是由各行会统治的，根本没有犹太人的份儿。除此之外，他们实际上常常被看作是外来户，并且一直受到这种一成不变的对待，因此他们不得不向国王寻求保护，因为国王是所有臣民的主人，也是商人和外国人的传统上的保护人。在中世纪的罗马帝国，只有犹太人必须交纳特别税款（当提比略二世结束了巴勒斯坦的犹

78. 来自特里姆堡的游吟诗人苏金德。位于海德堡大学图书馆的手抄本，13世纪。

79. 债券发行票据上印着讽刺中世纪英国犹太人的漫画，1233 年。伦敦公共登记处。

太族长制，并改变了王朝岁入的方式后，他又以一种稍稍不同的形式恢复了这一条[①]），并且这一条似乎一直被看作是犹太人实际上是属于皇帝的农奴的一项明证，因而在德国之外，他们自然也是其他君主的农奴。在十字军东征期间——特别是第三次东征——时常向统治者寻求保护的情形助长了这种观念的传播；在 14 世纪的德国，古罗马的人头税实际上也在贡金（*Opferpfennig*）的名义下恢复了，从而成为"神圣罗马皇帝"从韦斯帕芗和提多那里继承下来的在数百年前征服和奴役人民的那种至高无上地位的标志。

不管原因是什么，中世纪的犹太人反正被一体看作"皇家的农奴"（*servi camerae regis*）。同君王的这种特殊关系充分说明了他们所处的地位和他们所受的苦难。他们是国王的下人。国王对他们所有的活动实行最严密的控制。他可以随意地向他们收税。出于金钱上的考虑，他可以把对他们的所有权力整体地或分别地转让给第三者。他可以随时没收他们的财产。他可以把他们赶出自己的王国，而不需要任何借口。他还插手他们的内部事务，甚至到了事无巨细的程度。而最为重要的是，他发现他们是一种收入的最佳来源。同基督徒高利贷者不一样，犹太人能够向皇家法庭起诉他们的债务人——国王自然可以在审判过程中获得收益。已故高利贷者的财富，无论是犹太人还是非犹太人，在法律上均应划归国王的名下，虽然在实际操作中一般不是那么严厉，这主要是因为留给继承人足够的财产以继续其生意对皇朝是有利的。如果一个犹太人皈依了基督教，他的所有财产（或其中的大部分）

---

① 参见上文第 110、117、140 页。

就要被没收，因为允许他享受用罪恶积聚起来的财富是不公平的。另外，还经常征收各种名目的特别罚款，作为对某种真正的或强加的罪行的惩罚。在西西里，甚至犹太人出生也要缴税——一种颠倒的家庭补贴。所有这一切和普通的税收完全不同，都是以"佃户向主人献税"的名义随意收缴的。

210

据计算，按正常年景向犹太人索取的收入一般不低于他们全部财富的五分之一，常常接近四分之一，甚至三分之一。在北部诸国，他们的贡献占了整个皇家收入的大约十二分之一。这个比例并不大，但是却同他们在人数上的劣势不成比例。例如，在英格兰，犹太人最多只占全部人口的百分之一，因此，他们向国库缴纳的税金至少超出了按他们人数应交数目的十倍。尤为重要的是，征税完全是随意的。国王根本就不需要任何像样的借口，仅仅是为了自己的方便，便可能随时冒出征集一大笔钱的怪念头。所以，保护犹太人以及他们的经济活动自然是为了他自己的利益。他们的大部分收益都流入了他的金库，因而在某种程度上，国王便成了王国的头号高利贷者。犹太人似乎就是一块吸满了王国流动资本的海绵。每当国库空虚时，就要去挤这块海绵。只有目光短浅的统治者（虽然不乏其人）才会傻得以按照一定比例上交国库为条件实行豁免利息甚至所有的债务来显示自己的权力。这样做自然而然就提高了未来的高利贷利率，并且除此之外，从金融方面考虑也是不明智的，因为很显然，国王通过几年的隐名合伙方式所获得的收益一定会比实行最严厉的没收措施要多得多。

与此同时，人们对于犹太人迅速积累起来的财富充满了嫉妒。他们眼看着那些曾经属于自己的钱通过犹太人的钱包源源不断地

流进了王朝的国库。他们看到，国王通过这种方式已经开始摆脱
了宪法的制约。所以，他们的仇恨与日俱增，直到有一天，以一
个小小的借口或根本没有什么借口，他们便向犹太人居住区扑去。
于是，在犹太人的殉难史上又增添了黑暗的一页。

5

1179 年的拉特兰公会议上颁布的关于高利贷的禁令，不仅对
欧洲的经济组织形式产生了巨大的影响，在其他各个方面对犹太人
的生活同样也产生了深远的影响。它标志着针对"阿尔比运动"——
那场横扫法国南部并且同时威胁到周边国家中天主教会统治地位
的独特的异教运动的反动声浪达到了高潮。实际上，这个具有二元
论观念，并认为由"魔鬼"营造的《旧约》思想体系的宗旨在本
质上是尤其相悖于犹太教，而不是针对任何形式的正统基督教的。
但是，它的信徒还是比较宽容的，所以那些朗格多克（Languedoc）
的犹太人不仅兴旺起来，而且在某些情况下，由于该派的支持而
跃升到了重要的职位。

由于这场运动曾一度威胁要吞灭天主教，把教会搞得非常紧
张，便怀疑犹太人是同谋，并在拉特兰制定的反击策略中采纳了
各种形式的不同意见。因此，在早期的教会支持下已经制定出来，
但却在过去七个世纪中一直处于蛰伏状态的所有古老的反犹立法
得以复活，并予以重新颁布。这些法律严禁犹太人雇用基督徒，
或是基督徒接受犹太人的雇用，即使是作为护士或助产士也不行。
此外，它还禁止真正的基督徒同异教徒住在一起，从而为以后的"隔

都制度"（Ghetto system）奠定了基础。[1]

　　1215 年的第四次拉特兰公会议（在中世纪最伟大的教皇英诺森三世的主持下）甚至更进了一大步。作为对此前不久召开的会议上所颁布的有关反高利贷法律的一种顺理成章的延续，基督徒债务人——特别是十字军战士——受到了特别的保护，甚至被免除了为他们所借债务偿付利息的义务。犹太人应被严格地排斥在任何使他们哪怕是象征性地拥有权力的公职或其他职位之外；他们破天荒地被迫必须按自己拥有的所有财产数额向教会上交什一税；并且还不惜一切代价禁止所有的改宗者遵循他们祖传的习俗。最为重要的是，那些原先由穆斯林统治者们制定的法规又一次被引入了基督教世界；根据这些法规，所有的非正统信徒（当然也包括基督徒）必须佩戴一个特殊的标志。这显然是为了防止这两种宗教的信徒之间无意中犯下愚蠢的性交罪行；而这种罪行在当时被认为仅次于乱伦，违者通常被处以死刑。在实施过程中，这种识别标志是由一块黄色或猩红的布片做成的——在英国，是两块刻有"十诫"的石板；在法国、德国以及其他地方，则是一个轮子，即"○"形（所谓的"圆箍"或"圆片"）。在有些地方，只是一个简单的牌牌还不够，所以最后竟规定必须要戴一顶颜色独特的帽子。

212

　　在一些局部地区，这种约束制度还要厉害得多。因此，在克里特岛，犹太人自身连同他们的房子都全部被迫带有一种区别性的标志。在许多地方，在整个复活节季节向犹太人扔石头被看作

---

[1]　参见下文第 25 章。

是一般平民的一种特权，而在这种场合下，各地犹太社区的领导成员都不得不忍受某些狂热的基督教代表人物的残酷殴打，有时甚至致人死命。犹太社区的成员经常被迫行使公共刽子手的职能，绞刑架大多就直接竖立在他们的墓地里。他们一般不能使用公共浴室，最多只能在对娼妓开放的时候让他们使用。所有这一切日积月累的后果，就是为犹太人终生打上了一种贱民种族的烙印，同时经常选择单个的犹太人作为污辱的对象，并且一旦公众情绪激荡起来，便名正言顺地对整个社区进行攻击和屠杀。

千万不要因此便认为，所有这些教规都立刻并且一贯地得到了执行，尤其在世俗事务上直接听命于教会的地方更是如此，其实并不尽然。然而，一旦需要它的时候，这种教规仍然是一种随时可以恢复原状，甚至可以变得更加严厉的行为准则。每当危机来临，当冒出一种新的异端邪说直接威胁到教会的安全，或者某位特别狂热的教皇被拥上圣·彼得的宝座时，所有的约束性法令就会改头换面并立刻付诸实施，从而为千家万户带来巨大的耻辱，甚至无穷的灾难。

6

这场反动浪潮对犹太人的影响并不仅仅局限在政治和经济领域，而且一直扩展到了犹太人的精神理想和文学方面。当阿尔比派的危险逐渐消失之后，作为一种抵制异教的工具而建立起来的多明我会（Dominican Order）立即就把它的活动转移到了犹太人的身上，并不失时机地对他们进行折磨。在该会的支

持下，时常会举行一些"论争"。①在论争中，每每由某个狂热
的但却并不一定是见识广博的改宗者一方面拼命去证明《塔木
德》的愚蠢，另一方面又把它作为耶稣教义的证据。然而，由
于基督教的真实性被认为是毋庸置疑的，所以公平辩论的可能
性根本就无从谈起。因此，犹太教一方的主角根本不可能进行
反击，而甚至连一个心直口快的回答也会被认为是亵渎神灵。 213
因此，对于犹太人来说，这种冲突几乎总是以不幸而告终。

这些论争通常是在一些大人物的主持下进行的。拉罗谢尔（La
Rochelle）的改宗者尼古拉斯·多尼（Nicholas Domin）率先发难，
他向教皇格里高利九世正式提交了一份谴责《塔木德》是亵渎神灵
和毒害公众的控告书。因此，教皇下令查抄那些千夫所指的著作
的所有版本，并对其内容进行调查。在法国，命令得到了不折不
扣的执行。1240年3月3日，当犹太人正在圣堂里做祈祷时，全
国的所有希伯来文献被全部没收了。6月12日，在巴黎当着包括
王太后在内的全体宫廷成员的面，开始对书中的带有褒贬性质的
内容展开了全面的调查。多尼亲自指挥了这场攻击。代表犹太人
一方出面的有四位拉比，其中有巴黎的耶希尔（Jehiel），他是当
时最伟大的犹太学问倡导者之一；有科西（Coucy）的摩西，他是
一位极受公众欢迎的布道者，也是最受人喜爱的法律条文纲要《诫
命要略》（*Major Book of Precepts*）的作者。他们积极回答提问
的态度并未奏效，因为他们被强迫使用自己不可能非常熟悉的拉丁

---

① 关于这些论争的细节，可参见海姆·马克比，《犹太教审判——中世纪犹太-
基督两教大论争》，黄福武译，山东大学出版社2014年版。——译者

语。经过一番冗长而又偏向的所谓调查之后，主持人判决多尼胜诉，而他所控告的作品被正式宣判予以焚毁。1242 年 6 月 17 日星期五，24 车珍贵的希伯来文稿在巴黎被当众烧毁。犹太人痛悼这场灾难的悲哀程度不亚于他们那些兄弟的肉身殉难。罗腾堡（Rothenberg）的一位名叫迈尔（Meir）的年轻德国学者（1214~1293 年，后来当他成名之后，曾被自己祖国的统治者监禁，希望在他身上向他的宗教同胞勒索一大笔赎金，后宁死不屈而惨死狱中）目睹了这场浩劫，曾写下了一首悲怆的挽诗予以纪念。这首诗一直在犹太圣堂中传诵：

> 噢！你在火焰中呻吟。问苍天，
> 那些哀悼你的人可会安宁……

　　这次对希伯来文献的焚毁只不过是后来许多类似事件的序幕，《塔木德》遭受破坏的程度闻所未闻，完全打碎了犹太人的热忱和忠诚，在当时的所有原本中，只有一部古老的手稿得以留存下来。巴黎论争接二连三地受到仿效。只是到了 1263 年，当阿拉贡的国王詹姆斯一世（James I）安排改教者帕波罗·克里斯蒂亚尼（Pablo Christiani）同当时首屈一指的犹太评注家、《塔木德》大师和神秘主义者拉比摩西·本·纳曼即纳曼尼德（Nahmanides，1194~1270 年）举行一场辩论时，才多少有了一点言论自由的气氛。这场争论当着国王及其全体宫廷阁僚的面一直持续了四天，犹太教一方的这位代表人物毫不费力地坚持了自己的信仰，而国王公开地承认了这一事实，并赠送了这位犹太代表一份礼物。然而，那些基督教教士却对他所表述的一些观点非常气愤，所以尽管有国王出面作保，他还是明智地逃往"圣地"寻求保护去了。

有时，这种对犹太文献的攻击会转化为对犹太宗教仪式的攻击。据称，远在基督教创立之前的时代和国度里所编写的祈祷式文中，包含着一些被认为是有损于这个"子教"①及其创始人的段落。攻击的内容集中在由阿摩拉（Amora）"高个儿"神文②创作的庄严的《阿勒奴》祈祷文上，其中的用意主要是关于多神崇拜对象的空洞和虚幻。在 1336 年，由于这篇祈祷文受到背教者、瓦拉多利德（Valladolid）的阿方索［Alfonso，即原先布尔戈斯的那位押尼珥（Abner），他曾为西班牙的反犹主义注入了一种新的精神］的指责，所以甚至宽容的卡斯提尔王国都禁止吟诵。在这个世纪末叶，一个叫彼得［Peter，皈依基督教之前叫作"逾越节"（Pesah）］的人提出的类似指控在布拉格引起了一场迫害运动，结果使得近百人丧生。同样地，在 1278 年，教皇尼古拉三世（Nicholas Ⅲ）突发奇想，认为只要强迫犹太人听一听基督教义的讲解，使他们自动皈依是不成问题的。所以就命令他们允许在自己的圣堂里举行鼓动改教的布道。这同早先在多明我会修士支持下所时常采用的方式如出一辙。就像这一时期的诸多行政立法一样，这项教令并没得到一贯地执行；但从此之后，随时都会有狂热的行乞修士带着一群暴民冲进犹太圣堂，把十字架插在神圣的约柜前面，并要求圣堂里的犹太人好好照看它。

---

①　早期基督教"脱胎"于犹太教，所以有人用"母子"来形容两教的关系。至于"母教"、"子教"这种提法的真正含义，则应视具体的历史时期与个人所持的观点而定。——译者

②　参见上文第 128、190 页。

7

当然，前面对中世纪犹太人地位的描述并没有普遍的意义。想要对全部人类历史进行一般性概括是非常困难的，而对犹太历史来说尤其如此。与典型的"封建"犹太民族（可以这样来称呼他们）最为接近的情形出现在英国，由于特别的原因，犹太人很晚才来到这个国家。在法国和德国，犹太人在经济上的地位相近，因而在宪法上的地位是非常相近的。但是，在这些国家中，由于犹太人很早就定居下来，然后又逐渐进化，并且缺少政治上的一致，所以并没有多大的普遍性。因此，在纳博讷（Narbonne），由于（根据传说）查理大帝的特许，犹太人一直是土地所有权的绝对拥有者。① 在德国，在同犹太人的关系上（如同在许多其他的事情上一样），君主的地位被贵族阶层所篡夺。而且不仅如此，犹太人在金融方面的霸主地位是在较晚的时候才确立的；因为在 12 世纪之前，较大数额的贷款主要是由牧师阶层，后来是由自由市民和贵族阶层提供的，只是在 1300 年之后，犹太人才占据了统治性的地位。

即使在那些犹太人完全被排斥在普通行业之外的国家中，犹太社区也没有仅仅局限在单一的职业上。② 确实，那些最重要的户主可能是金融家，或放高利贷者。然而，直接或间接地依赖于他

---

① 参见上文第 165—166 页。

② 该部分内容摘自（经许可）本人在《剑桥中世纪史》一书中所写的有关中世纪犹太人历史的第 7 章，在后面的内容中，还阐述了一些其他的观点。

们的必然有许多的下属：帮助他们做生意的代理商和职员；负责礼拜仪式的圣堂推事；为他们起草商务文书以及誊写文学和宗教礼仪作品的文士；为他们教育孩子的家庭教师；为他们料理家务的仆人（因为教会禁止非犹太人担任）；根据仪式的要求准备食品的屠夫和面包师；甚至还有负责"洁净"（被认为是行圣事所不可缺少的）的沐浴监理员。在任何一个比较大的社区中，不管教会和政府的各种规定如何严格地限制其活动范围，所有这些职业都必须要有人去做，虽然一个人可能不止做一种职业。犹太医生（一般同时也是学者和商人）多以他们的技艺而赢得名声。教会法规的确禁止任何真正的教徒利用犹太人为他们服务，唯恐可能会因此对基督徒的灵魂产生不良的影响。但是在紧急情况下（通常并不具备这种借口），这样的可能会被完全抛在脑后。国王和王子们常常让犹太人担任他们的保健医生；而教皇本人则雇用了一大群犹太护理人员。

216

　　在一些手工艺领域，犹太人长期保持着优势地位，在欧洲南部和东部地区尤其如此。到晚些时候，他们几乎垄断了阿普利亚、西西里和希腊以及以东地区的染织和丝织工业。图德拉的便雅悯是一个在 12 世纪末期游历了整个地中海世界的犹太人，并且总的来说，是中世纪第一个敢于讲真话的旅行家。他曾提到过一个又一个完全靠这些行业生活的社区；一种由犹太人发现的染料就以他们的名字流传下来。同时，他们作为制革工、玻璃工和绣花工而远近闻名。他们似乎有某种喜爱采矿的嗜好，在意大利和西班牙都干过这个行当；而在德国，他们甚至开过盐厂。欧洲第一个（在很长时间内也是唯一的一个）造纸厂就是由犹太人在巴伦西业附近的贾提瓦（Játiva）建造并维持下来的。对外交往大大促进了金银匠和珠宝商工艺的发展，尤其是受到那些希望通过这种便于携带的方式保存自己财产的受迫害的流浪汉的青睐，因而普遍发展起来。在整个中欧和东欧地区，他们则被雇来做铸币工作。

　　在西班牙和南意大利（特别是西西里），几乎看不到犹太人经济衰退的迹象。他们从来也没有放弃大规模的手工业实践活动。在比较大的城市里，一般都设有犹太人手工业行会和会馆。例如，萨拉戈萨建立了犹太纺织工、染织工、金匠、刀具工、制革工、马具工和制鞋工等各种"同行会"（confradias）。在西班牙，犹太魔术师非常有名，并且一代又一代的犹太人当了阿拉贡宫廷的驯狮员。许多人都专注于商业活动，既搞批发也干零售；虽然极少数颇有影响的人专门从事借贷和收税，并赚了不少的钱，但这种职业的追随者却始终寥寥无几。

　　在整个历史上，由于来自非犹太人的厌恶和排挤，犹太人的宗教团结和社会凝聚进一步得到加强，因而使他们更倾向于聚集在每个城镇的一条街道或一个居住区。第三次拉特兰公会议禁止基督徒同异教徒比邻而居，以免可能受到他们那个邪教的污染，从而更加促进了这一趋势的发展。因此，犹太人居住区在世界范围内逐渐流行起来。在英国，它被称作"Jewry"（犹太居民区），在法国叫"juiverie"（犹太区），在意大利叫"via deigiudei"或"giudecca"（犹太街），在德国叫"judengasse"（犹太胡同），在西班牙叫"judería"（犹太帮）或（直接用古老的阿拉伯语称作）"集会地"。在北欧地区，犹太人至少是民用建筑行业的先驱，而且为了安全起见，被迫大量地利用石料。（颇有意味的是，那群一直在贪婪地盯着犹太人那些建造得无比坚固的房屋的贵族们逐渐把他们赶出了伦敦的"老犹太居民区"，并且在流行的传说中，英国许多城镇里的古老石头房子仍然同猜测中的七个世纪前的犹太主人相联系。）这种建筑群大多围绕着犹太圣堂而建（圣堂中的仪式必须压低声音进行，以防冒犯了过路人），附近就是学校和浴室，一般还附有一个工场间，一所医院（同时可用作来访者下榻的旅馆）；而在一些较大的社区中，甚至还有专门举行婚礼和类似庆祝活动的大厅。

尽管有这么多的限制以及不时爆发的过激事件，犹太人和基督徒之间的关系仍然是非常亲密的；虽然随着时间的推移，这种关系往往会趋于恶化。在西欧地区他们清一色地讲本地语，但或许是由于近亲繁殖也由于对外交往，特别是由于任何别的语言都不适合于表达希伯来概念的缘故，这种本地语稍稍带有一点儿地方口音上的差别。另一方面，书面语中一般还是使用希伯来字母。因此，法国北部希伯来评注家的词汇中仍然保留着一些最早的 *langue d'oil* [①] 方言；而为了纪念由于捏造的"祭祀杀牲"罪名于 1288 年在特鲁瓦被烧死的十三名殉难者而创作的挽诗则是当代法国最动人的民谣之一。在居民中，这两种人之间在外表上肯定有许多相似的地方，从而更加说明了设立犹太识别标志的必要性，尽管在当时犹太人那种独具特色的尖头巾已经非常普遍（1267 年在奥地利已经强制佩戴这样的头巾）。

生活当然会受到环境的深刻影响。最古老的德国犹太圣堂那

---

① 即奥依语，指中世纪时法国北部方言，为现代法语的前身。——译者

种肃穆的哥特式建筑——例如沃尔姆斯和布拉格的那些建筑——同塞哥维亚、科尔多瓦和托莱多的流线型阿拉伯风格的建筑（现在仍然可以找到），以及根据原始异教寺庙所建的波兰塔式木结构建筑形成了鲜明的对比。甚至圣堂咏诗也反映了各个不同国家的民间音乐，并被大量地借鉴过来。希伯来古《圣经》抄本的装饰形式同基督教教堂的《弥撒书》如出一辙，有时甚至是由同一批艺术家完成的。另一方面，像苏斯金·冯·特里姆伯格（Süsskind von Trimberg，约1200年）这样的犹太"吟游诗人"（minnesinger）可能在德国的宫廷中任职；而像罗马的以马内利（Immanuel，1270~1330年）这样一位曾把意大利诗歌中的漫不经心情趣引入希伯来文学的诗人，也完全可以用本地话与他的基督徒同代人交流十四行诗。据推测，他的确是但丁的一位密友，还曾拙劣地模仿过但丁的《神曲》。

　　然而，犹太人的家才是他们真正意义上避难的"城堡"。这并不是说他们仅仅可以把试图闯进来的入侵者挡在门外，因为所有的居民都可以这样做；而是说他们可以阻止外来的影响，从而保存甚至发展了他们自己的生活方式。他们的祖先在巴勒斯坦或美索不达米亚所形成的传统中的每一个细节和每一个方面都被小心翼翼地保留了下来；拉比们随口说出的每一句话都被认为是绝对的至理名言；每一个小小的习俗，不管旧式的还是新型的，都变得神圣不可侵犯，成为宗教生活整体的一个不可分割的部分。从早晨起床到晚上睡觉，他们的每一个行为都受到约定俗成的习惯的约束。同他们举行的礼拜仪式一样，他们的食物、穿戴方式以及发式等等几乎同样都是别具一格的。安息日成了每一周中休养的一块"绿洲"——一个名副其实的"公主",她把犹太人同样抬高到了王子般的地位;他们用歌声欢迎她的来临,又用芬芳的香料欢送她的离去。如果说犹太人被排斥在非犹太人庆祝狂欢节的活动之外,那么,他们从在为了纪念昔日波斯帝国中犹太人获救的普珥节(Purim)的基础上,也逐渐发展了一种类似的庆祝活动。[①] 对假定的宗教过失(大概是为了解释当时的命运多舛)的幡然悔悟使他们事无巨细地设立了一系列的小型斋戒仪式,并创作出无数篇的忏悔祈祷文字。只要房子的墙上有一片石灰剥落了,就会使他们常年地回忆起耶路撒冷的陷落。每一个犹太人都在时刻期待着"弥赛亚"——拯救者的降临,他会打碎套在这个民族脖子上的流放的枷锁,领导他们挺起胸膛,胜利地返回自己的家园。

家庭生活出奇地温馨。实际上,他们在很早以前就废除了"多妻制"——甚至远在《塔木德》时代,这是非常罕见的。美因兹(Mayence)的戈肖姆(Gershom)关于禁止多妻制的法令是北欧地区最早的拉比学术言论之一(大约 1000 年)。说实话,只有犹太民族的北方分支,即所谓的阿什肯纳兹(Ashkenazim)明确地接受了这一拉比法令。然而,就连西班牙的塞法迪(Sephardim)社区以及北非和利凡特地区那些比较古老的定居点,也一直都在普遍地奉行着这一原则。不仅如此,他们对"一夫一妻制"的认识也要比基督教的欧洲更为深刻一些。情妇和侍妾的情况并不是完全没有,但(如果仅从犹太人活动的有限的圈子来看的话)毕竟非常少见。与普通的社会圈子相比,他们对待妇女要更仁慈,并且仁慈的程度

219

---

① 参见上文第 64 页。

甚高，以至于一位中世纪的拉比愤怒地将殴打妻子斥责为是一种非犹太人的恶习。

如果妇女被排除在公共生活之外，并在犹太圣堂中为她们划出一个特别的区域，这并不意味着更广泛意义上的地位低下。在家庭中，她们仍然是至高无上的，而家庭在传统的犹太教中要比圣堂更为重要。她们的教育并没有被忽视。现存的许多关于深奥题目的古希伯来抄本就是由中世纪犹太妇女誊写的，而特鲁瓦的拉比所罗门·本·以撒，即伟大的拉什本人还曾让他的女儿当文士为自己抄写信件。妇女们常常做生意，有时规模还很大，从而留给自己的丈夫更多的闲暇去搞研究。意味深长的是，妇女中为其宗教信仰殉难的比例，如果说稍有不同的话，那就是大大高于男性。娃娃订婚非常普遍，但却并不是像王族那样为了地位的尊严，而是因为（特别实际的考虑！）怕父母在为孩子们的未来作出安排之前就早早地死去。

不管不幸的环境和嫉妒的邻居多么令犹太人沮丧，但都不可能让他们放弃自己在文化上的兴趣。除了金融业，犹太人普遍从事的职业就是医生，尽管有数不清的教会法规以及他们在大学的学习过程中所面临的诸多困难的限制。许多宫廷（特别是西班牙）都雇用了一个犹太占星学家，其活动范围一般也包括天文学和制图学。勇敢的哲学家、评注家利未·本·戈肖姆（Levi ben Gershom, 1288~1344 年）完善了象限理论；而年代史编纂家亚伯拉罕·扎库托（Abraham Zacuto，约 1450~1515 年），曾长期在萨拉曼卡（Salamanca）讲学，后成为葡萄牙宫廷的皇家占星学家，并为哥伦布（Columbus）的后期探险绘制了航海使用的天文图，还制造和改进了瓦斯科·达·伽马（Vasco da Gama）绕行好望角时所使用的星盘。另外，马略卡岛（Majorca）上曾产生了大批的犹太制图员，他们在整个地中海世界闻名遐迩。

当绝大多数的欧洲人还都是文盲的时候，犹太人坚持建立了一种引人注目的综合性普及教育制度，并把它看作是一种宗教义务。在他们已经进入的每一块土地上，教授拉比学问的学校如雨后春笋般涌现了出来。在这些学校中，精明的金融家脱胎换骨，很快变成了睿智的学者，而他们的客户此时却在他们的城堡中尽情狂欢。各朝的财务署名册为一些犹太人广泛的世俗活动提供了充分的证据，他们在希伯来文学编年史中成了不朽的人物。拉比

220

80. 犹太人与基督教学者进行御前论争。德国木刻画，1483 年。

的职位已经变得职业化了，只不过时间稍稍晚一些而已。教育他人被看作是一种荣耀；他们有很长一段时间一直都认为，为这样一种显而易见而又功德无量的工作接受报酬是非常可耻的。

由于一代又一代的犹太人经常性地锻炼自己敏锐的《塔木德》式论证能力，他们的智力从孩提时起就变得异常突出。但是，对于犹太人来说，《塔木德》的力量远远不止于此。在日常生活中接连不断地遭受屈辱之后，它带给他们另外一个生动、安静而和平的世界。它给了他们第二种全然不同的生活，完全摆脱了那种日复一日的肮脏。每当一连串的暴力事件平息下来、暴徒们的喊叫声消失之后，他们就爬回了自己那个支离破碎的家，把耻辱的犹太人识别牌放在一边，开始研读那些发了黄的书页。此时，他们便被带回到一千年前的巴比伦学校之中，在那里，他们那痛苦的灵魂得到了真正的安宁。

第 20 章　驱逐和迫害

1

在 1215 年的 11 月 30 日，罗马教廷发布了一项教皇训令，从
而将第四次拉特兰公会议达成的诸多针对犹太人的决议付诸实施，
其内容则将中世纪的宗教偏见发挥到了极致。从此之后，整个欧
洲乌云密布，狂热的浪潮在一个又一个国家中排山倒海般滚滚而
来。在当时，犹太人仍然被认为是一种必不可少的"瘟疫"，因
为还不得不靠他们提供财政上的帮助，而这一点是那些真正的基
督徒暂时无法做到的。然而，随着这个世纪一天天地向前推进，
而卡霍森人和伦巴第人也从薄薄的面纱后面钻了出来，犹太人就
变成了多余的人，他们的命运自然也就被决定了。

在以前，的确还不知道"驱逐"为何物。在过去的几个世纪
里，所谓驱逐也一直局限在一些局部地区。然而到了此时，王权
已经真正实现了对各个公国的统治，并且扩大到了整个欧洲。因
此，在 13 世纪末，所采取的任何敌对措施就远远不止像一百年前
那样单纯了。不仅如此，世俗中的人不可能懂得罗马教廷政策所
包含的那种微妙的逻辑所在——甚至在使犹太人蒙受耻辱的同时，
依然能够表现出一副保护神和宽容者的面孔，并且认为让他们耻

辱地生存下来要远比灭绝他们更为可取。作为一个世俗的统治者，几乎每天都要受到教会的提醒，或在自己的忏悔室里听到有关犹太民族所犯下的各种各样的罪行，并受到严厉警告，不得向犹太人表示任何一点恩惠，要不折不扣地严格执行教会的镇压式政策，而他最终自然而然地也就认为，如果把犹太人一个不留地从自己的领地上驱赶出去，正是在执行一项大可上帝心意的使命呢。

2

222   当中世纪最黑暗的时刻到来时，第一个把犹太人驱赶出去的国家正是最后一个接纳他们的国家。狮心王理查（Richard Coeur-de-Lion）登基之初，在英格兰发生的屠杀浪潮产生了极其严重的后果。无论从哪一个角度来看，这样的暴行都是同政府的利益相悖的。任何对秩序的破坏行为对政府只会有害无益，而其中的受害者作为王权最直接的奴仆，则有着特别的受保护的权利。而且不仅如此，那些闹事者也一直小心翼翼地尽可能销毁证明他们欠债的契约。因此，王国的财务署要蒙受重大的损失，因为那些殉难者的所有权（例如所有已故的高利贷者，特别是犹太人的所有权）在法律上归属于财务署。这样一来，那些带头闹事的首领由于不守秩序而受到了惩罚，虽然根本谈不上严厉。另一方面，金钱上的因素是如此重要，以至于认为有必要采取措施，防止此类事件的重演。

因此，当理查从德国的囚禁中回国之后（为了把他赎出来，他的王国里的犹太人被迫比伦敦的富裕市民多捐了两倍的款），便立即进行了重新整顿。在国家的主要城市里，都设立了专门存放所有债务副本记录的"档案柜"（archae），并（由一些"笔迹专家"或公证人具体负责，其中有一半是犹太人，一半是基督徒）被严格地监管起来。这样，将来无论发生什么不测的事件，无论什么时候发生公众或政治骚乱，王权及其各种权力便有了安全的保证。作为对那些外地中心城市的一种行政手段，在伦敦设立了所谓的"犹太财务署"（同上面的王朝财务署相似），由它来负责裁定那些牵涉犹太人及其债务方面的案件（包括间接相关的情形）。与此机构紧密相联系的就是"犹太社区监察长老"这一职务——并不全然是全国犹太人的精神首脑，因为他是由王室直接任命的一位专家，根本无所谓任职资格，也无所谓反映公众愿望。有一次，一个在位的任职长老竟然主动要求洗礼来逃避这一麻烦角色。通过他们自己的财务署，中世纪英国的犹太人建立起了欧洲任何别的国家都无法与之比拟的组织体系（虽然使国库大大受益，但决非对他们自己有什么好处）。

　　英国诸犹太社区一直没有完全从 1189 至 1190 年间的大屠杀所受的打击中恢复过来。"无地王"约翰（John），不管是由于他本人终身的贫困，还是出于他那说不清原因的自然同情，于 1210年赋予了犹太人一纸全面的自由特许状，而作为回报，他收取了相当可观的礼金。但是在执政后期，他又改变了态度。他变得无所不用其极，上到集体逮捕平民，下至单个拷打富贾——像执政期间在所有别的事情上一样目光短浅——拼命从他们身上榨取金钱。在他的儿子亨利三世（Henry Ⅲ）未达法定年龄期间，在一系列政治家式的"摄政团"统治之下，犹太人得到了较为温和的对待。但是，当亨利三世亲自开始执政后，犹太人的处境每况愈下。国王本人的奢侈，以及他那些外国宠儿的贪婪需要源源不断的现金供应，所以他就把眼睛盯在了犹太人的身上。要命的税赋一种接着一种，几乎长年不断，根本就没有喘息的机会。当所有普通的方法用尽之后，就试着动用特殊的手段。1241年，在伍斯特（Worcester）召集了一个由王国中各社区的一些代表组成的犹太人"议会"，专门负责新的一轮征税。在1254年，这一事态发展到如此严重的地步，以至于当时的监察总长老伊利亚斯（Elias）在一次英国历史上最为哀婉动人的演讲中，代表他的宗教同胞请求允许他们离开这个王国，因为他们再也没有什么东西可以奉献出来了。他的请求非但没有得到批准，并且政府还命令辛克郡（Cinque）港区的港务局长阻止每一个犹太人离岸。当再也不能立时从他们身上榨出油水时，国王便开始行使他作为封建君主的权力，把本国的犹太社区抵押给了他的兄弟康沃尔郡（Cornwall）的理查，然后又被转手给王位继承人爱德华（Edward），后者接着又转给了他们的竞争对手卡霍森人。国王的贪婪终于弄巧成拙。下金蛋的鹅仔由于过量的生产已经快累死了，结果是生产能力的飞速下降。如果给出的数字是正确的话，从这方面获取的年收入从12世纪末的大约3000英镑，在一百年后下降至不足700英镑。

与此同时，宗教上的不容异己也已经到了严重关头。在英格兰，历次拉特兰公会议的约束性法令要比欧洲其他国家实施得早得多，而且几乎始终如一。以两块石板的形式佩戴犹太人识别牌的措施得到了严格的执行。1253年，作为一条基本原则颁布了一项法规，宣布"犹太人只有为国王服务才能留在英国，并且每一个犹太人，不管是男人还是女人，从出生之日起就要以某种方式为'我们'

服务"。附加条款还进一步规定：禁止建造新的犹太圣堂；在现有的圣堂中必须压低声音进行祈祷，以免玷污了基督徒的耳朵；禁止犹太人雇用基督徒仆人或护士；禁止在四旬大斋期①吃肉；禁止进入基督教堂或在未设立犹太社区的城市定居。另外，还经常借口圣堂中的吟唱打扰了附近的基督教堂的仪式，对犹太圣堂进行查封。血祭诽谤以及类似的指控再一次传播开来，并随着 1265年发生的"林肯郡的'小圣徒'休（Hugh）"这一经典案件造成18 人的死亡而达到了高潮。犹太人被从一些城市中全部驱逐了出去。随着 1263 年的英国内战的爆发，新贵族党人声称犹太人是王朝勒索的工具和造成他们贫困的罪魁，因而在全国上下又爆发了新一轮屠杀。

　　这就是爱德华一世 1272 年登上王位时所面临的形势。这种事态显然已经无法再继续下去了。犹太人已经变得一贫如洗，他们对于国库的重要性相对来说反而显得微不足道了，而国库的需求却在逐年增长。不仅如此，同别的地方一样，得到高层支持的外国银行家们已经开始行使以前根本离不开异教徒帮助的那些职能。在 1274 年的里昂公会议上，教皇格里高利十世敦促基督教世界努力消灭高利贷。爱德华不折不扣地予以执行，并在对基督徒放高利贷者的诉讼中增加了一项，试图完全改变犹太人的经济职能和生活方式。根据他在 1275 年制定的"关于犹太人的法令"（Statutum de Judaismo），高利贷被严格禁止，所造成的王室的财政损失通过设立每个成人交纳人头税的方式部分地得到了补偿。另一方面，

---

　　①　基督教节期，指复活节前的 40 天。——译者

犹太人被授予（这是一种令人难以置信的让步）进入商业和手工业，并且（试行了十年）可以短期租借农场的权利。

225　　这是一次促成问题解决的大胆尝试，但却不能从根本上解决问题。各种限制可以取消，但双方的偏见却更加难以消除。的确，由于教皇为之念念不忘的所有教会法规同时开始实行，证实了这一措施中根本没有丝毫温和的成分。犹太人完全可以不去做那些迫不得已的事情，但只有（正如现代经验所充分显示的那样）在消除了他们不得不如此的原因的情况下才成立。如果他们被赋予租地使用权的保证，置于同其他人完全平等的地位，并被允许在需要时雇佣非犹太劳工的话，他们当然也可以把注意力集中在农业方面。如果允许他们享有"行会商人"的各种特权的话，他们也会很乐意再去从事商业活动。但是，当他们仍然遭受同过去一样的毫无保障的待遇，一样的偏见，一样的歧视性对待时，希望改变他们的生活方式是不可能的；一生的习惯，以及从过去几代人继承下来的影响是不可能这么容易消除的。1286 年，洪诺留四世（Honorius Ⅳ）直接向英国教会发布了一项训令，强调更为严厉的隔离政策，从而排除了进一步让步的可能性。

　　结果，爱德华的计划彻底失败了。只有一些较为富庶的阶级能够从事商业活动，特别是羊毛出口——英国的最主要的产品。有一些人继续暗中从事法律所禁止的放贷生意；而另一些人由于被禁止从事他们原有的职业，同时又没有别的出路，似乎也就只有通过"剪钱"①来维持资金勉强糊口了。随之而来的是可怕的报复，

---

　　① 指通过将货币边缘剪损后利用剪下的银块伪造新币等手段牟利的行为。——译者

整个社区（连同一些被怀疑有类似行为的非犹太人）被投入监狱，有大约 300 人被绞死（1278 年）。

从此之后，爱德华意识到自己的试验已经失败。他曾一度考虑推行一种相反的政策，允许在有限的一段时间内恢复高利贷，但并没有得到实施。经过三思，他选择了一种把他一直苦于无法解决的问题彻底根除的办法。在 1290 年的 7 月 18 日（恰好是阿布月初九——这是一个不幸的巧合——犹太人正在举行庄严的斋戒仪式，纪念耶路撒冷的陷落），他发布了一项法令，命令所有的犹太人在三个多月的时间内离开这个国家。到万灵节（11 月 1 日）的时候，除了很少一些人去了亨利三世在伦敦建立的"犹太人改教所"（Docus Conversorum），所有的人差不多都离开了。

爱德华虽然有些狭隘，但还是很正直的，他主动向犹太人提 226 供了一定程度的保护，这在当时的情况下是难能可贵的。他的臣民却并不总是像他这样富有同情心。有一位被雇来运送一大队从伦敦来的犹太人去海外的商船船长，就曾恶毒地在泰晤士河口沙滩上的浅水区把他们赶下了船。到了涨潮的时候，他撇下他们听任命运的安排，并建议他们向他们的先师摩西求救，因为摩西在古老的红海就已经证明自己能够应付类似的紧急事件。总共大约有 16000 人（据现在估计，或许有些夸大），他们坚持了自己的信仰并到海外去寻找新的家园。在随后的一个时期，犹太人被逐出了这个国家，但实际上也不是绝对的——历史表明，这样的情况毕竟少见。然而，在以后的许多个世纪里，重新建立一个定居的社区已经是不可能的了。这样，那个曾把犹太人生活的中心从巴勒斯坦和美索不达米亚带到西欧的钟摆又荡了回去，倔强地回到了东方。

3

在文化、境遇及历史等各个方面同英国的犹太人最为相近的便是法国的犹太人。自从伴随着第二次十字军东征的暴乱发生之后，他们就一直过着一种盛衰无常的生活。从 12 世纪末期开始，卡佩（Capet）统治王朝就逐渐培育了一种反犹的观点。作为一项王朝政策，就其实施过程中的绝顶荒唐和残忍来说，在整个欧洲是无与伦比的。在这个时期的初始阶段，由于封建主义的渗入，王权被限制在紧靠巴黎的一小块地方，在别的地方差不多只是一种名义上的存在。因此，国王的敌视态度并不比任何大贵族对犹太人的影响更大。全国绝大多数犹太社区的生活仍然比较平稳，特别是普罗旺斯语区的犹太人，他们的境况从任何一方面看都同他们在西班牙的那些更幸运的弟兄们类似。因此，法国犹太人的历史只能从王权扩展到了整个国家，并由此为他们带来巨大灾难的关系上去理解。

在腓力·奥古斯都（Phillip Augustus, 1180~1223 年在位）的统治初期，他作为一名 15 岁的年轻人就树立了一个反面的样板。在温森尼斯（Vincennes）一个虔诚的隐士怂恿下，他于一个安息日发布命令，逮捕了他的领地上在圣堂里的所有犹太人，并向他们索取了一大笔赎金。第二年，他宣布所有欠他们的债务一律无效，但该上交给王朝国库的五分之一依旧照纳。最后在 1182 年，他把他们全部从自己的领地上驱逐了出去，没收了他们的房子，并只给了他们三个月的时间来处理他们的其他财产。因此，"法国孤岛"（île de France）上的犹太社区暂时地消失了。幸运的是，实力强大的封建贵族阶层不打算步他的后尘，并在各自的领土上接受了这些难民。16 年以后，腓力·奥古斯都十字军东征回来了，面对着空空如也的国库，终于意识到了自己的错误。他把犹太人重新请了回来，使他们的金融业务逐渐正常化，并在法律上予以认可（1198 年）。也就是从这个时候起，"犹太财税局"（Produit des Juifs）便作为财务署的一个部门而正式建立了起来。犹太人在王朝和贵族领地中的地位形式上类似于农奴，从而使犹太人无法从一片领土迁移到另一片领土，否则就会受到剥夺所有财产的惩罚。

在路易九世（Louis IX，1227~1270 年在位，多被称作"圣路易"）的统治下，宗教狂热将前人的偏见激化到前所未闻的地步。第四次拉特兰公会议的各种法规得到了最严格的执行。他个人的兴趣转到了保护改宗者方面。正是在王室的庇护下，在巴黎举行了尼古拉斯·多尼同拉比耶希尔之间的那场著名的论争，而《塔木德》则被付之一炬。有一次，这位国王甚至建议把剑"刺入他们的身体，越深越好"，作为对异教徒攻击基督教的最好的回答。不仅基督徒借给犹太人债务的利息，而且包括其资本的三分之一都被一概免予征税。最后，在 1249 年他所领导的第一次十字军东征之前，国王曾下令把犹太人从他的王国中全部驱逐出去，虽然这一命令似乎并没有得到执行。

法国犹太民族所遭受的苦难在"公平先生"腓力（1285~1314 年在位），即圣路易的孙子统治下达到了最高点。仅仅是为了能从他们身上榨取钱财，就能够用极其残酷的手段对待像卡霍森人和伦巴第人这样的基督徒金融家，甚至就连像"圣殿骑士团"这样的宗教派别都不放过，自然在对待异教徒方面是不可能更温和的。从登基的那一刻起，他就申明，他认为犹太人只不过是一个金库罢了。掠夺复掠夺，搜刮再搜刮，并且不时地施以集体监禁，以防有人逃脱。

当 1306 年国库再度空虚时，英国掀起了另一个反动高潮。爱德华一世的政策被仿效，但却有很大的不同。在 1306 年 7 月 22 日，根据不久前秘密下达的命令，全国所有的犹太人同时遭到逮捕。在监狱里，他们被告知，由于某种莫须有的罪名，他们已被判流放，必须在一个月以内离开这个王国，他们的全部财产被没收归王朝所有。隐藏在这一举措后面的目的以及表面与宗教毫无关系的动机本身就表明，国王不仅接管了犹太人的财产，而且还有他们全部的高利贷所有权。流放者（据说——或许有某种程度的夸大——他们的人数多达 10 万之众）每人只允许随身携带 12 枚图尔城苏（*sous tournois*）[①]以及身上穿的衣服。到这个时期，由于法国王朝连续多年一直实行强有力与碰运气的政策，它的权力已经幸运地扩大到了大部分的法国本土，其中包括拉比学术研究特别繁荣兴盛的朗格多克语区和香槟地区。因而，这次驱逐运动实际上宣布了法国犹太民族古老而辉煌的传统的结束。

在帷幕最终落下之前，确实也出现过几个短暂而醒龀的插曲。那些任由基督徒高利贷者们（此时已经没有人同他们竞争了）摆布的普通老百姓根本不赞成王朝的政策：

---

①　图尔城时期的一种铸币。——译者

　　因为犹太人，在这个行当里，

　　远比现在的基督徒

　　更轻松自如，值得信赖

　　一位通俗作家曾这样写道。不仅如此，国库也是空空如也。同样是出于金钱上的考虑，原来曾拼命驱赶犹太人，但此时鼓励他们重新定居却成了明智之举。因此，过了还不到十年，在 1314 年 7 月 28 日，"公平先生"腓力的兄弟路易十世发布了一条法令，允许他们回国定居，在严格控制的条件和保证下居住 12 年，并在他们以前定居的城市里重新从事放贷业务。作为对这一恩惠的回报，他们必须付出现金 122500 里弗尔（livres）①。愿意利用这次机会碰运气的毕竟少之又少，无论在人数上还是在文化能力上自然都不足以重新建立起他们祖先的伟大传统。

　　几乎紧接着这一事件之后，他们便不得不经历了一段甚至在中世纪犹太人的悲惨记载中都难以与之相比的苦难岁月。1320 年，在法国南部的牧羊人，即所谓的"牧童军"（*Pastoureaux*）中间，自发地爆发了一场十字军讨伐运动。但只有极少数人去了东方（如果有的话），而为了捍卫耶稣的宗教，所有的人都抓住这个机会就近对犹太人实施猛烈的打击。近乎史无前例的恐怖的大屠杀浪潮席卷全国，一个接一个的社区被灭绝了。随后，比利牛斯山南

229

————————

　　①　法国早期重量单位，称古斤，约相当于半千克，各地不一。如巴黎为 490 克，而各省则分别为 380 至 550 克不等。——译者

麓也仿效了这一杰作。第二年，纯粹是出于一种可笑的动机，反动的浪潮引发了类似事件的重演。人们纷纷谣传：犹太人和麻风病患者这一对社会的弃儿，同突尼斯和格拉纳达的异教国王们相互勾结，已经在井水里投了毒！这种滑稽可笑的借口竟然得到了积极的响应。许多城市都发生了屠杀事件。在谢农（Chinon），160 名犹太人被赶进了一个大坑后活活烧死，并向王国中的社区征收了一笔巨额的罚金。最后，竟完全违背了在七年前达成的协议条款，在没有预先通知的情况下，新国王查理四世（Charles Ⅳ）就把犹太人从他的领土上全部赶了出去（1322 年）。

此后又经过了 37 年，才再一次迎来了宽容政策的实验。在 1359 年，紧接着普瓦捷（Poitiers）战役的惨败所引起的那场金融危机之后，有几位金融家受到邀请，可以在这个国家定居 20 年。虽然他们所受到的待遇绝非理想，但这个期限到期后又续延了。公众对沉重税赋的怨恨情绪通过一系列对犹太人的攻击发泄出来。在 1380 年和 1382 年，首都发生了两次暴乱。王权政府一直在保护犹太人，直到有一天，犹太人被指控曾说服他们中的一个人在接受基督教洗礼之后又重归了犹太教。由于教唆这次犯罪，他们全部被逮捕，并遭到了鞭打；最后决定把那些残存下来的可怜的人全部驱逐出去。在 1394 年 9 月 17 日，疯狂的查理六世签署了毁灭性的命令，只留给他们几个月的时间来变卖自己的财产，清算自己的债务。随后发布的一项命令使他们陷入了更深的灾难之中，因为根据这一命令，他们的基督徒债务人全部被免予支付他们已到期的借贷。最后的期限终于到来了，他们由王朝的宪兵押送到了边界。

一些流放者只有到南方寻求避难。在里昂，当地政府允许可 230
以逗留到 1420 年；在普罗旺斯省，他们直到 16 世纪初才被最后
驱逐出去；而在阿维尼翁（Avignon）和卡庞特拉（Carpentras）
周围的罗马教廷（Holy See）属地，教皇的宽容政策允许他们永久
居住在那里，不光享有信仰自由，在其他方面也没有什么不同。
另一些人则渡海去了意大利，在阿斯蒂（Asti）附近，他们组织了
一小部分会众，直到今天，他们还仍然保留着古老的法国祈祷仪式。
但是，绝大多数人很有可能翻过比利牛斯山或跨过莱茵河，在那
里继续着他们遥遥无期的悲惨命运。

4

由于德国特殊的政治环境，一直没有出现像英国和法国那种
广泛的驱逐运动。尽管它在历史上曾以犹太人殉难的传统之乡而
赫赫有名，但后来只是发生了某些局部的、零星的驱逐活动，从
而使屠杀断断续续地延续了下来。皇帝查理四世颁布的那部著名
的《金玺诏书》（Golden Bull, 1356 年）不仅把其他的收入来源，
同时也把所有对犹太人的权力转让给了"选帝侯集团"成员中的
七个较大的诸侯。那些较小的诸侯、主教，甚至自由城市也要求
类似的特权，但他们对皇帝来说实在有点鞭长莫及。因此，当犹
太人被赶出一个辖区时，出于马上可以获得金钱上的好处的考虑，
一般总会有另一个辖区乐意接收他们。因此，虽然全国几乎每一
个地区都曾在某一阶段或多或少地执行过驱逐政策，但从 1000
之后（如果说不是从罗马时代开始的话），整个德国土地上可以

说每一个时期都有犹太居住者存在着。

　　而在另一方面，延绵不绝的屠杀也几乎从来没有间断过。人们步调一致地仿效第一次十字军东征所树立的光辉榜样。当不具备外来的诱因时，血祭诽谤或对亵渎圣饼的指控随时都可以拿过来当作借口。只要王朝中央政权稍有控制能力，犹太人就可以享受到某种程度的保护。而当它衰落时，犹太人就只能任由一波又一波偏见、迷信、不满和暴力浪潮的冲击。1179 年在波帕（Boppard），1181 年在维也纳，1195 年在斯皮里斯（Spires），1205 年在哈雷（Halle），1221 年在爱尔福特，1225 年在梅克伦堡（Mecklenburg），1235 年在劳达（Lauda）和比绍夫斯海姆（Bischofsheim），1241 年在法兰克福（Frankfort-on-Main），1243 年在基辛根（Kitzingen）和奥腾堡（Ortenburg），1244 年在福尔茨海姆（Pforzheim）……所有这些地方接二连三地成为大屠杀的地点，在任何其他国家的历史上，这种情形也是不多见的。

　　1298 年，在罗廷根（Rottingen），由于一项祭祀杀牲的指控，在一个叫伦德弗里希（Rindfleisch）的贵族的煽动下，一连串毁灭性的攻击席卷了法兰克尼亚（Franconia）、巴伐利亚（Bavaria）和奥地利。在维尔茨堡和纽伦堡（Nuremburg），整个社区几乎被屠杀殆尽——尽管在纽伦堡还有允许他们避难的皇家城堡能保护一时。在整个巴伐利亚，只有两个城市——拉蒂斯本和奥格斯堡得以幸免于难，这只是因为它们行政官严格地履行了自己的职责。据说，有不下 146 个兴旺的犹太社区被灭绝，而皇帝本人除了向发生暴乱的那些城市征收大量罚款之外，根本就没有采取任何措施保护其臣民。

1336 年，在阿尔萨斯、萨比亚（Suabia）和法兰克尼亚掀起了类似的屠杀浪潮。这是由两个臂上缠着皮带而得绰号为"Armleder"（臂带党）的贵族领导下的一伙公开称自己为"Judenschlager"（屠犹战士）的暴民所为。骚乱是在仲夏时节开始的（在勒廷根，这已经是第二次），并断断续续地持续了三年之久。皇帝试图把犹太人交给纽伦堡伯爵保护，并宣布决不容许任何对犹太人的过激行为，但并没有收到任何效果。后来，人们能记住名字的发生于该时期的屠杀地点就不下一百处。然而，这只不过是德国犹太民族历史上的一个小小的插曲而已。

1337 年，巴伐利亚的迪肯多夫（Deckendorf）的市政议会决定一笔勾销他们所欠犹太人的债务。传闻不胫而走：异教徒偷走了一块献祭的圣饼，并施以虐待，而它竟神奇般地流出了鲜血，以表示它的愤怒。为了不引起怀疑，他们在城郊的野外召开了一次会议，并决定了行动计划。在 9 月 30 日，随着教堂的钟声一响，当地的一个骑士就率领手下策马冲进了市区。同城内的暴民会合之后，他们对"犹太胡同"发起了攻击，那些没有被当场杀死的居民被活活地烧死。从此之后，屠杀的浪潮席卷了巴伐利亚、波希米亚、摩拉维亚和奥地利，波及了 51 个地区。仅仅六年之后，在 1343 年的 4 月 19 日，在瓦亨海姆（Wachenheim）发生了类似的暴行，不到一周之间，邻近的许多犹太社区被扫荡一空。

在 1348 年和 1349 年，这股狂潮达到了顶峰。黑死病横扫欧洲，蔓延到了每一个角落，有三分之一甚至更多的居民被夺去了生命。这是有史以来最大的一次瘟疫流行。由于找不到正常的解释，所以，如同对所有其他神秘的天祸一样，这场祸患的起因便自然地落到了犹太人的头上。即使 14 世纪最轻信的人也应该清楚这种指控的荒唐，因为这场瘟疫甚至在那些清一色地居住着基督徒的地区（例如英格兰）也非常猖獗，而在其他的地方，犹太人同别人一样遭受着疾病的折磨，虽然他们那种卫生的生活方式和高超的医学知识可能降低了他们的死亡率。

只是当这场祸乱波及萨瓦（Savoy）之后，形形色色的诽谤才以最为荒唐的恐怖形式编撰圆满。在西雍（Chillon），一个叫巴拉温格斯（Balavingus）的犹太人被逮捕后受尽折磨，他"供认"在法国南部的某些宗教同胞曾精心策划了一个阴谋，并且还举出了这些人的名字。这些人混合了一种毒药，其成分是蜘蛛、蟾蜍、蜥蜴、人肉、基督徒的心肝以及献祭的圣饼。用这几样可怕的东西混合调制出的粉剂被分发到了各个社区，然后投放在基督徒打水的井里。这便是正在肆虐整个欧洲的那种令人闻之色变的传染病的来龙去脉！

这番荒唐可笑的胡说八道足以决定了西雍犹太社区的命运，全体成员被以一种恐怖的方式处以死刑。从此，这番谎言像野火一样传遍了整个瑞士，沿着莱茵河，一直传到了奥地利和波兰，接着就发生了甚至在漫长的犹太殉难史上也是前所未闻的一系列最恐怖的屠杀事件。为了忠实地体现中世纪教皇统治的崇高传统，克莱门特六世（Clement Ⅵ）发布了一项教皇训令，谴责了这种新的诽谤，并且命令要保护犹太人，但结果证明完全是徒劳的。纽伦堡的犹太人在他们的《回忆录》（Memorbuch）中记载着大量的地名，在这一时期罹难的地区大约有 350 处。60 个大型的社区以及 150 个小型的社区被彻底灭绝。在巴塞尔（Basel），全体会

81. 来自雷根斯堡的贝特霍尔德正在对犹太人进行煽动性布道。奥地利国家图书馆手稿，维也纳。

82. 13世纪雷根斯堡犹太会堂门厅。A.奥特多弗尔以"1519年驱逐犹太人事件"为题的蚀刻画。

83—84. 教皇马丁五世在康斯坦斯接见犹太代表团，1417年。乌尔里希·冯·雷ᵇ
塔尔年鉴，康斯坦斯市政厅档案。

85. 布拉格阿尔特纽犹太会堂，14世纪。

众在莱茵河中流的一个岛上临时搭建起来的一个小木屋里被活活烧死，并随后发布了一条法令，禁止任何犹太人在两百年内在该市定居。在当年的情人节这一天，斯特拉斯堡（Strassburg）社区的犹太人被集中在他们墓地中临时竖起的一个巨大的柴堆上，全部被烧为灰烬。在沃尔姆斯，他们预感到自己的不祥命运，就点着了自己的房子，自焚于火焰之中。在 1349 年的圣巴托罗缪节（St. Bartholomew）这一天，科隆发生了同样的事件。如此可怕、如此大规模的灾难实在是前所未闻，就连饱受痛苦磨炼的德国犹太民族恐怕也从来没有经历过。就像大驱逐时英国和法国的犹太人所受的最大灾难一样，这是当地那些社区灾难的顶峰之作。从此之后的许多代人，他们的社区再也没有恢复以往的繁荣和规模。

当这场风暴渐渐平息下来之后，经过三思，大量的城市决定放弃它们当时在头脑发热时立下的永远不再接纳犹太人的誓言，把他们又重新召了回来，以满足当地的财政需要。相对来说，接下来的一段时间比较平静，实际上也仅仅是受害者比较少而已。然而，国王温斯拉斯（Wenceslaus, 1378~1400 年在位）开始实施他那目光短浅的政策：定期取消全部或部分应偿还给犹太人的债务，而作为回报，债务人必须立即支付一笔现金。从 1385 年直到这个世纪末，他曾实施过一连串诸如此类的计划，从而使德国犹太人几乎变得一贫如洗。所以，对他们来说，根本不可能恢复他们的前人所拥有的地位，而德国犹太民族的霸主地位也就随着难民潮一起漂移到了东方。

接下来有一段时间，奥地利的犹太人〔1244 年，他们得到了"吵架大师"腓特烈（Frederick）公爵的一纸模范特许状，从而保证了他们的权利和安全〕相对来说出现了某种程度上的繁荣。像通常一样，随之而来的就是文化活动的兴盛，并出现了几位著名的学者。这一切随着波希米亚的胡斯（Hussite）运动的兴起——即将在一百年后出现的新教的前奏——而产生的宗教狂热的复兴而宣告结束。实际上，胡斯运动的成员并没有对犹太人表现出明显的好感。然而，犹太人却被怀疑共同参与了这场异端运动。因此，尽管教皇一再发布保护性的训谕，但他们还是由于这一原因而遭了大难。陆续派去匡扶正教事业的每一批讨伐军都是以攻击各地的"犹太胡同"为先导（正如两个世纪前十字军东征时的情形一样），因而一场又一场的屠杀便开始了。在 1420 年，一项捏造的祭祀谋杀和亵渎圣饼的罪名使得整个维也纳社区被灭绝，从而作为"维也纳灾难"（Wiener Geserah）①而永远铭刻在人们的心中。在 1421 年，十字军身后那些退化的继承人甚至动用了更为残酷的过激手段。

　　在这个严峻的时刻，整个犹太世界的目光转向了美因兹的拉比雅各·本·摩西·哈列维［Jacob ben Moses haLevi，人们用他的希伯来名字的首字母称他为马哈利尔（*Maharil*）］，以寻求指引。他是当时最著名的拉比，他的一言一行已经被一个热情的门徒记录了下来，长期以来一直被认为是每一个人努力追求的行为准则。他公布了两个连续的忏悔期，每一期大约持续三天，并且规定要像赎罪日一样严格予以遵守。只要这样去做，全能的上帝肯定会怜悯他的子民，并把他们从日益深重的危险之中拯救出来。从 9 月 9

---

①　"Geserah"原意为"邪恶的判决"，此处引申为"灾难"。

日到 10 日，再从 10 月 6 日到 8 日，全体德国犹太人无不凛遵谨行，度过这两段磨难的时日，在他们的圣堂中倾吐自己的心声。虽然这样做并没有能够避免进一步的灾难，然而，那些已经出发并信誓旦旦地要消灭犹太人的斗士却在几周之后出现在他们的门前，向他们乞求面包，俨然成了一群一文不名的逃亡者。

　　然而，局势一直不大稳定。为了应付宗教事务中的危机局面，从 1431 年到 1433 年间在巴塞尔召开的天主教代表大会上，煞有介事并一无遗漏地重新颁布了以往的那些反犹立法。不久之后，一个易怒而善辩，但又出奇狂热的方济各会行乞修士，名字叫作约翰·卡皮斯特兰诺（John Capistrano）的家伙——几乎是反胡斯运动的化身——被委托监督大会方针的执行。从西西里往北，凡他所到之处，无不激起一串串的反犹声浪。如果意大利的形势可以称得上严峻的话，那么，在阿尔卑斯山之外，则几乎可以说是危急万分了。为了迎接他的到来，巴伐利亚的犹太人被监禁，遭到抢劫，然后就被驱逐出去（1450 年）。1453 年，在布雷斯劳（Breslau），由于对亵渎圣饼的指控，在卡皮斯特兰诺亲自主持下，举行了一场假审判。在萨尔茨林（Salzring）他的下榻处前面的广场上，有 41 位殉难者被活活烧死。所有其他的犹太人在被没收了财产后遭到驱逐，而在此之前，凡七岁以下的孩子早就被带去接受基督教教育了。该省其他的地区纷纷忠实地仿效这一杰作。8 月 13 日在施维德尼茨（Schweidnitz）和雷格尼茨（Liegnitz）发生了类似的暴行。就这样，伴随着一连串的暴行、焚烧和屠杀，这位教皇的特使又匆匆赶到了波兰。

　　在此之后，全德国上下掀起了一波又一波的屠杀和驱逐的浪

235

潮，并一直持续到中世纪末期以及中世纪之后。当时的情景令人
目不暇接，根本无从仔细分辨和描述。过去时代的那些历史悠久
的社区一个接一个地惨遭灭绝，而 1519 年对拉蒂斯本社区的驱逐
把这场浩劫推向了顶峰。只有极少数的犹太人活了下来，零星散
居在全国各地。在东部边界的半斯拉夫领土上，可以找到个别较
大的集居区。在德国本土，除了沃尔姆斯和法兰克福——德国犹
太民族的两个母亲城，可以说，大部分对世界至关重要的思想都
是最终从这里产生出来的——几乎每一个重要的犹太定居点都变
得支离破碎，难以继续维持下去。

86. 焚烧犹太人。谢德尔《世界年鉴》中的木刻画，1493 年。

第21章　最大的悲剧

1

在比利牛斯山的南麓，犹太人的社会和经济从来没有发生真
正的衰退——至少没有出现像欧洲其他地方那样的情况。许多犹
太人一直在金融机构中担任高级职务，有时还在宫廷中大受恩宠。
尽管偶尔发生局部的暴力事件，但生命和财产一般来说还是安全
的。仅在卡斯提尔一地，据说就有不下 300 个社区，他们对财务
署的贡献据估计达 300 万马拉维第（maravedis）①。在那些较小
的王国——阿拉贡、葡萄牙、纳瓦拉，这个比例差不多一样高。
加泰罗尼亚（Catalonia）或许是欧洲人口最为稠密的犹太中心。
他们的文化活动一直没有受到干扰。的确，就像在别的地方一样，
犹太人被认为是"王室的农奴"，但农奴制的锁链并没有在他们
的脖子上缠得太紧。

即使如此，仍然偶尔也会发生暴力性事件，标志着反犹情绪
正在抬头。1281 年曾仿效当时法国和英国的先例，卡斯提尔的所
有犹太人遭到了逮捕并被投入监狱，目的是为了榨取一笔前所未

---

① 西班牙古货币单位。——译者

闻的巨额税款。在 1339 年，大权在握的国务大臣贡萨洛·马丁内斯（Gonzalo Martinez）实际上就曾打算把犹太人从王国里驱逐出去。法国南部的"牧童党"也曾以拯救"圣墓"的名义在他们的家乡行省实施过屠杀活动，并一直在比利牛斯山以南疯狂劫掠，这是在雅卡（Jaca）所发生的最严重的暴力事件之一（1320 年）。八年之后，在法国的影响下发生了一连串的暴乱，纳瓦拉的社区几乎全部被灭绝。在黑死病流行时期，甚至在萨瓦和德国的犹太人遭到攻击之前，加泰罗尼亚就已经发生过攻击事件，虽然幸好只是局部性的。

　　真正的转折点出现在几年之后，从而揭开了大衰落的序幕。长期以来，犹太人一直受到卡斯提尔的国王佩德罗（Pedro，他的敌人为他起了一个绰号叫"残忍大夫"）的特别恩宠。在他的统治下（1350~1369 年在位），全国的社区赢得了自从"重新征服"以来十分罕见的影响力。撒母耳·阿布拉菲阿（Samuel Abulafia）跃居到王国财政大臣的高位；他在托莱多建造的那座华丽的犹太圣堂依然矗立在那里，成为他的地位、财富和趣味的象征。根据谣传，到他当政的末期（1360 年），这位野心勃勃的臣民所积累起来的巨大财富终于激起了王室的垂涎。后来，他死于酷刑之下，但是这个小插曲并没有使佩德罗对他的宗教同胞作为一个整体的态度发生什么变化。当他同自己的那位异母私生子兄弟亨利·特拉斯塔马拉（Henry Trastamara）争夺王位时，他们（就像在"黑王子"领导下的英国人一样）曾热情地支持过他的事业。在随后爆发的内战期间，一个又一个繁荣的犹太社区遭到了亨利疯狂的军队以及比他们更疯狂的法国同盟军的劫掠。1355 年 5 月，当托莱多受到攻击时，犹太人的英勇抵抗挽救了内城，并一直坚持到佩德罗救援部队的到来。另一方面，较小的犹太居民点也遭到了洗劫，居民伤亡人数达 1200 余人。最后，当佩德罗被推翻时，犹太人由于忠诚旧主而遭了大难。除了教会的狂热和民众的偏见之外，此时又增加了一项统治者的怨恨。这位新任国王毫不掩饰自己的仇恨，终于有机会开始实施镇压性的宗教政策，甚至强迫佩戴耻辱的犹太标志牌，这恐怕在西班牙的历史上还是第一次。

在金融机构中，某些犹太人仍然有着相当大的影响。最著名的就是唐·约瑟·皮奇昂（Don Joseph Pichon），曾担任过财政大臣和农业总监的双重职务。他的显赫地位为自己树立了很多的敌人，甚至在他的宗教同胞中间也不例外；他们绞尽脑汁，迫不及待地要把他拉下台来。1379 年 1 月 1 日，在胡安一世（Juan Ⅰ）的加冕典礼上，王国中各社区的代表前来晋谒，请求允许他们按照自己古老的方式处死在他们中间发现的一个"告密者"。这位年轻的国王毫无心机，随便恩准了他们的请求。公共执行官立即带着王朝的逮捕状赶往皮奇昂的住宅，或者说官邸，将他当场处死。这件事激起了一场愤怒的浪潮，失去理智的国王命令将这次阴谋的首犯予以斩首，并剥夺了犹太法庭在刑事案件上的司法权。随着一年年过去，显而易见，他既没有原谅也没有忘记这件事。在皮奇昂曾一度受到万众拥戴的家乡维利塞亚市，居民中的反犹 238 情绪一直非常之高。

在这一时期，该城中最具影响力的人物之一就是那位善于辞令的弗兰德·马丁内斯（Ferrand Martinez），他是埃西加（Ecija）的大主教，也是女王利奥诺拉（Leonora）的忏悔神父。对他来说，教堂里的布道坛无异于是一个谴责那些拒绝承认基督教真理的人的讲台。在 1391 年的"圣灰星期三"①这一天，当复活节季节的临近再一次将宗教感情激发到白热化时，他的布道终于结出了硕果——一群狂热的暴徒冲进了犹太居民区。由于逮捕并惩罚了闹事的首领，从而更加激怒了其余的人。在进一步的骚乱之后，在表面上暂时又恢复了秩序。但在 6 月 6 日，又开始了新一轮暴乱。市内爆发了大规模的屠杀。"犹太帮"遭到了无情的洗劫。据估计，被杀死的犹太人数以千计，除了少数人被迫接受了洗礼之外，几乎无一生还。

是年夏天以及随后到来的整个秋季，暴行如野火般燃遍了从比利牛斯山脉直到直布罗陀海峡的整个伊比利亚半岛。从一个地方到另一个地方，一个个社区被彻底灭绝了。那些曾经一直是西班牙犹太民族的骄傲的犹太圣堂都变成了基督教堂。科尔多瓦富饶的犹太社区成了一片废墟。搭模斯月的十七日是一个斋戒日②，托莱多上演了疯狂屠杀的一幕。在卡斯提尔的其他 70 个乡镇和城市，也发生了类似的暴行。在该王国边界的另一边（不属阿拉贡王国的本土），尽管王朝采取了保护性的措施，但也在重复着同样的过程。在巴塞罗那，整个社区被扫荡一空，再也没有能够重建起来。在原来的瓦伦西亚王国，没有一个信教的犹太人得以生还。在巴利阿里群岛（Balearic），也出现了同样的景象。只有穆斯林统治下的最后一块残存的前哨基地格拉纳达，以及（多亏了那里

---

① 即四旬大斋期的第一天。——译者

② 参见上文第 37 页。

的统治者所采取的强有力的政策）葡萄牙没有被波及才得以幸免。据说，殉难者的总人数超过了 7 万人。

2

尤其使他们刻骨铭心的是伴随着大屠杀的那个过程本身。在北部诸国，在整个受迫害的年代，犹太人都能不惜一切代价坚定不移地忠于其祖先的信仰，并且他们宁愿欣然赴死也不愿意放弃这种信仰；只有软弱的苟活者才会在灾难来临之际为了"名誉的圣洁"而选择受洗。但是，西班牙的情况却有所不同，犹太人的性格由于多少个世纪以来的富足生活而变得脆弱起来。社会对他们的同化以及所谓"综合式哲学"的熏陶使得最后这一着显得并不是那么突然。刚刚在欧洲大陆上发生的一连串的灾难和驱逐已经切断了大多数逃往内地的生路，他们或许对自己民族的未来感到绝望了。从西哥特王朝时代起，全国似乎弥漫着某种说不出来的气氛，它几乎一直在削弱着犹太人的抵抗能力，并且使得背教的行为更加顺理成章。

不管是什么原因，反正犹太人的精神在考验面前彻底崩溃了。这恐怕在历史上还是第一次，同时也是唯一的一次。在整个伊比利亚半岛，有成千上万的人集体接受了洗礼以逃避死亡；有时，甚至是由社区中最聪明、最富有、最显赫的人物带头。在某些地方，犹太社区的居民们预感要受到攻击，就自发地赶到教堂，请求加入基督教。这在整个犹太发展历史上是独一无二的。

所以，当这场风暴平息下来之后，西班牙的犹太人发现自己的地位发生了翻天覆地的变化。他们曾想方设法逃过了屠杀，仍旧公开地信仰自己的犹太教，他们无可奈何地眼看着自己在人数和财富上都在一天天地减少，然而就在自己的身旁，却出现了一个个挤满了改教者的庞大社区。或许，有些人还表现出了十二分的忠诚。在这一方面，只要提一下帕波罗·德·桑塔·马利亚（Pablo de Santa Maria, 1352~1435 年）就足够了。他作为所罗门·哈列维（Solomon haLevi）曾经一度是一位著名的拉比教义的学者，但后来在他的家乡布尔戈斯（Burgos）却跃升到了主教的尊贵地位，并成为卡斯提尔王国的"摄政团"的成员。这个魄力无边的牧师无疑在折磨他过去的宗教同胞方面开了先河；而他的儿子阿隆索（Alonso）继承了他的主教职位，曾作为 1431 年至 1433 年间的巴塞尔基督教会代表大会的西班牙代表之一，煽动制定了一系列的反犹法规。但是，绝大多数"新基督徒"（人们就是用这个名字来称呼他们）仍旧没有受到施洗这一表面事实的影响，当然他们也不敢正式地回归到他们原来的宗教信仰。每当他们经过时，普通市民会低声诅咒着侧身走开，并直言不讳地骂他们"马兰诺"（*Marranos*），即"猪猡"。但是，他们及其后代所表现出来的坚贞使这个专门称呼在某种程度上失去了以前的贬义，从而赋予了一种或许在历史上堪称独一无二的浪漫色彩。

3

240　　　西班牙的社区痛苦地、缓慢地、部分地从 1391 年的大灾难中恢复了过来——一贫如洗，人数无几，然而却没有垮掉。在当时，领头反对他们的正是他们过去的宗教同胞。这些人充满了典型的犹太式乐观主义，迫切希望能够在基督教世界遭到惨败的地方成功地引发一场全面性的皈依热潮。

在那位改教的布尔戈斯主教的支持下，卡斯提尔王国在 1480 年发布了一项法令，恢复了"智者"阿方索的古老法典中那些搁置已久的约束性立法。[①] 这项法令禁止犹太人担任任何可能凌驾于基督徒之上的职务，从而把犹太人排除在金融机构之外。主教本来希望这一措施可以削弱犹太上层社会的抵抗能力，但他却失望了。因此，四年之后，他颁布了另一条新的法规，试图切断犹太人同外界的一切交往，剥夺一切体面的谋生方式。他们必须被限制在自己特定的居住区里；他们被严格地排除在所有正式职业之外；他们不得从事手工业或经营营养性产品；他们被禁止以任何身份雇佣基督徒；并且不得根据《塔木德》中的律法在他们的法庭中解决争端，也不得自行征税。任何犹太人都不得采用"先生"（Don）这一尊称，不得携带武器，不得剃掉胡须，甚至不得留基督徒那样的发型。甚至连他们的服装也要整齐划一，所有犹太人都必须穿质地最最粗糙的长袍。

与此同时，在同一个"魔鬼"的驱使下，弗雷·文森特·法雷尔（Fray Vincent Ferrer，他是一个狂热的多明我会行乞修士，后被封为圣徒）正在卡斯提尔游荡，四处向犹太人布道，不择手段地迫使他们改教。他出现在一个又一个地方的犹太圣堂中，一只手拿着《律法书》的羊皮纸，一只手高举着十字架，而同时有一

---

① 参见上文第 198—199 页。

群无法无天的暴徒跟在他的身后以加强他的说服力。结果在 1411
年出现了又一波集体改教的浪潮，在此期间，有些社区整个地皈
依了基督教。

　　紧接着，这个狂热的传教士又来到了阿拉贡，进行同样的
活动。在那里，他得到原名为约书亚·德·罗卡（Joshua de
Lorca）而此时已经叛教的戈罗尼默·德·桑塔·费长老（Maestre
Geronimo de Santa Fé，即"Megadef"——"渎神者"，这是他
从前的宗教同胞为他起的一个离合诗般的绰号）的支持。戈罗尼
默作为教皇的保健医生，三番五次地敦促"儿教皇"[①]本尼迪克
特十三世（Benedict XIII）召集两个宗教的代表，就犹太教和基督
教的孰优孰劣问题举行一场论争。由于本尼迪克特的权威只是在
十分有限的地区里得到承认，所以迫切希望犹太人的全面皈依将
大大加强他的地位。因此，阿拉贡和加泰罗尼亚的社区被迫向设
在托尔托萨（Tortosa）的"儿教皇"的教廷派出自己的代表，去
捍卫他们的信仰。接下来由这位教皇亲自主持的辩论是发生在中世
纪的最著名的论争之一。它持续了一年零九个月，共举行了 69 次
会议（1413 年 2 月~1414 年 11 月）。基督教一方的代表人物是
戈罗尼默长老本人，而犹太教一方的代表包括唐·威德尔·本温

----

① 采用这一贬称与我国历史上的"儿皇帝"类似，是指本尼迪克特未按教规规定
而自称为教皇。当时，他只是三位候选人之一，并且一直到死（1424 年）也没有得到正
式的承认，这是当时的"三廷鼎立"局面所造成的（三位教皇同时并存，互不相让）。
关于这一情节，有各种各样的说法。至于他在这次论争中所起的作用，可参见《犹太教
审判》一书（海姆·马克比著，黄福武译，山东大学出版社 2004 年版）中有关"托尔托
萨论争"的内容。——译者

尼斯特（Don Vidal Benveniste），哲学家约瑟·阿尔博（Joseph Albu），特别是还有阿坎尼茨（Alcaniz）的那位才思敏捷、长于辞令、学识渊博的阿斯特拉克·利未（Astruc Levi），由于他精通拉丁语而显得更加信心百倍。现在我们已经知道，为了场面的严肃性，他的各位同僚自愿地放弃了犹太人随意插言的权利。然而，辩论的结果预先就已经决定了，因为像往常一样，基督教的真理被认为是毋庸置疑的，而被攻击一方的言论自由受到了严厉的限制。唯一实实在在的成效就是教皇（幸运的是，他最后一点可怜的权力不久就被剥夺了）发布了一项异常严厉的训谕，禁止犹太人研究《塔木德》，禁止在每个城镇拥有一个以上设备简陋的犹太圣堂，并规定他们每年至少要参加三次专为他们而举办的改教者布道会。在论争期间及其以后，宗教信仰之间的争斗一刻也没有停息。为了逃过眼前的灾难，许多整个的社区接受了洗礼；据说，仅仅在几年之间，皈依者就又增加了35000人之多。

4

与此同时，新的一代"马兰诺"长大了。他们虽然在基督徒家庭里出生并接受教育，但在许多情况下，他们并不像自己的父辈那样醉心于基督教。他们在结婚时会去找牧师，当然也让自己的孩子们接受洗礼，更忘不了特别准时地做弥撒和忏悔。然而，在这种外表的假象背后，他们在内心里仍然是犹太人。他们奉行着传统的仪式，有时连一言一行都十分严格。只要自己的能力许可，他们就守安息日；因而在这一天从高处俯瞰任何一个城市，都可以看到有些烟囱是没有炊烟的。较拘泥于细节的人也会吃肉，但要按照犹太方式进行准备，并由犹太屠户提供。实际上还有一个传说，讲了一个"马兰诺"借口身体不好整年都吃未经发酵的面包，只不过是为了保证在逾越节不会漏吃"无酵饼"。有些人甚至对自己的孩子行割礼。大多数情况下，他们只在内部通婚。有时，他们会偷偷地溜进犹太圣堂；为了照明，他们还送上灯油作为礼物。许多时候，他们宁愿在天主教的名义下建立自己的宗教组织，表面上受到某个天主教圣徒的庇护，以此作为掩护来奉行他们祖先的各种仪式。他们只不过名义上不是犹太人，仅仅在形式上是基督徒。

另一方面，他们的社会进步之快实在令人难以置信。在社会的每一个阶层，在生活中的每一个行业，都可以发现新基督徒们正在占据着最显赫的地位，经营着最赚钱的生意。那些富贾同当地最大的贵族门第通婚。在阿拉贡，从国王本人往下，几乎没有一个贵族家庭没有受到犹太血统的"玷污"。宫廷中有一半的重要职位都由那些刚刚改教、其诚意仍然值得怀疑的皈依者或他们的子女占据着。在司法部门、行政机构、军队、大学里以及教会本身，都可以看到他们的身影。《塞莱斯蒂娜》（Celestina）——西班牙在唐吉诃德（Don Quixote）之前对欧洲文学最重要的贡献——的作者费尔南多·德·罗哈斯（Fernando de Rojas）就是一个"马兰诺"。有一个在萨拉戈萨的犹太社区中间为人们耳熟能详的家族，德·拉·卡巴莱利亚（De la Caballeria）家族，其后代中就产生了不止一个主教，一个大学副校长，纳瓦拉王国的最高财政大臣，阿拉贡王国的副司法官，一个议会领导人，宫廷的总审计长，以及一个著名的反犹作家。这个事例非常引人注目，但并不是唯一的。

　　由于嫉妒"马兰诺"人的进步，人们在他们身上只看到了虚伪的犹太人一面，认为他们保留着过去的每一种品质，拼命挤占国家中最为显赫、最有利可图的职位，从而损害了那些真正的基督徒的利益。整个伊比利亚半岛上的布道坛再一次回响起狂热的布道喧嚣，呼吁注意那些，这一次不再是犹太人，而是"新基督徒" 243的不端行为，并且敦促当局采取措施制止他们的活动。他们的地位几乎同上个世纪末期那些犹太人所处的地位一般无二，因而也激起了类似的反动浪潮。在 1449 年，托莱多和雷阿尔城就已经发生了攻击他们的行为，恐怖活动接连持续了五天。然而，这只不过是后来要发生的一连串事件的一个小小的预兆而已。

　　在 1473 年 3 月 14 日，在科尔多瓦的一次宗教队列仪式上，一种谣传不胫而走。大意是说一个"马兰诺"小女孩从窗户里泼了圣母像一身脏水。暴民们立刻失去了控制，暴乱一直持续了三天，并伴随着大规模的屠杀和抢劫，直到再也找不到受害者时才算结束。混乱状态蔓延到了整个安达卢西亚，然后继续向外扩展。一个又一个的城市发生了大屠杀，尽管改教者们有组织地试图进行自卫，但根本无济于事。第二年，在国家北部地区发生了类似的暴行，旋涡的中心就是塞哥维亚，城内陡峭的街道上，受害人的尸体堆积如山。各地的市政议会纷纷通过决议，从此以后禁止任何有犹太血统的人住在市里。除了 1391 年发生的大屠杀之外，西班牙历史上还没有类似的事件可以与之比拟。但是，两者之间也有一点显著的差异，即：前一次，那些受攻击的人可以通过接受洗礼而逃生；而这一次，眼前却根本没有这种逃生之路。

5

　　这就是 1474 年"天主教徒"伊莎贝拉（Isabella）登上卡斯提尔王位时的情形。在促成她与费迪南（Ferdinand，五年后他成了阿拉贡的国王）之间婚姻的一系列谈判中，一方是犹太金融家大亚伯拉罕（Abraham Senior），另一方则是改教的政治家阿方索·德·拉·卡巴莱利亚，他们虽然都在谈判过程中发挥了重要的作用，但却对这次婚姻将带来的悲剧性后果一无所知。从她登基的那一刻开始，女王的宗教顾问们就怂恿说，在宗教上净化她的王国，并且消除随之带来的所有麻烦的唯一方法，就是引进一个特别的法庭——可怖的宗教法庭，以便搜寻和惩罚异端。确实，传说她的前任忏悔神父托马斯·德·托奎玛达（Tomas de Torquemada）这个"马兰诺"的狂热对手（尽管事实上他本人或许也具有犹太血统）早就强迫她作出承诺：只要她登上王位，将全力灭除异端。

　　开始几年，她的注意力不得不专注于一些更紧迫的问题之上。国内的和平刚刚恢复，她就着手同教皇塞克斯都四世（Sixtus Ⅳ）谈判，请求发布一项教皇训令，批准建立"神圣法庭"。教皇对此曾一度犹豫不决，这与其说是出于人道，不如说他想把这个"新生儿"置于自己的控制之下。最后，在 1478 年的 11 月 1 日，他终于发布了一项训谕，委婉地授权西班牙的君王任命三位主教或其他四十岁以上的合适人选，并赋予他们对异端分子及其同谋的无限裁判权。在 1480 年 9 月 17 日，经过一些附加谈判和拖延之后，向两个多明我会修士颁发了委任状，去塞维利亚赴任。在第二年的 2 月 6 日，举行了首次"Auto da Fé"，即"异端公开判决仪式"，六名有犹太血统的男女以忠实于祖先的信仰这一罪名而被活活烧死。

这只不过是一系列屠犹暴行的一个序幕。不久之后，在整个伊比利亚半岛的其他一些中心城市都建立起了类似的法庭。它很快就形成了一个严密的组织体系，而托奎玛达则成了第一任总审判官。形形色色的告示散发到各处，其中列举着各种详细的特征（其中有许多十分荒唐）；通过这些特征，就可以对号入座发现某个信犹太教的人。从安息日换内衣到祈祷前洗手，从用《旧约》上的名字称呼孩子到临死时脸对着墙壁，等等，简直是细而又细，不胜枚举。普通居民受到告诫，责成他们告发任何怀疑犯有表中所列的或类似的滔天罪行的人，否则要受到最严厉的世俗和宗教惩罚。同时，还谋求犹太人自己提供线索，他们的拉比受到胁迫，强令自己的会众交代出可能的犯罪嫌疑的信息，否则就会被开除教籍。不久之后，据说就有大约三万人被"神圣法庭"判处了死刑，另外还有成千上万的人被迫以苦行赎罪，或被判以野蛮的刑罚，只不过程度稍轻而已。即使死去的人也不能幸免，他们的骨头有时甚至被重新挖出来，连同他们的模拟像一起进行重新审判，然后挫骨扬灰。这并不仅仅是戏剧性地履行程式，因为这样就可以名正言顺地没收他们的财产，并使他们的后人蒙受耻辱。随着一年年过去，在西班牙的土地上，宗教法庭及其审判活动越来越变得根深蒂固，开始了漫长的罪恶历程，它也许要一直等到这个国家垮台才会结束。

6

245 　　如果要令人满意地把这块国土净化，消除掉异端的污染，仅仅这些措施显然是远远不够的。与此同时，那些信教的犹太人继续住在西班牙，并没有受到骚扰。同一个世纪之前相比，他们只不过是一批在屠杀和改教的名单中漏网，并且已经被加在他们身上的那种越来越严厉的羞辱性法令压垮了的残存者。近期的事态发展并没有对他们产生很大的影响。只要他们不牵涉进宗教信仰问题中去，宗教法庭还暂时拿他们没有办法；因为严格说来，他们是基督教会以外的异教徒，而不是教会内部的异端分子。诚然，这种身份是十分荒谬的。一个"马兰诺"，仅仅是名义上的基督徒，只是由于偶尔秘密地做了一点点他那些没有改教的兄弟天天都在公开地、泰然地做的事就要被活活烧死，真有点令人难以理解。当这片国土上还有犹太人留存下来，并且整天用诫命和范例向他们的亲属传授祖先的宗教习俗的时候，任何想要在这片国土上消除信奉犹太教的异端分子的企图都是毫无指望的。

　　当时，据说犹太人和改教者共同密谋，在阿维拉（Avila）出于仪式目的而杀死了一个从拉瓜迪亚（La Guardiea）来的不知名的小孩。这个捏造的故事立即被拿来作为他们串通一气的证据。最近的研究清楚地表明，所谓的受害者只不过是几个狂热分子的凭空想象而已。然而，他们却唆使宗教法庭大做文章，采取了新的行动。这个小小的事件为对付犹太人提供了新的武器，而托奎玛达当然不会放过这一大好时机。

其他因素使得宗教问题进一步尖锐化。西班牙终于逐渐意识到了国家统一的重要性。1492 年，摩尔人的最后一个堡垒格拉纳达被占领，从而把迫害推向了高潮，而已经持续了长达七个世纪的"重新征服"工作也就完成了。犹太人曾以大大超出其人数比例的巨额投资为这场战争的费用作出了巨大的贡献。然而到了此时，已经再也没有争取他们支持的理由了，因此也就可以动用最严厉的解决办法了。1492 年 3 月 30 日，在被占领的阿尔汗布拉宫（Alhambra）的会议大厅里（恐怕还仍然散发着老主人的异香），费迪南和伊莎贝拉共同签署了一条法令：在四个月之内，把他们领地上的犹太人全部驱逐出去。

接到这一消息后，整个伊比利亚半岛的犹太社区无不为之震惊不已。但是，受害者们并不愿意这样毫无理由地接受这一不可更改的事实。此时，他们中杰出的人物是唐·以撒·阿夫拉瓦内尔（Don Isaac Abrabanel），在他的身上，似乎集中并恢复了前一个时代的光荣传统。自从撒母耳·伊本·纳吉拉时代以来，西班牙的犹太民族或许就从来没有出现过比他更具威严、更多才多艺的人物。1437 年，他出生于里斯本的一个从塞维利亚来的古老而显赫的家族（的确是西班牙最为著名的家族之一），他的父亲或祖父在 1391 年的动乱之后迁移到此地。他的知识面非常广博。他写过一部虽然有点冗长，但却非常深奥的《圣经》评注。他也可以称得上是一个散文文体评论家。他还是中世纪的最后一位犹太哲学家。同时，他几乎被普遍地认为是一个具有非凡才能的金融大才。当他为葡萄牙国王服务时，就曾第一次显示出了这方面的才华。由于被指控密谋反对王权政府，他逃过边界到了卡斯提尔，

246

身后是呐喊的追兵，他不得不丢下了大量宝贵的图书以及自己创作的几部作品的手稿。他把挤出的业余时间全部献给了文学事业，但退休后又被召回，和卡斯提尔的税务主管、王室拉比大亚伯拉罕一起为天主教统治者们效力。当驱逐法令颁布时，据说他们两位曾要求国王和王后接见他们，并主动提供一笔可观的贿赂，以收买主人们推翻自己的决定。当国王和王后正在考虑如何回答时，托奎玛达从王位后面的花毯下冲了出来，把一个十字架扔在他们面前。"犹大为了 30 块银角子出卖了他的主人，"他大叫道，眼里燃烧着狂热的火焰。"现在，也轮到你们来出卖'他'了。'他'就在这里，把'他'拿去卖掉吧！"

不管事实是否如此，反正天主教统治者们的决定并没有动摇。到 7 月底，所有信教的犹太人都不得不离开了这个王国。许多人由于不堪忍受眼前的不幸，只好接受了洗礼，从而使得"马兰诺"的人数急剧增加。领头的便是大亚伯拉罕本人，据说他迈出这一步是为了避免进一步的报复行为。但是，大多数的人还是一直坚持了下来。他们不得不低价处理了他们的财产，包括那些最堂皇的住宅和最肥沃的葡萄园。他们被迫在离开前放弃了所有的财产要求，然而却没有给予他们特别的权利去收回自己原先的债务。他们不允许带走任何的金银，生怕王国再为缺乏金条犯难；只有付出巨大的代价才能得到一纸信用状。当他们头顶夏日，艰难地跋涉在通往边界或港口的尘土飞扬的大路上时，依照拉比们的吩咐，音乐家在路边演奏着欢快的曲子，以振作他们的情绪。据保守的估计，流放者的总人数在 15 万人以上。

这些鼓起勇气愤然出走的不事二主的人并没有能够脱离苦海。

饥荒和瘟疫一直伴随着他们，直到天涯海角。在海上，许多人遭
到了那些无耻海盗的抢劫和谋杀。那些在非洲海岸登陆的人不得
不面对大火、饥荒以及强盗袭击的恐怖。那些被抛在基督教欧洲
的人还算是比较幸运的，然而，当代人无不为当时的景象所震撼：
那些狂热的行乞修士游荡在热那亚（Genoa）码头区饥饿的人群中
间，一手举着十字架，一手拿着面包，谁接受了"爱的宗教"，
就向谁施舍食品。

7

1492 年的灾难并不只局限在西班牙。驱逐令的条款覆盖到阿
拉贡王朝中最边远的领地，尽管这些地方对"秘密犹太人"（名
义上的一种借口）问题根本毫不知情。这些地方包括撒丁岛，也
包括一直有着古老而繁荣的犹太社区的西西里岛。自从基督纪元
开始，犹太人就定居在这些地方，有大量的考古文物可以作证。
他们的总体状况从来没有像别的地方那样糟糕。他们甚至还一度
被授权开办自己的大学。在当时，他们的人数不下一万人（实际
估计的人数要多好几倍）。然而，对于西班牙统治者们来说，所
有这一切都起不了什么作用，虽然当地政府曾经诚恳地请求他们
重新考虑自己的决定。所恩准的短暂的几天宽限也只不过是为了
收完拖欠的税款，以及某些强征暴敛的特别款项。因此，离境的
日期定到了 1493 年初的 1 月 12 日。当代的史编学家告诉我们，
在巴勒莫（Palermo），当运载他们的船只消失在远方时，当地的
居民们就站在屋顶上向自家的老邻居挥手告别。

　　一些从西西里和西班牙来的流亡者到了邻近的大陆，在独立的那不勒斯王国寻求避难。领头的还是以撒·阿夫拉瓦内尔，他早已搁笔赋闲，此时却再一次奉召为宫廷效力。但是，先是瘟疫，接下来是 1495 年的法国入侵，使得他们伤亡惨重。许多人，像唐·以撒·阿夫拉瓦内尔不得不再一次踏上逃亡之路，去寻求新的安全之地。最后，战争进一步引起了外国的干涉，该王国被置于阿拉贡的控制之下。结局是可想而知的。在 1510 年以及（更为彻底地）1541 年，犹太人全部被驱逐出境；其中既有历史久远的当地人，也有刚刚在此落脚的流亡者。某些经济学家曾断言，甚至直到今天，这个国家的部分地区仍然没有完全从这次打击中恢复过来。

　　一小部分从费迪南和伊莎贝拉的夫妻领地中跑出来的逃亡者向北去了纳瓦拉王国。自从 1328 年的灾难之后，那里曾有一些贫穷的小社区一直维持了下来。然而到 1498 年，这个联合王权政府也开始仿效他们强大邻邦的做法，颁布了全面驱逐的法令。但是，纳瓦拉只是一个内陆小国，四邻都是一些驱逐犹太人的国家。因此，逃生之路被完全隔断，绝大多数的受害者只好被迫接受了洗礼。尽管他们表面上已经改了教，但那些老纳瓦拉人依然对他们深怀仇恨。整个地区对他们不予宽容；他们被排除在所有的公共机构之外；并且在若干世纪之后，他们的后代仍然由于被怀疑秘密信奉犹太教，一直是公开遭人侮辱的对象。极少数忠诚不屈的犹太人跨过比利牛斯山脉，到了法国的南部。在那些普罗旺斯伯爵们统治下的地区，1394 年的驱逐法令并没有得到实施。然而，在几年之间，那些古老法国社区的最后一点残余也被赶走

87. 西班牙宗教法庭的创立者：天主教徒伊莎贝拉（1451—1504年）。前皇宫油画，马德里。

88. 在托奎马达授意下，多明我修会正在通过一项为圣多美修道院制定的信仰法令。阿伦索·贝鲁盖特作，现藏于马德里普拉多美术馆。

89. 上帝审判大平原诸城。中世纪希伯来手稿（11639号）中的插画，现藏于伦敦大不列颠博物馆。

90. 公审大会场面。17世纪荷兰版画。

Paulus. iiij. Pont. Max. grauiſſimus Chriſtianæ pietatis,
eiuſq; sincerioris cultus aſsertor, atq; reſtaurator.

91. 犹太"隔都"的始作俑者：教皇保罗四世（1555—1559年）。现代版画。

了，只有从属于罗马教廷的一小片土地，即阿维尼翁和温纳辛
（Venaissin）的伯爵领地还能够使人记起那个拉什和《托萨福》
编纂者时代的辉煌。

最大的一帮西班牙流亡者选择了最简单、风险最小的一条路，
他们跨过边界去葡萄牙。在对英国的"诺曼征服"之后不久，
犹太人便随着这个王国的建立一直定居在此。他们普遍受到了友
善的对待。在宗教问题上，他们在"Arrabi-Mor"即大拉比的领 249
导下，普遍形成了综合性的组织体系，并且在国家的金融机构中
曾发挥了巨大的作用。但到了 14 世纪末，随着阿维斯（Aviz）
王朝的建立，情形发生了突然的变化。然而，由于政府采取了强
有力的手段，1391 年的屠杀浪潮没有波及他们；除了 1449 年发
生过一次攻击里斯本社区的孤立事件之外，15 世纪的那场席卷
了伊比利亚半岛所有其他地区的反动浪潮实际上并没有影响到这
个国家。因此，它使得本身变成了一块天然的避难地，尤其是对
于卡斯提尔西部和中部地区的犹太人来说更是如此。不管是他们
在当地的宗教同胞，还是王朝内阁，都不想急于接受这些涌入的
难民。当政的国王若昂二世（João Ⅱ）却不这样想。他是预见到
有利可图，而根本不是出于什么人道主义。的确，也只有一小撮
出得起重金赎买特权的人被允许永久地定居下来，另外还有一些
工匠，他们娴熟的技能可能在即将到来的非洲战争的筹备工作中
大有用场。而其余的人，则只有当每个成年人缴纳八个克卢扎多
（cruzados）的人头税后方能进入这个国家，但居住期不得超过
八个月。在居住期内，国王保证为他们找到船只，期满后把他们
送到自己想去的任何地方。遵照这条协议，进入边境的人数大约

有 10 万之众。

　　然而，对他们进入这个国家所作的承诺并没有兑现。先是迟迟不提供船只，而那些冒险上船的人则受到了最残酷的虐待，并不得不在最近的非洲海岸被赶下了船。当规定的期限结束之后，所有那些滞留下来的人一律被宣布自动放弃了自由，然后被卖为奴隶。孩子们被残忍地从父母的怀中夺走，数百人被遣送到离非洲海岸不远的热带岛屿圣托米岛（S. Thome）上去开垦殖民地，后大多数都死在那里。

　　在此期间，若昂二世去世，由他的堂弟"幸运儿"曼诺尔（Manoel）继位（1495~1521 年在位）。刚一登基，他似乎就表现得无愧于后人赋予他的称号。由于意识到那些没有及时离开王国的犹太人是无辜的，他恢复了他们的自由；他甚至拒绝了王国中的社区为了感谢这次宽宏大量的行为而送给他的礼物。然而，不久之后，对公众政策的过多忧虑使这位年轻的国王表现出完全不同的态度。用婚姻将卡斯提尔和阿拉贡维系在一起的费迪南和伊莎贝拉有一个女儿，也叫伊莎贝拉。如果她成了曼诺尔的妻子，那么他们的孩子就极有希望最终统治整个伊比利亚半岛了。那些毫无理由地憎恨别人接受西班牙难民的天主教国王们欣然同意了这桩婚姻，但唯一的条件是必须要仿效他们自己所实行的犹太政策。葡萄牙国内对此意见不一。但是，公主本人解决了这个难题。她亲自写信说，要等到这个国家也像她父母的领地一样"清除"了异教徒之后，她才会下嫁这个国家。这是决定性的一着。1496年 11 月 30 日，婚约终于签署了。此后，不到一个星期，在 12 月 5 日，立即就颁布了一项王朝法令：在 10 个月内把所有的犹太人和穆斯林驱逐出境。

　　这项法令的墨迹未干，曼诺尔便开始考虑这个问题的另一个方面。此时，他的内心充满了矛盾。他很清楚犹太人作为市民的价值，因而不愿意失去他们；但如果他们依然忠诚于原来的宗教，他也无法宽容他们。而且不仅如此，从内心里讲，他似乎更急于挽救他们的灵魂，不管他们是否愿意。最后的结论是不言而喻的，为了他本人，为了王国，也为了犹太人自己，他们必须要接受基督教。只要他们这样做了，他的政策中的缺陷就避免了，而他们在这场交易中也必将得到终生幸福的承诺。

　　由于孩子们的缘故，父母首先遭到了冲击，尽管牧师阶层一再声称所采取的措施并不具有教规的性质。在 1497 年的春天，逾越节刚刚开始，便命令所有 4~14 岁的犹太儿童都要在下一个星期日接受洗礼。在指定的时间里，那些不愿执行命令的人被士兵抓住，押送到洗礼盘前。当他们被王室警察拽走时，可以看到各种难以描述的恐怖场面。许多情况下，当父母同孩子们拥抱告别时，有时就先把他们闷死，然后再自杀。有时，连老人们也被那些急红了眼的狂热分子拖进教堂受洗，因为他们心里只记得已经下达了让犹太人全面皈依的命令。驱逐法令中也包括穆斯林的孩子，但他们似乎并没有受到多大影响。当局自嘲地供出了个中原因。这是因为还有伊斯兰占统治地位的国家，王国可能会遭到报复！

　　与此同时，法令规定的离开这个国家的日期日益临近。一开始曾安排了三个上船的港口。再三考虑之后，国王又改变了主意，宣布所有的人都要经过首都。当他们到达后，便全部被拘禁在一个极为狭小的区域内，并且不提供食品和水，希望他们能在绝望之中找到真正的信仰。那些仍然拒不服从的人被严密地监管起来，直到限定的离境时间过去；然后再通知他们说，由于他们的不合作，便等于自动放弃了自由，已经成了任由国王处置的奴隶。通过这种方法，大多数人的反抗情绪冰消瓦解，然后，他们便一群群地来到教堂接受洗礼。另一些人则被用残忍的手段拖上了洗礼盘。那些抗议不休的冥顽不化者身上被泼了圣水，并随之宣布成了基督徒。只有以最后一位大拉比西门·梅米（Simon Maimi）为首的少数几个人坚持公开的对抗。为了杀一儆百，他们被关进了地牢。一周之后，梅米不堪受苦而屈服。他的同伴，总共不超过七八个人则被送去了非洲。古老而一度享有盛名的葡萄牙犹太民族最后就只剩下了这么几个可怜的人。

　　那些作为名义上的基督徒而留存下来的人基本上没有什么改变。虽然为了让他们接受初级的天主教教育，总是不时地强迫父亲和儿子一起去教堂做礼拜，然而他们对其基本原理的了解却一直少得可怜。许多人只能读写希伯来语。虽然他们的正式名字是高调的葡萄牙人姓氏，但他们在家里仍然秘密地保留了他们原来的犹太名字。他们类似西班牙的"马兰诺"，所不同的是，他们不仅包括那些为了逃避死亡而接受了洗礼的懦弱的弟兄们，而且还几乎无一例外地包括了全国所有的犹太人口——穷人、富人、贵族、文盲、学人，甚至拉比。所以在葡萄牙，秘密犹太教甚至要比西班牙有着更大的顽固性。不仅如此，有很长一段时间，他们几乎可以不受干涉地举行犹太教的仪式。直到 1531 年，宗教法庭才被引入了这个国家；而直到 1597 年，"神圣法庭"才获得了它在邻国所拥有的那种不可一世的权威。

因此，葡萄牙的"新基督徒"有几乎长达半个世纪的时间去适应新的环境，同时，他们仍然与大多数的当地居民群众不尽相同，并成为狂热分子仇视的对象。这种敌意并没有随着他们表面上的改教而有所改变。针对他们的暴力事件时有发生，而 1506 年 4 月的里斯本"屠宰新基督徒"的恐怖活动无疑是一件登峰造极之作。在这次事件中，有不下 2000 人丧失了生命。在整个这一段时间，虽然他们被官方禁止离开这个国家，但却一直不断有皈依者偷渡的事件发生。他们一旦渡海成功，便迫不及待地扔掉所有的伪装，重新公开宣布忠于他们祖先的宗教信仰。但是，绝大部分人仍然留在了国内，渗透到社会的每一个阶层，进入了每一个行业，对当代葡萄牙的文化繁荣作出了重大贡献。正是这些不情愿的改教者，从此之后代表了十五个世纪以前的伊比利亚犹太民族的传统。

所以，伊比利亚半岛上多少世纪以来的犹太人的生活戏剧终于降下了帷幕。犹太历史在西欧这块大舞台上以中世纪开始，也以中世纪结束。而此时，剧情的重心再一次转移到了东方。

有一篇古老的史志，讲述了一个犹太人连同自己的家人一起被赶出了西班牙，他一贫如洗，在海上漂泊，后来连仅剩的一点财产也失掉了。当着他的面，他的妻子在遭到强暴后被强行掳走。最后，他的孩子们也被强盗抓去了。"然后，"书中讲道，"那个犹太人站了起来，把双手伸向苍天，他喊道：'万能的主啊！您已经对我做了这么多，要让我放弃我的信仰。但您就放心吧，尽管有些人高高在上，但我现在仍然是一个犹太人，并且我将永远是一个犹太人'"。这是典型的犹太民族的性格：虽然被打败，但永远不会被打垮。他们倔强地拒绝承认至上的武力征服，而当中世纪最大的悲剧降临到他们的头上时，不管是出于冥顽不化，还是出于深信不疑，他们都始终继续坚持着自己的崇高信仰。

第四卷

曙光初照：1492~1815年

92—94. 布拉格《哈加达》中的木刻插图，1527年。

第 22 章　文艺复兴与宗教改革运动

1

的确，在中世纪即将结束，新时代尚未来临的黑暗年代里，犹太人在两个与其历史有着密切关系的欧洲国家一直留存着人们熟悉的形象。这两个国家一个是德国及其东部边境的属地，另一个就是意大利。形成这种局面的原因是相似的，那就是由于不断的分裂而形成了一些独立的或半独立的诸侯国，它们在政治上无法共同实行统一的政策。当犹太人在某一个国家遭到屠杀、灭绝或者驱逐时，总是有另一个与之相邻的国家随时准备接纳他们。但是，上述两个国家之间无疑存在着一种重要的差异。在意大利，大量犹太社区的长期存在，似乎表明了这个国家在某种程度上对犹太人的同情；而在德国，类似的现象却是偶然的，不时发生的聚众袭击犹太人的事件（常常得到政府的支持或默许）清楚地表明，这里根本就没有丝毫的宽容。

此时，在那些曾经拥有庞大的中世纪犹太社区的德国城市中，可以找到犹太人定居点的城市已经为数不多了。另一方面，在整个帝国中，从西部的阿尔萨斯一直到波兰边界，存在着许多散居的犹太群落，其中有些甚至非常古老，它们仅仅依靠市政议会或当地统治者的一纸邀请书而居住下来，享受着朝不保夕的土地拥有权。他们一直处在一种可以说毫无道理的暴力旋涡之中，而这恰恰是德国的特色。战争、城市骚乱、某些叛教者的恶劣行径，甚至某个基督徒孩童的一时失踪，都会被作为袭击和屠杀犹太人的堂皇理由，有时还伴随着对他们的大规模驱逐。布兰登堡（Brandenburg，即后来众所周知的普鲁士帝国的中枢）可谓整个国家的典型例子。1509 年 12 月 21 日，该城的总督约希姆（Joashim）曾作过一次让步，允许一些犹太人在他的领地内定居下来。第二年，一项亵渎圣饼的指控落到了位于柏林附近的贝尔瑙（Bernau）社区的头上，结果有 38 名犹太人"嘴里高唱着一首赞美诗"葬身在火海之中；只有两个性格懦弱的人接受了洗礼，才得以法外施恩而被斩首处死。作为一种必然的结果，所有的犹太人都被从原先划出的社区"公地"上驱逐了出去，而他们刚刚迁回此地还不到六个月。后来，只好找了一个平常的小偷作为这场暴行的替罪羊，但即便如此，他的供词（据说）还是被教会当局故意隐瞒了下来。

我们是从当时的一位杰出人物，来自斯特拉堡附近的罗谢姆（Rosheim）的约瑟［更加广为人知的名字是约瑟尔曼（Joselman），1480~1554 年］所写的回忆录中了解到这一详情的。他曾是一位世界性的人物，也是一位机智的演说家。1510 年，他被南阿尔萨斯的犹太社区选举为"市政代表"（Parnas uManhig），并最终成为全体德国犹太社区的代表。他不是一个很富有的人，学问也不是太大。作为一个作家，他实乃平庸之辈，因而他无法与他之前那些时代的著名犹太领袖人物相媲美。但是，他确实是这样的一个完美的代言人（shtadlan）：能够不惜一切代价，无私地献身于

自己的宗教同胞的事业；为了他们的利益，密切地关注着形势的
发展；并且一旦需要，便随时代表同胞们奋起疾呼。我们不难发现，
他一直奔走于"帝国议会"之间，唯恐犹太人的幸福生活受到威胁；
他不时向神圣罗马帝国皇帝马克西米廉一世（Maximilian Ⅰ）或查
理五世索取特许保护状；他的努力曾赢得了一项法令的出台，从
而使得帝国内的犹太人的生意秩序井然，并获得了法律上的保障；
他曾在帝国的宫廷上力驳那位刻毒万分的叛教者安东尼·马格力
塔（Antonius Margarita），从而成功地将他逐出了宫廷；他全力
以赴地延缓了地方驱逐法令的实施；他力争颁布了一项帝国法令，
再次由官方对一再发生的"血祭诽谤"进行了谴责；他使得长年
处于战乱之中的各社区之间实现了和平；他曾冒着生命危险阻止
了一个假"弥赛亚"的冒险活动；有一次，他甚至还向皇帝本人
示警，密切注意蒂罗尔公国（Tyrol）的入侵阴谋，从而救了皇帝
一命。如果说进入 16 世纪以后，犹太人在德国的境况有所改善，
像以往那样的大屠杀受到遏止，并且犹太人的生活要比原先在公
共法律的保护下更加安全实在的话，那么，只能归功于这位罗谢
姆的约瑟尔曼，而不是任何其他的人。实际上，这里仍然是一个
由小商贩和小本高利贷者组成的灾难深重、贫困异常的社区，只
有极少数受宠的所谓"宫廷"犹太人能够高人一等，享有一定程
度的优待和保护。①

257

----

① 小镇希尔德斯海姆（Hildesheim）可以被看作是德国犹太社区的一个典型缩影。
犹太人最早于 1347 年就定居在这个地方。1349 年，黑热病肆虐，犹太人绝迹；1351 年，
在此城重建了犹太社区，但没过几年就遭到驱逐；1520 年〔由于他们中间一个名叫米切
尔（Michel）的犹太人的英勇行为〕，犹太人被重新接纳回来，但在 1542 年再次被驱逐；

波希米亚王国是神圣罗马帝国的一个不可分割的部分（自
1526 年起，成为哈布斯堡王朝的属地），但却一直属于德意志的
统治范围。该王国的犹太社区中只有一部分人是德国血统，但全
国所有的社区全都讲德语，遵循德式文化；并且许多个世纪以来，
他们与周围领土上的宗教同胞一样，经历了同样的命运。在整个
14 世纪和 15 世纪，这里曾发生过多次对犹太人的屠杀、劫掠和驱
逐，并在 1400 年由于背教者"逾越节"彼得（Peter）的煽动而发
生的迫害运动中达到了极点，但却绝不是终点。① 然而，犹太人在
这个国家里从来也没有被彻底清除过。尤其是布拉格的"犹太城"，
它几乎成了一个城中之城，自我发展了一种充满活力的生活模式。
在长达数个世纪的历程中，它成为犹太世界的最为重要的中心之
一，并且作为欧洲为数不多的地区之一，一直以犹太人的团结精
神而闻名于世，这也正是它能够从中世纪直到今天从未败落的本
质所在。

2

正如我们所看到的，在意大利的南部，由于阿拉贡人在西班牙
大驱逐时期的不容异己，使得那里的犹太定居点销声匿迹了。因而，

1585 至 1587 年间，犹太人被"选帝侯"市政议会召回并给予保护，但 1595 年又被逐出（作
为对迎娶已故妻子的妹妹而在婚姻问题上创造的恶劣先例的一种惩罚！）；1601 年又被
允许回来，1609 年因被指控引发瘟疫而被撵走；此后不久又被召回，1660 年再次被逐；
最后于 1662 年被允许定居下来。也就是从这个时候起，该犹太社区的历史才得以延续下
来，一直到 20 世纪。

① 参见上文第 214 页。

只是在意大利北部和中部的一些地区，犹太人才得以继续留存了
下来。仅就人数而言，意大利的犹太民族从来也没有什么重要之
处。然而，犹太人在欧洲文化、宗教和艺术方面所扮演的关键角
色却为它赢得了一种特别重要的地位。从哈斯蒙尼时代直到今天，　258
罗马作为帝国的首都和天主教的教廷从来也没有间断过同犹太人
的联系。因而实际上，教会对犹太人的政策集中体现在同意大利
犹太人的关系上。他们对意大利文艺复兴的整个过程产生了积极
的影响；反过来，文艺复兴的每一个阶段也无时不在影响着他们。
长期以来，对于那些遥远的国度而言，所谓犹太人的概念基本上
是建立在那些穿过阿尔卑斯山进行宗教和艺术朝圣的来访者所带
回的印象之上。由此可见，意大利的犹太人的历史重要性远远超
出了他们实际参与其间的人数上的比重。

　　在这个国家的大部分地区，犹太人在法律上被严格地限制于
放贷业方面。说实话，商人、工厂主以及医生也不是没有。但是，
在北部诸商业共和国中，他们的商业竞争能力令竞争对手们感到
害怕。因而，他们只有以金融家身份，才能够获准去意大利的绝
大多数地方。一个犹太人为了穷人的利益开办一家贷款银行，已
经变得十分必要，也几乎是司空见惯的，这就如同社区的医生开
办诊所差不多。当发现人们急需抵押贷款方面的便利，而那些基
督徒高利贷者正在偷偷地盘剥当地的居民时，各犹太家族之间就
会进行磋商，参与的家族数量因当地社区规模的大小而异。通过
谈判，他们可以达成一项正式的协议，授予开设"银行"（他们
自己起了这个名字）的特别权利，以商定的利率进行抵押贷款。
他们依据一定的规则各提供一笔最低限度的基金，并且为了表示

感激，还会专门向市财政交纳一笔数量相当可观的款项。通常说来，这种相互之间的协议（当时称之为"condotta"，意为"经营方式"）只有几年的有效期，一般为三五年或十年不等。到有效期结束时，协议就自动终止，各方再重新签订新的"契约"。

　　这些犹太"银行家"经营的中心设在罗马及其周边地区，这些地方的犹太定居点都是非常古老的。14 世纪以后，因为欧洲北部发生了对犹太人的迫害和驱逐，许多犹太难民翻越阿尔卑斯山到此避难，使得犹太人的数量大大增加。事实上，到中世纪末期，伦巴第平原上的各个城市以及周围地区那些土生土长的犹太人几乎被从德国逃来的犹太商人和学者所取代，反而变得默默无闻了。正是在这种状况下，许多最著名的意大利犹太社区诞生了——1366 年是威尼斯，1369 年是帕多瓦，1389 年是曼托瓦（Mantua），1408 年是维罗纳。紧跟在放贷银行家之后，又来了各种小商人、医生、金银匠和旧货商。但是，金融家们仍然是意大利北部犹太中心区的重要保障和支柱。

　　看到犹太信贷银行家们通过伤风败俗的方式发达起来，那些狂热的天主教徒实在是无法容忍。因而到了 15 世纪，他们便开始四处进行煽动，力图用他们自称为"Monti di Pietà"即"虔诚之本"的慈善性公共典当机构取代犹太人的信贷银行。这场运动是由各地的方济各会修士发起的，其中最为著名的就是那位能言善辩、激情洋溢的布道牧师贝尔纳迪诺·达·弗特里（Bernardino da Feltre）。然而，这次尝试的成果非常有限。作为一个原则性问题，多明我修会对收取利息（即使以公共机构的名义）是否合乎教规提出了质疑。有的时候，公共机构把利率定得过高，实际上加重了而不是减轻了老百姓的负担；而有的时候利息又太低，尽管有公共补贴，但典当机构根本无法维持周转。犹太人并不反对这些新机构的基本原则；根据记载，他们也的确获得过资金方面的帮助。但是，这样做的一种必然结果就是（正如贝尔纳迪诺所期望的那样），犹太人便成了多余的，因而可以被驱逐出去。不过，有许多次，犹太人在被驱逐之后，很快便又被召了回来，继续做他们原来的生意，因为人们发现，犹太人的聪明才智仅靠激情是难以取代的。在许多地方，情形则恰恰相反，这场运动把已经存在多年的犹太联合银行彻底地取缔了。

由于历任教皇对自己领地上的犹太人一直给予一种相当程度上的宽容，从而为实行较为温和的政策树立了一个榜样。在意大利的各个公国里，这一榜样得到普遍效仿。随着通行体制的垮台和专制统治的建立，它们通常立即会接纳犹太人。有少数的意大利犹太社区出现了全面的繁荣和稳定，甚至可以同贡扎加家族（Gonzagas）统治下的曼托瓦王国以及埃斯特家族（Este）统治下的斐拉拉（Ferrara）王国相媲美。但是，越是在犹太人不受欢迎的地方，对他们的偏见就越多地集中体现在商业妒忌方面，反而不是宗教狂热方面。意大利或许是欧洲唯一一个没有将迫害运动真正形成制度的国家。尽管聚众闹事从来也没有停止过，但毕竟十分罕见，并且通常也都是局部性的。"血祭诽谤"〔尽管贝尔纳迪诺的布道活动曾于 1475 年在特伦托（Trent）引发了臭名昭著的"西门案件"〕从来也没有形成气候，并且一般也不会得到官方的许可。来自法国、普罗旺斯、德国和西班牙的一批又一批的犹太难民，至少可以在亚平宁半岛上的许多地方找到暂时的立足之地。

3

尽管意大利的犹太人被严格地限制在一些几乎难以培育自身高质量生活的职业之中，但由于他们是犹太人，他们不会放过任何一个发展自己文化生活的机会。这已经成为这个国家的一大特色。在西班牙，犹太文化的独特特征体现在诗歌和哲学方面；在法国和德国，则主要侧重于对《塔木德》的研究方面；但在意大利，上述两个领域中都涌现出了不少的杰出人物。在此，只要举出两个人的名字便可略见一斑。对于前一个方面，有罗马著名的讽刺作家以马内利（Immanuel）；而对于后一个方面，则有词典编纂家拿单·本·耶希尔（Nathan ben Jehiel）。然而，在意大利，最为显著的地方特色还是世俗文化与犹太文化之间不断的斗争与反斗争。在整个欧洲，还没有哪个国家能像意大利那样，犹太人在文化活动中始终起着如此举足轻重的作用，而在同时，当地的传统文化又反过来如此深刻地影响着犹太人的文学和思想。犹太人参与当地语言文学的创作有着悠久的历史，至少可以追溯到 13 世纪。而另一方面，在15~16 世纪，犹太人在那个被誉为"文艺复兴"的思想活动的神奇阶段扮演了一个十分重要的角色。

上述活动的首要中枢便是佛罗伦萨（Florence）。从佛罗伦萨的"辉煌"诞生以及不断成长的日子里，犹太人曾受到妒忌，被排斥在整个城市之外。就在佛罗伦萨人无可争议地赢得欧洲头号高利贷者的名声时，他们也感到了良心上的顾忌，小心翼翼地尽量不去触犯有关向他们的市民同胞借贷的教会法规。因而在 1437

年，当佛罗伦萨的美第奇（Medici）家族的霸主地位刚刚确立时，犹太人被召回了这个城市，设立自己的信贷银行。在这些精明而讲求实际的生意人中间，不乏学术研究方面的赞助人，如艾萨克·阿夫拉瓦纳尔的朋友和信友达·比萨（Da Pisa）家族。时至今日，他们的名字仍然深受研究希伯来文献的学生的敬仰。另外还有一些不太出名的金融家（那些贫苦的市民把东西典当给他们），他们同样也热衷于学术研究。有时，为了买一本天价的新书放进自己的图书馆，他们往往不惜大把花钱；或者为了给自己的儿子请一个能干的家庭教师，从而使他受到良好的犹太教育，他们寻遍整个意大利也在所不辞。为了给自己感兴趣的任何文化方面的问题找到答案，那些渴求知识的佛罗伦萨学生会毫不犹豫地向博学之士求教，尽管此类问题并不一定是属于希伯来文化的范畴。尤其是有些学者，他们被认为是亚里士多德哲学的专家，虽然通过穆斯林西班牙的犹太人的翻译，这种哲学思想已经为基督教世界所熟知，并且虽然当时已经为柏拉图哲学所取代，它仍然一直受到基督徒的极大尊崇。

因此，当那些留着大胡子的犹太拉比处在巅峰时期时，他们在佛罗伦萨的人文主义圈子内便成了无人不晓的人物。同时以医生、翻译家和哲学家著称的克里特人以利亚·德尔·梅迪戈（Elijah del Medigo, 1460~1497 年）被认为是当时亚里士多德哲学思想体系的最杰出的代表。他的名声实在是太大了，以至于有一次，他被专门从威尼斯请到帕多瓦，为该城最著名的帕多瓦大学发生的一场哲学论争担当仲裁人。也正是在这里，他结识了具有人文主义思想的游侠皮科·德拉·米兰多拉（Pico della Mirandola）。后来，他又同这位游侠一起到了佛罗伦萨，精心指导米兰多拉以及另一位学问大师马西里奥·费西诺（Marsilio Ficino）。他不光教授过他们亚里士多德的方法论，也为他们讲解过"喀巴拉"（Cabbala，即犹太神秘主义）。①多才多艺的亚伯拉罕·法里索尔（Abraham Farrisol, 1451~1525 年，他是把哥伦布发现新大陆的第一个希伯来文记述收录进地理文献的作者）也在该城十分活跃；同这一时期的其他著作一样，在他的作品中，让我们意外地看到了那个环绕在"豪华者"罗伦佐（Lorenzo）②头顶上的绚丽光环。

佛罗伦萨决然不是这种文学活动的唯一中心。许多的高级教士、红衣主教和世俗统治者都要雇用一位多才多艺的犹太医生，然而他们的知识却远远超出了医学领域。红衣主教埃吉迪奥·达·维特布（Egidio da Viterbo）就是这样的一个文学事业赞助人。他大力赞助当时最为著名的希伯来语法学家以利亚斯·列维塔（Elias Levita, 1469~1549 年），使他能够把《佐哈尔》（Zohar）③翻译成了拉丁文。④同时，犹太科学家积极投身于科学研究工作，并在

---

① 关于这一情节，可参见后文第 23 章第 5 节。"喀巴拉"即犹太神秘主义体系，泛指一切犹太教的神秘主义派别，始于公元 1 世纪。三大论争之后，西班牙于 1492 年全面驱逐犹太人，当时犹太人愈益盼望"救世主"的降临，"喀巴拉"曾一度更加流行。——译者

② 即罗伦佐·美第奇（约 1449~1492 年），当时为佛罗伦萨共和国僭主（1469~1492 年），绰号"豪华者"。当政期间，佛罗伦萨地区工商业发达，并成为意大利文艺复兴的名城。——译者

③ 一译《光辉之书》。这是一部论述"喀巴拉"的主要经典，大约成书于 12 世纪后半叶。关于此书的作者，说法不一，但一般认为，此书大部分章节出自 13 世纪西班牙著名神秘主义者摩西·德·利奥之手，少数章节为后人所加。长期以来，它一直被视为犹太神秘主义哲学的代表作。可参见后文第 23 章第 5 节。——译者

④ 参见下文第 282—283 页。

那些非犹太人的赞助下发表了他们的许多研究成果。

在波提切利（Botticelli）和多那泰罗（Donatello）主导的艺　262
术领域，尽管犹太画家和雕塑家并非平庸之辈，但他们确实也没
有起到什么重要的作用。另一方面，犹太作曲家、歌唱家以及演
员却非常普遍。在 16 世纪末期，曼托瓦曾是意大利歌剧的中心，
当宫廷需要演出时，犹太社区总是被作为一个法人团体奉召入宫
服务；有史书记载，星期五下午的演出必须提早进行，以免犹太
安息日的神圣地位受到侵犯。有关舞蹈的最早的专论文章之一，
同时也是关于舞台艺术的第一篇论文（一篇永留后世的杰作），
便出自文艺复兴时期的意大利犹太人之手。我们能够记得许多的
犹太人，他们是工程师、科学家和发明家。（大约在 1510 年，一
位到斐拉拉访问的法国人曾经提请人们去欣赏一位当地拉比的"恶
习"：顽固地把痰吐到手帕里，而不是像基督徒那样吐在地板上！）
在各大学里，犹太学生的身影是人们常见的（大多是学医的），
甚至当教师的犹太人也不少。犹太人还制造了纸牌（有时是私下
制造的），并且有可能是有史以来最早借用纸牌做游戏的人。

唐·犹大·阿夫拉瓦内尔（Don Judah Abrabanel）便是犹太
人积极参加文艺复兴运动的典型例子。他[一般被称之为列奥尼·埃
布里奥（Leone Ebreo），1465~1535 年] 是伟大的唐·以撒之子，
在犹太人被从西班牙驱逐的过程中，他随着父亲来到那不勒斯，
并一度出任"伟大的船长"贡萨罗（Ganzalo）的私人医生。后来，
随着犹太人再次被驱逐出阿拉贡人的征服地，他先去了热那亚，
后又去了威尼斯和罗马。他同当时意大利上层社会那些最有修养
的文人墨客过从甚密，而他的《爱情对话》（*Dialoghi di Amore*）

一书无疑是 16 世纪最有影响力的哲学著作之一。

　　同时，文艺复兴也在希伯来文学中产生了很大的影响，尤其在斐拉拉的亚撒利亚·德罗西（Azariah de'Rossi, 1514~1578 年）的文学巨著（*magnum opus*）中留下了深刻的印记。在《心灵启蒙》（*The Enlightenment of the Eyes*）一书中，他把科学方法引入了希伯来学术研究之中，使犹太读者若干世纪以来第一次了解到了《次经》和斐洛。然而，不幸的是，这是一个唯一的例子，因为日益临近的反动浪潮使得犹太文化研究的新生纪推迟了好几代人的时间。历史总是需要很长时间才能显示出自身的公正，但是，16 世纪的那些意大利犹太史编者，如《眼泪之谷》（*The Valley of Tears*）的作者、来自热那亚的约瑟－哈科恩（Joseph ha-Cohen, 1496~1576 年），及其同代作家、《传统之链》（*Chain of Tradition*）（被他的损毁者们骂作"谎言之链"）一书的作者、来自伊莫拉（Imola）的戈达利亚·伊本·加西亚（Gedaliah ibn Jahia, 1515~1587 年），他们所搜集的素材风格之清新，内容之广博，在过去的历史上是前所未有的。

　　在意大利的历史上，没有任何一位统治者能够像文艺复兴时期的列位教皇那样善待犹太人，尤其是美第奇家族的利奥十世（Leo X, 1513~1521 年在位）和克莱门特七世（1523~1533 年在位）。他们的开明超越了当时所处的那个时代，并且极度宽容，甚至认为连犹太人的学术成就也是他们为之沉思默想的文化生活的一个不可分割的组成部分。而当一位具有传奇色彩的冒险家大卫·流便尼（David Reubeni）出现在罗马时，这种宽容大度于 1524 年达到了顶点。他假冒是流便部落头领约瑟的兄弟，奉命去会见欧洲基督教会的统治者，请求援助以抗击穆斯林。这种说法实在令人难以置信，很有可能是根据一个纯粹的信差受克兰甘诺（Clanganore）的土著印度犹太人之托，尔后又受到邻里的胁迫不得已而为之的故事而精心编造的。[①] 不管到底如何，他的传奇得到了人们的一致相信。在一群热热闹闹的护送人员簇拥下，他骑着一匹白马穿过罗马的街道，向梵蒂冈教廷面呈他的请求。教皇克莱门特轻信了，并给他出具了谒见诸王室首脑的荐函。于是，他启程去了葡萄牙，一开始他大获人心，然而最终却是一事无成。

　　他的出现无疑在马兰诺人的心中注入了一支强大的兴奋剂，其中有一位名叫迭戈·佩雷斯（Diogo Pires）的很有前途的年轻官员，一时兴奋异常，逃离了这个国家，并用他祖先的犹太名字所罗门·摩尔科（Solomon Molcho）宣布重新改信犹太教。他到萨洛尼卡（Salonica）和萨费德（Safed）研究"喀巴拉"，以他雄辩的布道才能在安科纳（Ancona）的犹太圣堂里进行煽动，并且常常坐在罗马城门口的一群乞丐和残疾人中间，要亲自去体验拉比关于"弥赛亚"的传说。借一次接近教皇之机，他发表预言，说一场洪水不久将淹没罗马这个"不朽之城"。这一灾难真的如期发生了（1530 年 10 月 8 日）。克莱门特两相对照，大为震惊，破例地向这位异教徒敞开了教廷的大门，盛情接待了这位按照天主教会的教规应以火刑处死的罪人。据说，当宗教法庭最终行刑之时，找了一个相貌酷似他的罪犯替他受刑。但是，这位梦想狂鲁莽地离开了自己的庇护所。当他同大卫·流便尼一起去拉蒂斯

---

① 　参见上文第 122 页。

264　本说服罗马皇帝接受他们的观点时，他的好运也就结束了。他被
作为叛逆者在曼托瓦被处以死刑（1532 年 3 月）。最终，流便尼
本人也在葡萄牙的"异端判决仪式"上遭到了同样的下场。

4

犹太人很快就意识到了新的印刷技艺的发展潜力。早在 1444
年，一位流浪的德国名匠就同当地的犹太社区在阿维尼翁签订了
一项雕刻希伯来文活字版的协议，但不幸的是，这种最早的希伯
来文印刷品的样本未能保存下来。不过，在 1475 年初，还有两
台这样的印刷机在意大利运转，一台在南端的卡里布里亚雷焦
（Reggio di Calabria）印刷社，另一台在北部离帕多瓦不远的萨
科皮奥（Piove di Sacco）印刷社。前者印出了第一本书，也是
有案可查的最早的希伯来文书籍——拉什的一个关于《摩西五经》
的评注版本。该书中的插图说明，这位纯朴的法国学者是专为他
的人民编写的。

不久之后，希伯来文印刷社遍及意大利全国（通常由德国移民
开办），在北部地区尤其如此。在迄今已知的 113 本古版希伯来文
书籍（即 1500 年之前印刷的书籍）中，至少有 93 本出自意大利。
对此贡献最大的是桑西诺（Soncino）家族，占了全部出版量的三
分之一。时至今日，人们对这家古登堡－阿尔多（Gutenberg &
Aldo）希伯来文印刷社仍然记忆犹新。到了 16 世纪，他们的印刷
业依然经营得很好（其间还出版了一些拉丁文和意大利文著作的珍
本）。在西班牙，希伯来文的印刷历史可以追溯到 1482 年，但被

十年后发生的大驱逐中断了，因而没有多少成就。① 另一方面，在葡萄牙，犹太人无疑是这种新技艺的先驱。远在使用拉丁文字母的印刷所设立之前，就已经有多种版本的希伯来文著作问世了。同样，在非洲和亚洲（不包括中国，它的印刷术大大早于欧洲），最早印出的书籍均为希伯来文。犹太人对这一"神圣技艺"（正像他们所称道的）的迷恋程度，可以从一位来自曼托瓦的犹太女人埃丝苔琳娜·康蒂（Estellina Conti）在那些最早的意大利印刷商中间崭露头角这一事实得到最好的证明。

在 16 世纪初，仅就希伯来文书籍的印刷而言，威尼斯有着不可动摇的地位。有一位热衷此道的非犹太人但以理·巴姆伯格（Daniel Bomberg）创办了一个印刷社，并在此后的许多年中完全垄断了希伯来书籍的印刷业务。正是他出版了第一本附有全部评注的《圣经》全本（1517 年）；也正是他出版了第一部完整的《塔木德》版本（1519~1523 年）。对于犹太人来说，学习历来都是一种神圣的职责。活字印刷术的发明又为这种追求增添了新的动力，因为从此之后，每个犹太人，无论他是多么贫穷，都可以夸耀自家有一个像样的图书馆了。另一方面，随着印刷品数量的不断增长，各种书籍不断扩散，使得犹太人的生活越来越趋于统一，并逐渐形成了固定的宗教信条和行为准则，而这一点在过去是无法实现的。

在阿尔卑斯山的北麓，希伯来文学的复兴应当归因于一桩奇特的事件。有一个可耻的德裔叛教者，名字叫作约翰·珀费弗康

265

---

① 最近的研究表明，大量以往未曾见过的古版书（尽管大部分残缺不全）是在西班牙印刷的，因而普遍接受的有关最早的希伯来文印刷品的年代可能不得不予以修正。

（Johann Pfefferkorn）。他曾因一般的偷窃罪入狱，后因他改信基督教而获释。为了表达他的感激之情，便写了一系列极其庸俗下流的小册子，对自己过去的信仰进行攻击。或许正是因为他对自己所攻击的目标一无所知，便把他的毒箭对准了《塔木德》和拉比教义的文献。他的攻击活动得到了以科隆修道院院长雅各·冯·胡戈斯特拉丁（Jacob von Hoogstraten）为首的多明我会修士们的全力支持。多亏了他们的多方努力，珀费弗康得到了一大把引荐函，并被派往维也纳（1509 年）。他从马克西米廉皇帝那里求得了一项法令，要销毁所有包含与《圣经》或基督教教义相抵触内容的希伯来文书籍。揣着这项圣旨，他来到当时德国最最重要的犹太社区法兰克福，并立即行动起来。他的冷酷无情达到了登峰造极的地步，甚至连他自己的助手也为之震惊不已。

另一方面，犹太人竭尽全力地进行自卫，保护自己的文献免遭灭顶之灾。经过不懈努力，他们终于成功地将这一问题提交专家会议进行裁判，由当时最著名的德国学者之一约翰·冯·鲁赫林（Johann von Reuchlin）代表他们出面进行辩护。在访问意大利期间，他曾结识了皮科·德拉·米兰多拉，并终于使他认识到犹太人的"喀巴拉"是打开伟大的生活真理之门的钥匙，甚至是基督教真理的佐证。鲁赫林倍受鼓舞，并在皇帝腓特烈三世（Frederick Ⅲ）的保健医生雅各·罗安斯（Jacob Loans）的指导下开始研习希伯来文。他对《塔木德》确实知之甚少，一度曾怀疑其中包含着过多的迷信成分。但是，他被当时那种不分青红皂白的攻击激怒了，攻击者甚至威胁要查禁他心爱的"喀巴拉"文献。因此，他迫不及待地加入了论战。一场持续数年的"法典大战"开始了。在美因兹的宗教法庭上，鲁赫林大获全胜。他继而向罗马教廷呼吁，并最终于1516年得到了来自罗马的有利于犹太人的判决。因此，希伯来文献作为一种具有独立重要地位的思想原理而得到了正式的认可。正是在这一时期，开始出现了最早的一代基督教希伯来语言学家。他们研究希伯来文献，并不是要把它当作改换教门的武器，而是为了真正的研究。后来又产生了大批这样的研究者。鲁赫林为犹太人辩护的至理名言是，"作为神圣帝国的成员和帝国的自由市民"，这本身就代表了当时的新观念，只不过并未立即得到普遍的认同而已。

　　这场论争的反响一直在德国持续了多年。在一方的阵营里，站在珀费弗康身后的是一群蒙昧主义者，他们要不惜一切代价把当时的状况无限期地维持下去。在另一方的阵营里，同鲁赫林站在一起的是一批更开明的学者，他们受到新文化思潮的深刻影响，决心矢志不移地追寻真理。结果，论争的初衷似乎被忘记了，它演变成了一场涉及面更为广阔、意义更加巨大的运动。这场运动最终改变了欧洲的面貌，并且在天主教会的组织之网上留下了一个豁口。

5

　　在宗教改革初期，似乎有可能给犹太人多难的命运带来某些改善的迹象。路德（Luther）在向教皇的统治地位发起攻击之初，曾明确指出：长期以来，犹太人一直被像狗一样地对待，根本没有得到人的待遇；因此，善良的基督徒本应该迫切希望皈依这种受到深重迫害的信仰才对。在他看来，似乎有点儿奇怪，那些不信奉基督教的人为何对给他们带来巨大灾难的宗教体系不感兴趣呢？倘若那本基督教的《福音书》以其纯洁的、原始的样子摆在他们面前，他深信这些人的态度是会改变的；他还满怀希望，他的活动所产生的最辉煌的成果之一，将使得以色列族人能够皈依到真正的信仰上来。

当他发现情形并非如此时，他感到了深深的失望，而他对犹太人的态度则变成了一种极度的仇恨。每当他写到犹太人时，他的笔就似乎蘸上了硫酸。他指使追随者焚烧犹太圣堂，并要求部下对犹太人绝对不要怜悯。在他临终前不久举行的一次布道中，曾敦促基督教世界的君主们不要再宽容犹太人，坚决把犹太人赶出自己的领土。尽管他的指令未得到完全执行，但事实上，在他去世很久之后，不管是新教统治还是天主教统治的欧洲，在对待犹太人的问题上立场是一样的，并没有丝毫的不同。

另一方面，天主教世界几乎毫不怀疑地认为犹太人应为宗教改革的起因负有相当大的责任。如果说这是事实的话，那也是因为这场运动是基于一种对《圣经》的回归，而正是由于这一原因，某些宗教改革家曾拜倒在当时那些著名的拉比的脚下研习希伯来文。在这种空前的压力之下，教会便开始反攻，犹太人再一次遭到了沉重的打击（正像在 12 世纪的阿尔比运动中和 15 世纪胡斯运动中的情形一样）。如果真是犹太人的影响造成了基督教的混乱的分裂局面，那么完全可以把他们从基督教社会中隔离出去，使他们比以往任何时候都更加严格地处于一种孤立和附属的地位才是明智之举。因此，的确没有必要制定新的立法，因为在 1179年和 1215 年的拉特兰公会议上通过的立法无疑是一部无所不包的法典，只不过长期搁置起来未予使用而已。所以，随着反宗教改革势力的兴起，在天主教世界中的犹太人开始了更加黑暗的时代。

代表着文艺复兴时期罗马教皇们统治特色的那种轻蔑式的宽容已经一去不复返了，取而代之的是残酷的镇压政策，完全继承了黑暗中世纪的最恐怖的传统。

在这种情况下，镇压政策的实施不再是暂时的，而是永久性的，它一无缓和地一直持续了两个半世纪，直到一场狂飙席卷了整个欧洲，把旧的体制夷为平地。在这个新的时期，随着良知和自由的观念逐渐生成，在许多方面卸下了蒙昧主义的重负，并随之诞生了新的秩序和思想观念。所以，我们可以看到这样的一种怪现象，即使在中世纪已经成为历史之后，在对待犹太人的问题上，那种中世纪的陈腐观念仍然在天主教世界中长盛不衰。自从野蛮人入侵以来，对犹太人比任何世俗统治者更为宽容大度的罗马教廷在其最后几年的短暂统治中的倒行逆施玷污了先前的名声；而恰恰是那些比较而言在政策上最为自由的几个公国，由于被观念的不断更新所抛弃，却变成了最为落后的角落。

真正的狂潮出现在 16 世纪的中叶。当时，红衣主教卡拉法（Caraffa）成了教廷中不可一世的人物。在此人身上，最为集中地体现了反宗教改革的狂热。他身边还有一对铁杆的叛教者［其中之一是维托里奥·伊利亚诺（Vittorio Eliano），乃是一位与以利亚斯·列维塔齐名的著名学者的孙子］，他们仿照先例，公然宣称《塔木德》是有毒的、亵渎神灵的书籍。经过一番非常简单的调查之后，这部法典遭到谴责并被定罪。尽管它是在教皇利奥十世这样的"万王之王"的庇护下刚刚出版的，仍然遭到了焚毁的厄运。在 1553 年秋的一大，正值犹太新年，所有可以找到的版本当众在罗马的"鲜花广场"（Campo dei Fiori）上被付之一炬。这一杰作很快在意大利

268

各地得到效仿，甚至到了不分青红皂白的可笑地步，有时甚至连《圣经》的希伯来文本也来不及挑选出来。最后，在建立了一套离奇古怪的严格审查制度之后，这样的举动才总算有了一定的节制。

不久之后，红衣主教卡拉法爬上了教皇的宝座，成为保罗四世（1555~1559 年在位）。此时，反动势力大获全胜。这位新教皇的第一个举措就是推翻其前任们的政策，因为那些前任曾允许来自葡萄牙的"马兰诺"难民在他们的保护下定居在安科纳。他没有任何通知就撤销了保护令，并下令立即采取行动对付这些难民。其中一直顽固到底的二十四个男人和一个女人被绑在柱子上烧死，而其他略表顺从的人虽免于一死，但也遭到了严厉的惩罚。利凡特地区的犹太社区想方设法在教皇国，特别是在安科纳发起了一场惩罚性的商业抵制运动。此举是近四百年从来未有过的一次大胆尝试，但结果证明完全是徒劳的。如果不是土耳其苏丹的介入，这场灾难可能还要大得多。这位苏丹给教皇写了一封措辞激烈的信，坚持要求释放那些被指控有罪但又属于他的臣民的人。这是 19 世纪的那种"保护人"与"迫害者"的角色之间相互颠倒的一个奇特事例。

269　　　即使在这一系列的事件发生之前，这位新教皇早就已经开始实施他对待犹太人的政策。1555 年 7 月 12 日，他颁发了一项臭名昭著的教皇训令，并以"Cum nimis absurdum..."（十分荒谬的是……）作为开场白。在这一训令中，他重点强调了允许现状继续存在下去的"荒谬"所在，并且要无一遗漏地全面恢复中世纪的那些有关犹太人的镇压式立法。从此，犹太人被严格地隔离在他们的居住区内（后来被称为"隔都"，沿用了当时威尼斯犹太人居住区的名字），四周被高高的围墙圈住，大门在夜间关闭。他们被禁止为基督教徒看病，不得雇用基督徒做佣人或工人，不许用"先生"（Signor）称呼他们。他们被排斥在所有正式职业之外。他们的商业活动受到了全面的限制，只有那些最下贱的职业依然对他们开放。他们被迫戴上了自己独特的识别标志"黄帽子"。他们被禁止拥有自己的不动产，不管怎么亏本都必须抵押出去。

　　自此，这些无所不包的法令得到了最严格的执行。1559 年，保罗四世驾崩，犹太人得到了暂时的喘息。在罗马，一群市民欢天喜地地庆祝这位"万王之王"的去世，并为他的雕像戴上了一顶犹太人被迫戴的那种黄帽子。从此以后，直到该世纪末，历任教皇的政策变化不一。教皇塞克斯都五世（Sixtus V，1585~1590 年在位）的统治时期是一段光明灿烂的插曲，似乎他那些文艺复兴时期前任的传统又有所恢复。但是，在他死后，反宗教改革的蒙昧主义又一次复辟，从 1592 年开始，克莱门特八世颁布了一系列法令法规，最终将犹太人引入了一个令人窒息的黑暗时期，并且后来一直持续到 19 世纪。与此同时（正像 1569 年的那次反动浪潮一样），犹太人被从教皇国的各个城镇里驱逐了出去，这样的城镇多达一百余处，而其中的犹太社区早就已经存在了许多世纪。此后，犹太人只被允许居住在他们能受到最严厉管制的大城市中，如意大利的罗马和安科纳，法国的阿维尼翁和卡庞特拉（另外还有几个小型的中心城市）。

　　在天主教世界的其他地区，教廷的政策在某种程度上均得到了极其严格的执行，尤以意大利的各个公国最为典型，可以说是为半个基督教世界树立了一个样板。犹太人的隔都随处可见，而"隔都制度"得到普及，就连最小的细节也有了统一的规定。只有西班牙统治下的那些地区（其中也包括米兰公爵的领地，1597 年发

270

生了一场全面的驱逐）例外，这是因为根本就不允许犹太人居住在这些地方。不仅如此，随着罗马教皇临时领地的不断扩展——1597 年划入斐拉拉公爵的领地，1631 年又划入乌尔比诺（Urbino）公爵的领地——有越来越多的犹太社区置于教皇国的统治之下。从此之后，这些曾一度文明而繁荣的犹太社区迅速衰微下去。因此，从 16 世纪中叶起，意大利这个曾是欧洲犹太人生活的天堂，第一次成为迫害政策的模范地区；而以狭窄和破败著称的"隔都"则成了欧洲犹太生活的一种主要特征。

95. 犹太人在提多拱门下向教皇致敬。版画，伯纳德·皮卡特作，1723 年。

第23章 利凡特避难

1

19世纪曾简单地把世界分成了两个部分：开明区和蒙昧区。详细说来，开明世界主要是指欧洲西部诸强及其海外领地中比较发达的地区，人们都穿着所谓的"欧洲式服装"，信奉这种或那种形式的基督教。这些地方的文明得到了长足的进步，文化水平较高，文学更为繁荣。宗教狂热已经成为过去，取而代之的是一种广泛的（尽管或许是傲慢的）宽容。艺术上的霸权之争已经让位于艺术本身自然的选择。地球表面上所谓蒙昧世界主要是指集中在地中海区域的伊斯兰国家，也就是开明地区之外的那些国家，它们远未达到上述地区的文明和发达。

本书并无意对这种传统的划分提出异议，然而，有必要认清的是，在犹太历史上，至少到17世纪，这种划分是完全不适用的。同拉丁文化相比，中世纪的阿拉伯文化可以说毫不逊色。开罗和巴格达的学术中心同帕多瓦和牛津一样开明。如果把政治地位作为评判的标准，那么，大土耳其帝国曾一度是欧洲最大的军事列强。尤为重要的是（这正是犹太历史的重要之处所在），凡属于"新月旗"统治的领土上，都表现出了一种明智的宽容，因而证明了一种在本质上远比信奉基督教的国家更高的文明。

　　因为当基督教的西班牙全面驱逐犹太人，而使他们在西欧失去了最后一块立足之地时，他们只有在新月旗下的土耳其才找到了一个容身之所。从直布罗陀海峡到苏伊士地峡，从阿特拉斯山脉（Atlas）直到巴尔干半岛，新的犹太社区不断涌现，而那些老的社区也迅速扩大，进入了一种新的生活。尽管这些难民命运多舛，生活环境变化无常，但在他们的新家园中，却依旧在感情上保持着对那个把他们驱逐出来的国家的传统的忠诚。沿地中海海岸，散落着许多具有伊比利亚文明的岛屿，由那些犹太流亡者在外乡的土地上维持了下来，这种状况在一开始并不奇怪，但却通过一代又一代人的坚韧不拔创造了令人难忘的不朽历史。数百年来，流放者的后人以极大的忠诚把西班牙的文化一直保留了下来，成为 15 世纪西班牙文化的活化石。每到安息日，他们就拿出祖先的华丽服饰，这是他们的祖先被逐出西班牙之前按照托莱多或科尔多瓦的式样精心做成的。在他们的家中，仍然做西班牙式的饭菜，而这种饭菜在塞万提斯（Cervantes）时代就已经过时了。而尤为重要的是，他们还保留着自己的语言。这种语言被称为"拉地诺语"（Ladino），它用希伯来字母书写，并混杂着阿拉伯以及其他语言字符。但是，这种语言基本上保留了绝大多数先辈们所用的老式卡斯提尔语，也就是以撒·阿夫拉瓦内尔向天主教统治者们请求收回驱逐令时所用的那种语言。母亲们用这种语言唱着催眠曲陪孩子们入睡，其中的老词在原来谱曲的国家中大概早已被人们忘记了；而那些流行的民谣〔有些是描述西特·卡皮亚多（Cid Campeador）和他的骑士们探险事迹的〕会使人们重新回忆起唐吉诃德以前的西班牙年代。大驱逐后的数代人之后，那些到利凡特地区旅游的西班牙人十分惊奇地发现，从未到过西班牙的犹太儿童却能讲一口比他们自己还要纯正的卡斯提尔语。如果克里斯托夫·哥伦布能够在死后四个世纪再次复活的话，一定会发现沿着塞维利亚码头旅行远不如在北非或近东地区的某些贸易中心的犹太区更让他感到那种归家的温暖。

在 14 世纪末，有些为了保住祖先宗教信仰的改宗者逃离了西班牙。这些难民的涌入使北非地区的犹太社区充满了活力。在一开始，当地的居民虽不情愿，但也毫无办法，只能听任这些人数众多、能写会算而富有创造精神的移民定居下来；而那些西班牙拉比的权威也很快得到了当地人的认可。1492 年大驱逐之后，他们的人数急剧增加。沿非洲的北海岸，从丹吉尔（Tangier）到亚历山德里亚，从内地到梅奎尼斯（Mequinez）和费斯，成千上万的难民定居了下来。在后来的几个世纪中，摩洛哥的绝大多数犹太社区一直奉行着由卡斯提尔的圣哲们制定的祈祷仪式规则。在非洲大陆出版的最早的一本书就是由设在费斯城的一个希伯来文印刷社用里斯本带出来的字模印成的。

在重新适应的过程中，这些流亡者所受的苦难是十分恐怖的。许多人在海上遭到抢劫，还有些人被扔在岸边，遭到当地人的袭击和残杀，或被卖为奴。他们迈出的每一步都伴随着瘟疫、饥荒和火灾。即使最终被允许安顿下来，他们也不得不为此付出很多的钱财。

此后，犹太人的处境仍然危机四伏。当地政府很少予以扶助，反而时常通过官方纵容对犹太人进行排挤，有时甚至用传统的方

式进行有组织的迫害。穆斯林统治者们不时地、随意地、残忍地
剥削犹太人，在这一方面，同文明的欧洲君主们的所作所为毫无
二致。令人发指的暴民袭击事件时常发生。在某些被认为是特别
神圣的城市中，犹太人被彻底地赶了出去。在另外一些地区，他
们不得不住在被称为"米拉"（Mellah）的犹太居住区里，并随时
可能在公共骚乱中遭到洗劫。犹太人被禁止穿白色或彩色的服装，
而只能穿黑色的长袍，戴圆顶的尖帽，从而最终发展成为一种特
色服装，甚至今天他们的后人依然如此穿戴。每当路过一个正在
朗诵《古兰经》的清真寺或学校时，他们必须脱掉鞋子。如若在
大街上遇到穆斯林，犹太人必须给他们让路。骑马是贵族的标志，
所以犹太人被禁止骑马，只能骑骡子或驴。当犹太社区的头领去
进贡时，则必须做出一种恳求的姿态，并且伸过脸去，让那些接
收贡礼的官员或真或假地打嘴巴，以表示进贡者的忠诚。正像在
中世纪的欧洲一样 [1]，他们不得不担当刽子手的角色，以免那些真
正的信徒由于杀死一个人类同胞而犯下罪孽。穆斯林认为，最大
的耻辱莫过于允许妇女在犹太人和奴隶面前露出脸来，这就等于
说自己不是人了。

　　所以，犹太人的处境几乎是难以想象的。但实际上，穆斯林
政府认为他们起码还算是宽容的，并且像罗马的教皇们一样，他
们极少甚至从不采取极端的手段，即驱逐。因此，只要犹太人找
到了一块暂时的立足之地，可以不受干扰地活着，其他的事情对
他们来说也就无所谓了。他们充分利用他们能够找到的每一个机

---

①　参见上文第 212 页。

会。他们成了出色的手工艺人。他们在贸易活动中积累着财富。有些人（像前一个时代一样）在国家事务中获得了巨大的影响力，成了金融代理人、外交家、医生、翻译和（特别是在埃及）造币厂的厂长。他们经常受聘担任外国领事的角色，而凭借他们的演说才能和语言能力，他们有时被任命为大使或特命全权公使，出使古板的荷兰、偏远的英国，甚至狂热的西班牙。

因此，数代人以来，用宽容的尺度来衡量，不开明的北非伊斯兰各国对犹太人确实已经算是不错了，这在绝大多数的欧洲国家是不可能的。意味深长的是，每当一个欧洲列强在非洲的任何一个港口站住脚时，便预示着当地的犹太社区就要遭殃了。譬如，当西班牙人于 1509 年侵占奥兰（Oran）后，1535 年侵占突尼斯以及 1541 年侵占布吉（Bougie）之后，情形就是如此。而另一方面，据历史记载，在 1578 年，当葡萄牙的塞巴斯蒂安（Sebastian）在摩洛哥战败之后，他的贵族们宁愿沦为那些祖先曾被赶出伊比利亚半岛的犹太人的奴隶，也不愿意落入那些怜悯之心值得怀疑的穆斯林居民手中。

2

1492 年被驱逐的犹太人中的绝大多数去了更远的东方，进入了土耳其帝国的中部行省。在拜占庭王朝灭亡之前那段痛苦挣扎的漫长岁月里，还未滋养出那些玷污它原先好名声的野蛮的狂热分子，那里的犹太社区还能够维持下去，虽然境况越来越差，也毫无非凡之处，但在长达数个世纪的时间里，有时也会因某个重要事件的发生或某个杰出人物的出现使他们的生活有过短期的活跃。1453 年，君士坦丁堡沦陷。对于西方的犹太人来说，这似乎是一个超自然的天赐良机，无疑预示着"弥赛亚"的降临，必将为东方的犹太人带来新生。除了所有非穆斯林必须上缴的人头税之外，犹太人几乎没有受到任何其他的不公对待，各行各业都向他们敞开了大门。

土耳其人基本上是一个长于军事和农业的民族，根本不屑于过安稳的生活，因此这个帝国的贸易几乎全部让给了犹太人、亚美尼亚人和希腊人。各犹太社区在新的基础上重新组织了起来；而大拉比则可以住在君士坦丁堡，在土耳其国务会议中的地位仅次于"伊斯兰教法典大学者"（Mufti）本人。来自欧洲各地的犹太移民纷纷涌入，在这里享受着新形势下的优惠条件。来自西班牙的犹太流亡者受到了热烈的欢迎，当地的犹太社区卖掉了《律法书》经卷上的精美饰品，以便接济那些贫困的移民。据记载，当时的苏丹巴雅辛（Bajazet）曾这样说过："什么！谁说这位费迪南'聪明'？为了壮大我的人口，他竟然把自己的臣民撵了出来！"这位苏丹尽其所能地采取措施，鼓励犹太人向他的帝国移民。

整个奥斯曼帝国——在博斯普鲁斯海峡的两岸，一边有索菲亚（Sofia）、安德里亚堡（Andrianople）、加利波利（Galipoli）和尼克波利斯（Nicopolis）；另一边有博鲁萨（Brusa）、曼尼西亚（Magnesia）、士麦那（Smyrna）和安戈拉（Angola），另外还有其他许多地方，新的犹太社区如雨后春笋般涌现出来，老的社区则获得了新的生机。许多城市拥有不止一个犹太公会，它们都十分忠诚地保留着西班牙某个行省，甚至某个城市的宗教传统的每一个细节，因为它们的创立者本身就是来自这些地方。那些移民也随身带来了自己的语言、敏锐、财富和知识。在萨拉曼卡的学校里受过良好教育的犹太医生总是供不应求。在君士坦丁堡以及帝国内其他地方出版的最早的书籍都是用希伯来文——有时实际上就是用从西班牙带来的字模印刷的。地中海东部的国际贸易在很大程度上掌握在犹太人的手中。那些犹太人的能工巧匠很快就赢得了良好的声誉，他们把托莱多或萨拉戈萨的生产工艺和贸易诀窍带进了利凡特地区。当土耳其军队和船队沿着意大利海岸进军或航行期间遭遇西班牙舰队时，他们用来攻击对方的武器和炮弹均出自犹太人之手；而据外国观察者断言，随着亚德里安堡或博鲁萨犹太社区活动的日益活跃，预示着一场"巨大的神迹"即将爆发。

　　从 1497 年开始，从葡萄牙来的移民陆续到达，其中既有参加过"集体皈依"队伍的谨小慎微之人，也有秘密地逃出来的犹太教的虔诚信奉者。来自西西里和普罗旺斯的流亡者，来自意大利的商人和来自德国的逃亡者使得移民的队伍越来越长，然而他们那些西班牙先驱所拥有的优良传统和优秀文化使得他们最终融为一体。因而，他们所使用的西班牙语，当时成了意大利语、西班牙语、法语、希腊语、阿拉伯语和土耳其语等多种语言的混合体，在近东各地区的犹太人中间被广泛使用，甚至为当地的土著民族所采用，从而取代了先前他们曾使用过的希腊语。"赛法迪"犹太人的祈祷仪式同时也占据了主导地位，原始的拜占庭仪式只在一些偏僻的地方保留了下来，譬如在科孚岛（Korfu）和克里米亚

276

半岛的卡法（Kaffa）就是如此。

最早最大也是最著名的定居点当属君士坦丁堡。在很短的时间里，这个城市的犹太社区就发展成为欧洲最大的社区，人口多达 3 万。但不久之后，萨洛尼卡后来居上，在犹太人的经营下，迅速跃居地中海东部的头号商贸中心。越来越多的犹太定居者从世界各地蜂拥而来，后来几乎变成了一个庞大的犹太城，并且一直繁荣了大约四个世纪。非犹太人口明显地占据少数。犹太人控制了整个国家的贸易、手工业、工业，甚至一般的手工劳动行业。日益繁荣的纺织工业为土耳其军队提供了制服。犹太渔民为城市提供了丰足的食物；犹太搬运工为那些随着涨潮进港的船只卸货。相对独立的犹太公会的数量很快增加到了 36 个。每个社区都有自己的犹太圣堂和组织，它们都是按地理起源和祖先的仪式而划分开来的。正是这样的一种宗教生活，犹太人才一代又一代地把关于普罗旺斯、西西里、安达卢西亚、里斯本、埃沃拉（Evora）和奥特伦托（Otranto）的记忆活生生地流传了下来。

3

来到土耳其的西班牙移民不仅形成了一个可贵的商业和都市阶层，而且也是唯一一个具有丰富的欧洲环境经历和语言知识的人群。结果，正如在穆斯林的统治下常常出现的情况一样，他们又一次在政治和外交事务中变得非常活跃。因而不言而喻，这个国家很快成为欧洲实力最为强大的国家。从此，也是自从 10 世纪科尔多瓦的哈斯代·伊本·沙布鲁时代以来第一次，犹太人在国际政治事务中起着重要的，有时甚至是至关重要的作用。就土耳其政府宫廷而言，几乎清一色地聘用了犹太医生，例如来自格拉纳达的流亡者约瑟·哈曼（Joseph Hamon，卒于 1518 年），以及他的儿子摩西（卒于 1565 年）。后者甚至还时常在国家事务中参加意见，并且有时能够为自己的宗教同胞提供极大的帮助。在该世纪的后半叶，有一位名叫以斯帖·奇拉（Esther Chiera，1592 年被暗杀）的犹太妇女，她在帝国的后宫中极为受宠，地位甚高，被外国外交观察家认为是土耳其首都最具影响力的人物之一。

　　恐怕任何例子都比不上约瑟·纳西（Joseph Nasi）更为令人惊异，他的一生俨然是一个《天方夜谭》中的神奇故事。他原名若昂·米吉兹（João Miguez），出生于大驱逐时期从西班牙逃到葡萄牙的一个犹太家庭，因而他们一家在那儿成为 1497 年"强迫皈依"运动的牺牲品。作为一个挂名的基督徒，他的父亲曾出任葡萄牙国王的保健医生，而他的姑姑贝特丽丝·德·卢纳（Beatrice de Luna）则嫁给了门德斯（Mendes）公司的老板。这位老板是位著名的人物，他创建了一个享有国际盛誉的金融机构，专营宝石生意，并在安特卫普（Antwerp）发展了一个比总部还要著名的分号。这位老板死后，他的遗孀就随着她的娘家人，包括她的那位侄子一起去了低地国家。据传说，荷兰的摄政女王曾为自己的一位宫廷新贵向她美丽的女儿雷娜（Reyna）求婚，这位遗孀毫无遮掩之词，立即回答说，她宁愿看着自己的女儿去死也不会答应。

　　这次拒婚实在令人难以置信，对她的家庭来说，必须要搬到一个更为安全的地方才是明智的。经过一番几乎令人难以想象的历险之后，这家人路经里昂和威尼斯来到了君士坦丁堡。在这个国家里，他们抛掉了天主教徒的掩饰。贝特丽丝·德·卢纳改名为格拉西娅·纳西（Grasia Nasi），并成为当时最乐善好施、最受人崇敬的犹太女性。若昂·米吉兹娶了他的表妹，即那位可爱的雷娜，并从此之后改用了祖先的希伯来名字约瑟·纳西。

在后来的许多年中，纳西的命运可谓一帆风顺。他在宫廷中跃居到很高的职位，一度成为土耳其帝国中最有影响力的人物之一。他竭力想捞回自己在法国被没收的财产，便从发往埃及的每船货物中扣除三分之一占为己有。他对欧洲所有国家的事态都非常关注。他煽动荷兰反对西班牙，借此为自己报仇。他资助希伯来文学事业，并毫不犹豫地运用外交手段保护他在国外的宗教同胞。他为自己的家庭曾在威尼斯所遭受的屈辱进行报复，向这个共和国公开宣战，从而使威尼斯在这次战争中丧失了塞浦路斯岛。他被封为纳克索斯（Naxos）和塞克莱德（Cyclades）公爵。他在君士坦丁堡郊外建造了一座楼宇式的宫殿，其豪华程度几乎如同皇宫一般。在近代史上，还没有哪个真正的犹太人能够获得像他那么大的权势。

纳西死于 1579 年。在死前的几年里，他的政治影响力逐渐衰落，本来有可能成为塞浦路斯国王的希望也化为泡影。但在此时，尚未在整体上形成反对犹太人的势头。这位前任宠臣只享有一个尊贵的头衔而已，而宰相的私人医生则取代了他的位置，成了帝国中的新权贵。这位新权贵是一位德裔意大利犹太人，名字叫作所罗门·阿什肯纳兹（Solomon Ashkenazi），生于乌迪内（Udine），在帕多瓦攻读过医学，并曾侍奉过波兰国王。他的工作能力、语言造诣以及老练机智使他在君士坦丁堡倍受重视，并一度获得了可以与纳西相媲美的影响力，只不过不大昭彰而已。他的能量之大实属罕见，甚至瓦卢瓦（Valois）的亨利在 1543 年登上波兰的王位也部分地归功于他的努力；也正是由于他的影响，才使得在开战之后不久颁布的针对威尼斯犹太人的驱逐法令被取消。为了充分利用这位八方游历的医生的才华，他于 1574 年被任命为驻威尼斯共和国的特命全权公使；而由于不辱使命，他深获主子们的赏识。他常年穿梭于不同的国家，曾被授权参加了土耳其与西班牙之间的和平谈判，并处理其他形形色色的外交事务。

另一位经历与约瑟·纳西十分相近的著名土耳其犹太政治家便是所罗门·阿本－阿伊什（Solomon Aben-Ayish, 1520~1603 年）。他同样出生于一个"马兰诺"家庭，并起名为阿尔瓦罗·门德斯（Alvaro Mendes）。他在葡萄牙颇有名声，但最终作为一名信教的犹太人定居在君士坦丁堡。在土耳其宫廷中，他同样成了一位权贵，也是国际外交事务中的一位极其重要的人物。作为抗击西班牙的"英国－土耳其联盟"的主要推动者，他积极奔走，与英国大贵族布雷（Burleigh）过从甚密，并俨然像一位独立的国君一样派代表去面见伊丽莎白（Elizabeth）女王。为了表彰他的显赫功绩，土耳其苏丹曾封他为麦提林（Mytilene）公爵。

随着 16 世纪的结束，土耳其犹太人的黄金时代渐渐成为历史。奥斯曼帝国也显露出衰败的迹象。一个接一个软弱无能，有时甚至是狂热盲从的统治者取代了前一个时代那些杰出的军事领导人和卓有远见的政治家的位置。随着苏丹的权力越来越多地被那些

279 亲信和后宫人员所篡夺，那些盘踞在各行省的帕夏（Pasha）[1] 的敲诈勒索和残酷盘剥也就越来越严重；犹太人本身则失去了西班牙大驱逐之后的那代人在国际舞台上所拥有的重要地位，再也没有能够产生出杰出的代表人物。而另一方面，在北欧地区，此时已经开始涌现出了一些比较宽容的新的中心，因而土耳其人的大度也就不再具有任何的特别之处了。纵观犹太人在土耳其的历史，我们可以真切地看到，他们越来越多地偏离了古老的准则；各种节约法令试图将这些真正的信徒变成傲慢无理之人；形形色色的帕夏随意对他们进行无端的迫害；各式各样的宫廷心腹无时不在胁迫他们。然而，政府的政策并未出现剧烈的变化，也没有发生大规模的灾难。犹太民族应当永远记住土耳其帝国的恩情，因为在犹太历史上最黑暗的时刻，当世界上没有其他的避难之地，他们似乎毫无生存的希望的时候，是土耳其慷慨地、无条件地向他们这些逃亡者敞开了大门，接纳他们并且一直都没有关闭。

4

每当提起 16 世纪土耳其宫廷中的犹太政治家的名字时，人们永远也不会忘记他们为在巴勒斯坦重建犹太中心所作出的巨大努力。在族长制于公元 425 年废除之后的大衰落的年代，由于十字军东征以及随后在 13 世纪中叶发生的鞑靼人（Tartar）的入侵这两次浩劫，那些古老的定居点早就销声匿迹了。的确，在犹太人

---

[1] 土耳其帝国中的一种高级官衔，大体相当于巡抚或地方领主。——译者

的思想感情上，国家的概念一直没有失去其重要地位。在此后的若干个世纪里，不断有朝觐者长途跋涉，到那些老族长的坟墓前祈祷，有时便在那里滞留下来。例如，在 1211 年，有 300 名英国和法国拉比去了圣地；而那位学识渊博的摩西·本·纳曼在颇为不智地赢得了 1263 年发生的巴塞罗那论争的胜利之后，也正是在巴勒斯坦找到了一块避难之地。①

现代犹太移民运动的创始人是奥巴迪亚·贝尔提诺罗（Obadiah Bertinoro）。他是一位虔诚的意大利学者，以评注《密释纳》而闻名于世。他决心要在巴勒斯坦走完自己的人生之路，于 1486 年底从意大利北部的老家启程了。在今天只需要一周就可以舒舒服服完成的旅行却用了他一年半多的时间。在从容不迫的旅行期间，他有充足的时间对沿途各地的情况进行考察，并在信中向他的父亲 280描述了他的所见所闻，这些信后来成了希伯来文学中的经典之作。当到达耶路撒冷后，他感到十分失望。他所看到的根本不是他心目中所期待的人间乐园，而是充满了腐败和压榨，文化与道德生活正处于衰退状态，根本就没有任何的公共组织。这位意大利拉比的坚强个性，以及他过人的学识和雄辩的口才，使他很快成为耶路撒冷犹太社区的精神领袖。他不失时机地创制了日课制度；他建立了一个 "yeshiba"②，以加强《律法书》的研究；他创立了慈善救济机构；他还大力惩治腐败，并改善了同穆斯林当局的关系。

---

① 此处是指纳曼尼德晚年为逃避迫害最终定居巴勒斯坦地区的阿克。详见前文第 19 章第 6 节。——译者

② 即《塔木德》研究院。

因此，上述举措为几年之后出现的人数激增和定居点的扩建奠定了坚实的基础。

在被从西班牙驱逐出来的过程中，大量的犹太难民一直在漫无目标地四处流浪，后来，他们自然而然地向着那块许多个世纪以来寄托着他们的希望和祈求的土地进发。因此，那里的犹太人口飞速增长。那些在西班牙、葡萄牙和西西里被认为是最伟大的杰出学者和拉比大批大批地在那里定居下来，并带来了他们的学生和子女。不久之后，从世界各国赶来的人群加入了他们的行列，因为他们谁也难以摆脱"圣地"的神秘诱惑。他们不光在耶路撒冷，并且还在太巴列、希布伦，尤其是萨费德等地建立起了极有影响力的社区。涌入的学者人数之多，以至于在 1538 年，一位名叫雅各·贝拉（Jacob Berab）的人（一个来自西班牙的流亡者，曾作为菲斯的拉比而赢得了巨大的声誉，但在西班牙入侵非洲后被驱逐了出来）认为，正式地把耶路撒冷重新建成为犹太人精神生活中心的时刻已经到来了。他建议重新恢复搁置已久的古老的拉比"圣职授任"制度，以便重建古代的"犹太教议会"，即大法庭，作为犹太生活中巴勒斯坦至高无上地位的具体象征。这个具有革命性的建议立即引起了那些不受重视的学者的强烈反对［以耶路撒冷首席拉比利未·伊本·哈比比（Levi ibn Habib）为首，此人在少年时期曾卷入了 1497 年葡萄牙发生的"强制洗礼"事件］，因而不得不最终放弃了。此时，复兴犹太生活的时机尚未成熟。

281　　在许多情况下，那些刚刚到达的犹太定居者只能靠体力劳动或做买卖来养活自己。但是，绝大多数的人却认为，他们来到自己梦寐以求的家园，来到离天国最近的地方，除了学习《托拉》

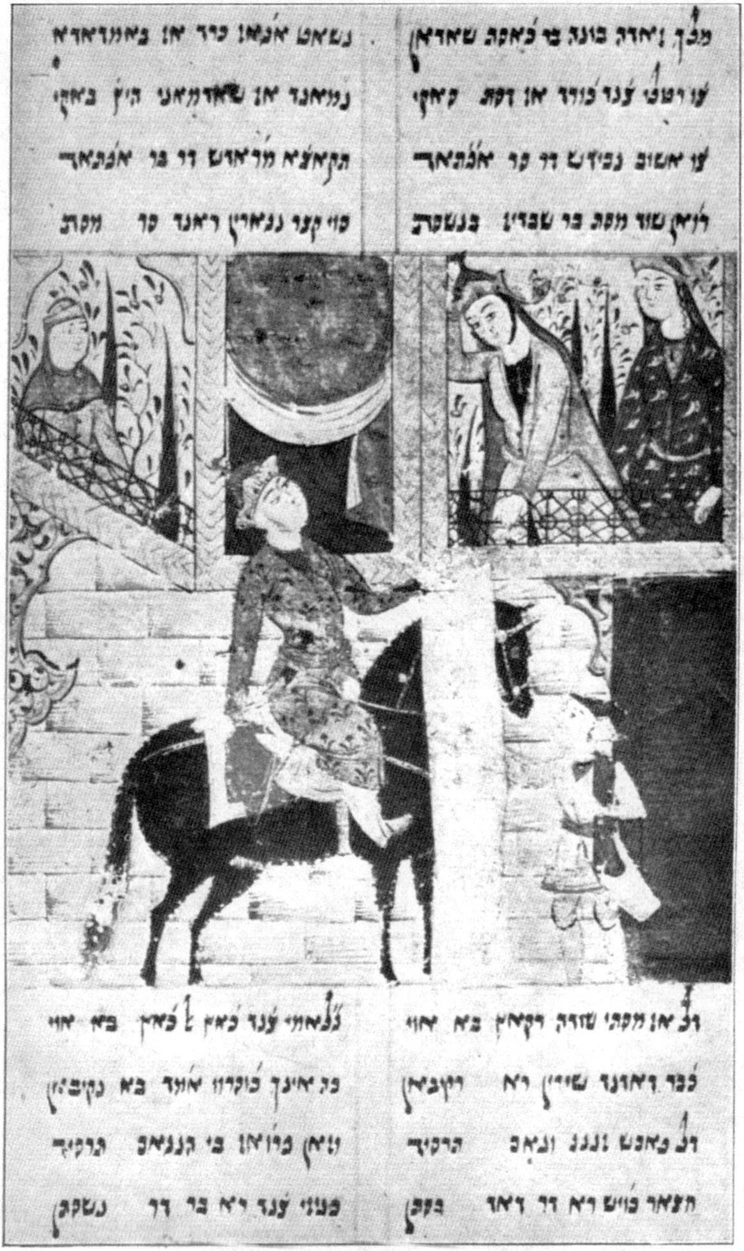

96. 霍斯陆和席琳。17世纪波斯犹太人手稿。纽约犹太神学院（阿德勒藏品）。

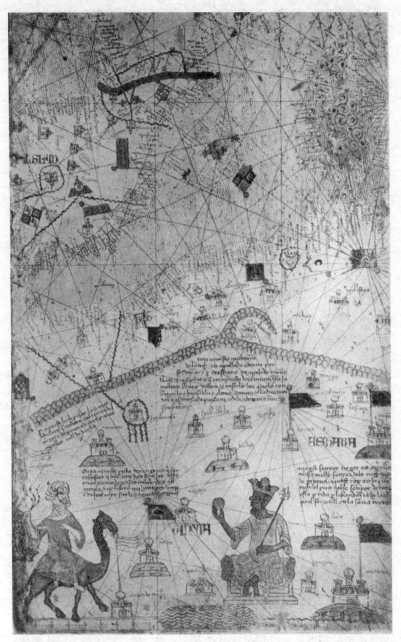

97. 西班牙和北非地图。亚伯拉罕和雅胡达·克莱斯卡斯绘制的加泰罗
尼亚地图，马略卡，1376—1377年。巴黎国家图书馆。

98. 犹太人跪在热那亚总督面前起誓。水彩画，让·格里芬伯鲁克
（1731—1807年）作。科雷尔美术馆，威尼斯。

99. 沙巴泰·泽维（1626—1676年）。现代版画。

100. 沙巴泰·泽维在狱中接见信徒代表。现代版画。

这项天底下最为虔诚的事情之外，干任何其他的事情都是不恭敬
的。为了生计，他们满怀信心地寄望于散居在世界各地的犹太社区；
这些社区如果赞助他们，便可以赢得一种同情者的美誉，而他们
作为被赞助人，原先的期望也就不会落空了。年复一年，那些所
谓的"慈善使者"奔向世界的每一个角落，以巴勒斯坦"四大圣城"
的名义募集资金。这些使者命运多舛，屡经磨难，他们走遍了人
迹罕至的不毛之地，表现出了坚韧不拔的勇气，谱写出人类旅行
史上一页页光辉的篇章。在每一个地方，从印度直到美洲新大陆，
凡所到之处，这些与当地格格不入的，有时甚至显得粗俗不堪的
人物受到了热烈的欢迎，享受到了从未有过的盛情款待。他们在
犹太圣堂里布道，然后满载着那些虔诚教徒的贡品继续上路了。
在许多个世纪中，这群人成为犹太生活中的一种重要的因素，他
们把最新的思想潮流和学术成就带到了最偏远的社区，使圣地永
远活在人们的心中，从而使犹太世界中那些远隔万里的分支之间
保持着密切的联系。

　　约瑟·纳西为圣地引入了一种更为务实的态度。他或许是近代
历史上第一位以与超自然的迷信态度相对立的务实方式全力倡导
重建犹太巴勒斯坦的人。他通过自己在土耳其政府中的影响，争
取到了太巴列城（已荒废多年）及其邻近的一片狭长领土的所有权。
他建议把这块领土建成一个半自治的犹太国的中心。他意识到，
必须要超越感情的界限，使这块土地重新恢复往日的繁荣，这一
点顺应了当时大多数人的共同心愿。因此，他并不仅仅满足于重
建城市和巩固防御，而是要通过发展纺织工业尽力使它变成一个
制造业的中心。因为长期以来，犹太人在纺织业方面一直是近东

地区的佼佼者。他们种植了大批的桑园用来养蚕；从西班牙进口了美利奴（Merino）绵羊毛；从四面八方请来了设计师和手工艺人，并让他们在新的农垦区里定居下来；这位公爵还动用了自己原先驶往威尼斯和安科纳的船队，改道把教皇国里那些生活在水深火热之中的犹太人接运出来。然而不幸的是，他的这些理想后来被证明是大大地超前了。他遇到了许许多多力所不及、无法克服的难题，包括情感上、政治上和经济上的困难。但是，在他去世之后，这项计划由他在土耳其宫廷中的继任者，即新的麦提林公爵唐·所罗门·阿本－阿伊什继续了下来。他争取到了原有土地的续用权，并带领全家率先住进了农垦区。在当时，这不过是一次颇有豪侠风范的实验，但是，它却为后来的那次决定命运的尝试[①]树立了一个光辉的榜样。

5

犹太生活和学术研究中最为重要的新的中心就是上加利利地区的萨费德。在大驱逐时期，这里只不过有寥寥几个犹太人。但在一百年之后，这里已经有不下 18 所《塔木德》研究院和 21 座犹太圣堂，而研究的方法也与 1300 年前犹太族长时代完全不同了。在讨论个人行为规范这种纯《塔木德》式研究的同时，四处都弥漫着一种神秘的气氛，试图真正弄清人是如何来到这个世界上，

---

①　指 20 世纪的犹太复国主义运动，即购置土地、建立定居点，直至创建以色列国等伟大成就。——译者

以及未知世界的奥秘等一系列的问题。所有这一类的教义被称作"喀巴拉"（犹太神秘主义哲学），亦即一代又一代人流传下来的口传知识。

中世纪对犹太人的迫害使他们越来越多地把心思寄托在超自然的世界里，借以平衡或补偿现实生活中的苦难。13 世纪，在西班牙曾出现过一部名著，并以其起首词被称作《佐哈尔》，即《光辉之书》。这是一部用阿拉米语写成的关于《摩西五经》的具有神秘色彩的评注，书中充满了关于宇宙的起源、上帝的本质、《圣经》中所包含的寓言以及每一个事件和每一条诫命的奇特推测。此书的中心思想是说，上帝的《律法书》并非讲一些琐碎的小事，它的每一句，每一行，每一个字，甚至其中的一笔一画，都有着某种更深奥的神秘含义，可以向入门者揭示出人类本原的每一项秘密。此书的本质要看人们怎样去感受，往往正是通过某个庄严的思想或某篇优美的祷文而使其中的一些令人似懂非懂的论述变得趣味盎然。例如其中有这样的语句："一个人应该怎样活着？只要当一天结束时他能对自己说，'我没有浪费我的时光'"；"天国里的礼堂只允许歌声进入"，等等。

283

据称，此书是公元 2 世纪的"坦拿"、拉比西缅·本·约哈伊（Simeon ben Jochai）所著。但另一方面，反对者们则断言它是 13 世纪一个叫摩西·德·莱昂（Moses de Leon）的西班牙神秘主义者伪造的。真实的情况很可能介于这两种极端说法之间；因为这部书尽管相对来说编纂于近代，但它确实包含有远古时代的许多内容。

虽然这部书在世界各地都有一些狂热的信徒，但在它问世之后的最初几个世纪中，《佐哈尔》以及"喀巴拉"派总的来说并未对普通犹太人的生活产生深刻的影响。伴随着西班牙的大驱逐，一个新的阶段开始了。这场人类历史上最大的灾难似乎是黎明前最黑暗的时刻，它预示着以色列预言家们所许诺的最后的拯救时刻即将来临。形形色色的假"弥赛亚"（例如所罗门·摩尔科）开始在犹太世界各地纷纷出现，把人们的希望之火煽动到了顶点。后来，人们的注意力越来越多地集中在《佐哈尔》这本书上，希望在其中的叙事诗中找到某种暗示，究竟什么时候是人们所期待的救世主降临的时刻。一些具有神秘主义思想的学者几乎是步调一致地去了上加利利地区，因为那里是《光辉之书》被搬上历史舞台的地方，是那位圣洁的作者曾生活过的地方，也是他的坟墓仍然受到人们景仰的地方。这样一来，萨费德俨然成了描述中的一个永恒存在的复兴者的营地。传统的犹太生活变得史无前例地剧烈起来，完全为一种神秘的炽热气氛所笼罩。人们仍然在谨小慎微地奉行着《律法书》中各种各样的诫命，但却特别重视其中隐含的神秘寓意。人们研究的兴趣开始集中于《佐哈尔》，而不再是《塔木德》；人们用朝觐西缅·本·约哈伊那块著名墓地的方式来缅怀他的功绩。

　　形势的发展已经变得个性化，并且往往是一个人的作为就可以将其引入一个新的方向。以撒·卢利亚（Isaac Luria）于 1534 年出生于耶路撒冷的一个德国犹太人的家庭，曾由一位富有的叔叔供养在埃及上学。为了全身心地投入《佐哈尔》的研究，他干脆就过起了隐士生活。他一个人住在尼罗河岸边的茅屋中，孤独地沉思冥想长达七年之久，只在安息日才与家人见面，并且一直只讲

希伯来语。这种苦行生活的结果是不言而喻的。他成了一位空想家，
相信自己一直在同先知以利亚交谈，而自己的灵魂蒙召升到了天
堂，并在那里由西缅·本·约哈伊以及围绕在他周围的那些伟大
的先师引入了庄严的学说之中。后来，他迁到了"圣城"萨费德，
在他的身边，很快就有了一大群颇领时代风骚的所谓特选门徒。
通过这些门徒，世人知道了他的名字："阿里"（Ari）即"雄狮"，
这是"阿什肯纳兹人"的拉比以撒（Ashkenazi Rabbi Isaac）
的一个字头缩写。他在这样的环境中一直生活到去世，年仅
38 岁。

　　从他所造成的影响力和围绕在他身上的大量传说来判断，当
时他的个人魅力肯定是非同一般的。尽管他本人并没有想到要发
表自己的作品，但他的谈话记录被他的门徒们［特别是来自卡里
布里亚的一位逃犯哈伊姆·维塔尔（Hayim Vital）］收集了起来，
并很快在世界各地的犹太散居点流传开来，从而对犹太人的实践
活动及其背后的理论基础产生了巨大的影响。宗教习俗的每一个
细节、礼拜仪式的每一项程序以及日常生活的每一种行为都被赋
予了一种神秘的意义，这种意义一般都近乎迷信，但通常是美好
的，有时还非常深奥。新的祈祷文和沉思录时常表现出巨大的魅
力，强调宗教习俗的精神意义，从而为原本已经变得僵化了的各
种习俗注入了活力。对于犹太人的生活而言，《佐哈尔》的圣洁
程度仅次于《圣经》。同迈蒙尼德相比，阿里的格言受到了更为
广泛的抄录和研究，并且人们也投入了更大的热情。在那些遥远
的隔都里，求知热切的学生们试图根据他的暗示，更精确地推算
出人们期望中的"弥赛亚"降临的时刻。这种趋势同 20 世纪流

行的精神是完全相悖的，但在 300 年前，企图削弱它所产生的影响却是根本不可能的。自第二圣殿时期以来，这是在犹太教中发源于巴勒斯坦的一场最有生机的运动。

6

在萨费德城产生的那个沉溺于"喀巴拉"的"雄狮"的神秘学说的小圈子里，最为热切的分子之一就是约瑟·卡罗（Joseph Caro, 1488~1575 年）。在西班牙大驱逐时，他还是个孩子，由他的父亲带到了土耳其。在安德里亚堡，他作为一名学者和神秘主义者而赢得了名声。他同利凡特地区各国的希伯来神秘哲学界有着密切的联系。他以高昂的热情投入了流行的"救世主运动"之中，对那位令人难忘的摩尔科极为崇拜，并渴望着有一天能像他那样殉教而死。他认为一直有一位精神上的良师无时无刻不在指引着他的人生道路，教导着他生活中的一言一行。到中年时，他定居在萨费德，深深地被这座以流行神秘教义而著称的城市所吸引。但是，他命中注定不会在神秘主义学术领域成名，而是在另外一个文学领域流芳于世。

到 12 世纪即将结束时，伟大的摩西·本·迈蒙已经按照《塔木德》的方式将传统的律法编纂成典。一个多世纪后，一位杰出的德国流亡学者亚瑟·本·耶希尔（Asher ben Jehiel, 1250~1328 年）把所有《塔木德》卷册中包含的律法事项做了简明的概括。他的作品被后来的学者广为翻译和补充，他本人也因而被视为托莱多犹太社区的精神领袖。他的儿子雅各·本·亚瑟（卒于 1340 年）以他的著作为基础，并按照迈蒙尼德的方式汇编为一部系统的法典。他称此法典为《四类书》（*Arbaa Turim*）①。在少年时代，约瑟·卡罗就开始对这部巨著进行详细的注释。他还编成了一个节本，并从他本人庞杂的评注中摘增了附录。他为此书定名为"Shulhan Arukh"，意为《准备好的餐桌》②，意思是说宴席已摆好，只等客人们自己动手用餐了。此书清楚而系统地论述了犹太人在家庭、圣堂、账房里和法庭上应当遵守的宗教习俗和法理准则。可以说，这部书基本上是切合实际、平铺直叙的，但偶尔也会闪现出颇有诗意的真知灼见，而通过某种精辟的伦理分析，一些本来呆板的诫命便显示出一种清新的含义。这本书最早出版于 1567 年，立即赢得了很高的声誉，曾多次再版，很快就传遍了世界各犹太散居点的每一个角落。各地的犹太社区都把这本书作为犹太律法和习俗的最高准则。就连学者们也常常求助于此书，而不再去费力地对其赖以形成的权威性经典刨根问底。对于此书，曾形成了大量的评注，甚至还出现了一些评注的评注。为了方便那些没有时间通读原著的人，还另外编写了一些节选本。后来，为了那些不懂

---

　　①　该书堪称是一部鸿篇巨制，代表了作者的最高成就。全书分为四个部分，由 1700 个章节组成，包揽了几乎所有的犹太律法。它的最大特点是把整个犹太律法体系划分为四类，为后人在研究犹太律法分类方面确立了标准，成为历代律法汇编的典范。此书选材严谨，风格简朴清晰，15 世纪后，已经成为犹太人的必备书之一，各地拉比断案也多以此为据。——译者

　　②　一译《布就之席》。一般认为，这是他为青年学生理解他的著名法典《约瑟之家》一书而写成的通俗读本。全书由四部分组成，每一部分又分为章节，以条理清楚、易于接受而流行一时，并因而成为他的主要代表作。时至今日，一些正统派犹太人仍然把它视为一部权威性法规。——译者

希伯来文的人阅读方便，又专门把这些节选本翻译成了各种文字。

故而，作者所涉及的每一个细小琐事都被认为是神圣的。犹太人的每一个行为，从早晨起床到晚上睡觉，从家里到圣堂，从圣堂到自己的店铺，一切都有规则可循，一切都是一成不变的，

286

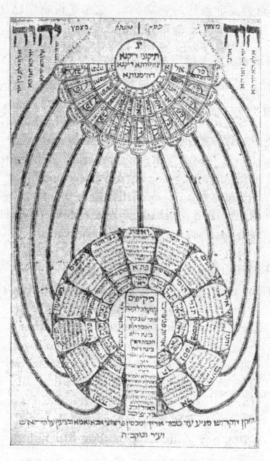

101. "喀巴拉"教理设计。纽约犹太神学院（阿德勒藏品）。

有时便失去了活力。随着犹太学术的衰败，许多犹太社区（尤其是欧洲南部和利凡特地区）对《塔木德》及其相关文学的研究开始走下坡路了。对于犹太习俗而言，仅仅有一部卡罗的法典作为入门就已经足够了。所以，当时他们的研究重心都转移到了这部法典上（同时还有《佐哈尔》以及新神秘主义文学）。《塔木德》、《米德拉什》、拉什的著作和《托萨福》以及诸如此类的注释、评注和汇编本，所有这些成熟的文献都越来越无人问津了；而在意大利，此类研究实际上已经为教会所禁止。然而在欧洲北部，却存在着一个研究团体，依然顽固地坚持着传统的价值观念。在波兰这个犹太人的第二个避难所，在紧接着中世纪之后的那个黑暗时期，他们终于找到了另一个保护港和容身之处。

第 24 章　波兰

1

287　　在远古时代就与斯拉夫人相联系的东欧地区这片土地上，犹太人很早就在那里定居着。考古发现表明，犹太人的历史可以一直追溯到公元 1 世纪，他们当时就居住在克里米亚－博斯普鲁斯海峡一带，即今天的克里米亚半岛。他们所使用的希腊语似乎表明，这里的犹太社区是曾定居在爱琴海群岛的那些年代更久远的犹太人的分支，也很可能是从美索不达米亚平原向北迁移过来的新移民发展而成的。有可靠的记载表明，即使是在这么遥远的地方，他们仍然严格地奉行着传统的犹太律法。随着时间的推移，犹太定居点的区域开始不断扩大。尽管有基督教的竞争，但到了公元 8 世纪，法纳戈利亚（Phanagoria）这个最北端的贸易村落已经发展成了一个名副其实的犹太城镇。

　　逐渐地，犹太教的影响渗透进这一地区的一些半野蛮人的部落中和王国之中，其中最为明显的就是库萨里人。库萨里人是一个混合民族，带有显著的蒙古族特征，集居地就是现在位于高加索山脉（Caucasus）、伏尔加河（Volga）和顿河（Don）之间的乌克兰。在大约 200 年的时间里（或许还要长一些），他们一直是位于拜占庭帝国北面的最重要的独立国家之一。早在公元 8 世纪，执政的布兰（Bulan）亲王就认可了犹太教的优越性，并正式地确定为自己的国教。他的这一表率被许多贵族诸侯争相效仿。布兰的一位继任者奥巴迪亚（Obadiah）尤为令人难忘，他热情地宣传犹太教，广建犹太圣堂，并邀请外国犹太学者到他的国家定居。不久之后，该国的统治阶层便被彻底地犹太教化了，平民百姓也积极地予以效仿；同时，依照传统犹太教的宽容原则，信奉其他宗教的信徒也没有受到干涉。在库萨里王国的整个黄金时期（当时就连极不宽容的拜占庭人也对它颇为尊敬，并且还有一位库萨里公主成了皇帝的妃子，而她的儿子后来实际上做了皇帝），这个国家基本上被认为是一个犹太国家。远在西班牙的哈斯代·伊本·沙布鲁听说这种情况后，曾非常吃惊，并且还同当时执政的可汗（Khan）约瑟建立了外交关系。

　　作为一种愉快的消遣，尽管也许没有什么用处，我们可以推测，如果西方的犹太政治家们真地同这个东方的犹太王国谈判，结成了联盟，那么将意味着什么呢？但这是不可能的，因为一切都已经为时已晚。相邻的各俄罗斯部落已经摆脱了库萨里王国的统治。公元 965 年至 969 年，基辅（Kiev）亲王入侵库萨里，经过一系列的战役之后，攻占了大半江山。在此后的半个世纪里，克里米亚半岛地区仍然维持着独立，直至 1016 年，俄罗斯人和拜占庭之间的一次短命的联盟终于征服了这块最后基地的残余。[①] 对于这段历史，犹太人是永远不会忘记的。在许多年之后的托莱多，库萨

---

① 有证据表明，这个国家可能又继续存在了大约两个世纪之久。

里人的后裔仍然以其饱学和虔诚而闻名于世。犹大·哈列维的著名哲学著作《库萨里》（*al-Khuzari*）以一系列假设对话的形式，讲述了一位犹太圣哲如何向库萨里的统治者展示犹太教相对于其他宗教的优越之处。直到今天，东欧地区的犹太人中间常见的那种蒙古人的特征，极有可能就是从 10 个世纪以前的这些"纯正的改宗者"身上遗传下来的。

2

仅就东欧地区而言，随后几个世纪的历史是模糊不清的。我们目前所知道的，不外乎是如下的轮廓：那些希腊修道院的院长和主教的不容异己；暴力和屠杀事件时有发生；那些来自西方，甚至远至西班牙的犹太商人坚定地涌向那块他们称之为"迦南"的乐土；那些享有国际声誉的犹太拉比在诺夫戈罗德（Novgorod）和基辅赢得了一席之地；犹太定居点的区域不断向北扩展，深入到了如今的波兰地区；远在 11 世纪非常富庶的戈尼森（Gnesen）犹太社区发展成为该地区的重镇；同时还出现了大量的犹太商人和收税人，甚至造币专家，他们铸造的硬币上镌刻着希伯来文字母，等等。

一般来说，1240~1241 年间鞑靼人的入侵是东欧历史上的一个转折点。俄罗斯本身被这些野蛮人征服了，而这些征服者后来都接受了伊斯兰教。许多世纪以来，这个国家都被圈在文明欧洲之外，所以我们对这一时期这个国家的犹太人的状况只能以推测为主。波兰虽未被占领，但是从 1241 年开始，发生了一系列入侵事件，使整个国家遭到严重破坏，原先的主要城镇都变成了一堆堆冒烟的废墟。当入侵停止之后，情况十分悲惨，工业和商业都已不复存在，本来就不强大的中产阶级销声匿迹，上面是土地拥有者，下面是一群农奴，中间是一个断层，连土地也没人耕种了……因此，从 13 世纪中叶开始，波兰的统治者们实行了一种宽松的政策，意在吸引那些在当地受到《马格德堡法令》（Magdeburg Law）保护的德国商人和手工艺人。这一邀请立即得到了热烈的响应，波兰各城市中很快就挤满了日耳曼人，以及德国企业雇用的工人。因此，条顿人在波兰经济生活中的影响十分显著，甚至时至今日，这种印迹仍然依稀可见。

与日耳曼人一道，或在日耳曼人之后，也涌入了大批的犹太人，他们同样是受到波兰新企业的经济发展潜力的吸引而赶过来的。在十字军东征的初始阶段，德国的驱逐运动变得越来越广泛之后，就出现了一种从莱茵河一带向东移民的趋势。而随着时间的推移，这一因素变得越来越突出。经济上的考虑甚至更为重要，因为无论如何，波兰统治者们尽管并不总是以心胸博大而著称，但他们至少能敞开胸怀欢迎新移民的到来。这一事实是有目共睹的。1264 年，"虔诚者"博莱斯罗夫（Boleslov）根据 20 年前奥地利颁行的特许令的蓝本发布了一项模范特许状，宣布保护犹太人不受干涉，给予机会的自由。在这项法令的保护下，犹太定居者的人数飞速增长。在基督徒德国移民为这个国家带来了手工业和制造工业的同时，犹太人也给波兰开辟了新的商业收入来源，并建立了必需的金融业。这个国家的犹太人比例到底有多大，没有人能够提供准确的数字。但无论如何（正如 1492 年从西班牙逃到巴尔干半岛上的难民的情形一样），他们能够把自己的优秀文化带给那些当

290

地的兄弟们，而这些当地人则接受了德国的服装样式、文化准则、学习方法，甚至语言。后来，绝大多数的俄国和波兰犹太人，无论他们出生在何地（同时也包括许多他们在其他土地上的后裔），直到今天还在使用这批犹太移民带来的那种"中古"高地德语。这种语言混有希伯来语和斯拉夫语的成分，用希伯来字母书写，人们称这种语言为"意第绪语"（*Yiddish*）或"犹太德语"。但是，这种语言实质上是科隆大教堂尚在规划之中时，莱茵河中游地区的"犹太胡同"中通用的一种语言。

　　尽管这个国家的统治者们总的来说对犹太人是友好的，并且进一步地巩固和发展了博莱斯罗夫的政策，但是当地的普通居民却并非如此。一方面是爱忌妒的商人，另一方面是狂热的基督徒，他们都非常仇视犹太人的优越地位。从德国来的基督徒移民也把（只要有必要照搬）他们自己的不宽容准则搬了过来。在牧师大会上，他们大肆叫嚣要强制实施历次拉特兰公会议上制定的镇压式立法。在黑死病流行时期，边境地区的屠杀事件一刻也没有停止过。根据一位古代史编者的记载，在这一时期，波兰的犹太人几乎全部被灭绝了。1399 年在波兹南（Posen），1407 年在克拉科夫（Cracow），都发生过"血祭诽谤"事件，其疯狂和残忍的程度丝毫不亚于西方基督教世界的任何一个地方；而在 15 世纪中叶，作为反胡斯运动化身的狂热之徒约翰·卡皮斯特兰诺，在波兰煽起的反犹情绪和过激行为甚至要比他在任何其他地方的所作所为尤有过之。

　　然而，与诸邻国相比，波兰的状况依然不失其吸引力，而机会也还是相当多的。因此，从西欧来的犹太难民潮一直在持续着。到了卡西米尔大帝（Casimir, 1333~1370 年在位）时期，移民人数达到了顶峰。在所有的波兰统治者中，卡西米尔大帝无疑是最精明强干的一位君王，在他的统治下，这个国家一度跨入了"西方"列强的行列。作为当时那个无法无天的贵族阶层的强硬对手，他的政策为他赢得了一个不无恶意的绰号——"农奴和犹太人的国王"。1354 年（据说是在他那位宠爱的犹太后宫主管以斯帖的影响之下），他批准并且放宽了一个世纪以前由"虔诚者"博莱斯罗夫颁布的特许状中的条款。并且规定，为了促进犹太人的商业活动，可以提供一切便利条件；犹太人被允许在这个国家里随处居住，不受任何限制；犹太人拥有过境（这是当时的一个奇特产物！）以及进入公共浴池的权利。犹太人有权租借不动产，甚至可以同贵族阶层和牧师阶层进行交易，也可以做房地产抵押。为了确保公正，有关犹太人的争议的裁判权一概由王朝统理。1388 年，毗邻的立陶宛（Lithuania）大公国中的犹太人获得了一纸类似的优惠特许法令。在这片土地上，犹太人的历史（除 1495 年暂时被驱逐之外）同他们那些在较大国家中的宗教同胞几乎没有什么差别。而到 1501 年，这个国家最终并入了波兰。由于上述这两个国家奉行不同形式的基督教，它们所表现的宽容程度也就不尽相同。

291

　　甚至在德国的恐怖年代已经结束之后，波兰统治者们仍然鼓励犹太人前来定居。西吉斯蒙德一世（Sigismund Ⅰ，1506~1548 年在位）尤其注重保护犹太人，就像他对其他少数民族一样；他的继承人奉行了同样的政策，一直到这个王朝的灭亡。而另一方面，局部的过激行为仍然时有发生。在一些大城市里，如克拉科夫、卢布林（Lublin）、波兹南等都设有犹太居民区，同样有围墙、大门和看守人员，完全是德国或意大利的那种样式。偶尔也会有一些针对犹太人的法规出台，但常常并没有真正贯彻执行。总体来说，犹太人能够信赖王室的保护，有着全面的生活、人身和财产的安全保障，而尤为重要的是，经济生活按照自身的规律运转畅通，比世界上任何其他地方的天地都更为广阔。

所以，很多代人以来，对于欧洲北部的犹太人来讲，波兰似乎一直是一个希望之乡，从来也没有间断地接纳那些源源而来的新移民，其中有从屠杀中逃出来的难民，有寻求机遇的年轻人，还有来自远方的意大利或巴尔干半岛的希望发财的商人。1500 年，这个国家的犹太人据估计仅有 5 万人，而一个半世纪以后，就增长到了 50 万人。正如在西班牙的大驱逐把绝大多数"赛法迪"犹太民族都集中在土耳其及其各附属国一样，从 16 世纪开始，"阿什肯纳兹"犹太民族——中世纪英国、法国、德国以及其他更遥远的国度的犹太社区的残余——的主体开始集中在波兰及其周围的斯拉夫国家的领土上。可以说，当今世界上的绝大多数犹太人都是这一部分人的后裔。

292　　波兰犹太人并没有像他们的前人或周围国家里的同代人那样，仅仅局限于一些下贱的职业领域。他们之中确实也有放贷人，其经营活动受到法律的限制；但这类人所占的比例并不大。商人阶层人数众多，他们的商业活动遍及每一个领域。许多人专事经营手工制作和工业制造。"行会商人"有时企图限制他们的经营活动，并且阻止他们在基督徒居住区附近开设商店，但这种企图当时并未成功。富有的犹太人大多是税收商；他们负责征收所辖区域内的货物税和人头税；他们也时常被雇用担任国王的金融代表。有些犹太人则出租或开发贵族阶层的土地或国王的领地；他们的行踪遍及全国各地，专做大规模房地产生意的财务主管或管理人员。犹太人还开设盐矿，买卖木材，做皮毛生意，向德国出口剩余的农产品。即使在最边远的乡村，也能看到犹太"Randar"即"向小旅馆老板收税的人"的熟悉身影。贫穷的阶层是那些四处叫卖的小贩和手工艺人，有时甚至还有一些农业工人。无论大城镇还是小村庄，到处都出现了犹太社区或者独居的家庭。犹太人药剂师（有时是意大利犹太人）享有很高的声望，并且不止一个波兰君王雇用过犹太人做保健医生。

<h2 style="text-align:center">3</h2>

波兰犹太人生活中最具特色之处还在于他们获得了很大程度的自治权。1551 年，亚盖沃王朝（Jagello）的最后一位国王西吉斯蒙德·奥古斯都（Sigismund Augustus）发布了一项法令，允许王国内的犹太人选举自己的大拉比和执行法官，并且他们可以在所有有关犹太律法的问题上行使司法权，并且直接对王朝负责。所有的犹太人必须服从他们的决定和管辖，否则会受到严厉的处罚。在波兰，这一举措被十分恰当地称为犹太自治政府的《自由大宪章》（Magna Carta）①，因为它标志着王朝对于犹太人过去的

---

① 亦称"大宪章"，指 1215 年英国封建领主联合骑士和平民迫使国王约翰签署的文件，共 63 条，主要保障大贵族的利益，同时，骑士和平民的某些权利又得到了保证。英国大革命时期，大宪章被用来作为争取权利的法律依据，并作为美国确立君主立宪制的宪法性文件之一。此处两相类比，重在表明这一系列举措对于犹太人的重要意义。——译者

基本要求予以正式的认可，使他们能够根据自己的司法传统进行自我管理。从政府的角度来看，建立这种制度是有益的。只有把犹太社区作为一个整体来治理，才能把税收的职能移交出去，而沉重的税赋正是允许他们"存在的理由"（*raison d'être*）；如果社区的当权者没有足够的权力去惩办违章者，这种职能就会难以奏效。

波兰经济生活的焦点是每年在各大中心城市举办的一系列大型交易会。犹太商人从全国的各个角落蜂拥而来，其中包括各个阶层，上至著名学者和社区领导人，下至形形色色的小人物。他们之所以聚在一起，并不仅仅是为了参加交易会，更重要的是讨论共同关心的问题，以及协商解决社区之间出现的争端。从 16 世纪上半叶开始，这一做法已经形成惯例。各社区的学者来到卢布林交易会上，按照拉比法令仲裁各地报上来的民事纠纷。渐渐地，这种学者聚会就形成了一种制度。而且不仅如此，人们发现，这种集会为讨论公正分配每一个"卡哈尔"（Kahal，即基层组织）在自治政府的总纳税任务中应分担税额的方案提供了一个最佳的机会。实际上，这种方便的安排得到了王朝当局的支持，并且慢慢地，这个"Vaad"即"理事会"在波兰犹太社会中拥有了十分强大的权力。后来，它的权限扩展到了整个波兰以及立陶宛。各大公国均有自己的财税管理机构，所以很自然地，公国内的各犹太社区便分化了出去，形成了一套独立的组织系统（1623 年）。因而，波兰后来被称为"四国会议"或"四省会议"〔包括大波兰、小波兰、波多里亚（Podolia）即红罗斯和沃伦尼亚（Volhynia）〕，即当时的所谓波兰王国。

在一开始的时候，犹太理事会实际上就是波兰犹太人的议会，它几乎像任何司法机构一样，拥有绝对的权力。它由30位代表组成，其中24人是非专业人员，其余的都是著名的拉比。所有比较重要的犹太公会都选派他们的代表，为了这项荣誉，他们互相之间的竞争是很激烈的。全体理事会成员会议每年都要举行，不仅在卢布林春季交易会上，并且也在雅罗斯拉夫（Jaroslaw）和加利西亚（Calicia）于初夏时节举行。对于特别紧急的议案，随时随地都可以召集临时会议。每当在华沙召开波兰议会时，犹太理事会便选送一位自己的代表（一般是宫廷里的某位重要人物）①，以维护犹太人的自身利益。就内部而言，该理事会的权力是毋庸置疑的。除了分配税额，它还保证王朝法令的贯彻执行；它可以自行颁布节约法令，提倡社交生活和衣饰方面的适度消费；它还全力地制止不正当的竞争；它监督教育制度的实施；它行使上诉法庭的职能，解决各地方犹太公会之间出现的争端；它对希伯来文的印刷事务实行严格的控制，禁止非法盗版，有时通过禁止从国外引进某种书籍以保护当地的出版业。理事会的所有法则，无论多么繁琐，只要需要，均可强制执行，并得到国家当局的支持。在波兰本土的邻近行省，与此一模一样的组织体系十分流行，只不过规模稍小一些而已。自从巴勒斯坦的犹太中心衰亡以后，任何其他地方都未曾有过这种近乎完全自治的体制。②

294

---

① 参见上文第 256 页。

② 应该注意到，犹太社区的代表大会制度并不仅限于波兰。我们可以看到，在整个犹太世界——西班牙、法国、德国、意大利，甚至在英国——几乎无处不在。但是，唯有在东欧地区，它是一种常设性的机构。

4

在犹太人的生活中几乎从无例外，只要人数一多，学术就很快繁荣起来。德国犹太民族的文化霸权地位随着人口重心的转移而逐渐地移向了东方。15 世纪初叶，奥地利及其邻近属地曾以拥有一批像诺伊施塔特（Neustadt）的以色列·以色林（Israel Isserlein）这样的杰出学者而自傲；爱尔福特、纽伦堡和拉蒂斯本也曾以著名的学术中心而享有盛名。在以后的年代里，这种令人骄傲的地位被布拉格所取代，后来曾出现了著名的拉比雅各·波拉克（Jacob Pollak，卒于 1541 年）。他是克拉科夫社区的拉比，也是波兰犹太学者中首屈一指的人物。他的名字与一种研究《塔木德》的奇特方法密切联系在一起。这种奇特的方法起源于德国的南部，被称为"皮普尔"（Pipul），是一种以《塔木德》的原文为核心进行智力训练的方法。这种研究体系的智力成就的顶峰，就是在不同的主题之间进行人为的类比，从而在相互关联的段落中找出细微的差异，而在看起来互不相关的原文中间进行演绎推理，或将一卷的结尾与另一段原文（论述不同的题目）的开头相连，使之成为一篇连续的原文。尽管存在着某些权威性的反对意见，但这种非同一般的研究方法迅速在波兰的犹太教育体系中占据了非常重要的地位。直接对原文进行研究被认为是最基本的，一个学者只有在这种错综复杂的"皮普尔"式研究中真正显示出自己的能力时，才能算是一位真正的学者。其实，这种方法是无益的，也是无用的，从某种意义上来说甚至是有害的。但是，那些接受过这种方法训练的人的心态却变得如此不可思议地强烈，以至于愈演愈烈，而在几代人之后，这种方法竟成为波兰犹太人中间衡量智力水平、应变能力以及聪明程度的标准，这在历史上恐怕是独一无二的。

卢布林的沙罗姆·沙赫纳（Shalom Shakhna, 1500~1559 年）进一步完善了这种方法。他是 1541 年任命的小波兰犹太社区的大拉比之一，他的女婿、克拉科夫的摩西·以色利斯（Moses Isserles, 1520~1572 年）则被公认为是当时最杰出的《塔木德》学者之一，可以说，犹太世界的每一个角落都曾写信请教过他。在波兰"四省会议"上，他一直是最受尊敬的人物之一，而他同时也适度地参与哲学研究，并且把对拉比教义的研究看作是生存的全部内容和最高目标，这在他那一代波兰犹太人中是不多见的。在他为约瑟·卡罗的《准备好的餐桌》一书所作的评注中，还曾专门为北方的犹太民族改编了那些有关犹太习俗的概要。

他的同代人和朋友所罗门·卢里亚［Solomon Luria, 1510~1573 年，他来自布列斯特 - 利托夫斯克（Brest-Litovsk），后来去了奥斯特罗格（Ostrog）］却代表了一种相反的思潮。作为（根据传奇）拉什的一位后裔，他一心渴望恢复他那位伟大先祖的时代曾盛行的文化准则和模式。谁也没有像他那样激烈地反对这种新型的研究方法体系，他坚决反对把刚刚建立起来的犹太律法制度编纂成典，力图回归到传统教义的本源《塔木德》的研究上去，并竭力在他的经典之作《所罗门之海》（*Sea of Solomon*）中对《塔木德》原本中的晦涩之处进行了详细的阐述。在后代的犹太学者中，像摩迪凯·雅弗（Mordecai Jaffe, 卒于 1612 年）、约书亚·法尔克（Joshua Falk，卒于 1614 年）、撒母耳·埃德尔斯（Samuel Edels，卒于 1631 年）和约珥·西尔克斯（Joal Sirkes，卒于 1640 年）等都继续保持了传统的学术研究。因此，正如萨费德曾是《佐哈尔》的故乡一样，波兰便被誉为《塔木德》之乡。

　　然而，波兰犹太学术的突出特征并不在于它拥有一批一流的倡导者，这些人或许只是跟在法国或西班牙学术流派之后，至多不过是达到了一般学生的优秀水平罢了。真正了不起的是，从来没有哪个地方能够像波兰那样，使得高等教育的传播如此广泛，组织如此完善。一个同时代的人的话要比现代的任何解说都更具说服力：

　　　　显而易见，根本不需要任何证明，那就是：在全世界所有的以色列人定居点里，没有哪个地方能比得上波兰这片土地，那儿的《托拉》经卷最全，同时也最多。每一个犹太公会都设有《塔木德》研究院；研究院的院长享有丰厚的薪金，所以他们才能够全身心地投入研究院的工作，并把研究当作自己唯一的职业；一年到头，他除了从书房去祈祷室外，从不离开自己的房间；他日以继夜地伏案工作，专注于《塔木德》的研究。每个犹太公会都有一些年轻的学者，并让他们每周都抽出一定的时间跟院长一起进行研究，而每个年轻学者又至少带两个书童一起学习；这样他们就有机会用口述的方式讲解《革马拉》（Gemara）[1]以及拉什和那些《托萨福》编

---

[1] 《塔木德》的重要组成部分。"革马拉"一词的希伯来语动词词根意为"补全"、

纂者的评注，很快就学会了讲授的方法。这些年轻人或以救济基金作为自己生活的来源，或从慈善机构得到经济上的支持。一个由 50 户人家组成的犹太公会，可以资助至少 30 位年轻学者及其书童们的生活费用，因为每一户人家都包下了一位年轻学者以及他的两个书童的饮食。……在整个波兰王国，几乎没有一个犹太家庭不学习《托拉》，要么户主本人就是学者，要么他的儿子或女婿常年地投身于学习，最起码户主也要赞助一位青年学生，有时甚至在一个家庭中同时出现如上的情况……[1]

这就是 16 世纪和 17 世纪波兰犹太民族的理想，由此产生了所谓的"知识百姓"，这在犹太人的历史上恐怕是前所未有的。

"完成"，表示它补全《密释纳》的遗漏部分并加以完成。实际上，《革马拉》不仅是《密释纳》的诠释和评注，它还包含大量与《密释纳》原文没有直接联系的材料。这些材料包括律法诠解、伦理格言、布道文稿、历史记述和神话故事等等。同《塔木德》本身一样，《革马拉》也分为巴勒斯坦《革马拉》（形成于公元 3~4 世纪）和巴比伦《革马拉》（形成于公元 3~5 世纪）两种。——译者

[1] 引自拿单·哈诺弗尔（Nathan Hanover）*Yeven Mezullah* 一书（威尼斯，1653 年）的结束语部分。

102. 罗马犹太"隔都"内的街道。

103. 典型的波兰犹太人。

104. 犹太小学。德国木刻画，16世纪。

105. 波兰纳谢尔斯克用木头搭建的犹太会堂，1692年。M.贝尔松绘。

106. 律法书狂欢节。一面旗帜上的画面。

107. 位于布拉格的中世纪犹太会堂外观。沃尔布斯版画。

108. 位于布拉格的犹太墓地。

第 25 章　隔都生活

1

在一开始的时候，1197 年的拉特兰公会议上所制定的禁止犹太人与基督徒在一起居住的宗教法规仅仅在个别地方得到了实行。在许多的城市里，犹太人仍然能够在他们喜欢的地方生活，而非犹太人对他们在"犹太民族"的集居地拥有自己的住宅也几乎是不怎么在意的。在那些没有正规的犹太居民区的地方，被法律所强制实施并且与城市的其他地区严格隔离开来的情形毕竟只是少数。最糟糕的地方要算是意大利了，由于在教皇们的眼皮底下，那里所遵守的规则，以及他们身边那些活生生的范例（与他们的诫命大相径庭）正是用来为所有其他的人去仿效的。然而，在1516 年，威尼斯共和国发出命令，将城市中的犹太人隔离到一个特别的居民区，一开始的时候被称作"新隔都"（Getto [Ghetto] Nuovo），或新铸造厂。稍后出现的那些则被叫作"旧隔都"（Getto Vecchio），或旧铸造厂。因此，"隔都"这一专用术语迅速在整个意大利流行开来，凡是 16 世纪中叶以后在那里强迫建立起来的犹太居民区都被正式地冠以这个名称。在法国南部地区，与之类似的设置被称作"犹太采石场"（carrière des juifs）；在德国及其邻近的那些领土上则被叫作"犹太胡同"（*Judengasse*）或是"犹太城"（*Judenstadt*）。尽管在叫法上千奇百怪，但这种制度的性质在每一个地方都基本上是相同的。因而，理当以更为详细的方式对这一欧洲犹太生活的典型环境以及由此而产生的种种事件在此大书特书一番。①

千万不要认为，对于那些在其中饱受苦难的人们来说，他们也会同我们一样用如此苛刻的眼光来看待这种制度。虽然在大多数情况下，他们也曾拼命为反对这种特殊机构的建立而英勇斗争过，但是，有一种情况很快就变得日渐明显，那就是尽管垒起那些隔都的高墙的目的是想要把那些殉难者圈在里面，但是同时也起到了将他们的敌人挡在外面的作用。使人感到意味深长的是，那些隔都的大门在许多情况下都在里面安装了门栓，以供紧急情况下使用。不仅如此，凭着被压迫民族那种少有的见识，犹太人已经意识到，无论这种隔离方式是如何地践踏了人格的尊严，但它也因而意味着提供了一种团结与文化的保护条件。所以，我们可以看到这样的怪事：在意大利的某些地方，竟然设立了一个一年一度的节日，并且举行长时间的纪念活动，来庆祝隔都的建立。

隔都的入口处一般要经过一个低矮的拱廊，并且装有沉重的大门，同时还受到那些由他们的受害者花钱雇用的基督徒看门人的监管。在大一些的城市里，一般在另一端还设有第二个出口，

①　在波兰的那些最重要的地区，仅有极少数地方能够找到这种正规设立的隔都；最先出现的地方是克拉科夫，在 1494 年的那场大火毁坏了这个城市的大部之后，那里曾建立了一个隔都，而直到 1868 年，这个隔都依然存在。

同样也受到监控；但是（尽管这一规定有时被忽略了），明令禁止在这些地方的出口超过两处。黑夜降临之后，只要发现任何犹太人在隔都之外，或是任何基督徒在隔都之内，都被认为是一种严重犯罪。隔都的大门一律不准打开，并且其中的居民都绝对地不准参加基督历上所规定的所有的重要而庄严的场合，一直要到大弥撒仪式才能解除隔离。

　　隔都内的艰苦程度也并非就像人们所想象的那般可怕。毫无疑问，在某些地方，那里的犹太居民区只不过是由一条单一的狭窄胡同或是狭小院落构成的。然而，在大多数情况下——在罗马、威尼斯、卢布林或布拉格——都可以看到一个由纵横交错的街道和小巷形成的大迷宫，从而构成了一个真正的"城中之城"。在那些古老的居民区中，对街道的命名就像其中的居民本身一样，基本上是一种犹太式的，这也从一个方面反映了曾一度在他们中间悸动着的那种生活的性质。在法兰克福，每一幢房屋都有自己的标志，而在里面居住的家庭常常以此来作为他们的姓氏；罗斯查尔德（Rothschild）家族、阿德勒（Adler）家族以及西弗（Schiff）家族早已是众所周知了。在西方文明化的过程中，这些姓氏都是源于那些著名的"犹太胡同"中的标志：红盾牌、鹰徽、船形，等等。

　　一个十分明显的奇特之处会首先给参观者留下深刻的印象，这就是那些房子的惊人高度。隔都面积的扩大是极为少见的，因而要想容纳下日益膨胀的人口，唯一的权宜之计与数个世纪以后在最现代化的条件下非洲所采取的方式毫无二致。由于禁止他们在水平方向上的扩展，犹太人便只能通过在那些本来就已经东倒西歪的建筑物上接上一层又一层，从而在垂直方向上来寻求宽慰。有时，从远处看去，那些高高耸立于城市之中的犹太居民区的的确确就好像是真的建筑在土丘上一般。但是，这种建筑物通常是靠大胆精神，远非出于坚固的考虑；由于某种非常的过度使用而导致坍塌的事件亦时有发生，因而往往把一场婚礼或是订婚的庆典变成了一个集体哀悼的场面。与之类似，火灾的发生在隔都中尤其危险，有时外面的救援还没有来得及赶到，整个地区就已经变成了一片废墟。法兰克福、尼古拉斯堡（Nikolsburg）和维罗纳将会永远记得那里曾发生过的火灾，尽管规模稍小一些，但其破坏程度丝毫不亚于那场著名的"伦敦大火"。

　　过度的拥挤导致了另一种重要的发展。犹太人由于被法律禁止拥有自己的不动产，因此他们无法整个地买下他们的房子，甚至在隔都内部也不行。因此，对于那些非犹太人地主的强取豪夺，并不存在应有的检查措施；而对于那些租赁者来说，便毫无保障可言。如果有人愿意出更高的租金，他们就会被即时赶出去。这一难题通过应用古老犹太律法中的"哈扎哈"（Hazakha），即"财产权法"而找到了解决办法。这样，通过那些最为严厉的社会和宗教方面的制裁条款，建立起了一种保护实际居住者的承租人权法。它一方面保证了他们免于出高价租房，因而在另一方面也就限制了剥削。任何人在任何情况下都不得剥夺承租人的权利，或是要求高于实际支付数目的租金。因此，居住权几乎也就等同于所有权。财产权利可以通过馈赠或通过买卖进行转让，通过父子继承转移给下一代，并且通常可以作为女儿的嫁妆；但是，只要支付了租金，其使用权便首先有了保证。在许多情况下，这一财产法（*jus*

299

gazaga，这种稀奇古怪的混合语形式是意大利的一种叫法）甚至
被民政当局所认可。这是犹太律法的那种固有适应性应用于最为
复杂的情形的一个引人注目的范例，同时也显然为后人提出了一
种警示：对于我们今天的那些城市中心区来说，有时不得不求助
于这种权宜之计。

2

就他们自己来说，那些隔都的高墙并不被看作足以能够防范
通过犹太人的异教信仰这种潜移默化的影响而引起的对虔诚的基
督徒的污染。除此之外，还存在着犹太人识别牌。它一开始是由
1215 年的拉特兰公会议强加给犹太人的，但其一贯施行却只是从
16 世纪才开始的。在这一时期的意大利，它通常采用戴一顶颜色
与众不同的帽子这种形式。帽子原来的颜色是红的，在某些地方
一直保持了下来，直到最后被废除。但是按照伊夫琳（Evelgn）的
说法：某一天，一位眼睛近视的红衣主教在罗马把一位戴红帽子
的犹太人当成了他的罗马教廷的红衣主教同仁，并且就按这个头
衔向他问候。由于这件事牵涉到教皇国，所以为了避免再次发生
这种丑闻，从那一天开始，那种奇特的颜色就变成了黄色。[①] 在德国，
识别牌保持了一个黄色圆圈这种原始的形式，它必须佩戴在外套

---

① 有关这件事的记载肯定有点牵强附会。这个故事必然属于那种"夸张式的"（ben
trovati）而不是"真实性的"（veri）的范畴，因为在罗马，犹太人所佩戴的那种与众不
同的识别标志自始至终都是黄色的。

上，位于心脏部位的上面。任何人胆敢从隔都内外出活动而不佩
戴他们那种与众不同的标识，那么他们将受到最严重的惩罚；有
时，甚至在阴暗的管区内也必须佩戴。只有对于那些甘冒长途旅
行的种种风险而出门在外的人这种情形，规则才稍微放宽了一些。
我们可以想象，这种无与伦比的侮辱最初所激起的是一种什么样
的悲伤与抗议的浪潮，是一种什么样的东西将犹太人置于同妓女
毫无二致的地位，而每个人又是如何小心翼翼地想方设法使自己
从那些严厉条款中解脱出来。但是，它最终似乎已经变成了一种
自豪的标志，那些极端保守的人一直在继续佩戴它，还把它视为
一种独特的犹太服饰，甚至当其法律上的强制措施已经被废弃的
时候依旧如此。

　　通常说来，这种耻辱的识别牌是犹太人第一次接触到颜色。
这并不是说他们不喜欢那种华丽或者甚至过于奢华的服装。这种
办法也的确是显得有点儿矫枉过正了，尤其是牵涉到他们的女亲
属时就更是如此。因为对于非犹太人所具有的那种贪财心理来讲，
这种性格如果不被看作是敌意的话，也至少被认为是一种直接的
刺激，所以在几乎每一个地方都颁布了一套完整的限制个人消费
的法律，从而对犹太人的服饰，从头上戴的到脚上穿的都进行了
严格的规定，并且尤其对可能佩戴的各种珠宝饰物予以限制。同
样的限制措施还表现在私人庆祝活动方面（譬如为庆祝婚礼、割
礼或是订婚礼而举行的那些活动），甚至还规定了可能散发的糖
果的种类、邀请客人的数目、各项仪程的性质，甚至还包括新郎
可能赠给新娘的礼物，等等。

　　然而，对于犹太人在"隔都时代"所遭受的种种侮辱的传说却

几乎不存在任何的限制。许多著名的社区——例如威尼斯社区——在一种朝不保夕的生活状况之下，仅仅靠一项维持了只有短短几年、不断修正并且有时又无任何补充的协议形式而残存下来，后来一直延续到 18 世纪。罗马这个历史上有名的社区的代表们每年都必须向教皇呈递《律法书》的羊皮卷以表示效忠和敬意，而这位上帝的代理人（即教皇）总是傲慢地从左肩上方把它掷还回来，并且还要说上一两句贬损的话。各种巧取豪夺的所谓捐献被用来维护那些专为新入教的信徒建造的大院，他们的孩子随时都可能以最站不住脚的借口被抓到这里来强制施洗，而这正是那些叛教的亲戚告发的目的；不然就举行一个虚拟的仪式，通常由耽于迷信的奶妈或是一个酩酊大醉的恶棍在死水沟中来完成。从 17 世纪开始，这一类的暴行变得越来越司空见惯，这是由于一种迷信的泛滥。他们认为，外来的幸运将会降临到每一位强制犹太人（一个犹太人就行）施洗的人的身上。使人感到有些难以理解的是，由于害怕他们会破坏在其中居住的那些新教徒的信仰，犹太人是严格禁止接近这些大院的，否则将受到最为严厉的惩罚。有时，那些还未出生的孩子却"要求"信仰基督教，而那些怀孕的母亲之所以拖着沉重的身子吃力地离开家门，只不过是为了让她们的幼儿能在一个未受污染的环境中出生；否则，刚刚生下的婴儿就会从她们的怀抱里被强行夺走，然后即刻被强制施洗。

　　为了防止任何对权力的冒渎，犹太人被严格禁止乘坐马车，或雇用基督徒仆人，甚至还禁止让其友善的邻居在安息日为他们服务点亮灯烛。一位犹太人和一位基督徒之间的风流韵事（或者更污秽一些的关系）被认为是一种最为严重的犯罪，要遭到鞭笞，做苦工，或者更重的惩罚。在法兰克福这个帝国城市或是阿维尼翁这个罗马教皇的准教廷里，最为低劣的恶作剧就是凡在他路过的地方，要求每一位犹太人虔敬地予以回避，并且命令他们留心自己的一举一动。

在整个德国，犹太人就像牲畜一样，当他们通过那些难以计数的小公国的边界或者进入任何一个城市时，都必须要交纳一项特别通行税，或者叫作"人头税"（Leibzoll）。在每一处海关口岸，他们都得被迫交上一套硬币，或与之在钱数上等量的礼品，作为对制作耶稣在十字架上受难时所用的裹尸布应分享份额的一种补偿。从一个地方到另一个地方，他们一再地遭到排斥，最多也只有在白天可以允许进入。当他们在法庭上出庭时，根据一项特别的、带贬损色彩的程式，所发的誓言必须是"更具犹太性的"，并且还伴随着一套令人讨厌的礼仪。甚至围绕着他们的书籍也发生了一场大战，它们或是被没收、审查，或是毫不在乎地予以焚毁。在意大利的绝大部分地区，拥有《塔木德》即被认为是一种刑事犯罪；而那些希伯来文印刷品的早期精美样本往往由某位一味狂热而缺少理智的行乞修士恣意进行种种不堪入目的删节篡改而被损毁得不成样子。

在整个复活节期间，从洗足木曜日（Holy Thursday）① 开始，那些隔都的大门就一直紧紧地关闭着，再没有一位犹太人胆敢在大街上露面。在每一年的嘉年华会 ② 季节，只是为了取悦于当地的那

302

---

① 即复活节前的星期四。——译者
② 即在四旬节期间持续半周或一周的狂欢节。——译者

些平民——与这个城市中的女人所共同享有的一项特权，那些在暴食后又被剥得几乎是周身赤裸的犹太人，被迫在罗马进行一场奔下科索山（Corso）的比赛。只要有一点哪怕是最小最小的借口，比赛就会被宣布无效，因而不得不在另一天重新比赛。这种无与伦比的侮辱仅仅在 1688 年被取消过，然而在此后的近 200 年里，他们却一直在观众们的嘲笑声中交纳贡金，作为对这件事情的补偿。最为糟糕的是，根据 1279 年、1577 年和 1584 年的教皇训谕，犹太人被迫每隔一段时间定期出席专为皈依者举行的布道仪式；在此期间，他们的耳朵要受到详细的检查，以免他们在里面塞上了棉絮，而那些手持笞杖的官员则有效地阻止了明目张胆的昏昏欲睡者。

正是在德国，他们以冷酷的逻辑性与残忍的独创性相结合，把隐含在隔都制度中的种种镇压手段推向了顶峰。在某一个时期，犹太人可能对某一个城市或国家还有些用处；但是，过了这个时期以后，他们的存在就变成多余的了，因此便招致这个城市或国家的怨恨。官方的居住特许证通常发给严格限定数量的家庭，决不允许超出定额。随着大自然不可避免的进化，人口必然出现增长。出生率是无法通过法律的颁行来进行控制的。结果，在许多地方便开始对犹太人的婚姻实施严格的控制。在一个家庭中，只允许其中年龄最大的孩子为自己娶一位妻子，建立起自己的家庭；否则，婚姻许可证将严格按照死亡人数的比率发放。在任何时候，都不允许任何犹太人在没有获得官方特许证的情况下结婚。因此，最神圣和最基本的人权从这部分人种的身上被剥夺了，而他们可能是最尊重这些人权的。虽然在阿尔卑斯山的南麓，这种臭名昭著的制度从来也没有真正实行；但是在山坡的北面，它一直在发挥着它的效力，而在许多地区，甚至一直到隔都被废除之后仍然持续了很长时间。

各种自由职业对犹太人是不开放的（尽管在科孚这个幸运之岛上曾允许犹太人从事法律方面的职业）。几乎所有的其他职业和手工业也是如此。不允许他们出卖任何一种新的商品；尽管十分勉强地允许他们进行旧货交易，所以这一行业便成了一种极具代表性的职业，甚至直到今天依然如此。要想进入纺织业或者任何其他的工业领域无疑会招惹竞争对手们的抗议，并且通常随之便受到来自政府方面的镇压。只有干裁缝这一行，他们一般会得到允许而不受干涉，尽管仍然不允许他们将自己的产品直接出售给消费者。在这样的情形之下，他们常常只能靠自己的心灵手巧来营造种种逃避的手段——譬如在一件新衣服上弄上一个无关紧要的破洞或残缺，以便在法律的意义上把它划归旧货类——也就丝毫不会令人感到惊奇了。由于不允许他们在自己的居住区附近开设店铺，他们便被迫跑出去沿街叫卖，并且他们最终在这一行里几乎达到了垄断的程度。在 18 世纪，那些四方游弋的犹太小贩，肩上扛着，背上驮着，走遍了整个欧洲，从而构成了边远乡村的一道独特的风景线。

在珠宝和宝石交易行业中，要想把犹太人以及他们天生的聪明和他们广泛的国际联系排除在外是不可能的。像旧货交易行业一样，放债业与典当业也由上苍加在了他们这群人的身上。尤其是在许多意大利的城市里（威尼斯就是一个突出的例证），他们为了城市中贫民的利益，以这种形式来维持生存成了一种法律上规定的义务，并且作为他们获得宽容的一个基本条件。

在那些限制措施实行得并不太严厉的地方，经济生活得以活跃

303

起来，其情形就像非犹太人口中差不多。例如，在较早的那些岁月里，布拉格就已经有了四个犹太人的行会——屠户、金银匠、裁缝和制鞋工人。在波兰那些比较大的城市中（完全就像古老的亚历山大里亚和耶路撒冷曾出现过的情况一样），每一个行会或行业都拥有自己的犹太圣堂；那些去卢布林的旅游者还曾一度有幸参观原先由铜锡匠、裁缝、招待和搬运工所保持下来的那些犹太圣堂。

尽管存在所有这些限制，医生职业仍然像在所有过去的和后来的那些年代里一样，人们对它具有特别的热情，追随不辍。它通常与犹太拉比的地位联系在一起；的确，对于那些年轻人来说，他们已经习惯于将在帕多瓦大学里的医学研究同参加该城中著名的《塔木德》研究院的学习有机地结合起来。那些地方充满了贫苦的学子，他们渴求各种知识，从波兰以及其他地方的《塔木德》研究院作为事业的开始——在某些情况下，直到最终成为君士坦丁堡那些王公大臣的一名私人医生。犹太医生仍然被禁止在那些真正的基督徒身上行医。但是尽管如此，在紧急的情况下，信念的眼睛有时会变得模糊不清。当那些头戴王冠的贵人和高级教士在任命他们的医护随从时，他们通常考虑的是他们自己的便利，而不是宗教法规；而当一位希伯来开业医生走进某位快要死去的显贵的房间或是在仆从们匆匆忙忙的陪同下踏过梵蒂冈那个高高的门槛时，他的那顶黄帽子大概也不会受到过于仔细的检查。

3

从最完整的意义上来说，隔都形成了一个"政府中的政府"。

只是出于加强集聚能力方面的需要，犹太人才同政府之间发生了某种联系，而政府几乎不承认他们自己作为个体的这种存在。犹太社区作为一个社会团体，代表着隔都里的居民；而它适时任命自己的代表（有各式各样的叫法，如"*massari*"，"*baylons*"或"*Parnassim*"），并赋予他们以司法上和政治上的权利，从而使他们能够代表它开展工作。千万不要把它想象为一种民主的组织。在它的上面，同那些看守人员并列的，还有一个小型的行政自治理事会。这一组织一般由一个更大一些的团体选出，其人员则由那些公共税款的主要捐助人组成，这些人因而形成了一个决定重要商贸事务的二级自治机构。在这种体制下，无产阶级在内部管理的公共事务方面没有任何的发言权。在某些保守的地区，譬如法国的南部，犹太社区（而不是那些靠救济过活的贫民）按照富裕程度被划分为三部分。尽管每一部分在行政管理方面都有着平等的发言权，但是很显然，这是一个赋予有钱阶级以更大影响力的不平等体制。

对于这些公共机构来说，由于是以这种形式设立的，政府便把逐年不断提高加在犹太人整个团体身上的沉重税赋的职责移交给了它们。不仅如此，犹太社区作为一个整体，还有各种内部支出——圣堂的维修、穷人的救济、墓地的维护以及各种官员的报酬，等等。官员不仅包括（教堂歌咏班的）领唱员、牧师助理、拉比（最后成了拿固定工资的官员），而且还包括诸如秘书、专门唤醒那些虔诚的信徒做早课的"学校敲钟人"（*Schulklopfer*）、"号角手"（*shochet*）或刽子手、邮差以及清洁工之类的所谓机关工作人员。另外，还必须专门划出那些隔都看门人的薪水，而犹太人在任命他们时却毫无发言权，并且也根本没有决定他们的服务项目的权利。

用于所有这些支出所必需的巨大数目由于按照资本或收入——有时两者都算在内进行分级课税而不断提高。在一个狭小的圈子之内，每个人不仅是其他人的邻居，而且也是买卖上的竞争者，在这方面要想进行深入的探究显然是不可能的；大体上来说，这种评价要凭着个人的良心来下判断。主导这种体制的条件，尽管在地区之间、城市之间都存在着巨大的差异，但为了更好地引导那些捐助者，通常都予以印发张贴（在意大利尤其如此）。在某些地方，作为一种辅助性的鼓励手段，还规定要举行一场旨在强调社区的急需和避免遭到谴责的专题布道。一旦出现不服从或是欺诈行为，最后的制裁办法就是开除教籍。在隔都的生活条件下，这种精神的和社会的惩戒要远远比肉体上的所实行的处罚更令人感到害怕，因而通常甚为有效。然而，他们有时也感到，要一直不断地提高这种强加的极不相称的巨大数目是不可能的；因为在整个 18 世纪，就有不止一个社区，甚至包括罗马社区本身在内，被迫宣布破产。

犹太社区的管理机构之所以能够在隔都的高墙之内变得无所不能，主要还得归功于这种财政上的自治制度。所有的法令都委托它代为执行；维护秩序的权力和保持个人良好行为的责任也移交它代为实施。在另一方面，它被赋予在争议事务中进行裁判的权力，并且其地位已经足以平息反抗行为。它还可以向政府求助以保障其愿望得以顺利实现，或者有权把不受欢迎的陌生人撵走。简而言之，它控制着隔都生活的全部内容，有时甚至把拉比本人也晾在一边。在布拉格，被称作"最高法庭"的犹太法庭组织得尤其严密，享有最完全的审判权；它甚至还拥有自己的监狱，可

以强制执行其判决和惩罚那些<u>不服</u>判决的人。布拉格还有自己的
市政厅，他们把它叫作"Rathaus"，是由著名的慈善家摩迪凯·梅
塞尔（Mordecai Meisel）在 17 世纪一开始的时候设立的；还有它
那座钟楼以及那只著名的大钟，钟面上标着希伯来文数码而不是
罗马数码。在这方面，只有波希米亚的首都是一个例外。但是，
大多数规模较大的隔都都有自己的办公机构，自己的洗浴设施，
自己的医院，以及自己的旅馆——事实上，他们拥有一个自给自
足的市镇所应有的一切。

4

　　隔都生活的中心当然是犹太圣堂。从外表上来看，它在某种
程度上不得不建造成一种朴素无华和毫不铺张的样子。这不光是
因为他们一直担心会惹起那些非犹太人的贪财之心，而且还因为，
直到 18 世纪，倘若犹太人做祈祷的地方扩展到原先的限制区之外，
或者在高度上超过了邻近的基督教堂的话，仍然会有人出面干涉。
在教皇国里，严格禁止一个城镇拥有一个以上的犹太圣堂。罗马社
区曾经采取在一座建筑里设立五个分堂的方式来分别举行其各种
不同的传统"祈祷仪式"——罗马人、西西里人、卡斯提尔人以
及其余的人——从而巧妙地避开了这一条款。犹太圣堂曾普遍地
被称作"学校"（school），也就是德国的"schul"，意大利的"scuola"，
法国南部的"escolo"。[①] 事实上，这种称呼原先是专门用于犹太社

---

　　① 　其意思都是接受犹太教育的地方。——译者

区的（很像我们所说的"海豚学校"，或者欧洲中世纪罗马的"撒克逊学校"），而用它来指建筑物只是后来的事。然而，这种用法表明，在犹太人的生活中，犹太圣堂作为一个中心的重要作用在于，它不仅仅是用于做祈祷，而且还是一个学习的场所。

尽管宗教传统在每一个地方基本上是一致的，但是随着时光的流逝，各个社区都发展了自己的特色。许多地方有了自己特定的"斋戒节"，用来纪念当地发生的某次灾难；或是自己特定的"普珥节"（有时仿照《圣经》中的《以斯帖书》来进行记载），用来证明该社区是从一位现代"哈曼"的手中解救出来的。因此，在法兰克福，他们每年都举行庆祝活动来纪念那位蛊惑民心的政客文森特·费特米奇（Vincent Fettmilch）垮台的日子，因为他曾在 1616 年的一场残酷的攻击之后，把他们从城里赶了出来；而在帕多瓦，他们直到最近仍然要过"福高普珥节"（Purim del Fuoco），以感念他们有幸逃过了 1795 年的一场大火。

在犹太圣堂的旁边——几乎是在它的前面，这是出于要将它包容在里面的考虑——真正的学校出现了。在犹太人的生活框架中，学校永远占据着头等重要的地位；在这一方面，隔都时期的犹太人并没有失去他们祖先曾有过的那些理想。即使是最小的中心，也设有自己的教育机构，通常由出于明确的目的而建立的某个虔奉宗教传统的团体来掌管。一个少于一千人的社区可以建立一所"自由学校"。时至今日，这种学校依然可以作为我们的一个教育模型。所有的费用均由那些自愿的捐赠来支付，任何东西都不必指望去靠父母的资助。在那里，除了教授当地语的基础课程，还教授希伯来语。教师的人数，以及班级的规模等都得到了精心的管理。最为引人注目的是，那些比较贫穷的小学生可以免费用餐，并且在每年入冬的时候，就会有人捐赠皮靴和棉衣。在某些地方，还有专为女孩子开设的专门学校。至于当时的大学教育，可以说在任何西方世界的国家中几乎无出其右者，甚至直到今天依然如此。

除了教育之外，没有任何一种可以构想出来的善事能够逃过在隔都中鳞次栉比的那许许多多虔诚的兄弟会的眼睛，总有一个会抓住它。这是因为，犹太人的宗教观念已经宽广到可以涵盖几乎每一个社会生活的领域。里面设有许许多多纯粹限于精神目的的团体——斋戒的、忏悔的、午夜祈祷的，等等，都是为了免遭天谴，促使"弥赛亚"的早日降临。与此同时，许多其他的人正在从事学术研究、成人教育和慈善工作。有一个团体专门帮助女人分娩，而另一个团体则专门接纳男孩子加入"亚伯拉罕的盟约"。这个兄弟会在这里为新娘置办嫁妆，而另一个兄弟会则去安抚犯人。在那些沿海的大港口（像威尼斯），都设有特别的机构专门负责赎救那些被马耳他的骑士或是北非伊斯兰教国家的海盗们抓获并贩卖为奴的犹太游客。无论在什么时候，只要缺乏或急需什么东西，那么那些不幸的人完全可以放心地期待他们的邻居前来救援，邻居们会根据自己的能力提供这样或那样的帮助。当一个人生病的时候，专门负责为病人出诊的兄弟会就会前来为他治病；而当他去世时，一个兄弟会会去照顾那些哀悼者，而另一个兄弟会则会去负责把他埋葬。这些活动只有在教皇国里被完全剥夺，因为在那里，一直严格禁止唱着当地形成惯例的挽歌陪同死者到他们最后的安息地，或在他们的墓穴之上竖立起任何形式的纪念物。

5

　　然而，这些各种各样的宗教和公共活动并不是隔都里面的唯一风景线。在这个小小的世界里面，存在着一个犹太人的社会，有他们自己的日常生活，自己的兴趣爱好，自己的娱乐方式。像在任何其他的人类圈子中一样，在那里也同样可以看到小小的不和和妒忌；那里也产生着同样的浪漫故事，同样的喜剧和同样的悲剧。他们甚至还为那种对外的交往事务提供旅馆，它是专门用来接待陌生人的；尽管普遍的好客精神并没有什么改变，但是，特别当某位云游的学者到来时，这种精神必然会危害到自身的繁荣昌盛。

　　在许多方面，这种生活不管是意大利式的，还是德国式的，或是法国式的，它都同外面的大世界没有什么两样。各个国家的艺术精神对当地隔都的渗透都达到了非常显著的程度。那些犹太圣堂一般都由在当时最为著名的建筑大师来进行建造，并且尽管它们有着毫不铺张的外表，但他们并不吝惜自己的气力使之成为充满美学灵感的场所。那些仪式上的一应用品都经过精雕细刻——当然并不全是由犹太艺术家完成的。那些挂在约柜前面的织有金银丝浮花的锦缎和覆盖着《律法书》羊皮卷的幔布全都精美绝伦，这是由那些已婚妇女不知用多少个漫长的冬夜一针一线地绣成的。那些手艺最巧的银匠被雇来为羊皮古卷和悬挂在屋顶上的各种灯具打造装饰品。每一个家庭在星期五的晚间点亮的安息日长明灯通常都是由贵重的金属做成的。装饰书稿的手艺在隔都内部依然非常时兴，即使在外面的世界里也许早就已经无人问津了。尽管印刷术在好几个世纪以前就已经发明了，但逾越节之夜举行的哈加达（*Haggadah*）[①] 祈祷仪式上的诵读内容仍然都是用手抄写，并且还精心绘制了各种插图；诸如木刻和铜版雕刻这些传统艺术也一直流传了下来，专门为那些无力购买更为昂贵的奢侈品的人提供服务。《以斯帖书》的羊皮纸卷轴同样受到青睐，而隔都的艺术才能在描写哈曼那十个绑在绞刑架上的儿子这个情节方面尤为丰富多彩，充分展示了这一迷人的故事。特别是在意大利，婚姻契约大都装帧华丽，有时还带有十分繁杂的装饰物。

犹太人固有的那种保守主义的重要特色之一，就是在许多国家里（波兰和土耳其便是突出的例证），犹太人在他们自己中间所使用的语言是一种外来语。这其中的一部分是来自德国，另一部分则是由来自西班牙的那些最早的难民带过来的。即使在那些日常用语都是使用当地土话的地方，在犹太人中间出现的那种语言混杂也就自然会使得在一般平民阶层中一会儿借用这种语言的单词，一会儿又借用另一种语言的单词，尤其是经常借用希伯来语。在这方面，由于近亲繁殖的关系，在原来的语言发音习惯和表达方式中就加进了某种独特的"怪味儿"。结果便创造出许多种具

---

① 希伯来文的意思是"宣讲""叙事"。其内容是逐步积累而成的，部分可以一直追溯到远古礼仪，部分出自《旧约》，部分来自《塔木德》《密释纳》等犹太经典。尽管这类内容本身不具有律法效力，但通过一系列故事讲解的形式，制约着犹太人的生活规范。故事来源纷杂，包括历史事件、神学故事、民间传说、寓言童话等，属于犹太教拉比文学的范畴。另有一个传统的文化读本（约成形于 2 世纪）名《哈加达》，中心内容是犹太人出埃及的故事，专门在一年一度的逾越节家宴上宣讲，同时也就成为对犹太儿童进行犹太史教育的一个读本。——译者

有犹太特点的方言。除了我们所熟悉的犹太德语和犹太西班牙语，
还有犹太法语，而在法国的南部地区，还出现了犹太普罗旺斯语。
所有这些语言通常（前面的两种语言几乎是一成不变的）都是用希
伯来文字符来书写，甚至印刷的。在一位 17 世纪受过良好教育的
德裔犹太女人的回忆录中，有人发现里面掺杂着近 30% 的纯希伯
来文；而这一比例远远不是最高的。在记录公共事务和起草新的
法律法规时，同样可能会使用一种混合方言，甚至还会更多地借
用这种"神圣的土语"。这是一部浩瀚的大众文学——民谣、译作、
布道词、法律文书，这就为那些女人以及其他的一些人提供了方便，
因为这些人的文学造诣同传统精华的完美崇高是无法比拟的。

309   社会生活是丰富多彩的。在每年的普珥节期间，常常可以看到
一些滑稽的小丑和各种化装舞会，有时还会举办一个商品交易会。
每逢这种场合，布拉格的隔都就会挤满了一群群身着节日盛装的姑
娘，无论他们走进哪一所房子，都会受到热情的招待。甚至那些
大学生也会借此机会使自己轻松一下，并且往往推选一位"暴君"，
然后借用他来嘲笑他们的拉比。对以斯帖和末底改的故事的详细
讲述产生了在北欧地区广为人知的"普珥节笑话"（Purimspiel），
并进而发展成为一种基本的戏剧形式。那些巡回戏剧演员从一个
地方走到另一个地方，演出的就是这些内容，不然就是那些古代
"流放者首领"的生活情景。婚礼和宴会上的气氛往往被那些"职
业小丑"引逗得非常热烈，他们那广博的妙言趣语有时甚至对虔
诚的观念进行指责。里面还出现了很多的音乐团体，它们也并不
总是专注于圣堂里的和声美乐。诞辰、婚礼以及其他一些显要场
合的祝贺方式通常都是一些滔滔不绝的美妙诗句。犹太人为庆祝

皇室的访问以及类似的事件而专门安排的露天表演和游行队伍是远近闻名的。隔都里那些富有的夫人有她们自己的沙龙，而那些富裕的房主也组织了他们的私人课程学习班，他们还广邀他们的朋友们一道参加学习。跳舞尽管遭到那些更为虔诚的人斜眼相看，但是，在宗教年历上的那些更具节日性的场合，一般被看作是一项值得称赞的活动；在意大利，讲授这种艺术长期以来就被视为是希伯来语家庭教师的职责之一，同时也被看作是一种犹太人的专长。那些犹太乐器演奏者，尤其是在婚礼的场合常常被邀请去捧场，而在外部世界里，他们同样也享有很高的声誉。

隔都生活也有其人性化的一面。它不光欢迎圣徒，也保护罪人——其中某些故事非常生动感人，足以引起人们的关注。它的成员似乎永远都是宽宏大量的；但是如果实话实讲的话，他们也并非总是诚实的。隔都内的生活是单纯的，然而永恒的复杂三角关系并没有完全从人类的舞台上消失。奢侈有时达到了无法节制的程度，赌博之风是如此地盛行以至于不得不采取惩戒性的干涉措施。事实上，犹太人不只被赋予了超人类的忍耐力，同时也赋予了人类的各种情感。甚至那些拉比也并非是永远无可指责的——就像目睹的威尼斯的那位并不和蔼但却颇具魅力的列奥尼·达·摩迪纳（Leone da Modena, 1571~1648 年）——这位儿时的奇才最终发展成了一名头发灰白的老浪子：干过不下 26 种行当，但却一无所成；能言善辩，却又去诋毁自己的信念；敢于实践，却又违背自己的格言；他一生追求财富，不即不离地沉溺于炼丹术，并不止一次地在狂饮豪赌中丧失了自己的小康生活，却又一再地诅咒自己的这种恶习，然而却又根本无法使自己从中解脱出来；他

310　还是一位异常广博的学者，曾专心致力于向基督教世界阐释犹太教的教义，并用希伯来语和意大利语写出了大量的作品，还曾为英格兰的詹姆斯一世（James I）编写了一本关于犹太习俗的手册，而他布讲起来是如此地雄辩有力，以至于吸引了许许多多的基督教牧师、显贵，甚至那些高贵的公子王孙也专门前来聆听他的布道。

6

　　因此，隔都实际上是人类社会的一个缩影，它如实地反映了外部世界的每一个方面，同时又为它染上了显著的犹太色彩。最近的一些评论家曾经试图为这种组织形式进行辩解，并向公众指出，它成功地发展和保护了犹太人的基本生活模式。对于这种已经过去的东西，某些顽固不化的吹捧者甚至声称在回顾这段历史时感到非常遗憾，将其看作是为遏止同化的浪潮而筑成的防波堤的一次塌陷。从某种程度上来说，这也许是对的。然而，这个问题还有另一个方面。有人倾向于过多地从其形成时期来评价隔都这种事物，在当时，那种更为宽松和更为自由的生活传统依然十分强大，而排斥异己的政策尚未从根本上予以实行。在其后期阶段，生活则受到更多的限制，更加单调，同时也更加沉闷。那些具有最高智能的人（通常来说，这一类人的总数不会超过 2000 人）被判定必须在那些自给自足的社区中度过他们的整个一生，从而在人力所及的范围内完全地隔断了他们与外部世界的交往。任何一个人都完全可以想象得出这是什么样的一种社区环境：生活在最难以想象的物质条件之下，不得不蜷缩并且无可言状地拥挤在那些大城市中的极不卫生的居民区里，而要想从里面出来（除了从日出到日落这段时间），则是在法律上被严格禁止的。

任何人都可以想象得出这样做的后果。人类的权利范围受到无法忍受的限制。生命变得难以形容的渺小。在这种环境下，形成了一种最高程度的近亲繁殖，包括肉体的、社会的和智力方面的。他们那敏锐的智力由于经常应付各种各样的琐碎小事而被完全浪费掉了。赋予人类的种种权利被严格地局限在一条单一的狭窄街道之内。那种只有通过人类交往中的不断繁殖和杂交繁殖才会产生的智力优势变成了根本不可能的事情。等到隔都已经存在了两个世纪的时候，就可以看到它的后果了。就肉体而言，犹太人已经退化了。他们的身高降低了好几英寸；他们变得永远是弯腰屈背的；他们变得胆小畏怯，并且在许多情况下都非常敏感。那些原本是由法律强加给他们的低贱职业——像放贷和旧衣买卖——俨然成了他们的第二天性，再也难以从中挣脱出来。他们与自己的犹太同胞之间的那种团结意识奇迹般地变得膨胀起来，并且在许多情况下还伴随着一种对那些造成他们的不幸命运的非犹太人的永恒的怨恨意识。出于一种对权力当局（并且是全世界的）压迫他们的种种企图的一种平衡心理，犹太人不得不进行逃避；并且只要证明了自己的无咎，种种过激的行为（有时是可以宽恕的）在某些不幸的情形之下也就是无可厚非的了。

经济上的后果也同样是非常悲惨的。贫困化以惊人的速度增长，并且有组织地对各种发展机会进行封锁使得复苏几乎是不可能的。大多数富有的人大都移民到那些生活相对来说比较富庶的地方，而留在他们身后的那些人对他们的同胞来说无异是一种沉重的负担，因为他们本身根本就无力为自己的生存而争斗。在整个 18 世纪的漫长历程中，乞丐成了一种社会性的威胁。在德国，据估算他们的人数达到了总人口的十分之一；而在意大利的某些地方，每三个人中就有一个人不得不接受这种或那种形式的公共救济。

甚至按照犹太人自己所持有的更具犹太化的观点来看，犹太人也出现了某种程度的退化。他们最终显示出某种丧失了比例感的迹象。传统生活蓝图中的每一部分内容已经都变得神圣不可侵犯，并且在他们的心目中无所谓主次高低。那些最无价值的陈腐观念和那些最基本的道德教义占据着同样重要的地位。迷信活动开始盛行，并且在某些情况下还部分地得到了宗教当局的认可。与此同时，希伯来学术研究正处在每况愈下的境地。对古典原本的研究变得越来越机械，因而那些著名学者的作品甚至在纯拉比教义的领域内也变得越来越少了。在经历了两个世纪的隔都生活之后，虽然这种机构表面上看起来还在一如既往地运转着，但是对犹太人的压迫——肉体上的、智力上的和精神上的——却是大大地加深了。

109. 列奥尼·达·摩迪纳（1571—1648 年）。
雷蒂·伊布拉西，1637 年。

第26章　自由的曙光

1

欧洲历史上以"文艺复兴"作为前导的那个史诗般的时代当 时将犹太人置于一种全面不利的地位。在西欧地区，他们遭受了一系列的贬黜，不光被排斥在每一个体面的行业之外，并且被严格地禁闭在他们的隔都里。在波兰和土耳其统治下的东欧地区和亚洲大陆，他们的遭遇相对来说还是比较幸运的。那里的情况恰恰相反，他们是一块陌生土地上的一群陌生人，代表的是一种异国的文化，说的是一种外邦的语言，并且尽量把他们作为具有特权的外国人来看待。

在整个欧洲只有一个地方（在整个世界上，如果我们把印度这种孤儿殖民地和中国排除在外的话，的的确确也只有这一个地方），在那里具有犹太血统的人同当地的普通居民有着平等的地位。这就是伊比利亚半岛。自从15世纪末以来，在西班牙和葡萄牙，犹太教的公开实践活动一直被看作是一种可以判处死刑的犯罪。宗教法庭始终应接不暇，每日加班加点，竭尽全力要铲除这种最为恶劣的犯罪形式。它已经成了整个国家中最富有和最具影响力的权力机关，甚至可以凌驾于国王本人之上。每隔一段时间，它就上演一出天主教导演的所谓"使徒行传"，亦即前面提及的"异端公开审判仪式"，这是近代西班牙所能够展示的最为壮观的场面之一。在举行这种仪式时，当着成千上万从周围的乡间蜂拥而来的那些观众的面，对那些并无恶意的人公开处以应得的刑罚，因为他们对神圣天主教的忠诚是值得怀疑的。对于其中那些公开表示忏悔的人，一般将没收他们的财产并判以监禁、流放或是做苦工。少数拒绝忏悔其罪行或者甚至还为之洋洋自得的人，将会被活活地烧死。那些贵族、公子王孙和统治者常常由于能莅临这些场面而感到荣幸，而具有极大讽刺意味的是，这种场面往往被安排用来庆贺一场皇家婚礼，或是庆祝一位王位继承人的降生。

313　　在绝大多数的情况下，这类受难者往往是那些所谓的"马兰诺"——不顾任何危险，在他们的家里秘密地坚持信仰他们原来宗教的信条以及（尽最大可能地）奉行他们旧有的习俗的那些犹太人的后裔。在安息日，他们就闭门不出；在赎罪日，他们就实行斋戒，并且他们还尽其所能地庆祝逾越节。有许多都是老传统，尽管这些仪式本身非常繁琐，但他们尽量使它们保持着热闹的气氛，并且在许多情况下赋予它们一种颇不相称的重要性。如果在他们眼里，所遵守的犹太礼仪中阴暗的成分比光明的成分占据了更大的重要性，他们更多地注意禁食斋戒而不是去享受盛宴，原因就在于他们国家的危险，以及他们不断感到忏悔的重要性。

　　拥有希伯来文的书籍以及有关希伯来文的任何知识显然已经是不可能的。然而，那些"马兰诺"仍然想方设法保留使用一两

110. 德国犹太"隔都"内的婚礼场面。J. C. G. 博登沙茨，《今日犹太人的宗教习俗》，1748 年。

OH. MENASSEH BENISRAEL.

A todos os Senhores de fua naçaõ Hebrea

habitantes na Affia y Europa, principalmente as
Sinagogas Santas de Italia e Holfacia. S. P. D.

Oufa notoria fiè, a todos os Senhores de
noffa naçaõ, quanto de muytos dias a efta parte
ey trabalhado, pretendendo fe nos conceda na
florentiffima Republica de Inglaterra, publi-
co exercicio de noffa religiaõ, movido naõ fo do
merito da caufa, mas por varias cartas de peffoas
virtuofiffimas e prudentes. Iuntamente como
avendo eftado por fuas vezes pofto a caminho,
fuy dos meus, por certas rezões politicas, perfua-
dido dilataffe por entonces a jornada. Agora pois faffo faber a todos,
como naõ bem convalecido aynda de diuturna doença, movido fo de
Zelo, e amor dos meus, defpindome de todos os meus particulares inte-
reffes, como tenho fignificado, me parto oje a efta empreza, que feja para
fervico del Dio, e noffa vtilidade. E fe bem alguns achandofe afazenda-
dos, e fobre tudo protegidos de clementiffimos Principes, e Magiftra-
dos, naõ fazem muyta eftimaçaõ defte meu perpetuo cuydado, naõ de
menos, conciderando eu o aplaufo comum, o bem geral, a aficaõ dos
noffos oje efpalhados tanto, q poderiaõ achar afylo e remedio na quella
poteniffima Republica, fem algom feu ... ... e juntamente ten-
do atencaõ, a tantas almas, que diffimulando a religiaõ, viuem em tantas
partes de Efpanha, e França efquecido, me parreceo naõ deixar aynda
que feja a cufta de minhas faculdades, negoceo de tanto merecimento
E fupofto que reconheco por cartas e boas correfpondencias, fer oje
aquella naçaõ Ingreza, naõ a antiga enemiga noffa, mas mudada
a Papiftica religiaõ, muy bem affecta a offa naçaõ como povo aflito, e
de quem tem boa efperanca, naõ avento nefte mundo coufa certa, nem
fegura, fuplico a todas as Kehilot Kedofot, q em fuas publicas oracoeñs
peffoa affectuofamente al Dio, me de fua graca nos olhos do benigniffi-
mo e vclerofiffimo Principe, fua Alteza Senhor PROTECTOR,
e nos o feu Prudentiffimo confelho, para que nos dem em fuas terras
fiberdade, dónde poffamos tambem orar ao Altiffimo Senhor por fua
profperidade. Vale.

De Amfterdam a 2 de Setembro 5415

o H. Menaffeh Benifrael

111. 米拿现·本·以色列关于为其成功出使英国祈祷的呼吁书。1655年。
国家档案馆，威尼斯。

112. 米拿坝·本·以色列（1604—1657年）。铜版画，伦勃朗作，1636年。

113. 拉比雅各·萨斯普塔斯（1610—1698年）。
铜版画，范·冈斯特作。

114. 本尼迪克特·德·斯宾诺莎肖像（1632—1677年）。
佚名，约1666年。荷兰国立博物馆，海牙。

个拆开的单词或短语，并且他们的祈祷文都是向"以色列伟大的主，阿东乃（Adonai）[1]"诵读的。他们的祈祷文一般是用当地的文字写成的——在许多情况下，模仿了他们古老传统中的范文；同时，为了便于实际应用，他们也求助于当时流行的拉丁文《圣经》（Vulgate）[2] 译本中的《旧约全书》。尽管他们的犹太教知识受到了极大的限制，他们仍然一直坚持全身心地沉湎于其基本教义；并且由于对上帝的那种不可动摇的信仰的一致性，他们在感情上更加增强了对犹太人民的团结统一与永恒不朽的信心。

就宗教法庭本身而言，仍然一直在反复地审阅那些标上各种符号的名单，以便从中可以再发现一位与犹太教沾边儿的人；而所有的人口都列出了名单，以便帮助它开展追猎有罪者这种神圣的工作。由于某种常规的家庭内部的宗教实践活动，或是过分注重清洁，常常足以使一个具有犹太血统的人付出生命的代价；而在星期五晚间更换内衣这种罪过则无疑是所需要获得的一系列证据中的最重要的一环，仅仅根据这种证据，就完全可以将户主绑在火刑柱上处死。过度地滥用严刑逼供几乎毫无疑问地足以从任何嫌疑犯身上获得全部的"犯罪"细节。在另一方面，还必须认识到，按照它自己的评判标准，宗教法庭永远是公正的。它很少在没有足够证据的情况下起诉；而一旦一个案件开庭之后，其最

---

① 关于该词的出处与含义，可参见第 1 章第 3 节相关注释。——译者

② 在埃及托勒密二世的首倡下，希伯来《圣经》由 72 位犹太学者翻译成了希腊文（约公元前 3 世纪至 2 世纪中叶），即所谓的《七十子译本》，也就是基督教产生之后最初使用的《旧约》。该译本于公元 4 世纪译为古拉丁文，即"Vulgte"，后成为天主教承认的唯一文本。——译者

终目的就是要得到一种完全认罪，同时还要有悔罪的表现。只有这样，那些受难者才能免受各种无休无止的恐怖折磨。它所施加的刑罚更多的是根据悔罪的程度而不是叛例来考虑的，当然那种冥顽不化的情形除外，这是由于对于那些冥顽不化的人来说，将他们在当地除掉可能会更安全一些，因为不然的话，他们这种榜样的力量和影响对于其他的人可能具有决定性的作用。

314

　　随着时间的推移，宗教法庭的工作不但没有丝毫的削弱，反而得到了进一步的加强。最终在西班牙出现了大约 15 个这样的法庭，在葡萄牙也有三个；每个法庭通常每隔一段时间就搞一次"异端公开判决"，而"马兰诺"就是它们的主要牺牲品。在宗教法庭十分活跃的三个世纪中，据估计总共有多达 375000 人被判决，而在这些人中有十分之一惨遭火刑柱死刑。到 16 世纪的后半叶，它已经在比较大的国家中获得了一种相当程度的成功。除了巴利阿里群岛（甚至直到今天，在那里仍然可以在那些受歧视的丘伊塔人中间找到他们的踪迹），所有当地出生的那些信奉犹太教的人——由于 1391 年及其以后岁月的恐惧曾经接受了洗礼的人的后裔——几乎全部被灭绝了。他们的地位则已经被那些来自葡萄牙的移民和逃亡者所替代，因为葡萄牙的情形一直比较特别，从而使得那里的秘密犹太教比较稳固地奠定了根基。有时，受难者中还包括一些"老"基督徒——他们是这样的一些人，血管里根本找不到一滴犹太人的血，他们之所以被吸引到犹太教中来，只是由于他们受到过残忍的迫害和这种宗教的追随者所显示的英雄主义精神。直到西班牙和葡萄牙的宗教法庭最后残存的日子里，即 18 世纪结束的时候，在那些受难者当中，秘密犹太人占了很高的比例。此后的记载就变得模糊不清而难以确定了。然而，即使在今天，在葡萄牙北部边远的山区乡间的旅游者仍然会惊奇地发现许许多多的"马兰诺"社区，尽管他们对基督教高唱赞歌，但他们依然从心底里忠诚于犹太教；在新近的历史上，最为罗曼蒂克的情节之一，莫过于在他们中间所爆发的旨在重新同他们在四个半世纪以前被冷酷无情地拆散的人民和教义融为一体的那场运动。

　　然而，尽管当时犹太教遭受了如此多的灾难，并且尽管在其实践活动中存在着各种各样的内在危险性，但它依然是伊比利亚半岛上的一支真正的力量。众所周知，绝大多数犹太人的后裔（根据某些十分刻毒的、与他们同时代的人的说法，是他们的全部，无一例外）都从心底里坚持着他们祖先的信仰。这样或那样的无能行为的确会发生在那些"新基督徒"（一代又一代的人一直就是这样称呼他们的）的身上。但是，正是由于他们所处地位的这种性质，按照分类有区别地对待他们是不可能的。故而相应地，也就没有一种经济活动他们没有介入，没有一个社会阶层他们没有渗透进去。在每一个可能想象出来的社会领域——从乞丐到政治家，从剧作家到纳税农场主，从补鞋匠到探险家——都可以看到他们的身影。他们几乎控制了整个葡萄牙的商业。他们建立起了在欧洲具有巨大影响和卓越声誉的银行体系。在那些著名大学的职员队伍里，挤满了具有犹太血统的人，这些人在被拖到火刑柱上之前，曾一直被誉为葡萄牙知识界最伟大的杰出人物。在这个国家最为著名的医生中，就有一半是"马兰诺"。在通常的情况下（正如人们所认为的那样，这是出于安全的考虑），他们加入了天主教会，并且某些人还占据了很高的职位。在短短八年的时间里，所有在

315

葡萄牙遭到"公开判决"的人中，至少有 44 位修女和 6 位受封的牧师，而其中某些人还是大教堂牧师会的成员。

　　因而，当犹太人在这个世界的所有其他地区被看作是一种劣等人种的时候，在西班牙和葡萄牙的情形却是根本不同的。事实上，没有一位公开信教的犹太人为这两个国家所接纳。然而，被怀疑骨子里是属于犹太教的人仍然大有人在，只不过苦于对他们找不到现成的可靠证据，而他们也与其余的居民一样享有完全平等的地位而已。他们使用同一种语言，他们穿着同样的服装，他们的生活方式在外表上是完全一样的，甚至在最小的细节上也毫无二致。他们使用那些他们的祖先曾经在洗礼时起过的高调门的名字。他们完完全全是西班牙人，或是葡萄牙人，只是由于他们的血统以及他们秘密的宗教信仰才同其余的居民有所区别。

2

　　就那些"新基督徒"而言，只是从 15 世纪末叶才开始形成了一股持续稳定的向国外移民的浪潮，他们急于寻求某个避风港，以便在那里公开地信奉他们祖先的宗教。他们的目的是众所周知的，而他们向国外移居却受到法律的绝对禁止。不过，逃避的方式是多种多样的：或是直接逃跑，或是借口在国外有紧急商务活动，或是（尤为典型）假托去罗马圣地朝觐。因此，几乎从西班牙开始实行"集体洗礼"的那一刻开始，地中海的各个港口便挤满了那些为了回归到犹太教而跑出来的"马兰诺"逃亡者。随着葡萄牙"强迫皈依"的实施，这波浪潮变得越来越汹涌澎湃。在整个土耳其和北非地区，原有的那些犹太公会由于新难民的涌入而不断壮大；这些难民通常都是一些学识渊博和极为虔诚的人，他们曾卷入了1497 年的那场灾难，受尽了侮辱。在某些地方，葡萄牙的"马兰诺"蜂拥而来，其数量已经达到了这样的程度，以至于只能紧挨着那些原先成立的犹太公会再创办他们自己的新犹太公会。

并不是所有的人都远离了欧洲这块疆域。大量的人去了意大利，因为在这个国家里，允许他们自由进出的城市不止一两个（根据当时的一篇报道）。当安科纳的"马兰诺"社区在 1555 年沦为教皇保罗四世（Paul Ⅳ）的那种反动狂热的牺牲品之后①，主要的避难地就只有斐拉拉了，因为它当时正处在埃斯特家族这个君主国的宽容政策的统治之下。然而，在 1581 年，反动的幽灵也游荡到了这块土地上。大量的人，他们的生活方式虽然曾一度挂着基督徒的头衔，还是被投入了监狱，并且还有三个人被押往罗马处死。所以，就意大利而言，主要的移民潮从此便转向了威尼斯，在那里，"波南廷（Ponentine）民族"（人们这样来称呼那些新来的人，一方面是为了将他们同日耳曼民族和当地的意大利人区别开来，另一方面也是为了把他们与利凡特人区别开来）立即在隔都之内，并因而在整个城市的商业生活中占据了统治地位。一些较小的殖民群落在帕多瓦、维罗纳以及其他一些地方也逐渐建立了起来。

一部分"马兰诺"转向了另一个完全不同的方向，因而能够扮演一个更重要的角色。事实上，意大利的繁荣正在日渐衰落。

---

①　参见上文第 268—269 页。

美洲大陆被发现了。日益繁荣的商业、帆影相连的船队、滚滚不断的财富以及帝国的中心开始转移到北部的沿海地区。原来曾是世界贸易大通道的地中海，如今已经变得无异于一潭死水。威尼斯和热那亚作为欧洲商业中心的地位已经被北大西洋的那些海港所取代。此时，西班牙和葡萄牙在世界商业中的地位变得极其重要，这是根据如下的事实，即不管是西方的新大陆，还是通向东方宝库的新航线都是由于这两个国家的努力而发现的，当然，另外也少不了它们的犹太国民的冒险精神与科学技术的帮助。

因此，每一个北欧地区的商业中心在当时都包含着一个具有或大或小重要性的西班牙人和葡萄牙人的贸易殖民团体。在伊比利亚半岛上的商业阶级中间，"新基督徒"集团占据了一种至高无上的地位。（直到当时情形一直如此，即在整个欧洲，"葡萄牙人"与"犹太人"这两种称呼被认为几乎是同义词。）所以，就出现了这样的情形，那些定居点沿着大西洋的海岸线星罗棋布，从比利牛斯山的山脚直到波罗的海的海滩，在很大程度上都是由那些"新基督徒"组成的，也就是说，是那些地下犹太人组成的。这些定居点最后的命运是各式各样的。有些逐渐消失了，或者为周围的居民所吸收而同化。另一些则交上了好运，置身于一种更为宽容的环境之中（一般来说，是在北欧地区的某个朝气蓬勃的强大的新教国家统治之下），这样便使得它们能够缩短自身调整的周期，从而也就能够不失时机地把自己建设成为开放的和完全公开的犹太社区。

在众多的殖民群落中，最重要的还是低地国家中的那些群落。自从 16 世纪初叶以后，那些"马兰诺"居住者一小群一小群地陆续去了当时在西班牙统治之下的安特卫普这个欧洲北部最重要的港城。正是在这个地方，门德斯家族建立起了它的巨大的银行体系。那里的秘密社区不时以宗教上的种种借口而遭到相当多的骚扰，因而不止一次地出现过暂时的解体。荷兰的起义结束了安特卫普的控制，而其至高无上的商业地位随之被阿姆斯特丹（Amsterdam）所取代。从此，这个城市也就变成了"马兰诺"的主要避难所。

一个非常古老的并且无须对其全部细节打任何折扣的传说最为罗曼蒂克地道出了阿姆斯特丹社区的起源。这个传说是这样的：在 1593 年，曼纽尔·洛佩斯·佩雷拉（Manuel Lopez Pereira）和玛丽亚·南尼茨（Maria Nunez）兄妹（他们的父母都曾遭到宗教法庭的迫害），与大队的"马兰诺"一起从葡萄牙启航了。他们希望能找到一处安全的锚地。这艘小船在航行过程中被一艘英国船只俘获，并且被带进了港口。一位英国贵族，由于被玛丽亚罕见的美貌所迷，便向她求婚。伊丽莎白女王在听了这个故事之后，便表示希望能见一见这个女囚。像所有其他人一样，她也被她的可爱迷住了，便邀约她一起乘马车逛了伦敦，并且发布命令，给予那艘小船以及上面所有的乘客以完全的自由。如若不然，玛丽亚也许永远也不会接受她所得到的这种诱人的帮助。"把所有英格兰的荣耀送给犹太教"（正如古老的记录中所描述的那样），因此，她与同伴们才能够一起继续向阿姆斯特丹进发。1598 年，她的母亲以及其他的家庭成员在那里同他们团圆了。在同年的晚些时候，她与一位同病相怜的逃亡者结婚了。看来，这是在阿姆斯特丹社区所举行的第一场婚礼；人们用一种有这对新婚夫妇的 24 位姐妹参加的庄严的舞蹈举行了隆重的庆祝仪式。

因为那些从伊比利亚半岛刚刚到来的人仍然还是一些挂名的基督徒，他们的行为便无法长时间地逃过人们的注意。似乎很显然，他们仍然奉行着天主教的各种仪式——在当时是绝对禁止的——并且可能甚至密谋推翻新建立的政府。在赎罪日那天，集会的规模引起了更密切的关注。所有的参加者都被逮捕，并被强行拖走后受到了详细检查。由于他们仍然对荷兰语一无所知，而他们在自我表达方面的困难更加重了对他们的怀疑。幸运的是，一个小团体的领导人中有一位［指的是曼纽尔·罗德里格斯·弗迦（Manuel Rodrigues Vega），化名为雅各·提拉多（Jacob Tirado），尽管他已经很大年纪了，但当时刚刚行了割礼］碰巧熟悉拉丁语。他灵机一动，就用这种语言为自己辩解。他清楚地解释说，这并不是一次天主教徒的集会，而是一批遭受甚至远比新教受到的更为残暴的宗教法庭迫害的那个宗教的追随者所举行的一次集会；并且他还指明，如果鼓励这些伊比利亚半岛的"新基督徒"在这个城市中立足的话，必将为这个城市带来种种天大的好处。他的要求，无论是从人性上来讲，还是以利益而论，都是极具说服力的。囚犯们立即获得释放；难民们的地位变得合法化；而殖民群落以惊人的速度增长，并在海牙（Hague）、鹿特丹（Rotterdam）以及其他地方建立了众多的分支。

与此同时，在汉堡（Hamburg）发生了一系列类似的事件。在 16 世纪就要结束的那些年月里，已经可以在这个城市中看到一小群一小群的葡萄牙"马兰诺"人。他们依然是挂名的天主教徒，因而更激起了那些新教徒居民的双重怒火。随后，这些居民就向参议院提交了一项旨在将这些陌生人从该城中驱逐出去的请愿书。

当要求设在法兰克福和耶拿（Jona）的路德宗研究院提出他们的意见时，它们反而建议应当接收这些犹太人，但要有某些限制条件，以便能够把他们争取过来，并使他们热爱《福音书》。结果在 1612 年，参议院正式批准了犹太人的定居权。后来，在格吕施达特（Glückstadt）、阿尔图那（Altona）和埃姆登（Emden）这些紧邻的地区又陆续建立起了一些小型的中心。

伦敦是西欧地区的第三大商业中心，因而也是第三大"马兰诺"定居点。一个原先在亨利八世（Henry Ⅷ）的统治下建立起来的地下犹太人的殖民群落，随着玛丽（Mary）在这里重新建立起罗马天主教的统治而分崩离析。另一个则是在伊丽莎白即位后才形成的。正是它的成员之一，即海克特尔·纳恩斯（Hector Nuñes）博士第一个将西班牙无敌舰队（Great Armada）到达里斯本的消息通知了瓦森海姆（Walsingham）。[①] 另一位成员是罗德里格·洛佩斯（Roderigo Lopez），在他卷入埃塞克斯（Essex）伯爵的阴谋并以一种捏造的罪名被控叛国罪而绞死（1594 年）在泰伯恩（Tyburn）之前，还曾当过女王的私人医生。在布里斯托尔（Bristol），曾有一个很小的社区，只存在了很短的一段时间。在 1609 年，伦敦的那些葡萄牙商人由于被怀疑信仰犹太教而被赶出了这个国家，因而这项冒险事业也就随之夭折了。新的居住者立即涌了进来，占据了那些老居住者的地盘。在 1648 年，随着君主统治的垮台，一

319

---

① 1588 年 7 月，西班牙国王腓力二世为远征英格兰而组建了一支庞大的舰队，后在英吉利海峡遭到英国海军迎击，重创后败退，从此，海上霸权落入英国人之手。所以，该舰队"到达里斯本的消息"显然对英国人是至关重要的。——译者

场旨在使得这个国家中实现全面的信仰自由的艰难尝试开始了，但当时的时机并不成熟。然而，在摄政政体①建立的时期，在伦敦的商业区中间又一次出现了一个很小的殖民群落，并由一两位名副其实的富商做了头领。

与此同时，大众对他们的态度也已经开始转变。那里的清教徒在心里对犹太人颇具好感，更倾向于把他们看作是上帝的古老子民。不仅如此，那些更乐观的人甚至希望，这种重新净化了的基督教形式将会使得他们相信《福音书》中的真理，而在这一方面，罗马教会当局却曾经对此一筹莫展，并且一败涂地。在另一方面，克伦威尔（Cromwell）本人有着先见之明，充分意识到了那些"马兰诺"商人在商业上的重要性。尽管他认为他们的情趣也许在政治事务中毫无价值，但他却发现，对于促进英国的贸易来说，他们却是一种非常有用的工具。

此时，在荷兰正住着一位具有"马兰诺"血统的思想神秘的拉比，他就是玛拿西·本·以色列（Menasseh ben Israel, 1604~1657年）。他那支多产的鹅毛笔和罕见的拉丁语才能为他在基督教世界里赢得了空前绝后的声誉。长期的沉思默想使他深信，通过将犹太人引入英国而结束流散状态，对于全人类所期望的伟大的救世主拯救运动来说，是一项必不可少的预备措施。正是由于他的帮助，才使得克伦威尔打开了保守之门。一段时间之后，米那西应邀赴伦敦亲自进行谈判，并且于 1655 年的年底在白厅（Whitehall）举行了一次由许多政治家、律师和神学家参加的值得纪念的大会，

---

① 指 1653~1659 年间英国克伦威尔父子的摄政时期。——译者

专门对这一问题进行了全面的商讨。那些律师表示，并没有将犹太人排斥在这个国家之外的法规。而在另一方面，神学界和商业界则有些人表示反对重新接纳他们，有些人虽然表示支持，但坚持必须要有一定的限制条件，诸如彻底消除"重新接纳"在当时所产生的那种诱惑力，等等。到第五次会议结束的时候，克伦威尔不得不承认，其结果让他感到失望，并且也有悖于国家的最高利益。因此，在会议还没有获得任何具有确定性的结论之前，他只是做了一番气势非凡、激情洋溢的讲演，然后便解散了会议。

320

当时，那些消息灵通的观察家认为，他肯定会利用自己的特权并依靠自己的权威予以实施。然而一个又一个月过去了，情形实际上并非如此，这一点变得越来越明显。他并没有正式批准犹太人的"重新定居"，而只是对此予以"默许"：允许那些已经在这个国家中的人，或那些愿意效法他们的人不受干扰，而无需对国民发布任何官方的声明。伦敦的"马兰诺"商人小团体只好放弃了要求得到某种更确定的承诺的希望。在第二年的春天（1655 年后的那一年，即 1656 年的 3 月 24 日），他们又向克伦威尔提交了另一份请愿书，只是请求他们能够"不受任何干扰地在我们自己特定的房子里做私人祈祷"（meete at owr said private devotions in owr Particular houses without feere of Molestation），以及"在该城市之外我们认为方便的某个地方"（in such place out of the cittye as wee shall thinck convenient）设立一处墓地。①

---

① 这里所引用的是请愿书的原文，单词中的拼写错误表明，那些犹太人还不能操标准熟练的当地语言，而只能使用一种犹太英语，也就是前文所说的混合语。——译者

　　这一点似乎得到了批准，尽管显得有些勉强。与此同时，这个团体中有一位成员，他的财产在同西班牙的战争爆发时一度曾被没收，当他提出申诉，声明他不是一个西班牙人而是一位犹太人——在西班牙的宗教法庭统治之下经历了如此沉重的苦难的那些人民中的一员——之后，财产便又归还给了他。几乎是在同时，他们租用了一间房子用作犹太圣堂，并且还获得了一片土地作为墓地。伦敦的"马兰诺"已经摘下了原来的假面具。他们的地位确实依然极不正常。"重新定居"仍然没有得到当局的认可，而只不过得到了默许而已。这是一种典型的英国式妥协——前后矛盾，不合逻辑，然而作为一种可行方案，却出乎意料地令人满意。正因为如此，犹太人才能够在这块土地上重新站稳了脚跟；而在365 年之前，这块土地还曾一度是把他们赶出家园的光辉榜样呢。

　　与此同时，在好几个法国港口建立了"马兰诺"定居点，最著名的就是波尔多（Bordeaux）和贝约讷（Bayonne）。这个国家整体上属天主教，并公开地赞同西班牙和葡萄牙所奉行的政策。因此，公开信教的犹太人根本无法在那里定居。而在另一方面，"马兰诺"却可以不受干涉地向这里移民，只要他们继续称自己为"基督徒"就行；并且对他们的行为也没有过分详细的管理规定。既然宗教法庭的威胁已经不存在了，他们开始失去了警惕性，并且越来越公开地恢复了他们祖先的信仰和习俗。慢慢地，一种组织得体的犹太生活开始壮大起来，随之也就产生了与之相应的《塔木德》研究院、拉比、寡头政治组织，以及慈善与宗教机构网络。大量的犹太圣堂建立了起来，一日三次挤满了做祷告的人，并且常常有一些好奇的陌生人前来参观。很少有人再继续伪装。显而易见，对全世界所有的人来说，那些新来的人都是犹太人，只不过并不允许他们这样来形容自己罢了。他们仍然被正式地称呼为"新基督徒"——尽管这种名称的含义所指已是人人皆知的事情。他们有自己的葡萄牙牧师和忏悔神父（在某些情况下，这些人自身的真诚或许像他们自己一样少得可怜），对他们来说，由这些人所主持的各种天主教的圣事只不过是一种形式而已。他们按照天主教的礼仪在教堂里结婚，尽管在事实上，犹太人的婚礼仪式以及所有的细节都应当是在家里来完成的。他们把自己的孩子抱去施洗，尽管对这些孩子所行的割礼仪式都是由专业执事来完成的。只是到了大约 1730 年的时候，这些主宰了两个世纪的明显不合常规的仪式才被废止，法国南部的那些"新基督徒"才被半官方地承认为犹太人。在其较早的、更为隐秘的时期，这个奇异的定居点中最重要的一位儿童要算是米歇尔·德·蒙田（Michel de Montaigne）了，他的母亲是阿拉贡地区卡拉塔尤德（Calatayud）的一个犹太旧货商的后裔。同这些大西洋沿岸的殖民群落具有密切联系的是一些得到托斯坎纳大公国赞助的比萨和里窝那（Leghorn）这种自由港中的"马兰诺"社区——实际上是意大利这个国家中唯一的从来没有引入隔都体制的地方，并且也是唯一可以允许犹太人维持一个人的正当形象的地方。同样地，在荷兰和英国的那些海外领地上——尤其是在西印度群岛——形成了一小簇一小簇的较小的犹太社区群。

3

从 17 世纪初叶开始，"马兰诺"的移民潮头所指首先选择的正是这些地方。几乎每一个等级和每一种职业都有他们的代表人物。那里出现了许多的学者、教授、作家、牧师、修士、医生、制造商、商人、兵士、诗人、政治家等等。有一个时期，许多西班牙宫廷中的宇宙志研究专家、忏悔神父和年代史编者，以及不止一位宫廷御医，同时在国外的这个或那个"马兰诺"中心加入了犹太教。在这方面，仅仅列出一个名单就足以使人眼花缭乱了。其中最为著名的还是那些医生，像以利亚·蒙塔尔托（Elijah Montalto），他是法兰西女王的御前侍医，同时也是其信仰的一位激烈辩护者；扎库图斯·卢西坦纳斯（Zacutus Lusitanus），他是当时最杰出的权威人士之一；罗德里格·德·卡斯特罗（Roderigo de Castro），他是妇科学的创始人。此外，还有许多经典派学者如托马斯·德·皮纳多（Thomas de Pinedo），他是一位被耶稣会开除的门徒；历史学家如罗德里格·门德斯·达·席尔瓦（Roderigo Mendes da Silva）；剧作家如安东尼奥·恩里克茨·戈麦斯（Antonio Enriquez Gomez），他是在马德里那些戏迷观众面前同卡德隆（Calderon）争宠的对手；还有许许多多的商业巨子和金融专家。在他们当中，有不少的人爬上了贵族阶层；而西班牙和葡萄牙的国王们也毫无顾虑地让那些公开信教的犹太人作为他们在低地国家，或在汉堡的代表人物，譬如贝尔蒙特（de Belmonte）男爵家族，或是纳恩斯·达·科斯塔（Nuñez da Costa）家族中的一代代成员，倘若他们踏上伊比利亚半岛的话，也许早就被毫不在意地烧死了。在当地出生的第一代人中，曾产生了本尼迪克特·德·斯宾诺莎（Benedict de Spinoza）这样的智力高超的巨人，他在后来对欧洲思想界产生了深刻的影响。那些富有西班牙和葡萄牙文化色彩的孤岛在整个欧洲北部星罗棋布，那里的文化生活几乎并不比塞戈维亚或是布拉冈萨（Braganza）这种内省更为逊色，或更缺少显著的伊比利亚味儿。各种各样的诗歌研究院建立了起来，其中的优美诗作虽然并不能使萨拉曼卡大学那些劣等诗人黯然失色，但还是有人在一本正经地阅读它和评论它；并且还产生了丰富多彩的文学形式——礼拜仪式的、辩论的、诗歌的、哲学的、历史的、戏剧的，等等，如果不是用这个国家中的当地语言的话，那么至少也采用了欧洲诸国所熟悉的形式和语言。因而，从真正的意义上来说，那些"马兰诺"散居点的成员乃是第一批现代的犹太人。

　　这些定居点及其远在印度和美洲的众多分支的重要性有着非同一般的深远意义。在经济领域中，它们起到了至关重要的作用。自 17 世纪初叶开始，它们就形成了一种商业关系网，而除了中世纪的汉萨同盟（Hanseatic League）①，这种关系网在历史上是无与伦比的。他们基本上控制了西欧地区的所有商业活动。他们几乎垄断了东印度地区和西方的钻石进口业。珊瑚工业是一项犹太人的，或者更确切地说是一种"马兰诺"人的发明创造。蔗糖、烟草以及类似的殖民地产品贸易大多控制在他们的手中。从 17 世纪中叶开始，那些在西班牙和葡萄牙出生的犹太人在每一个重要的交易所中都成了最为著名的人物。他们在建立庞大的国家银行体系方面部分地起到了桥梁的作用。在整个 17 世纪期间，世界商 323

业中心在欧洲从南部向北部的大转移几乎是在宗教法庭的帮助下所完成的最重要的成就之一。

同样地，"马兰诺"对于犹太人生活的影响也是非常显著的。那些后来加入到原先就已存在的定居点的人自然而然地在所有方面完全融入了他们所投奔的那些人群之中。他们来到这些古老的定居点，同那里的人在隔都中生活在一起；他们也被迫佩戴上了犹太人的识别标志；他们同样无一遗漏地遭受了将犹太人与其他的人类区别开来的种种法规所带来的种种苦难。但是，对于那些来到新的国家，并且建立起他们自己的社区的开拓者们来说，其地位就大大地不同了，他们一般都受到了比较公正的对待。他们在一开始就作为外国人而被接受了。他们之所以没有随后便受到完全的排斥，是因为他们的表现证明自己并不是罗马天主教徒，而是犹太人。为了隔离那些就连该国中最明智与最高贵的阶层都寻求与之交往、重视其意见的人而设立一个隔都，或者通过一个耻辱的识别标志将那些在他们的时代里公认的文化界与商业界的领袖人物划分出来，乃是十分荒谬的事。如果仅仅是因为某些科英布拉（Coimbra）或是马德里学术界中光彩夺目的学者——尤其是如果他另外还表现出多方面的崇高才能（正如他们中的许多人所展示的那样）的话——已经开始公开地出入犹太圣堂这件事，那些狂热分子就想要把他们作为低贱阶层的人进行严厉的镇压，也是不大可能的事。当然，要赋予他们完全的公民身份在当时也几乎是不敢想象的。但是，由于到当时为止，犹太人所享有的所有特权只不过是拥有了一种绝对低下的地位而已，而当时依旧存留的种种限制则充分证明，所谓完全的自由统治仅仅是例外的情况罢了。迫害仍然是未知之事；社会地位上的种种无资格性已经自动地被取缔了；隔离及其与之相伴随的羞辱已经不再是政府所持政策的主要目的。因而，自从罗马帝国时代以来，在犹太人的生活中可能是第一次拥有了一种健康的自由主义。因此，"马兰诺"定居点的这种情形成为解决如下这个明显的悖论的关键，即在那些欧洲的国土上，譬如英国和荷兰，到当时为止，那里的情形一直是最糟糕的，并且排斥政策极为强硬，然而此时却成了第一批以真正的宽容对待犹太人的地方。

一旦这样一种性质的社区的形成得到认可，再要继续排斥那些有着不肯妥协的血统的公开信教的犹太人，在逻辑上就是不可能的了，即便他们可能一直缺少外表的宽厚和整体的文化，也是行不通的。所以，紧跟着这些"马兰诺"人，犹太人也逐渐地从其他那些在表面上没有吸引力的国家赶来了，他们自然而然地享受到了由他们那些精明的先驱者早已赢得的种种好处。

几乎是紧接着"马兰诺"人来到阿姆斯特丹之后，一场德国人的移民潮开始向这里涌动；并且在 17 世纪中叶之前，就已经设立了一个犹太公会。这样，在各联合省区的其他一些重要城市中迅速建立起了分支机构，并且在荷兰犹太民族中，如果不是在财富方面，那么起码在人数上已经占据了至高无上的地位。通过几乎是一模一样的方式，那些"阿什肯纳兹"犹太人以葡萄牙人的身份作掩护，慢慢地潜入了汉堡，并且在 1671 年建立起了他们自己独立的组织。不久之后，它在数量上成为德国最重要的组织，并且一直维持到 19 世纪中叶。戈吕克尔·冯·哈曼（Glückel von

324

Hamahn, 1645~1724 年）是德国犹太民族的"佩普斯"（Pepys）[1]，他那部《回忆录》（*Memoirs*）尽管显得有点啰唆，但却令人欣喜地为后来的一代代人保留了一幅描绘当地社区生活的精微画面，其中详细地描述了当它达到其光辉顶点的那些岁月里，里面那些形形色色的学者、无赖、珠宝经纪人、小贩，还有它的成功以及它的命运变迁。同样，在伦敦也有一个阿什肯纳兹犹太人的社区，它建于 17 世纪的最后一个年代，从那时开始，它就一直在不断扩大。因而，正是通过"马兰诺"人的努力，西欧地区才向犹太移民打开了大门，一种新型的犹太社区才能够作为在即将来临的新时代中的一个核心和一种样板得以建立起来。

4

与此同时，东欧地区的那些犹太民族也正在经历其艰苦考验的阶段。自从定居的原始时期以来，波兰犹太人的生活条件同在其他地方出现的情形相比，在整体上还是比较有利的。16 世纪开始之后在德国出现的更为安全和更有秩序的情形使得这种对比的反差并不是那么明显；但是，尽管在各地时常发生攻击性和小型的迫害事件（波兹南和克拉科夫就一直是骚乱的温床），因而整个事态并不理想，但总起来说还是可以忍受的。然而，在 1648 年，乌克兰的哥萨克人（Cossack）在他们的首领基米尼茨基（Khmelnitsky）

---

[1]　指他作为德国犹太社区的代言人，颇有英格兰的撒母耳·佩普斯的风范。关于佩普斯，可参见本章第 6 节。——译者

的领导下，起来反抗他们的波兰主人的错误统治，因为他们一直对
这个政府的政治、宗教和经济上的高压政策极端不满。在他们看来，　325
在所有这些事情上，犹太人是难辞其咎的。他们的宗教信仰对于
希腊东正教甚至要比波兰人所信奉并且竭力要强加给他们的罗马
天主教更加仇恨。不仅如此，犹太人所干的都是犹太贵族阶层的
管家或是森林、旅馆和磨坊的承租人这类角色。因而，哥萨克人
对于犹太人的仇恨烈焰要远比他们对其主人的憎恶之火燃烧得更
为强烈。在全国上下，屠杀事件时有发生，其规模和残忍程度使
得自发生黑死病以来欧洲历史上任何为人所知的事件全都不值一
提了；并且由于在那种家常便饭式的拷问中所表现出来的奇巧构
思和精炼独到使得这种恐怖进一步加剧。在每一个被占领的城市
或乡镇，发生了大规模的灭绝行动。那些波兰人背叛了他们的犹
太邻人，错误地认为这样就可以挽救他们自己的生命。尼米罗夫
（Nemirov）、图尔钦（Tulchin）、奥斯特罗格（Ostrog）以及其
他许多地方使得"为神圣的名义"而殉难的光荣传统永垂青史。

　　然而，这仅仅是彻底打碎波兰犹太民族自豪感的一系列暴力
浪潮的开端。六年之后的 1654 年，俄国沙皇将哥萨克人置于他自
己的保护之下，并且入侵了波兰。随着一个又一个的白俄罗斯和
立陶宛的城市在他的面前陷落，那里的犹太居民不是被灭绝，就
是被驱逐。几乎是在同时，瑞典的查理五世（Charles V）从西面
气势汹汹地闯入了这个国家，尾随在沙皇之后大肆进行烧杀抢掠。
据估计，犹太人在 1648~1658 年间的伤亡总数不少于 10 万人。然
而，多灾多难的时期依然没有结束。继之而来的是一系列旷日持
久的局部骚乱，种种小规模的迫害，各色祭祀杀牲的侮辱——后

者的受难人数已经达到了这样的程度，以至于不得不向教皇呼吁要求予以保护；而他在经过一场煞费苦心的所谓调查之后，再次宣布这种悲惨的故事是完全没有根据的。在乌克兰，各种各样的"海达迈克"（Haidamacks）非法帮伙或叛乱最终再次死而复活，干尽了种种坏事，其残忍程度堪比在 120 年前所犯下的罪行，而 1768 年在乌曼（Uman）的一次骇人听闻的大屠杀，则将这种恶行推向了顶点。

这样的事件长年累月一再发生，其后果就是彻底摧毁了波兰的犹太民族。犹太人的生活中心就这样移向了北方，再也没有能够像原先的 1648 年那样，在波多利亚和瓦莱尼亚再现昔日的那种辉煌。"四省会议"在一系列会议上所通过的那些决议反映出每一个国家自身所面临的困难。各种税赋日渐提高。节约法令限制了家庭庆祝活动的开支，甚至包括婚礼的次数；每年可以举行一次斋戒，以纪念尼米罗夫大屠杀的日子；并且有二十多项法规表达了公众对新近发生的那些难以忘怀的悲剧的哀痛之情。

在波兰之外所产生的影响几乎有着同样重要性。当时，整个欧洲已经都知道有那么一些从哥萨克人的恐怖之下逃出来的身无分文的难民了。甚至远在君士坦丁堡，要赎救那些一度落入鞑靼人之手的俘虏也成了一个问题。那些留着长胡子、说意第绪语的波兰学者在意大利的隔都中成了众所周知的人物，他们在那里筹集资金以便赎回他们最亲近的亲属，或者重新建立起他们自己的生活。大群大群的人涌向匈牙利、奥地利、德国、荷兰，甚至英国。由于波兰时常发生的那些灾难，并且眼看着经济复苏已经是不可能的了，那股在一开始只不过是一线细流的移民潮，在 1648 年突然变得汹涌起来，并进而发展成为一条川流不息的大河。波兰这个"难民库"的大堤被冲垮了。从第一次十字军东征时期开始，直到欧洲文艺复兴时期，即从 11 世纪末叶到 15 世纪末叶，犹太人的移民潮一直是涌向东方的，从法国、莱茵兰地区和西班牙涌向土耳其和波兰。平衡状态相对稳定地维持了大约一个半世纪。随着克米尼茨基大屠杀的发生，平衡中出现了一种此消彼长；第二次浪潮开始了，只不过这一次的方向是指向西方罢了。这次浪潮持续不衰，历经 300 年，其强度不断变化，并且再没有出现过逆转，一直到它重新平衡了犹太人口在东半球和西半球之间的再分布。

这一连串事件的发生实乃天意。"马兰诺"作为开拓者已经在西北欧地区的各个国家中成功地站稳了脚跟。紧随其后的是德国犹太人，他们巩固了前者已经赢得的各种优势。过了一段时间之后，波兰人又紧跟着德国人蜂拥而至，并最终使得人数急剧增加。例如伦敦，在 17 世纪中叶，那里所居住的"马兰诺"家庭不过只有 20 户，而他们所建立的犹太公会在人数上增长一直非常缓慢。最早的"阿什肯纳兹"社区是在大约 1690 年形成的。在半个世纪稍多的时间里，在伦敦已经有了四个犹太圣堂，并且在外省的犹太圣堂也至少有这么多；这个国家中犹太人口的总数（当时，犹太人已经是一群全国上下都相当熟悉的人物了）至少已经有 6000 人，其中有相当一部分原籍是波兰人。因而，在欧洲，那些到当时为止仍然对犹太人一无所知的地区开始有许多犹太公会点缀其间，并且数量不断增长，声望蒸蒸日上。不仅如此，那些新的定居点在大多数情况下都已经摆脱了危险、盲信、歧视和社会偏见的困扰，而即使在今天，这些东西仍然一直不断在犹太世界的大部分地区上空投下可怕的阴影。

327

5

与此同时，在德国（它所容纳的犹太人要比中欧或西欧地区的其他任何一个国家都要多）也开始出现了一种崭新的形式。自 16 世纪欧洲的基督教改革运动以来，特别是"三十年战争"[①] 结束之后，在这个国家中就开始慢慢发展起种种新型的国家形式：实质上是独立的（因为帝国在这些诸侯国中的权力已经削弱到了近乎为零的程度），高度的集权化，保持着复杂的组织机构，而把法国尊为样板。这些新专制主义的独裁者无论在什么地方都可以很方便地找到他们的统治工具——甚至在"犹太胡同"里也能够办到。在战争时期，一个犹太人作为"伙食供应商"，对于"军队"来说，具有不可替代的作用；而在和平时期，他作为"资金"的"管理大师"，也是非常难得的；在任何事情上，他都可以证明自己是非常有用的，如他可以向英国财政部提供一笔贷款，为一个新建的企业供应设备，或者向那些宫廷心腹采购珠宝。因此，几乎每一个德国的诸侯政府，不管它是否能够容忍犹太人，一般都录用一两位（正如他们所称呼的，叫作"Hofjuden"，即宫廷犹太人）作为最高统治者及其阁僚的私人侍从。当然，这些人必须要具有相当的风度，同时自然也要有一定的能力。他们的言谈举止，以

---

① 指 1618~1648 年间在欧洲发生的一场国际性战争。德意志新教诸侯以及丹麦、瑞典、法国为一方，皇帝、德意志天主教诸侯及西班牙为一方。最终后者战败，签有《威斯特伐利亚和约》。——译者

及穿衣戴帽都必须要像正式的上流社会的成员一样规矩。他们大多拥有自己豪华的房子和庞大的住宅。要在"犹太胡同"里把他们集合起来或者强迫他们佩戴犹太人识别牌，都显然是不可能的。他们一般都免除了各种特别税赋。尽管他们并不总是以其犹太人自身的忠诚，或者甚至以严守自己的宗教习俗而倍受注目，但是，作为一种行为准则，只要出现困难和紧急的情况，他们随时都准备代表他们的宗教同胞出面调停；因此，有时他们栽跟头甚至要比他们爬上去往往更为突然和更具戏剧性。

在我们所讨论的这一时期，德国犹太民族的历史由于出现了这样的一些人物而显得尤为引人注目。他们是布拉格的雅各·巴塞维（Jacob Bassevi, 1580~1634 年），他是中欧地区第一位跃居贵族阶层的犹太人；维也纳的萨姆森·韦特海默（Samson Wertheimer, 1658~1724 年），他是维也纳、美因兹、帕拉蒂内特（Palatinate）和特雷弗斯法庭的总代理，在西班牙各衍生国之间发生的战争期间曾负责奥地利的军粮供应；撒母耳·奥本海默（Samuel Oppenheimer, 1635~1703 年），他是前者的同僚，曾帮助他的侄子大卫·奥本海默在牛津建立起了被誉为是希伯来书籍收藏中心的"博雷安图书馆"；还有约瑟·苏斯·奥本海姆（Joseph Süss Oppenheim，卒于 1738 年），他被后人亲切地称作"犹太人苏斯"，在悲剧性地倒台之前，他有一段时间在符腾堡（Württemburg）的宫廷中曾是一位无所不能的人物。

除了这些获得了解放的宫廷犹太人（对于这些人，并没有任何限制，并且他们在许多情况下所产生的影响与任何一位同一阶层的基督徒完全没有什么差别）之外，当时在德国还出现了许许

328

多多所谓"受保护的"和"可宽恕的"犹太人——珠宝商、手工艺人、雕刻师之类，他们曾在一段有限的时间内被赋予了某些特别的权利，并且免除了强加在他们的大多数宗教同胞身上的诸多限制。在这些人的下面一层就是无产阶级了；他们被禁闭在各地的"犹太胡同"里，以一种与众不同的识别牌作为标识，被迫交纳各种特别人头税，被限定在最为低下的行业和岗位上，并且被限制行使其最神圣和最基本的人权。阿尔萨斯和洛林的情形也与之类似。自从《威斯特伐利亚和约》（Peace of Westphalia）签订之后，这些说德语的领土尽管已经被置于法国的统治之下，但是，那里的旧有传统仍然历久不衰。

每过一段时间，反动势力就会取得暂时的胜利，但这种胜利往往更具有 12 或 13 世纪的特点，而不是启蒙时代的那种特点。因此，在 1670 年，由于受到当时那位出生在西班牙而由耶稣会教士养大成人的女皇的影响，开始从上奥地利和下奥地利，包括维也纳在内，同时对犹太人实施大规模的驱逐。正如其形形色色的前人们一样，这种做法是徒劳无益的。仅仅过了五年，"重新定居"运动就已经开始了，并且注定比过去更加难以遏止；然而，尤其重要的还是这种强制措施所产生的更为深远的影响。难民们在整个德国及其邻近的土地上星散地居住下来。其中的某些人在第二年即被"伟大的选帝侯"[①]腓特烈·威廉（Frederick William）所接纳而进入了布兰登堡，而在前一个世纪，他们就是从这个地方被驱逐出去的；在不久之后，柏林则被认为是全欧洲最重要的社区之一。

---

① 指德国有权选举神圣罗马帝国皇帝的诸侯。——译者

同样地，在 1745 年，以控告他们在阿尔萨斯的宗教同胞犯有叛国罪为借口，波希米亚，尤其是著名的布拉格社区的犹太人毫无道理地被判处流放。在这一时期，一个在欧洲历史上史无前例的事件发生了。伦敦和阿姆斯特丹的那些尚未获得完全解放的犹太人在这一事件中重新使自己振作了起来。多亏了他们的多方努力，英国和荷兰政府才向女皇提出了正式的外交抗议，请求她依照人道主义的准则来重新考虑她的决定。最终，她撤销了这项针对外省犹太人的法令；仅仅过了大约十年，布拉格的那些犹太人也同样被允许重新定居了下来。这一历史情节表明，尽管犹太人受到大力贬黜并且被作为下等人来对待，但他们至少还是人，对于他们，还应当使用人类的一般准则，并且如果情况需要，西方的那些开明政府也不过准备对他们施加比较温和的强制措施而已。

6

正当新的生活准则在西欧地区开始出现的时候，一颗彗星划空而过，先是激起了，而接着又打破了犹太人内心最深处的美梦，几乎完全毁坏了犹太人生活中的那种罗曼蒂克的背景，并因此越发使得他们不得不面对"生存"的新功利主义观念。从远古时代以来，每当情形看起来是最糟糕的时候，"弥赛亚"就会在黎明前最黑暗的时刻前来拯救他的子民，就拉比们而言，这似乎已经成了一条不言而喻的常识。一波又一波史无前例的灾难浪潮似乎早就已经满足了这种条件；并且各种冒牌的救世主从来也没有疏于去填补这一角色的空缺。在深受罗马人压迫的时期，在伊斯兰

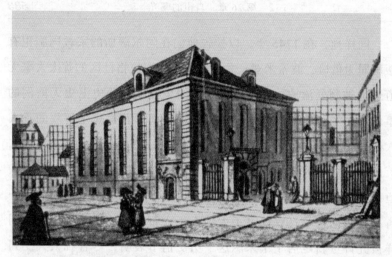

115. 位于柏林的一座犹太会堂。1712—1714年。18世纪绘画作品。

116. 1035年开办的沃尔姆斯犹太会堂。石版画。

Phünderung der Iudengaſſen zu Franckfurt am Main den 22 Auguſtij 1614. Nach Mittag vmb 8 vhr vbn
den Handtwercks geſellen angefangen, vnd die gantze Nacht durch Continuirt, da dan ein Burger
vnd 2 Iuden gar todt blieben, viel aber beiderſeits beſchedigt worden.

117. 犹太居住区在法兰克福"隔都"发生菲特米尔奇事件期间遭到洗劫，
1614年。版画，G. 凯勒作。

118. 处死菲特米尔奇。1616年。现代版画。

119. 维也纳犹太人大驱逐。1670年。现代版画。

120. 处死犹太人苏斯。1738 年。版画，G. 斯洛特作。

教得势的时候，在十字军东征的号角吹响之际，以及在西班牙的大驱逐那场登峰造极的悲剧发生之后，都曾出现过这样的情形。似乎没有任何时候的情形能够比 17 世纪中叶更为真实地体现了所有寄望于"救世主的那种痛苦"。

在整个世界上，政治方面的麻烦事特别多。德国仍然继续吞食着"三十年战争"的灾难后果。英国人则正在反抗中进入了上升阶段，并且还砍下了他们那位国王的脑袋。在犹太人的生活中，对于中世纪所发生的大驱逐依然记忆犹新。宗教法庭火刑柱上燃烧后的滚滚浓烟正在污染着西班牙和葡萄牙那里清澈的蓝天。尤为严重的是，在克米尼茨基领导下及其在波兰和乌克兰的游牧部落的蹂躏之下，刚刚掀起了一次又一次的大屠杀浪潮。这是近代历史上的一场无与伦比的巨大灾难，它不仅使得整个欧洲挤满了身无分文的难民，并且将有史以来灾难的规模与残忍推向了顶峰。不过，萨费德的那些希伯来神秘哲学的信徒却正在白天黑夜地冥思苦想着最后拯救的时日和形式，并且已经使得这件事成了每一个犹太家庭终日关注的主要急务。

也就是在这个时候，在小亚细亚的士麦那（Smyrna）[①] 居住着一位名字叫作沙贝塔伊·泽维（Sabbatai Zevi, 1626~1676 年）的年轻人，当时只有十几岁。他的父亲是一家英国商号的代理人，通过这种便利，他自然也就知道了英格兰"第五君主国的那些人"所生发的诸多"千年梦想"。他深深地受到了希伯来神秘哲学学

[①]　古城名，今称"伊兹密尔"，位于土耳其西部沿岸，濒爱琴海伊兹密尔湾，为古代贸易中心。——译者

派的影响。他的伙伴们常常看到，他是如何通过每日鞭挞自己的
身体来自施苦行，又是如何无论酷暑严冬常年地在海水中沐浴，
因而对他充满了敬意。每到深夜，可以听到他用希伯来语、阿拉
米语或是拉地诺语单调地重复哼唱着各种圣歌。在这些圣歌里，
每每通过某种方式，用大量容易获得肉体感受的形象化描述来赞
扬上帝对以色列人的爱。他的外貌可谓仪表非凡，他的个性充满
了极其强烈的魅力；逐渐地，人们用一种近乎畏惧的尊敬来看待他。
最后，就连他自己对于他本人就是那位人们一直等待的、任何人
都无法替代的"救世主"这种想法也变得深信不疑。

　　在一次朝觐耶路撒冷的过程中，他找到了自己的先知——加
沙的某位拿单（Nathan），这个拿单实在是过于高兴了，以至
于摆出了一副先知以利亚的面孔。另一位助手就是他的妻子撒拉
（Sarah），她是一位在刚刚发生的大屠杀中失去了双亲的波兰姑娘，
并且已经受洗加入了天主教。她从女修道院中挣脱因禁逃了出来，
出于她那令人心悸的理由，来到了东方，并且深信她命中注定将
成为主的那位"受膏者"的妻子。

　　沙贝塔伊的归程犹如一次凯旋者的巡游，往往是人还未到，
名声先至；在经过的沿途，他受到了热烈欢迎，人们一片欢腾。
几乎没有人去怀疑他的自命，而少有的几位例外之人也感到犹豫
不决，不愿轻易表现出他们的怀疑态度。甚至在他自己的国土上，
大多数人也都把他看作是一位先知。1665 年秋的某一天，在他的
故土士麦那的一个犹太圣堂里，他公开地宣称他自己就是救世主。
想要将他对权力的要求仅仅局限在学术领域，他是决不会满足的！
他将巴勒斯坦及其邻近的土地划分成一个个的行省，并慷慨大方

地分给那些对他最为虔诚的追随者，以为当他自己将来真正地成了国王的时候，这些人就可以作为附属国的国王施行统治了。

信件广泛传递到整个欧洲、亚洲和非洲大陆，宣布了这一激动人心的消息。在每一个地方，人们正在为即将来临的拯救而欢呼雀跃。在所有的犹太圣堂里，人们在为"我们的主，国王和主人，圣人和义人沙贝塔伊·泽维，以色列上帝的受膏者"做各种各样的祈祷。大众的狂乱变得无法控制。那些纯洁高雅的已婚妇女犹如阴魂附体，精神恍惚地用她们原先听都没有听说过的语言，念念有词地预言着那些马上就要出现的奇迹。当时掀起了一场忏悔和苦行主义的热潮。由印刷机构印行的各式各样的礼拜仪式铺天盖地而来。那些未成年的孩童早早地成了婚，从而使他们能够提前生下子女，以便使得少数尚未降生的灵魂进入这些子女的肉体之中，这样一来，获得拯救的道路上的最后一个障碍物便被清除了。在某些地方，生意陷入了停顿状态，人们脑子里不再想别的事情，只想着自己眼前赶紧往"圣地"搬迁这件事。那些认死理儿的商人甚至将大量的布匹和粮食运往附近的港口，准备做一次远航。阿姆斯特丹社区的那些商业巨头，就是那些只要签个名字，就能在任何一个欧洲大证券交易所值几乎任何数额的人，他们准备了一份请愿书，寄给这位冒牌者，以确定他是否就是他们当时冥冥之中的信仰之人。在汉堡，社区中的长者们带头在犹太圣堂里跳起了欢庆的舞蹈。在整个欧洲，几乎只有一位著名的犹太学者还保持着清醒的头脑，他就是雅各·萨斯波塔斯（Jacob Saportas）。他当时由于 1665 年发生的大瘟疫而离开了伦敦（他曾一直是那里的拉比），并且尽力想要在他的宗教同胞之间维持一部分人的理智，但未获成功。

本尼迪克特·德·斯宾诺莎受到了审问，并且他也发现，并没有任何理性上的理由去怀疑一种暂时恢复犹太人统治地位的可能性。[1] 在伊比利亚半岛的"马兰诺"人中间，甚至还引发了一场骚动，他们中的某些人为了要去加入所谓"大拯救运动"而试图以偷渡的方式离开自己的国家。在伦敦，有人告知佩普斯（*Samuel Pepys*），说："城市中的一位犹太人，以所有其他人的名义为任何一个人提供 10 英镑，如果当时在士麦那的某个人承认在两年之内东方所有国家的亲王都是他的主人，尤其是那位自封的伟大'君主'作为世界之王的话"那么他将会得到 100 英镑。

由于受到这种种的激励而感到飘飘然，沙贝塔伊便立即向君士坦丁堡进发了，其实去干什么并不太清楚。他一登上陆地，便根据皇帝宰相的命令而遭到逮捕，后被投入了监狱。这一挫折在其倾慕者看来并没有造成任何影响：难道救世主在他最终获得成功之前要遭受一些磨难不是必然的事情吗？他们为他曾化作肉身的那个阿拜多斯（Abydos）城堡起了一个神秘的名字，叫作"力量之塔"，并且他们成群结队地去探望他，还送给他许多昂贵的礼物。因此，即使在当时的情况下，他仍然不失风度，保持着一种近乎皇族的身份。他放肆无度地折腾，干了一件，又生出一件；而当他废除了阿布月初九的斋戒日——用来纪念犹太民族历史上耶路撒冷的毁灭和其他多次灾难的日子——并且宣布这一天必须作为一个主要的节日来纪念他的诞辰而大力庆祝的时候，这种肆

332

---

① 关于这一点，我们从他在各种不同场合所表达的观点中就可以很清楚了，但不幸的是，他在审问〔是由皇家学会的秘书亨利·奥登伯格（Henry Oldenburg）进行的〕时的答复已经佚失了。

无忌惮也就算达到了顶峰。

　　土耳其当局终于对这件事完全失去了耐心。当时他有一个竞争对手，是一位来自波兰的先知。由于他无法得到自己所期望的对沙贝塔伊的那种尊崇，便怂恿土耳其人来反对沙贝塔伊。他们终于把他传唤到了亚德里安堡。当时，他的那些追随者还正在做着美梦，认为他们一直在盼望和祈祷的那一天终于到来了。真是到了一天也耽误不得的时候了，于是他们要苦苦思索出一个精确独到的方式，好让他们的这位"英雄"用它来宣布自己的神圣权利。在首都，他被带到了苏丹的面前；苏丹冷淡而不失和蔼地让他在背教或处死两者之间自行选择。由于胆怯（如果不是这个最刺耳的音符，他的一生将是多么和谐的一篇乐章！），这个冒牌货选择了前者。在他原来佩戴犹太人头饰的地方，马上换上了一位真正的伊斯兰教徒所缠的那种白色的穆斯林头巾，他公开地宣布自己加入了伊斯兰教，在他的身后，只留下了作为"灰溜溜的圣人"的那次苏丹的接见，还有一位皇宫里的囚徒。

　　在这整个故事中，最引人瞩目的情节还在后面。即使在出现了这个反面教材之后，那种对自命的假"弥赛亚"的盲信原先所赖以存在的基础远远没有被动摇。在他的倾慕者中，那些更为虔诚的人仍然坚持认为，拯救者在完成历史使命之前，必须要有人类每一个方面的生活经历，甚至包括那种最为低贱和最无犹太味儿的经历；否则的话，那个背教的家伙只不过是一个具有他的躯壳的幻象而已。在整个犹太世界里，那些虔诚的追随者帮派仍然继续宣扬他的自命和主张。他们的这位"英雄"本人也仍然在小心谨慎地对他们进行鼓动，继续同他的那些倾慕者遥相呼应，同时还与他们一起举行各

式各样怪异的仪式；直到有一天，他在毫无防备的情况下，被放逐
到多尔西戈诺（Dulcigno）。然而，对他的迷信崇拜仍旧阴魂不散，
甚至直到他于 1676 年（据人们私下传说，就是在赎罪日这一天）
在流放地死去之后仍未消失。后来，那些紧步他的后尘而加入了伊
斯兰教的追随者又把对他的忠诚转移到了他那位冒名的儿子身上。
直到今天，他们的后裔一直被称作东马派（Donmeh），并且仍然
在中东地区保持着他们自己的特性。[①] 表面上来看，他们是完完全
全的穆斯林；但是，在他们的家庭内部这种私下场合，他们一直还
是奉行着他们那些属于自己的古怪而神秘的仪式，追忆着三个世纪
之前那奇异的一幕。这是基督教的一个畸形的类似物，所不同之处
仅仅在于，它把"救世主"这样一个人作为其核心，而这个人背叛
了自己的宗教，而不是甘愿去领受死亡。[②]

在其他一些地方，这种骚动仍然以不同的形式持续着。长期
以来，那些游方先知和神秘主义者［如加沙的拿单，或是后一个
世纪早期的尼希米·海云（Nehemiah Hayun）］一直在四处布道，
宣扬对那位背弃了犹太教的假"弥赛亚"的信仰；就连许多最博
学而且最虔诚的拉比，也被怀疑对他仍旧怀有一种秘而不宣的忠
诚。大约在一个世纪以后，学术界仍然在很长的一段时间里对于
拉比雅各·埃姆顿（Jacob Emden，卒于 1776 年）和拉比约拿单·埃

333

---

① 直到巴尔干和希腊—土耳其战争，东马派的主要中心区一直是萨洛尼卡。由于
表面上是土耳其人，他们也加入了后来发生的人口交流；而目前最重要的群体却是在君
士坦丁堡。1913 年发生的"土耳其青年运动"就是由这个教派的成员领导的，因而他们
的身份显得颇不相称。

② 此处指耶稣为了坚持自己的信念而被钉上了十字架。——译者

比舒茨（Jonathan Eybeschütz，卒于 1764 年）之间发生的一场论争而震惊不已，因为前者对后者提出指控，认为他曾在自己画的某种神秘的护身符上间接地意指过沙贝塔伊·泽维。还有的人由于受到新近那些榜样的刺激，为了自己的私利而铤而走险，自立为救世主。例如亚伯拉罕·米切尔·卡多索（Abraham Michael Cardoso, 1630~1706 年），他是一位"马兰诺"医生，在皈依犹太教之前，他一直是马德里那些贵妇手中的一个宠物；摩迪凯·艾森施达特（Mordecai Eisenstadt, 1650~1729 年），他是一位极具煽动性的传道士，曾把意大利北部的犹太群众弄得神魂颠倒；还有帕多瓦的那位摩西·哈伊姆·卢扎托（Moses Hayim Luzzatto, 1707~1747 年），他是当时最具天赋的希伯来作家之一，他的文字天才曾为希伯来诗歌注入了一股新鲜的活力。甚至在波兰，这种影响也是十分强大的，并且还产生了一场稀奇古怪的"信仰复兴者运动"。一大群虔信派教徒，身披白色裹尸布作为他们悔罪的标志，浩浩荡荡地向耶路撒冷移民；他们满怀信心地希望能够在那里亲身体验"赎救"的过程，从而使这一运动达到了顶峰。

尤其是在东欧地区，那里仍然有大量的人，他们依然保持着一种对这些风行一时的救世主人物的盲目崇信。在 18 世纪的下半世纪里，他们终于在某位名叫雅各·列鲍维茨（Jacob Leibovicz, 即众所周知的弗兰克）的波多利亚冒险家身上找到了一面团结的旗帜。他宣称自己是沙贝塔伊·泽维的转世化身和继承人。他的追随者很快就发展到数以千计。据称，这个新教派所奉行的放荡的生活方式最终导致他们在布洛迪（Brody）举行的一次拉比宗教会议上被革出了教门，因为拉比教义严格禁止成年以下的人学习《佐哈尔》（弗兰克教派正是依赖这本书而生存的）。这个所谓的革新派通过宣称自己是《佐哈尔》主义者予以反击，与那些《塔木德》学者和拉比展开了论战；并且他们还向当地的世俗当局提供了一份关于"半三位一体"的信仰自白书。其结果又是一场完完全全具有中世纪传统性质的论争，此后，《塔木德》受到谴责，并且有成千上万的卷册被公开焚毁。到最后，那些弗兰克信徒成群结队地转向了当时占统治地位的信仰之下。这就使人们不得不相信，正像他们曾经是犹太人一样，他们作为基督徒也同样是大可怀疑的。到了法国大革命时期，在德国城市奥芬巴赫，最惹人注目的焦点之一便是这位雅各·弗兰克（Jacob Frank）。他自封为奥芬巴赫男爵（Baron von Offenbach），他那豪华的生活完全靠他在波兰和摩拉维亚的追随者送给他的祭献来维持。在他于 1791 年去世后不久，他选定的继承人摩西·多布拉什卡〔Moses Dobrushka，他死去时的名字叫作朱尼耶斯·弗雷（Junius Frey）〕同丹东（Danton）[①]一起在巴黎被送上了断头台。当时，弗兰克那位天真美丽的女儿夏娃（Eve）成了该教派的"圣女"，从而使这一传统教派得以历久不衰，并且一直持续到 19 世纪。

334

7

这种"救世主"闹剧所产生的一个更为具有深远意义的影响就

〔①〕即乔治·雅克·丹东，18 世纪法国资产阶级革命时期活动家。他于 1792 年入选国民议会后，成为山岳派领袖之一。后因公开反对雅各宾政府，于 1794 年 4 月被处绞刑。当时将他同弗雷一起处死，或许意在表明他们都是异端首恶。——译者

是"哈西德主义"（Hassidism），即虔诚派。波兰的"信仰复兴者运动"渗透进了社会的每一个方面，直到有一天把一位纯粹的波多利亚采石工以色列·本·以利撒（Israel ben Eliezer, 1700~1760 年）卷了进来。围绕在他个性上的一圈圈传奇的光环使得要找到他的教义的确切出处十分困难。然而，显而易见，他是普通人民中的一员，是一位敢于站起来反抗到当时为止一直毫无争议地在波兰犹太民族之间风行的那种处于知识霸权地位的人物。在当时的犹太人中间，几乎人人（尽管他们并不是学问高深的《塔木德》研究专家）都坚持这样的一种观点，即学识对于犹太教来说是极其重要。这位新的领袖是一位具有罕见的个性魅力的心肠软弱的神秘主义者，他教导人们，虔诚远胜于学术成就，而自己同自己的上帝进行交流是每一个人的特权，尽管他也许是一个无知的人和贫穷的人。根据他的观点，由于"神"能够创造一切，因而可以通过许多的方式和用每一种肉体上的功能来为他"尽责"，只要对他所行的崇拜是一种欢乐和幸福的表达就够了。人不可能从禁止肉欲中得到任何益处；只有通过精神上的升华并且完全地抛弃自我，才能够在尘世与天堂之间的这道鸿沟上架起一座交流的桥梁。在另一方面，世界上还存在着某些"义人"（Zadikim），他们接近于"全能的"上帝，并且他们的调解作用有时往往会动摇"上帝"那不可改变的意志。

逐渐地，在米扎波茨（Miedzyboz）这个小城镇里，原先簇拥在"美名大师"（*Baal Shem Tob*，缩写为 Besht，他们就是这样来称呼他的）周围的一小群门徒发展到了数千人，并且采用了"虔诚者"（*Hassidim*）这个名字。当时，一场"信仰复兴运动"在

西欧地区的广大犹太群众中间蔓延开来。各种祈祷集会开始举行，
而在这种集会上，宴会、狂欢和歌唱往往被认为要远比那种礼拜
仪式的机械式重复更具重要性。在这位创始人去世之后，这种观
念在几个经过特别选定的有着特殊荣誉的家庭中逐渐成形，并且
通过继承的方式，它又直接从一位 Zadik 即"义人"传给另一位"义
人"，因为这些人都被指定为凡人与上帝之间的中介人物。来自
梅泽里茨（Meseritz）的多夫·贝尔（Dov Baer, 1710~1772 年）
是虔诚派的追随者中最早的一位学者，他采纳了一种新的教义，
来迎合当时那个颇有学问的阶层的口味，并且自此便在他们中间
开始不断取得发展。到 1772 年，这种风潮涌向了立陶宛，并且还
在维尔纳设立了一个虔诚派的秘密集会地点。这一运动最终使得
传统教派〔得到了以利亚·本·所罗门（Elijah ben Solomon），
即"维尔纳的加昂"（1810~1883 年）这位英雄时代的最后一位
拉比派领袖的认可〕正式采取措施，并且发布了一项旨在将所有
参加这一新运动的人开除教籍的法令。

　　不言而喻，这一措施要想阻止这种历史的潮流被证明是完全
徒劳的。几年之后，东欧地区的犹太民族划分成了"虔诚者"与"反
对者"（Mithnagdim）两派。当论战的喧闹声平息下来之后，论
战的双方都渗入了一种新的精神。此时的"虔诚派"已经意识到
事物传统秩序的重要性，因此开始把那些有着杰出学识和才能的
拉比视为自己的同道。而"反对派"也已经变得比较宽容，看得
出来，他们的观念显然受到了他们从前的敌对者身上所具有的那
种温和人性的影响。这种变化一直持续到了下一个世纪，最终在
那位圣洁的以色列·萨兰特（Israel Salanter, 1810~1883 年）的道

德教义中得以体现出来。因此，"虔诚派"并没有能够发展成为
一个独立的教派，而它的追随者（一度多达以百万计）仍然留在
了犹太人这个群体之中。然而，它的出现对犹太教产生了一种极
其深远的影响，它为其增添了几许诗意的成分；同时也持久性地
加强了它对那些更为低下的、更为敏感的阶级（这部分人通常认为，
在他们的日常生活中，迫切需要某些神秘的东西）的控制能力。

因此，17 世纪的"假救世主"运动及其后来的种种衍生形式（尽
管最终彻底崩溃了）标志着一个时代的结束。西方的犹太人彻底
地醒悟了。他们的自尊心被触痛了，并且他们想要再从挫折中重
新振兴起来，仍然需要漫长的时间。一个靠超自然的力量制造出
来的"假救世主"将再也不会得到普遍的信任了。民族的拯救运
动最终趋于理性化。与此同时，那些原先容易受骗的人已经变得
非常地实事求是，正在他们的故土上寻找自己的耶路撒冷，并且
通过建立公共基金来寻求赎救的良策，同时对来自基督教上流社
会的奉承非常敏感（有时是过于敏感）——这些都非常适合于伏
尔泰（Voltaire）和卢梭（Rousseau）世纪的那些孩子们。冗长不
休的"埃姆顿 - 艾比舒茨（Emden-Eybeschütz）争吵"逐渐破坏
了拉比集团的权威和信誉。在东欧地区，情形则恰恰相反，随着
那些致力于《塔木德》学术研究的巨擘相继故去，一种新牌的犹
太教出现了。学问对这种犹太教是不必要的，而傻瓜可以与拉比
平起平坐，这在历史上还是第一次听到。与此同时，在西欧诸国，
出现了一种新型的犹太人，他们讲的是当地的土话，穿的与他们
的邻居毫无二致，完全融入了大众生活之中。从社会的意义上来讲，
他们已经获得了解放。很显然，犹太人的中世纪马上就要结束了。

121. 德国犹太人庆祝新年节。J. C. G. 博登沙茨，《今日犹太人的宗教习俗》，1748年。

122. 摩西·门德尔松（1729—1786年）。现代版画。

第 27 章　隔都的坍塌

1

到了 18 世纪的后半叶，隔都那些高墙上的裂缝已经变得越来越明显。正像所看到的那样，自从 17 世纪开始，犹太人在那里重新定居之后，欧洲西部诸国并没有引入这种制度。在意大利［除了教皇国，因为在那里，其中庇护六世（Pius Ⅵ）于 1775年发布的"关于犹太人的敕令"（*Editto sopra gli Ebrei*）使人回想起中世纪的那种最严重的畸变情形］，情形正在慢慢地得到改善。在像托斯坎尼这种已经开化了的公国里，如果有少数几个犹太人住在隔都之外，并不会引起大的异议；隔都的大门也已经不再像过去那样准时地关闭了。甚至在威尼斯，尽管 1777 年的反动"傀儡政权"（*ricondotta*）限制商业自由并一再强调犹太人的外国人身份，但戴"红帽子"的规定已经彻底地废弃了。而谈到德国，"犹太胡同"不再具有任何特殊的地位。其中的某些特权人物已经开始被接纳进入大学，并且融入了政治社会之中；像柏林这类城市中那些"受保护的"犹太人更是"近水楼台先得月"，他们要比那些仍然生活在陈旧的蒙昧主义者统治下的法兰克福以及其他地方的犹太人享受到更多的权利。

　　在德国社会中，门德尔的儿子摩西，即摩西·门德尔松（Moses Mendelssohn, 1729~1786 年）就代表了犹太人的这种崭新地位，同时，这种地位的形成也正是从他身上获得了强大的动力。他出生于具有典型的中世纪环境的德绍市（Dessau），由于过度地专注于钻研拉比教义的那些原本，他过早地驼了背，但同时也磨锐了他的智力。在 1743 年，他追随他的老师拉比大卫·弗朗克尔（David Fränkel）去了柏林，而每当他获准进入一道大门时，他必须要交纳强加给每一位犹太人的那种"人头税"。在那里，他开始研究数学、拉丁文，以及其他好几种现代语言；他还相继干过家庭教师、簿记员，最后在一位富有的犹太制造商的企业里出任经理。在 1763 年，使大家倍感惊奇的是，他竟然获得了一项由普鲁士科学院颁发的大奖，以表彰他在形而上学方面一个极端深奥的课题上所提交的最佳论文。对于这一成就，尤其令人瞩目的是，在两位候选人中，落榜的竟是当时首屈一指的哲学家伊曼努尔·康德（Immanuel Kant）这一事实。

　　门德尔松从此一举成名。对德国人来说，一个犹太人能够用当地的语言来进行自我表达，并且其纯粹和优美的程度就像一只叽叽喳喳的喜鹊那样，形成了一种引人注目的奇异现象。那些地位高贵的人每每见到这位"用德文写作的希伯来青年"，感到非常好奇。居住在普鲁士首都的那些富有的犹太人都把他当作自己的知心朋友。政府提高了他的地位，他进入了"*Schutzjude*"即"受保护的犹太人"阶层。莱辛（Lessing）则把他作为其著作《智者拿单》（*Nathan the Wise*）中的主要人物的原型。德国的所有犹太社区对他都充满了敬意。他的那支笔毫无保留地为他们服务；并且出版了一系列在风格上无懈可击的著作；他俨如斐洛（Philo）再生，在这些著作中竭力使得犹太教同当时最为时髦的思潮趋于一致。

由于这种种成功鼓舞了他的勇气，这位现代的"苏格拉底"（人们根据他的相貌，同时也根据他的智力，常常这样来称呼他）开始了一项深思熟虑的计划，试图将当时通行的准则引入"犹太人胡同"的精神和文学生活之中。随着他那本著名的《摩西五经》新版本的问世，一个崭新的时代开始了。这本书的正文是一部优美的德文译本，并且还附加了用纯粹的希伯来文写成的现代评注，从而起到了一种珠联璧合的作用。正是由于他的这一成就，才使得到当时为止人们一直普遍使用的"犹太德语"这种方言分化为各种各样的成分。这一伟大的译作开创了德国犹太人的乡土文学，从而在下一个世纪的整个过程中赢得了经典式的重要地位。其中的各种评注突破了过去曾一直禁锢着德国犹太人生活的《塔木德》研究的学术圈子，因而为现代希伯来文学提供了一种强大的发展动力。那些门德尔松的门徒与他通力合作，出版了一本叫作《搜集者》（*Meassef*）的开拓性文学期刊，他们因此也就被称为一群"搜集者"（*Meassefim*），这就将他们的祖先的语言发展成为一种文学工具，因而开创性地发展了（只是在北部诸国）现代的希伯来散文、诗歌、小品文和戏剧。1781 年在柏林开设的犹太自由学校将门德尔松的教育思想付诸实践；而他的合作者那弗他利·哈茨维格·威斯利（Naphtali Hartwig Wessely, 1725~1805 年）这位最具才华的新希伯来语诗人，则为这些思想的普遍采纳进行了一场不知疲倦的宣传运动。

尽管门德尔松的影响或许在德国及其附近的国土上一直发挥

着决定性的作用（应当记住的是，在像意大利这样的国家里，根本就不需要什么希伯来文学或是任何纯粹当地语言应用文学的复兴），但也并非一概都是积极的。他是一个识时务的人，并且尽管他一丝不苟地恪守着祖先的旧制，但他总忘不了将更多的折中精神而不是忠诚的思想灌输给那些追随他的人。他摧毁了到当时为止一直在犹太人和非犹太人之间存在着的社会壁垒。曾有一段时间，那些富有而时髦的犹太女人们（其中就包括他的好几个女儿）的沙龙曾主宰着柏林的知识界。新的一代已经无法维持新思想与旧体制之间的平衡。老实说，那位腰缠万贯的大卫·弗里兰德尔（David Friedländer）曾对像他自己这种同化了的犹太人能否进入柏林上流社会而忧虑重重，竟然玩世不恭地承认愿意接受基督教，然而他又不打算相信耶稣的神性，并且还会故意逃避某些宗教仪式。在门德尔松去世后的第二年，他的追随者和倾慕者中有数百人正是从他的原理中得出了逻辑上的"正确"结论而转向了那个占统治地位的宗教，这就正如他自己曾经转向了当时占统治地位的文化一样。在这些人中，包括他的好几位最亲近的门徒，甚至还有他的那些儿子（这一点尤其重要）。他的女儿多罗西亚（Dorothea）变成了贵妇人，后来成为弗里德里希·冯·施莱格尔（Friedrich von Schlegel）的妻子；他的孙子弗里克斯（Felix）在婴儿时就已经接受了洗礼，后来又利用他的天才去发展教会音乐。这两个例证典型地表现出门德尔松学派的命运。

　　在政治领域里，门德尔松这个榜样所引起的反响同样地引人注目，而且赢得了更高的赞誉。当时那些"开明的暴君"已经开始意识到，犹太人与非犹太人之间的障碍并不是不可逾越的。宗教偏见对于伏尔泰的同龄人和学生们已经不再有什么影响了；并且他们深信，只要审慎地使用那么一点儿小小的鼓励手段，每一个犹太人都会使他自己变成一个门德尔松，并且最终——或许只有天知道——这个古老的难题将通过整体的同化而获得解决。

　　奥地利的约瑟夫二世〔Joseph Ⅱ，他在很大程度上是受到了摩西·门德尔松的那位基督教的朋友维尔海姆·冯·多姆（Wilhelm von Dohm）关于解放犹太人的民事权利的提议的影响〕成了一位真正的领头羊。在 1781 年，也就是他继位后的第一年，他通过废除"人头税"和"犹太人识别标志"而昭示了他的政策导向。随后不久，就颁行了他那部著名的《宽容令》（*Toleranzpatent*，1782 年 1 月 2 日），他的思想在这里面得到了最完整的表达。由于当时毫无疑问地将犹太人置于同基督徒在民事上平等的地位，因而便制定了这样的原则：他们的无资格问题将逐渐地予以消除，并且他们应当得到帮助，使他们能够融入普通公众的生活之中。加在他们身上的种种基督教会的限制被废除了。他们可以不受任何限制地（至少在纸面上是如此）去从事手工业和农业；他们被允许进入批发商业和建立工厂；同时还明确宣布，所有的公共学校对他们开放；因而，种种充满着现代精神的犹太教育机构的基础性设施得以逐渐建立了起来。六年之后，他又发布了一项法令，命令每一位犹太人都要取一个合体统、易识别的姓氏，从而取代了到当时为止在大多数情况下完全能够满足各种实际需要的那种具有《圣经》风格的源于父名的姓氏。他还任命了各种委员会来监督程序的实施。如果任何人对此犹豫不定或表示异议，那么就为他另起某个名字并立即予以登记——常常于有意无意之间产生某些滑稽可笑的后果，足以使得他们那些不幸的后人千秋万代也不会忘记。根据1772年把加利西亚划归奥地利的第一次"波兰瓜分"曾经大大地提高了帝国中的犹太国民的数量这一事实来看，这些改革就更具重要性了。

你不能因此就把这项实验看作是一次非凡的成功，因为犹太人顽固地拒绝被同化到人们所期望的那种程度。后来，在约瑟夫二世一代代继任者的统治之下，许多新设立的法规都变得形同虚设。然而，这一榜样却在其他的地方得到了仿效。1784年，在阿尔萨斯，那种到当时为止犹太人和家畜在每一个海关必须缴纳的"偶蹄税"（*impôt du pied fourchu*）被路易十六（Louis Ⅺ）废除了，尽管当时只适用于前者（犹太人）。几个月以后，他又签发了一纸特许证书，革除了其他一些主要的弊端。托斯坎尼的情形亦是如此，大公利奥波德一世（Leopold Ⅰ，即皇帝的兄弟）将犹太人的问题作为他的改革内容之一，积极效法在阿尔卑斯山脉南麓的奥地利领地内所树立的光辉榜样。

2

在这一片伪善的气氛中，法国大革命出人意料地爆发了。在此时的法国，犹太人的地位难以理解地发生了某些变化。占总人数四分之三以上的主要人口都居住在阿尔萨斯和洛林这些说德语的行省，那里的情形几乎在每一个方面都同他们在德国的宗教同胞差不多。在西南地区——特别是在波尔多和贝约讷——那里有一些早期的"马兰诺"定居点，尽管仍然不时地接纳从西班牙和葡萄牙来的人，但只是从 1730 年之后才被正式地认可为犹太人定居地。阿维尼翁以及在普罗旺斯的教皇领地（这些地区同法国的重新合并乃是大革命最早的成就之一）包括了四个古老的社区，其祖先可能自远古时代以来就一直居住在这个国家，并且他们所处的环境同罗马曾出现过的那种中世纪情形毫无二致，只能勉强维持生存而已。最终，只有从五湖四海汇集来的一小股移民被勉强允许在巴黎定居下来。

　　犹太人能够享受到同其他公民一样的权利无疑是《人权宣言》（Declaration of the Rights of Man）发表后的一种自然的结果。然而，由于犹太人长期以来一直被认为是一种被遗弃的人，以至于在过去了好几个月之后，这种最起码的一点点逻辑上的必然依旧没有得到广泛的支持，尽管有像修道院院长格里高利（Abbé Grégoire）这些颇能蛊惑民心的理想主义者的激烈抗辩也无济于事。贝约讷和波尔多的那些来自葡萄牙的犹太人，以及普罗旺斯的犹太人也随声附和，以他们是其人民中的"精英"这种借口，递交了一份诉状为他们自己辩护，从而于 1790 年 1 月 28 日获得了真正意义上的解放。当然，这一切并没有对阿尔萨斯的绝大多数犹太人产生影响。最终，巴黎的某些年青犹太人，他们属于大革命原则的热情支持者，强烈呼吁支持"巴黎公社"[①]；在巴黎的 60 个区中，有 53 个区投票表决通过了一项决议，要求无一例外地给所有的法国犹太人以公民权。修道院院长摩罗特（Abbé Merlot）据此向国

---

　　① 此处是指 18 世纪法国资产阶级革命时期在巴黎建立的城市自治机构，而不是 1871 年建立的工人革命政府。——译者

民议会发表了一篇演讲，但是（大部分是依靠公共事务方面的压
力），反对派再一次获得了胜利。最终，在议会解散前的最后一次
会议上，代理议长突然强迫进行表决。在最后的几个月里，民主思
想稳稳地占了上风，并且令人普遍感到惊奇的是，他的动议几乎是
无一反对地通过了（1791 年 9 月 27 日）。因而，在现代欧洲的历
史上，犹太人第一次正式地被承认是他们出生国的平等公民。①

　　在随后的一个时期，法国的犹太人享受到与这个国家中其余
的居民一样的权利。在恐怖统治时期，曾有一两位著名人物被送
上了断头台；而在整个国家里，各犹太圣堂在"理性女神"的霸
权统治之下都停止了活动。在另一方面，凡是年轻共和国的部队
所渗透到的每一个地方，那些军人带来了所有的人一律平等的"新
福音书"，它的必然结果就是犹太人的彻底解放。在荷兰，国民
议会在法国公使的压力下，通过宪法的形式于 1796 年的 9 月 2 日
赋予了他们完全的公民身份；翌年，犹太人在历史上可能是第一
次被选举为立法机构的成员。

　　更加有戏剧性的还是在意大利所发生的变化。在那里，随着
法国部队开进一个又一个的艳阳高照的城市，隔都的壁垒坍塌了，
犹太人被唤醒了，他们因而能够呼吸外面世界的新鲜空气，真正
享受到其他人类所拥有的全部权利。在威尼斯，在一浪高过一浪
的群众欢呼声中，隔都的大门于 1797 年 7 月 10 日被拆除并焚毁。
在罗马，1798 年的 2 月间发生了一场声势浩大的解救运动。在每

---

　　①　然而，在新生的美利坚合众国，已经提前几年接受了这一原则。这一事实常常
容易被欧洲大陆上的历史学家们所忽视。参见下文第 395 页。

一处地方，犹太人成了新的市政机构不可缺少的组成部分，甚至在国民卫队中也被委以重任。说实话，有些时候，在那种预示着法国军队的即将来临或是在他们遭到了暂时的挫败之后的混乱局面下，各地的隔都也常常受到攻击，而意大利犹太民族的和平记录则由于几个地方，特别是锡耶纳（Sienna）发生的屠杀事件而被玷污了。然而，法国人最终全面地恢复了秩序，并且在拿破仑·波拿巴（Napoleon Bonaparte，犹太人一语双关地称他为"好运来"）的统治下，所有的犹太人都能够在安宁之中充分地享受到他们刚刚赢得的各种权利。

在德国，尽管稍慢一些，但事态的进展差不多是完全一样的。在莱茵兰地区，像意大利的情形一样，随着法国的侵入，迎来了第一缕温和的热情之光，犹太人获得了解放。在这个国家中的其他一些地区，也随之经历了类似的过程，后来，这些地区由于一系列的运动而深深受到了法国的影响。在杰罗姆·波拿巴（Jerome Bonaparte）那种挂名的君权统治下于 1807 年形成的威斯特法利亚王国里，犹太人很快得以占据了像在法国一样的那种平等地位。

在法兰克福（自 1806 年以后一直是莱茵区联邦政府的所在地），在通过缴纳一笔足够数量的混合费用代替了原来的"保护税"之后，犹太人的无资格问题于 1811 年被废除了。在那些有着汉萨同盟会的市镇，当它们被法国兼并之后，同样地实现了完全的平等。在那些受法国影响的德意志公国里，也实现了一定程度的解放。甚至在普鲁士（随着波兰分别于 1793 年和 1795 年被第二次和第三次瓜分，普鲁士的犹太人口已经急剧地增加了），在法国大革命之后，也出现了一种可以感觉得到的进步。这种情形在

343

"解放战争"之前发生的国家大联合过程中达到了顶峰，从而赢得了一种实现彻底解放的根本保证，只不过政府机构还没有对犹太人开放而已。尽管由约瑟夫二世在奥地利引进的改革措施在他的继任者们的手中几乎成了一纸空文，但是，那种新的精神还是能够实实在在地感觉得到的。

3

就法兰西帝国本身的犹太人而言，拿破仑·波拿巴的组织天才导致实施了一系列的重要实验。在其军事生涯一开始的时候，也就是在埃及战役过程中，他的头脑中就已经充满了对犹太人民那种富有魅力的古老梦想的向往，并且在占领加沙之后发布的一项公告中，他请求亚洲和非洲的那些犹太居民加入到法国军队中来，帮助他们将圣地从土耳其人的手中夺取过来。当帝国处于巅峰时期的时候，他的思想又转向了问题的另一个方面。当他在 1806 年从奥斯特里茨（Austeritz）胜利归来路过阿尔萨斯的时候，他受到了当地那些对犹太人强烈不满的居民的袭击，这些居民把自己的种种不幸统统归罪于犹太人身上。据他们说，全省的所有财产中有一半，其中包括一些整个的村庄，都已经抵押给了那些精于敲诈的犹太高利贷者，而一场全面的大屠杀将要降临在他们头上。与此同时，某些拥护王权的正统派的鼓动分子开始传播种种有关在帝国中存在着过多的犹太化影响的诽谤性的流言蜚语。而在其他的一些地方则有人声称，尽管有不少的犹太人在一系列的战役中由于勇敢作战而获得了勋章，但他们也有很多人在逃避服兵役。

不仅如此，每一位士兵都可以看到那些犹太小商小贩的足迹，他们很不协调地跟在大部队的屁股后面，经常同兵士们讨价还价。

正是从这一刻开始，这个问题萦绕在这位皇帝的心头。4 月 30 日，在国务委员会的一次会议上讨论了这个问题；他在这次会议上表现出了一种强烈的敌对情绪。一个星期之后，在下一次开会之前，他已经变得较为理智。他当时作出决定，要召开一次代表大会，然后由大会发表一项关于犹太人在现代国家中的地位的官方声明，重新恢复"那种在长期退化的生存状态中已经丧失的公民道德"。在有些方面，另一位统治者可能会用一种拉比议会的方式来看待和解决问题，而只有拿破仑的远大理想才能够构想出一种真正的远古时期"犹太教议会"（即大法庭）的复兴，而在长达 15 个世纪的过程中，这一直只不过是一种记忆罢了。

在 1806 年的 7 月，一个筹备机构，"犹太长老议事会"即名人议会在亚伯拉罕·富塔多（Abraham Furtado）——一位在大革命时期作为吉伦特派（Girondins）的领袖而名声卓著的波尔多犹太人——的主持下在巴黎举行了一次紧急会议。不用说，这一机构对正式提交给它的十二项质询作出了满意的答复（只是颇有诏媚之嫌）。在这些会议上形成决议之后，"犹太教议会"随之于翌年 2 月组成，从而给予其会议成果以宗教上的认可。它过分讲究地、尽可能地完全模仿了古代巴勒斯坦的样板。它的 71 位成员（其中有三分之二是拉比，其余的三分之一是属于俗人）由法兰西帝国所有行省的代表组成，其中包括意大利北部地区、整个荷兰地区和德国的一些地区。当时，斯特拉斯堡的拉比，也是这个国家中最著名的学者大卫·辛采姆（David Sinzheim）被选举为议长，即纳西（*Nasi*）。

在召开了七次主要处理日常事务的会议之后，"犹太教议会"开始对"长老议事会"的各种提议在不经过辩论的情况下进行表决，通过后即形成法律。所有这些法律的要旨可以总结为一条，就是说，犹太人要把自己的出生地看成是自己的祖国，并且应当清楚地意识到自己保卫她的义务。对于这个帝国思想的简明总结，当时那些在场的人给予了一种真正的拿破仑式的回答。他们一齐站起来，就像一个人一样异口同声地高喊了一声："*Jusqu'à la mort!*（直至死亡！）"其他的那些条款都是一些具体化了的内容，包括声明反对从事放高利贷活动，同时根据国家的婚姻法，对犹太人所拥有的义务予以完全的认可。当时，似乎根本就不存在调和的余地，并且由于高卢人的那种平和的性格，任何真正的难点都可以绕过去。

关于犹太律法的地位问题因此就这样固定下来。在当时，那种曾孕育出《拿破仑法典》的创造天才又找到了新的用场，以同样的彻底性将帝国中的犹太社区重新组织了起来。根据 1808 年 3 月 17 日在马德里发布的一项命令，每一个拥有两千名犹太人以上的行政区都要设立相应的由宗教士人和俗人成员组成的所谓"宗教法庭"。一个由三位大拉比以及两位俗人构成的中央委员会在巴黎建立起来，全面地控制着各级地方性的组织。因此，法国的犹太民族通过一种具有数学对称的等级制度形式被组织起来，甚至直到今天依然如此。当然，还有一些不大合拍的附加条款附在法令之中，反映出当时存在的种种偏见，因此它后来被人们称为"卑鄙的法令"（*Décret Infâme*），也就不足为奇了。这些条款

123. 阿姆斯特丹的西班牙和葡萄牙犹太会堂外观。
18世纪版画。

124. 阿姆斯特丹犹太人在庆祝住棚节期间的家庭聚会场面。版画，伯
纳德·皮卡特作，1723年。

125. 伦敦大会堂（建于1722年，1790年扩建）。版画，普京和罗兰德森作。《伦敦剪影》，1809年。

126. 西班牙和葡萄牙犹太会堂的祭献仪式，阿姆斯特丹。1675年。现代版画。

127. 巴黎举行的拿破仑大议会大议会开幕式，1807年2月9日。现代版画。

中的规定，在十年时间之内，未经特别许可，任何犹太人均不得从事商业活动；除了农学家，任何人要在一个新的行政区中居住都是绝对不允许的；并且不准许任何一位应征的犹太士兵在当地代替他人服役。在后来的几年里，尽管这些条款在阿尔萨斯的犹太人口中继续实行，但大部分的行政区都免除了后面的几项条款。通过这种方式，人们希望，犹太人在某些行业中过于集中的现象和他们那种社会分离主义最终会得到缓解。

　　无论拿破仑式的"大法庭"及其重新建立的组织系统的功过如何（人们通常合乎情理地认为，这是犹太人在同化的道路上所迈出的坚定的一步），毋庸置疑，这是外交政策上的极为精彩的一笔，从而赢得了远远超出法兰西帝国边界的那些犹太人的密切关注。在他入侵波兰的时候，拿破仑发现自己得到了那些身着中世纪的宽大粗布衣服、满头长卷发的当地犹太人的大力协助，他们为他的部队提供了每一项力所能及的帮助。据传他曾经这样说过，"对我来说，'大法庭'至少是非常有用的。"然而，这种局部的同情根本无力阻挡最终的历史灾变；而随着从莫斯科的大撤退之后，第一帝国在"大决战"中（Armageddon）灭亡了，从而再次将欧洲的犹太民族推入了各种族融合在一起的大熔炉之中。

Foreign Office,

November 2nd, 1917.

Dear Lord Rothschild,

   I have much pleasure in conveying to you, on behalf of His Majesty's Government, the following declaration of sympathy with Jewish Zionist aspirations which has been submitted to, and approved by, the Cabinet

   'His Majesty's Government view with favour the establishment in Palestine of a national home for the Jewish people, and will use their best endeavours to facilitate the achievement of this object, it being clearly understood that nothing shall be done which may prejudice the civil and religious rights of existing non-Jewish communities in Palestine, or the rights and political status enjoyed by Jews in any other country"

  I should be grateful if you would bring this declaration to the knowledge of the Zionist Federation.

128. 贝尔福宣言（影印件），1917年11月2日。

第五卷

新时代：1815~1918 年

129. 祈祷中的犹太人。马克斯·黎伯曼（1847—1934年）作。

第28章 革命与解放

1

在 1814~1815 年，来自欧洲 20 个列强的代表们汇集维也纳 （他们尽情地享受着那些"Fanny Itzig"，即举止优雅的犹太女主人们慷慨大方的接待），耗时数月，试图对随着法国大革命的爆发而在上个时代早已支离破碎的政治结构进行修补。甚至犹太人也派出了他们自己的代表团到会观察，这在外交史上还是第一次；因为显而易见，他们的利益将很可能因此而受到极其深刻的影响。一项旨在更进一步巩固在法兰西霸权期间曾经赋予他们的诸多权利的建议获得了多方强有力的支持——尤其令人注目的是得到了普鲁士的全权大使哈登伯格①的支持。因此，尽管来自以巴伐利亚（Bavaria）和萨克森（Saxony）为代表的种种反动势力的坚决反对，一项在新的德意志联邦内建立起统一的自由政策的尝试还是得到了实施。这一政策同 1812 年就已在普鲁士生效的那种政策十分类似。在被德意志政府所采纳的《联邦法令》（Act of

---

① 即 Karl von Hardenberg（1750~1822 年），当时任普鲁士首相（1810~1817 年在位）。——译者

Confederation）中，加进了这样的一个条款，其大意是，在颁布使
他们的地位合法化的立法之前，犹太人应当继续享有在（in）各公
国曾经赋予他们的全部特权。然而，反动派们得以将无关痛痒的字
眼"被"（by）替代了"在"（in）。因而，所给予的这一承诺变
得毫无价值可言，这是因为，每一个签约国都可以辩解说，在外国
的影响之下所实现的解放并未"被"（by）本国所认可。

　　因此，虽然大门还未完全打开，但已经为反动势力的通行敞
开了一条小缝。在继之而来的整个世纪，在那些新兴的自由城市
中，犹太人的地位问题表现出具有国际意义的重要性。奥地利、
普鲁士、英格兰，甚至俄罗斯，不管它们的国内政策如何，均反
复地申明了它们针对反犹主义所采取的措施。但是，尽管如此，
只有法兰克福表明得还算尽责一些，并于 1824 年与犹太社团达
350 成了一个相对公平的协议。而另一方面，在不来梅（Bremen）
和吕贝克（Lübeck）等地，几年来却已经到了对定居在这些地
方的犹太人进行驱逐的程度。在另一些公国里，则根本不存在地
位上的一致性。因此，在普鲁士统治下的各行省间，竟然出现了
多达 20 余个不同的等级。而在整个德意志当时所实行的体制中，
有的地方几乎已经获得了完全彻底的解放，而有的地方仍处于那
种半中世纪意义上的种族隔离状况，各种情形并存，等等不一。
在广大的地区，其中包括一些国内最重要的城市，则坚决拒绝接
受永久居住者。

　　在意大利，反动的情形甚至表现得更为显著，因为在这里，
多少有点儿完全回归到 18 世纪的那种蒙昧体制的意味。在奥
地利的统治之下，伦巴第和威尼斯已经恢复了从哈布斯堡王朝

（Hapsburg）^①的残余中继承下来的那种半镇压式的体制。在撒丁岛王国，在托斯坎尼以及在大部分的小公国中，其情形甚至还要糟得多。在一些教会当政的公国里，那里的统治者们学得少，忘得也少，甚至比瓦卢瓦王朝（Valois）^②尤有过之，竟然将"隔都体制"无一遗漏地重新搬了回来，就差没给犹太人戴上一枚识别身份的牌子了。在许多地方，那些曾在 1797 年革命激情的第一次大爆发中破坏和焚毁的犹太居民区的大门得以重新安装起来。在整个欧洲，只有荷兰还在保持着不久以前赢得的那种完全的法律和宪法上的平等。在 1819 年，伴随着一片"*Hep! Hep!*"（由"*Hierosolyma est perdita*"^③的首字母组成的一个词，传说是十字军东征时期的一个反犹口令）的喧嚣声，在整个德意志全面爆发了针对犹太人的血腥暴行。像路德维希·玻恩（Ludwig Börne）和海因里希·海涅（Heinrich Heine）这种大有前途的年轻人，当时正由于无法像犹太人那样在一个充满敌意的世界中发迹而陷入深深的绝望之中，所以便玩世不恭地接受了洗礼，而同时在他们的一生之中，仍然始终保留着对年少时期那个环境的一种怀旧情感。

---

① 欧洲历史上统治时间最长的王朝。起源于瑞士的阿尧州，先后统治过神圣罗马帝国（1273~1806 年）、西班牙王国（1516~1700 年）、奥地利帝国（1804~1867 年）、奥匈帝国（1867~1918 年）以及许多小王国和公国。第一次世界大战中奥匈帝国崩溃，王朝告终。——译者

② 法国王朝（1328~1589 年）。该王朝中期，法国基本完成统一，后被波旁王朝所取代。——译者

③ 据猜测，这个十字军口号很可能表示"耶路撒冷陷落了！"参见《近现代犹太教运动》（大卫·鲁达夫斯基著，傅有德等译，山东大学出版社 2014 年版）第 8 章第 1节。——译者

但是，不管这种反动浪潮如何汹涌，在大多数地区，新旧体制之间还是存在着一种微妙的差异。在临近 18 世纪结束之前，对犹太人生活方面的限制曾是一种十分普遍的现象，机遇毕竟只是例外情况。但此时已经完全不同了，尽管他们仍然受到形形色色的限制，但机会已经变得四处都是。犹太人已经不再是一种劣等的、低下的存在，不再像过去那样，在衣着、语言、职业、兴趣方面都与他们的人类同胞格格不入了。他们已经开始呼吸到外部世界的自由空气。他们的眼界已经大大地开阔了。他们已经明白，什么才是在平等的基础上与其他的人类相融合。根据这种观点来看，无论你如何重新制定立法措施，想要让进步的历史时钟倒转是不可能的。他们至少已经得到了作为一个人的地位，对他们来说，仍然需要争取的只是作为一个公民的地位罢了。

如果将这一点排除在外的话，他们这种情况并不是绝无仅有的。要知道，我们所谈论的这个时代是一个全面反动的时代。在整个欧洲大陆，一个时期以来，人们已经开始耳闻目睹，开始理解并崇尚符合宪法的政权形式；而议会制宪这种政权形式的出现则被认为是所有痼疾的灵丹妙药和一切自由奋斗的目标。如果不将其他居民自己希望获得的那些宪法权利扩展到他们身上，那么所谓犹太人的解放就是不完全的。在法国大革命战争期间，由于征募制的普遍推行，从而在所有欧洲国家（英格兰除外）代替了旧有的职业军队，所以，不管是有利于还是不利于某种信仰，已经不再有任何的差别。因此，这就证实了一种强大的趋于统一的力量。每天，犹太人就在他们的非犹太人邻居身旁训练、战斗、流血。他们必须要承担作为公民的所有义务。将他们排除在日益增多的种种特权之外是极端不合逻辑的，特别是当时正处于这样一个把逻辑当作是一种近乎迷信崇拜的年代。所以，如果说在过去最为乐观的人曾经渴望的也只不过是仁慈的专制政治下的经济和社会机会的平等的话，那么，人们此时则是从宪法和政治权利方面来思考了，因为它们是属于每一位公民的不可剥夺的权利。因此，中欧地区的犹太人全身心地投入了 19 世纪的革命运动之中，这就最终导致了专制主义体系的解体和宪法政体的建立。从波罗的海边到地中海沿岸，从多瑙河畔到比利牛斯山脉，正像他们所一直希望的那样，立宪主义的胜利伴随着解放事业的完成最终遍及欧洲各地。

2

除了荷兰之外（它自 1796 年以后延续下来的政策从来也没有出现反复），王朝复辟的法兰西反而走在了最前面。在法兰西，新宪法赋予了所有公民以宗教自由。因此，当 1818 年由拿破仑在其《马德里法典》（Madrid Decree）中强加的诸多限制被解除之后，犹太人在宪法中的地位同法兰西任何其他地区的居民已经丝毫没有什么区别了。当时，所剩下的唯一差别就是前者（犹太人）必须赞助他们的宗教中产生的自己的大臣，而那些天主教方的大臣，甚至新教教会的大臣则得到国家的资助。在 1830 年的"七月革命"将法兰西变成了一个君主立宪政体之后，议会通过了一项动议，承认犹太教在这一方面与其他官方认可的宗教团体具有平等的地位。从此之后，开始为犹太教的信徒官员提供一项专门的政府津贴——就像自 1815 年以来早就已经在那些低地国家中所实行的规定一样。

352

在 1846 年，贬黜性的犹太人专用誓言（*more judaico*），这个
到当时为止非常刺目地得以允许保留下来并且使用在每一位进入
法庭的犹太人身上的起誓方式被废除了。当时，在犹太人与非犹
太人之间，再也没有更多的诸如此类的区别或差异保留在法典之
中了。

　　就德意志而言，在 1830 年，争取犹太人权利的斗争在加百列·里
塞尔（Gabriel Risser）的领导下进入了一个崭新的阶段。他是一
位极富魅力的演说家和组织者，虽然是一个犹太人，但却是这个
国家中制宪派的首脑之一。正是由于他的极力提倡，才使得犹太
人的解放成为德意志自由主义的党纲中的一个政策要点。这一过
程虽然进展十分地缓慢，并且不时出现倒退，但前进的大方向是
不会错的。在 1833 年，黑森－卡塞尔（Hesse Cassel）的犹太人
获得了完全的平等（他们作为威斯特法里亚王国的国民早就已经
享有过这种权利，但在当时却被贬黜到一种低下的地位）。第二年，
布伦斯威克（Brunswick）也完全照搬实行；1847 年，普鲁士则只
是对此稍微作了修改。在 1848 年的革命浪潮中，全德意志上下的
犹太人扮演了一个极其重要的角色，因为他们满怀信心的希望，
这次胜利的结果将为他们带来真正的解放。仅在柏林一地，他们
就有不少于 20 人在 5 月 18 日至 19 日游行时发生的街垒战中被杀
害；而加比罗尔·里塞尔本人则在法兰克福被选为预备国民议会
（*Vorparlament*）的副主席。在继之而来的改革热潮中，一个接一
个的公国通过了自由宪法；并且在每一个地方，除了巴伐利亚，
新法典中都包含着一个关于消除犹太人的无资格性的条款。几乎
是在同时，奥地利和匈牙利的议会（对于匈牙利的情形，请注意

犹太军团已经在科苏特①的领导下开始作战的事实）都通过了支持解放奥匈帝国中的犹太人的动议。

紧随其后的是一个全面反动的时期，在这一时期，新的宪法或者被取消，或者被当作一纸空文而丝毫不起作用。尽管刚刚赢得的犹太人的权利实际上很少有完全被取消的，但是在事实上，他们却受到了严厉的限制。在奥地利，三年前的宪法于 1851 年以尊重信仰自由为借口而被正式废止了。然而，通过一种法律上的诡辩，对于任何一位想要结婚的犹太人来说，又重新使得他不得不先获得一纸特许证才行，而拥有不动产的权利也被吊销了，并且又恢复了禁止雇用基督徒仆人或采用基督徒名字的禁令。在其他一些地方，情形大多都是一样的，19 世纪后半期在许多地方仍然有效的"犹太人专用"誓言甚至还得到了进一步的充实。然而，在绝大多数的情况下，不管是在理论上，还是在自由领袖们的心目中，犹太人的平等仍然作为整个宪法体系的一个不可分割的部分而存在着；并且一旦这一段反动的插曲过去之后，它又会自动地重新出现。在巴登（Baden），完全的解放发生在 1862 年；在萨克森，是 1868 年；而在奥地利和匈牙利，通过"协定"（Ausgleich）②也于 1867 年实现。当 1869 年北方德意志联邦形成时，则写入了一个废除所有限制的条款，只要是宗教观点的原因所导致的限制，不管是何种性质，均在废除之列。1871 年的德意志帝国宪法采用

353

---

① 即 Lajos Kossuth（1802~1894 年），匈牙利民族解放行动领袖，反对建立奥匈两元制帝国，后死于意大利。——译者

② 指 1867 年建立奥匈帝国的协定。

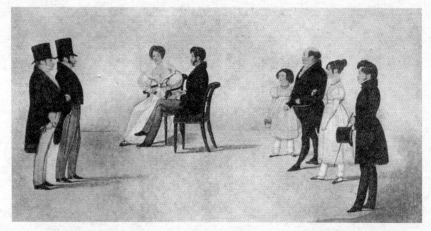

130. 罗斯柴尔德家族婚礼场面。从右至左依次为：莱昂内尔男爵，他的父亲、伦敦的拿单·梅耶尔，他的姐夫和表兄、维也纳的安塞姆·所罗门。水彩画，理查德·戴顿作，伦敦博物馆。

Hepp! Hepp!

131. "Hepp! Hepp!" 德国发生反犹暴乱，1819年。当代印刷品。

132. 位于纽波特的扎罗犹太人会堂内景，美国罗得岛。1763年。

了同样的原则，并因而扩展到当时尚未着手实施的为数不多的几个公国。因此，在德意志，随着摩西·门德尔松在柏林社会中站稳脚跟而开始的解放运动到此就真正完成了。

在欧洲的其他一些地方，这一过程几乎差不多是同时进行的。在丹麦，那里的一小股犹太人于 1814 年获得了广泛的权利，他们在 1837 年之后被接纳进入市政办公室工作，并于 1849 年获得了完全的解放。其他的斯堪的那维亚国家也多少有点儿极不情愿地如此照做了，只不过所牵涉的人数方面的重要性显得无足轻重罢了。在瑞典，直到这个世纪的中叶，仍然褊狭得近乎走向极端，以至于大部分的基层行政单位拒绝接收犹太人，甚至是临时工也不行。这种蒙昧主义导致了一场持续了很长一段时间的外交斗争；这是因为，无论是英格兰、法兰西还是美利坚，他们都无意同这样的一个国家签署任何的协定，因为这个国家中的大部分地区并不允许他们的犹太国民居住或进行贸易活动。然而，各种各样的立法都一个接一个地采取了一种更为自由的方针，最晚的一项立法也于 1866 年开始实施。种族歧视的最后一点残余在 1874 年随着联邦宪法的修正而被清除了，当时，随之实现了完全的宗教自由。

在意大利"统一运动"（Risorgimento）的各个不同的阶段，犹太人在其间都起到了一种极其重要的作用。马志尼（Mazzini）的罗马共和国，马宁（Manin，他本人就是犹太人的后裔）的威尼斯共和国，加里波迪（Garibaldi）的各项革命事业和军事成就，它们都更多地应当归功于犹太人，而不是其他种族的那些意大利人。在这里，像在其他的地方一样，1830 这一年在解放事业方面进行了局部的和短时的尝试；在罗马，当地的乌合之众拆毁了隔都的门楼。在继之而来的反动浪潮中，事态又恢复到了原来的情形。甚至"强迫布道"这种野蛮的制度也卷土重来。曾受到前几任教皇谴责过的儿童绑架和强迫施洗的阴影继续笼罩着罗马犹太人的生活；几乎令人难以置信的一系列事件时有发生，一再震撼着欧洲人的良心。1846 年，由于他们的改革激情而掀起的革新浪潮使得教皇庇护九世（Pius Ⅸ）被推上了教皇的宝座，这似乎预示着一段更为晴朗的日子的到来，许许多多的弊端被随之革除了。但是，这是一个虚假的黎明：世俗强权在最后阶段所奉行的那种反动方针将在此之前长期流传下来的宽容传统淹没了。

然而，具有自由思想的意大利人正在把犹太人的事业看成是自己的事业，并且找到了著名的小册子《以色列人的民权解放》（*Della emancipazione civile degli israeliti*，写于 1847 年）的作者马西姆·德阿齐格里奥（Massimo d'Azeglio）这位文人作为他们的代言人。在这部著作出版之后的第二年，当时正充当着为意大利统一进行斗争这项事业的领头者的撒丁岛王国的自由政府给予了其犹太国民以公民权。这一举措，在经过一系列的立法予以详细阐述而使之完满之后，成为"革命年代"里为数不多的不朽成果之一。尽管由于加弗尔（Cavour）的才华［在他那位精明强干的犹太人秘书以撒·阿托姆（Isaac Artom）的协助下］，撒丁岛王国扩张到了整个意大利王国，但这一条仍然是其基本制度之一。伦巴第王国、托斯坎尼王国、威尼斯王国、圣彼得（St. Peter）的教会领地均依次全部归入了萨伏依王朝（Savoy）① 的版图，犹太人的无资格情形因此也就自然而然地

---

① 1860~1946 年由统治意大利王国的萨伏依家族所建立的王朝。——译者

不存在了。最终，在 1870 年，即在法兰西－普鲁士战争所引起的混乱时期，罗马本身也被占领了，并且成了意大利合众国的首都。随之，犹太人立即作为自由民和具有同等地位的人而被接受，并在不到一个月的时间内就颁布了一项法令，正式地对他们予以解放。因而，这种曾经持续了长达 350 年的贬黜终于结束了，并且西方世界的这个最古老的犹太中心有望能够迎接一个崭新阶段的到来。

在英格兰，如果说解放的进程相对有点缓慢的话，那么其原因主要地是由于那里的犹太人所遭受的损害实在是无足轻重这一事实所造成的。他们的社会解放几乎在一开始就已经完成了。他们并没有受到任何过于严格的特殊规则的限制，用以表明通例的为数不多的所谓无资格性也为那些属于基督教中不信奉国教的社团的许许多多的普通居民所共有。犹太人可以在他自己乐意居住的地方生活，他们几乎可以进入任何阶层和行业，可以自由地与非犹太人的社会融合在一起。在伦敦的商业区，商业限制仅仅局限在几处敏感的地方。当然，在这种地方，犹太人不能获得自由，并且除了自由人，任何人都不得开设做零售买卖的店铺。尽管像天主教徒一样，他们无权进入国会，但他们至少享有公民权（虽然这一点的的确确几乎不怎么正式）。实际上，公众偏见也不是完全一点儿也没有，譬如当 1753 年引入一项无关紧要的议案以承认外籍犹太人的国籍时（即所谓的《犹太人法案》[Jew Bill]），所掀起的抗议骚乱就曾达到了这样的程度，以至于使得它后来几乎立即就被撤销了。①

①　该议案，即仅把他们当地出生的孩子所享有的那些特别权利给予这些外国出生的犹太人，其重要性是普遍被夸大了。

在 1829 年，随着天主教解放运动的胜利，开始掀起了一场有利于犹太人的类似的立法运动。这一提案获得了广泛的支持，在全国上下和两院议会中情形均是如此。实际上，《泰晤士报》曾进行大肆喧嚷，尽情地讥笑这一观点，并且那些同时代的漫画家还轻蔑地描绘了一位犹太旧服装商在英国的立法委员们中间正襟危坐的情景。反对派基本上是属于真诚的虔信宗教者，他们是根据在一个基督教国家的政府里是不可能有一位犹太人会在逻辑上必然地被赋予一份工作这种理论来推定的。出于对已经激起的感情方面的考虑，辩论只好延期了；而当最终进行表决的时候，解放运动的拥护者们的希望破灭了，他们反而成了少数派。然而，他们并没有彻底绝望。

在 1833 年，当新的改良议会开会时，另一个与前面类似的法案提了出来。它在下议院中获得了托马斯·巴宾顿·麦考利（Thomas Babington Macaulay）的拥护；而在上议院议员中则得到了萨塞克斯（Sussex）公爵的支持，他是乔治三世（George Ⅲ）的第六个儿子，是一位激烈的希伯来道德的信徒和犹太人的忠实的朋友。这一法案在下院以相当可观的多数予以通过。然而，上院虽然开了一次又一次的会议，却对它及其后续法案以一种一成不变的一致性一概予以否决。而同时，犹太人却接二连三地被允许进入了律师界（1833 年），担任郡长的职务（1835 年），并且进入了其他的市政办公机构（1845 年）。一两位杰出的人物还被提升到具有骑士身份的高位，甚至男爵爵位；而本杰明·迪斯雷利（Benjamin Disraeli），这位为自己的血统（对此，他从不放过任何一个大谈特谈的机会）深感自豪而同时又接受了洗礼的犹太人，在英国保守党的律师界取得了最为显赫

的职位。其他一些比较次要的无资格问题则由 1846 年的宗教信仰法
案予以取消，但是尚留下了将他们排斥在议会之外这样一条，这是
英国的犹太人为之耿耿于心的唯一的深感不平之事。

自 1847 年开始，莱昂内尔·德·罗斯查尔德（Lionel de
Rothschild）男爵作为他们的代表一次又一次地被伦敦商业区的自
由民主党选民选送到威斯特敏斯特（Westminster），但是，来自
上院议员们的持续反对阻止了立法的通过，否则的话，这项立法
早就可以使他宣读那项依法规定的誓言了。在 1851 年，大卫·所
罗门斯（David Solomons）爵士被选举为格林尼治（Greenwich）
的议会成员后，在没有任何正式预备手续的情况下，他通过所占
据的席位竭尽全力来推动事态的发展；然而，他后来却被迫引退，
并且不得不为他的每一次投票表决交付一大笔罚金。最终，于
1858 年达成了一项和解，上下两院被允许分别规定各自的宣誓形
式；并且在第一次赢得伦敦商业区的选举之后的第十一年，莱昂
内尔男爵终于拥有了自己的席位。（在 27 年之后，他的儿子作为
罗斯查尔德勋爵被提升至贵族爵位，这是获此殊荣的第一位身份
公开的犹太人，并且自然而然地被允许在上院中获得了他的席位。）
在 1871 年，当时依然通行的各种繁琐的宗教限制被解除，至此，
在英格兰，犹太人的解放运动算是最终完成了。

3

在东欧地区，表面上的进步则要缓慢得多了。从历史上来看，
俄罗斯一开始就一直是欧洲诸列强中最缺少容忍性的国家。在沙

皇制度的萌芽时期，也就是在 15~16 世纪，一场零星发生的皈依
犹太教的运动在居民的某些阶层中间得到了广泛的传播，当时受
到了刀剑和炮火的残酷镇压。像彼得大帝（Peter the Great）这样
的 17 世纪的统治者们，一直是多少有点儿倾向于体恤下情的，尽
管还远远谈不上是什么仁慈；但是，对于他之后的那些女皇继任
者们来说，如果说她们在其他方面还有什么不同的话，那就是在
狂热方面完全如出一辙。卡特琳娜一世（Catherine Ⅰ）在 1727 年，
安妮（Anne）在 1739 年，伊丽莎白（Elisabeth）在 1742 年，均
发布过将犹太人从小俄罗斯——这个国家的中心地区驱逐出去的
敕令。然而，对波兰接二连三的瓜分（1772 年、1793 年和 1795
年）将这块土地的最大一份儿拱手送到了俄罗斯人的手中。因此，
便出现了这样的情形，这个到当时为止一直表明自己最不欢迎他
们的这个欧洲强国，却在 19 世纪统治着犹太民族的最大的集聚区，
假如说其数量还没有超过所有其他国家的犹太人数总和的话，那
也差不多相等了。

　　当时，他们正生活在这个帝国中早先属于波兰统治的西部省
区。就文化上来讲，他们几乎不能算是英国或是法国犹太人，因
为这种犹太人一般对犹太血统的小说家迪斯雷利，或犹太血统的
经济学家李嘉图（Ricardo）都非常熟悉，尽管他们对那种比较古
老的智慧充满了热烈的忠诚，但他们仍然被看作是非常开明的人。
而这里的犹太人在理智上的兴趣却仅仅局限于《塔木德》及其与
之同源的文献；即使是对于“虔诚派”来讲，他们所关注的也不
过只是这个或那个“义人”身上的某些奇异的特征罢了。他们普
遍地说犹太德语，或叫作意第绪语，但却是用希伯来字母来书写的。

在衣着方面，他们仍然以一种不必要的保守主义墨守着一个世纪以前或者更早时期的流行式样。除了极少数的富有的商人之外，他们通常的职业一般都是小生意、小旅馆经营或耕种各种各样的政府专营农场；但是，他们中的绝大部分人生活在贫困的边缘，根本没有任何生计的来源。

在他们的波兰"邻人"的手中，他们的待遇随着中世纪的结束而正在逐渐地恶化。他们仅仅在 18 世纪的最后 25 年里被准许生活在华沙。在旧体制的最后几个年头，确实曾有一种更为自由的精神渐露端倪。在 1790 年，由著名的"四省会议"任命的一个委员会开始倡议犹太人的公民与政治权利上解放，但是在这一方面的努力仅仅限于泛泛的号召，一直没有时间从事任何具有实际意义的事情。在柯斯丘什科（Kosciusko）[①]起义期间，有一位别列克·加西洛维奇（Berek Joselovitch）曾组织了一个全部由犹太人组成的轻骑兵军团，它在布拉格的城郊保卫战中几乎全军覆没。1807 年在拿破仑的庇护下形成了"华沙大公国"，在改善犹太人的地位方面也曾做过一点事情；但是，在莫斯科大撤退之后，旧的制度便又复辟了。

沙皇们的方针从一开始就是要将犹太人限制在那些新征服的西部省区（即所谓的"栅栏居住区"[②]），并且防止他们扩散到帝

---

① 波兰民族解放运动领导人之一，此处即指他于 1794 年领导的反对俄、普瓜分波兰的克拉科夫民族起义。——译者

② 历史上俄国专门划出的允许犹太人在其中居住的地区，形式类似于欧洲各国的隔都，但地处边远地带，多为围以"栅栏"的荒凉地区。"栅栏居住区"最早出现于 1792 年，1917 年十月革命后被废除。——译者

国中的其他地区。为了达到这一目的，在 1821~1824 年间，仅仅莫吉廖夫（Moghilev）和维特布斯克（Vitebsk）政府就从其辖区的村落中驱逐了两千多人。的确，本意善良的保罗一世（Paul I）和亚历山大一世（Alexander I）似乎也曾设想过最终的解放问题。他们尽最大的努力鼓励开发手工业和农业；他们按照一定的比例接纳犹太人进入市政办公室工作；他们还鼓励建立了一些输入了一种"现代"精神的犹太人学校。而在同时，他们也试图建立起一套对"卡哈尔"（Kahal），即"犹太基层公社组织"的严格行政控制制度，因为这种组织同社会生活的每一个方面都有着密切的、千丝万缕的联系。他们这样做的目的，毫无疑问是为了促进犹太人在一般国民中间的同化；因为官方把这种同化方式看作是实现解放的先决条件。启蒙并不就等于发展，因为它说到底是一种强加于人的东西。在这样的情况之下，那些试图进行改革的人们，尽管取得了压倒性的多数，但却仍然对他们无能为力，也就毫不令人奇怪了。

358

在这一统治时期的最后几年中，反动浪潮所引起的恐慌已经压倒了亚历山大一世的自由主义。这种情形在他的继任者尼古拉一世（Nicholas I）的统治下得以延续了下来。由于犹太人在 1830 年的波兰大革命中起到了极其重要的作用，从而使得他心中对犹太人一直怀有的那种怨恨进一步加强了。因为对自己的邻国刚刚出现的巨大进步深感紧张不安，他不得不让自己手中的这个国家完全孤立于整个世界之外，并且严格禁止来自西方机构，西方思潮，而且首要的是西方自由主义的任何渗透。因此，比起这个国家中的任何其他成分的国民来说，犹太人不得不遭受更多更深的苦难，也就是不可避免的了。他们所遭受到的种种待遇，以及专门制定的用来摧毁其意志的种种特殊法规，在历史上都是无与伦比的，甚至要比天主教教会在"反改革运动"时期强制实施的反犹法典尤有过之。1649~1881 年间在俄罗斯所颁行的有关犹太人的大约1200 多条法律方面的法令中，至少有一半是属于这一统治时期形成的。在 1827 年，沙皇帝国发布了一项敕令，第一次将征兵制强加于他们身上，其中还有这样的附带条件，即正规的服役期限不再是从 18 岁开始的 25 年，而是专门为他们增加了额外的 6 年，并且 12 岁时便开始生效（甚至在某些情况下还要提前到 8 岁！）。他们希望，这样做至少可以打破那种脱离主义的精神。这是因为，对于一位儿童来说，想要在军士教练员的皮鞭之下仍然继续对犹太教保持忠诚，根本就无从谈起了。然而，即使通过这样一种残忍的手段，也并没有达到其目的；但是，由许多"营房改造论者"（人们就是这样来称呼他们的）所表现出的这种残酷的坚定不移在犹太人的殉难史上却形成了特别震撼人心的一幕。

　　根据 1835 年颁布的针对犹太人的法令，"栅栏居住区"的地盘变得越来越小。犹太人被排斥在西部边境 50 俄里内的所有村庄之外，想要进入俄罗斯本土的（犹太）商人只有在获得一本特殊护照的情况下方可成行，并且他们还要放弃犹太人的传统衣着。雇用基督徒家庭仆人被明令禁止，同时禁止在基督教堂附近设立犹太圣堂，并且对于在全国范围内印行的希伯来文书籍建立了一套严格的审查制度。再后来，犹太人不光从边境地区的村庄，同时也从边境地区的城镇中被驱逐了出去。按照犹太习俗宰杀的各种肉类都被强行征收特别的税赋，甚至星期五晚间供点燃的蜡烛也不能免除。在"克里米亚战争"期间，任何一个犹太人若被发现没有护照，则必须应征入伍，履行兵役义务。多亏了"二月将军"（Général Février）的干预（因为俄罗斯人要依仗他去对付他们在克里米亚的敌人，但是，他反而打倒了沙皇本人），才使得这些受难者免于更为深重的苦难。

随着亚历山大二世（Alexander Ⅱ）的即位，看起来似乎一个新的时代就要开始了。迪斯雷利曾把他描绘为当时那个充满热忱的关键时期产生的"俄罗斯统治历史上从来没有过的最为仁慈的亲王"。这位年轻的统治者至少是本意良善的，他着手进行了一系列连贯的改革政策。过去一律排斥国外思潮和体制的那种旧观念被完全改变了，并且在保证国家的工业化，以及随之而来的西方化方面进行了一次尝试。撤销或至少是缓和针对犹太人的特别立法成为改革过程中的一个不可分割的部分。支配着征募制的特别法规即刻被废除了，臭名昭著的"营房改造论者"的改造制度随之也就自然而然地终止了。整个帝国开始实行对外开放，如果说不是对所有的阶级的话，则至少对富有的商人、大学研究人员和技术人员确是如此。犹太人被允许进入与法律有关的各项职业，甚至可以出任地方行政官员。为了缓和各地的不满情绪，对波兰各行省进一步作出让步，其中包括彻底消除形形色色的比较次要的无资格性条款。

事实上，尽管所有这一切也许并不能说明什么，但其道德上的效果却是十分重要的。俄罗斯社会作为一个整体开始表现出一种更为宽容的态度。由于不再是那种自我炫耀式的和自上而下高压式的强加于人，使得俄罗斯化的进程开始取得更为迅速的进展。

如果说犹太人还远远没有享受到他们在西欧地区的宗教同胞所具有的那种理想的地位的话，那么你千万不要忘记，君主立宪和议会制度的观念在当时的沙皇帝国中几乎还没有能取得任何的进展。但是，在那些充满自由热忱的日子里，几乎没有人会再去怀疑，情形的发展最终将会实现人们的理想，并且到那时，俄罗斯的犹太人会像他们的本国同胞，像全世界的自由民一样，享有同样的机会、同样的权利和同样的特权。

4

只有少数几个伊斯兰国家可以同俄罗斯的情形相比拟。在当时，这些国家中的犹太社区确实已经基本上失去了他们曾一度拥有过的显要地位。随着中世纪的结束，犹太人的世界差不多被均等地划分成为北方部分和地中海部分（即"阿什肯纳兹"和"赛法迪"）。也正是从这个时候开始，前者在人数上获得了压倒多数的优势，因为当时后者的人数仅仅相当于犹太人总数的大约十分之一；并且这种衰败也同样扩展到了知识领域，由那些"马兰诺"逃亡者在北欧地区建立起来的社区也已经失去了它们原有的活力。在当时，他们绝大多数都生活在伊斯兰教的统治之下。在土耳其及其邻近的大片土地上（如埃及），几乎无法将他们这群人同当地的基督徒区别开来。关于这一点，如果有些时候不能说是值得羡慕的话，那么一般说来还是可以忍受的。（的确，最起码的宗教平等原则已经由苏丹们在 1839 年和 1856 年实现了。）但是，在其他一些地方，穆斯林中世纪的那种最糟糕的情形依然保持了下来，在他们的身上，看不到一丝一毫的自由或希望的曙光。柏柏尔国家的那些"米拉"（犹太人居住区）将隔都制度的悲惨推向了一种万劫不复的境地，已经失去了起码的人性。在也门，那里仍然有一小股从远古以来就孤立于世界之外的阿拉伯犹太民族的残余，其情形同他们在巴勒斯坦的那些古代的祖先并没有多少差别，而随着 19 世纪的到来，他们所受的迫害变得越来越残酷。在波斯（即现在的伊朗），情形或许是最为糟糕的了。在那里，由于"什叶派"（Shiah）这种在当地盛行一时的神学体系的存在，犹太人在宗教仪式上被认为是不纯洁的，每逢雨天，甚至不允许他们出门上街，以免把他们的不洁传染给自己教派的信徒。各种肉体上的悲惨虐待已经成了司空见惯的事情，并且直到 19 世纪（像 17 世纪所发生的那样），群体皈依伊斯兰教仍然是通过武力得以实现的，从而形成了大量的与西班牙和葡萄牙的"马兰诺"非常类似的所谓"地下犹太人"（Crypto-Jews）。

在亚洲，其情形唯一不让人感到担忧的犹太人居住区就是中国的那些居住区[①]（当时，由于他们地理上的与世隔绝和所受到的优厚礼遇，他们反而迅速地被同化而衰微了）和印度的那些居住区[②]。对于后一种情形，当地的统治者们从来也没有根据宗教信仰的不同有区别地对待这一部分国民或是另一部分国民。诚然，这种情形在大不列颠的统治之下得以持续了下来，然而，处在落后国家的那些不大幸运的犹太社区仍然只能久旱盼甘雨般地期待着

---

① 参见上文第 202 页。

② 参见上文第 122 页。

133. 拉比以利亚·本·所罗门（素以"维尔纳加翁"名世，1720—1797年）。

134. 利奥泼德·祖恩茨（1794—1886年）。

135. 海因利希·海涅（1797—1856年）。

136. 海因利希·格拉茨（1817—1891年）。

137. 摩西·蒙特菲奥罗爵士（1784—1885年）。版画。

138. 门德尔·莫谢尔·塞弗里姆（所罗门·阿布莫维奇，1835—1917年）。

139. 阿哈德·哈阿姆（阿舍尔·金斯伯格。1856—1927年）。

140. 约瑟夫·以色列斯（1829—1911年）。自画像。

有一天某个西方列强，或者至少是西方思想的渗透将为他们带来宽
慰。像在俄罗斯一样，这些地方的解放运动进程可能是既漫长又令
人厌倦的，但是，这一过程的结束肯定只不过是一个时间问题罢了。

5

361　　　使得犹太人的解放成为必然的因素之一乃是犹太人作为个体
当时在新的经济秩序中所起到的重要作用。紧随拿破仑战争之后，
出现了一个史无前例的扩张时期，在此期间，以英格兰为中心火
源的工业革命的烈火迅速燃起并蔓延到每一个国家。西欧地区的
发展达到了一种无与伦比的程度，几乎成了全世界的"制造车间"。
她的那些商品都是用最新发明的机器制造出来的，然后又由蒸汽
推动的船只运送到地球上最远的每一处角落。她的那些工厂显得
不胜繁忙；她的那些土地被一寸寸地搜索以寻找各种矿藏；她的
那些葱绿的原野被一道道地横割竖切糟蹋得不成样子，因为在她
的主要城市之间都修建了大量的铁路，以便使得长期以来一直需
要一天的路程变成只用不到一个小时的时间。所有这一切没有资
本——对于工业的最初原动力所不可缺少的核心要素，以及润滑
剂（没有它，轮子肯定会最终出麻烦的）是根本不可能的。资本
主义开始进入了一个崭新的时代。

　　在过去的那个时代，富裕犹太人的影响严格说来还一直只是
地方性的。他可以积累一笔财产——事实上很少有人成为一个庞
大的集团。但是，他挣了钱，然后又花出去，都是在一个单一的
城市的城墙之内完成的。一般来说，国家的无序状态和政府的苛

捐杂税会阻止他的财富一直不受损失地一代又一代地传下去。在文艺复兴时期兴起的建立大银行系统的活动中,他们一般仅仅持有微不足道的股份(这一点恰恰与人们的普遍看法相反),如果我们把一两个"马兰诺"家族的行为排除在外的话。只有像门德斯(Mendes)①这样的犹太家族,才似乎有可能与福格斯(Fuggers)家族相匹敌。18 世纪的证券经纪人[如萨姆森·基甸(Samson Gideon, 1699~1762 年),他曾在 1745 年的詹姆斯二世党人(Jacobite)叛乱时期帮助维持在英格兰的公共信贷平衡],他们有时也可能会积聚起在当时被认为是庞大的财富。但是,在 19 世纪达到顶峰的新经济时代提供了史无前例的众多发展机会。那时,经济活动的战场已经打开,人们眺望着国家的边境,只不过当时的活动范围还受到这个地球边界的限制罢了。

对于各个政府来说,金融业已经变得如此地重要,以至于那些金融家们像独立的国家一样同它们进行交易活动。随着企业规模的不断扩大,利润的幅度急剧地膨胀;而犹太人所具有的那种适应性极强的大脑,在经过若干个世纪的对于《塔木德》研究的磨炼之后,以及随着隔都高墙的被推倒而展现在眼前的各种新鲜景象的鼓舞之下,正在跃跃欲试地准备充分利用刚刚出现的这一新型机制尽力一搏。这并不是说犹太人提供了资本,因为它必须首先被创造出来。但是,他们使得它流动起来。他们完善了整个精确细致的运转过程,从而使之得以集中起来,以供工业利用;并且如果一旦出现大的需要或者急需的时候,他们立即就把它从

362

---

① 参见上文第 317 页。

一个国家转移到另一个国家。尤为突出的是法兰克福的那些犹太人，由于他们占据着一种地理上和经济上的双重战略地位，因而在欧洲国家的每一个首都都建立起了各种各样的分支机构。人们在记忆中，依然能够回忆起法兰克福的"犹太人胡同"每日晚间如何不得不紧闭大门，以及如何靠他们身上的那枚耻辱的黄色徽章才能够在当地的居民中间将他们与其他人种区别开来，但是，他们在金融世界的后裔们所施加的那种日积月累的影响，却几乎要比任何一个稍逊于一流强国的国家还要大得多。

　　新时代的犹太精神在罗斯查尔德家族的身上集中体现了出来，并且几乎成了犹太人的化身。梅耶尔·阿姆舍尔（Meyer Amschel，1743~1812 年）是这个家族（数代人之前，其居住地还是以"红盾牌"作为标志的）的创始人，他作为黑森 – 卡赛尔墓葬公司的代理人，曾在法兰克福开办了一项赢利颇丰的经纪人业务。他的第三个儿子拿单·梅耶尔·阿姆舍尔（1777~1836 年）于大约 1796 年辗转来到了英格兰，在曼彻斯特（Manchester）定居下来之后，开始在那里专门从事棉花生意。在当时的那个秩序混乱的时期，款项转付这项精细的业务慢慢地引导他使得自己逐渐地对金融方面的事情产生了浓厚的兴趣。后来，他便迁到了伦敦，在非常短的时间里，他在那里便成了金融界最为著名的人物之一。他能够转让财政部的贷款；他的息票在交易所是非常著名的；他在半岛战争①期间曾将条金转移到西班牙，作为威灵顿（Wellington）公爵部队的军饷；

---

①　指 1808~1844 年间法兰西第一帝国为征服伊比利亚半岛而与英、西、葡等国进行的战争。——译者

他还建立了一个自己的情报组织，这个组织是如此地完善以至于压倒了政府本身，甚至向政府提供了来自滑铁卢（Waterloo）的第一条消息。

当实现和平以后，他进一步扩展了他所从事的事业。他那些定居在法兰克福、巴黎、维也纳、那不勒斯的兄弟们通力合作，建立起了一个规模巨大的国际组织。因此，正如人们恰如其分地形容的那样，罗斯查尔德家族成了欧洲的"第六大强国"。没有他们的支持，任何庞大企业的产生都是不可能的。没有他们的合作，任何重要的贷款都无法募集。他们的一句话或一个警告往往左右着战争与和平之间的平衡。国家的大使们和部长们络绎不绝地前来造访，挤破了他们家的大门。他们在家中举行各种豪华的招待会；他们的乐善好施是举世闻名的；他们是各种艺术的慷慨赞助人；就连皇室贵胄的那些王子们也不敢轻视他们的友谊。由本雅明·迪斯雷利在 1875 年提出的英国获得对苏伊士运河的控制权计划，也只有在他们乐意预付现成的钱款的情况之下才成为可能。既然已经到了作为个体的犹太人能够控制各级政府的程度，那么，是否犹太人应当被赋予议会政治的公民权或是否履行任何法律上的正式表白，事实上都已经是无关紧要的了。

罗斯查尔德家族与其他同一类型的银行家族的区别就在于，他们那种罕见的广布全世界的国际分支网络，他们的那种家族的凝聚力（在一个很长的时期之内，他们实行内部通婚达到了一种惊人的程度），以及他们的那种金融方面永远是清楚无误的遗传性天才，这种天才在 1914 年表现得淋漓尽致，几乎并不比远在一个世纪以前有所逊色。然而，他们这个家庭仅仅是许许多多在金融事务方面发生过巨大影响的家庭之一。在英格兰，戈拉斯密德家族（Golasmid）从 18 世纪末叶到 19 世纪初叶一直是最大的贷款承包人商行，并最终打破了原先一直使公众花费过于高昂的那种行业垄断。法兰西的佩雷拉（Péreire）兄弟（他们是在波尔多定居的一个"马兰诺"家庭的后裔，有一位家庭成员曾完善了第一个教授聋哑人的有效方法）集聚了，然后（因为资助法兰西和俄罗斯的铁路开发）又散失了一笔巨大的财富。阿奇勒·弗尔德（Achille Fould）是拿破仑三世的财政大臣。美因茨的毕绍弗舍姆家族（Bischoffsheims）在伦敦、阿姆斯特丹和布鲁塞尔都设有分行，其分布几乎同罗斯查尔德家族一样地遍布各地；并且与他们相匹敌的还有斯特恩家族（Sterns）、奥本海默家族（Oppenheims）、戈尔施密特家族（Goldschmidts）、韦尔塞姆家族（Wertheims）、塞里曼（Seligmans）以及其他许多的氏族。巴格达的大卫·萨逊（David Sasoon）在孟买建立起了一个银行王朝，仅仅经过一代人的努力，就成为整个远东地区势力最为强大的银行，而他的子孙们也迅速地在英国的金融寡头统治中，在政治和文学方面确立了他们的地位。在稍微晚一些的一个时期内，莫里茨·德·赫尔西（Moritz de Hirsch）男爵通过为土耳其铁路网的建设筹措资金而集聚了一大笔财富。在 1871 年，当俾斯麦（Bismarck）向那个战败的法兰西要求一笔在数量上史无前例的战争赔款时，法兰西的总统抗议说，就算从基督降生的那个时候开始筹集，这样一笔数目也是决然无法凑齐的。"这"，这位由柏林的银行家格尔森·布莱施罗德（Gerson Bleichröder）作为陪同的那位"铁血宰相"当时回答说，"就是为什么我在身边带来了一位顾问，因为他可以从创世的年代开始来数算这些年头。"

银行业当然不是犹太人证明自己的杰出才能的唯一的活动领域。[①] 诚然，在工业革命的前期，当煤炭、棉花、工程机械等领域被首先大规模地开发的时候，的确曾一度将他们置于一种不利的境地。但到后来，他们成功了。他们作为工业家、制造商、发明家，并且更多地是作为"企业家"而获得了极为显赫的地位。小贩发展成为具有各种国际联系的商人；小金银匠成了条金经纪人；手工裁缝成了制造批发商；废铁收购者和旧家用器具经营者成了金属买卖中间人。犹太股票经纪人在欧洲的每一个证券交易所都成了著名的人物。在大不列颠定居的那些德裔犹太商人把这个国家的纺织品和其他工业品出口到欧洲这块大陆的每一个地方。那些犹太旧衣商，长期以来曾一直是漫画家们嘲笑的对象，因为他们在当时为了那些低层阶级的穿戴而不得不求助于这些人的施舍。然而，当时却已经为价廉物美的犹太裁缝所替代，他们将批量生产方式引入了（主要是通过犹太劳动者这个媒介）成衣工业。自此，像崭新的套服这种奢侈品第一次成为那些最贫穷的技工可望而又可即的东西，而他们的妻子女儿也就能够按照不久以前还被认为属于富人们所专有的特权的那种方式来穿戴了。

---

① 在后面的叙述中，尽可能地将一个半世纪的经济历程仅用几页的篇幅予以概括，但是，这样的叙述仅仅适用于西欧地区。在俄罗斯和波兰，那种半中世纪的状况（见本章第 3 节）甚至一直持续到我们目前的时代；而在一些工业中心，如罗兹这个所谓"波兰的曼彻斯特"，犹太无产阶级遭到了最悲惨的境遇，他们沦为了雇佣劳动者。

至于说到银行业，犹太人的重要地位也随着从 20 世纪初叶开始的私人商号的衰落和股份团体的发展而日渐消失；但是在这一时期，他们的经济生活一般说来已经失去了原先那种与众不同的特点。

随着时间的推移，企业的领域拓宽了。犹太人在预见任何的新潮运动所产生的发展潜力方面充分显示出一种异乎寻常的才能，不管是在工业或科学领域，还是在文学或艺术方面，均无一例外；若是他们不属于先驱之列的话，那么你也会发现，他们肯定是属于那种最富热情的追随者。犹太人的组织才能和精明见识乃是所有西方国家在废品买卖、廉价食品供应、综合商店等方面得以发展的主要原因，甚至大西洋对岸的情形也是如此。与此同时，在 20 世纪，他们在工业的合理化、消除残酷的竞争以及多种经营与统一价格商店的建立等运动中都作出了杰出的贡献。铅锭因此从私人银行家的手中被转运出来而进入了分配市场，当然这类金属在当时的影响已经日渐衰落了。娱乐业的所有艺术形式（以及后来的电影这种新的艺术）似乎对他们有着特别的吸引力，他们可以一方面作为演员而名声卓著，而另一方面又作为制片人或影片批发商而地位显赫。由于先天的鉴赏能力和感觉的敏锐性，使他们作为古董商人而赢得了良好的声誉（另一种旧货商则发展成了货币兑换商，或金银经纪人）。在整个欧洲大地，他们是公认的艺术专家、批评家和历史学家。在许多国家中，他们极为显著地在另一个全新的职业领域——新闻出版界占据了突出的地位。那个位于纽伦堡（自从很早以前他们被驱逐到这里之后，一直到1850年，根本就不允许任何一位犹太人在太阳落山之后仍然留在城里）附近的完全靠人工形成的重要的菲尔特（Fürth）社区，就其子孙后代在世界上所施加的影响方面来讲，完全可以与法兰克福相匹敌；正是从这个地方，1848 年还产生了乌尔施泰因（Ullstein）家族的创始人，这一家族后来在德国的新闻与出版界成了名副其实的巨

头；而那位阿道夫·奥奇斯（Adolph Ochs）的父亲则建立了一个
具有同等强大势力的组织，从而包围了远在美利坚合众国的《纽约
时报》。冯·路透男爵（Baron von Reuter, 1816~1899 年）引入
了一种全新的时事新闻传送模式；阿尔伯特·巴林（Albert Ballin,
1857~1918 年）这位汉堡 - 美洲运输线的创始人，对德国商船队
的发展所作的贡献恐怕比任何其他的人都要大得多；埃米尔·莱
丝诺（Emil Rathenau, 1838~1915 年）同另两位犹太人一起，创
立了她的电力动力设备集团；而路德维希·蒙德［Ludwig Mond,
1839~1909 年，他是移民中的第一位勋爵迈尔切特（Melchett）[①]
的父亲］，则是英格兰化学工业的奠基人。

在公共事务的职业活动中，情形也大体与之类似；没有一个
领域不受到犹太人的渗透，并且没有一个领域不是名声显赫。费
迪南·拉萨尔（Ferdinand Lassalle）创立了德国的社会民主运
动，而埃杜瓦·拉斯克尔（Eduard Lasker）是敢于同俾斯麦相抗
衡的为数不多的自由派领导人之一，阿道夫·克里米埃（Adolphe
Crémieux）则是最为卓越的法语鼓吹者和演说家，在 1848 年的"临
时政府"中曾出任司法部长，在任职期间，他废除了法国殖民地
地区的奴隶制和对政治犯罪的主要刑罚。在英格兰，人们普遍认为，
没有任何一位同时代的律师的地位能够高于乔治·杰塞尔（George
Jessel）爵士。海因里希·海涅（［Heinrich Heine］尽管受过洗礼，
但他在骨子里仍然是一位犹太人）是德国最伟大的抒情诗人，就像
乔格·布兰德斯（Georg Brandes）是丹麦最为杰出的批评家，格

366

---

① 参见下文第 417 页。

兰扎阿迪奥·以赛亚·阿斯科利（Graziadio Isaiah Ascoli）是意大利最为著名的语言学家一样。莎拉·伯恩哈特（Sarah Bernhardt）和蕾切尔（Rachel）是法兰西舞台上的首要人物。科学永远对犹太人的大脑有着特别的吸引力，截至 1945 年，在这一领域已经有多达 20 位犹太人由于杰出的造诣被授予了诺贝尔奖。意味深长的是，还有其他的一些犹太人，他们也以很高的比例获得了类似的荣誉，而他们所得到的这种承认正是他们在国际和平事业中作出杰出贡献的结果。①

　　另外还有许多鼎鼎大名的人物，如艾利奇（Ehrlich）这个名字（过多地举例将是甚为乏味的）就代表了在医学方面的辉煌成就。哈弗肯（Haffkine）或许是世界上最伟大的细菌学家，曾通过他在淋巴腺鼠疫预防方面的研究拯救了千百万人的生命。莫里茨·拉扎鲁斯（Moritz Lazarus）和他的内兄海曼·施泰因塔尔（Heyman Steinthal）建立了种族心理学这门新的科学，而塞萨里·隆布罗索（Cesare Lombloso）则是现代犯罪学的奠基人。莫里斯·罗伊维（Maurice Loewy）是最早的天文观测学家之一。正是由于弗里茨·哈伯（Fritz Haber）的重要发现，才使得德国能够在 1914~1918 年间敢于面对当时那种世界性的武装进攻；而正当某些农业方面的科学家开始以充满忧虑的态度关注着农业的未

---

　　① 关于犹太籍的诺贝尔奖获得者的这个数字，实际上仅仅法国犹太人和德国犹太人的人数就远远超过了此数，而相对来说，恐怕丹麦这一个国家的犹太人就已经足够了。但是应当记住，该奖金具有斯堪的那维亚国家基金的性质，并且在那些被说成是法国人或德国人的人中，有很大一部分（在后者来讲大约有三分之一）是犹太人。到 1967 年，诺贝尔奖金获得者中犹太人的人数已经超过了 50 位。

来的时候，他发明了从空气中提取氨产品的方法，从而使得可以利用的化肥原料不再受到任何限制。第一艘可用于航行的飞艇是由大卫·施瓦茨（David Schwartz）建造的，第一艘摩托艇是由莫里茨·雅可比（Moritz Jacobi）建造的，第一辆汽车是由西格弗里德·马库斯（Siegfried Marcus）制造的，安全火柴是桑逊·瓦洛布拉（Sansone Valobra）的伟大发明，麦克风是由埃米尔·柏林内尔（Emile Berliner）发明的，而彩色照片则是由加百列·利普曼（Gabriel Lippman）发明的。尽管英国的经济学家大卫·李嘉图（David Ricardo）不是一位真正信教的犹太人，但他却具有纯粹的犹太血统。正是柴门霍夫（Zamenhof）这位波兰的犹太人发明了国际性语言，并为它起名为世界语（Esperanto）。在 20 世纪初期的整个欧洲，几乎没有任何一位国际法专家能比《未来》（*Die Zukunft*）杂志的那位犹太主人和编辑"马克西米廉·哈丁"［Maximilian Harden，在他 16 岁施洗以前，名字叫作威考夫斯基（Witkowski）］更具有影响力。同样也是在这一时期，西格蒙德·弗洛伊德（Sigmund Freud）提出了心理分析这一新的科学，并且那些延续这一学说的最为卓越的代表人物几乎是清一色的犹太人，而马克斯·雷恩哈特（Max Reinhardt）则彻底地改革了戏剧艺术。367

　　在更为特殊的意义上来说，甚至艺术也进入了其繁荣时期，这是因为那些显赫的犹太名字——画家如以色列斯（Israels）、黎伯曼（Libermann）、毕沙罗（Pissarro）、莫蒂里亚尼（Modigliani）和查戈尔（Chagall）；雕塑家如安托科尔斯基（Antokolsky）和爱波斯坦（Epstein），实在是不胜枚举。亨利·伯格森（Henri Bergson）是最具生命力的欧洲思想家之一——在多种意义上来说，他们都称得上是斯宾诺莎的继承人；而卢吉·卢扎蒂（Luigi Luzzatti），则是当代最受公众敬爱的人物之一，曾出任意大利的总理。在近代的国家中，包括法国在内，犹太人［像圭赛普·奥托伦吉（Guiseppe Ottolenghi）将军，他曾在 1902~1903 年间出任军事大臣］在军界也跃升到了高层。艾米·帕沙（Emin Pasha）是他那一代人中最勇敢的探险家之一，而拉比诺·温图拉（Rubino Ventura）作为远东地区分属各个国家的统治者的军事力量的总司令，一生中曾经历了一个万花筒般的生涯。苏特罗（Sutro）、莱斯（Rice）、玻恩斯坦（Bernstein）和施尼茨勒（Schnitzler）在各个不同国家的戏剧界各自显示了自己的辉煌。但遗憾的是，犹太人并没有生产出一流的音乐作曲家［瓦格纳（Wagner）应被看作是一流的，他的犹太渊源是举世公认的］，梅耶贝尔（Meyerbeer）、门德尔松（Mendelssohn）和哈列维（Halévy）虽然还不能列入绝对一流的名单，但他们作为表演家和乐器演奏家的至高无上的地位仍然是无可比拟的。当然，犹太人的慈善事业在任何地方都是非常著名的。就事实而言，那个以仁慈对待动物而闻名的组织的建立应当归功于刘易斯·高波茨（Lewis Gompertz），他是一个严格按照《圣经》的传统忘我工作的犹太人，于 1824 年发起了一场运动并最终促成了"英国皇家动物仁爱协会"的建立。同时，值得注意的是，罗马国际农业研究所是由大卫·鲁宾（David Lubin）建立的。一位意大利统计学家曾经计算过，仅就数量而言，犹太社会中的知名人士的比例大大超过了一般社会中的比例，两者相比达到了十五比一。除了在世袭的贵族阶层和教会中，他们在每一个领域都处于一种明显的领先地位。

在殖民地的发展过程中，犹太人显示出同样的重要性。在南部非洲、澳大利亚和新西兰的早期发展阶段，那里就已经设立了犹太公会，建起了犹太圣堂。在英国人到达纳塔尔（Natal）之前十年，根据与祖鲁人（Zulu）国王的一项协议，一位叫作拿单尼尔·艾萨克斯（Nathaniel Isaacs, 1804~1872 年）的人就已经被公认为是这个地方的"大头领"。一个很小的犹太人群落在殖民角（Cape Colony）开创了马海毛工业。在这个世纪末叶的狂热发展时期，当淘金和宝石工业将次大陆的财富建立在一种全新的基础之上时，乔伊斯（Joels）、巴那托（Barnatos）、阿尔布斯（Albus）和贝特（Beits）等家族在其中起到了一种无与伦比的重要作用。朱里耶斯·弗格尔（Julius Vogal, 1835~1899 年）爵士早在 1873 年就曾出任新西兰的总理；而在紧随其后的一个时期中，以撒·艾萨克斯（Isaac Isaacs，生于 1855 年）爵士则成了英帝国自治领政府所任命的澳大利亚的第一位总督。

当体育时代开始后，犹太人的参与精神同样毫不逊色。在英格兰，犹太拳击家形成了一个独有的传统，可以一直追溯到 18 世纪末期。当时，但以理·门多萨（Daniel Mendoza）已经将科学与拳击运动结合起来，并且通过多次的"职业演讲"，做了大量的工作来消除下层阶级对犹太人的偏见。在后一个世纪的中叶，曾出现过一个间断期；但是到了 20 世纪，拳击场空前盛行，以至于一些非犹太人（他们的非犹太血统是毫无异议的）有时也认为，采用一种极具犹太特点的化名是十分明智的。罗斯查尔德家族在早些时候专注于赛马业；而那些犹太赛马主却像绅士那样在他们的爱好上下赌注，又不得不像斯巴达人那样去忍受自己的损失，但是，他们很快就在"新市场"（Newmarket）或"奥图伊尔"
（Auteuil）这些地方风云一时，被看作是最受欢迎的人物。在击
剑、跳水、障碍赛跑、赛跑和网球等项目上都产生了犹太人的冠
军。正是一位犹太人创立了短道游泳的新方式，从而使得游泳池
很快成为热情的业余选手们实现抱负的场所。经过两代人的努力，
犹太人弥补了，并且是漂亮地弥补了他们在过去长达数个世纪中
一直被排斥在各种机会之外的历史。

6

　　19 世纪的那种相对稳定的居住条件引起了犹太人口的迅速增
长——不是像人们所普遍认为的那样，过多地依赖于一种较高的
出生率（因为事实上，犹太人中的生育能力要比他们的邻居同胞
还要相对差一些），而是由于一种更为卫生的生活方式，从而大
大地降低了死亡率。在较早的时期，生活在世界上的犹太人的数
量是绝对难以确定的，这是因为，那时我们的统计能力是如此的
有限，并且大量人口或许一直居住在那种证据根本无从查找的地
区这一事实。所以，目前关于犹太人在大流散开始的时候大约只
有 450 万人，而到 12 世纪减少为 150 万人的猜测几乎不可能被毫
无保留地完全接受。从 12 世纪直到 17 世纪末期，看来这一数字
几乎没有出现什么大的变化，一直在 150 万到 200 万人之间波动。
到 1800 年，总数已经上升到大约 250 万人。然后，在整个 19 世
纪的过程中，出现了一种前所未有的急剧膨胀。到 1900 年，犹太
人在世界上的人口数量已经达到了 1050 万人，并且在经过了一代

人之后，总数就已经超过了 1600 万人。当你想起这一数字在增长
比例上要比英格兰和威尔士高出近 50%，并且几乎是法兰西的五
倍的时候，这种人口增长的重要性就变得日益明显了。在另一方面，
西方国家中被同化了的犹太资产阶级的出生率在 20 世纪出现了灾
难性的下降，因而在没有大批外国人口涌入的情况下（那些国家
将循环性地很快受到同样的影响），这样的人口总水平是难以一
直保持下去的。

随着权利和机会平等制度的确立，犹太人与非犹太人之间的
职业差别也已经开始消失了，或者至少被转移到了其他的领域。
的确，在早期的年代，他们曾被排斥在某些工业领域之外，但正
是通过利用这些工业（正如我们所看到的那样），犹太人开始以
极为显著的方式得以联合起来。在另一方面，那些犹太商贩，曾
经一直是特征如此明显的一群人物，并且在 18 世纪末期曾一度在
人数上达到了德意志和英格兰的男性人口的三分之一，此时却变
得几乎是默默无闻了。甚至在农业生活方面，尽管长时期的城区
居民生活和当时仍然存在的各种困难，也开始显示出巨大的吸引
力。在中欧和东欧地区，像在西半球和巴勒斯坦的情形一样，许
多的农垦部落开始建立起来；而到 1900 年，定居在这些土地上的
犹太人的数量已经上升到总人数的 2%；到 1939 年，则超过了 6%。
在另一方面，由于过去的历史在他们身上所孕育的那种坚定的个
人主义一直无法根除，犹太人普遍表现出一种不甘居于从属的地
位上为他人工作的情绪。一旦他们能够有机会，这种受雇者就会
依靠自己的力量另立门户；而那些犹太店主和小工厂主勇敢地抵
制住了那些大托拉斯和多种经营商场的进攻——尽管如此，正如

已经指出过的那样，后者（多种经营商场）的发展动力主要还是应当归功于犹太人的努力。随着隔都体制的解体，原先曾在犹太人体格上产生的各种不利的影响正在以惊人的速度得到纠正。在短短的几个年代里，早先的弯腰曲背已经不见了，那种菜色的面部特征变得越来越少见，走出隔都后的户外生活使得他们的体重不断增加，而平均身高则增加了一英尺还要多。

与此同时，一场意义深远的社会学方面的变化也已经开始了。长期以来，在几乎每一个欧洲国家，犹太人一直处于一种星散的生存状态。在那些数不清的农业中心区和小城镇中，都可以找到他们建立的社区。意味深长的是，在全世界，从德意志或意大利一直到印度，那些极具特点的犹太姓氏在很大程度上是源自于一些小地方，而犹太人与这些地方的联系在很早以前就已经结束了。情况正是这样，在驱逐时期之前，甚至在英格兰的一些农业中心区，譬如瓦林福德（Wallingford）和戴维泽斯（Devizes）都可以看到一些犹太人，而在彭詹斯（Panzance）或是国王的林恩（Lynn）领地发生的"重新定居"运动之后，情形依然如此。阿尔萨斯的情况也与之类似，几乎没有一个小城镇看不到犹太人的身影。随着作为 19 世纪早期明显标志的通信系统的发展，局部地区生活的密集程度逐渐降低了，因此，犹太人开始向大城市迁移。原来那些小地方一个接一个地被抛弃了；那些被遗弃的犹太圣堂和墓地成了遍布欧洲大地的各省乡村中心区间的一道特色鲜明的风景线。曾有一段时间，犹太人的生活表现了一种对于那些作为工业革命的成果之一而成长起来的新兴工业城市的特别偏爱；然而到最终，这些地方也同样由于对首都和少数大城市的向往而被搬空了。因

此，到 1816 年，当时整个国家的 7 个最大的犹太社区中的人数在
257048 个德国犹太人中仅仅占了 20000（大约 7.7%）。即使是所
有这些社区中人数最多的汉堡，也不过只有大约 7000 人。一个世
纪以后，犹太人的人口总数增加到了 60 万人，其中大约有一半人
口集中在 7 个大城市里。此时，柏林拥有差不多 17.5 万人，占了
全部人口的三分之一稍弱。伦敦更是一个几乎是无可比拟的城市，
这是由于她作为大量的摩肩接踵的移民的到达港口这种理想的地
理位置及其在国家生活中所具有的那种无与伦比的重要地位；而
在现代时期，她所容纳的英国犹太人的数量从来也没有少于三分
之二。在 20 世纪的第二个 25 年时间里，大约有近一半的犹太人
生活在大城市中，近四分之一生活在极少数的特大城市中，人口
有 100 万或者还要多一些。

　　同时，在西欧地区，对犹太教的依附性也正在不断减弱。那
些早先曾一日三次人如潮涌、拥挤不堪的犹太圣堂，当时只有在
举行最为庄重的仪式时才有可能坐满虔诚的礼拜者。诸多正统仪
式的一些细节正在逐渐地被抛弃。家庭中的宗教仪式也已经没大
有人遵守了。商号在安息日关门停业的情况几乎已经十分罕见。
希伯来知识和犹太人的传统知识已经大大减少了，只不过维持着
最低的程度而已；而那些著名拉比的后裔，如果他们能够在不出
大错的情况下结结巴巴地背诵出一个单页的宗教仪式的内容的话，
就已经自视为是一项了不起的成就了。当时，出现了大量的犹太人，
他们心中的犹太教所包含的内容，所剩下的只不过是一副永不泯
灭的慈善心肠、每年按惯例去一次犹太圣堂以及一种对于能够在
死后埋葬在一处犹太人的墓地（"生命之所"）的近乎迷信的渴

望而已。除此之外，在同化程度上是否还有比这更为彻底的情况，就不得而知了。据估计，在整个 19 世纪，有不少于 20 万名犹太人施行了洗礼。所以你很有可能遇到这样的人，尽管他们或许有着犹太人的名字、犹太人的外貌、犹太人的特征，但是，他们却愤然地同他们原来的社区断绝了一切关系。

在这样的情况之下，与外族的通婚以一种史无前例的规模不断增长就是不可避免的了。即使是当时最为荣耀的贵族通常也以与某位犹太女继承人攀亲为荣，以便增加自己的财富。几乎没有一个英国或是匈牙利的贵族家庭——仅以这两个国家为例——能够例外，大多都是以这样一种结合或联盟的方式来巩固自己的地位。在某些地处边远的农业中心区，那里的犹太社区虽然不大，但同化的程度也非常彻底，不同宗教信仰间的通婚在数量上有时要比内部通婚还多。在短短两代人的时间里，犹太人的血液已经渗透进了最为偏远的社会阶层，孕育出了各种各样的天才人物，如小说家马塞尔·普罗斯特（Marcel Proust），法国政治家亚历山大·米勒兰（Alexandre Millerand），英国诗人亨利·纽伯特（Henry Newbolt）爵士，瑞典探险家斯汶·赫丁（Sven Hedin）。[①]

7

当时，犹太人在照料他们自己的"葡萄园"时也多少有点儿

---

① 　在本章第 5 节中提到过的一系列人物中，有一两位人物同样是混血儿，例如伯恩哈特；而另外的几位（例如艾米·帕沙）也并不是纯粹的犹太人。

粗心大意。因为很显然，犹太人的学术成就仅仅局限在对标准拉比教义原文的仔细研究和详尽阐述上面的时代其实早已经过去了。的确，希伯来的知识已经退化得如此厉害，以至于在绝大多数的情况下仅仅进行这样的研究是远远不够的了。不仅如此，就那些非犹太人来说，他们感到，犹太人的普遍愿望就是对自己过去的学术成就进行装饰，或重新装饰。恰如犹太人自己曾经走出隔都，脱去了他们那与众不同的衣着，抛弃了他们那与众不同的语言，并且拓宽了他们感兴趣的领域直到它包含了人类的任何事物一样，因而（人们的感觉也正是如此）犹太人的学术成就也必须从它的与世隔绝的状态之下解脱出来，并且用现代的语言进行重新阐释，从而使之无论在方式还是在语言方面，对于今天受到理性潮流浸润的人们来说都应当是可以理解的。

摩西·门德尔松在他半个世纪以前翻译的《圣经》德文本中就曾经指明了一条革新的道路，因为在他曾经生活和工作过的国度，学术成就依旧高于一切地集中于传统方面。一位名字叫作利奥泼德·祖恩斯（Leopold Zunz, 1794~1886 年）的普通学者，由于受到普鲁士政府试图对在犹太圣堂中用本国方言布道这种"革新"采取遏制措施的触动，于 1832 年出版了一部著作叫作《关于犹太祈祷仪式的演讲》（*Die Gottesdienstlichen Vorträge der Juden*）。在这本书里，他说明了用本国的语言进行布道演讲事实上是一种古已有之的制度，并因而形成了早期的大部分拉比教义文学的基础；而他认为，那些卷册在当时仍然是一个宏大的犹太经验知识宝库，其覆盖范围是现时的那种开创性研究所难以比拟的。但是，作为将现代的批评方法与标准应用于希伯来文学中的问题的研究方面的第一次尝试（除非我们将阿萨里亚·德罗西三个世纪以前所做的实验排除在外），他的工作便更显得意义不凡了。正是由于这一点，以及后来一系列的犹太礼拜仪式和圣堂诗歌方面的出版物作为补充，才为后来对于"犹太教科学"亦即（一般所称的）"犹太科学"（*Jüdische Wissenschaft*）的研究奠定了自身的基础。

利奥泼德·祖恩斯找到了一批颇为称职的助手。莫里茨·施泰因施耐德（Moritz Steinschneider, 1816~1907 年）是一位希伯来文献学的宗匠，他开发了欧洲的图书馆这个巨大的知识宝库，并且通过他的各种编目和介绍文章使得它们向学术界开放，从而也公开了西方文化对中世纪那些犹太翻译家所欠下的无从估量的文化债务。自从约瑟福斯（Josephus）以来（除了一两部中世纪编年史和一些新教徒的入门性尝试），第一本关于犹太人历史的书籍应当归功于以撒·马库斯·约斯特（Isaac Marcus Jost, 1793~1860年）。这本书出版于 19 世纪的 20 年代，但它不久就被海因里希·格拉伊茨（Heinrich Graetz）的那些不朽巨著（1853~1870 年）所取代。他的著作是根据用各种各样令人迷惑的语言写成的原始资料编成的，因而即使在今天仍然保持着其旧有的原始重要地位。[后来，西蒙·杜伯诺夫（Simon Dubnow, 1860~1941 年）在俄罗斯完成了一部具有同样规模的著作，重点论述了东欧地区的情形以及社会经济方面的问题，这些恰好是格拉伊茨的著作中曾一度忽视的内容。]

在奥地利帝国的一些边远省份，希伯来语仍然继续作为学术研究的媒介，尽管其方法已经大大地现代化了。加利西亚人纳赫曼·克罗赫马尔（Nahman Krochmal, 1785~1840 年）在其《新迷途指津》

（*Modern Guide of the Perplexed*）中对犹太历史的哲学问题进行
了系统的阐述，他将其构思为一套关于黑格尔（Hegel）思潮兴盛
与衰落的丛书，其中如实地展现了每一种世界性的思想发展趋势；
而在一系列深刻有力的文章中，所罗门·犹大·拉波鲍特（Solomon
Judah Rapoport, 1790~1867 年）则根据《塔木德》时代，特别是
后《塔木德》时代的那些零星的有形人物和事件进行了再创造，
从而为后来的许多史编工作——例如以撒·赫尔西·魏斯（Isaac
Hirsch Weiss, 1815~1905 年）这位最杰出的"哈拉卡"（*Halakha*）①
历史学家的那些著作——提供了基础。在意大利的北部，帕多瓦的
撒母耳·大卫·卢扎托（Samuel David Luzzatto, 1800~1865 年，
他是一位无所不知的学者和收藏家，如果他专心致力于一个领域的
研究工作的话，他无疑会给人们留下更为强烈的记忆）与戈里齐亚
的以撒·撒母耳·雷吉奥（Isaac Sameul Reggio, 1784~1855 年）
一起，将古老的意大利犹太文化传统与曾一度在德意志涌现出来
的那些新概念有机地结合在一起。那些德国出生或德国培养出来的
学者［例如所罗门·蒙克（Solomon Munk, 1803~1867 年），由于
深深地陷入了犹太 - 阿拉伯文化研究领域的辛勤劳作之中而不能自
拔，他反而感到越来越迷茫］将"犹太科学"的种子带到了巴黎、
伦敦以及所有的其他地方，尽管在很久以后它才在日耳曼语系之外

373

---

①　希伯来文的意思是"规范"，是有关《塔木德》的某些阐释与评注的总称，与"哈
加达"相对应。年深日久，社会和经济生活变化很大，有关《塔木德》的解释方面的新
问题不断出现，律法需要重新阐释，于是，一些犹太学者（包括迈蒙尼德和卡罗等人）
开始先后从事"哈拉卡"的汇编工作。"哈拉卡"大多文体庄重而严谨，具有较高的权
威性和约束力。——译者

的地方生根发芽。种种科学的评论文章得以在整个欧洲地区出版，起到了传播和扩散新科学的媒介作用；另外还有一些更为大众化的本国语期刊，它们从 19 世纪的最初 25 年以来早就已经用英语、法语、德语和意大利语出版了。

那些新科学的实验室无疑是各种理论的策源地，在这一时期也已经陆续开始建立起来。那些老资格的拉比，他们所获得的职位仅仅是由于《塔木德》方面的知识而不是任何其他的东西，当他们处于《塔木德》已经不再像过去那样具有如此之大的影响，而在犹太圣堂里的祈祷仪式上进行布道的方式开始变得日趋重要的年代，他们显然已经成了一群与时代格格不入的人物。不仅如此，那些犹太拉比通常被认为在国民政府与他们的社区之间扮演了一种调停人的角色。他们被看作是一个样板和一种检验标准，并以此来评价他属下的那一群信徒。所以，这群教徒便迫使他们自己产生出另一位新型的精神领袖，而这位领袖要获得认可，则不仅要赢得一个开化了的社区的尊敬，而且在与其他宗教的演讲人进行合作时同样要表现出他自己对他人的尊敬。在意大利南部的那些奥地利领地的犹太社区于 1829 年在帕多瓦建立起了第一所现代式拉比教义研究院，很显然正是出于这一目的，而撒母耳·大卫·卢扎托则是其中最重要的成员之一。这个样板迅速在法兰西、德意志、奥地利以及西欧地区的其他国家纷纷得到仿效。在这类教育机构中，他们除了讲解《塔木德》之外，还教授犹太历史、哲学、辩护术、评注方法、布道学等等。在大学中，希伯来语的训练一般用一门类似的课程作为补充。因此，那些旧时代的拉比被取代了，并且现代的"宗教事务教长"（他们通常都终

身沿用旧式的头衔，尽管不再具有原来的那种资格）也日渐赢得
了自己的地位。

甚至在俄罗斯，那种文化的复兴，或者不妨说是重新调整也
是同时进行的。可以肯定，这种复兴的性质有着根本的不同。有
鉴于它在西方的那些开化了的群体中采取了一种现代化了的犹太
学术通过本国语言向欧洲世界引进的形式，而在东方的群众中，
则在于它是将非宗教的文学通过希伯来语介绍给犹太世界。随着
一个又一个的世纪向前推移，在俄罗斯的犹太民族中开始出现了
一个与一代人之前由门德尔松学派制造出来的类似的知识界（尽
管有着十分明显的不同），这在很大程度上应当归功于它所树立
的那个样板。德语版的《搜集者》（*Meassefim*）确实在东欧地区
激起了一种和谐的共鸣，并且他们根据这个期刊所起的名字（即"搜
集运动"）引来了一连串的模仿者。有几位富于献身精神的文人，
为人们所注目的或许是他们身上的勇气和勤奋，而不是他们的天
才。他们开始接二连三地写出了一些著作，并且他们希望通过这
些著作将欧洲文化中的杰出精华所在引介给他们的那些用希伯
文阅读的笃信宗教的同胞。各种散文、诗歌、小册子、科学著作，
最后甚至小说，均以相当丰富的数量，并用一种在当时被认为是
独有的"神圣"语言开始陆续问世。这一运动被称为"哈斯卡拉"
（*Haskalah*）即"犹太启蒙运动"。

与同时出现的德国式倾向有所不同的是，随着时间的推移，发
源于俄罗斯的这一运动进一步获得了而不是最终失去了活力。这
是因为，它并没有为转向本地语化提供任何机会，因而得以发展
成为一种绝对的"犹太人的科学"。所以，希伯来语再一次显示

出它的适应性，使得它能够在纯粹的学术领域与呆板的拉比教义术语之外占有了一席之地；并因此为那种最后将达到极其深刻程度的文化再生奠定了基础。作为例证，仅仅需要提及如下四个人的名字：以撒·贝尔·莱文森（Isaac Baer Levinsohn, 1788~1860年），他是一位颇合时尚的散文家和哲学家，也是这一运动的创始人；犹大·罗伊博·戈尔登（Judah Loeb Gorden, 1831~1892年），他是第一位真正的现代希伯来诗人；亚伯拉罕·马普（Abraham Mapu, 1808~1867年），他是希伯来小说的奠基人；佩雷斯·斯莫伦斯金（Perez Smolenskin, 1842~1885年），他视宗教蒙昧主义为腐朽并因此而领导过一场半路夭折了的反抗运动。

在希伯来语复兴的同时，但在稍晚一些的年代，有一个"意第绪语"时期，此间曾产生了几位以俄罗斯"栅栏区"的犹太大众生活为主题的真正天才的诗人和小说家。索罗门·阿布拉莫维奇（Solomon Abramowitch, 1836~1917年）或许达到了这一时期的顶峰，他另一个尤为家喻户晓的名字是"Mendele Mocher Soforim"（"Mendele"意为书商，同时他还以其希伯来文作品而广为人知）。他在描绘小镇生活方面才华出众，宛若狄更斯（Dickens）再生。而沙洛姆·拉宾诺维茨［Shalom Rabinovitz, 1859~1916年，即"沙洛姆·阿里基姆"（Shalom Aleikhem）］则无疑是一位意第绪语的马克·吐温（Mark Twain）。亚伯拉罕·古发登（Abraham Goldfaden, 1840~1908年）是一位罗马尼亚人，他将那种在传统上起源于"普珥节"的滑稽剧发展成为一种具有巴黎人或维也纳人原型的戏剧；而到他去世时，意第绪语的戏剧已经赢得了真正的重要地位。在这个世纪中，全面的进步是异常显著的。

8

令人难以想象的是，这种现代化的趋向却根本没有能够在精神生活方面产生任何影响。那种在 20 世纪之前的亚洲早就已经进化了的传统的犹太宗教实践活动，虽然很容易与隔都制度的精神产生共鸣，但是，对于正竭力使自己沉浸在现代欧洲生活中的那一代人来说，却似乎有点儿不大合拍了。不仅如此，他们一直在某种程度上有意识地寻求能够使得犹太分离主义——正在成长的一代所渴望的最后一件事物——永远保持下去这种希望所带来的刺激。对于在犹太经验知识方面仅仅受到过一点零零碎碎的教育的银行家们来说，那些每日用希伯来语祈祷的人已经变得难以理解了。对于那些心中的虔诚已经开始退化的人来说，传统的吵吵闹闹，甚至发自肺腑的虔诚表现似乎变得十分不雅，令人难以容忍；而对每一件教堂圣事中的那些法定的仪式、详细的程序、严格的礼节都非常精通的人们，他们简直难以想象用任何其他的形式也能表现出那些神圣的美好事物，并且很自然地会为一个基督徒旁观者在犹太圣堂里可能会产生的这种比较的想法而感到羞愧万分。

因此，与犹太人的解放事业同时进行的是一场宗教改革的运动。以色列·雅可布森（Israel Jacobson, 1768~1828 年）便是这一运动的先驱，他当时作为威斯特法利亚的国王，是杰罗米·波拿巴的金融代理人，同时也是他一手建立的宗教议会上院的主席。凭着对宗教平等的满腔热忱，他于 1801 年在西森（Secson）设立了一所寄宿学校。在这个学校里，犹太人与基督徒的孩子们可以在相互宽容与和睦的环境下接受教育。在 1810 年，他为这所教育机构开设了一个犹太圣堂。在当时，专门为犹太人的宗教仪式设立一个场所，这在现代犹太史上还是第一次（除了受文艺复兴影响的布拉格和意大利的北部）。在这里面，除了希伯来语，你还可以听到德语的祈祷声；他们还用基督教的方式为男女两性的青少年行坚信礼。诸如此类的革新措施随之便通过宗教议会上院的法令予以强制实行。当时，政府的同情是如此明显地偏向改革者的一边，以至于此起彼伏的抗议声浪都被王朝的权力机关压了下去。

随着威斯特法利亚王朝的垮台，当时这些革新措施自然而然地被肃清一空，雅可布森也不得不移居到柏林。在那里，他和雅各布·赫尔茨·贝尔（Jacob Herz Beer，他是作曲家梅耶贝尔的父亲）一起，依照新的样式在自己的家中布置了家庭宗教仪式设施。由于反动的普鲁士政府无论在什么领域对于任何新奇的事物原则上一概持反对态度，因此立即便将这些私人宗教活动场所关闭了。此后不久，以色列（埃杜瓦）·克雷［Israel (Eduard) Kley）］，这位曾在宗教仪式上讲过道的甚为热心的教员，成了汉堡的一所犹太学校的校长。在这所学校里，他把同自己的观点相一致的一小群人聚集在身边。因此，第一个经过改革洗礼的犹太圣堂得以建立起来（1818 年），并且为了在这座圣堂里举行仪式，还出版了一部包含着大量的任意性改动的新祈祷书。在德国的全国上下，那些高等社会阶层都在焦急的期待中静观着这一实验。

因此，两大集团之间所存在的分歧并没有什么根本的重要性。但是，显而易见，这仅仅是一个开始。那些解放运动的狂热的拥护者，虽然在他们这群人的身上曾经吸引了第一批"改革"的同情者，但在当时，他们正在用尽心力把他们自己描绘成仅仅有着犹太信仰的德国人——而不是种族、宗教和伦理文化无法摆脱地纠缠在一起的这样一个团体的成员。到当时为止，犹太思想体系的一个不可分割的部分一直是在巴勒斯坦实现民族的复兴。对于新型的犹太人来说，这一点似乎是多余的，是不必要的，也是不受欢迎的。"我们所在的这块土地就是我们的巴勒斯坦，这个城市就是我们的耶路撒冷，这个教堂就是我们的圣殿"，这些话在那些已经同化了的阶层中早就成了老生常谈。由此可以很容易地得出这样的推论：议会的公民权就是他们的"救世主"。另外，还存在着其他大量的不同之处，例如对早先所奉行的那种牲祭崇拜的种种引申形式，以及遵守节期的追加天数的习俗（这是在很早的时候由美索不达米亚的犹太民族引入的，原来只是为了平衡任何可能出现的天数计算上的错误，而后来便一直被保留了下来，尽管一开始所持的理由早就已经不再适用了），等等。

　　慢慢地，改革分子开始在所有这些问题上采取更为极端的态度。本来只是作为对犹太圣堂里的宗教仪式进行表面性改革的这一事件，后来演化成为一场针对所有传统仪式和针对以《塔木德》为核心的整个犹太教的全面性的反叛。旧的仪式被废弃了。整个拉比教义的结构被彻底破坏了。只有《圣经》还被认为具有权威性。为了取代古老意义上的那种"救世主"思想，当时出现了一种新的概念——"以色列人的使命"，而这种使命只有在流散的状态下才能完成。像激进的撒母耳·霍尔海姆（Samuel Holdheim, 1806~1860 年）这样的学者都成了改革运动的强有力的辩护士。

此人宣扬了一种完全脱离了民族性的犹太教的观念，并且在柏林那座已经将安息日从星期六改为星期天的犹太圣堂里出任司祭。他找到了一位全心全意的合作者，就是那位百科全书式的人物亚伯拉罕·盖革（Abraham Geiger, 1810~1874 年）。这个改革运动的哲学家详细阐述了一种进化的犹太教的理论；按照这一理论，犹太教应当根据以后的每一代犹太人所处的不同条件来不断变化和不断更新自身。这一运动当然不只局限于德国。早在 1836 年，在伦敦就已经开始感觉到它的影响；并且曾在 1840 年建立了一个改革了的犹太公会，后来，在经过了两代人之后，在蒙特斐奥罗（C. G. Montefiore, 1858~1939 年）的激励下，爆发了一场名为"自由犹太教"的更为极端的运动。那些德国移民把这些新思想带到了美洲，并且在那里，到这个世纪的中叶时，一种非常激进的"改革犹太教"已经建立起了强大的控制网。[①]

　　这场改革运动的进一步发展自然而然地迫使其他的教派来重新考虑自身的地位。萨姆森·拉斐尔·赫尔西（Samson Raphael Hirsch, 1808~1888 年）是法兰克福的一位拉比，他系统地阐述了一种关于严格的传统犹太教的哲学。按照这种哲学，不需要对现代的东西作出丝毫的让步，就完全可以像霍尔海姆或盖革那样，满足现代人的心理需要，而同时也不至于使得犹太教本身对由于当时的各种时髦概念的从属性质所引起的周期性的废弃过于敏感。在这两种极端之间，还有一个"保守派"，它既可以使得犹太圣堂的宗教仪式在外表上现代化，同时也能使得自身适应当时流行

---

① 　参见下文第 397—398 页。

的准则，而又不需要宗教仪式的根本性更改或是任何实践内容的正式性舍弃。精神上所发生的变化的重要意义在于如下的事实，即在法国，在德国，在意大利——在每一个地方，事实上，除了在英国，"犹太人"这个术语，及其"隔都"这种叫法上带有辱骂性的含义，在很大的程度上都被废弃了，而代之以"古以色列人"或"希伯来人"；而随着一次不幸的思想意识上的倒退，"犹太圣堂"这一名称在许多国家中也为"圣殿"所取代了。

　　从长远的观点来看，两种极端的思想都没有取得胜利。"考证"① 之风的盛行逐渐破坏了《圣经》的权威性。在一开始，那些改革的追随者无疑是以此作为发端的。因而，他们不由自主地被迫承认了拉比传统教义的重要性，但他们却又仅仅把这种传统看作是犹太教的革命进程中的一个阶段。在 20 世纪，曾有一场引人注目的向旧式礼仪回归的运动；而《塔木德》再一次占据了作为犹太经典的地位——尽管可能不具有权威性，但是作为一座民族文化的纪念碑仍然是十分重要的。在另一方面，在那些西欧国家中，"正统的"犹太教本身也在不知不觉地随着时代前进。那些更为庄重的公众仪式和劝导性的布道方法，尽管有悖于那种以《塔木德》为中心的讲道惯例，在一开始就一直是争论的焦点，但在当时，即使在古老学校这种顽固的堡垒中也已经获得了完全的认可；并且还有许多的传统习俗，尽管它们看起来几乎不像与时代有什么不相一致的地方，也在不知不觉中几乎被普遍废弃了。不仅如

378

---

　　① 即 Higher Criticism，指用所谓科学历史的方法来考据《圣经》。关于作者对这一方法所持的观点，可参见第 1 章末附注。——译者

此，最后终于连那些用当地方言写成的并有许多不重要删节的临时祈祷文，以及各种训练有素的唱诗班（有时甚至还有音乐伴奏）也在犹太圣堂里获得了一席之地。如果他们还有任何一点关于"改革"的知识的话，他们也许早就愤慨地将这些"好主意"扔到爪哇国里去了。

9

伴随着这一新的时代，一种巨大的裂缝开始在西方文明与东方文明之间日渐显现出来。西方国家——特别是英格兰、法兰西和德意志，还有大洋彼岸新生的美利坚合众国，当时在科学、艺术、文学以及所有其他有助于人类进步的领域都走在了全人类的前面。这些国家成了整个世界的"制造车间"。他们发明了蒸汽机和詹尼纺纱机；他们创造了人类服装的唯一一种"合理"款式；他们享受到了（或正在享受着）议会立宪制的无上裨益。任何国家最终能够被接纳进入这个充满魅力的文明化国家集团之中还是排斥在这个"圈子"之外，完全是由这个国家本身在这些方面效法它们与否这个因素来决定的。

正是在这些国土上，犹太人已经最为深入地融入了普通公众的生活之中，并且也正是在这一同化的过程中，他们的解放才首先真正地实现了。他们已经从中获得了（或正在获得）种种的好处：议会的公民权，细致周到的公共服务机构，本国语种的杂志，众多的富于现代精神的神学院，以及在举止与演讲方面几近无可挑剔的公共事业领导人，等等。其他的那些欧洲国家——俄罗斯、

巴尔干国家，以及在意大利（只有一段时间），像在其他的每一
个领域一样，在这一方面同样也是大大地落后了。然而，毫无疑问，
这一天是一定会到来的。到那时，文明世界以及议会制宪的种种好
处也将会最终扩展到他们的身上；而犹太人的解放，包括肉体方
面的和精神方面的解放也就会自然而然地随之实现。在这一背景
下，隐隐耸现着一个穆斯林的世界，它横跨在亚洲和北非地区之间；
在这些地方，这个过程将最终会重演，尽管在速度上要慢得多。

　　到这个时候，就轮到西欧地区已经获得解放的那一部分犹太
人来对他们的兄弟们进行保护了——一旦他们受到迫害，便代表
他们出面进行外交干涉，同时，通过对他们进行教育，使他们能
够适应和配合解放事业的进行。当然，对于来自于曾生活在伦敦
或巴黎的这种颇为不幸的地方的移民，也必须进行类似的工作，
以便把他们从赤贫的生活中解救出来并使他们获得公民身份，因
为他们同样需要这方面帮助。一个令人钦羡的慈善组织工作网（例
如建立于 1859 年的"伦敦犹太保护者委员会"）已经建立了起来，
目的是为了缓和犹太人的贫困生活状况，同时也为他们在精神方
面的需要提供帮助。然而，犹太人有着一种举世公认的自尊，因此，
尽管各社区完成了其普通税收的全部定额，但他们从来也不允许
其中的任何一个犹太人成为完全依赖于公共救济的对象。人们普
遍认为，无论是在国内还是在国外，救助者的目的通过犹太人的
口头传说被大大地美化了，并且在尊重犹太人的习俗方面来讲，
这些救助者要比那些少量发放救济的人更为谨小慎微。因为后者
虽然认识到了这一事实，但是他们又认为，那些受救济的人在文
明化的进程中日益提高的地位在某种程度上正在使他们能够摆脱

对他们的兄弟们的义不容辞的责任这个枷锁的束缚。贫困者所奉行的（当时的情形的确如此）则是一种由他人代表的替罪羊式的犹太教。

正是 1840 年发生的"大马士革事件"开启了外交事务中的慈善事业时代，并且确立了西方国家的犹太人以恩人自居的领袖地位。在这一年的 2 月 5 日，托马斯（Thomas）院长，即方济各修会在大马士革的地方修道院的院长，同他的仆人一起神秘地失踪了。该市的总督力主在犹太人居住区对此事着手调查。通过一种打脚底刑 ① 的拷问，一个贫苦的理发师被屈打成招，说是策划了一出祭祀杀牲的阴谋。结果，该社区有七位最著名的成员被逮捕，并受到严刑拷问。其中一个被折磨致死，一个变节叛教。这位总督将其余几位耐不住极度痛苦而说出的话当作承认有罪的证据，要求将他们处以死刑。与此同时，还有另外的一些人也被投入了监狱，其中包括六名儿童。儿童们在拘留期间不提供食物，企图通过这种折磨的方式迫使他们的父母招供。一场全面的大屠杀似乎已经迫在眉睫。

380

当这一消息传到欧洲和美洲时，公众舆论一片哗然。由犹太人，也有基督徒参加的一场抗议集会在伦敦的市长官邸举行。摩西·蒙特斐奥罗［在他被封为骑士以后，他一直是维多利亚（Victoria）女王任命的伦敦商业区的行政司法长官］爵士与著名的法国律师阿道夫·克雷芒以及著名的东方研究专家所罗门·蒙克一起来到了东方。这个被授命以英格兰和法兰西的全体犹太人的名义发言

---

① 当时流行的一种刑罚。——译者

的实力强大的代表团，至少得到了前面一个国家（英国）的外交当局的支持。8 月 4 日，他们到达了亚历山德里亚，并从埃及的统治者穆罕默德·阿里（Mehemet Ali）那里获得了一道释放那九位幸存者的手令。在君士坦丁堡，代表们受到了苏丹的正式接见，从他那里获得了一道"圣旨"，无条件宣布那些被控告的人无罪，宣告所谓祭祀谋杀乃是一种严重诽谤，并且重申了在整个奥斯曼帝国中，犹太人的人身和财产的神圣不可侵犯性。

这个代表团的归程就像一次凯旋的巡游。在此之前，犹太人从来也没有代表他们自己的人民获得过如此卓越、如此轰动、如此意义深远的一次成功。在每一个地方，犹太人纷纷举行各种各样的祈祷集会和公众讲演，或委派代表团迎接这些胜利归来的英雄，从而使得他们一直到去世依然是犹太人世界中崇拜的偶像。"大不列颠犹太人代表理事会"（由乔治三世于 1760 年即位之后形成的犹太圣堂间的一个联合会发展而成）由于在该代表团履行使命其间提供了资助，因而它的形象即时在人们的心目中高大起来，俨然成了一个英国犹太人的议会。这一组织发展甚快，并且很快便成了整个欧洲注目的目标和人们钦羡的对象。此后，无论什么时候在地球的任何一个角落出现迫害的威胁，蒙特斐奥罗和克里米埃总是一如既往地应邀前往斡旋。特别是前面一位，从来都是有求必应；这位国家级的"族长式"人物（他特别地长寿，并且几乎一直到去世仍然十分活跃）变得在俄罗斯和罗马尼亚的宫廷中人人皆知，其程度甚至不亚于他在巴勒斯坦和摩洛哥的犹太人居住区中的知名度。

在 1858 年，又一场愤怒的浪潮席卷了整个欧洲大陆，这是由于发生在博洛尼亚（Bologna，仍然处于教皇的统治之下）的绑架案引起的。当时，一个七岁的犹太儿童埃德加多·莫尔塔拉（Edgardo Mortara），由于不得不服从一个比他大六岁的女仆为他实施的某种洗礼仪式，便以此而遭到绑架——这是自 17 世纪以来发生在意大利的一直在威胁着犹太人生命的一连串野蛮暴行中最为臭名昭著的一次。奥地利的弗朗西斯·约瑟夫二世（Francis Joseph Ⅱ）和法兰西的拿破仑三世都竭力劝说教皇让步；一场声势浩大的群众抗议集会又一次在伦敦的市长官邸举行，并且那位不屈不挠的蒙特斐奥罗也亲自赶到罗马，以便使这场暴行得以平息。然而，这位"庇护九世"仍然心硬如铁，而埃德加多·莫尔塔拉后来便在这种占统治地位的宗教信仰的环境中长大成人，并且最终还在教会获得了荣誉称号。这一刚刚发生的"著名案件"导致了一个组织的建立：在巴黎，在克雷芒（尽管对他的那些遭受迫害的兄弟充满热忱，但他自己的孩子却是作为天主教徒养大成人的）的领导下，"世界以色列人联盟"（*Alliance Israélite Universelle*）成立了。这一组织的目的是，一旦犹太人的各种权利受到侵犯，则出面提供保护；同时，在世界上那些欠发达的犹太社区之间传播西方的教育和思想——正如在这一事件中所显示的那样，这样的教育和思想带有明显的高卢人色彩。

1870 年的法国 - 普鲁士战争自然地使得这一组织自身所拥有的号召力的普遍性黯然失色。因此，一个具有同一目的的组织——"英国犹太人联合会"于 1871 年在英格兰成立了，并且一个时期之后很快得到了仿效，在德国建立了"德国犹太人救援协会"（*Hilfsverein der Deutschen Juden*）。就犹太人的世界而言，就像在政治世界中的情形一样，东方就是东方，西方就是西方，界限分明；也许有一点不同，即对于犹太世界来讲，这条分界线或许应该划在靠近格林威治子午线的某个地方。但是，在上帝认为合适的时候，教育和自由宪法所产生的种种辉煌成果必将会在东西方之间架起一座桥梁，整个人类对这一点充满了信心。当这种尽善尽美得以实现的时候，和平的、友好的、宽容的太平盛世就会到来。正是在这样一种令人振奋的坚定信念的鼓舞之下，犹太民族进入了这个世纪的最后一个年代。

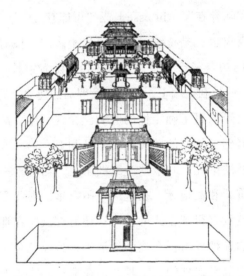

141. 开封犹太会堂。中国。多门奇和布鲁克绘制。

第29章 反犹主义与再次流散

1

对于犹太人来说，各教派间自由、平等、博爱的那些平静的好日子，"实际存在"（in esse）或"可能存在"（in posse）的时间长度，仅仅也就是持续了一个年代稍多的一段时间。正是在或大约是在1870年这个不可思议的年份，随着宗教自由制度在德国、奥地利、匈牙利、瑞士、瑞典以及罗马的建立，犹太解放运动的原理似乎已经取得了确定性的胜利。在这一年，法国人将犹太解放运动扩展到了他们的殖民地阿尔及利亚，第一次把这种思想带进了穆斯林的世界。对于整个欧洲来说，当时唯一悬而未决的地区包括西班牙和葡萄牙，在这两个国家里，那些零星分布的犹太定居点依然没有得到正式的认可；还有挪威，在那里，原来造成愤愤不平的种种理由正在逐渐地消失；另外就是（在基督教魔力控制的势力范围之外的）土耳其，在那里，犹太人所遭受的种种不公正对待大多被那些非穆斯林人口的其他民族所分享。在巴尔干诸国中，尽管作为1878年的柏林会议的结果之一，它们从土耳其宗主国那里赢得了独立［但却被"老犹太人"中的那些莫测高深的人物投上了阴影，因为俾斯麦以剑拍肩头的形式为本雅明·迪斯累里封了一个贝康斯菲尔德（Beaconsfield）伯爵，而这位贝康斯菲尔德俨然是当代英国政治中的一位颇具权势的人物〕，但是宗教平等的原则无疑是作为实行自治的一个条件而强加给它们的。最后一个国家，也是令人感到遗憾的一个国家就是俄罗斯了，在那里，居住着数目庞大的犹太人口。他们确实在许多方面没有享受到应有的资格，并且被剥夺了政治上的权利；然而，在当时，这种情形并不比这个庞大的独裁国家统治下的其他居民更差。不管如何，最终这个国家似乎还是向着君主立宪的思想开始了缓慢的进步。

在所有的国家中，一直都存在着某种反动的势力，正在竭尽全力地反对犹太人的解放，并且即使在今天，也只是对此表现出一种勉强的默认而已。在 19 世纪的最后几个年代里，将这一类的感情仅仅归咎于所谓宗教偏见是不大合情理的，因为就当时来讲，一个宗教宽容的新时代尽管看起来好像有名无实，但毕竟是已经开始了。在这样的一个时代，所有的教义都受到尊重，而由于教派原因而产生的歧视几乎是难以想象的。因此，这种反动便采取了一种新的方式。对于犹太教来说，实际上只不过是一种轻蔑的宽容；而这种偏见赖以形成的基础，在本质上却从纯粹属于宗教方面的东西而转化为具有整个民族的性质。

欧内斯特·里南（Ernest Renan），这位研究东方古代史的杰出的法国学生，是当时欧洲最伟大的思想家之一，他第一个使得早先只是用来区分两个语种之间差别的"闪米特语族"（Semitic）和"雅利安语族"（Aryan）的概念大众化。然而，将其直接作为种族的名称，这显然是一种极度不可靠的划分。里南本人的确曾否认犹太人就等于闪米特人的说法，并且不能肯定他们是否能够构成一个单独的"种族"。（就事实而论，尽管犹太人可能在血统上并不属于一个单一的祖先，但是，在他们中间的确并没有混杂过多外族的血统；除了东欧地区，但那也是在基督教纪元开始以后的事。）然而，作为一种古老偏见的伪装，德国的一个反动的排外小集团却已经开始使用这一新的术语。

"反犹主义"［由一位极为偏激的小册子作者维尔海姆·马尔（Wilhelm Marr）于 1879 年正式定名］主张，不仅犹太人所属的这个"种族"是与众不同的，而且它还是一个低等的民族——根据犹太人在艺术、文学、科学、商业、政治以及普通生活中的杰出贡献来看，这显然是十分荒谬可笑的。由于忽视了西方世界的绝大多数重要国家的人口相对来说都是一些新移民，而犹太人在各个国家安家立业已经有两千年的时间这一事实，他们便试图将犹太人看作是欧洲人生活中的一个外来的赘生物。据称，由于脑量较小，很容易对他们进行科学上的辨认；并且与他们的同胞雅利安人相比，他们在肉体上、智力上和道德上都是十分低下的，尤其是同"条顿人"（Teutonic，即日耳曼人）或"北欧日耳曼人"（Nordic）种族——"人类之树上最美丽的花朵"相比就更是如此。就古老的意义上来讲，他们的宗教并不是错误的，但是，它所表达的是一种比较低级的伦理观念，因而他们所反复灌输的是一种堕落的伦理意识。伴随着中世纪的种种夸大、查禁和歪曲手段的全面复活，《塔木德》再一次受到攻击，只不过这一次是以那种表面上的伦理，而不再是以神学方面的内容为借口罢了。犹太人不得不对每一件麻烦和每一起灾难承担责任。如果他们曾在商业界出人头地，那

只是因为他们使用了不道德的手段。他们当时在各行各业中所获
得的重要地位被看作是一种试图有组织地攫取统治权的结果。甚
至思想界的领袖们也在历史学家特莱契克（Treitschke）率领下加
入了这一疯狂的潮流，他直接把犹太人说成是德国的灾难。最后，
甚至还演化成了一场反对基督教的运动，只不过是因为一些基督
徒在本质上曾具有犹太人和非雅利安人的血统；而某些本来不可
能如此过激的神学家甚至还找到了许多颇具独创性的理由，从而
怀疑来自拿撒勒的耶稣是否真的是一位犹太人。

　　这一运动以一种全新的形式发端于 1873 年，当时，随着法国 -
普鲁士战争而出现的投机狂热的浪潮最终不可避免地全面崩溃了。
大众的不满情绪在那些很容易与其他人区别开来的少数投机商这
唯一一部分人身上找到了替罪羊。许多的国际法专家——马尔、
戈洛高（Glogau）、杜赫林（Dühring）——煽风点火，猛烈抨击
他们称之为德国生活中的那种所谓的"犹太至上"，吵吵闹闹地
要求共同采取措施。直到 1879 年，这种煽动才显示出其巨大的重
要意义，当时，在自由党人的支持下而爬上权力高位的德国的大
法官比斯马克在政治上来了个"一百八十度的大转变"，而在他
本人与反动派实现了联盟之后，他当时开始着手一项残忍的阴谋，
试图阻挡住民主化的潮流。那些为了自身的解放而蒙恩于自由派
的犹太人在政治上曾一直在为他这一派摇旗呐喊，并且还为之提
供了不止一位卓越的领导人（在这里，只要提一下埃杜瓦·拉斯
克尔就足够了）。这件事本身就已经足以激起这位"铁人"大法
官的忿恨了，因而他毫不迟疑地恢复了让犹太人充当"代人受过者"
角色的古老传统，希望以此来使得自由主义运动本身失去信誉。

当时，他在幕后的影响使斗争的"天平"出现了倾斜。为了支持他的新政策，宫廷传道士阿道夫·斯托克尔（Adolf Stöcker）建立了他们称之为"基督教社会主义工人联合会"的组织——实际上是一个资产阶级的、反动的、与基督教的最佳教义完全相悖的组织。该组织在实施其计划中的第一号任务就是限制犹太人在商业、社会和政治方面的所谓"控制权"。那些落后的中产阶级商人，由于他们对具有进取精神的犹太人所引起的商业竞争大为不满；那些贵族政治论者，由于他们把犹太人看作是政治领域的一群入侵者；甚至一些学者，由于他们强烈地提倡雅利安人，特别是"条顿人"这个种族的优越性；所以，他们都以极大的热情投入了这一运动。

因此，反犹主义运动产生了。在短短几年的时间里，它便形成了一股强大的势力。来自印刷新闻界的种种辱骂犹太人的书籍如无休止的潮水铺天盖地滚滚而来，那些犹太国际法专家则连篇累牍地对此予以回击，而这样做恰好在公众的眼中起到了使所讨论的问题更加激化的作用。他们的代表在德意志帝国国会（Reichstag）发表了煽动性的讲演。在 1881 年的 4 月 25 日，这位大法官从刚刚成立的"反犹主义者同盟"那里收到了一项请愿书，其中除了其他的一些内容之外，强烈要求取消犹太人的议会公民权，并且禁止更多的犹太移民进入德国。当时，至少有 255000 人在这份文件上面签了名。在 19 世纪末那样的年代，要对这样的请求予以正式的认可似乎是不可能的。然而，文件中所要求的许许多多不大显眼的歧视性措施已经在悄悄地由当局开始实行。对于任何一位犹太人来说，要想在不履行正式施洗手续的情况下而在军队里获得一个军衔，在大学里得到一个教授职位，或进入政府管辖的任何重要机构，都几乎是不可能的。公众的激情通过在国内的许多地区制造骚乱和直接在首都的大街上对具有犹太人特征的行人进行攻击而找到了他们的发泄方式。对于取消议会公民权的提案，曾不止一次地在普鲁士的议会中进行过激烈的辩论。

这一运动当然不只局限于德国，它很快就蔓延到整个奥匈帝国。在那里，这一运动是由 1882 年发生在蒂萨－伊茨拉（Tisza-Eszlar）的一场完全中世纪式的祭祀杀牲审判所引起的［在不久以后，紧接着在莱茵兰的克桑滕（Xanten）和西普鲁士的康尼茨（Konitz）都提出过类似的指控］。在同一年，在德累斯顿（Dresden）举行了一系列国际反犹主义大会的第一次会议，在这次大会上，提出了许多离奇古怪的限制措施。

甚至在法国，这个解放运动的发源地也难以避免。某些天主教的金融家引诱贵族政府中的成员将他们的资本交给一个叫作"总联合会"（Union Générale）的银行组织托管，试图通过这个组织把犹太银行家们赶出商业界。但不幸的是，这个"联合会"后来戏剧性地垮台了，而那些受害者照例找到了他们的替罪羊。当时，埃杜瓦·德鲁蒙特（Edouard Drumont）在其 1886 年出版的臭名昭著的《法国的犹太人》（*La France Juive*）一书（当时那个世纪中流传最为广泛的书籍之一）中试图说明，侵扰着这个国家的每一件麻烦都应当归罪于犹太人的阴谋诡计。令人感到奇怪的是，这是与莱茵河对岸的那些人所持的态度完全不同的一种观点，因为在那边，据称犹太人正在帮助法国准备实施"报复"（revanche），并且其仇恨的程度比之法国人毫不逊色。当德·罗斯查尔德男爵凭着犹太人那种极具代表性的热心肠，开始向巴黎的那些贫穷的学校儿童提供衣物时，他的这一行为被污蔑为仅仅是一种宣传手段。事态的发展在 1894 年达到了顶点。当时，有一位叫阿尔弗莱德·德雷弗斯（Alfred Dreyfus）的阿尔萨斯人，他是一名上尉，隶属于法国总参谋部，被控向德国政府出卖军事情报。整个事件显然是一场反对共和派的阴谋的直接结果，其中最终牵涉到了"法国反犹主义者组织"以及教权保皇主义者之间的派系斗争。然而，伴随着在新闻界、街道上和国会里发起的一场野蛮的反犹战役的进行，他们的这个牺牲品受到了军事法庭的审判并被判有罪。在 1895 年的 1 月 5 日，尽管他本人一再声嘶力竭地宣称自己无罪，但还是在巴黎受到公开判决，被剥夺了军衔，后被遣送到魔鬼岛去服终身监禁。

后来，事实终于大白于天下。那纸以德雷弗斯笔迹书写的、作为他被起诉的依据的著名的"名单"，纯属一位名叫埃斯泰尔阿齐（Esterhazy）的负责分发德国军饷的少校的伪造。反对原定罪名的呼声日甚一日，最后由埃米尔·左拉（Emil Zola）的那篇著名的致共和国总统的呼吁书《我控诉！》（J'Accuse）一锤定音。整个法国因此而分成了两大阵营，支持德雷弗斯派和反对德雷弗斯派。总参谋部的亨利上校被控犯有过失伪造罪而成为这一指控的垫背者，并且一旦他的行为被揭露，他无疑将被判处死刑。然而，仅仅到了 1899 年，一个自由派内阁执政以后，德雷弗斯又被带回了法国，并受到重新审判。设在雷恩（Rennes）的一个战争委员会再一次宣判他有罪。然而，这次判决是如此明显地有失公正，以至于共和国的总统特别准予无罪赦免。不久之后，上诉法庭宣布原来的判决无效，并且向全世界公开宣告德雷弗德无罪。与此同时，在 1897 年以及后来的几年中，在阿尔及利亚曾爆发了一场针对犹太人的旷日持久的骚乱。

2

　　在西欧地区，新的反犹主义运动在整体上来看具有学术的特点，因而根本无法在任何重要问题上对政府的行为构成影响；并且，尽管由此所激起的种种情绪有时是丑陋的，但却从来也没有在表达方式上达到一种危险的程度。另一方面，在俄罗斯，理论与实践之间界限分明的美妙之处却并未受到赏识。绝大部分的"假知识分子"在所有事情上都指望着从德国那里找到灵感，并且把那些新的学说一体看作是一种现代科学的"福音书"。在 1881 年的 3 月 13 日——无巧不巧，正好是要批准一项内容极其模糊的宪法的前一天——沙皇亚历山大二世被暗杀了。这一事件足以将优势拱手让给那些反动派，因而在短短的几个星期之间，针对那些不幸的俄罗斯犹太人的地狱之门被打开了。

387

　　1881 年的 4 月 27 日即星期三，在赫尔松（Kherson）政府管辖下的伊里沙弗格勒（Elisavetgrad）附近的一个酒馆里发生了一场关于"血祭诽谤"的争吵，这正好成了一场大骚乱爆发的借口。关于动乱正在临近的谣言已经传到了那个曾徒劳地请求政府提供保护的犹太社区。当天和翌日整整两天，公众掀起了无法平息的怒潮。就在那些无动于衷的官员们的鼻子底下，他们犯下了种种令人难以置信的野蛮罪行，并且在某些情况下，还得到了士兵们

和警卫部队的合作。许多人被杀害了，妇女们惨遭蹂躏；有 500
幢房屋和 100 间店铺，还有许许多多的犹太圣堂遭到破坏；价值
高达两百万卢布的财产被偷盗或毁坏。这一模范行动就像野火一
样迅速蔓延开来，基辅（5 月 8 日至 9 日）和敖德萨（5 月 15 日
至 19 日）等地纷纷效法，其规模和残忍程度有过之而无不及。到
了秋季，在俄罗斯南部，至少有 160 多处地方发生了类似的暴力
事件。在这一年的圣诞节，在波兰的首都华沙出现了新一轮的暴
力浪潮——在那里，由于犹太人在接二连三的"独立战争"中所
扮演的英勇角色，那种旧有的偏见曾一度被认为已经彻底消亡了。
然而，当这第二次浪潮在来年的夏天结束的时候，继之而来的却
是种种暴行的野火式蔓延，结果，许许多多的犹太家庭被彻底毁
灭了。

　　整个欧洲都被这种令人惊异的原始野性状态的恢复惊呆了。
人们曾经认为，殉难的时代早就已经过去了。这个文明化了的世
界已经有至少五个世纪没有经历过诸如此类的事情了，而即使在
东欧地区，自从一百年以前发生过海达马克（Haidamack）的大屠
杀事件以来，也一直没有任何一次暴行能够与之相比拟。它的来
临震撼了人们的心灵，使得他们意识到，在地球的表面上，野蛮
的状态依然覆盖着如此广大的地区；而千百万不幸的人类同胞，
并不是出于任何人们可以接受的明显原因，而只不过是因为他们
追随着一种不受欢迎的信仰，就使得他们仍然终身处于一种灾难
的边缘。更为糟糕的是，政府的同谋关系似乎是肯定无疑的。去
怀疑政府的组织能力可能有点过分；但是，不做任何事情来阻止
骚乱的发生已经使得它臭名远扬，甚至连它们一旦发生对其进行

某种审查，或当它们发生之后惩罚一下那些肇事者这样的期望也
落空了。一位试图组织一次抗议活动的著名的教授被剥夺了教授
的职位。"神圣宗教会议"的代理人波比多诺采夫（Pobiedonostzev，
他原先曾是新沙皇亚历山大三世的家庭教师，而当时是他的首席
顾问）曾冷嘲热讽地表示：他相信（据说）能够通过保证使得三
分之一的人皈依新教，三分之一的人向外国移民，而对其余的人
施行灭绝政策的方式来彻底解决所谓的"犹太人问题"。"集体
屠杀"（*pogrom*）这个词（即俄语中的"灭绝"）作为一种对毫
无保护能力的少数人进行无缘无故攻击的代名词进入了每一种欧
洲语言。[①] 成千上万无家可归的难民陷入了贫困之中，不得不依靠
他们那些处境稍微幸运一些的兄弟来接济生活。在伦敦和巴黎都
举行了大型的群众抗议集会。格莱斯通（Gladstone）在英国的下
议院中十分同情地间接提及过俄罗斯犹太人的困境，而美国派驻
圣彼得堡（St. Petersburg）的公使则只不过以其政府的名义发表
了一项措词温和的外交抗议。

俄国政府非但不采取措施去惩罚罪犯（甚至连能够指明野兽
的凶残与被追捕的猎物实施的自卫两者之间关系的勇气都没有），
反而试图通过着手一项旨在镇压那些受难者的强硬政策来解决这
个全世界一直在关注的问题。在 1882 年的 5 月，臭名昭著的《五
月法令》（May Laws）颁布了。根据这一法律，犹太人被排斥在
所有的村落和农业中心区之外，甚至远在（严格意义上的）波兰
境外的那些所谓"栅栏居住区"的犹太人也不能幸免。实施这一

_____

① 英语中最早使用这个词始于 1905 年。

新法令的理由是，经营伏特加酒店和放高利贷会使得当地的农民道德败坏。然而，很显然，只有极少的一部分人可能会从事这些职业；并且即使这一断言是真实的，也不能作为将法令付诸实施这种残忍行为的借口。不仅如此，在后来对这一法律进行解释的过程中，它变得越来越严厉，直至限制了所有的迁移活动和杜绝了所有的交易行为。甚至手工艺人，原先的法律曾特别地允许他们愿意居住在哪里就住在哪里，现在也受到了影响。通过一种卑鄙无耻的诡辩伎俩，那些拥有上万居民的城镇被划为村落，而其中的犹太人口则全部被驱逐了出去。表面上看来，这似乎只是临时性的，但在对犹太人的总的法律地位进行修正期间，《五月法令》事实上变成了半永久性的，并且几乎直到俄国的君主制度垮台，它仍然具有法律效力。

随着时间的推移，情形并未显示出丝毫改善的迹象。在俄罗斯（因为当时的情形是，它仍然被那种由一个独裁政府、一个教会和一个人发号施令的中世纪观念统治着），是否存在着一个"犹太人问题"是值得商榷的。那些西部的省区居住着巨大数量的半外来人口，他们有着自己的语言、自己的服饰、自己的面部特征、自己的宗教和自己的职业。在某些地区，这类人口在数量上达到了总人口的 15%，而在几个城镇中，则接近 60%。但是，政府一方面对他们拒绝将自己融入整个国家大家庭之中这一事实表示强烈的不满，一方面却又认为，一旦他们进入了俄罗斯人的生活，他们就会控制这个国家，并以此为借口，在他们同化的道路上竭尽全力地设置了重重的障碍。自此，随着后来一连串的权力更替，每一届反动内阁都不断制定出许多新的限制措施，而臭名昭著的冯·普莱哈夫（Von Plehve，于 1904 年被暗杀）则将其推向了顶峰。犹太人被排斥在法律实践的范围之外。各中等学校和大学所录取的学生人数受到严格的限制。各地的犹太技工学校被关闭了。与此同时，为了与《五月法令》的法律解释相一致，犹太人不仅被从国家的内地赶了出去，而且他们在那些边远的农业区也遭到了长年不断的驱逐。这种情形在 1891 年达到了顶点，当时，恰逢隆冬季节，有成千上万的犹太人从莫斯科和其他一些城市中被驱逐出境；而在 1898 年，仅基辅一地，就至少有 7000 人被当地政府残忍地赶出了家园。犹太妇女虽然被允许生活在大城市里，但只有出示代表妓女身份的"黄牌子"，她们才能够享受到大学教育的权利。

俄罗斯这一榜样立即被罗马尼亚所效法（尽管一般来说并没有它那种最为残暴的表现形式）。自从 17 世纪以后，从波兰的边界地区向摩尔达维亚（Moldavia）和瓦拉希亚（Wallachia）平原（当时属于土耳其帝国的一部分）的那些多瑙河畔的省区，一直有一股差不多是连续不断的移民人流。他们中的大多数人与他们在北方的那些宗教同胞有着同样的职业习惯，他们大多零散居住在各地的城市和乡村，靠当小商人和手工艺人谋生。到了 19 世纪中叶，当罗马尼亚获得了独立之后，他们的总人数大约有 20 万人左右。这个新生的国家是在俄罗斯的庇护之下才得以存在的，所以它的政府所奉行的政策深深地染上了俄罗斯这个榜样的色彩。1866 年，霍亨索伦王朝（Hohenzollern）的查理王子接任而登上了王位，从此之后，人们便根据这一点而一直把罗马尼亚看作是欧洲版图上的一个黑点。《柏林条约》赋予了这个国家以完全的独立地位，当时是以对所有国民不论宗教差异都享有平等权利这种让步为条件的。但是，这一条款被巧妙地予以回避，理由就是，所有的犹太人（尽管他们必须履行服兵役以及其他每一项公民的义务）实际上仍然是外国人，尽管他们过去的祖先或许在好多代人之前就已经在这个国家的土地上定居了下来。因而，对于经常出现的来自《柏林条约》各签约国的干涉，它根本就不当一回事儿。像在俄罗斯一样，犹太人必须要遵守特别的立法，从而被剥夺了机会平等的权利；并且有时甚至还要忍受人身方面的暴力侵犯。在 1895 年，这种反动达到了顶点，当时，一个"反犹主义者联盟"建立了起来，并公开表明其目的是要使得犹太人的地位达到无法忍受的程度。在 1899 年和 1900 年的大歉收之后，很快便出现了全面的"联合抵制运动"，这无疑大大加速了移民的潮流。在加利西亚（奥地利统治下的波兰），社会和经济状况非但没有出现好转，并且掀起了一次日益增长的反犹主义情绪的浪潮。

1905 年的自由主义运动迫使沙皇制定了一个内容非常模糊的宪法。根据这部宪法，犹太人获得了议会公民权（正如事实所证明的那样，这是一项无用的特权），尽管其他种种不利于他们的种族歧视仍在继续强制执行。那些反动派在"纯种俄罗斯人"的名义下组织了起来，在各行省的中心城市都设立了恐怖分子的分支机构（众所周知的称呼是"黑色百人团"）。同犹太人进行对抗成为他们活动计划的一个不可分割的部分，因为他们希望通过将它（自由主义运动）同这种不受欢迎的成分（犹太人）画上等号，从而使得宪章运动名誉扫地。他们的所谓对抗，字面上来讲就是刀剑。在 1882 年夏季之后的 20 多年的时间里，所谓"集体迫害"基本上还只是一种遥远的恐吓，此类事件的发生也并不是那么频繁。但是，在 1903 年的 4 月 19 日（那是一个复活节星期天，也是犹太人逾越节的最后一天），在基什尼奥夫（Kishinev）发生了一场新的暴行，这是一场十足的暴行，其残忍的程度超过了前面曾发生的那些暴行中的任何一次，并且很显然受到了半官方的怂恿，只不过还没有亲自出面组织罢了。持续不断的骚乱以及随之而来的许多流血事件震撼了整个欧洲的良心，如此过了三天，圣·彼得堡才不得不发出了一项旨在恢复秩序的命令。不久之后，其他地区都纷纷效法这一榜样。1905 年，在"黑帮分子"的支持下进一步发生了一场大规模的暴行，这场暴乱直到有 50 处地方陷入恐怖之中，最后才得以平息。在下一年，此类事件又再次发生了，在别列斯托克（Bialystok）发生了一场特大规模的暴行。在四年时间之内，至少在 284 个俄罗斯城镇发生了大屠杀事件，据估计死亡的总人数达 5 万人。在全国上下，"黑帮分子"依然十分活跃，正在煽动新一轮的暴行；而政府不仅是干涉无力，而且还极力镇压受害者一方自己组织起来进行自卫的尝试。

在 1910 年的夏天，仅仅以他们没有合法的居住权为借口，就有 1200 个犹太家庭被驱逐出基辅。在第二年，有一位贫穷的犹太劳工，名字叫作门德尔·贝利斯（Mendel Beilis），莫名其妙地被控告出于犹太宗教仪式的目的谋杀了一名基督教儿童而被捕入狱。尽管在调查的过程中，几乎可以肯定是一个人人尽知的犯罪团伙对这起谋杀案负责，贝利斯（在某种意义上来说，同他一起受审的乃是全体犹太人民）还是被开庭审判。伴随着一场全国性的野蛮的反犹主义运动，这件案子一拖就是两年。当最终这位不幸的囚犯由于缺乏证据而被判无罪时，就犹太人而言，却把耻辱和嫌疑留给了他的每一位宗教同胞。与此同时，诡计多端的内务部长斯托雷平（Stolypin）成功地使得《1905 年宪法》（Constitution of 1905）以及其中所暗示的"（犹太人）部分解放"的修正案内容完全归于无效；而那些反犹太人的法律则以比从前更为严厉而不是稍微温和的方式继续施行。这个在人数上占了全世界犹太人口一半以上的最大的犹太人群体陷入了一种毫无权利、毫无安全保障、横遭贬黜的悲惨境地，从而恢复了中世纪时期那种最为恶劣的传统。

3

对于东欧地区那些饱受折磨的犹太人来讲，他们已经被完全剥夺了移居和机会的自由，他们在每一个地方都生活在一种随时可以让他们付出生命代价的暴行包围的危险之中，从而使得他们在自己的祖国生存变成了一个恐怖的噩梦。不仅如此，他们有成千上万的人被《五月法令》赶出了他们曾经世代居住的家园，被禁锢在那些庞大的"隔都"之内，濒临赤贫的边缘。只要他们仍然居住在原来的地方，似乎根本就不存在任何改观的指望，甚至连安全感都没有。他们唯一的希望只有逃跑。随着每一轮新的"集体迫害"的爆发，随后便有一波新的难民潮涌向边境地区，为了他们的生命而背井离乡。在 1881 年，在风起云涌的短短几个月间，仅仅加利西亚的布洛迪（Brody）这一个城市中，就有一万余名难民在一种绝对贫困的状况下涌了进来。通向边境地区的每一条道路，开往西方的每一列火车，从各个港口驶出的每一艘船只，都塞满了背井离乡的人群。某些人抢在受攻击之前逃离，完全是一种神经的空前紧张所造成的；而另外一些人，一旦发现有人这样做了，则是出于一种纯粹的从众心理，或者只不过是一种无目的的谋生行为。但是，在每一种情况下，终日笼罩在人们心中的大屠杀的噩梦，"栅栏居住区"中人口的轮番逐出，那些反犹太人的法律所造成的限制性威胁作用，一直在这样的背景下徘徊不去，时强时弱，时隐时现。 392

在后来的33年中，这种新式的"出埃及"故事从未间断，一直在持续着。到这个世纪末，在东欧地区，几乎有100万犹太人离开了他们的家园；在紧随其后的短短几年中，这个数字可能翻了一番。人口的迁移在数量上远远超过了过去在犹太历史上的任何一次；而就后果而论，它要比自犹太人在远古时期黑暗的迷雾中第一次踏上欧洲这块土地以来所发生的任何事件都要重要得多。

在德意志和奥匈帝国的那些邻国之中，由于充满着反犹主义的气息，那些初来乍到的陌生人常常遭到冷眼；并且这种敌意发展到了这样的程度，以至于有人一再提议禁止来自东部地区的移民。在罗马尼亚，那里的情形要比俄罗斯稍稍可以忍受一些，因为这个国家不只是接受移民，并且还使人感觉到它大大增加了移民的数量。庞大的人群你推我赶地向西而去。在每一个首都，从斯德哥尔摩直到里斯本，都可以看到他们的身影。但是，由于接受了某种不可思议的群众性建议，他们中的绝大多数人来到了那些盎格鲁-撒克逊国家——当时世界上唯一还没有感染反犹主义流毒的土地，并且除此之外，也是唯一一处似乎充满着令人眼花缭乱的经济机会的角落。

　　在英格兰，公共生活的整个外表都被外来的移民改变了。在对犹太人的解放运动进行让步的这一时期，英国的犹太民族似乎正在寻找它的平衡。在当地的居民中，很大一部分人口都是土生土长的，并且在许多情况下，他们的祖先在当地都能向前追溯好几代人；而剩下的那些人，可能大多都有着德国人的血统，是在"拿破仑战争"之后那个时期移民到英格兰的。在这一时期，许多外省的地方社区——最著名的是位于英国中部的那些新的制造中心和商业中心的社区——获得了发展。在仅仅几年的时间里，情形就已经完全地改变了。俄罗斯的犹太移民大量涌入，并很快达到了令人震惊的比例。在伦敦，犹太人口占据了绝大多数（大部分位于伦敦东区的古老中心区），在 20 年中便从原来的 4.7 万人增长到了 15 万人。在这个国家的其他地区，那些旧的犹太社区扩大了规模，而一些新的社区也不断建立了起来。大部分的初来乍到者都为当时的境遇所迫而进入了成衣工业和联合工业。使得某些落伍的竞争者深感沮丧的是，他们一开始（也是首次）就利用缝纫机作为一种科学的生产工具。他们奋斗的成果之一，就是为廉价制衣、廉价长筒靴以及廉价家具的全面普及提供了巨大的原动力。他们占领了原来一直被美国垄断的香烟制造工业。一个意第绪语的新闻界，一个意第绪语的商业联合运动，一个意第绪语的戏剧界随之接踵而来；并且在伦敦或者曼彻斯特的那些外国人居住区，来自平斯克（Pinsk）或者华沙的语言、各种行业标准、各类学识、正统的观念和异端的传统，各种方法，各种机构，甚至种种妒忌心理，统统被移植了过来。

　　当这些初来乍到的人开始对英国人的生活作出重要贡献（以

他们中的那些先驱者和首倡者的行为和作品为代表）之后不久，以色列·赞格威尔（Israel Zangwill, 1864~1926 年）作为第一位代表犹太人根本利益的小说家而赢得了国际声誉。但是，与此同时，就普通居民中的某些阶层来说，他们并不完全是以同情的眼光来看待这些涌入的移民的。他们认为，犹太人的竞争使得总体生活水平下降，并且（将效果与原因相混淆）把他们被迫居住的那些廉价公寓一带的肮脏混乱状况完全归罪于犹太人。这种具有煽动性的情绪在 1905 年制定的《外国人移民法》（Aliens Immigration Act）中达到了顶点，因为它挡住了，尽管没有阻断，这股涌入的移民潮流。这种情形在大英帝国的那些海外的附属国——澳大利亚、南非，尤其是加拿大——中几乎完全一样，在这些国家里，大量的移民都同样地在那里找到了一个属于自己的家园，同时也激活了原有的那些犹太社区，在 19 世纪的前 75 年那个殖民地扩张的全盛时期建立起了一种崭新的生活。

4

在英国出现的情形以一种史无前例的规模被美利坚合众国所效法。

因此，在把所有的犹太人从您的王国中和自治领地内驱逐出去之后，在同一个月中……尊贵的殿下下达命令，要我率领一支足够庞大的舰队，开往印度的那些指定地点。

142.背教者向罗马犹太人布道，1829年。水彩画，H.赫斯作。巴塞尔博物馆。

143.埃德加多·莫塔纳绑架案，1858年。莫里茨·奥本海姆作。

144. 莱昂内尔·德·罗斯柴尔德男爵在众议院就座，1858年7月26日。《伦敦新闻》插图版。

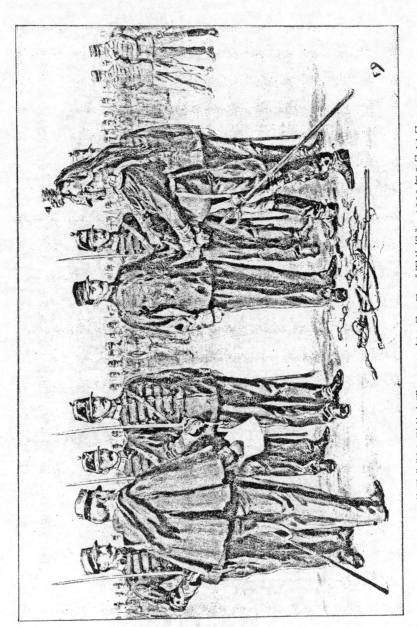

145. 德雷弗斯上尉的声明，1895 年 1 月 5 日。《图片报》，1899 年 9 月 14 日。

146. 圣殿遗址上的西（哭）墙，耶路撒冷。蚀刻画，E. M. 利利安作。

通过这一个重要段落，克里斯托弗·哥伦布（或许他本人就有着犹太人的血统）开始了他关于探险活动的记述，这次探险导致了"新大陆"的发现。然而，犹太人与美洲的开放之间的联系并不仅仅是一个偶然的巧合事件。1492 年的那项划时代的冒险计划在很大程度上是一项犹太人的，或者更准确一些说是一项"马兰诺"人的事业。正是由于"马兰诺"路易·德·桑坦戈尔（Luis de Santangel）和加百列尔·桑切斯（Gabriel Sanchez）预付了一笔贷款，才使得这项计划成为可能，他们因而也就成了第一批收到关于这一重大发现的报告的人。在其资助人中间，还有好几位具有同一血统的其他人物。与这次探险的起因有关的唯一一位高级官员虽然有着"老基督徒"的血统，却娶了一位"新基督徒"的妻子。船队翻译路易·德·托雷斯（Luis de Torres）在探险出发的前一天才实施了洗礼，实际上，他是第一个踏上新大陆和利用烟草的欧洲人。①

西班牙和葡萄牙的"马兰诺"几乎是立即意识到了新大陆的开发潜力，并马上开始向那里迁移。很快，在每一个省区都可以看到他们的人。他们被认为是属于墨西哥的"征服者"之列，并且他们随即控制了这块大陆同欧洲的所有贸易往来——"从锦缎到麻布，从钻石到茴香籽"。不久之后，宗教法庭也就随之出现了，在做了某些小小的预备活动之后，宗教法庭于 1571 年在墨西哥，以及不久以后在西班牙自治领地的其他地区建立了起来。用来营造宏大场面和追求殉难者人数的"异端公开判决仪式"被搬上了"舞

---

① 早时曾有过更为全面的描述，认为当时在船上的人员中可能还有其他具有犹太血统的人。

台"，因而成为托莱多人和塞维利亚人所津津乐道的最为辉煌的一件事。然而，在新大陆上，"地下犹太人"的人数开始不断增加；在 17 世纪的前半个世纪这段时间内，当荷兰人征服了葡萄牙统治下的巴西这块殖民地的时候，许多开放型的犹太社区（立即得到了欧洲的支援）很快在它的一些主要城市中形成了。

荷兰人的统治时间并不长。在 1654 年，首都伯南布哥（Pernambuco）被迫投降，它的犹太社区也就被解散了。难民分散到整个新大陆的每一个角落，但是在那些英国人和荷兰人统治的地区，由于那里的犹太人躲过了宗教法庭那种毁灭性的阴影，他们得以在新开拓的土地上形成了一个由许多小型居住点组成的网络。当时，所有的社区都是通过西印度群岛——在牙买加（Jamaica）、库拉索（Curação）、巴巴多斯（Barbados）以及其他一些地方，还有一些是在毗邻的大陆沿岸——才得以建立起来的，在后来的两个世纪中，这些犹太社区在当地的经济生活中起到了一种极为重要的作用。

在这同一年（1654 年）稍晚的时候，一小股难民到达了新阿姆斯特丹（因为纽约当时仍在荷兰人的统治下，所以人们还是如此称呼它）。在那里，根据"荷兰西印度公司"的紧急命令，他们被允许留下来，只要"他们中的穷人不成为该'公司'或各社区的一种负担，但要由他们自己的国家提供帮助"。自此，"马兰诺"在国外散居区中的这个最遥远的前哨基地，由于不断得到来自欧洲和西印度群岛移民的增援，很快就扩展到许多邻近的地区。到了 18 世纪中叶，那些期待得到伦敦或阿姆斯特丹的精神保护的犹太社区在整个美洲殖民地上——在纽约、纽波特（Newport）、费城、萨凡纳

395

（Savannah）、查尔斯顿（Charleston）以及其他一些地方——已经是星罗棋布了。就它们的成员来说，绝大部分人所从事的是各种进出口贸易——烟草、蔗糖、小麦，有时还有奴隶。关于纽波特的亚伦·罗佩茨（Aaron Lopez，卒于 1782 年），据说"就其商业地位和规模而言，可能没有一位美国的商人能够超过他"。他们中的某些人成了大船主；而正是一位葡萄牙籍犹太人首次把鲸脑油的制造技术（当时对于蜡烛制造业是必不可少的）引进了北美地区。

在独立战争中，当时在这块"殖民大陆"上能够找到的有两千人组成的一小股犹太人扮演了一个重要的角色。他们中的很多人坚持"无进口协定"。许多名字，如弗兰西斯·萨尔瓦多（Francis Salvador），他"被印第安人剥了头皮"；上校便雅悯·诺恩斯（Benjamin Nones），他是一位拉斐德（Lafayette）侯爵式的罗曼蒂克的法国人 [①]；大卫·弗兰克斯（David Franks），他是本尼迪克特·阿诺德（Benedict Arnold）在叛变之前的一名副官；哈伊姆·所罗门（Hayyim Salomon），他是一位从波兰移民来的犹太人，在金融王国中显示出了惊人的才能。他们都可以作为对犹太人争取自由的事业表示同情的榜样。而在另一方面，纽波特的哈特（Hart）和波罗克（Pollock）家族以及在费城的保皇主义官员中最受敬仰的人物利百加·弗兰克斯（Rebecca Franks）则都认为，他们同样也可以接受来自其他方面的观点；而亚伯拉罕·瓦

---

① 拉斐德（1757~1834 年），法国贵族。他曾是法国资产阶级革命时期的君主立宪派领袖之一，同时又参加过北美的独立战争，所以被誉为"混迹于两个世界的浪漫英雄"。——译者

格（Abraham Wagg）这位纽约的杂货商，却足够自信地试图在敌对的双方之间进行和平谈判。像在英格兰本身的情形一样，美洲殖民土地上的犹太人一直都没有遭到多少所谓"无资格性"的对待；并且美国的原始宪法及其修正案均不包括需要宗教方面的审查来作为进入任何公共机构或信用岗位的资格认证这样的内容，所以，实际上这里的解放运动在当时就已经完成了。[①]

　　甚至在独立战争之前，在美洲的犹太社区中的原始"马兰诺"种族早就已经被那些具有德国和波兰血统的新来的移民在很大的程度上掺了沙子，并且早在 1802 年，在费城的一个"赛法迪"社区的附近就已经建立了一个"阿什肯纳兹"社区。当拿破仑战争之后的欧洲恢复了和平的时候，涌入的移民潮出现了空前的高涨。在纽约，很快就接二连三地设立了许多犹太圣堂；一个又一个的小型社区如雨后春笋，遍布整个中西部地区。在那些新来的移民中，英格兰最具有代表性，但是，他们中的大多数人却是来自中部欧洲——特别是德国南部地区。这些地方的犹太人想要在经济上改善他们自己的自然愿望这一因素远远没有由于重新强制实行反犹法规——特别是那种依然在许多地方盛行的婚姻限制——而他们又不得不服从所引起的那种剧烈的严重不适更具效力；它因而为几乎每一位具有正规合法手续的年轻人加入移民行列提供了一条

396

---

　　①　然而，值得注意的是，即使在美国，完全彻底的解放也不可理解地延迟了，至少在局部地区确实如此。在马里兰州，经过长期的斗争之后，直到 1825 年才得以实现；而在北卡罗来纳州，最后的一些残存的比较次要的无资格性条款直到 1868 年才被取消。在新罕布什尔州，歧视犹太人和禁止他们获得合法居住权的那些法律直到 1877 年才被从《法令全书》（statute-book）中删除。

必由之路。在 1830 年，特别是 1848 年的那些激动人心的事件发生之后，移民的涓涓细流发展成为一条汹涌的洪流，而生活较好的阶层也加入了移民的行列。那些既有文化涵养和又不乏物质财富的人，他们大多曾经参加过前些年发生的革命运动，或者他们对随后出现的反动高潮感到失望，所以，他们中有越来越多的人将目光投向了新大陆。因为在那里，平等的宪法权利和经济机会对所有的人都张开了欢迎的手臂。这一时期恰巧与 1849 年的"淘金热"相吻合；当时，来自各个国家的那些热血澎湃的淘金者充满了幻想，认为巨大的财富正静静地躺在加利福尼亚那干旱贫瘠的峡谷里等待着所有新来的人，所以，他们便从世界上的每一个角落步调一致地向那里进发。这种疯狂所造成的永久性后果之一就是犹太人定居区域向太平洋沿岸的扩展。

从纽约一直到旧金山，在每一个早期出现的城市和乡镇，那时只有小股的犹太人——普通商人，或者有时只不过是一些小商小贩，他们辛勤地劳作，在周边的每一个院落里都塞满了他们的大包小捆和运货马车。慢慢地，这些人用一种初级的犹太公会形式组织了起来。在巴伐利亚和巴登，几乎每一个城镇或村庄的犹太人都曾成功地向新大陆上选送过他们的代表。在他们的犹太圣堂里，一般来说都是用德语来布道的，并且像那些出版后仅供在他们中间流传的杂志通常也是使用同样的语言。截至 1842 年，仅在纽约一处，就已经出现了三个德语犹太公会组织；在第二年，德裔犹太人便在美洲建立了"'约言之子'独立会"（Independent Order B'nai B'rith）作为他们的公共聚会场所，在后来的 100 年中，这一组织发展成了一个具有洲际重要性的机构。除了在纽约，那些新来的移民几乎完全湮没了在前一个世纪建立的老犹太公会里的"赛法迪"分子。

到南北战争期间，那些移民在美国人的生活中已经变得完全一体化了。在遍布全国各地的每一个礼拜堂（即使在今天，他们几乎普遍地对犹太圣堂如此称呼）的布道坛上，都在用英语或用德语宣讲布道词，用来对奴隶制度进行攻击，或为其进行辩护。当时，有一万名犹太人被编入了作战部队，有些属于北方军，有些则属于南方军。犹大·菲利普·便雅悯（Judah Philip Benjamin, 1811~1884 年）是一位具有罕见才能的犹太律师，曾供职于联邦政府，并赢得了卓越的声誉，曾先后担任过司法部长、陆军部长、国务卿等要职。即使在这一时期，那些来自波兰和俄罗斯的犹太人，他们于 1852 年在纽约建立了他们自己的宗教组织，并且在战争以后他们向这边迁移的速率大约是每年 4000 人，所以，这种移民并不是一个小的数目。然而，无论是在文化、财富方面，还是在数量以及所产生的影响方面，德国的犹太人在当时都毫无疑问地占据了一种绝对的优势地位。

在这样的情况之下，新的德意志精神的倾向迅速在这个国家中生根发芽了。早在 1824 年，在查里斯顿就曾有一小撮热心人，由于受到当时来自欧洲的那些新闻报道的刺激，从犹太公会中退了出来，并且成立了一个短命的"以色列人改革协会"；而上校摩迪凯·曼纽尔·诺亚（Mordecai Manuel Noah, 1785~1851 年）这位以描写流氓暴徒著称的戏剧作家和政治家，曾试图在布法罗附近为全世界被迫害的犹太人建立一个难民城，在过了十年之后，他在纽约公开提倡要革除新犹太圣堂里举行祭献仪式时的那种累赘的"繁文缛节"。对后来的那些移民来说，某些"改革"的因素被认为是一桩非常重要的事情。新的环境和机会自然而然地使得那些传统的束缚放松了。那些由于在政治上提倡自由主义而从自己的国土上被驱逐出来的人，在宗教问题上却并不像是一味保守的。新设立的学校中的那些充满热情的拉比们，也许他们在原来的家里曾经遭到的反对实在是过于强烈了，此时他们终于能够在西方这个伟大的共和国的国土上找到了表达他们自己的观点的机会，这是因为在那里，每一件事物都处于一种不断的变化之中，而且可以被任何一位具有强烈信念与个性的人物几乎是随意地重新予以构造。在以撒·迈耶尔·魏斯（Isaac Mayer Wise, 1819~1900 年）身上（他自 1846 年后就一直是辛辛那提的拉比），那些进步人士不仅将他看作是一位朝气蓬勃的发言人，而且还把他视为是一位具有伟大天才的组织者。主要是通过他的影响，一种具有极端形式的改革犹太教在美洲深深地扎下了根基，并且一些激进的革新措施（譬如附加的星期日宗教仪式），在他们祖先的国土上原来只不过是例外情况，当时也已经变得相当普遍。不仅是出于遵从一种修正了的礼仪而特意地建立了一些犹太圣堂，而且即使某些圣堂在刚建成时曾经是最为刻板的正统观念的样板，当时也开始渐渐地趋向"左派"化。在 19 世纪的最后 25 年里，可以看到，那些德国籍的犹太人，以及那种回归到霍尔海姆和盖革的对犹太教的阐释方式，正在支配着美国犹太人的生活。

5

当 1881 年的春天的那场暴行揭开了俄罗斯"集体迫害"时代

的序幕的时候，情形的确就是这个样子。在美洲，这正是那个劳工饥荒的时期，这是由于这块大陆每年要吸收成千上万来自欧洲每一个角落的贫苦移民。那些处于激烈竞争中的各船运公司竞相杀价，从而大大降低了大西洋航线的费用，从汉堡到纽约的船票价格已经低得十分荒唐可笑。美国每个月吸收进来的一批又一批的移民，在船只入港时翘首估量着她的繁荣程度。非常具有戏剧性的是，几乎是在一夜之间，传染病在俄罗斯、加利西亚和罗马尼亚的那些拥挤不堪的隔都中间迅速蔓延开来。每一个犹太人的目光都转向了大西洋彼岸的那片新的土地，在那里，没有暴力；在那里，有着对每一个人都是平等的机会；在那里，对那些远方的眺望者来说，似乎每一条街道都是用金子铺成的。那些最早到达的人确实是一群从"集体迫害"的威胁下逃出来的真正难民。但是，大群大群的人紧随而来，他们或许是受到了某种"集体迫害"或某种迫害的可能性的威胁，但老实说，他们无疑是为美国那种经济发展的持续繁荣景象所吸引而逃离的。

每一轮新的暴力浪潮总是把一批新的难民送过边境，并且反过来又为这个过程的重复注入了新的动力。群众之间散布的各种消息越传越远。最终，在沙皇统治下的绝大部分犹太人民不是靠美洲来的汇款单生活，就是在终日地希望他们自己也能够跑到那边去。这种情形在毗邻的国土上毫无二致。从 1881 年到这个世纪末，在美洲各港口入境的来自东欧地区的犹太难民人数超过了 60 万人。于 1903 年在基什尼奥夫开始的新的一轮"集体迫害"，在不到五年的时间里就把另外的 50 万人送进了他们的行列。在 1906 年，入境的犹太移民超过了 15 万人，接近这一年入境总人数的七分之

399　一。到 1929 年，累计总人数已经达到 230 万人，其中有 71% 是来自俄罗斯，17% 是来自罗马尼亚，其余的大多数来自奥匈帝国（特别是加利西亚）。仅仅在一代人的时间长度里，据估算，每三个东欧犹太人中就有一个跨过了大西洋而定居在新的家园。到 1904 年，美国的犹太人口（30 年前在数量上只不过刚刚超过 25 万人）已经增加到了 150 万；而在后来短短的 25 年中，这一数字几乎增加了两倍。

　　那些新来的人自然而然地乐于集聚在纽约——当时最主要的登陆港口，也是全国最大的都市中心和最重要的工业中心。在 1825 年的时候，那里的一个小小的犹太圣堂便可以容纳下整个的社区；而在一个世纪之后，却已经有至少 175 万名犹太人在那里定居了下来，几乎占据了这个城市总人口的三分之一。在犹太人的整个历史进程中，在任何时候都不曾有过如此多的犹太人，或任何其他的东西无论在绝对值上还是在相对比例上能够达到这一数字，能够像这样在一个地方集中在一起。某些美洲犹太领导人试图把入境港口转移到加尔维斯顿（Galveston），并因此而扩大犹太定居点的区域，然而，他们仅仅在有限的意义上取得了成功。不只是在纽约，许许多多在任何其他国家中都会被看作是首屈一指的社区，在波士顿、巴尔的摩、克利弗兰、费城以及其他地方如雨后春笋般地建立了起来。一个庞大的犹太定居点——仅次于纽约社区——在芝加哥建立起来。美国所发生的这一过程非常自然地在加拿大的整个南部边界地区得以重演，在多伦多和蒙特利尔，都可以发现极为庞大的犹太人集结地。

　　像在英格兰一样，那些新来的移民以一种极度的高比例进入了制衣工业和联合工业，在其中的每一个分支行业中，他们在很短的时间里便实现了一种事实上的垄断。通过他们这种中介作用，工业出现了更为细致的再分工，因而企业的一般管理费用大大地减少了（即所谓的"波士顿体制"）。在家具制造、烟草生产、裘皮工业，以及类似的行业中，犹太人显示出同样的卓越才能和高效率。因为在一开始受到他们的雇主——通常都是他们自己的宗教同胞——的残酷剥削，所以他们在不久之后就发展了一个非常强大的商业联合组织。在"美国联合纺织工人协会"中，犹太人占据了压倒性的多数，拥有接近两万名会员，并且只有"国际妇女服装工人联合会"可以与之相匹敌。通过犹太人的努力，这两个组织在改善车间卫生条件方面（到当时为止，车间生产环境的恶劣和不卫生实在是难以形容）所实行的革命的确令人难以忘怀。然而，这一革命直到 1890 年和 1892 年的所谓缝纫工业领域发生的两次全面大罢工导致了全面的灾难之后才最终得以真正完成。

　　但是，一个数百万人口的群体不可能只局限于一两个行业活动领域。不久之后，那些新来的移民就已经进入了工业领域的几乎每一个分支。他们成了农场主、机修工、劳动者、工厂主、搬运工、建筑工、印刷工、玻璃工，等等。还有许多的农业定居点，它们曾在一两个州中得到了慈善机构的支持。仅仅经过了一代人的时间，他们的活动范围就已经扩展到并几乎覆盖了所有的职业领域。第一批移民的那些后代（他们有些人本身就是在大洋彼岸出生的）成了著名的律师、医生、报界人士、作家、演员、画家、雕塑家，等等。刚刚发展的电影业为他们的冒险精神与适应能力提供了充分发挥的空间；它的存在仅仅不过几年的时间，他们便成了这一领域中最有影响的佼佼者，其中既有制片人、演员，也有总监、发行商。

像伦敦东区一样，纽约的东区成了一个稀奇古怪的外来文化世界的活动中心。在这些地方的所有街道上，甚至整个地区，你听不到别的语言而只能听到意第绪语——当然，它也不时被盎格鲁－撒克逊语系的各种方言所打断。众多的报纸（尽可能地采用美国新闻出版界的标准）也用同样的语言以稳定的发行量大量出版，其中有各种各样的日报、周报、月刊，以满足他们的知识需要。意第绪语的戏剧在纽约赢得了短暂的辉煌，这是在华沙从未有过的事情。意第绪语诗人、意第绪语小说家、意第绪语的各种翻译作品找到了一个现成的，尽管是并不丰富的市场。正是使用了意第绪语，才使得大量的与犹太商业联合运动相联系的文学作品得以出版；并且也正是通过意第绪语，才使得他们能够同那些雇主进行谈判，从而改善了劳工的地位。儿童们通过数百次课外初级宗教课和少量的《塔木德托拉》（*Talmud Torahs*）方面的课程接受一段基础的希伯来语教育，所使用的教学方法和总体教育环境都是整个地从过去的那些"栅栏居住区"移植过来的。那些老熟人，不管他们是来自哪一个省区，哪一个城市或哪一个乡镇，总是喜欢自己抱成一团，建立起他们自己的圣堂、祈祷堂或公谊会，结果，在纽约的隔都中，按照他们的出生地的不同，出现了一团一簇的小型分支。在当时，有各种奉行不同层次的正统教义的犹太圣堂，充分反映出俄罗斯、波兰和罗马尼亚的每一个重要社区的当地环境。与此形成鲜明对比的是，当时还出现了有着形形色色思想的社会主义者，他们中的某些人为了标榜自己刚刚找到的"自由"而

401

嘲笑每一种宗教传统，并且通过在每年的赎罪日举行舞会来尽可能公开地表示他们对于事物旧秩序的轻蔑。老人们用那种传统的单调节奏说唱着古老的经文，在闷热不堪的礼拜堂里（这样的礼拜堂多如牛毛）孜孜不倦地研究他们的《律法书》；手艺高明的裁缝师傅积聚了大量的财富，然后便举家搬到那些颇为时髦的街区；而在外面的污泥里，那些伟大的《塔木德》研究者的后人却正在推着小推车，拼命去挣得几个铜板以维持自己最起码的生活。这是一个巨大的熔炉，所有种族的人和有着各种地位的人都被抛了进去；他们在里面被吞没了，受到了磨炼，然后被重新塑造——没有人知道他们都被塑造成了什么。

147. 弥留之际的卢吉·卢扎蒂（1841—1927年）。恩里克·格里森施泰因绘。

第 30 章　新世界

1

　于 1914 年夏天爆发并最终几乎卷入了全世界每一个国家的那场欧洲战争，成为犹太民族历史上的一个转折点。自 1881 年以来，来自东欧地区的那股移民潮的速率和人数一直是如此地惊人，当时已经自动地停止了下来。当战争刚刚爆发的时候，为了堵住其西方同盟国的嘴巴，沙皇政府故意摆出了一些仁慈的姿态，看起来就像是它正在打算改善国内那些惨遭迫害的国民的处境。例如，《五月法令》在 33 年前是作为一项"临时性的"措施发布的，它当时到底还是不得不终止了。然而，由于在东部前线，战场上的形势出现了拉锯式地忽而前进忽而倒退的局面，因而也就一次又一次地蹂躏着原先的那些波兰省区，而在前线两边的广大地区居住着的众多犹太人口也就跟着遭了殃。伴随着这场不可避免的破坏性的大浩劫和残酷性的大驱逐（显而易见，常常由反犹主义的偏见所引起），许许多多的犹太社区被彻底毁灭了，而成千上万的家庭则变得一贫如洗。由于回忆起哥萨克人即使在和平时期也曾干出过的种种暴行，有一半的加利西亚的犹太人口跑到奥地利的腹地寻求避难。

　　与其所带来的后果相比，这些苦难也许根本就算不了什么。
在俄罗斯，沙皇最终为他的暴政受到了应有的惩罚。在 1917 年的
春天，一场大革命在圣彼得堡爆发了。新政府首先采取的一系列
行动之一，就是宣布所有的人不论种族和信仰一律平等的原则。
对于俄罗斯的犹太民族来说，一个崭新的——或许是黄金般的——
时代似乎已经展现在眼前。然而，在很短的时间里，这一运动便
出现了新的转折。11 月 7 日，发生了震惊世界的布尔什维克革命，
推翻了温和派的统治，从而使国家的命运处于苏维埃政权的掌握
之下。不久之后，俄罗斯就陷入了内战的痛苦之中。这一方控告
犹太人从事颠覆活动，而另一方则谴责他们是反革命分子，并且
无论何时某一方取得了暂时性的胜利（但特别是前者），他们总
是被当作替罪羊。

　　在乌克兰，情形是最为糟糕的。当时，正在试图建立一个由
哥萨克首领彼得留拉（Petrula，他不止在一个方面都可以称得上
是基米尼斯基［khmelnitsky］的一位称职的继承人）领导下的独
立的共和国。这个新的政府轮番受到布尔什维克党人和反动派的
入侵，装备不良，缺乏训练，并且通常没有薪水。"白狗子"、
"红胡子"和彼得留拉分子可能在几天的时间里都同时占领着同
一个城镇，而每一股军队的到来，都会掀起一轮新的大屠杀和大
破坏的高潮。当混乱状况似乎平息下来的时候，在沙皇派将军邓
尼金（Denikin，他的名字与中世纪以来犹太历史上的某些最为严
重的暴行联系在一起）的领导下，制定了一项旨在利用"白狗子"
军队推翻布尔什维克政权的新的企图。几乎在每一个城镇和村庄，
都发生了一场全面的连续性的"集体迫害"事件，它使得战前时

403

期的暴动相比之下黯然失色，在当时看来，那至多不过是一种狂暴精神的展示而已。而这一次迫害运动却是一件杰作，当时的死亡人数可能达到了 25 万人；而随着大军开过之后，随之便有更多的人沦为生活无继与疫病流行的牺牲品。那些仍然活着的人也陷入了绝对的贫困之中。这种混乱的范例具有很强的传染性；在 1918 年秋季，东欧地区的几乎每一个地方——匈牙利、波兰、罗马尼亚，随着主要战争行动的结束而出现的那个动乱时期都发生了类似的"骚乱"，只是规模相对要小一些罢了。

<h2 style="text-align:center">2</h2>

随着战争骚乱的日渐平息，显而易见，犹太人民的处境在过去的十年中发生了根本的改变。在 1914 年，那时世界上大部分的犹太民族还生活在俄罗斯帝国的统治之下。然而到战争结束时，他们已经被分裂开来，从而使得原先在这个国家版图内隶属于沙皇统治的总人数约达 600 万的人口，其中有大约一半以上已经转移到了波兰这个新的共和国的国土上。在那里，像在其他那些在刚刚发生的剧变中诞生的"衍生"国家 ① 中的情形一样，根据有关"少数民族"的条款，对所有的人，无论种族与宗教，都在表面上实现了权利和机会的平等。这是由历史学家、外交家吕西安·沃尔夫（Lucien Wolf, 1857~1930 年）率领的犹太人代表团在"巴黎和会"期间努力的结果，并且后来在大会结束时发表的《和平条约》

---

① 指奥匈帝国分裂后形成的那些国家。——译者

（Peace Treaties）中得以具体化。在立陶宛、拉脱维亚（Latvia）、爱沙尼亚（Estonia）、捷克斯洛伐克，也出现了同样的情形；尤其是罗马尼亚，这个国家通过吞并了一大块匈牙利的领土，从而使得当时国内的犹太人口几乎增加了一倍。

对于近东地区那些昏昏沉睡的"赛法迪"犹太人（它们已经有很长时间没有产生伟大的领导人和学者，或在普通生活中扮演重要角色了）来说，发生在 1914~1918 年间的世界大战同样是他们生活中的一个里程碑。在实际战争行动中，他们所遭受的苦难并不是太大。然而，伴随着和平的到来而出现的民族主义浪潮却对他们产生了最为不利的影响。土耳其开始重新把自己建设成为一个民族性的国家，并且不再乐意继续宽容这个国家中的各种具有外来文化、宗教和语言的异族群体，就像在它过去的整个历史上曾经实行过的那样。日益发展的种族歧视使犹太人感受尤深。一项旨在废除他们正在享有的分立制度的计划开始实施，并强制推行土耳其式的制度，从而取代了他们的祖先从巴尔干半岛带来的那种中世纪西班牙式的制度，以便把他们从原先一直在商业和其他行业领域中（与希腊人和亚美尼亚人一起）所共同占有的优势地位上撵走。

希腊的情形也并没有什么不同。在 1912 年的巴尔干战争之后，它已经占据了萨洛尼卡（Salonica）这个繁荣的港口。当时，犹太人在这个不到 175000 人的城市中占了总人口的 50% 还要多。在欧洲的其他任何一个地方，他们在经济和普通生活中所起的作用，都远远比不上在这个城市中所起的作用更为突出。在星期六到港的船只不得不延迟到第二天卸货才行。在近东地区得以恢复和平之后，政府开始有条不紊地着手把这个重要的中心改变为一个希腊化的城市。来自小亚细亚的大批大批的难民被安置在这个城市定居。与此同时，由于有组织地在机会方面进行阻挠限制，犹太人口开始相对地同时也是绝对地减少；结果，在那里已经存在了若干个世纪的本来占据大多数的犹太人口日渐减少为一个有限的，尽管还不是微不足道的少数民族。因此，作为 1492 年西班牙大驱逐的灾难性后果而产生的利凡特地区那些"赛法迪"社区的重要地位正在以每况愈下的势头开始不断衰落下去；而那些见多识广的观察家则认为，他们最终的和注定的消亡可以说已经是为期不远了。

此时，在世界上所有的国家中所能找到的最大的犹太群落就是美利坚合众国居住着的那些犹太人了。被战争所阻断的那股拥入的移民潮再也没有能够恢复到原先的规模，并最终变得几乎是微不足道了。然而，由于自然增长的原因，战前时期以空前绝后的规模拥入的那批移民的人数出现了急剧的膨胀，已经使得这个国家中的犹太人口总数超过了 400 万，而当时在波兰的犹太人也只不过有大约 300 万，与俄罗斯相比也仅少 20 万而已。要说他们不重要的话，那也仅仅是在数量上如此。当美国仍然保持中立的时候，他们随着这个国家的其他人民一起繁荣了起来。新生的一代人已经进入了经济和社会活动领域中每一个能够想得到的分支，并且到当时为止，他们在全世界所有地区的犹太人中无疑是人数最多，同时也是最为富有的一群。但是，如果不是因为他们自 1914 年以后源源倾入的如此慷慨大方的支持的话，那么，降临在他们在东欧地区的那些亲属身上的灾难则必然还要大得多。大量的恢宏无比的犹太圣堂，众多的设施豪华而精良的医院和疗养院、模范孤儿院、社会活动中心，以及形形色色的慈善机构在全国各地如雨后春笋般地建立了起来。学习研究希伯来文的人得到资助，而如果赶上了好时候，这种资助则更为慷慨，几乎达到了一种前所未闻的程度（你不妨也把这种慷慨看成是一种种族歧视）。从这个时候开始，当任何一项计划开始实施的时候，全世界的犹太人大都把眼睛睁得大大地盯着大西洋彼岸的美国，即使不是为了追求一种领袖群伦的显赫地位，至少也是为了大把大把的金钱。

当 19 世纪快要结束的时候，犹太人（主要是早期的移民潮带进来的那些犹太人）已经开始在这个国家的经济和公共生活中起到了一种真正重要的作用。库恩家族（Kuhn）的罗伊博公司是世界上最重要的私人银行之一。在若干个年代里，雅各布·西弗（Jacob Schiff, 1847~1920 年）作为公司的合伙人之一，在美国犹太人的生活中一直是一位具有决定性的人物。拿单·施特劳斯（Nathan Straus, 1848~1931 年），他几乎是身无分文地来到了这个国家，却把他的一生以及所聚敛的财富全部贡献给了慈善事业，并且从成功地大大降低了婴儿死亡率这项事业中获得了最大的满足，这是他建立了专门用于配给巴氏消毒牛奶的连锁供应中心系统的结果。他的兄长奥斯卡·施特劳斯（Oscar Straus, 1845~1926 年）是驻土耳其的第一任公使，以及后来的第一任大使，他是一长串在国外以外交官的身份代表美国利益的犹太人名单中最为引人注目的一位人物。刘易斯·布兰德斯（Louis Brandeis, 1856~1941 年）和便雅悯·卡多佐（Benjamin Cardozo, 1870~1938 年）都是最为著名的法官，曾同时成为美国联邦最高法院的成员，稍后获得这一头衔的便是弗里克斯·弗兰克弗特尔（Felix Frankfurter，生于 1882

年）。朱里耶斯·罗森瓦尔德（Julius Rosenwald, 1862~1932 年）
通过发展邮购业务建立了一个庞大的财富王国，他的慈善捐款数
量之大简直令人难以置信，并且除了林肯（Lincohn），还没有
一个人曾在改善美国黑人地位方面比他做得更多。在社会等级的
另一端，莫里斯·希尔奎特（Morris Hillquit, 1869~1933 年）是
"美国社会主义运动"的组织者之一；而撒母耳·高泼斯（Sameul
Gompers, 1847~1921 年）则是"美国劳工联盟"的创始人，在近
半个世纪的时间里，他在工人阶级运动中一直是一位决定性的和
具有缓冲作用的重要人物。

　　然而，尽管有这样一些杰出的人物，以及其他许许多多像他
们这样的人物，并且每一年都产生出更多的这样的人物，美国的
犹太民族竟然莫名其妙地延误了完全证明其至高无上地位的时机。
年青的一代更倾向于抛弃那些传统礼仪的形式，而他们正是通过
这些形式被养大成人的；同时，在许多情况下，他们对于在这个
国家中如此根深蒂固的所谓"改革的体制"却又根本无动于衷。
犹太人的教育水平甚低，处在一种十分可悲的境地。据估计，在
这个国家中至少有 60% 的犹太青年在他们自己的传统文化方面没
有受到任何的基础教育，并且当大把大把的金钱为了其他每一个
可能想出的目的而源源不断地花出去的时候，这一点却被大大地
忽视了。在这样的情况之下，在犹太人的历史上首次出现了学术
地位与其在各行各业所取得的优势地位极不相称的局面，也就不
会令人感到惊异了，并且在大移民开始的 50 年之后，要想找出哪
怕是少数的几位在犹太文化领域内赢得声誉的本土出生的学者，
已经是根本不可能的了。种种迹象表明，他们似乎正在向着失去

民族性格、失去文化特点、失去宗教特征的那种类型的犹太人演化，除了还能衷诚地承认他们的出身和一副随时准备向任何一个慈善机构慷慨捐赠的热心肠之外，他们似乎同自己的过去切断了所有的联系。对于犹太人的生活来说，他们的这种所作所为是否是一种积极的贡献，迟早会显露出来；而是否与这个新的世界中心所具有的重要地位相称，也只有时间能够证明。

　　这么多年以来，对全世界的每一位野心勃勃的人和遭受迫害的人来说，美国无异于是他们的"希望之乡"。当时，随着向美国移民的停止，尽管（由于立法上的限制）人口在战后时期的迁移规模是比较小的，但犹太人定居点的区域却开始不断扩展。在战后的通货膨胀时期，法国的一度繁荣曾吸引了大量的新的定居者来到这个国家。仅仅在一个年代的时间里，巴黎社区的规模就不止翻了一番。不仅是来自土耳其和希腊的那些难以计数的利凡特人，而且大量的俄国难民也赶到了那里定居。同样地，西欧地区的那些比较小的国家——挪威、瑞典、葡萄牙，甚至西班牙——中的犹太人口都大大地增加了；而那些来自俄国的逃亡者甚至还有一些定居在远东地区，从而在远如中国甚至日本这些国家中形成了一系列新的社区。

　　大量的人把他们的眼光投向了中美和南美地区。从墨西哥几乎直到麦哲伦海峡，犹太人都渗透了进去，在整个大陆上不失时机地建立起了他们的圣堂以及各种极具特点的公共机构。大部分人都被吸引到了阿根廷，他们使得那里的那些多少有点儿贫血的农业殖民地得到了加强，这些殖民地是由那位仁慈的德·赫尔西男爵在一代人之前耗费巨资建立的，当时曾作为他那些在俄国遭受迫害的宗教同胞的一个避难之所。[①] 这个国家中犹太人的数量，在 30 年前还不到 1 万人，但到了 1945 年，却已经达到了 35 万人。然而在当时，要说这种情形会持续多久，或者可能出现什么样的永久性后果，恐怕还为时尚早。无论如何，它为犹太教的复兴指明了道路，而这在过去被认为是毫无指望的。利凡特地区的犹太人把他们家乡的"拉迪诺语"从士麦那或萨洛尼卡随身带到了布伊诺斯艾力斯。仅从语言方面的观点来看，他们就感觉自己好像完完全全地回到了老家一样；而那些波兰人和东欧人则渐渐地放弃了他们的意第绪语而喜欢用当地的方言。有这样一种可能性已经渐露端倪，那就是：那个说西班牙语的犹太民族曾有过的光荣历史，在经过了数个世纪的完全黯然失色之后，很可能会在这块新大陆上再现昔日的辉煌。

3

对于犹太人来说，这次战争最为引人注目和最为重要的成果乃是使得他们恢复了与地中海东岸上那一小长条土地的政治上的联系，因为那里曾经是他们的民族的摇篮。自从耶路撒冷被提多大帝毁灭以来，他们曾经以永不失落的乐观主义为它的重建而祈祷。好多好多代人以来，为了维护他们的族长制的遗产和那些犹

---

① 关于德·赫尔西男爵（1831~1896 年），参见上文第 28 章第 5 节。他几乎把他的所有的巨额财富（约 1000 万英镑）全部捐献给了"犹太殖民地移民联合会"（ICA），其目的是为那些来自东欧地区的难民在美洲和其他地区建立以农业为主的生活提供资助。

太研究院，他们从世界各地的散居区把自己的捐赠送到这里来。根据一种观点来看，一再出现的"救世主"运动只不过是一种不朽的民族希望的畸形表现形式而已。来自犹太世界每一个角落的朝拜圣地的人们经常地到这片土地访问，通过他们的描述时时保持着对圣地的新鲜记忆。在仪式上和习俗方面，在那些无家可归的子民的心底和脑海里，仍在不失一切时机地回忆着巴勒斯坦土地上发生的历历往事。

　　在 16 世纪中叶由纳克索斯（Naxos）公爵所做的那项旨在在太巴列[①] 附近重新建立一个犹太定居点的实验夭折之后，若干代人以来，便再也没有做任何具有实际意义的事情。然而，那些虔诚的移民仍然继续不断地向着耶路撒冷迈进，以便能够享受到在这块神圣的土地上学习，至少可以长眠在这块土地上的特殊荣耀。到了 19 世纪中叶，在巴勒斯坦已经有大约几万犹太人，他们大部分人依靠那些远在欧洲的宗教同胞送来的慈善捐助（*Chalukah*）生活；他们在那里受到轻蔑的对待，并不时受到当地那些阿拉伯居民的粗暴虐待。与此同时，与拿破仑·波拿巴和摩迪凯·曼纽尔·诺亚[②] 不同的是，那些各色各样的空想家做起了朦胧的美梦，想要靠这些人作为发育的工具，使得那些流离失所的人民能够在他们自己的这片古老的土地上再次定居下来。

　　维多利亚时代真正实现了那种古旧的救世主主义概念的理性化。民族观念在整个欧洲的全盛时期只不过改变了那些犹太理论

----

① 　参见上文第 281—282 页。
② 　参见上文第 343、397 页。

408

家的观点，然而他们中的某些人［因为他们目睹了在弗兰德斯
（Flanders）、意大利和巴尔干国家的发展变化］开始朦胧地想到
了一种自治式的犹太民族的复兴计划。不仅如此，近东地区日益
增长的安全感，特别是欧洲诸列强对于巴勒斯坦方面的事务所表
现出的那种乐善好施的兴趣，使得一种更加有组织的和更加独立
自主的定居计划成为可能。包括犹太人和非犹太人在内的慈善家
们［如慷慨大方的英国人摩西·蒙特斐奥罗爵士，与之相当的美
国人犹大·托罗（Judah Touro, 1775~1854 年），以及那位基督
徒热心人劳伦斯·奥利凡特（Laurence Oliphant, 1829~1888 年）］
为此制订了详细的计划，以使得耶路撒冷和其他城镇的那些靠救
济过活的犹太贫民转向耕种土地的生产工作；并且"全世界以色
列人联盟"还在雅法附近开设了一所农业学校。那些一丝不苟地
奉行着传统教义的拉比也开始宣讲这样的教义：救世主时代的到
来并不是一个犹太人的巴勒斯坦获得再生的序幕，但是却必须以
此为先导。

　　这种新的思想在一位德国思想家摩西·赫斯（Moses Hess,
1812~1875 年）身上找到了第一位预言家。他经历了同化的整个过
程，然而最终所得到的只是一种幻想的破灭。在早衰的老年时光里，
当他回归到了自己的族人中间之后，他在《罗马与耶路撒冷》（*Rome
and Jerusalem*）（1862 年）一书中指出了作为最终结果的那种解
放理想的非实在性。他用犀利的语言抨击了每一个学派中的那些
现代拉比的态度；这些人由于仅仅把犹太教看作是一个纯粹的宗
教体系，从而牺牲了民族的思想。他还断言，政治上在巴勒斯坦
重新建立一个独立的国家毫无疑问是犹太人问题的唯一解决办法。

148. 西奥多·赫茨尔（1860—1904年）。油画，1899年。

149. 围垦之前：巴勒斯坦哈勒湖附近的沼泽地。

150. 围垦之后：贝尔福森林。

151. 犹太垦荒者正在以斯德伦谷地耕种。

152.哈伊姆·纳赫曼·别列克（1872—1934年）。

153. 1939—1945年在利比亚阵亡的巴勒斯坦犹太志愿兵纪念碑。

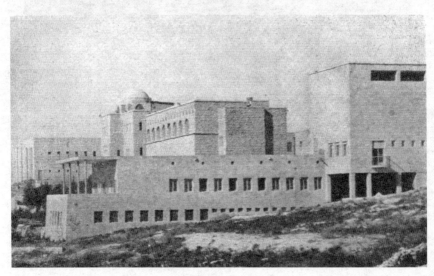

154. 希伯来大学，耶路撒冷。

他的呼吁理所当然地没有被理睬，因为它是一个不切实际的幻想。
这就恰如乔治·艾略特（George Eliot）在她的小说《但以理·德
朗达》（*Daniel Deronda*, 1876 年）中的雄辩说词是完全一样的，
就一位杰出的非犹太人而言，这只不过是被吹捧成了一种颇受人
欢迎的斐洛犹太主义的姿态而已。至于 70 年代的那些俄罗斯犹太
作家如佩雷斯·斯姆任斯金（Perez Smolenskin）和其他一些人，
在东欧地区就更难以引起人们的注意了；因为他们出于一种对当
代"犹太启蒙运动"的同化主义思想的反动，鼓吹的是一种朦胧
的民族主义。

　　1881 年在俄罗斯出现的反动潮流使得俄罗斯犹太思想界的
许多领导人在态度上发生了根本的变化，当时，他们对于沿着过
去一直在奉行的路线来解决犹太人的问题已经感到彻底绝望了。
在第二年，敖德萨的一位内科医生列奥·平斯克（Leo Pinsker,
1821~1891 年）出版了一本名为《自我解放》（*Auto-Emancipation*）
的小册子，在这本书中，他证明了犹太人（至少是俄罗斯的犹太人）
当时正抱着一种幻想，一直希望使得他们自己和他们生活于其间
的那里的人民完全等同起来。因此，他认为，创建一个民族的家
园，当然最理想的地方是在巴勒斯坦，是唯一的权宜之计，这样
才能恢复他们的尊严，即使是在散居的状态下也可以办到。实际
上，他并不是唯一持有这种观点的人，大量的叫作"热爱锡安者"
（Hovevei Zion）的团体得以建立了起来（特别是在东欧地区），
以便将他的那些理论真正付诸实施。

　　与此同时，来自俄罗斯（在那个灾难性的年月，它已经打开了
国门）的移民潮中有一股涓涓的细流淌到了巴勒斯坦这块土地上。

当《自我解放》正在印行的时候，许许多多年轻的大学生以及一些其他人用"BILU"［希伯来语诗句"哦，雅各家的人们，请到这儿来，让我们一块走吧"（《以赛亚书》2：5）中的起首字母］这个名字成立了一个组织，并向雅法进发。后来，在"热爱锡安运动"这一组织的资助下，在犹地亚的沿海平原上建立起了一些农垦部落。这项工作是在匆忙之中着手进行的，并没有得到足够的支持；但是［多亏了巴黎的埃德蒙德·德·罗斯查尔德（Edmond de Rothschild, 1845~1934 年）勋爵持之以恒、慷慨大方的资助］，那里的定居点想方设法使得自己建立在一种稳固的基础之上。所以，在经过了三个世纪之后，才能够在巴勒斯坦的殖民化定居区重新进行可行性的实验。

410

一位引人注目而又十分清秀的维也纳作家，名字叫作西奥多·赫茨尔（Theodor Herzl, 1860~1904 年），于 1894 年在巴黎作为自由新闻社（*Neue Freie Presse*）的记者出席了军事法庭对阿尔弗莱德·德雷弗斯的审判，但他当时对所有的这一切可以说几乎是一无所知。他曾在一个同化了的环境中被养大成人——已经到了如此深的程度，以至于有一次曾经提出对全体儿童实施集体洗礼（因为几乎不可能指望成年人会改变他们的信仰）作为一种解决犹太人问题的简单易行的办法。但是，德雷弗斯案件使他清醒地认识到，他过去完全错了。针对犹太人的偏见，正如它在俄罗斯、在德国，甚至在当时的法国这个所谓的平等与博爱之乡所正在显露的那样，其根源并不仅仅是属于宗教方面的。就如它可以是任何其他的东西一样，它实际上是一个种族歧视的问题。但是，一个人不能失去自我，尽管这个自我可能渴望这样做。所以，对于犹太人来说，这个没完没了的问题的唯一的解决办法就是使他们自己作为一个民族重新组织起来，并有一个他们自己的自治中心。只有通过这个途径，他们的尊严才能够恢复，而整个世界一直在耳闻目睹着的各种丑闻恶行才能够避免。不仅如此，只有这样，东欧地区那些正在遭受迫害的犹太人才能够找到一个安全的避难所，并且他们才不会把新的反犹主义瘟疫的病毒带到这个避难所中来。由于被自己的这股热情冲昏了头脑，赫茨尔在沉重的压力下写成了他那部著名的《犹太国》（*Judenstaat*）。在书中，他详细地阐述了这些思想，并且描绘了一张将神秘的激情与对各实施细节的严格态度神奇地结合起来的宏伟蓝图。

这是在开展犹太复国主义运动的过程中迈出的第一步，其目标（正如最终所确定的那样）是："在巴勒斯坦为犹太民族建立起一个由公共法律所保障的属于自己的家园。"[①]为此，赫茨尔以一位古代先知（或是像他的那些损毁者所污蔑的那样，是以一位中世纪的假"救世主"）的全部的热情和自我献身精神投入到这一运动之中。他那具有吸引力的个性为他在全世界赢得了众多的追随者，尤其是东欧地区；因为在这一地区，那种传统的对巴勒斯坦的忠诚依然有着一种压倒一切的强烈程度。他成了犹太群众崇拜的偶像，因为自从沙贝塔伊·泽维以来，就再也没有出现过他这样的人物。在那些上层和同化程度较高的阶级中，他所取得的进展之慢却令人感到十分失望。商业界的人士谴责他过分耽于幻想，而那些幻想家则臭骂他利欲熏心过了头。改革派的犹太人公开宣布抛弃了

---

① 1897年在巴塞尔举行的犹太复国主义者代表大会上正式地将这一措词予以规范化。

民族的思想和那种对于回归到巴勒斯坦的渴望，而他们的对立面，即极端正统教义派却认为，"全能的上帝"将会在适合于"他"的那个时代担起责任，但"他"那只全能的手是不该受到胁迫的。

411　那些一心对着"解放"的神龛顶礼膜拜的人却感到忧心忡忡，担心一个犹太民族国家及其政治中心的复兴将会对他们自己在散居区中的地位构成威胁。当时也出现了几位具有决定性的人物，如内科医生、批评家与国际法专家马克斯·诺尔道（Marx Nordau, 1849~1923 年）和小说家以色列·赞格威尔（1864~1926 年），但对于那种普遍性的不冷不热来说，他们几个人的执着追求似乎实在是微不足道的。然而，某些在政治问题上同赫茨尔的观点不相一致的人却反而赞成重新建立一个属于犹太人的具有完整领土的中心，并且他们认为只有这样，希伯来文化才会有自己的核心，而那种长期衰退的希伯来宗教才能重新得到自然的发展。

　　1897 年，在巴塞尔举行了一系列犹太复国主义者代表大会的第一次会议，来讨论如何才能使得犹太人民的那种延绵不绝的传统奋斗精神所采取的新的表现形式真正结出它的果实。因此，赫茨尔认为自己有足够的资格参加官方的谈判，以便使得他的计划能够实行。凭着那种不屈不挠的勇气，在他自身的使命中所形成的那种神秘信念的支持下，他会见了欧洲大陆上形形色色的权势人物，从德国皇帝（Kaiser）直至罗马教皇本人，都是他拜谒的对象。他竭尽全力，在不同程度上成功地说服了他们。他同苏丹有过一次正式会见，并同他在 1901~1902 年间继续进行谈判，谈判的目标就是为巴勒斯坦制定一个宪章。一旦这一点得到了保证，他满怀信心地认为，获得必要的财政支持将不会有什么困难。据说，当时如果他同意通过他的影响来平息欧洲和美洲针对发生在亚美尼亚的暴行而掀起的抗议浪潮的话，他也许早就已经成功了。不管真实情况到底是否如此，反正谈判最终失败了。在另一方面，英国政府则深受感动，以至于为赫茨尔用于殖民地移民的目的而在位于巴勒斯坦与埃及之间的西奈半岛上划出了第一片土地；尔后，当这一计划难以实施时，便又在东非的大英帝国自治领地为他划出了另一片土地。① 然而，事情很快变得越来越明显，那就是像他们的祖先所做的那样，在犹太群众的眼里，要想让他们到其他的土地上去生存根本就是不可能的；并且他们也不打算为了任何其他人的利益而作出必要的牺牲。因而，在漫长而苛刻的谈判之后，这一大方的施舍被拒绝了。然而，它还是达到了其目的，就是向全世界证明，按照那些尽职尽责的欧洲政治家的观点，犹太复国主义是一个必须考虑在内的政治因素。

不久之后，赫茨尔由于劳累过度而英年早逝，当时他只有 44 岁（1904 年）。他的成就的重要意义不应该受到误解。在他真正关注这一事务之前很久，犹太复国主义的理想——它所产生的激励作用、献身精神、心理基础——就已经在东欧地区的犹太大众中深入人心，非常活跃了。他所做的就是使得这一运动变成了一种普遍的运动；使得东欧地区成了该运动的一支领导力量；并且把它介绍给了外面的世界，为全世界的人所了解。随着他的去世，它的统一性发生了动摇。许许多多曾追随他的"无论在什么地方都要建立起一个犹太国家"这种初始理想的人在以色列·赞格威

412

---

① 尽管一般将此称为"乌干达计划"，但实际上是在肯尼亚。

尔的领导下退出了这个政治组织，而建立了一个"犹太领土主义者组织"（JTO）。这一组织在随后的年代里积极探索在非洲和美洲建立犹太定居点的可行性，并做了一些有益的工作。那些仍然按照"热爱锡安者运动"的旧传统继续工作的人，只有沿着小规模殖民地移民和教育的道路蹒跚而行。长期以来，这一运动曾一直是小规模的和无秩序的，但是，随着赫茨尔的出现，它很快就发展成为一种遍及世界、组织严密的运动，并且至少具有了成为国际政治中的一个重要因素的潜在可能性。

犹太复国主义运动的第一个积极性成果就是创立了两个金融机构——"犹太垦殖托拉斯"和"犹太国民基金会"来管理其日常事务。前者是一个由大量的小股东支持建立的股份公司；而后者则是一个非营利性组织，靠自愿捐赠维持运作，主要是为了在巴勒斯坦购置土地。诚然，这两个组织无一能够筹集到赫茨尔曾构想过的那个目标所需要的钱数，甚至连一小部分都没有完成。然而，通过它们这个媒介，在新的理想的激励下，犹太人在巴勒斯坦这块土地上建立定居点的工作却悄悄地取得了进展。在整个国家中，农垦部落已经是星罗棋布，而在这些部落里，犹太劳动者的勤劳精神和娴熟技术正在用自己的双手使得他们的祖先曾拥有过的这块土地，这块数个世纪以来荒凉孤寂、为人遗忘的土地，再一次流淌出丰饶的牛奶和蜜汁。在雅法附近的那些起伏的沙丘深处，一座犹太小城出现了，并被命名为（显然是作为一种对《圣经》旧话的追忆）特拉维夫（Tel Aviv）[①]，意思是"翠堤春晓"；

[①]　参见上文第 51 页。

而在耶路撒冷，则设立了一所犹太艺术与工艺学校。在这一方面，有一个人是功不可没的，他就是以利撒·本·耶胡达（Eliezer Ben Yehudah, 1858~1922 年），正是由于他的多方努力和理想主义，那里的垦殖移民说的是真正的希伯来语——《圣经》所使用的那种希伯来语，因为这是大卫和以赛亚曾经用过的语言，并由那些中世纪的诗人和哲学家加以丰润的语言，它也就正好适应了当时的需要。与此同时，在俄罗斯，希伯来文化的复兴（在过去的许多年中，它基本上一直在为自身能够枯燥乏味地吸收欧洲语言的精华而沾沾自喜）造就了一批为数不多的具有杰出天才的作家。其中值得注意的有阿舍尔·金斯伯格［Asher Ginzberg, 1856~1927 年，更广为人知的是他的笔名阿哈德·哈阿姆（*Ahad haAm*）——"人民的儿子"）］，他是一位极具说服力的散文家，甚至在赫茨尔时代之前，他就曾是一个反对"政治"犹太复国主义而主张"文化"犹太复国主义的鼓吹者，也是一位在巴塞尔大会上形成规范化的正式的犹太复国主义计划中关于巴勒斯坦划分问题上比任何其他的人都更具影响力的人物。这位散文家身上的那种冷静缜密的逻辑性同哈伊姆·纳赫曼·别列克（Hayyim Nahman Bialik, 1872~1934 年）这位自犹大·哈列维之后最伟大的诗人所具有的那种火焰般的激情形成了强烈的对比。事实上，1903 年发生的"基什尼奥夫大屠杀"便整个是他那极端辛辣的作品的一种翻版。然而，总共加起来也不过只有几千人直接受到了"复兴"思想的感染。不仅如此，随着其创始人的去世，犹太复国主义运动便丧失了它的生命力，并且在随后的整整一个年代里，它的大部分精力都浪费在了内部的争吵上面。当时在 1914 年，仍然还是一个过分强调实用的世界，所以，这一运动被认为不过是少数几个空想家的一种消遣而已，并且即使在犹太人的世界里，其积极的成果也基本上被忽视了。

4

发生在 1914~1918 年间的世界大战把犹太复国主义组织划分成了互相对立的两大阵营。在敌对状态的第三个年头，在美国，那种急于想博取颇为重要的和具有影响力的犹太舆论团体好感的迫切愿望，把这一运动提高到一种具有头等重要性的政治抵押品的地位，而对于法－英集团来说尤其如此，因为它们都迫切希望以此来抵消他们的同盟国俄国及其独裁暴君在犹太人世界里所制造的那种不良印象。就仿佛是仰承上帝的旨意，此时在英国出现了一位犹太复国主义运动领导人哈伊姆·魏茨曼（Chaim Weizmann，生于 1873 年），他是一位俄罗斯出生的极具天赋的化学家，曾做出过一项被证明对于高能炸药的生产具有相当大的重要性的发现。正是由于这一点，使他与政界发生了极为紧密的联系，而他则非常成功地充分利用了他的这一大好机会。

后来在 1914 年，土耳其作为"轴心国"一方的成员参战。众所周知，在战争期间，对那些未被占领而尚存争议的领土所做的各种承诺是一文不值的；而在 1917 年的 11 月 2 日（离"布尔什维克大革命"的发生只有几天，这次革命对于后来东欧地区的犹太人的生活产生了极其深刻的影响），阿瑟·詹姆斯·贝尔福（Arthur James Balfour，后被加封为贝尔福勋爵），这位当时的英国外交大臣，发表了一项宣言，明确表示英国政府对于在巴勒斯坦为犹太人民建立一个民族家园持赞成态度，并且将尽他们的最大努力来促进这一目标的实现。

414

　　这项声明所产生的影响（它立即得到了所有其他同盟国政府的响应和一致认可）是令人震惊的。德国政府马上采取措施通过一个尽管无力，但却具有同样影响力的声明予以抵制。然而，尽管这块领土属于同盟国，无法把它划入敌对国，但由于牵涉到主权问题，这样就束缚住了它的手脚。在埃及的巴勒斯坦难民已经征募了当时被称为"锡安杂牌军团"，并且在那场运气不佳的加里波利（Gallipoli）战役中遭到了重创；而巴勒斯坦的那些垦殖移民却甘愿冒着生命的危险，竭尽全力想方设法为英国的先头部队开辟道路，全然不顾当时已经开始的遍布各地的小规模恐怖活动。一支又一支的犹太军队（其中一支完全由来自美国的志愿者组成）应召而起，在英格兰接受训练后被派往巴勒斯坦前线。然而，当他们到达的时候，战役的正面对峙已经结束了。在《贝尔福宣言》（Balfour Declaration）尚在制定之中的时候，几乎还没有人能够意识到土耳其在巴勒斯坦南部的防线会如此迅速地全面崩溃。仅仅过了五天，加沙这道曾长期阻止英国军队前进的防线被突破了。六个星期之后，新月旗①在耶路撒冷的上空停止了飘扬，自从十字军东征时期以来这还是第一次。犹太复国主义理想的实现，在两个月之前似乎还只不过是一个遥远的梦想，此时已经是近在咫尺了。

---

　　① 土耳其国旗。新月是土耳其苏丹的标志，同时也是伊斯兰教的标志。——译者

在近一年的时间里，巴勒斯坦前线平安无事。在 1918 年的秋天（随着那些犹太军团的参战），最后的行动开始了。土耳其的军队被一举击垮，溃不成军地向北逃窜，从而引发了全面恐慌，进而在 11 月导致了轴心国的最后崩溃。在巴黎和会上，同盟国一方根本就没有得到使它们忘记自己在斗争最激烈的时候曾做出过的保证的任何机会。并且不仅如此，尽管没有一个战胜国乐意放弃它对自己所征服的每一寸领土的控制，但是那种赤裸裸的吞并时代毕竟已经结束了。取而代之的是在"国家联盟"（League of Nations）监控下的所谓"托管"体系的形成，从而把管辖权赋予某个具有利害关系的列强，而在"托管"的过程中，它并不能完全出于自身的利益，而是代表全人类的利益。大英帝国无论如何也不会能够容忍任何一个像倔强的埃及这样的国家对苏伊士运河和连接印度洋的大通道实施控制。因而，通过 1920 年 4 月的圣·雷莫会议（San Remo Conference），它赢得了对巴勒斯坦领土的"托管"权，并根据《贝尔福宣言》的精神立即实施管辖。这一安排在三年后得到了新诞生的"国家联盟"的理事会的正式确认，并且为进一步建立一个在同巴勒斯坦政府的关系上能够代表全世界犹太民族的"巴勒斯坦犹太代办处"（Jewish Agency for Palestine，它最终于 1929 年成立，其人员构成既有犹太复国主义分子，也有非犹太复国主义成员）做好了准备。

因此，自公元 425 年（如果从耶路撒冷的陷落开始算起的话，则还要早三个半世纪）废除"族长制"以来，犹太人民同他们祖先的这块土地——这块他们在若干个世纪的流散过程中一直都在渴望、梦想和祈祷的土地——的政治联系第一次获得了正式的承认。

希伯来语作为这个国家官方用语之一而被采用。一位名声卓著的英国犹太人——希尔伯特·撒母耳（Herbert Samuel，生于 1870 年）爵士，他拥有许许多多重要的政治头衔，其中最显赫的职位是内政大臣——作为第一位政府高级特派员被派往该地。一位犹太人再一次统治着这块"圣地"——并且看样子还要代表他的兄弟们的利益来统治它！在当时，看起来就好像"救世主"的时代已经来临，而在世界各地，那些虔诚的犹太人正在打起背包，毫不夸张地说，就是要准备下一年在耶路撒冷过大年了。

这种早期的过高期望注定不会持续很长的时间。犹太复国主义者大概没有能够充分地考虑到巴勒斯坦的那些阿拉伯人口。他们的人数不多；他们中的绝大部分人的文明程度都非常之低；他们曾很不体面地遗弃了这个国家，使她的大部分土地退化成为一片片未开垦的荒漠。但是，当他们发现有其他的人对这块土地感兴趣时，他们那种狭隘的爱国主义意识被剧烈地刺激起来。城镇里的那些"老爷"对这个将会动摇他们的至高无上地位的新的"成员"的闯入充满了怨恨。极端保守派坚决反对各种西方思想的入侵。那种长期以来一直处于蛰伏状态的宗教狂热被重新唤醒了。那些肆无忌惮的煽动分子告诉农民（实际上没有丝毫的根据），说这些新来的人将会无偿地夺走他们的土地。恰好在圣·雷莫会议之前，在耶路撒冷发生了针对犹太人的骚乱，造成了许许多多的人无辜死亡；而在 1921 年，雅法再次发生了类似事件，造成了甚至更为悲惨的后果。希尔伯特·撒母耳爵士，以他那种令人难以想象的正直不阿，毫不犹豫地放弃了那些人们本来一直认为他特别偏爱的地区，从而充分显示了他的公正性。《贝尔福宣言》中有关保

护当地原有居民权利的条款得到了细致的遵守，甚至比履行那些
主要的限制性条款还要严格；而对于犹太移民的进入则实行了极
为严格的限制。在这个刚刚成形的时期所建立起来的旧传统不会
那么容易地被推翻，并且在 1929 年，由于一则荒谬可笑的谣传，
说一项旨在夺取位于古代圣殿遗址附近的奥马尔（Omar）清真寺
的计划正在实施，因而又一次在全国上下引发了一系列极具破坏
性后果的针对犹太人的骚乱。

　　尽管发生了所有这一切，其积极的成果仍然是不能一概否认
的。尽管强加的旨在为难他们的种种限制，移民们还是像源源
不断的溪流一样，从犹太世界的每一个角落，从纽约直到布哈拉
（Bokhara），汇集到了这块土地上。在仅仅一个年代稍多一点儿
的时间里，犹太人口的数量就增长了四倍。新的犹太人城郊居住
区在耶路撒冷旧城之外接二连三地出现了。第一个犹太城市——
特拉维夫以惊人的速度很快地发展起来。"犹太国民基金会"依
靠来自每一块大陆的捐款的资助，购置了大块大块的土地，准备
建立犹太定居点，特别是在耶斯列（Jezreel）河谷附近就更是如
此。新建的农垦部落在全国各地星罗棋布。在各个犹太人的散居
地招募的"开拓者"（Halutzim），即"先锋部队"被派来完成
那些人工活——耕种土地，建筑房屋，修整道路；那些擅长用欧
洲人的眼光来品头论足的旅游者由于在他们中间常常碰到许多大
学中的男男女女而惊奇万分，而这些人都是以优异的成绩毕业于
各种各样的深奥学科，并且通常还精通六七种语言。现代农业的
生产方式被引入了农垦区。那些山丘通过修建梯田又一次变成了
肥沃的土地。柑橘栽植业的面积出现了惊人的增长。在全国上下

开展了一场群众性的造林运动，沼泽被排干了，疟疾也被消灭了。一项充分利用约旦河这条最为不可思议的河流中丰富的水利资源来维持农业灌溉和电力供应的庞大计划开始实施；而死海中的矿产资源也已经用现代方法着手开发。那些无知的阿拉伯农民受到怂恿，被鼓动起来反对这种入侵；但是，他们却已经真正地意识到，他们自己的生活水平，生活环境的舒适，并且尤为重要的是他们的人身健康，在很大程度上都是这种入侵所带来的好处。

然而，恰恰是在精神方面，这次实验的正面效果最为显著。在英国人占领之后所进行的最早的具有重要性的事业计划就是在耶路撒冷建立一所大学，她的奠基石早在大炮的低沉轰鸣声停止以前就已经埋下了，并于 1925 年正式开学。在这所大学里，许多最为著名的学者，纷纷从欧洲和美洲那些伟大的学术中心应召而来，在这里教授着越来越多的来自世界各地的学生。一座巨大的图书馆矗立起来，并建立了一个大学出版社，出版了一系列的重要著作，从而不仅丰富了犹太文化，而且丰富了整个世界的文化宝库。授课的媒介语言当然是希伯来语，它已经在所有的定居点并在所有的领域获得了广泛流行，同时，一个多产的新时期开始了。小说、戏剧、诗歌、翻译作品、各种阐释性著作从十数个不同的出版机构如一道滔滔不断的河流铺天盖地而来。竞争激烈的各种报纸和评论杂志（其中某些发行量十分广泛）把现代新闻界的精神介绍了进来。一座希伯来语的剧院建立起来，并在国际上赢得了重要地位。那些拥有最高声誉的文学家，如别列克（Bialik）和阿哈德·哈阿姆（Ahad haAm），都纷纷来到这块土地上定居，他们在这里最终找到了适合自己生存的精神环境。这是一种沉睡经年的语言在文学上和宗教实践中的一次大复兴，在历史上可以说是绝无仅有的。那种传统的宗教形式或许已经被年轻的一代热切的理想主义者遗忘了。然而，许多长期以来一直被忽视了的，或者已经变得僵化了的宗教仪式，却已经被赋予了全新的意义；而巴勒斯坦的犹太民族，尽管他们有时以漠视宗教信仰为特征，但他们肯定不是完全超越精神生活的一群。

即使在世界各地散居的犹太人中间，这一令人难以置信的实验所产生的效果也显示出无比的重要意义。据推定，在全世界1500 万犹太人中，只有很少的一部分人能够有机会在巴勒斯坦建立起自己的家园。至于剩下的那大多数人，只有希望这个国家能够起到一种精神上的激励作用。这种虔诚的心理渴望作用很快就被证明并不是徒劳的，尽管可能还没有达到希望中的那种程度。一种独特的犹太文化的全面复兴是有目共睹的，在年轻人中间尤其如此。对于某些人来讲，宗教方面的感召力已经对他们起不了什么作用，此时却找到了某种可以替代的东西。这样的情形已经变得相当普遍，那就是一些在西方已经完全同化了的家庭的成员〔如阿尔弗莱德·蒙德（Alfred Mond, 1868~1930 年），即迈尔切特（Melchett）勋爵，他曾是英国工业界和政治界的一位举足轻重的人物〕又自觉地重新回到了本民族的人民中间。现代希伯来语，在 1914 年之前还只为少数的理想主义者所熟悉，也开始慢慢地取代了意第绪语和拉迪诺语，从而作为一种散居区中的"多语种混合语"被广泛使用。巴勒斯坦在犹太人的生活框架中又恢复了它原有的地位。

《贝尔福宣言》原文

418

致外交部

尊敬的罗斯查尔德爵士:

我谨代表王国政府,十分荣幸地向阁下转达如下这项对犹太复国主义的崇高精神深表赞同的宣言。这项宣言在提交内阁之后已经获得批准。

"王国政府赞成在巴勒斯坦为犹太人民建立一个民族家园,并将支持他们竭尽全力来促进这一目标的实现。众所周知,这样做并不会造成任何可能损害原先居住在巴勒斯坦的非犹太社区的民事和宗教权利,或是有损于其他任何国家中的犹太人所享有的权利和政治地位的行为。"

如果阁下能将此宣言的内容通知"犹太复国主义者联盟",我将万分感激。

顺致崇高的敬意

阿瑟·贝尔福

1917 年 11 月 2 日

第六卷

大灾难与大复兴：
1918~1967 年

第 31 章　大灾难

1

在中欧和东欧地区，旧的秩序被彻底推翻了；在世界上每一个 重要的国家中，犹太人的解放事业终于完成了①；"国家联盟"创立了，并且奉行着它那保护少数民族的应有权利这种神圣的职责。这一切导致了一种普遍的愿望，那就是：尽管发生在1914~1918年间的大动荡带来了如此多的牺牲以及随之而来的秩序混乱，但对于犹太民族作为一个整体来讲，它也许宣告了一个真正的自由与平等的太平盛世的到来。

紧随其后的那些年代所发生的一系列事件就使人产生了这样的假象。在战争期间，犹太人在所有的前线曾以同样的勇敢进行战斗；而每一个国家的统计学家们都高兴地看到，事实上犹太人对各种部队所输送的兵员要远远高于他们的正常比例。的确，他们中的某些人也曾跃居到了高位，如一位身份公开的犹太人约翰·莫拿什

———————

① 在西班牙于1931年建立了共和国政府之后，在整个世界上，犹太人仍然没有在法律上获得解放的地区（并不是指那些科学技术上"未开化的"国家，譬如阿富汗或也门）竟然是作为法国殖民地的摩洛哥和突尼斯，这一点实在令人感到颇为不可思议。

（John Monash, 1865～1931 年）爵士实际上在战场上曾经指挥过澳大利亚的军队。尤为惊人的是犹太人在重建期间所取得的辉煌成就。雨果·普鲁斯（Hugo Preuss, 1860～1925 年）是德意志共和国的第一位内政部长，曾负责《魏玛宪法》（Weimar Constitution）的起草工作；库特·埃斯内尔（Kurt Eisner, 1867～1919 年）曾是巴伐利亚的总理；维克多·阿德勒（Victor Adler, 1852～1918 年）则曾出任过奥地利的外交部长[①]；同一种血统的还有其他好几位人物，他们都曾作为代表团的正式成员出席过巴黎和会，并代表他们各自的国家在会后形成的协定上签字；而卢弗斯·艾萨克斯（Rufus Isaacs, 1860～1935 年），即雷汀（Reading）侯爵，在经历了一段万花筒般的法律和政治生涯（在这一段生涯中，他曾跃居英国最高法院的首席大法官和派驻美利坚合众国的特命全权大使这样的显赫高位，从而达到了他一生中的辉煌顶点）之后，于 1921 年曾作为总督被派往印度，并在那里以惹人注目的功绩成功地统治着三亿多人口长达五年之久。

在另一方面，俄罗斯却仍然是一个老大难问题。毫无疑问，社会主义使犹太人获得了解放，并且是完全彻底、无一遗漏的解放。他们作为一个独立的民族，连同他们自己的语言和风俗习惯得到了官方的正式承认。那些具有犹太血统的人（当然不可能是那种仅仅信仰犹太教或仅仅遵守犹太习俗的人）正在开始在俄罗斯的公众生活中扮演一个重要角色；而其中有一位列昂·托洛斯

---

① 需要附加说明的是，埃斯内尔并不是一位身份公开的犹太人；而阿德勒则是一位名义上的背教者。

基（Leon Trotsky, 1872~1940 年）曾一度是这个新型政体中的一位杰出人物。在苏维埃政权的领导下，凭借着来自美国的那些反犹太复国主义大财团的慷慨资助，一系列野心勃勃的宏大计划开始实施。他们要在乌克兰、克里米亚以及其他的地区创建犹太农垦区，其规模如果说还没有超过当时在巴勒斯坦所做的实验的话，也完全可以与之相匹敌了。他们还满怀希望，最终要把位于西伯利亚的比洛－比琼（Biro-Bidjan）的犹太人宗教自治区接纳为苏联的一个加盟共和国。

　　然而，在实际执行过程中，苏维埃体制在某些方面来讲甚至远比其沙皇时代的前任对犹太人的生活更具有破坏性。犹太人身上那种强烈的个人主义的性格是与这种新型体制格格不入的；甚至犹太社会主义组织"崩得"（*Bund*，即建立于上个世纪末叶的"立陶宛、波兰和俄国犹太工人总联盟"）也因为对于布尔什维克思想体系来说过分中庸而遭到镇压，因而这一组织只是在波兰得以残存下来。绝大多数的俄罗斯犹太人一直是属于中产阶级和小商业主阶级，亦即那个资产阶级（布尔什维克革命就是直接指向这个阶级的）中的一个尽管是地位低下但却是不可分割的组成部分。在一开始的时候，对于他们来说，要想在一个工农联盟的共和国中找到一块容身之地并不比十个世纪以前在封建制度统治下的时候能够更容易一些。许多人被接纳进了政府机构（当时是第一次对他们开放），被吸收到工厂，或被安置在农村——这必定是一个十分缓慢、非常困难和需要巨大开支的过程。在很长的时间里，绝大部分人仍然是处于绝对的贫困之中，像在旧式体制统治下那种政治上的不可同化一样，在新型政府统治下他们在经济上也依然难以同化。

同样地，在精神方面，犹太教同所有其他的信仰一起在反对宗教的运动中遭受了重重苦难。犹太圣堂被封闭，或改造成俱乐部；公开地讲授宗教教义被明令禁止；甚至连割礼这种最基本的仪式的举行也受到各种阻碍。犹太复国主义被谴责为一种资本主义运动，它的那些追随者遭到了残酷的迫害，并被遣送到西伯利亚。希伯来语同样也作为一种资产阶级的语言被嗤之以鼻，而在另一方面却又千方百计地鼓励说意第绪语，把它视作一种真正的无产阶级的语言。当然，任何一方都不反对种族间的通婚，因此这种婚姻形式得以以惊人的速度发展；并且由于在犹太教中不存在任何符合逻辑的束缚，同化现象以最彻底的形式变得无法控制。如若犹太民族在这样的一种条件下还能够生存下来的话——这是一种不可能的假设——那么，它也只能是作为一个纯粹非宗教的群体而生存下来，它将失去所有的精神上的亲和力，同时也就丧失了同自己的过去进行交流的那种情感，而这恰恰是作为一个独立的民族所不可缺少的和唤起民族意识的源泉。

然而，尽管在俄国国内，布尔什维主义对犹太教的作用可以说是灾难性的，但是在国外，犹太人却反而受到诬蔑，就好像他们便是这种新型体制赖以生存的罪魁祸首。由于苏维埃政府为那些旧王朝的封建遗老所不齿，或者不如说新政府不相信那些旧体制遗留下来的走狗，所以在一开始他们就从那些具有犹太血统的人中招募了占很大比例的文职人员和外交使团成员。这一事实无形中赋予了犹太人一种不相称的突出地位。此外，卡尔·马克思（Karl Marx）这位共产主义的倡导者，恰好也具有犹太人的血统，尽管他在童年时代就接受了洗礼，后来作为一位基督徒被哺养成人，并且曾在他的著作中猛烈地批判过犹太人和犹太教问题。[①] 因此，这就有了另一个把那些不得人心的犹太人同过去那个令人恐怖的体制画上等号的借口，而这种体制正是瓦解当时已经建立起来的国际新秩序的危险所在。

主要是由于这一点，或至少是利用它作为借口，一场反犹主义的浪潮席卷了整个西方世界，从而整个地污染了曾在巴黎的会议桌上如此辛辛苦苦地开辟出来的那一片崭新的天地。民族主义狂热情绪的大流行——不管是被战败的耻辱还是被胜利的得意所激发，或者被由于胜利的果实不能按照各个国家中的不同情形得到合理的分享这种感情所驱使——无疑是这场浪潮的根源；那种战争时期的歇斯底里（当时依然非常流行）使得人们可能轻易地相信任何一个故事或一种理论，不管它是如何的牵强也在所难免。某些犹太人从那种战争条件下人为地刺激起来的繁荣浪潮中获益的事实（尽管有更多的犹太人已经沦为乞丐）被看作是他们曾促成了，或者甚至是策划了这场大灾难的一种令人信服的证据。在所有的地方，犹太人和布尔什维克都被当作是同义词。许多伪科学的著作纷纷出笼，以证明犹太人就是“革命的发酵剂”，是过去的一个半世纪中所发生的每一场动乱的罪魁祸首，不管当时是不是在我们所说的这个国家中能够找到他们的身影。有人确凿地声称，

424

---

① 马克思的祖父曾是一位颇有造诣的犹太学者，而父母均是已经同化了的犹太人。由于其父改信基督教，马克思于 1842 年由父亲安排受洗。尽管马克思了解自己所具有的犹太血统，但对若干涉及犹太人的问题持批评态度，然而并没有达到激烈的程度。不过，人们可以从他所发表的一些批判性言论中看出他对犹太问题的关心。——译者

在"犹太复国主义运动"、"布尔什维主义派"和"偏激金融党"（它们都是一个假定的叫作"犹太国际"组织的支派！）之间已经达成了一个全面的非正式协定，以实现对全世界的控制，并且在一本滑稽可笑的大杂烩《犹太人圣哲议定书》（*The Protocols of the Learned Elders of Zion*）中，竟声称已经为实现这一目标而召开的一次"代表大会"安排好了议程。这本书不间断地一版又一版用各种语言出版发行。甚至有人发现，这种异乎寻常的发行量主要地是由于它是根据 75 年前的一本用来讽刺拿破仑三世的著作改编的，然而，这一发现并没有动摇人们对它的崇信。

在全世界各地——甚至英格兰也不例外——开始陆续出现了反动的迹象。在美国，最偏激的"三 K 党"（Ku Klux Klan）声称要发动一场北欧日耳曼民族反对天主教徒、黑人和犹太人的运动；而亨利·福特（Henry Ford，他是一位本性良善的理想主义者，然而，他却聚敛了世界上最大的一笔财富）无疑相信了所提出的每一项针对犹太人的指控，并且甚至到了这样的程度，以至于去资助反犹主义的出版物。尽管他后来又收回了他的资助，但这样也决然无法弥补他曾经造成的全部伤害。社会歧视也很快蔓延开来；尽管犹太人已经越来越适应当时的这种新的环境，但他们还是继续被有组织地排斥在许多俱乐部、大学联谊会，甚至某些旅馆之外。

在当时，事态的情形在中欧和东欧地区甚至还要严重得多。那个《少数民族条约》（Minority Treaties），光拟定它就让欧洲的那些最精明的法律人士花上了令人厌倦的好几个月的时间，但只要与该条约有关的政府心血来潮，就可以随意地嘲笑它。尽管"集体迫害"的浪潮受到一定的限制，但是暴力行为（有时导致了灾难性的后果）几乎是每天都在发生。罗马尼亚政府显然不顾它庄严的承诺，依然坚持一种极端的反对犹太人的政策。在波兰，犹太人被有条不紊地从各政府部门的岗位上"请"了下来，从国家的垄断企业中排挤出来。经过一番巧妙的操作之后，他们曾成功地选送进第一"共和国议会"（first Sjem）的 35 位代表也在逐年减少，16 年之后就已经减少到了 6 人。在整个东欧地区，已经开始系统地实施一项计划，有时（如在匈牙利），甚至由政府采取行动强制执行，那就是严格限制大学中犹太学生的人数，按照犹太总人口的比例分配名额——即所谓的"最高限额条款"（*numerus clausus*）——因而学生骚乱变得司空见惯。不止一个国家，它们根本无视《少数民族条约》，通过强制星期天关门停业，甚至那些已经在星期六失去了一天的营业时间的人也必须执行 [①]，从而把那些犹太商人推向了倾家荡产的边缘。从 1924 年开始，真正的暴力行为出现了暂时的减少；但是，仍然存在偶然发生的现象，并且犹太人的问题依旧十分尖锐。在 1930 年，那场造成全世界经济生活瘫痪的严重危机相对来说对犹太中产阶级造成了更大的影响；而在东欧地区，贫困化正在以一种惊人的规模开始蔓延。

425

2

在所有一切事件中，最为令人惊异的还是德国事态的发展过

---

① 由于犹太人在星期六守安息日，所以停止一切具体形式的劳动。在近代的商业活动中，那些恪守犹太教教规的犹太人仍然在这一天停止营业，甚至按照安息日的惯例停止一切户外活动，还是比较普遍的。——译者

程。虽然最终德国的犹太民族也获得了完全的解放，但事实上，那只不过是一种理论上的解放，反犹主义走向了比以往任何时候都更为野蛮的极端。犹太人在一个又一个的国家生活领域所取得的卓越成就被说成、诬蔑和甚至攻击为犹太人的人种"优越"。某些个人能够使得他们自己适应不断变化的经济形势这一事实遭到了那些不太幸运的人的怨恨。有人声称，他们从工业领域直到艺术领域已经形成了一种对德国人生活的全面控制。他们在思想、文学和戏剧等方面所引进的新的思潮，尽管在过去曾使得柏林成为欧洲文化生活的中心，但在当时却被诬蔑成是有毒的和有害的。甚至阿尔伯特·爱因斯坦（Albert Einstein, 1879~1955 年），这位当代最为著名的科学家和相对论的创立者，也由于种族方面的原因而为自己招来了一连串的指责和谩骂。瓦尔特·拉塞诺（Walter Rathenau, 1867~1922 年），这位战后负责重建事务的部长，说起来他对战后的国家恢复工作所作的贡献比任何其他的人都要大，然而针对他的反犹主义的谩骂声却一浪高过一浪，而他终于在 1922 年被暗杀时，这种谩骂也就达到了最高潮。

随着整个环境条件的暂时改善，反犹主义的谩骂声得到了一定的抑制。然而，经济危机的复发为它提供了新的推动力和新的发泄口。由阿道夫·希特勒（Adolf Hitler）于 1925 年创立的"国家社会主义工人党"，通过把正在困扰着这个国家的每一件麻烦通通归罪于犹太人，俨然是要填补这个国家缺少一项建设性计划的空白，并且还公开声称他们把犹太人看作是国家政治肌体上的一个赘生物。一旦把他们驱逐出去，或剥夺了他们的权利，一切都会变得好起来；而这个新党的计划中的核心内容之一就是要使他们失去战斗的能力。

　　在一开始的几年里，这件事被嘲笑为只不过是一个疯子的胡　426
言乱语罢了。然而到后来，德国人民所处的困境使得他们不得不
八方求助；而到了1933年，阿道夫·希特勒成了德意志帝国的首相。
对于犹太人来说，一个充满恐怖的统治时期马上就开始了，他们
被贬黜到远比他们上一代的宗教同胞在那个黑暗时期的俄国更为
糟糕的地位。他们被毫不客气地从政府和各市政机构，从高等院校，
从各种专门行业，甚至从私人企业强行撵了出去。医生和律师只
有在符合犹太人口的比例的情况下才被允许开业，而到后来，则
只允许他们在犹太人中从事职业活动。他们的商业活动受到联合
抵制，而这种抵制活动无疑得到了官方的认可和鼓励。他们被迫
放弃了同他们自己创立的那些大型经济组织，同他们自己建立的
那些博物馆，同他们自己设立并使之闻名世界的那些研究院之间
的合作关系。一场前所未闻、恶毒无比的新闻宣传运动向他们身
上尽情地宣泄出来，甚至在那些他们曾一度控制着的舆论机构中
也是如此。那些拥有国际声誉的学者、作家和科学家，他们曾经
为德国赢得了荣誉，他们的那些发现曾经使得这个国家能够抵抗
全世界的武装力量，他们的威望曾经帮助这个国家在全体欧洲人
的面前一雪旧耻，然而，他们此时只能沦为乞丐，或被迫加入流
放的行列。迫害已经不仅加诸那些正式加入犹太宗教的人，而是
扩大到了所有的人，尽管他们可能虔诚地信奉着基督教，但只要
在他们的血管里能够找到一点犹太人的血统，哪怕是早已经过了
三四代甚至五六代之久也无法幸免，这恐怕在人类历史上还是第
一次。那种使人联想起中世纪的那种可怕的情景在全国上下随处

可见；而这种野蛮状态的区域一下子就从维斯图拉（Vistula）扩展到了整个莱茵河地区。

人们曾普遍期望，一旦一开始的那个过激的无节制时期过去之后，这个国家大概就会比较正常地重新安定下来，而犹太人的生活也就能恢复到过去那种平稳的进程之中，最多也不过在强度上有所减弱罢了。然而，这些希望都落空了。反犹主义几乎成了新型体制所奉行的浮夸政策的唯一内容，并通过颁行法律的形式而强制实行。不仅如此，对于其众多的支持者来说，这种新的种族主义无疑成了一个为任何严厉措施和由此带来的所有牺牲进行辩护的纲领。因此，一个月过去了，一年过去了，德国犹太民族的状况变得日益恶化。唯一不同的是，作为第一个阶段显著特征的那种个人感情的本能的爆发已经变成了一大堆由政府精心设计的、冷酷无情的、适用精确的法律而已。这个政府认为，它所面临的诸多困难主要是由所谓"犹太人问题"造成的，并且它还发现，这种政策无论对于装满它的国库来说，还是在博得那些谋求官职的追随者的支持方面，都是特别有用的。中世纪所有针对犹太人的法典得到了充分的研究，以寻找先例，而种种先例随之便受到滑稽可笑的忠实模仿——甚至包括把沐浴设施迁出市区之外。从犹太人手中购买，或把东西卖给犹太人都被诬蔑为是一种对祖国的背叛行为。新的一代被养大成人后便把反犹主义的原则看作是神圣不可违反的，并且是德意志的辉煌未来的基础。在学校里，特意为犹太人和准犹太人设置了专用的长凳（直至最终他们被彻底地从这些学校中排斥了出去），因此在"种族纯洁"的名义下，又恢复了那种对刚刚从保育室里爬出来的儿童进行种族迫害的制

度。1935 年，在纽伦堡（这里又一次成为滋生反犹主义情绪的温床）
举行的一次纳粹党的集会上，公布了一项永久性剥夺犹太人的德
国公民身份的法律。与此同时，他们在雇工时被禁止拥有基督徒
女仆（至少是处于性活跃年龄阶段的女仆），并且同具有"雅利安"
血统的人通婚或有婚前性行为都被看作是一种刑事犯罪。当地的
那些极端主义分子甚至做得更为过火，某些地方完全地排斥犹太
人，就像他们的前辈们在中世纪曾经做过的那样。

这个人口超过 50 万，包括了文明化的人类中最具有朝气的那
一部分人的庞大的犹太社区，突然发现他们脚底下的土地被挖空
了，已经根本没有任何安全的保障和在这块他们的祖先已经祖祖
辈辈居住了若干个世纪的土地上维持生活的最后一线生机。

在人类历史上，这次新的"大流散"要比它前面所发生的任
何一次迫害都更为令人震惊。在这次迫害运动的第一个年头，就
有大约七万名德国犹太人离开了这个国家。他们中的大多数人并
不像人们通常所认为的那样都是一些手艺人或生意人，而是一些
有着正当职业的人——大学教授、内科医生、外科医生、律师、
艺术专家、建筑师、作家、新闻工作者；他们中的许多人都是有
着国际声誉的人物，他们曾把自己最好的年华和最大的忠诚献给
了德国的事业。在很短的时间之后，在这个世界上你不可能找到
一个国家，在那里没有几位著名的德国科学家和学者正在工作着。
但是，非常不幸的是，这正是一个在近代历史上最严重的经济大
衰退的时期，当时每一个国家都是壁垒森严，以便抵制那些在劳
动力市场上同本国公民竞争的国家。所以，重新调整的过程使人
感到特别的痛苦。但是，随着时间一天天过去，他们为自己找

到一个新家的这种需要变得越来越坚定和紧迫。

3

428　　　在这个阶段，有一种值得注意的现象变得日益明显。建立一个犹太人的巴勒斯坦曾被那些已经获得解放的西方犹太民族看作是一项唐吉诃德式的、半慈善式的事业，虽然这样或许有助于重新树立起犹太人的自尊和重新恢复犹太人的文化，但是它对于解决犹太民族所面临的物质方面的问题将丝毫也不会起到任何真正重要的作用。这种观点在任何地方都没有在德国这块"改革运动"之乡和同化运动的古老土地上所表达得那样畅言无忌。但是，在那些经受磨难的日子里，德国的犹太民族却恰好正是向巴勒斯坦伸手讨取救济。这是因为巴勒斯坦是全世界唯一逃过了那场经济危机的国家，并且它不仅没有发生经济危机，而且还恰恰相反（多亏了犹太人的那种实用的理想主义所带来的原动力），那里实际上出现了一波繁荣的浪潮。那里的政府向移民们打开了大门——虽然多少有点儿勉强，但当时的情形的确如此，甚至比以往任何时候开得都要大。因此，许许多多被剥夺了财产的德国犹太人，甚至包括大量的原先曾经在他们的观点上坚决反对犹太复国主义的人，当时要去的地方正是这个巴勒斯坦。这是一个唯一能够大规模地收容他们，以及他们在波兰和东欧地区的那些几乎比他们幸运不了多少的宗教同胞的国家。在 1934 年，进入这个国家的犹太移民大约有 4.2 万人，而在 1935 年，则达到了记录的 6.2 万人。在三年的时间里，入境的德国难民人数就已经超过了 3.5 万，并且入境的人数丝毫也没有任何减少的迹象。在《贝尔福宣言》发表的时候，这个国家的犹太人的总数只有 6 万人，但是到 1939 年底，这个数字已经接近了 50 万人；而特拉维夫则成了中东地区最现代化的城市之一，居民接近 15 万人。在巴勒斯坦的犹太人口中，有大约 15% 的人（总人数有 14.3 万人）分布在 270 个农业中心区从事农业生产，而只有大约 4 万人生活在产业工人的集居地。在 20 年前曾被那些顽固不化的商人和经验老到的慈善家讥讽为"疯狂的幻想"的地方，此时已经成了犹太人地平线上光辉闪耀的"新星"城市。犹太复国主义的试验已经不再是纸上谈兵，它已经变成了活生生的现实。巴勒斯坦确实不是属于犹太人的；但是在经历了 15 个世纪，也许还要长的漫长岁月之后，这里又一次出现了一个犹太人的巴勒斯坦。[①]

尽管所有这些巨大成就都是无法否认的，但是，对这一时期的美好也不是非得要一概予以认可。在 1936 年的 4 月，阿拉伯人制造了一场骚乱，与过去所发生的那些暴行不同的是它的持久性和凝聚力，以及如下的这一事实，即它在很大程度上是出自外国势力的阴谋，特别是出自法西斯意大利的阴谋，因为它急于摆出一副伊斯兰教保护人的姿态，并以此在近东地区为英国制造麻烦。一场全面性的大罢工已经开始，并且由于同政府间的不合作态度和犹太人发起的一场联合抵制运动而日益加剧。在好几个月里，一团一伙的暴徒有组织地发动了直接针对巴勒斯坦犹太人的游击战，他们对农垦部落进行武装攻击，在乡村间进行公路伏击，在

429

[①]　本书 1936 年初版内容到此结束。

城市里制造炸弹爆炸事件，并开始实行大规模地谋杀，甚至对那些持较为温和观点的阿拉伯人也不放过。尽管由此而产生的那种以暴力对暴力的引诱实在是难以抗拒，但那些犹太领导人还是以罕见的忍耐力想方设法安抚他们的人民坚持不报复的政策；而在这一期间，"伊休夫"（*Yishuv*）[①] 中存在的种种被压抑的情绪通过在那些最危险的地区建立新的农垦部落和在特拉维夫创建一个港口以补救由于雅法控制不力而产生的混乱，从而找到了一种十分独特的表达方式。连续不断的动乱一直持续到秋天，在接下来的一段漫长的时间内，这些阿拉伯人开始对阿拉伯温和派展开了日益猖獗的强盗式掠夺行动。

当秩序在表面上刚刚恢复平静之后，一个皇家专门调查委员会被派往巴勒斯坦对发生动荡的原因进行调查。调查结果认为，要想依靠"托管"的方式来解决所牵涉的种种问题是不可能的。因而便有人提议，这一难题可以通过把这个国家划分成阿拉伯人和犹太人两个自治政府的办法来解决。然而，这样的话，后者就只能占据大约 2000 平方英里的土地（少于这个国家总面积的五分之一，并且早就由于越过边界的约旦人在 1923 年大力扩张中的失败而划走了一大块），它将被限制在早就已经部落密布的大平原上的加利利高地和蜿蜒纵横的沟坎地带，并且它将不包括耶路撒冷的整个城市以及城内的 7.5 万名犹太人和那些庞大的犹太公共机

---

① 指以色列建国前的巴勒斯坦犹太社区，即犹太人的"民族之家"。在犹太人漫长的流散时期，"伊休夫"有名无实，但当《贝尔福宣言》发表之后，在英国的"托管"之下，"伊休夫"开始组织移民，购置土地，建立定居点，并在建国前完成了向工业社会的过渡，从而为建立以色列国奠定了政治、物质和地理基础。——译者

构，连同其他一些地区将仍然置于英国的永久"托管"之下。建立一个自治国家（虽然面积少得可怜，但移民可以不受任何限制地进入，因而或许能够实实在在地解决那个骇人听闻的难民问题）的想法尽管有点儿异想天开，尽管这种荒唐的边界划分将意味着一种没有"锡安"的"锡安主义"[①]，但却显然有着某种强烈的吸引力。结果，1937 年 8 月在苏黎世举行的会议上（虽然是在经过了长期而严厉的抨击之后），犹太复国主义者代表大会以及"巴勒斯坦犹太代办处"根据所提出的和解方案都先后批准了同英国政府的谈判条件，并满怀希望地认为，诸多的细节必然会得到大刀阔斧的修正。然而，分治建议遭到了那些不满足于现状的阿拉伯国家领导人异口同声的拒绝。进一步的动乱爆发了，并且不得不采取了一番有组织的军事努力之后才被平息下去；分治建议最终被放弃，而在 1939 年，伦敦发表了一个白皮书（White Paper），宣布了一种全新的政策。在该书中，对未来进入巴勒斯坦的犹太移民规定了 7.5 万人的最高限额，时间跨度是五年，并且明确表示，如果可能，英国的政府机构将在 1949 年撤出，听任这个国家独立（尽管根据条约规定，它仍然受到大英帝国的约束），从而使这个国家里的犹太人永久性地成为少数民族。因此，当时的情形正是如此，是年夏，"圣地"被置于一种更为恐怖的威胁之下。尽管无论从帝国的政策来讲，还是从当地所面临的诸多困难来看，这一决定

430

---

① 按照犹太人传统，"锡安"即锡安山，指的是耶路撒冷，源自《圣经》。但"锡安主义"（其主旨即返乡复国）中的"锡安"已经指的是整个巴勒斯坦。此处是一种形象的说法，意为按照这种划分，犹太复国主义根本无从谈起。——译者

都似乎是合情合理的, 然而, 《贝尔福宣言》中的那种金口玉言般的庄重承诺却因此而变成了一种越来越远的呼喊。

4

当纳粹党人首次执政之后, 他们便一再坚持说, 他们的反犹主义学说是一种仅仅关系到和适用于国家内部事务的学说。但是, 随着希特勒取得一次又一次外交政策上, 或者不如说是威吓咆哮中的成功, 他很快就发现, 通过煽动和玩弄当地的针对犹太人的偏见, 并且拿出一副代表整个欧洲剪除那个被他称为 "国际犹太民族" 的 "神话般存在物" 的英勇斗士的姿态 (与此同时, 使用一种智力杂耍般的超常绝技, 便可以很容易地使得这一运动既同这一边的布尔什维主义, 也同另一边的资本主义连成了一气), 便有可能在其他的那些国家中扶持一个亲德国的党派; 而这个党将奉行同样的极权主义学说, 并且尽管是一个超国家主义的党, 但它却肯定很乐意以赞成的态度看着德国的脸色行事。由于难民潮的涌动, 从而自然而然地加剧了种族偏见, 因而国内迫害也就间接地成了一种外交上的目标。当时, 德意志帝国 (Reich) 的那些官方和半官方组织针对国内, 同时也针对国外的犹太人开始进行一种无休止的宣传攻势; 不只是在德国这个样板本身, 同时也 (这一点后来变得无人不知) 是在德国资助的刺激之下, 这种灾难以惊人的速度扩散到了其他的国家。甚至在西欧地区的那些传统的 "自由之乡" 以及大西洋的彼岸, 反犹主义情绪也出现了日益恐怖的增长。他们发明了许多新的词汇和新的技术手段, 并且组织起一些新党,如法兰西〔当时的总理是犹太人列昂·布鲁姆（Léon Blum），他在 1936 至 1937 年任职期间和 1938 年第二次任职期间都触怒过那些右翼党派〕的"蒙面党"（Cagoulards），英格兰的"英国法西斯主义者联合会"（British Union of Fascists），比利时的"雷克斯党"（Rexists），美国的"银衫军"（Silver Shirts）以及其他各种类似的组织。为达其更深远的政治目标，这些组织全都归一化地利用那种原始的针对犹太人的偏见，并且最终要灭除他们对自己的国家的忠诚。

431

在中欧和东欧地区，反动的程度超出了理论的范围。对于那些在技术方面和经济方面都欠发达的国家来说，这已经远远不是一个是否体面的问题了，因为自从发生了政策上的转变之后，那个"已经开化了的"德国长期信奉这种新的学说，已经在政治上取得了辉煌的胜利。在罗马尼亚，由于《少数民族条约》从一开始就一直受到蔑视，暴力事件变得越来越司空见惯，各种限制变得越来越令人厌烦，这种情况一直延续到 1936 年底，当时奥泰维安·高加（Octavian Goga）终于组成了一个公开奉行反犹主义的政府，它的所作所为几乎是完全仿效了德国那个样板；尽管这个政府当政的时间仅有短短的七个星期（1936 年 12 月至 1937 年 2 月），并且紧接着也曾出现过一段短暂的缓和，但是，正如后来的一系列事件所证明的那样，那些新的学说在当时仍然稳固地得以建立了起来。在那个反动的匈牙利，纳粹同马扎尔（Magyar）民族之间于 1938 年迅速勾结了起来，根据《纽伦堡法案》（Nuremberg Laws），把那些带限制性的种族立法全盘端了过来，并把过去用于教育方面的"最高限额条款"中的原则大大地予以扩展，以至到了限制犹太人进入所有的专门职业和行业的地步，据估计，最高的限额比例达到了 20%（后来又继续分阶段地减少，直至这个比例数字成了一个人人皆知的笑柄），甚至在发现当时的总理具有犹太血统之后，也依然没有出现稍许的缓和迹象。在波兰，尽管强烈的反德情绪非常盛行，但是，恩迪克（Endek）党还是将纳粹的方法和思想体系引进了公众生活；政府管理中的歧视加剧了经济上的贫困；而那种尽管犹太人已经在这个国家中生活了很长时间，但他们并没有成为波兰人民的一部分的观念已经发展到这样的程度，以至于他们的政府开始考虑集体移民——如果能够找到一个理想出路的话——在形式上同驱逐出境差不了多少。但是，最为悲惨的情形还是要属意大利了。1870 年以后，它曾经一度成为"犹太人解放运动"的发源地，并且在那里，犹太人的平等曾比世界上的任何其他地方都有着更多政治上的和社会意义上的真实性。法西斯主义在一开始并未显示出反犹主义的迹象，只是因为在任何超民族主义的国家中在这方面都表现得含蓄一些；事实上，犹太人一开始就在这场运动中扮演了一个重要角色，并且本尼托·墨索里尼（Benito Mussolini）也曾以辛辣的言词谴责过欺负

432　犹太人的行径和种族主义。但是，一旦同德国在 1938 年缔结了军事联盟之后，立即就有 5 万意大利犹太人被献上了极权主义的祭坛。根据德国模式而制定的针对犹太人的立法突然之间一应俱全，它变得羽翼也丰满起来；"非雅利安人"被从他们曾一度为之生色的那些公共机构和智力领域撵了出去；集体性的犹太移民开始了，从那块自遥远的古代时期以来犹太人就从未间断过地定居着，并且基本上是平静地生活着的欧洲土地上被赶走了。

在那些真正陷入纳粹统治下的国家里，犹太人的命运当然不可避免地充满了更多的悲剧性。1938 年 3 月，希特勒的军队占领了奥地利，他的那些追随者的贪婪、法西斯主义和狂热便一股脑儿地转向了这个国家中的 20 万名犹太人，而其中的大部分犹太人都集中在高度文明的维也纳社区。虔奉法律主义的外衣剥掉了，而且没有一个阶级能够有能力缓和这种打击。几乎是在一夜之间，《纽伦堡法案》以及其他种种新德国的反犹法律被强制执行。那些甚有声望的犹太人，从罗斯查尔德家族的首要人物开刀，全部被无缘无故地予以逮捕，要说理由的话，就只因为他们是犹太人；他们遭到残酷虐待，并被投入集中营，然后他们就一去不复返了。犹太人的商店和财产被抢劫、关闭或没收。犹太圣堂变成了纳粹卫队的办公室，而那些武装卫队的主要职责就是用最原始和最卑劣的手法欺侮犹太人。对犹太人还没有完全关闭大门的为数不多的几个国家的领事馆已经被那些可怜的难民组成的长长的队伍包围得水泄不通。成千上万的人被赶向东部那些国家的边境，但这些国家也并不愿意接收他们。当他们在荒无人烟的土地上绝望地流浪时，或者当他们在那些不允许在岸边停靠的过于拥塞的小船上向多瑙河的下游漂泊时，许许多多的人死去了。自杀达到了惊人的程度。那些纳粹头子们公开声称，他们的目的就是要使得维也纳来一次"犹太人大净化"（*judenrein*）——就是说，要全部清除那里的犹太人；当有人问及他们到底能去哪里时，他们得到了意味深长的回答：河上不是还没有结冰吗？你们尽管往里跳就是了。

在德国国内，那里的情形在"冷酷集体屠杀"期间日益恶化，自 1933 年以后，这种"冷酷集体屠杀"的迫害形式就一直不间断

地持续着。然而，犹太人还是想方设法在里面重新建立起了一种
在社会形式上，同时也在经济上与世隔绝的贫穷的小集体生活，
最终，他们只能依赖千方百计地逃过了持续性联合抵制而保留下
来的为数不多的几个商店和一小撮仍然富有一些的人的资金维持
生活。某种精神上和智力上的东西从迫害的废墟上生长起来；当时，
专门为那些不能进入普通学校读书的儿童建立的教育体系已经发
展起来，为满足里面的男男女女的需要而活跃起来的自给自足式的
文化生活已经脱离了正常的表现形式，由于他们那些艺术家已经被
乐队和剧院解雇，这些人组成的管弦乐队和戏剧表演团体正好可以
用来为那些被禁止进入音乐厅和剧院的犹太大众服务。所有这一切
都显示出一种惊人的适应能力和恢复能力。尽管煞费苦心制造的种
种新的羞辱不时地降临到他们头上，尽管更多的青壮年男性成员不
断地迁移出去，尽管留在这里的只是一个日益贫穷和日益老化的社
区，然而，似乎有某种坚定的、永恒的、美好的东西已经从这片废
墟上成长起来。正是由于这个原因，这种新德国犹太人的生活才注
定要被毁灭，突然之间被悲怆地、残忍地、彻底地毁灭。

　　1938 年 10 月，德国政府突然将大约 1.2 万名波兰出生的
犹太人驱逐出东部的边境。在这些人中，有近 5000 人在兹邦辛
（Zbonszyn）附近渺无人烟的荒野里陷入了绝境，当关系到他们
命运的外交谈判正在无休止地拖延着的时候，他们在饥寒交迫、
疾病缠身的条件下不得不牧群般地集聚在一起。在这些受难者中，
有一对姓格林斯潘（Grynszpan）的年老的夫妇，他们曾在汉诺威
（Hanover）生活了 30 多年。他们有一个 17 岁的儿子叫赫舍尔
（Herschel），当时正在巴黎，他听到这些消息后几乎陷入了疯狂，

在一次报复性的枪击事件中，他致命地击伤了德国驻巴黎大使馆的一位名叫恩斯特·冯·拉特（Ernst vom Rath）的秘书。这一事件为纳粹的宣传机器提供了一个极好的借口，从而开始实施一项预谋已久的计划。在 11 月 9 日夜间，当这位年轻的外交官死亡的消息公布之后，在德国全国上下爆发了由"风暴骑兵部队"领导的骇人听闻的针对犹太人的暴行，这次暴行在性质上是如此地统一和广泛，因而后来被官方地定性为"自发的"运动，这实在是一种明显的自我嘲弄。（这一事件的责任后来落在了盖世太保首领的头上。）这个国家中原有的 600 处犹太圣堂几乎无一例外地——甚至包括那些原先一直被看作是国家纪念遗迹的古老建筑——都全部被摧毁了。几乎所有的犹太商号全部被洗劫一空。价值一万亿马克的犹太财产遭到了肆无忌惮的破坏。成千上万的犹太家庭受到袭击和搜查，并且有大约 3 万人——就连那些拉比也不能幸免，尽管他们都是一些老年人——被投入了集中营，在那里，他们受到了难以想象的野蛮虐待，并因而导致了数百人——或许数千人的死亡。当局对这些残暴的景象（在规模上已经大大地超过了俄国发生的任何一次"集体迫害"和中世纪发生的任何一次大屠杀）冷眼旁观，并且不仅反应冷淡，而且还深表赞赏；同时，作为对他们在巴黎的那位已经精神失常的宗教同胞的一种法律上的惩罚，将一笔 10 亿马克（即使是最保守的估计，也占了他们所有财产的五分之一）的罚金强加给了德意志帝国中的全体犹太人身上。不仅如此，当局还发布了命令，所有的犹太人的买卖必须立即转到"雅利安人"的手中，尽管犹太人刚刚用他们自己的资金恢复了他们被破坏的财物，刚刚使得那些买卖有了一点起色。德国犹太民族

434

被蛮横地、蓄意地，并且是不可挽回地毁灭了。一种恐怖的战栗传遍了整个文明世界。当时，英国首相在下议院谴责了这种"集体灭绝"行为，而驻柏林的美国大使也奉召回国。

从此以后，显而易见，对于德国的犹太人来说，已经再也没有一种可以想象得到的未来了。只有在他们立即移民出境的条件下，囚犯才可以从集中营里释放出来；威胁、暴力和压制等等手段强加在其他的那些人身上；根本就不存在任何生存的可能性。那些"向外国移民者"的情形在当时已经变得日益恶化，这是因为如下的事实，即通过对外币兑换的控制，实行特别"抽逃"征税，等等，使得他们当时能够带在身上的现金数量大约只占他们从突然发生的灾难中抢救出来的财产的 5%，因而，即使那些富有的人也没有任何东西可以指望，而只能过一种赤贫的生活。然而，在所有的正常生活条件中，最重要的还是生活必需品。过去几年里所形成的种种悲惨的情形出现了日益泛滥的趋势，并在程度上不断加剧。当时，已经没有几个国家的大门是敞开着的。那些正在寻找一个港口可以卸掉其悲惨"货物"的运载难民的船只在全世界每一条航海干线上随处可见；成千上万的人只好去了那些当时暂时还不需要护照或当时还没有对移民实行控制的地方（如中国的上海），仅仅是因为他们可以被允许进入而已。种种不择手段地在那些不适于生存的赤道地区建立殖民部落的野蛮计划开始实施，在某些情况下，这显然是为了要填满自己的国库而想出来的点子；即便如此，当地的居民还是发起了难以平息的一系列抵制运动。在美国政府的倡议下，一次关于难民问题的国际会议于 1938 年夏天在埃维安（Evian）召开了，但是并没有产生多少具有实际意义的成果，只不过进一步澄清了早

就已经一目了然的悲惨事实而已。这一事实就是：任何一个国家都
不欢迎这些被迫离家的流浪者。几乎没有一个政府采取任何建设性
的措施来促成这一问题的解决。在这一方面，的确应当感谢亨利埃
塔·索尔德［Henrietta Szold, 1860~1945 年，美国妇女犹太复国主
义组织"哈达萨"（Hadatsah）的创始人，这一组织曾在公共福利
事业方面做了大量杰出的工作］的实用理想主义和组织能力，从而
为把许多儿童从中欧地区转移到巴勒斯坦并在那块土地上过上一种
新的生活做出了安排；并且这个国家还不断地接收一定数量的成年
人，尽管这些人大部分并不是合法入境的。美国政府单方面采取了
一种在当时还算稍稍自由一些的政策，从而使得许多移民能够在正
常的日期之前提前入境；而大不列颠则使本国为那些已经确定了最
终目的地的难民提供了一个中转站。

　　到 1939 年夏，原先在大德意志帝国领土上居住着的犹太人口
中已经有一半离开了这个国家。然而，在解决这个问题方面刚刚
取得一些进展，便由于新的一轮"并发症"而进一步加剧。当梅
梅尔（Memel）在 1938 年的秋天被整体吞并时，它的 5000 名犹
太人遭到了与德国犹太人同样的命运。在但泽（Danzig），纳粹
政权使得另外的 1000 名犹太人处于无法生存的状态，尽管那里还
有一个名存实亡的"国家联盟"（Succession State）的权力当局。
捷克斯洛伐克几乎成了当时唯一的一个少数民族的权利仍然得到
尊重并且犹太人的平等不仅在理论上同时在事实上仍然存在着的
"衍生国"。在 1938~1939 年间，随着这个国家的解体，其中的
斯洛伐克成了纳粹的傀儡国，大块的领土被匈牙利所吞并，而原来
的波希米亚则被并入了德意志帝国，有另外 35 万名犹太人——包

435

括大流散时期的那些最古老和最辉煌的社区——被投入了动荡旋涡的中心。截至 1939 年秋, 原先能够容纳多达 250 万名犹太人——占欧洲全部犹太人口的四分之一还要多——的广大地区被置于纳粹反犹主义的统治或直接控制之下。

于是痛苦又添上了痛苦, 直到 1939 年的 9 月欧洲再一次陷入了战争的灾难之中。这是一场席卷了东欧地区所有巨大的犹太人口集聚地的战争, 是一场甚至摧毁了这块大陆上已经使犹太人获得解放的所有其他古老土地的战争, 是一场把它的阴影投向了遥远的巴勒斯坦的战争, 是一场目睹了"隔都"和"犹太识别标志"在广大的土地上得以复活的战争, 是一场导致了在过去的历史上无论是规模还是残暴程度都无与伦比的大屠杀的战争, 也是一场造成了使得中世纪发生的屡次大驱逐相形见绌、不值一提的特大驱逐的战争。自从犹太人有史以来, 对于他们来说, 还从来没有出现过比这一次更为残忍的暴力行为。同样, 在作为犹太教根本教义的先知教义里, 也还从来没有出现过这样多的可告慰的东西——尽管未来似乎是黑暗的, 尽管要忍受的磨难是长期的, 但是, 到头来邪恶终究是不能得逞的。[①]

5

436   1939 年 9 月 1 日, 德国军队入侵波兰, 酝酿已久的第二次世

---

① 本书 1943 年第 2 版到此结束。

界大战终于爆发了。在短短几个星期之间，整个国家横遭侵略者铁蹄的蹂躏，唯一例外的是那些引入了苏维埃体制（这是在那些波罗的海国家，即立陶宛、拉脱维亚和爱沙尼亚被占领之后不久的事）的俄国占领区。德国占领区中生活着多达 200 万名犹太人——尽管他们大多都陷入了贫困之中，但是却充满着无穷无尽的生命力和对犹太传统与价值的深厚忠诚。他们即刻便沦入了一场有组织的镇压运动之中。在一个受到军事管制的国家里，强征难以承受的罚金、执行集体死刑、实行强制性劳工制度或者命令那些犹太姑娘充当军妓，都是非常方便而简单的事。但是，所有这些都不是主要的。在全国上下，几乎每一个城镇或村庄在这一时期都有犹太人被德国军人屠杀，有时数量之大简直令人难以相信。后来分配给犹太人的食品定量几乎不足以维持起码的生活，仅仅只有波兰基督徒配给量的一半，而只有条顿人所享受的四分之一。在这个国家被征服之后不久，佩戴"耻辱牌"以便将犹太人从非犹太人中区别出来的制度开始实行（1939 年 11 月），这就同中世纪的规定完全一样，但自从法国大革命以后就再也没有什么地方强制实行过。在第二年，"隔都"也作为一种合法的正式的制度被重新引入而强制执行。最大的一个隔都（在一开始甚至容纳了多达 35 万人）设在华沙，于 1940 年秋天落成启用。它周围建有八英尺高的混凝土城墙，只有两三处安装了厚重的大门——真正是一个城中的黑暗之城；在罗兹（Lodz），也有一个类似的用高墙圈起来的围城，而在十数个其他城市里，则设立了一些隔离区，用通电的电网完全隔断了同外面的一切联系。在中世纪的时候，除了夜间，从犹太人居住区外出还是允许的；但这一次，则是完全禁止的，除非得到了特别的许可；而一旦违犯两次以上，就会被处以死刑。然而，这种残忍的制度也不过只是一种临时性的应急手段而已。

在某些地区，为了能够腾出地方好让那些条顿人从巴尔干国家回来居住，犹太人被迫离开了他们的房屋，并且有时把他们完全彻底地逐出家园，因而只剩下那些未受污染的纯种的"雅利安"人口。这一原则一步一步地逐渐扩大，直至开始实施大面积的驱逐，从而把犹太人从在波兰犹太历史上他们一直与之联系最为密切的大部分城市中驱逐了出去；从罗兹这个最大的纺织业中心——犹太人原先在这里定居的人数曾接近 20 万人，直到克拉科夫（Cracow）——它曾一度是这个国家过去的首都，也是欧洲幸存下来的最古老的犹太定居点之一，那里的犹太人全都遭到了驱逐。在当时，能够暂时保持未受骚扰的唯一的最重要的社区是位于华沙的社区，但那里刚刚建立的隔都已经变得拥挤不堪，令人难以置信的是，里面的人口竟然多达 50 万。在另一方面，一块犹太人保留地当时在卢布林（Lublin）地区得以建立起来，以接纳那些被赶出家园的人。犹太人开始从所有的角落向这块有限的控制区迁移。但是最后，各种更加可怕的建议被采纳并立即付诸实施。

德国在 1940 年到 1941 年间在军事上所取得的惊人胜利使得纳粹政府根本就不在乎那些保持中立的舆论都在说些什么。那时，种种野蛮的暴行变得越来越冷酷无情，从波兰一直蔓延到了整个欧洲。在所有已经被占领的国家里，可以看到，那些多年来一直坚持反犹主义宣传的领导人，随着德国的入侵，都现出了原形，成了竭尽全力削弱作战部队的士气和瓦解公众信心的叛徒。他们当时在那些他们背叛了自己祖国的国家中甚至成了无所不能的人物。

19 世纪的"解放运动"在一瞬间出现了大倒退,《纽伦堡法案》或诸如此类的法律开始实行, 集体性罚金被强加在犹太人身上, 犹太人的商号和财产被查封没收, 种族主义的学说被引进了学校的教学内容之中, 各种著作的反犹主义功效被看作是对欧洲"新秩序"忠诚与否的一项指标。在纳粹的直接指挥下, 这样就为实施恐怖统治奠定了基础。在每一个地方, 相继出现了几乎是一模一样的模式: 以入侵过程中出现的零星暴力事件为先导, 紧随而来的便是一个相对节制的镇压时期; 在此期间, 尽管限制性的立法开始实施, 但似乎仍然存在着重新建立起一种有秩序的生存条件的可能性; 然后, 通过足够缓慢地依次渐进的方式来阻止公众舆论的迸发; 最后, 拇指夹①便开始收紧了。以往佩戴犹太人"羞辱牌"的形式, 此时已经大多换成了一个臂章, 或是一块带有"大卫盾"②和"犹太人"字样的那种传统的黄色补丁布, 并且这种形式在被占领的欧洲国家中已经变得非常普遍。它于 1941 年 9 月被扩展到德国和波希米亚(连同摩拉维亚一起), 并且甚至在第二年的夏天又扩展到了法国以及其他的西部国家。(后来, 这种带有贬黜性的标志还应用到了其他"下等"种族身上。)而在东欧地区, 则发放了一种特别的定量供应卡, 从而暗示着只允许犹太人拥有一种远远低于维持生活的水准。更为致命的是, 他们被从某些城市和地区驱逐出去, 他们的住所和公共机构受到抢掠, 而许多集中营随之建立了起来, 因而生活变成了一种常年的噩梦。一般说来, 当地

---

①　古代的一种刑具, 此处指迫害手段的不断加剧。——译者

②　即犹太教的六芒星形标志。——译者

的犹太人则被一种虚假的安全感所哄骗，而他们的命运早就已经安排好了。从德国来的难民成了第一批牺牲者，紧随其后的是其他国家的那些外国人。在一开始的时候，那些犹太互助组织得以留存了下来，以便把它们作为实施恶毒阴谋的工具；而一旦他们的利用价值失去了的时候，他们同样也被"肃清"掉了。希伯来文化的历史纪念地当然无法幸免，而那些犹太圣堂，尽管非常古老，已经大多都被毁坏了，里面用于举行仪式的各种物器被抢掠一空，而他们的图书馆里的所有书籍则被送去当时在德国建立的图书馆，用来扩充伟大的反犹主义文献的藏书量。在欧洲犹太民族的这场大悲剧中，对其文化遗产的破坏绝不是无足轻重的一幕。

在当时，把犹太人集中在东欧地区的某个特别的居留地的想法引起了德国政府的兴趣。那时，它将其看作是这样的一个特区：所有国家的犹太人，不管他们的过去经历也不管他们的未来命运如何，都可以被遣送到那里去。1941 年 10 月，从德国驱逐的行动开始了，而这一榜样很快得到了所有其他欧洲国家的仿效。翌年 3 月，关于驱逐的速率下达了命令，要求必须要达到每个月 10 万人。因此，"犹太问题"似乎就要在很短的时间内一劳永逸地彻底解决了。每当德国当局认为优势在握，便把犹太人残忍地聚拢在一起以备遣送，并且最多只允许他们随身携带一点少得可怜的个人必需品。不管是在闷热不堪的盛夏，还是在冰雪覆盖的严冬，来自各个不同方向的挂满密封的运牛车厢的列车，密密麻麻地装载着悲惨的人类，隆隆地行驶在铁路线上，向着东欧地区进发。在这种骇人听闻的严重超员的闷罐车里，列车一旦发出后，便无异于是一纸死亡证书。然而，那些真正如此死去的人还是要比那些苟活下来

155. 位于柏林的一座犹太会堂在起火燃烧。

156. 来自德国的犹太难民正在登上开往英格兰的轮船，1938年12月。

157. 犹太人被驱逐出荷兰。

158. 华沙"隔都"内的场景。

159. 卑尔根－卑尔森集中营中的万人坑。

THIS IS THE SITE OF
THE INFAMOUS BELSEN CONCENTRATION CAMP
liberated by the British on 15 April 1945.

10.000 UNBURIED DEAD WERE FOUND HERE.
ANOTHER 13.000 HAVE SINCE DIED.
ALL OF THEM VICTIMS OF THE
GERMAN NEW ORDER IN EUROPE.
AND AN EXAMPLE OF NAZI KULTUR.

160. 纪念部分犹太死难者的标志牌。

去迎接在终点等待着他们的恐怖命运的人相对来说还要幸运一些。

　　不久之后，建立一块犹太保留地的想法便被一种新式的残酷得难以形容的观点所取代而被迫放弃。在 1942 年里，来自马伊达内克（Majdanek）、比尔采克（Belzec）、特雷布林卡（Treblinka）、奥斯维辛（Oswiecim，即 Auschwitz）以及其他地方的死亡集中营的报道开始扩散到外面的世界。在这些集中营里，那些被驱逐的犹太人，首先是来自波兰，尔后是来自整个欧洲的犹太人，每次数以千计地被灭绝掉——枪杀、药物注射，最为残忍的是使用毒气。对于稍有人性的人来说，要理解这种种暴行规模的巨大和程度的残忍实在是不可能的，特别是它们竟发生在 20 世纪，出自 439那些表面上文明化了的人种之手；而任何的书面记述，尽管措辞相当保守，似乎也远远无法书尽其残忍。根据计算，仅仅在奥斯维辛及其附近的布热津卡（Brzezinka，即 Birkenau）集中营里，在截至 1944 年 4 月的两年间，被杀害的来自各个国家的犹太人就超过了 175 万人；而在马伊达内克集中营，这个数字接近 150 万人。在卡米尼茨－波多尔斯基（Kamienitcz-Podolski）地区，有 3.1 万人（包括从匈牙利带来的 1.3 万人）被枪杀。非犹太血统的波兰人也同样遭到大量的灭绝，只不过其规模比不上对待犹太人那样难以置信罢了。有时，偶然也会有流动毒气车（每星期有成千上万的人以这种方式被杀害）因使用过度而抛锚在途中。在某些地方，根据事发后流传的报道，古老传统学派的那些虔诚的犹太人反而把那帮杀人的刽子手弄懵了，因为他们竟然面对死亡翩翩起舞，从而作为他们完美地服从于"神"的意志的一种最后的表现。当纳粹被赶出波兰之后，恐怖的情景便转移到了德国土地上的那些集中营里，特别是达豪（Dachau）、卑尔根－贝尔森（Bergen-Belson）和布痕瓦尔德（Buchenwild）集中营，它们以魔鬼般的恶名昭著于整个文明世界。在这些地方，犹太人和非犹太人都一块儿被牲畜般地驱赶到一起，人数之多简直是骇人听闻；在这样的情形下，受饥饿而死或在毒气室中被毒死反而成了一种幸福的解脱。不仅如此，大量的人，既有男人也有女人，被用来作为进行残忍的医学实验的标本；而其他一些人则被残酷地实施了绝育手术。在 1945 年的前几个月里，在死于这些集中营里的成千上万的人当中，犹太人在数量上占了绝大部分。

在特里津（Terezin，即 Theresienstadt），这是位于波希米亚中部的一个中世纪的要塞城市，一个庞大的隔都（主要是用于老年人）得以建立起来，最多的时候竟能容纳多达 6.5 万人。在隔都里面，尽管疾病四处蔓延，但条件相对于其他地方来说还稍微要强一些，虽然这个地区要不时地整个迁空以便为那些新来的受难者腾出地方，而那些盛不下的人则被送往东部地区——他们便再也回归无日了。那些可以用来做奴隶苦役的年青男人和那些指定做妓女的女人是所有的人中最为不幸的一群，因为他们在被屠杀之前还要受尽长期的折磨，仅有极少数能够苟活下来。

不久之后，在德国国内，几乎没有一位知名的犹太人能够存活下来；凡能够被查出或找到的人都被驱逐出境，除了极少数的老年人，以及集中营里的幸存者。这正是纳粹在所有欧洲占领区竭尽全力要实现的理想。在 1942 年的 5 月 15 日，由斯洛伐克"议会"通过了一项规定将所有的犹太人逐出国外的法律；而截至 12 月，他们就有 7.5 万人被运送到波兰去等待死亡。在同一年的 7 月

12 日夜间，一场大规模的围捕行动在巴黎开始了，在聚拢起来的人群中，仅来自巴黎一地的就有 2.8 万人，这些男人、女人和孩子在首都附近的集中营里被驱赶到一起，然后立即被驱逐出境。在挪威，有一小股高度同化了的犹太人，本来无论怎样的想入非非也无法把他们看作是一个"问题"，或者甚至是一个"刺激源"的，却依然受到了卖国贼威德昆·吉斯林（Vidkun Quisling）①的非难。如果这次非难的结果不是如此悲惨的话，他所具有的能力本来也许是非常可笑的；而这个国家中所有剩下的人，则不是遭逮捕，就是被驱逐——许多人在西里西亚（Silesia）②的煤矿做苦工——当然，他们的财产早就被没收了。

　　对于荷兰的犹太人来说，长达数个世纪的平静生活与荷兰人民的普遍同情被证明并不是一种安全的保证，这是因为，所有能够被查找出来的犹太人最终还是被聚拢起来准备受死，只有很少的一部分人得以幸存下来。在所有的西部地区的土地上，他们所受的苦难是最无道理的，或者说是最为残酷的。在阿姆斯特丹，葡萄牙人的犹太圣堂虽然还没有倒塌，但是，尽管他们各有自己不同的历史背景，其中的成员还是同他们的宗教同胞一起陷入了苦难之中。在解放得比较早一些的比利时，那里的 8 万名犹太人中至少有 3 万人被驱逐出境；在安特卫普，有组织的犹太生活再也不存在了，尽管这里曾一度是这个国家中最大的社区；而在布

---

　　① 挪威法西斯魁首，他在第二次世界大战时里通德国法西斯，成为纳粹侵占后的傀儡政权的头子，并因此而成为卖国贼这类称号的代名词。——译者

　　② 中欧东部一地区，位于奥得河中、上游流域，即今波兰西南部、捷克北部和德国东南部，矿产资源丰富，多矿区，曾为欧洲著名的工业区之一。——译者

鲁塞尔，原先的组织也只剩下了一副空壳。长期以来，由于匈牙利一直是一个独立的联合式强国，还多少保留了那么一点点可怜的人道主义。但是，随着 1944 年 10 月被德国占领以后，便开始了全国性的大规模的驱逐，仅仅在几个月之间就席卷了首都以外的几乎所有的犹太人口。当时，在经过了一番试图达成分治和平协议的努力之后，于 1944 年 10 月建立了阿鲁·克罗斯（Arrow Cross）傀儡政府，从而使得这个国家也被卷入了动乱的旋涡之中；一场甚大规模的集体迫害在布达佩斯开始实施，被驱逐的人数在随后的两个月间就达到了数万人。（幸运的是，灾难尚未在首都演变成一次全面的行动，救援人员就已经先期到达了。）当罗马尼亚转变成了一个极权主义国家并同德国建立联盟（1940 年 6 月）之后，对国内的犹太人发起了一场蓄谋已久的猛烈攻击。它不仅开始实施根据《纽伦堡法案》的模型而制定的种种限制性的法律，而且另外还出现了一场肆意摧残人身的令人难以置信的恐怖暴力事件的大爆发。这一次甚至远远超过了罗马尼亚军队占领比萨拉比亚（Bessarabia）和布科维纳（Bukovina）时的那一次，当时在这两个地区，好像有大约全部人口的三分之一被灭绝了。但人们认为，仅在 1941 年的秋季，罗马尼亚政府就应当对造成 10 万名苏联和当地的犹太人死亡的那场大屠杀负责；紧接着，在驱逐已经变得如家常便饭一样的情形下，大约有 13 万人被驱赶到了第聂伯河（Dniester）对岸的那些刚刚吞并的领土上。据称，有一位官员就曾造成了 5 万人的死亡。

正是这些不同类型和有着不同背景的犹太人，当他们向着地中海方向"突围"时，所遭遇到的却是纳粹的军队。但是这并没有能够改变他们的命运，他们的确应当是属于那些受难最重的人。在特别野蛮的环境下，南斯拉夫的犹太人几乎被灭绝了，克罗地亚法西斯主义者（Ustachi）同波斯尼亚的穆斯林互不示弱，竞相表现自己的杀戮欲，并且他们每向当局上交一名逃亡者，将会得到一笔奖金。在克里特岛上的那个非常古老的社区中，几乎再也找不到一个幸存者，只有从罗得岛来的一小撮犹太人得以幸免。萨洛尼卡的情形也差不多，它曾一度是地中海世界最大的犹太中心，但几乎所有的成员都遭到驱逐而面临骇人听闻的命运。甚至保加利亚，尽管它拥有那种颇为古远的斐洛－闪米特人的传统，也不得不效法纳粹，只不过在程度上还不是那么强烈罢了。

在意大利——当时在某种程度上依然是一个自由同盟国——本来对于那些天性十分良善的居民来说，要他们去模仿纳粹的兽行是不可能的事，然而，他们却不得不痛苦地采纳了反犹主义的法律。因此，尽管那些限制性的立法变得越来越严厉，但它相对来说仍然是这个充满仇恨的世界上的一块人道主义的绿洲。但是，在 1943 年 7 月推翻法西斯主义政权的尝试流产以后，意大利国土上罗马以北的地区实际上变成了一个德国占领的国家，并且像欧洲的所有地区一样，也竭尽全力地开始大举进行镇压。当时，唯一还没有被灾难所淹没的地区（苏联除外）就只剩下不可屈服的英格兰了；再有就是瑞士、瑞典、土耳其的欧洲部分和葡萄牙这些中立国；另外还有芬兰，尽管它是德国的一个卫星国，但仍然是一个民主国家。

这种腐朽的病毒也蔓延到了北非地区。像在法国本土一样，维希（Vichy）政府同样把种族歧视的法律引入了摩洛哥以及邻近的一些地区，尽管这些地方的经济和社会条件与欧洲是全然不同的；犹太人被成千上万地送到铁路工地上，在赤道地区炎热的气候条件下从事强迫性的高强度劳动，或者被关进了那些享有令人不齿的恶名的集中营里。当一支德国远征军跨过地中海去帮助那些精神潦倒、心灰意冷的意大利人时，也就随之为这些北非国家带来了更多的苦难；在德国国防军（Wehrmacht）被赶出去之前，在的黎波里以西的许多地方都发生了流血事件。甚至在远东地区，在仰光、新加坡和上海，日本人也在笨手笨脚地模仿着那个"高贵民族"（Herrenvolk）的反犹主义政策，而根本不顾这种政策实际上暗示了一种亚洲人对"至高无上"的日耳曼民族的服从地位这一事实。说起来，这只不过是同欧洲那种深重而可怕的苦难相比较的一个细节而已。在 1942 年的 12 月 17 日，英国下议院的全体议员站了起来，对犹太人的苦难表示同情和敬意。这是一个前所未有的但也是毫无作用的姿态。

只有在一块土地上，那里的民众反抗运动还是颇有气势的。在 1940 年春，当丹麦被占领之后，它的人民坚决地拒绝实施任何种族歧视的法规，并且据称国王曾威胁说，如果将"羞辱牌"强加给他的犹太臣民的话，他自己也要亲自戴上一块。三年后，当德国人接管了这个国家的政府管理机构时，一场针对犹太人的运动便立即开展起来。丹麦的爱国主义者早已经做好了充分的准备，几乎所有看起来是毫不起眼的社区都通过各种方式用简陋不堪的小船摆渡到了瑞典，在那里，他们受到了热情的接待。那些纳粹野兽第一次让到口的猎物被人从牙齿底下夺走了。的确，每一个国家都不乏勇敢无畏的公民，他们主动地对犹太人表示同情——正因为如此，那些犹太人中的残存者才能够在某些被占领的地区得以秘密地活了下来。在欧洲，偶尔也会发生抗议驱逐运动的示威游行；而在法国、比利时和荷兰发生的毫无顾忌地炫耀犹太人"羞辱牌"的事件则无疑是一次公认的爱国主义行动。不仅如此，在上面提到的最后一个国家里，1941 年 2 月还爆发了一场旨在阻止集体性驱逐的全面的罢工，并获得了暂时的成功。甚至在德国的某些地方，他们往往串通一气或巧施手法，使得一小股一小股的犹太人逃过了灾难的折磨。有些人甘愿冒着生命危险去帮助那些受追捕的人逃出虎口，或者当他们的父母遭到驱逐而命运不祥时去帮助照看那些孩子们。那些领头人的角色通常都是由神父和修女来担当的，这是他们学习梵蒂冈自身所树立的榜样的结果。然而，即使在这样的情况下，某些人仍无法抑制他们改变犹太人宗教信仰的热情，也许他们认为，在这种自己非常熟悉的宗教信仰里进行控诉是一种义不容辞的职责。在这一时期，整个欧洲由于实行"童婴皈依"而造成的犹太人数损失恐怕只有 15 世纪在伊比利亚半岛发生的"强迫皈依"时期的人数可以与之相比拟。

　　1941 年 6 月，德国入侵了苏联。抵抗运动的发源地绝大部分都是原先的那些"栅栏居住区"，那里的犹太居民人数非常稠密，像敖德萨和基辅这些地方还设立了大型的犹太公会组织。这一地区总共居住着苏联全部 300 万犹太人的大约三分之二，另外还有大约 150 万人属于苏联在两年以前占领的波兰部分和那些波罗的海国家。苏联的顽强抵抗，纳粹对于布尔什维克制度的狂热仇恨以及各种游击武装力量的军事行动，为在这些地区实施恐怖的大洗劫提供了借口，甚至当战线已经深入数百英里之遥的时候，恐怖的程度依然不减。一旦牵涉到犹太人，这种情形便由于那些乌克兰士兵的参与而更为加剧，他们都已经加入了德国军队，并且在当时，他们正好为自己的那种传统的仇恨情绪找到了发泄口。过去那种纯粹的屠杀已经演变成为一场全面的灭绝运动。大量的犹太人终于被迫向东转移，大约有 25 万名过去的波兰国民在这个国家的内地找到了避难所。在剩下的那些人中，只有极少数人得以幸存下来，他们有的人只能站在废墟上瑟瑟发抖，或者拿起枪杆子加入了敌后游击队的行列。在发生的一系列恐怖事件中，有 6 万人在里加（Riga）港附近的德维纳（Dvina）的一个小岛上被枪杀，在卢茨克（Lutsk）有 2 万人，在萨尔尼（Sarny）有 3.2 万人，而在基辅和第聂伯罗彼得罗夫斯克（Dniepropetrovsk）有 6 万人。在敖德萨，作为一次报复性行为，罗马尼亚人在一幢兵营大楼里用机关枪扫射杀害了 2.5 万名犹太人。西门·杜伯诺夫（Simon Dubnow），这位已届耄耋之年的历史学家，当时就是这批犹太殉难者中的一员。在德国占领里加之后，他几乎立即就在那里悲惨地死去了。

　　与此同时，波兰犹太民族的悲剧性灾难达到了顶峰。拥挤不堪的华沙隔都（在当时，这是这个国家中唯一幸存下来的具有真正重要性的犹太中心）中的情形随着一个又一个星期的逝去而变得越来越糟。由于同德国军事司令部签订成衣合同而产生的某种经济凝聚现象仍在持续着，但是，已经有一半以上的人口没有任何可期待的借以维持生活的手段，因而他们的生存开始完全依赖于他们那些同样已经陷入了贫困的同胞的仁慈过活。继饥荒之后，斑疹伤寒接踵而至。据计算，在犹太人中的死亡率要比在其他的波兰人口中高出 16 倍之多。然而，希伯来民族的价值依然能够再次证明他们自己的生存能力。文化生活又像过去一样重新繁荣起来。一种教育体系得以建立起来。剧院继续照常营业。最为引人注目的是，秘密的犹太复国主义运动仍在继续着；并且就在德国当局的眼皮底下，犹太人正在为巴勒斯坦的重建事业募集资金，而那些年青的男人和女人在热望中已经为向那里移民做好了一切准备。

这种复兴的精神本身就有着强大的刺激作用。在 1942 年的 7 月 22 日，纳粹最后发布了将所有华沙死亡集中营里的犹太人，不论年龄与性别一律驱逐出境的命令，除了尚有利用价值的那一部分人，他们可以暂时缓期执行。他们只被允许随身携带 15 千克的私人财物；任何反抗行为将处以死刑。聚集行动立即就开始了，并且以大约每天 4500 人的速率持续着。到 9 月间，被驱逐人数的官方数字大约有 25 万人之多，当时可能没有几个人能够存活下来；而在第二年的 10 月，仅仅签发了 4 万张供应卡供隔都中的成员发放，也就是说，隔都里的人已经所剩无几了。在 4 月间，当发布命令要求这批幸存者报名参加一个大型的代表团时，他们都拒绝执行随之发生的是整个战争中的一桩最为悲惨、最为惊人的事件。在 4 月 18 日夜间（碰巧是一个逾越节之夜），德国警察部队和党卫军特遣队在炮兵的支援下对隔都发动了攻击。在地下犹太战斗组织的鼓舞下，那些幸存的人们孤注一掷地进行最后的自卫，他们利用从外面偷运进来的武器展开了殊死的搏斗。这并不是一个偶然性的事件。当时，曾成立了一个协调指挥部，还有一个预先组织的医疗救护队，并且始终保持着同波兰地下抵抗运动的联系。那些中年妇女和年青姑娘端起了机枪，自杀性小分队冲破了德军

444

的防线，或者用临时做成的简易手榴弹炸毁敌人的坦克车。在战斗的前半段，德国军队曾不止一次地被击退，但是，最后德国人开始放火。看来，火攻要比步枪和大炮更为有用。当中心区终于被占领之后，抵抗依然在边沿的街区进行着；当这种抵抗最终也被打垮之后，一些不屈不挠的勇士仍然继续在地下室和下水道中坚持战斗。一直到了 5 月底，最后的一点反抗的余烬才最后被扑灭。那些幸存者——大约有 2 万人——被聚拢起来后送往死亡集中营，至此，华沙终于实现了"犹太人大净化"。在犹太人三千年的历史长河中，有谁曾目睹过比这一事件更为英勇可泣的一幕！

　　由于寻求一处避难地的需要比以往任何时候都更为迫切，同时也由于没有其他可供选择的避难所，所以，在被压迫的犹太民族的心目中，巴勒斯坦变得从来也没有像当时那么重要和高大，只有希望中的锡安山能够给予他们面对未来的精神力量。然而，英国政府甚至在当时还仍然学究式地顽固坚持着 1939 年《白皮书》中划定的政策。那些从中欧这个地狱中逃出来的犹太人，在经过翻山越岭、渡河跨漠的遥遥跋涉之后，却发现自己仍然被拒绝进入他们自己希望中的土地。那些卑鄙无耻的船主和船长，一再变换花样，不确定地悬挂着中美或者南美的那些共和国的国旗四处航行，拼命敲诈落难的逃亡者们的钱财，只要他们愿意出高价，船长答应把他们运送到"圣地"去。有的时候，一条又漏又破的旧船的一个单程就能获利 1 万 ~2 万镑，而这条船在拍卖时可能只花了几镑的钱。在这样的情况之下，灾祸随时都可能降临。最为臭名昭著的事例之一就是"斯特拉玛号"（Struma）轮船，它在君士坦丁堡附近的海面上漂泊了三个月，船上大约有近 800 名罗马尼亚难民拥挤在甲板上——罗马尼亚政府毫无同情心地宣称，由于属非法离境，他们已经丧失了本国公民的所有权利，英国方面则拒绝接纳他们进入巴勒斯坦，而土耳其的穆斯林也不允许他们靠岸。在 1942 年的 2 月 23 日，这条摇摇欲坠的破船连同它上面那些代表人类灾难的"货物"被扔在了茫茫的海面上。翌日夜间，它沉没了，当时只留下了一位幸存者。另一场类似的灾祸发生在海法港，在 1900 名所谓"非法"移民中，有 250 多人被移交给了"帕特里亚号"（*Patria*）轮而被驱逐出巴勒斯坦。

然而，此时的巴勒斯坦犹太民族已经用自己的价值证明，英国人的努力并不是徒劳的。不仅她的那些工厂和技术人员都在竭尽全力地坚持工作，她的那些科学家的创造性得到了充分发挥，她的一流的医疗服务设施为同盟国的伤病员做了大量的救援工作，而且她的年青一代的热血和勇气也充沛地爆发出来。在 1941 年的 7 月，当有必要占领叙利亚以便阻止它被用作德国的一个军事基地时，那些习惯于在同样条件下同加利利地区的阿拉伯人作战的犹太人作为侦察员、先锋队和非正规军，起到了不可替代的作用；他们不遗余力，尽职尽责，为达到这一目的，有些人甚至被从拘留营里释放了出来。

从一开始，犹太复国主义的代表就曾喧嚷，应当允许他们建立一支犹太人的部队，以便使得"犹大的旗帜"可以在战场上迎着以色列的敌人招展。由于担心会招致阿拉伯人的不满，这一起码的让步并没有获得批准。然而，犹太人的作战人数在同盟军的行列里占据了十分明显的多数。犹太人在战争中仅仅代表一方参战，并且服兵役的总人数最后竟然超过了 100 万人，在近代史上这恐怕是唯一的一次。不仅如此，在被占领的欧洲，从 1940 年以后的那些黑暗年月就一直在不断抵抗德国人的爱国主义运动中的犹太人所占的比例也是出奇地高，不管是在游击分队还是在海外"自由"部队中均是如此。（至少在波兰和法国，地下运动和游击组织都设有特别的犹太分部。）与此同时，一支巴勒斯坦特遣队——事实上绝大部分是由犹太人组成的——在"圣地"竖起了大旗。它在一开始只负责一些辅助性军事任务，但到后来所干的事情却远远不止于此。像犹太运输部队和犹太先锋部队一样，那些犹太突击军团在英国组织的阿比西尼亚（Abyssinia）①、北非、希腊和意大利等诸多战役中表现得十分出色，并且哈吉（Khaki）的那些强壮的男人使得许多古老的社区得以恢复，他们在肩膀上佩戴着"大卫盾"的标志，在希伯来语的指挥下，积极开展救援工作。然而，直到欧洲战场的战争接近尾声的时候，他们所组织的一个"犹太旅"军团才最终被正式承认，也就正好使她能够赶上参加在意大利北部那次最终导致德国全面崩溃的决定性打击行动。

从 1942 年冬季开始，战斗的浪潮开始沿着东部前线向后移动。在后来的两年时间里，俄国人重新占领了过去的那些密集的犹太人居住区，以及那些在上一个世纪对犹太文化生活产生过如此重大影响的城市中心。在那些欢迎进驻大军的居民中，几乎看不到任何一位犹太人。有些人虽然得以幸存下来，但他们不是潜伏在地下室里，就是被他们的邻居藏匿了起来，或是参加了非正规军的战斗；还有另外一些人，当他们能够肯定德国的威胁已经过去了时，便

① 即现在的埃塞俄比亚。——译者

从周围的乡间回来了。但是，这些人总共也不过是很少的一部分罢了。在一些城市中，幸存下来的犹太人口最多只占战前时期的十分之一，但像这样的城市也是凤毛麟角。实际上，当德国人在胜利的大军到来之前撤退时，他们已经尽可能地把残存下来的犹太人全部灭绝了，根本不给他们获得解放的机会。在其他地方——巴尔干地区和中欧地区，以及由英美联军解放的那些地区，那里的情形几乎完全一样。在某些被占领国中，只有某些同盟国的军队推进足够迅速的地方，情形相对来说稍好一些，但也只不过能够救下一两个社区中相对重要的一些核心部分而已。阿道夫·希特勒的承诺之一，如果说只有一个的话，那么在他的死亡到来之前，已经准时无误地得以兑现了。

当大炮的怒吼声停顿下来之后，在1945年的春天，罹难后的犹太民族才能够有机会来估价这次大灾难的破坏程度。过去五年里的活生生的现实远远超过了对灾祸的预言。据估计，在波兰原先的335万名犹太人中，在这个国家里仅仅剩下了不到5.5万人；另外的25万人也已经到苏联寻求避难去了；而其余的人（除了有几千人星散在世界各地）则都死去了。在大战之前，捷克斯洛伐克大约有36万名犹太人，当时也只剩下了4万人。在罗马尼亚的100万人中，此时仅剩了不到32万人；而由于俄国军队的快速推进，罗马尼亚的情况相对来说还是比较好的。南斯拉夫原来的7.5万人几乎减少了十分之九；过去居住在希腊的7.5万人，减少的人数也与这个比例差不多；荷兰的15万人至少有五分之四死去了；那些相对幸运的土地如法国，减少了大约一半人，而在匈牙利，犹太人口则只剩下了有四分之一左右。在整个的波希米亚和摩拉维亚，

447

仅有两位拉比活了下来。许多古老的犹太中心被彻底灭除了。在法兰克福，在战争的废墟里只能找到 160 个犹太人。而在萨洛尼卡这个犹太人曾一度占有压倒性优势的城市，在原来的 5.6 万名犹太人中，这时能找到的仅仅不过 2000 人。维尔纳（Vilna）曾是一个悸动着犹太生命的城市，在 1931 年时曾拥有 5.4 万名犹太人，而在庆祝解放的时候却只有 600 位幸存者了。倘若在当时还有其他一些人敢于冒险从他们隐藏的地方跑出来的话，那么像这样的一堆数字恐怕就不足以描绘出当时的总体惨景了。自 1939 年以来，在那些纳粹的怒火席卷过的土地上曾经生活着的 900 万名犹太人中，有 600 多万人悲惨地死去了——这一数字超过了全世界所有犹太人口的三分之一，大约相当于整个欧洲犹太人口的二分之一。

在犹太人的生活中，这是一场无与伦比的巨大灾难，恐怕也是有史以来全体人类生活中的一场最大的灾难。在（欧洲中世纪）那个黑暗时代所发生的那些巨大灾变中，每一次灾变也只不过对一两个国家造成过影响；而这一次却同时漫卷了从北冰洋直到地中海南岸，从大西洋直到伏尔加河的广大地区。有近一半的世界上的犹太人同时受到了侵扰；惨死的人数至少是他们这个民族历史上任何其他可比时期的 20 倍。对于一般的人来说要想理解，对于一般的作者来说要去描述这场灾难的巨大程度都无疑是十分困难的。

因此，在 1945 年，犹太民族准备面对自己的未来。这是一个完完全全不同于过去的未来。在刚刚过去的五年中，世界上的总的犹太人口悲剧性地减少了。在那些剩下来的人中，贫穷之人和绝望之徒占了很高的比例。那场阴魂不散、肆意夸大的宣传运动在这一代人中所激起的反犹主义情绪仍然恶毒地弥漫于大地之间，并且正在试图利用这个被认为是理所当然的结果之一的士气低落期。此时，绝大多数的幸存者正在苏维埃体系的庇护下生活，它本身对于犹太教的未来并没有做出任何的承诺。在欧洲，只有一个犹太社区（除了瑞典和瑞士的那些微型的社区）仍然具有某种在不久的将来得以发展起来的潜在可能——那就是英国的社区。除了这个地方，几乎什么也不存在了，只有绝对的贫困和痛苦的记忆。欧洲的发展状态，在犹太人的历史上经历了优势独具的一千年之后，此时走向了一种悲惨的结束。毫无疑问，犹太人的未来已经整个地交给了那个最新的也是最老的犹太人生命的避难地，也就是说，复兴的希望沉重地放在了美国的 500 万犹太人和巴勒斯坦的 50 万犹太人的肩上。那位指引着历史进程的"天公"已经庄重地作出了承诺：犹太人的未来是安全的。[①]

① 本书 1948 年第 3 版（插图本第 1 版）到此结束。

第32章 大复兴

1

　　就前面的那个骇人听闻的年代所加在犹太民族身上的那场大灾难的规模和范围而言，此时所留下的仍然是那个一直在困扰着人们的难题，以及对于这个难题的唯一一种解决的办法，这也是那些仍然活着的人几乎无一例外地为之深信不疑的事实。这个事实就是：如果这类事情能够在具有解放传统的欧洲中心发生的话，那么很显然，从此以后将没有一块土地被认为是绝对安全的。不仅如此，十分可悲但却显而易见的是，在将来的任何时刻，纳粹主义随时都可能在阿道夫·希特勒罢手的任何地方复活——不只是针对犹太人的各种立法，而且还有杀害犹太人的毒气室。只有在一个独立的犹太国家里，才会具有这种意义上的安全保证。关于这一点，曾有一个不祥的提醒物。在战争结束很久很久以后，在成千上万的从死亡毒气室中爬出来的那些恐惧缠身的幸存者中，他们在囚犯式的集中营里的编号永远也刮不掉地文在了他们的手腕上，这种幽灵般的记忆一直在烧灼着他们的灵魂，就好像他们永远地在那些兵营式的中心区里作为"被替代的人"即 D. P. s① 而星散在整个中欧地区。D. P. s 是一个缩略词，在这一时期，它指的是犹太人在生活中的一种永远难以克服的障碍。即使他们并没有面临着来自他们的邻人的敌意，但他们在精神上也已经无法回归到他们的族人曾被屠杀的那个废墟般的家园了；而由于种种严格的移民法限制，他们在肉体上也同样不能进入那些有着更多机会的国家；除了巴勒斯坦，他们再也想不出还有什么别的未来了；而巴勒斯坦的那些"伊休夫"② 也许有能力并且正在渴望着救助他们。

但是，即使在当时，"托管"行政当局仍然顽固地关闭着这个国家的大门，只不过留下了一条小缝而已。德国投降之后，英国执政的工党政府几乎立即以最为明确的方式表达了它对在巴勒斯坦建立一个独立的犹太国家这一政策的同情，因而将世界各地的犹太复国主义希望激发到了一个非常高的程度。然而实践证明，具体操作要比口头允诺更为棘手，而强权政治要远比理想主义更为强大。实际上，原先实行的巴勒斯坦政策延续了下来，而且在当时的情况下（在那些充满危险的岁月里，这个国家中的阿拉伯人几乎没有做任何事情来帮助促进英国的战争努力，而其他地方的那些阿拉伯人还在千方百计地阻止它），另外还有着一种似乎不光是麻木不仁而且也是忘恩负义的迟钝。作为战争的恶果之一，

449

---

① 原文是 Displaced Persons，指由于战争或迫害而逃离原居住地或居住国的人（即难民），这是第二次世界大战中专门用于犹太人的一种称呼。——译者

② 这一术语当时一般用来称呼巴勒斯坦的那些犹太定居点。参见上文第 429 页。

当时在这个国家中仍然驻扎着大量的军队，它们在强大得近乎荒唐的海军力量的帮助下，被利用来执行阻止"非法"移民入境的卑鄙任务；这些移民在当时正在以日益增长的数字从欧洲各地被偷运进来。然而，这一政策破坏了它自身的既定目标，因为这样便使得建立一个完全自治的犹太区域似乎成了一件绝对必要的事情，甚至许许多多在完整的意义上其实并不是犹太复国主义者的人眼中看来也是如此——这并不是作为一种政治或哲学姿态，而是出于保护生命和保持希望的根本目的。

2

就其本身而言，巴勒斯坦的犹太民族不会允许任何世俗的力量来剥夺他们在这块土地上为他们那些从焚尸炉里苟活下来的家破人亡的亲人提供避难所的权利和义务——他们所拥有的，并在《圣经》中曾反复申明的这种特殊关系早已为各地的犹太人所一致认可。相对于那种传统的清静无为来说，这种恐怖的极端情绪已经剧烈地影响了犹太人的精神生活，从而在当时导致了一种前所未有的感情突变。英国军人同犹太居民之间的武装冲突，在很大程度上已经发展成为战斗，并且似乎变得越来越司空见惯了。在他们这个尚在"制造"中的国家里，某些犹太居民已经发现，要区分那些曾杀害过犹太人的德国人和那些正在阻止他们获救的英国人是非常困难的。各种极端主义者团体——"全国民兵组织"（Irgun Zevai Leumi）和更为激进的"争取以色列自由战士"［Lohamei Heruth Israel，有时用它的创立者的名字而被称为"斯特恩帮"

（Stern Group）〕由于这一系列事件的发生而得到加强，并且开始了一场有组织的恐怖主义运动（并不仅仅局限于巴勒斯坦），这不仅使人联想起 20 年前爱尔兰的"新芬党"（Sinn Feiners）[①]或是他们自己的祖先，即罗马时期犹地亚的"短刀党"。巴勒斯坦犹太民族的官方领导人并没有卷入这些暴力活动；而尽管这些暴力活动的形式大多继承了古老的犹太革命传统，但是却为长期以来一直以高尚的理想主义作为标志的民族复兴运动蒙上了一层阴云。　450但是，对于他们来说，要让他们被动地宽恕这种残酷的排外政策（它归根到底是使得当时的事态难以救药的根源）来显示他们的真诚（因为人们正是这样要求他们的），这在道义上是根本不可能的。随后，在 1946 年的 7 月，全国上下有成千上万的人（包括"犹太代办处"的一些领导人）因此被逮捕——这是一个荒唐而可笑的巧合，因为当天正是一个安息日——和被拘留。原来曾一度如此密切并且曾如此信誓旦旦的合作伙伴关系此时显然已经退化为一种公开的敌对状态。

　　与此同时，欧内斯特·贝文（Ernest Bevin）这位毫无经验的工党政府的外交大臣正在追求一项大错而特错的政策。这项政策立志要甘冒自相矛盾的危险，决心连那种中庸的犹太复国主义希

----

　　① 成立于 1905 年。新芬党为爱尔兰语（Sinn Fein），意即"我们自己"或"自助"，也就是"爱尔兰人的爱尔兰"之意。一部分成员主张暴力活动，后在 1919 年的大选中获胜，宣布成立"爱尔兰自由邦"。1921 年与英政府妥协，引起内部剧烈分化。1926 年大部分党员脱党，力量大为削弱；1970 年分裂为"正式派"和"临时派"。正式派另组"新芬工人党"，主张用暴力实现南北爱尔兰的统一。这里指这些犹太组织的战斗纲领就是"以色列人的以色列"。——译者

望也要扼杀在摇篮之中，也只有从这两方面看它似乎还算是前后
相一致的。在战争刚刚结束之后，美国总统曾经请求英国政府通
过即刻签发 10 万张允许进入巴勒斯坦的移民证，从而减轻一下在
欧洲大陆上的犹太人中那些"被替代的人"的痛苦。然而，英国
非但没有照此办理，反而由贝文建议任命了一个英美联合调查委
员会来重新调查整个事态的发展（1945 年 11 月）。尽管该委员会
的大多数成员并没有完全赞成犹太复国主义者的全部要求，但是，
正如杜鲁门（Truman）总统所提议的那样，这一团体却力主撤销
对 1933 年那部不相适宜的《白皮书》（当时仍然有效，尽管在"国
家联盟"会议上曾受到了强烈的谴责）中强加的关于在巴勒斯坦
购买土地的限制，并立即接收 10 万名犹太移民。按照人们自然而
然的期望，对于这些建议的完全接受将无疑会结束当时的紧张状
态。然而，英国政府却对认可这些建议提出了一系列不可能的附
加条款——包括完全解除巴勒斯坦犹太民族的武装，这无疑将会
使得这个民族在随时可能发生的种种危险面前束手无策，并且一
旦托管国的势力撤出之后，将无可挽回地把这个民族置于阿拉伯
人的控制之下。随着这种失望而造成的空前紧张气氛，使得巴勒
斯坦的混乱状况变得日渐恶化。镇压政策同样也显得无能为力。
许许多多的集中营，使人悲惨地回想起那种他们刚刚从中逃出来
的欧洲的集中营，得以在塞浦路斯重新建立起来，用来容纳那些
进不了"圣地"的移民，他们其实都是被最为荣耀的英国海军的
强大舰队在海上拦截下来的，并且还出现了十分悲惨的一幕，从
而更为沉重地震撼了整个世界的良心。当时，有一条装载着难民
的船只"出埃及号"（*Exodus*）遭到了拦截，事实上被迫返航，

又重新遣送回了当时血腥未散的德国。

在随后的几个月里，英国内阁为解决这一开始博得广泛关注和　　451
几乎引起全世界谴责与嘲弄的问题提出了不止一个令人难以接受
的计划。为了与当时已经成为"白厅"（Whitehall）^①为之着迷的
魔咒般的想法相一致，所有关于移民的严厉限制措施都作为一种
基本条件得以保留了下来。所以，即使它们对于阿拉伯人（事实上，
他们顽固地并且势不两立地反对任何承认犹太人在巴勒斯坦的特
殊地位的方案）来说是可以接受的，但也永远不可能得到任何一
位尽职尽责的犹太领导者的同意。最终，欧内斯特·贝文曾以自
己的名誉作为赌注（如他自己所称），想方设法寻找一个解决巴
勒斯坦问题的答案，但显然未获成功，从而丢尽了脸面，后来便
公开宣布英国政府愿意把这一问题移交给联合国，这自然而然地
就被认为，这样的决定应当是具有效力的。然而，后来却又任命
了另一个调查委员会，而且这一次是一个国际性的机构。整体来说，
再次进行的不公正调查显示了对犹太复国主义者基本要求的偏袒，
这是因为（正如 1937 年的英国皇家专门调查委员会一样），该委
员会通过多数人的提议认为，并不是要真地把巴勒斯坦组建成为
一个犹太国家，而是在这个国家中再建立一个犹太国家，即把这
个国家划分为两个自治的区域，一个属于犹太人而另一个属于阿
拉伯人；并且还有一个两年的过渡时期，在此期间，英国政府将
仍然保持其控制权并在这个过程中接纳 15 万名犹太人。按照这一
方案，分配给犹太国的自治区域将包括耶斯列谷地，东加利利地

---

① 伦敦的一条街道，为英国政府机关所在地，借指英国政府。——译者

区，沿海平原的大部地区（包括特拉维夫以及海法）和这个国家南部的无人居住区（但是，根据犹太农业专家的观点，这一地区是可以恢复的），内格夫（Negev）地区，近年来已经在这一地区建立了几个新的农垦部落，并且当时已经在犹太人的心目中占有了极重要的地位。而在另一方面，尽管长期以来犹太人一直在耶路撒冷占据多数，但它仍将由一个国际机构继续实施管理；这个国家的其余部分，包括西加利利地区和这个国家的整个中部地区，如与约旦接壤的地区，则归阿拉伯人所有。（这是最原始的方案，但由于在后来发动的战争中获得了胜利，这一区域划分中属于犹太人的部分大大地增加了，尤为重要的是，耶路撒冷新城也被保留在了犹太自治区内。）

这样的一种解决方案恰恰是与过去几年里的管理体制上的发展趋向和英国所设想的在中东地区的政治利益完全相悖的；因为在当时，她的许多利益还完全依赖于同"阿拉伯国家联盟"的密切合作，而这一组织也正是在她的庇护之下最近刚刚成立的，并且也坚决地反对——尽管在逻辑上它与这一组织的各成员国的利益无关——建立一个犹太国家。然而，不管说是奉行一种政策也好，说是出于一时的怄气也行，反正那位神圣的女王陛下的政府拒绝同任何未征得（因为在这个当口，还想不出任何具有可行性的计划）犹太人和阿拉伯人双方同意的计划发生牵连。不仅如此，她已经打算从这个她的王国坚持认为不可能解决的问题上脱出身来，并且要全部撤出在巴勒斯坦的力量，而同时，她还真的就像大姑娘使小性子一样，首先把由联合国为过渡时期任命的专门委员会撤出了这个国家。

尽管这种极为反常的和不予合作的态度，联合国大会还是以超过所需要的三分之二多数批准了分治方案，只不过进行了某些不重要的修正（1947 年 11 月 29 日）。阿拉伯国家威胁要直接采取行动；在穆斯林世界的许多地区，他们开始对毫无保护能力的犹太人实施屠杀性的攻击。巴勒斯坦开始陷入了一种内战的状态，实际上，英国部队常常感到无法插手，因而难以制止阿拉伯人对那些犹太人的农垦部落和护送船队的攻击，尽管他们听任在约旦河边界地区招募的阿拉伯军团（实际由英国人统辖）残忍地插了一手。"伊休夫"方面组织起来进行自卫，甚至还常常转化为真正的反击。与此同时，由于对自己刚刚建立的武装力量充满了信心（正如一系列的事件所证实的那样，这种信心是无可怀疑的），"伊休夫"兴奋地准备肩负起当时眼看就要落在它身上的重任。慢慢地，英国开始准备撤出。一如他们所宣布的那样，到 5 月 15 日，从当时已经退出历史舞台的"国家联盟"建立以来，在经历了 28 年之后，这块"托管地"便被正式地放弃了。

这一天正好是一个安息日。在前一天的午后，在特拉维夫，由"伊休夫"的杰出人物、"犹太代办处"的执行主席、新当选的总理、这次即将来临的伟大胜利的缔造者大卫·本-古里安（David Ben-Gurion）公开宣读了一项公告：在当日午夜的钟声敲响的时候，一个自治的犹太国家（后来被定名为"以色列"）就要根据联合国的决议在这个国家中赋予犹太人的那片土地上诞生了。在不久的将来，哈伊姆·魏茨曼（Chaim Weizmann）被选为她的第一任总统。

显而易见，她正面临着一个空前紧张和严峻考验的时期。五个阿拉伯国家的军队已经虎视眈眈地陈兵在周围的边境。这个在

453　近 20 个世纪里一直不曾习惯于武装的民族马上就要经受一场实战的严峻考验。然而，当时的"伊休夫"已经不再幻想或犹豫了。民族的古老向往，在走过了曲折迂回和意想不到的道路之后，产生了一项在人类历史上无可比拟的伟大成就。先知们的预言已经实现了。一个犹太国家终于获得了再生。[①]

3

阿拉伯军队同犹太军事力量的敌对状态已经开始了。后来发生的一系列事件成为犹太人历史上最为引人注目的事件。古老的玛喀比家族的精神，在经历了两千多年之后，在比远古时期更为困难的条件下重新复活了。

大卫·本－古里安身上那种充满活力的个性，无疑会创造出并产生了史诗般的奇迹。当他在 40 年前从俄国来到这里之后，便一直在"伊休夫"的生活中扮演着一位至关重要的角色，更何况此时他已经成了这个"临时政府"的首脑人物。犹太军事力量的核心部分由原来的"哈加纳"（Haganah，字面上的意思是"防卫队"）的成员组成。这支防卫力量在很久以前早就已经组织起来，一直担负着保护犹太群落免遭阿拉伯人攻击的任务，但却在几年前被英国当局宣布为"非法"武装。尽管如此，这支武装力量还是秘密地予以重新组织了起来，并逐渐壮大。它拥有一支精选部队被称为"帕尔马赫"（Palmach，乃是原名"Palugoth Machaz"即"突

---

① 本书 1953 年第 5 版（插图本第 2 版）到此结束。

击队"的缩写），在战斗中屡建功勋，尤为著名；而那些极端主义战斗小组则在各自的首领的领导下不停地作战，其凶猛程度有时令它的敌人颇感头疼。阿拉伯人似乎在每一方面都占有优势——人数、装备、地理以及训练等方面。而犹太人除了他们的牺牲精神、他们指挥员的坚定信心和那种不是灭亡就是胜利的别无选择的强烈意识之外，几乎是一无所有。

至 4 月间，由于诸邻国那些所谓的"志愿者"的参加，由新招募的巴勒斯坦人组成的阿拉伯"解放运动军团"的先遣队得到了进一步的加强。它曾试图切断加利利地区那些农垦部落同犹太巴勒斯坦其余部分的联系，但却被在人数上占绝对劣势的"哈加纳"武装力量在米什玛－海梅克（Mishmar HaEmek）附近一举击溃。这一次胜利——或许是自巴·柯赫巴起义以来犹太武装力量在自家的战场上所赢得的第一次胜利——拉开了一系列其他局部胜利的序幕。太巴列湖地区于 4 月 18 日落入犹太人之手。几天之后，尽管海法拥有大量的阿拉伯居民，但犹太人还是实现了对这个巨大的海港城市的牢牢控制。在 5 月 10 日，萨费德（Safed）这个希伯来神秘主义者的古老城市被攻克了，而那些陷入恐惧的防御者还以为自己是受到了一支多么强大的部队的攻击呢！两天之后，雅法被迫向特拉维夫管辖的军队投降，因而把这个犹太人的中心城市从如此长久的威胁笼罩中解放了出来。所以，在宣布建国的那一天，犹太军队几乎已经控制了所有由联合国划归犹太国的那些地区。

然而，在英国人撤离的同时，五个阿拉伯国家的正规军队有备而来。由于他们非常清楚眼下的这个敌人装备甚差，并且认为也决没有什么好战的精神，因而对速战速决充满了信心，便立即

454

对这个他们拒绝承认的国家发动了一场步调一致的进攻。在南部，埃及人一举占领了加沙地区，并且很快推进到离特拉维夫不到 25 英里的范围之内。在这个国家的中部地区，由跨边境地区的约旦人组成但由英国人充任军官的阿拉伯军团包围并炮击了耶路撒冷的那些现代犹太定居点，并且切断了这一地区同特拉维夫的通信联系。与此同时，敌方试图将这个国家的临时首都与北部地区分割开来，当时在北部，伊拉克的部队声称已经进入了沿海城市纳塔尼亚（Nataniah）。在加利利地区，那些叙利亚人和黎巴嫩人威胁要以人数上的绝对优势扫平那些犹太人的农垦部落。然而，犹太军队几乎在每一个地方都能够牢牢地控制着阵地，并且在大部分前线的情况都有所改观。在北方，一场辉煌的反击战甚至将敌人赶到了历史上巴勒斯坦的旧边界之外。此时已经十分明显，这个新生的国家并不是像她的敌人所希望的那样，甚至她的某些朋友所担心的那样，能够轻而易举地被铲除掉。

从 6 月开始，联合国的代表满怀着实现和平的希望举行了一系列的临时停战谈判。然而，这些停战协定并没有成为永久性的，并且每一次都是马上又重新恢复敌对状态，并总是由犹太军队一方获得新的胜利而告终。此时，这个国家已经组建了海军和空军部队，并且开始参与作战行动；敌方的各个首都受到了空中轰炸；埃及海军的旗舰沉没了；阿拉伯人的城市吕底亚、腊姆拉（Ramleh）和贝尔谢巴（Beer-Sheba）被占领；埃及的领土也被攻占，并且如若不是来自英国的恐吓（否则的话，对其本国利益必定是一次致命的打击），那么尼罗河三角洲可能早就整个地被以色列的军队占领了。在 1949 年的 3 月，一支快速特遣分队占领了位于亚喀巴

（Akabah）湾的埃拉特（Elath）港，从而为这个犹太国家通向印度洋打开了一个出口。自从希伯来君主国时代以来，这还是第一次。

　　然而，与此同时，在耶路撒冷城墙之外的新城（因为在经过惨烈的战斗之后，老城中的那些具有悠久历史的犹太居住区已经被阿拉伯人所占领和破坏）中的那些犹太定居点遭到了围攻和连续不断的轰炸。当时，整个地区被切断了同特拉维夫和沿海地区间的联系，载有供应物资和增援部队的零星护送船只只能不惜大量的牺牲和伤员，以骇人的损失为代价强行通过。然而，在 1948 年的夏季，他们冒着巨大危险开辟了一条横跨犹大山脉的通道，从而减轻了敌人对古老首都的压力，使得它尽管仍然受到攻击，但至少从此以后不再同犹太巴勒斯坦的其他地区失去联系。到此时，似乎已经可以预期，这个新生的国家不仅能够维持自身的存在，而且她还能够在每一处战场上打垮自己的敌人。然而，在这一切尚未成为现实之前，由于联合国代表们的多方努力，在 1949 年的上半年，在罗德岛同各个阿拉伯国家（除了同以色列国没有共同边界的伊拉克）签署了一系列的停战协定；而 7 月 20 日同叙利亚的停战协定则标志着这场"解放战争"的胜利结束。本来，在这些协定签订之后，就可以考虑形成一个永久性的和平条约了，然而，各阿拉伯政府最终拒绝对此予以考虑。因此，这个新生的国家的组成实际上不仅包括了由联合国的决议划归犹太人的那些领土，而且也包括了耶路撒冷近郊的犹太居住区（实际上是旧城墙之外的整个新城）和在一开始的计划中原本是划归阿拉伯国家的相当大的土地。

　　在一开始，那些阿拉伯政府就曾宣称，任何留在犹太控制区的人将被视为对这种新的政治格局表示赞成，并且必将遭到同那里的犹太居民一样的厄运。所以，当敌对战争一触即发的时候，阿拉伯居民发生了一场大规模的排空式撤离，并且满怀希望有朝一日能够荣归故里，甚至还可能另外捞上一把。此外，其他一些地区的阿拉伯居民则由于惊慌失措而纷纷外逃。停战之后，很显然，只要这些敌对国家拒绝签订一项永久性和平协议并且随时可能重开战事，要把这支深具潜力的"第五纵队"（Fifth Column）[①] 不加区别地接回这个犹太国家是根本不可能的。由此便产生了一个极其重要的后果，那就是：这个犹太国家非但没有像阿拉伯人一旦接受联合国的决议而出现的情形那样，由于众多的外来少数民族而陷入窘境，相反地，她却几乎是由清一色的同族人口构成。在某些城市里，如海法和雅法，出现了一些或重要或不重要的穆斯林少数民族；有些贝都因人（Bedouin）部落仍然在这个国家南部的内格夫地区过着他们原始的荒漠生活；在加利利地区，特别是在拿撒勒周围，有一个主要由基督徒形成的组织严密的小集团；而数千名曾在以色列部队中作战的德鲁兹人（Druze）则生活在迦密山一带。所有这些民族都被接受——对最后的一种情形是出于同情——为以色列国的公民。然而，这个新生国家中压倒多数的人口仍然是犹太人。

　　这个国家在建国之初采取了一种民主政策，不管是按照《圣经》

---

①　泛指敌人派入的间谍和资政的内奸。1936 年 10 月，叛军进攻西班牙共和国首都马德里的部队共有四个纵队，指挥叛军的莫拉将军夸口称马德里市内有他的"第五纵队"。从此，"第五纵队"便用来专门指安插在敌人内部进行武装叛乱的间谍特务。——译者

中的思想，还是根据在大流散时期形成的犹太生活准则，这都是一种必然的结果。然而，敌对的情绪依然阴魂不散。1949 年 1 月，一个立法议会通过普选的方式选举产生了，并且采用了一个古希伯来文的名字，叫作"Keneset"，即以色列议会；哈伊姆·魏茨曼由于成为第一任总统而达到了事业的顶峰，而本－古里安则被任命为第一任总理。在获得世界上大多数政府承认之后，尽管并没有得到任何阿拉伯或伊斯兰国家的承认，以色列国在这一年的 5 月 11 日被正式接纳为联合国的会员。在下一年，首都从特拉维夫迁到了耶路撒冷，几乎位于当时仍然由阿拉伯人控制的旧城的包围之中。很显然，这个犹太国的首都不可能在别的什么地方，而只能设在那个三千年来一直是犹太人的精神希望和为之艰苦奋斗的中心所在的地方。

161. 大卫·本·古里安在特拉维夫博物馆举行的临时立法会首次会议上宣读以色列国独立宣言，1948 年 5 月 14 日。

162. 耶路撒冷独立日大游行，1948年5月15日。

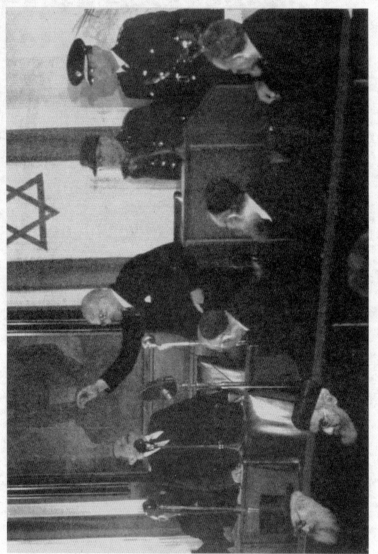

163. 魏茨曼宣誓就任以色列总统。

164. 英国议会赠送的巨型七烛台被安放在耶路撒冷以色列议会大厦前的广场上。

第 33 章 以色列国

1

及时地为那些"被替代的人"提供一个避难之地是非常必要的，只有这样，他们才能够重新建立起那已经变得支离破碎的生活。这种需要使得创立一个犹太国家的任务变得日益迫切；并且这个国家还应当担负起向所有希望进入的人们广开大门这种道德上的义务。在 1950 年 7 月 5 日，以色列议会一致通过了《回归法》（Law of Return）。依照此法规定，所有的犹太人，无论其出生地如何，一概被赋予在以色列定居的权利。但是，事实上，回归移民在很久以前就已经开始了。在"解放战争"时期那些困难的日日夜夜里，大批大批的来自纳粹死亡集中营的幸存者曾经受到了热情的欢迎。在很短的时间里，那些"被替代的人"的老营地曾一度缓解了压在它们身上的人类灾难的重负。后来，伊拉克的犹太人由于其政府战败的耻辱而使得他们无法继续生活下去，因而几乎是大群大群地移民进来，当时在该国只剩下了几千人。也门的那些非常古老但却已经阿拉伯化了的犹太社区由于被一种救世主思想的狂热所迷惑，因而通过一次组织宏大的空运行动转移到了这个国家，这次大空运被形象化地称作"魔毯行动计划"①。位于印度南部的一个孤立世外的科钦（Cochin）社区在很大程度上效法了这一榜样，就像北非地区伊斯兰国家里许许多多的犹太人和保加利亚社区中大多数的犹太人所做的那样，在犹太复国主义兴起之初就已经投身于这一伟大的事业了。从意大利南部一个名叫圣尼坎德罗（San Nicandro）的村庄来了一群农民和手工艺人，他们由于对《圣经》的高深研究而得到感悟，已经信奉了犹太教。这里还有来自世界上其他每一个国家的移民，特别是那些犹太人的地位不确定的国家——在当时首先是那些伊斯兰国家，但不久之后，有些甚至来自所谓"铁幕"后面的中欧诸国。以色列的人口，在十年前发表《独立宣言》（Declaration of Independence）时的人数还只不过有 65.5 万人，但到 1958 年，已经上升到了 200 万人，而这其中只有 20 万人不是犹太人。这是除了美国社区（有 500 万犹太人）和苏联社区（大约有 250 万犹太人）之外，世界上最大的一个犹太社区。在特拉维夫及其近郊，此时已经集聚着接近 40 万名犹太人，在人数上或许已经大大超过了东半球（Old World）②的任何一个城市，只有纽约市的犹太人可能比它略多一些。

　　显而易见，对于这个新生的国家来说，以这样高的比例来接

458

----

　　① "魔毯行动"是以色列建立之后执行的第一个接运犹太人返回故土的行动，当时共出动了上百架次飞机，运载了 4.7 万名也门犹太人。整个行动于 1949 年 5 月开始，至 1950 年底结束。这一行动从一个方面表达了以色列国对世界犹太人命运的关心和向世界上所有犹太人开放国门的决心。——译者

　　② 这一提法并不是纯地理上的，而是相对美洲大陆（New World）而言的，此处实际上主要是指欧洲。——译者

收各国的移民无异是一种千钧重负。然而，这不只是为自身的利益而采取的行动，而是代表着整个犹太民族的利益，肩负着为那些受迫害的牺牲品提供一个避难所的重任；而那些在国外正在享受着和平与自由的犹太人则认为，他们自己在道德上必须在"基布兹运动"（Kibbutz Goliyot），即"大流散后的重新集聚"这一高尚的事业中给予财政方面的支持。[①]

然而，当时却有一个不幸的例外。在抗击德国入侵者的英勇斗争中，有一个时期内，苏联的犹太民族致力改善自己同那些西方国家中诸社区的关系的举措曾一度受到政府的鼓励。当时他们可能一直都在期望，那种持续了 20 年的悲剧性的孤立的境况也许马上就要结束了。但是，不久之后，孤立无助的境况再次降临，并且还试图对他们的传统生活方式予以取缔，而他们的所作所为只不过是那种在其他地方被认为是犹太生活的正常表现形式而已；而到后来，甚至出现了一种更为完整意义上的反动的反犹主义迹象。在"铁幕"后面的其他那些国家中，情形也好不了多少，特别是在罗马尼亚和匈牙利，那里的犹太社区仍然相当多地是依靠数量上的重要性才得以维持下来的。在当时，那些曾一度是犹太生活和文化成就的著名中心都深深地感到，就它们本身而言，暂时根本就不可能参与和分享正在进行的所有现代最伟大的犹太人的冒险事业和辉煌成就。

---

①　与此同时，还另外获得了大量的财政和实物援助，而作为援助来源的那笔庞大的数目就是当时的西德政府同意付给以色列作为对欧洲的犹太民族在二战期间所遭受的惨重损失的赔偿。

2

然而，由于她那些阿拉伯邻国长期坚持不妥协的政策，这个新生国家的和平进程变得更为艰难。由于这些国家在这群遭人鄙视但却爱好和平的人民面前的彻底失败的耻辱所带来的伤痛，它们都顽固地拒绝进行和平谈判，从而在所有的边界线上造成了一种旷日持久的紧张状态。它们还不时派遣小股部队跨过停火线袭击犹太农垦部落，破坏交通线路和暗杀过着太平生活的平民百姓。 459 以色列当局不得不开始针对约旦，特别是埃及占领下的加沙地带的某些中心区（所发动的攻击主要是来自这些地区）断断续续地采取一些报复性的行动。但是，这样做完全是徒劳的。在当时，一些阿拉伯政府由于受到某些对以色列的政治立场深感失望的外国列强的怂恿，不仅拒绝承认这个新生的国家，或者坐下来着手进行关于实现永久和平的谈判，并且还公开地扬言一旦机会允许，它们就要灭除这个国家并且终止其存在。这些叫嚣被这些国家的种种行为证明并不是凭空的威胁，尤其是那个当时在名义上已经建立了共和政体的埃及，它主要是依靠苏联的援助，已经非常系统地建立了自己的强大武装力量。战争的危险日甚一日，一触即发。在 1956 年的 11 月，以色列终于被迫开始采取行动。

军事史上最为辉煌的战役之一，就是以色列的武装部队对埃及的阵地发动了攻击并占领了加沙——埃及在巴勒斯坦的占领区中的重要城镇和对以色列领土实施空袭的主要军事基地。整个西奈半岛——3000 年前的犹太人精神生活的摇篮——被占领了，几乎已经推进到了苏伊士运河岸边。通过对蒂朗（Tirana）海峡实施占领，从而打开了亚喀巴湾的船运通道。在过去的 10 年里，这个海峡曾一直封锁着通向印度洋的出口。大量的战争军需品——主要是苏联制造——被缴获。

然而，以色列到手的胜利果实被窃取了。英国和法国早就把这次军事对抗的爆发看作是它们重新建立对苏伊士运河控制权的大好机会，并且迅速入侵了这一地区，名义上却是为了维护运河的自由通航。在联合国大会上，这一再明显不过的想使得老帝国主义的阴魂重新复活的企图为几乎所有的国家自我标榜公正的表演提供了一个大好机会。结果，那些所谓"误入歧途"的列强被请出了这一地区；而到后来，以色列也不得不放弃她刚刚征服的一些土地。不过，这场战争也并不是毫无意义的。自此以后，亚喀巴湾对以色列的船只完全开放，而埃拉特港当时得到了空前的发展，成为内格夫地区和整个以色列面向东方开放的窗口，成为产品输出的一个出口。联合国维和部队驻扎在加沙地带，为这一长期制造麻烦的边界地区带来了和平。并且——或许是更为重要的——当时对于全世界来说已经十分明显，那就是在自己古老的故乡重新开始生活的犹太人民不再是看别人的脸色寄人篱下地在那里生存，从这一点来看，他们的确没有辜负他们列祖列宗的那种英雄品质。

3

460   两个西方列强所取得的这一表面上的胜利大大加强了埃及独

裁者阿布杜勒·纳赛尔（Abdel—Nasser）的声望，当时也就堂而皇之地把他的这次耻辱的失败作为胜利捧了出来。他因此而能够在那些当时正在热衷于重新宣布自己的权利的亚非国家中占据了领导者的地位，并且实现了同叙利亚的一次短命的联盟，从而对以色列的两个侧翼形成了包围之势，因而加强了而不是削弱了对这个他一直在以毁灭相恫吓的国家的威胁。在当时，甚至苏伊士运河依然禁止所有以色列的船只通行，全然不顾国际条约以及她被赋予的特别承诺与保证。然而，尽管所有这一切，当时的情形在某些重要方面已经大大改观了。西奈战役的辉煌胜利无疑为那些阿拉伯国家提供了一个深刻的教训，使它们变得小心翼翼，以免激发起进一步的军事行动；作为结果，各个边界地区的形势暂时变得平静了许多。不仅如此，联合国军事力量沿着北方地区停火线的存在使得残酷的空袭停止下来，而这种空袭曾一直是敌对状态产生的主要根源。从那时开始，那些边境地区定居点的农民才得以能够在相对安全的环境下重新开始开垦和耕种他们自己的土地。

　　尽管在一开始的时候几乎难以预期，但这次战争的意义还是要比人们预期的更为深远。它所产生的长远影响之一，就是对以色列开放了亚喀巴湾的航道，并且这个海湾在沙姆沙伊赫（Sharm-el-Sheikh）的出口当时也由联合国的部队所占领。这就在以色列国的发展前途，甚至地理均势方面引起了极为显著的变化。事实上，她自此以后就完全可以像面对西方那样，直接地面对南方和东方了。作为结果，内格夫地区的那些长期以来一直被认为几乎是不适于永久居住的贫瘠干旱的土地获得了巨大的发展动力。新的农垦部落得以建立起来，各种新的工业得到了发展，一座座新的城镇蠢立了起来。通过一项雄心勃勃的宏大计划，水源从北部引了过来用于农田灌溉。那些在过去一直习惯于把古老的比尔谢巴看作是渺无人烟的荒漠之中的一个小小的贝都因人的生活中心的人们，此时在这里所看到的已经是一个重要的城市，并且已经成为全国最大的城市之一，他们可以在城市的花园里尽情欢笑。埃拉特港得到了发展，而随着公路系统和铁路运输的改善，它已经成为这个国家中极具发展潜力的最为重要的交通枢纽之一。犹太人的海军舰只和犹太人的商业船队也已经开始在亚喀巴湾及其外海海域游弋或定期往返了。因此，随着同各国外交关系的建立，贸易往来得以向印度洋沿岸以及远方的国家全面开放。在某些新生的非洲国家中，以色列成为一支相当重要的力量，她在过去从来没有人能够生存的地方征服了一片难以开垦的土地，并且还发展起了自己的工业，对于这些国家来说，以色列的这种经历无疑具有至高无上的借鉴价值。

　　这个国家最后终于有机会能够真正地充分利用其地理位置上的优势。这就正如她所做的那样，在东半球的三块大陆之间建立起了一座大陆桥。可以肯定地说，这座桥梁并不仅仅只是物质意义上的，以色列同样能够起到一种精神桥梁的作用。由于在历史上同殖民地开发的传统没有任何的联系，因而她可以作为一条通道，西方文化的精华（她本身自然也是其中的一部分）可以通过这个通道传送到那些在当时同她保持着越来越密切的联系的国家。此时，在希伯来大学或是在以色列"基布兹"（集体农庄）的长凳上，常常可以见到一群群深褐色面孔的青年男女，在这些地方，他们使得自己熟悉了这个年轻的古老国家的生活方式、行为准则和思想观念，他们已经从中学到了太多太多的东西。从这种意义上来说，新生的以色列的重要性和影响力已经远远超出了其版图和人口的覆盖范围。

4

可以肯定地说，危险依然存在。毗邻的阿拉伯诸列强顽固地保留着它们的敌对情绪，它们绞尽脑汁，仍然在坚持着它们不断在地中海地区，甚至在某些更远的地区扶持其他重新出现的伊斯兰国家的政策，在这样的国家里，当地那些立业多年、生活丰足的犹太人的命运迅速恶化。然而，由于民族主义和反欧洲主义浪潮的日益高涨，这种情形在不久的将来是随时都可能发生的；这种新的因素的产生乃是因为此时出现了一块避难的土地，那些逃亡者可以在这块土地上找到他们自己的家园。就政治和军事意义上来说，西方诸列强从东地中海和南地中海地区的勉强撤出在某种程度上将以色列置于一种十分孤立的境地。作为一种必然的结果，常年不懈的军事警戒措施使得她不得不将国库中的有限储备大比例地花费在军备方面。但是，关于这一点，当然也有其积极的一面。终年处于警戒状态的需要毫无疑问会使全体人民的性格变得更加坚韧不拔。她的年轻一代因此养成了一种可贵的精神，那就是不可动摇的坚定信念。 462
在大流散时期那个噩梦般的漫漫长夜里，犹太人作为一个民族，她那传奇般的性格一直是以胆怯为特征的，但是据说，在以色列的新一代年轻人中，他们已经几乎都不再把"恐惧"看作是一种生理因素，甚至根本就没有听说过这个词！种种正在威胁这个新生国家的长年不断的危险使得全世界的犹太社区不可能放弃实用有效的团结精神，因为当这个国家刚刚产生的时候，这种精神就曾显示出不可征服的巨大力量。所以，以色列不遗余力地帮助自己各地的犹太人民保持着良好的凝聚意识，甚至在宗教忠诚日益衰颓的年代也从来没有放弃过；在这种意识已经完全复兴的地方，那种与以色列这块古老"圣地"上的犹太人的伟大事业融为一体的强烈的自居心理是同她的凝聚意识分不开的。

在 1961 年，阿道夫·艾希曼（Adolf Eichmann）这位前纳粹官员被追踪到了阿根廷，并遭到公开逮捕，后被押解回以色列。他曾是希特勒对欧洲的犹太人实施"最后解决方案"这一企图的主要组织者，并且如果不说是几百万的话，他起码也是直接造成成千上万的犹太人死亡的罪魁祸首。当时，在以色列的国土上，在犹太人的法庭上，在整个审判过程中使用希伯来语言，由犹太人的法官对他所犯下的令人发指的种种恶行进行了一场无懈可击的公正审判。然而，这样的审判是他那无法计数的受难者无论如何也想不到的。他被判处死刑并立即执行。当时，这场在最严格的公正原则条件下，揭露纳粹政权的种种难以推卸的恐怖罪行，同时也是展示这个正在苏醒的犹太国家的坚韧精神的审判引起了全世界的关注。

5

在随之而来的几年里，有一种解释变得越来越为大家所接受，那就是：从最完美的意义上来说，以色列国的创立实乃天意使然。

在整个 19 世纪的历程中，世界上的犹太人定居点的区域不断地扩大，而这种现象一般来说往往伴随着一种他们在经济和政治地位上的改善，并且他们还赢得了至少同他们在西欧诸国及其海外领地上的那些同胞公民一样的法律上的平等权利。正是在这样一些情况下，他们在某种程度上才得以能够在远东地区站稳了脚跟，在中非地区创建了一些新的社区，并且那些伊斯兰国家中的犹太人才能够从中世纪的那种低贱地位下解放出来。由于 19 世纪的世界是一个自由的世界，所以在西欧的影响下，这个世界已经逐渐形成了一种根据社会的一体性而不是宗教的一致性来建立国家的观念。

463

随着 20 世纪的到来，这些思想概念出现了一种普遍的倒退。正如我们曾经看到的那样，在第一次世界大战临近结束的时候，随着共产主义运动的崛起，新的思想意识已经将东欧地区那些繁荣的犹太社区的很大一部分同他们其他地方信奉着同一宗教的同胞隔离开来。在当时，几乎所有欧洲中部的社区中那些精疲力尽的幸存者似乎注定要走上同样一条无异于精神自杀的道路。在世界上的其他地区，随着欧洲的影响以及殖民主义的古老传统不同程度的消退，那里的犹太社区——无论是那些半土著式的和很久以前就建立起来的，还是那些不久之前由刚刚从欧洲过来的移民所创建的——都变得日渐衰微，有时甚至已经到了灭绝的边缘。中非地区的许多新生的黑人国家对于那些在这里已经发迹的犹太定居者来说，在经济发展和未来前途方面并没有一席之地；在地中海沿岸那些已经复兴的伊斯兰国家里，由于宗教因素使得新的民族主义倾向进一步加剧，与那次出于以色列－阿拉伯冲突所导致的紧张气氛完全不同的是，这种情形使得犹太人的命运变得越来越不稳定。譬如阿尔及利亚，在一个世纪之前，那里的当地犹太人曾根据《克里米埃法令》（Loi Crémieux）[①] 成为第一批法国公民，然而此时，这一特权地位反而变成了他们的不利条件。

在共产主义的中国，那些曾一度繁荣的现代犹太社区当时已经被同化了；而在远东地区的其他国土上，英国和法国统治者的撤离普遍对犹太人造成了致命的打击。在这个新生国家以及随之而来的敌对状态形成的前前后后，随着大批大批的犹太人从伊拉克、也门以及其他亚洲穆斯林国土上的逃离，似乎已经意味着除了以色列之外，犹太人就要在整个亚洲大陆上被完全灭除掉了。（在这个新大陆战略的时代，犹太人的历史也已经开始进入了一个具有洲际规模的阶段，而不再像过去那样，仅仅是一个地方或是一个国家的事了。）同样的情形也出现在非洲大陆的绝大部分地区——按照某些悲观主义者的观点，则是整个非洲。至于美洲，当 1959 年一个新的左派政权获得胜利之后，古巴国内犹太社区的解散发出了一个不祥的警告，就是说，在那些有着类似情形的其他地区也可能会发生同样的事情；而某些观察家则甚至认为，他们可以在拉丁美洲的某些地区，尤其是在那些流亡的前纳粹领导人被允许生存立足的国家里发现一些新生的德国式反犹主义运动蠢蠢欲动的蛛丝马迹。

[①] 　克里米埃（1796~1880 年）是法国犹太人的领袖之一，一生致力于司法实践活动，曾先后出任法国犹太大议会的副议长、议长，法国国会议员，1848 年临时政府司法部长，"世界犹太人联盟"主席（1863~1880 年）等重要职务。在他的倡议下，法国曾颁布了一系列宽容性法令。这里是指他第二次出任司法部长后于 1870 年签署的关于向阿尔及利亚犹太人提供法国公民权的法令。——译者

第34章 六日战争

1

在 20 世纪中期的那些年代里，自由欧洲的那些犹太社区又渐
渐地重新获得了一定程度的凝聚和团结，当然，这无法同那场大
灾难发生之前出现的繁荣情形相比拟。在另一方面，已经发生了
变化的穆斯林世界的状况，普遍来说，不管是对于犹太人还是对
于西方的影响，都标志着对北非地区和亚洲绝大部分地区中那些
古老犹太社区实施剿灭的计划已经真正完成了。那些漂泊不定的
犹太移民，假如他们没有迈进以色列那扇一直敞开着的大门的话，
他们都乐意赶往法国。因为许多年以来，法国出现的新一轮"赛
法迪"移民潮使得犹太人的生活在许许多多的古老中心出现了复
苏，不仅使得法国犹太民族的人数成倍增长，并且还在某种程度
上改变了他们的特征。因而，整个犹太世界在某种程度上也受到
了这次新移民潮的影响，当时，有许多新的"赛法迪"中心已经
建立起来，并且不仅只限于欧洲大地，而是遍及整个说英语的世
界以及南美洲地区。甚至在西班牙，也似乎出现了气氛上的变化
和一定程度上的犹太生活复兴的迹象。

然而在另一方面，苏联之谜依然如故。当共产主义的匈牙利和

罗马尼亚的犹太人尚能够在一定程度上维持一种独立的集体和宗教生活的时候，在苏联国土上，反对犹太宗教活动与宗教习俗的种种偏见，以及与之相伴的日益增长的对任何犹太复国主义情绪表现形式的敌视，却变得越来越显著。是否这样做就能有效地窒息犹太人的感情实在是令人怀疑的。在 20 世纪的 60 年代，外部世界惊异地听到了这样的消息：在 "《托拉》狂欢节"（即律法节）这一传统节日之际，据说有数千名，有人说有数万名年青的犹太人聚集在莫斯科犹太圣堂之外，跳舞并高唱希伯来歌曲，而警察们却无法，或者不如说不愿出面干涉。因而，这个谜仍然没有解开。尽管远在 1917 年的大革命之前，前面的那个莫斯科帝国早就已经改变了自己过去的宪法以及经济政策，但是，其根本性质并没有发生多大的变化。

2

这种情形在它对中东地区所采取的政策方面表现得更加明显，当时，它正竭尽全力不断地在这一地区试图通过鼓励共产主义思想的传播和为那些阿拉伯国家提供慷慨的军事援助，以便建立起一个自己的立足点。对于阿拉伯国家来说，只有一个明显的作用——消除在过去所蒙受的耻辱并（至少）灭除这个以色列国。它们一直拒绝承认这个国家的存在，而他们梦寐以求的主要图谋之一，就是要把这个国家从地图上抹掉，正如他们一刻不停地向全世界所宣称的那样。在这些国家中，首要的敌人要算是埃及那位机敏善变的独裁者阿布杜勒·纳赛尔了，他试图通过充当毁灭以色列

165.耶路撒冷希伯来大学的学生在校外广场上。

166."六日战争"期间人们在纽约麦迪逊广场花园举行集会支持以
色列，1967年6月11日。

167. 装甲车正在以色列边境线上巡逻。

168. 聚集在哭墙前感恩祷告的人群。

169. 以色列国旗。

的工具来证明他要求作为阿拉伯世界的领导者和代言人这种权利的合法性。在一段时间里，他的进攻还仅限于口头上的胡说八道，这是因为正如人们所估计的那样，那些驻扎在加沙地带和亚喀巴湾入口处的联合国军事力量对他还有一定的威慑作用。他仍然非法地禁止货物以及通过苏伊士运河这个通道开往以色列的船只通行，然而，根据当时的国际法，无论是和平年代还是战争时期，该运河应当向所有国家的货物和船只开放。与此同时，在北部地区，恐怖分子在叙利亚的边境地区不时向以色列的领土发动袭击；在划定的非军事区内，那里的犹太农场工人时常受到攻击，并且有时甚至那些以色列村庄也受到来自叙利亚控制下的高地的炮击——这些挑衅行为不时激起犹太人的防御部队有组织地进行报复性还击。

3

　　由于有苏联后台支持这支强心剂的作用，在 1967 年的 5 月，纳赛尔突然要求联合国的军事观察员，不仅是驻扎在加沙地带的部队（他们在过去的 11 年中一直维持着这一地区的平静），而且还包括驻扎在亚喀巴湾穆罕默德角上的沙姆沙伊赫地区的部队（他们保证了这一海区的船只航行自由）全部撤出。当时，必定是出于某些无法说明的原因，这一蛮横无理的要求竟然几乎是立即并且驯服地得到了联合国秘书长的响应，他也许是毫不怀疑地认为，这样做并不会带来什么严重的后果吧。然而，在这一步完成之后不到一个星期的时间内，紧接着就发布了一项声明，宣布从此之 466

后所有以色列的船只将一律禁止在蒂朗海峡（Straits of Tiran）通行。同封锁苏伊士运河一样，这显然是一种公然违犯国际法的恐吓行径，实际上是一种战争行为。与此同时，越来越多的部队虎视眈眈地集结在以色列的边界地区，而约旦国王侯赛因（Hussein）由于得到了其他阿拉伯国家的支持，很快同埃及签订了一项军事条约。死亡的阴云笼罩着天空。那些阿拉伯领导人不只为这场战争的前景而得意扬扬，而且还让人相信，这将是一场灭绝性的战争，在这场战争中，那个犹太国家将会被彻底消灭，她的人民将遭到残酷的屠杀。

以色列已经为这场不可避免的冲突做好了一切准备。自 1963 年接替"老兵"大卫·本－古里安而出任以色列首相的利未·艾希科尔（Levi Eshkol）组成了一个联合政府。不只是本－古里安本人，而且梅纳海姆·贝京（Menahem Beigin）这位前地下组织的领袖也参加了这一届政府，而那位西奈战争的胜利者摩西·达扬（Moshe Dayan）则担任了国防部长。

在 6 月 5 日，真正的敌对行动开始了。作为主要敌人的埃及人将装甲兵团向北开进，企图将这个国家切割成两部分，以便与约旦的部队会合，并且对以色列的城镇和村庄实施了猛烈的炮击和空中轰炸。然而，以色列一方对敌人的入侵进行了坚决的反击，反应之快令人难以置信，而效力之高则令人感到惊异。所有位于作战半径之内的阿拉伯国家的主要机场闪电般地受到了大规模的、计算精确的轰炸；不过几个小时的光景，埃及的空军甚至还没有起飞，实际上就已经被全部消灭了；而其他接壤的阿拉伯国土上的情形也都差不了多少，只不过规模相对来说稍小一些而已。以色列的地面部队此时已经能够不受任何空中干扰而长驱直进，他们在这方面的效率树立了一个典范。在西奈沙漠地区这个犹太民族曾目睹了自己的诞生的地方，发生了历史上前所未闻的最大规模的坦克大战，并且赢得了压倒性的胜利。在两天的时间里，战场上的埃及军队实际上已经全部被消灭，而以色列的部队占领了整个苏伊士运河沿岸。与此同时，一支特遣部队到达并立即占领了沙姆沙伊赫，因而使得亚喀巴湾重新对所有的船只自由开放。在 6 月 8 日夜间，新建立的以色列海军部队同时对亚历山大港湾和赛得港的敌方舰只施以重创。

在战斗刚刚打响的时候，约旦的国王侯赛因曾得到以色列当局"除非是出于自卫，约旦将免受打击"的非正式承诺。然而，几乎是在南方进入战争状态的同时，耶路撒冷新城却遭到了约旦人大炮和机枪火力的猛烈攻击，造成了近 1000 幢私人住宅被击中，大量的平民百姓遭到伤亡。以色列给予了简短有力而又明确果断的回击。在不到三天的时间里，位于约旦河西岸的、在历史上属于巴勒斯坦的所有阿拉伯占领区被全部夺了回来。在整个战役中，最伟大的胜利发生在 6 月 7 日星期三，当时，城墙环绕的耶路撒冷旧城——真正的耶路撒冷，从这个地方，在大约 20 年中，犹太人曾被完全地驱逐了出去，并且同样是在这个地方，他们曾遭受了多达上百次的侮蔑和羞辱——被以色列的伞兵部队占领了。这几乎是整个犹太历史上的一次最伟大的军事胜利。自从大约两千多年前古罗马人开进这里之后，犹太人再也不曾控制过这个犹太教曾经使之变得神圣而闻名的城市。就在这一天，整个城市充满了难以形容的感情流溢和兴高采烈的场面，胜利者们来到那面孤

467

寂地矗立在古老圣殿的废墟上的"西墙"面前，每个人都用他自己特有的方式进行祈祷。

随后，战斗的中心区转向了叙利亚方面。在经过特别艰苦的战斗之后，北面的敌人从沿前线构筑的坚固阵地上被赶了出去。长期以来，这里曾一直是骚扰以色列边界地区的犹太定居点安宁的祸根。假若不是联合国安理会呼吁实现停火的话，这场战役很可能以占领敌方的那些首都而告终——一个完全没有超出这支坚强不屈并且当时已是信心十足的以色列部队的作战能力的结局。但是，敌对行动还是以以色列部队在每一个地区都取得了完全的胜利而告结束。他们不仅控制了约旦河西岸的全部巴勒斯坦的领土，包括加沙地带以及过去具有传奇色彩的他们的人民自己的首都，而且在南方和北方都远远超出了当时的那些领土（且不管这些超出的领土部分未来的命运如何）。"六日战争"或许是世界军事史上最为辉煌的一次战役，它甚至远远胜过了1956年的西奈战役。以色列的军队用自己的行动充分证明了自己是这一地区最为英勇善战的军事力量——而尤为重要之处还在于，它是一支平民部队，其职责并不是为了征服，而是为了自卫。

4

当所有这一切正在发生的时候，一场前所未有的展示"团结就是力量"的运动在自由世界的犹太人中间蔓延开来。所有的犹太人——犹太复国主义者与非犹太复国主义者，年轻的与年长的，信仰宗教的人与不信仰宗教的人——都用他们的灵与肉，用道义上的支持和物质上的援助，表达了他们对生活在以色列这块"圣地"上的兄弟们的同情之心。通过这种自发的感情表达方式，"犹太民族"这个一度破碎了的统一体似乎又重新建立起来。它用一种肯定、积极的方式显示了"以色列"将在他们的生命中所占有的重要地位。他们充分意识到，如果这个国家此时被推翻的话（曾经有一段时间，似乎差不多就出现了这样的情形），那么，每一个地方的每一位犹太人都将会因此而受到巨大的影响，而作为一种宗教，犹太教本身将会遭受到一次可能是致命的打击，犹太人的历史遗产将会变得毫无价值可言。

　　然而，尤为令人惊异的是，在这个历史的紧要关头，以色列本身向人们所展示的那种精神。这里有这样的一个民族，在一代人的时间里变成了一个具有决定作用的国家，恢复了作为一个独立国家的地位，恢复了自己的语言，恢复了过去的统一，从那些小商贩和小店主的旧货物堆和大杂院里获得了新生，一代年轻的英勇战士成长为全世界最优秀的一群学子。这个不屈不挠的民族从最深重的灾难废墟上站立了起来，在最危急的关头扼住了命运的咽喉，从而取得了决定性的胜利。作为我们这一代人，离她实在太近了，以至于即使在今天，仍然远远无法估价这一成就的辉煌程度和这次再生的非凡所在。

参考文献

　　如下所列并不能算是关于犹太史文献的一个详细清单，也不是本书在撰写过程中所参考的著作目录。它仅仅是选列了一小部分用"英语"写成的、更具可读性的有关这一专题的现成著作，并且主要是将它们提供给那些有兴趣对这一主题从事进一步探索的一般读者的。对于那些刻苦用功的学生来说，附于《剑桥中世纪史》（*Cambridge Medieval History*）第七卷中的"中世纪的犹太人"一章之后的那个甚为完备的文献目录无疑是一个比较恰当的指南。

一、一般历史

S. BARON, *A Social and Religious History of the Jews*. 3 vols., 1937. [2nd ed., 1952—]. *The Jewish Community: Its History and Structure to the American Revolution*. 3 vols., 1942.

H. GRAETZ, *History of the Jews*. ［由贝拉·罗威（Bella Lowy）等人根据较早的、未修订的版本所翻译的英语译本（1891~1892 年，5 卷本）多少有一些内容上的省略，并且删去了脚注和附录部分，因此，仍然必须参照德语原本］。

M. L. MARGOLIS and A. MARX, *A History of the Jewish People*. 1927. *The Jewish Encyclopaedia*.

L. FINKELSTEIN (ed.), *The Jews: their History, Culture and Religion*. 2-4 vols., 1949.

二、《圣经》与古典时期

N. Bentwich, *Hellenism*. 1919. *Philo-Judaeus of Alexandria*. 1910.

J. Bright, *A History of Israel*. 1960.

E. Bevan, *Jerusalem under the High Priests*. 1904.

Cambridge Ancient History.

J. Carstang, *The Heritage of Solomon*. 1934.

R. Travers Herford, *The Pharisees*. 1924.

J. Klausner, *Jesus of Nazareth*. 1925. *From Jesus to Paul*. 1943.

A. Lods, *Israel, from its Beginnings to the Middle of the Eighth Century*. 1932. *The Prophets and the Rise of Judaism*. 1937.

G. F. Moore, *Judaism in the First Centuries of the Christan Era*. 3 vols., 470 1927-1930.

A. T. Olmstead, *History of Palestine and Syria*. 1931.

W. O. E. Oesterley, *The Jews and Judaism during the Greek Period*. 1941.

T. H. Robinson and W. O. E Oesterley, *A History of Israel*. 2 vols., 1932.

V. Tcherikover, *Hellenistic Civilisation and the Jews*. 1959.

三、中世纪与现代时期

I. Abrahams, *Jewish Life in the Middle Ages*. 2nd ed., 1932.

E. N. Adler, *Jewish Travellers*. 1930.

I. Cohen, *The Zionist Movement*. 1945.

Corti, Count, *The Rise of the House of Rothschild*. 1928. *The Reign of the House of Rothschild*. 1928.

I. Elbogen, *A Century of Jewish Life*. 1944.

P. Goodman, *Life of Moses Montefiore*. 1925.

J. de Haas, *Life of Theodor Herzl*. 2 vols., 1927.

The Memoirs of Ber of Bolochow. Translated by M. Wischnitzer. 1922.

The Memoirs of Glückel von Hameln. Translated by M. Lowenthal. 1932.

J. R. Marcus, *The Jew in the Medieval World: A Source-Book*, 315-1791. 1938.

J. Parkes, *The Confict of the Church and the Synagogue: A Study in the Origins of Antisemitism.* 1934; *The Jew in the Medieval Community.* 1938. *The Emergence of the Jewish Problem.* 1946.

D. Philipson, *The Reform Movement in Judaism.* 2nd ed., 1931.

S. Posener, *Adolphe Crémieux: A Biography.* 1940.

G. R. Reitlinger, *The Final Solution.* 1953.

C. Roth, *A History of the Marranos.* 1932; *The Jews in the Renaissance.* 1960.

A. Ruppin, *The Jewish Fate and Future.* 1940.

N. Sokolow, *A History of Zionism.* 2 vols., 1919.

A. L. Sachar, *Sufferance is the Badge* (The Jew in the contemporary world). 1939

H. L. Sachar, *The Course of Modern Jewish History.* 1959.

W. Sombart, *The Jews and Modern Capitalism.* English translation. 1913.

L. Wolf, *Essays in Jewish History.* 1934.

四、局部历史

Y. Baer, *The Jews of Christian Spain*, 1960, 1966.

S. Dubnow, *History of the Jews in Russia and Poland.* Translated by I. Friedlander, 3 vols., 1916-1920.

W. J. Fischel, *Jews in the Life of Medieval Islam.* London, 1937.

A. L. Isaacs, *The Jews of Majorca.* 1936.

Jewish Community Series (I. Cohen, *Vilna*, 1943; A. Freimann and F. Kracauer, *Frankfort*, 1929; A. Kober, *Cologne*, 1940; M. Grunwald, *Vienna*, 1936; H. Vogelstein, *Rome*, 1940; etc.)

S. Katz, *The Jews in the Visigothic and Frankish Kingdoms of Spain and Gaul.* 1937.

H. C. Lea, *History of the Inquisition in Spain.* 4 vols., 1906-1907.

M. Lowenthal, *The Jews of Germany*. 1936.

J. Mann, *The Jews of Palestine and Egypt under the Fatimid Caliphs*. 2 vols, 1920-1922.

P. Masserman and M. Baker, *The Jews come to America*. 1933.

A. A. Neuman, *The Jews in Spain: their Social, Political and Cultural Life during the Middle Ages*. 2 vols., 1942.

C. Roth, *History of the Jews in England*, 1941; *History of the Jews in Italy*, 1946.

J. Starr, *The Jews in the Byzantine Empire*. 1939. *Romania*. 1949.

W. C. White, *Chinese Jews*. 3 vols., 1942.

五、文化历史与影响

I. Abrahams, E. Bevan and C. Singer, *The Legacy of Israel*. 1927.

J. Jacobs, *Jewish Contributions to Civilisation: an estimate*. 1919.

M. Lieber, *Rashi*. 1906.

L. I. Newman, *Jewish Influence on Christian Reform Movements*. 1925.

W. O. E. Oesterley and G. H. Box, *A Short Survey of the Literature of Rabbinical and Medieval Judaism*. 1920.

J. S. Raisin, *The Haskalah Movement in Russia*. 1913.

C. Roth, *Jewish Contribution to Civilisation*. New ed., 1945.

S. Schechter, *Studies in Judaism*. 3 vols., 1896-1923.

G. Scholem, *Major Trends in Jewish Mysticism*. 1941.

N. Slouschz, *The Renascence of Hebrew Literature*. 1908.

S. Spiegel, *Hebrew Reborn*. 1931.

M. Waxman, *A History of Jewish Literature*. 4 vols., 1930-1941.

D. Yellin and I. Abrahams, *Maimonides*. 1908.

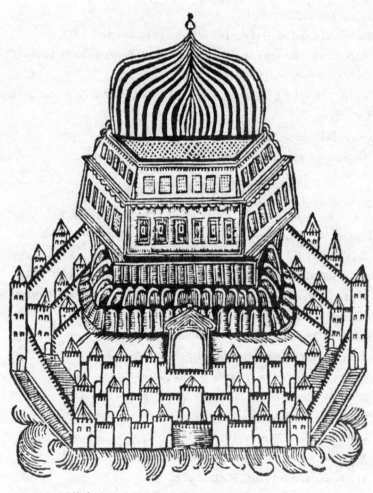

170. 阿什肯纳兹兄弟印刷所的标志，君士坦丁堡，1750 年。

索　引

（页码为英文原著页码，即本书边码）

马克·安托科夫斯基（1842—
1902），367

Antoninus Pius, Roman Emperor
(138-61), 罗马皇帝安东尼·庇
护（138—161），114

Antwerp, 安特卫普, 277, 317, 440

Apamea, 亚帕米亚, 87

Aphek, battle of, 阿费卡战役, 14

Apocrypha, 次经, 86, 89

Apollonia, 阿波伦尼亚, 79

Apollonius, Syrian general, 叙利亚
将领亚波罗姆, 68

Apulia, 阿普里亚, 193—194

Arabia, Jews in, 阿拉伯国家的犹
太人, 4, 149 以下，参见 Yemen

Arabic, use of, 使用阿拉伯语, 157
以下, 172, 182

Arab League, 阿拉伯联盟, 451

Aragon, 阿拉贡, 194, 另参见 Spain

Arameans, 阿拉米人, 4, 7, 8, 16,
23

Arbaa Turim, 四类书, 285

Archelaus, son of Herod, 希律的
儿子亚基老, 96

'Archipherekites', "事业领路人",
117

Aretas, king of Nabatean Arabs,
拿巴提阿拉伯人国王亚亚塔斯,
83—84

Argentine, Jews in, 阿根廷犹太人,
407

'Ari', "阿里", 参见 Luria, Isaac

Arianism, 阿里乌主义, 146, 148

Aristobulus, High Priest, brother
of Mariamne, 大祭司亚力士多
布鲁（米利暗的兄弟）, 92—93
(Judah), king of Judaea (104-3),
犹地亚国王犹大（前 104—前
103）, 参见 Judah Aristobulus
son of Herod, 希律的儿子, 93
Ⅱ (king, 67-3), 二世（前 67—
前 63 在位）, 83 以下

Aristotle (384-22), 亚里士多德
（前 384—前 322）, 87, 180, 182,
205, 261

'Ark of the Lord', 上帝的约柜, 11

'Armleder', 臂带党, 231

Arrabi-Mor, 大拉比, 248

Artaxerxes Longimanus, king of
Persia (464-25), 波斯国王亚达
薛西斯（前 464—前 425）, 58

Artom, Isaac (1829-1900), 以撒·阿
托姆（1829—1900）, 354

Arts, Jews in, 犹太人的艺术成就,
309

'Aryans', 雅利安人, 383, 427, 另
参见 Anti-Semitism

Asa, king of Judah (915-875), 犹
大国王亚撒（前 915—前 875）,
31

102, 106, 107

Massari, 隔都代表, 304

Massorah, 马所拉, 117

Mattaniah, 参见 Zedekiah

Mattathias Antigonus, 马塔尼亚·安提哥, 参见 Antigonus the Hasmonaean, 70—71

Maximilian Ⅰ, Holy Roman Emperor (1486-1519), 神圣罗马帝国皇帝马克西米廉一世（1486—1519）, 256, 265

Maximin, 马克希米, 144

May Laws, 《五月法令》, 388, 391, 402

Mayence, 美因兹, 166, 168, 176, 186, 234

Mazzini, Giuseppe (1805-72), 圭塞普·马志尼（1805—1872）, 353

Meassef, Meassefim, "搜集者", 338, 374

Mecca, 麦加, 149—150

Mecklenburg, 梅克伦堡, 231

Medeba, 米底巴 78

Medes, 玛代人, 36

Medigo, Elijah del (1460-97), 以利亚·德尔·梅迪戈（1460—1497）, 261

Medina, 麦地那, 149—150

Megiddo, 美吉多, 9, 36

Mehemet Ali (1769-1849), 穆罕默德·阿里（1769—1849）, 380

Meir, Rabbi, 拉比迈尔, 125, 127

of Rothenburg (1219-93), 罗腾堡的迈尔（1219—1293）, 213

Meisl, Mordecai (1528-1601), 摩迪凯·梅塞尔（1528—1601）, 305

Meisterschaftsgericht, 最高法庭, 参见 Courts, Jewist

Melchett, Lord (1868-1930), 迈尔切特勋爵（1868—1930）, 417

Melkart, 梅尔卡特（巴力）, 25

Mellah, "米拉"（犹太区）, 273, 360

Memel, 梅梅尔, 435

Menahem, king of Israel (744-37), 米拿现, 以色列国王（前744—前737）, 27

patriot leader, 爱国者首领, 103

ben Saruk of Tortosa, 托尔托萨的米拿现·本·沙鲁克, 172

Menasseh, tribe of, 玛拿西, 部落, 7, 9

king of Israel (692-38), 以色列国王（前692—前638）, 35

priest in time of Nehemiah, 尼希米时代祭司, 61

ben Israel (1604 57), 玛拿西·本·以色列（1604—1657）, 319—

勒密（王位争夺者之一），65

Euergetes Ⅰ (247–222), 攸罗革德一世（前247—前222），65

Philadelphus (285–47), 非拉铁非（前285—247），65

son-in-law of Simon the Hasmonean, 哈斯蒙尼家族西门的女婿，75

Pumbeditha, school of, 帕姆贝迪塔犹太学院，129以下，151以下

Purim, 普珥节，218

del Fuoco, 福高普珥节，306

Purimspiel, 普珥节笑话，309

Pydna, battle of (168 B.C.), 布匿战役（前168），68

Quadrant, invention of, 发明象限理论，219

'Quadrennial Diet', "四省会议"，357

Quisling, Vidkun, 威德昆·吉斯林，440

'Rab', "拉布"，参见 Abba the Tall

Raba (Amora), 拉巴（阿摩拉），131

'Rabbanites', 拉比派，154

Rabbath-Amon (Rabbah), 拉巴特（拉巴，地名），18

'Rabbenu Tam', "我们的完美大师"，参见 Jacob ben Meir

Rabbis, 拉比，80, 373（散见各处）

Rabina Ⅱ (Principal of Sura: 474–99), 拉宾那二世（苏拉犹太学院院长，474—499），131

Rabinovitz, Shalom ('Shalom Alei-khem': 1859–1916), 沙洛姆·拉宾诺维茨（"沙洛姆·阿里基姆"，1859—1916），375

Rabshakeh, Assyrian general, 亚述将领罗沙基，35

Rachel, 'la Fermosa', "美人"蕾切尔，198

'Rachel' (Elisa Rachel Felix: 1821–58), 雷切尔（以利撒·雷切尔·弗里克斯，1821—1858），366

Radulph, monk, 修士拉道夫，188

Ramah, 拉玛，15

'Rambam', "拉班"，参见 Moses ben Maimon

'Ramban', "拉班"，参见 Moses ben Nahmon

Ramerupt, massacre at (1147), 拉姆拉特大屠杀（1174），188

Rameses Ⅲ of Egypt, 埃及国王拉美西斯三世，13

Ramoth, 拉摩特，32

Randar, 旅店收税人，292

Rapoport, Solomon (1790–1867),

图书在版编目（CIP）数据

简明犹太民族史 /（英）塞西尔·罗斯著；黄福武，
王丽丽译. —北京：商务印书馆，2023
（宗教文化译丛）
ISBN 978-7-100-20102-5

Ⅰ.①简…　Ⅱ.①塞…②黄…③王…　Ⅲ.①犹太
人—民族历史　Ⅳ.① K18

中国版本图书馆 CIP 数据核字（2021）第 134028 号

宗教文化译丛
犹太教系列　主编　傅有德

简明犹太民族史

〔英〕塞西尔·罗斯　著
黄福武　王丽丽　译

商 务 印 书 馆 出 版
（北京王府井大街 36 号　邮政编码 100710）
商 务 印 书 馆 发 行
北京通州皇家印刷厂印刷
ISBN 978 - 7 - 100 - 20102 - 5

2023 年 8 月第 1 版　　　开本 880×1230　1/32
2023 年 8 月北京第 1 次印刷　　印张 27⅛
定价：175.00 元

"宗教文化译丛"已出书目

犹太教系列

《密释纳·第1部：种子》
《密释纳·第2部：节期》
《犹太教的本质》〔德〕利奥·拜克
《大众塔木德》〔英〕亚伯拉罕·柯恩
《犹太教审判：中世纪犹太－基督两教大
　论争》〔英〕海姆·马克比
《源于犹太教的理性宗教》〔德〕赫尔
　曼·柯恩
《救赎之星》〔德〕弗朗茨·罗森茨维格
《耶路撒冷：论宗教权力与犹太教》〔德〕
　摩西·门德尔松
《论知识》〔埃及〕摩西·迈蒙尼德
《迷途指津》〔埃及〕摩西·迈蒙尼德
《简明犹太民族史》〔英〕塞西尔·罗斯
《犹太战争》〔古罗马〕弗拉维斯·约瑟
　福斯
《论犹太教》〔德〕马丁·布伯
《回应现代性：犹太教改革运动史》〔美〕
　迈克尔·A.迈耶

佛教系列

《印度佛教史》〔日〕马田行啟
《日本佛教史纲》〔日〕村上专精
《印度文献史——佛教文献》〔奥〕莫里
　斯·温特尼茨

基督教系列

伊斯兰教系列

其他系列

《印度古代宗教哲学文献选编》
《印度六派哲学》〔日〕木村泰贤
《吠陀哲学宗教史》〔日〕高楠顺次郎
　木村泰贤